개정 · 증보판

윌리암 보이드

서양교육사

李烘雨 · 朴在文 · 柳漢九 역

교육과학사

THE HISTORY
OF
WESTERN EDUCATION

BY

WILLIAM BOYD

M. A., B. Sc., D. PHIL., LL. D.

READER EMERITUS IN EDUCATION IN THE

UNIVERSITY OF GLASGOW

First Edition (1921)

Sixth Edition (1952)

Seventh and Enlarged Edition (1964)

ADAM & CHARLES BLACK

LONDON

개정 · 증보판

서 문

이 책 번역본의 초판(1994)에는 원본(제7판, 1964)에서 20세기 교육을 다룬 세 개의 장이 빠져 있고 19세기 후반을 다룬 제12장으로 책이 끝나 있다. 그 경위는 권말의 초판 역자후기에 설명되어 있다. 그 부분에 명시되어 있는 바와 같이, 역자는 제7판의 공저자인 킹 교수가 아닌, 원저자인 보이드 교수가 쓴 20세기 교육사가 제6판(제13장)에 나와 있다는 것을 알았지만, 그것으로 번역본을 마무리 할 수 없었다는 데에 대하여 안타까운 마음을 금할 수 없었다. 역자로서는 천만다행으로 그 동안 역자는 제6판의 원본을 구할 수 있어서, 이제 원래 바라던 대로 20세기를 다룬 제13장을 번역본에 추가할 수 있게 되었고, 그 결과로 21세기에 들어와서 책을 개정하면서 19세기 후반기로 끝나는 부끄러움을 면할 수 있게 되었다. 다만, 역자 후기에 게재된 킹의 제7판 서문을 읽어보면 알 수 있는 바와 같이, 그는 원저자의 20세기 장을 완전히 새로 쓴 것 이외에 19세기 후반기의 장 또한 상당한 정도로 개작했다고 말하고 있지만, 이 후자의 부분은 원저자의 '저작술'에서 그다지 이탈하지 않았다는 판단 아래 번역본 초판의 번역을 그대로 싣기로 하였다.

이 번역본의 개정 · 증보판에서 보이드의 20세기 교육사를 추가할 수 있게 된 것은 '천만다행'이라는 말로서는 다 표현할 수 없고 그것보다는 '천우신조'라는 말이 더 어울리는 그런 의미를 지니고 있다. 이하에 전재되어 있는 보이드의 제5판 서문에서 보듯이, 그의 20세기 교육사는 그 세기가 정확하게 반이 지난 시점에서 집필된 것이다. 그럼에도 불구하고 역자의 눈에 그것은 바로 어제까지의 '서양' 교육을 서술한 듯이 보인다. 그러나 그것이 비단 '서양' 교육만이겠는가? 시간적인 거리가 공간적인 거리까지 좁혀 놓았기 때문인지, 아니면 그 동안 세계가 그야말로 하나로 되어 버렸기 때문인지 몰라도, 그의 서술은 또한 지금의 우리 교육을 보여주고 있다는 느낌이 들기도 한다. 그러나 아마 이것은 역자의 착각일 것이다. 단순히 생물학적으로 불가능한 일이겠지만, 보이드가 그의 뛰어난 저작술과 교육에 관한 그의 '혈육과도 같은 애착'을 가지고 지금 다시 살아난다고 할 때, 20세기가 완전히 지나간 이 시점에서의 한국 교육은 그의 눈에 어떻게 비치겠는가?

이런 상상을 하는 순간, 역자의 마음속에는 첫머리의 역자 해설의 마지막에 적어 놓은 '미래의 독자를 향한 기원'이 다시 떠오른다. 보이드가 다시 살아나는 것은 불가능하지만, 그 미래의 독자가 동일한 저작술과 애착으로 한국 교육사를 쓰는 것은 결코 불가능한 일이 아니다. 다만, 역자의 그 기원에 부응하려는 독자가 있다면 그는 보이드의 이 책에서, 그리고 특히 이 개정 · 증보판에 추가된 20세기 교육사에서 한 가지 간단하면서도 대단히 중요한 교훈을 얻을 필요가 있다. 그것은 곧 역사는 사실을 모으는 것만으로는 서술될 수 없다는 것이다. 거기에는 사실을 보는 눈이 필요하며 교육의 경우에 그 보는 눈은 교육이론에 의하지 않고는 예리해질 수 없다. 보이드의 이 책은, 만약 그 독자가 정성들여 읽는다면, 너무나 명백하여 진부하기까지 한 이 말의 의미를 구체적으로 확인시켜 줄 것이다.

2008년 1월

제5판 서문
(1950)

지난번 제4판에서 약속한대로, 이 제5판에는 20세기 교육을 다루는 장이 새로 추가되었다. 이 장에서 저자는, 첫 10년의 참신한 아이디어와 시도에서 시작하여, 독재국가의 대규모 대량 교육의 출현이 던져주는 도전을 거쳐, 세계의 모든 나라가 당면하고 있는 戰後전후 교육의 문제에 이르기까지의 교육 이론과 실제의 발달을 추적하고자 하였다. 저자의 목적은 각각의 단계에서의 문화 활동과 문화 현상에서 부각되는 중요한 특징을 고찰하는 데에 있었다. 지금 우리 눈앞에서 벌어지는 엄청난 사건들을 더 먼 거리에서 바라보는 후세대는 그 중의 어떤 것을 저자와는 다른 눈으로 보게 되리라는 것을 잘 알면서도, 저자는 그것이 사건의 중요성에 관한 우리 자신의 추정을 하지 말아야 한다든지 그 추정을 믿지 말아야 할 이유가 된다고는 생각하지 않는다. 오히려 저자는, 만약 우리가 오늘날 교육의 문제를 효과적으로 해결하려고 한다면 우리는 더욱 방금 지나온 과거의 동향을 정확하게 이해하는 그 일을 해야 한다고 생각한다. 설사 우리가 자신의 판단에 완전한 객관성을 기할 수는 없다 하더라도, 우리는 사실을 보는 역사가의 눈으로부터 완전한 객관성에 상당한 정도로 접근한 견해는 가질 수 있게 될 것이다. 어쩌면 20세기에 사는 우리는 투키디데스 이래의 어떤 시대의 역사보다 우리 시대의 역사를 더 잘 쓸 수 있을지도 모른다. 편견에서 벗어난 '비인칭적' 진리라는 과학적 이상은 우리 생각의 모든 부문에 들어와 있다. 교육의 경우에 우리는 다른 나라의 교육제도와 아이디어에 관한 비교 연구가 금세기에 들어와서 놀랄 만큼 진보했다는 사실에서 더욱 큰 도움을 받고 있다. 이 새로운 장을 쓰는 동안, I.L. 캔들(Kandel) 교수가 편집자로서 빛나는 업적을 과시한 콜럼비아 대학의 「국제학 연구소 교육연감」(The Educational Yearbook of the International Institute, Columbia University)에 실린 수많은 논문과 「교육연감」(The Yearbook of Education)에서 저자가 받은 도움은 이루 말할 수 없다.

참고문헌을 재정리하는 동안, 저자는 전쟁이 끝난 이후에 줄잡아도 일곱 권이나 되는 교육사 교과서가, 그 중 한 권을 제외하고는 모두 미국에서, 출간되었다는 사실에 특별한 관심이 쏠렸다. 저자가 인간 연구에서 역사적 접근이 가지고 있는 장점을 알게 된 것은 저자가 글라스고우 대학의 '도덕철학' 분야에서 에드워드 케어드(Edward Caird) 교수의 문하생이었던 50년 전으로 거슬러 올라간다. 그때 저자는, 현재를 이해하는 가장 확실한 방법은 사회적 상황에서의 생각의 발전을 공부하는 것임을 알게 되었다. 그 후 세월이 흘러 대학생들에게 교육의 원리에 관한 강의를 하게 되었을 때, 저자는 자신이 하고 있는 일을, 앞으로 나아가기 위하여 뒤로 돌아가는 안타까움을 무릅쓰면서, 교육사를 교육철학의 입문으로 사용하는 일이라고 생각하였다. 「서양 교육사」라는 제목의 이 책이 제1차 대전 동안에 한 강의에서 생겨난 것이라면, 20세기 교육에 관한 이 장은 제2차 대전 동안의 그와 유사한 경험에 기원을 두고 있다.

제4판 서문
(1947)

이 책의 제1판(1921)은 19세기 말까지의 서양교육의 이야기를 다루었다. 그 다음판(1928)에서 저자는 20세기의 처음 10년 동안에 나타난 교육적 사고와 실천의 몇몇 특별한 경향을 드러내려고 하였다. 지금도 마찬가지지만 그때 저자는, 제1차 대전이 일어나기 몇 년 전의 교육적 사건들은 인류의 미래에 중요한 의의를 가지고 있으며 따라서 역사적 기록에 분명히 한 자리를 차지한다고 믿었다. 그 교육적 사건들이라는 것은 교육에 관한 엄밀한 과학적 연구의 시작, 지능검사의 발명, 아동의 가이단스와 아동 청년기의 이해에 있어서의 '충동 심리학'의 적용, 전아동의 중등교육 취학을 향한 움직임, 질서정연한 자유를 허용하는 새로운 교육방법의 탐색 등이다. 그때 이후 일어난 어떤 사건도 이들 사실의 중요성에 대한 저자의 판단을 바꾸어 놓지는 않았지만, 그럼에도 저자의 관점에 상당한 변화가 있었다는 것은 부정할 수 없다. 이때까지, 심지어 정치 분야에서 보다 더 현저하게, 학교에서 받아들여져 온 민주주의 원리가 어디서나 도전을 받고 있고, 강대국들은 개인의 가치 같은 것은 안중에도 없이 성인과 아동 청소년의 마음과 인격을 '조형'하는 일에 골몰하고 있다. 민주주의 국가들이 전쟁에서 승리하였음에도 불구하고 민주주의는 이미 기정 사실이 아니다. 교육의 경우를 말하자면, 민주주의는 두 대전 사이에 전체주의 국가들이 이룩한 초정상적인 업적에 맞서서 그것이 진정으로 받아들일 수 있는 신념임을 입증해 보이지 않으면 안 된다. 양진영의 이상 사이의 갈등은, 그 한 가닥에 있어서는, 이탈리아와 독일의 패전으로 끝났다고 볼 수 있지만, 또 하나의 가닥은 유럽의 새로운 형성과 더불어 막 시작되고 있다. 아직은 최근의 교육 동향을 객관적으로 규정할 수 있는 시기가 되지 않았다. 그러나 지난 4반세기의 교육을 루소와 불란서 혁명에서 시작된 '새교육'과 관련하여 해석하거나, 아니면 더 새로운 戰後전후교육을 위한 무대를 마련하는 것으로 해석하거나, 이 마지막 장은 어떤 방식으로든지 조기에 쓰여야 할 것이다. 저자는 언제가 이 일을 할 수 있기를 바란다.

역자 해설

교육사는 왜 공부하는가

이 해설에서 제시되는 '교육사는 왜 공부하는가'라는 질문에 대한 대답은 이 분야를 전공하는 사람들 사이에서 흔히 제시되고 널리 합의되는 '보편적인' 대답이 될 수 없다. 공역자 중의 한 명을 예외로 치면, 이 책의 역자는 교육사를 전공하는 사람이 아니다. 교육사의 의미, 그리고 교육학에서의 교육사의 위치 등에 관하여 역자가 다소간이나마 의견을 가지게 되었다면 그것은 거의 전적으로 이 책을 번역하는 동안에 이따금씩 머리에 떠오른 것뿐이다. 그러므로 이하 이 해설에서 말하는 것은 주로 이 책과 관련하여 역자가 가지게 된, '교육사는 왜 공부하는가'라는 질문에 대한 역자의 '사적인' 견해에 지나지 않는다. 교육사를 전공하는 사람들에게 합의되는 보다 보편적인 견해에 관심이 있는 독자는 다른 문헌을 참고하기 바란다.

먼저, 아주 소박한 질문 한 가지를 제기하고 독자의 상상을 촉구해 보겠다. 그 질문이라는 것은 '장차 백 년이나 이백 년, 또는 천 년이나 이천 년이 지난 뒤에 누군가가 보이드의 이 책과 동일한 종류의 책을 쓴다면, 현재 우리 눈앞에 전개되고 있는, 또는 심지어 우리의 한 평생 동안 전개된 교육 활동이나 교육 현상이 그 책에서 어떤 방식으로 서술되겠는가' 하는 것이다. 여기서 '어떤 방식으로'라는 말은 여러 가지 의미를 가질 수 있다. 예컨대 우리가 목격한 사건들 중의 어떤 것들이 언급될 것이며 그것에 관하여 무슨 말을 할 것인가도 궁금하지만, 무엇보다도 그것이 분량으로 보아 책의 몇 페이지를 차지할 것인가가 우선 궁금해진다. 그 서술의 분량은 특별히 예외적인 경우가 아닌 한, 현재로부터 그 책이 쓰이는 시기까지의 시간상의 거리, 그리고 그 책이 망라하는 공간적 범위에 반비례할 것임에 틀림없다. 가령 백 년 뒤에 쓰일 책에는 현재 우리가 목격하고 있는 사건들이 한 페이지를 차지하다가 천 년 뒤에는 한 문단으로 처리될지 모르며, 한국교육사 책에는 한 페이지를 차지하던 것이 세계교육사 책에는 단 한 행으로 처리될지 모른다.

그 서술의 내용이나 분량이 어떻든지 간에, 가령 오늘날의 우리가 백 년이나 천 년 뒤에 다시 살아나서 그 한 페이지, 한 문단, 또는 한 줄의 서술을 읽는다고 할 때, 어떤 사태가 벌어지겠는가? 역자가 감히 이 몸서리쳐질 만큼 끔찍한 상상에 독자를 초대하는 것은 그것이 이 책을 올바르게 이해하고 감상하는 데에 필요불가결하다고 생각하기 때문이다. 그러므로 빌건대, 이제 독자는 잠깐 읽기를 멈추고 독자 자신이 백 년이나 천 년 뒤의 그 사태를 실지로 직면했다고 생각하고 그때 독자에게 어떤 느낌이 들 것인가를 가능한 한 자세하게 상상해 보기 바란다.

역자 자신의 상상으로 미루어 말하자면, 그 서술을 읽었을 때 독자의 첫 느낌은 십중팔구 충격과 경악일 것이다. 무엇보다도 자신이 알고 있는 풍부하고 다양한 사건과 현상이 그와 같이 한 페이지나 한 줄로 요약될 수 있다는 것이 우선 놀라울 것이다. 그것이 요약인 만큼 거기에는 먼 옛날 자신의 견문 속에 들어있었던 수많은 세부사항들이 대부분 빠져 있고, 그렇기 때문에 그것이 과연 독자 자신의 시대를 서술한 것인가가 의심스러울 정도로 현실과 서술 사이에는 극심한 간극이 있다. 그러나 처음의 경악을 가라앉히고 그 서술을 좀 더 천천히 그리고 세밀히 읽어본다면 독자는 그것을 서술한 역사가의 통찰과 著作術저작술 여하에 따라 거기서 무엇인가 의미를 발견할 수 있을 것이다. 그 서술은, 독자가 알고 있던 현실과의 그 엄청난 간극에도 불구하고, 역사적 서술이 가지고 있는 형식상의 제약 속에서 그 현실을 정확하게 드러내고 있으며, 그 점에서 그것은 그 현실과 다르지 않다. 독자에게는 그 서술의 문장 하나하나, 단어 하나하나가 그의 머리속에 저장되어 있는 복잡하고 다양한 현실을 상기시켜 주며, 독자는 그 문장과 단어를 단서로 하여 그 현실을 거의 그대로 재구성할 수 있다. 독자가 그 서술에서 의미를 발견할 수 있는 것은 바로 그가 그 서술에 어김없이 나타나 있는 현실을 재구성할 수 있기 때문이다. 물론 독자의 경우에 그 재구성 작업은, 그 서술이 자신의 직접적 경험의 요약이라는 점에서, 애당초 그 서술을 '서술로서' 접하는 당대 사람들의 경우보다 훨씬 더 용이하다.

만약 독자의 재구성이 참으로 정확하고 치밀하다면, 독자는 아마 위의 사실보다 더 중요한 또 하나의 사실에 생각이 미칠 것이다. 그것은 곧, 현재 독자가 읽고 있는 그 서술은, 서술한 사람의 의도에 있어서나 그것을 읽는 독자의 기대에 있어서나, 명백히 '교육'에 관한 것이지만, 그 기술이 독자에게 상기시켜 주는 현실, 그 기술이 궁극적으로 겨냥하고 있는 현실은 반드시 교육에 국한된 것이 아니라는 것이다. 독자가 그 서술에서 판독해 내려고 하는 '교육 활동'이라든가 '교육 현상'이라는 것은 현실 속에서는 삶의 다른 국면들과 혼연일체로 용해되어 있으며, 독자가 그 현실 속에서 교육 활동이나 교육 현상을 보는 것은 그 활동과 현상이 별도의 특별한 공간을 차지하고 있기 때문이 아니라 그가 자신의 관심에 의하여 그 관심에 포착되는 것 — 이른바 '교육 활동과 교육 현상' — 을 머리 속으로 분리해 내었기 때문이다. 그러므로 만약 이와 같이 독자가 재구성해낸 그 '현실'이라는 것이 삶 전체를 망라하는 것이라면, 그와 동일한 논거에 의하여 역사가가 한 그 서술은 바로 '삶의 추상'이라고 부를 수 있다.

이상의 '상상 실험'이 첫머리에 내어건 질문에 대하여 어떤 대답을 시사하는가는 이미 명백해졌다고 생각하지만, 그것을 드러내어 말하기에 앞서서 위의 '추상' 이라는 용어에 관하여 몇 마디 설명을 덧붙일 필요가 있다. '추상'이라는 용어는 그 짝인 '구체'와 마찬가지로 주로 '추상적', '구체적'과 같은 형용사형으로 쓰인다. 그러나 '추상'은 '구체'에 비하여 어법상 대단히 중요한 차이를 나타낸다. '추상'은 '추상적인'이라는 형용사형 이외에, '추상하다'와 같이 동사형으로 쓰이기도 하고 앞의 '삶의 추상'에서와 같이 '추상하는' 행위 또는 그 결과를 뜻하는 명사형으로 쓰이기도 하지만, '구체'의 경우에는 동사형이나 명사형이 없고 '구체적인'이라는 형용사형으로만 쓰인다.[1] 이것은 곧 '추상'의 경우와는 달리 '구체'의 경우에는 그 용어로 지칭되는 행위가 없다는 것, 또는 '구체'라는 것은 행위가 아닌 상태를 지칭한다는 것을 의미한다. 다시 말하면, '구체'라는 것은 '있는 그대로인 것'('체를 온전히 갖춘 것')을 뜻하며, 여기에 비하여 '추상'이라는 것은 그 '있는 그대로인 것'에 모종의 행위를 가하는 것을 뜻한다. (그와 마찬가지로, '있는 그대로인 것 전체'를 뜻하는 '총체' — 또는 그와 동일한 의미로서의 '실재' — 는 '가장 구체적인 것'이다.)

'추상'이라는 것은 글자 그대로의 의미로는 '象상을 뽑아내는 것'을 뜻한다. 그러므로 '상'이라는 것이 무엇인가 라는 문제를 젖혀두고 말하자면, 추상이라는 용어가 지칭하는 행위는 '뽑아내는' 행위라고 말할 수 있다. 물론, 이 '뽑아낸다'는 말은 추상의 의미로서는 어이없이 부적절하다. 예컨대 돌이 섞인 쌀 바가지에서 돌을 골라내는 경우를 생각해 보자. 이것도 어떤 면에서는 '뽑아내는' 행위라고 볼 수 있을지 모르지만, 그것은 추상이 아니다. 이 경우에는 뽑혀 나온 돌과 바가지에 남아 있는 쌀은 완전히 별개의 것 — 쌀은 쌀이요 돌은 돌 — 이며, 양자 사이에는

1) 이 점은 영어의 abstract-concrete의 경우도 마찬가지이다. 형용사 abstract(추상적인)는 그것과 동일한 의미의 동사 abstract(추상하다)를 가지고 있는 데 비하여 concrete의 경우에는 그렇지 않다. 물론, concrete에 동사형이나 명사형이 없는 것은 아니지만, 그것과 형용사형의 의미 사이에는 현격한 거리가 있다.

'추상성'이라는 관점에서 보아 하등 위계상의 차이가 없다. 말하자면 돌이 쌀보다 더 '추상된 것' 또는 '추상적인 것'이라고 볼 이유가 없는 것이다. (그와 마찬가지로, 쌀 바가지 또한 돌보다 더 '구체적인 것'이 아니다.) 여기에 비하여 '추상'이라는 것은 '있는 그대로인 것' 즉 '구체적인 것' 모두를 (또는 모두에서) 뽑아내되 그 '구체적인 것'과 동일하지 않은 형태로 뽑아낼 때, 그리하여 그 뽑혀 나온 것에 '구체적인 것' 모두가, 비록 구체적인 것 그대로는 아니지만, 고스란히 들어있을 때, 이 경우의 '뽑아내는' 행위를 가리킨다. (주역에 사용된 '상'의 의미에서 알 수 있는 바와 같이, 추상의 이러한 의미는 분명히 '상'의 의미와 관련되어 있을 것이다.) 이런 의미에서의 '뽑아낸다'는 말은 예컨대 위의 쌀 바가지와 같은 가시적인 현상으로서는 결코 설명될 수 없다. 왜냐하면 추상은 가시적인 행위가 아니라 오직 머리 속에서만 일어나는 '비가시적인', '관념적인' 행위이기 때문이다. 가령 바닷물에서 소금을 뽑아내는 경우를 생각해 보면, 소금은 바닷물 전체에 녹아 있으며, 따라서 그만큼 이 경우는 앞의 쌀 바가지의 경우보다는 추상의 의미를 잘 예시한다고 볼 수 있을지 모르지만, 그 뽑아내는 행위가 가시적인 것인 한, 그것은 어디까지나 추상에 관한 비유적인 설명에 지나지 않는다. (앞의 쌀 바가지의 경우에서와 같이, 여기서도 여전히 '소금은 소금이요 바닷물은 바닷물'이다.)[2)]

역사가가 한 서술이 '삶의 추상'이라고 말할 때의 '추상'이라는 용어는 이런 의미로 이해되어야 한다. 즉, 역사가의 서술은 특정한 시대의 '있는 그대로의 삶' 전체를 드러내지만 역사가의 서술이 곧 삶 그 자체는 아니다. '추상적인 것'이 통념상 '존재하지 않는 것'과 동일한 의미로 해석된다는 사실에서 알 수 있는 바와 같이, 삶은 역사가의 서술로 존재하는 것이 아니라 구체적인 현실로 존재한다. 역사가의 서술은 그 자체로서는 '존재할' 수 없으며, 오직 구체적인 삶의 현실로 존재할 수밖에 없다. 그리하여 만약 누군가가 역사가의 서술이 드러내고자 하는 삶을 '눈앞에 가져오라'는 (분명히 무리한) 요구를 한다면 그 요구에 응하는 길은 삶 그 자체를 가져다 보이는 (분명히 불가능한) 일을 하는 것뿐이다. 그러나 또한 역사가의 서술이 삶 전체를 드러내는 한, 그것은 구체적인 삶의 현실과 다른 것도 아니다. 만약 양자가 완전히 별개의 것이라면 역사가의 서술을 단서로 하여 삶을 재구성하는 독자의 작업은 원칙상 이루어질 수 없을 것이다. 앞에서 말한 바와 같이,

---

2) 뽑아내는 행위가 가시적인 것이라는 말은 그 행위가 원래의 상태에 모종의 변화(즉, 양의 감소)를 일으킨다는 뜻이다. 바닷물에서 소금을 뽑아내는 것에 해당하는 영어 단어는 abstract가 아닌 extract이다. 추상은 원래의 상태에 하등의 변화를 초래하지 않는다.

독자가 역사가의 서술을 단서로 하여 자신이 목격한 삶을 재구성할 수 있는 것은 그 역사가의 서술 속에 삶이 고스란히 들어있기 때문이다.[3] (역사가의 서술은 '삶의 한 측면'을 드러낸다는 식으로, 추상적인 것과 구체적인 것의 관계를 '측면'이라는 용어로 나타낼 수 있을지 모른다. 그러나 이 용어 또한, 사람의 옆모습이 그 사람의 한 '측면'을 나타내는 것, 또는 초생달이 달의 한 '측면'을 나타내는 것과 같이, 가시적인 의미를 전달하기 때문에 해석상 주의가 필요하다. 추상의 의미를 나타내는 용어로서의 '측면'은 얼굴이나 달의 한 쪽 면이 아닌, 전체를 드러낸다는 뜻으로 해석되어야 한다.)

쉽게 짐작할 수 있다시피, 앞의 '상상 실험'에서의 독자를 백 년 또는 천 년 뒤로 당겨서 현시점으로 되돌려 놓으면, 이 사태에서 독자가 보이드의 이 책에 대하여 해야 할 일은, 오직 이 책에 서술된 현실이 독자에게 직접 목격되지 않았다는 그 한 가지 점만 제외하고는, '상상 실험'에서 독자가 했던 일과 정확하게 일치한다. 실험 사태에서의 가상적인 역사가의 서술이 그러했던 것과 꼭 마찬가지로 이 책은 여러 시대의 '삶의 추상'이며, 독자는 그것을 단서로 하여 시간적으로, 그리고 이 경우에는 공간적으로도 멀리 떨어져 있는 삶의 현실을 재구성한다. 이것이 '교육사 공부'라는 말이 의미하는 가장 핵심적인 활동이다. 교육사를 공부할 때 우리는 다른 어떤 것보다도 이 일을 하지 않으면 안 된다. 그리고 '교육사는 왜 공부하는가'라는 질문에 대한 대답은 바로 이 일이 가지고 있는 의미를 드러내는 것이어야 한다. (물론, 독자로서의 우리가 하는 이 일은 저자인 보이드가 이 책을 쓸 때까지, 그리고 이 책을 쓰는 동안에도, 했던 일과 다르지 않다. 아래에서 말할 바와 같이, 그는 이 일을 출중하게 해내었으며, 그것은 그 이전에 이 일을 훌륭하게 해낸 다른 사람들이 있었기 때문에 가능하였다.)

앞의 상상 실험에서 이미 시사된 바와 같이, 독자가 이 책에서 의미를 발견하는 것은 그의 재구성에 의해서이며, 그가 발견하는 의미의 깊이 또한 그 재구성의 수준에 달려 있다. 그러나 독자의 재구성의 성과가 순전히 그 자신의 능력과 노력에 의해서만 결정되는 것은 아니다. 그에 못지않게, 또는 그보다 더 근본적으로, 그것은 또한 역사가의 통찰과 저작술 여하에도 달려 있다. 역사가는 자신의 통찰과 저

3) '상징'이라는 말이 복잡한 현상을 간단한 가시적 사물로 드러내는 것을 뜻한다고 보면, 역사가의 서술은 '삶의 상징'이라고 부를 수도 있을 것이다. 여기에도 '삶의 추상'과 관련하여 말한 내용이 거의 그대로 적용된다.

작술에 의하여 자신의 역사적 서술 하나하나가 독자의 재구성 작업에 도움이 될 수 있도록, 그리하여 독자가 그 서술에서 죽은 언어가 아니라 살아 움직이는 삶을 볼 수 있도록 해 주어야 한다. 모든 역사적 서술은 다소간은 이 일을 한다고 보아야 하겠지만, 모든 서술이 동일한 정도로 이 일을 한다고는 말할 수 없다. (위와 같은 의미에서의 역사가의 통찰과 저작술을 '역사학의 방법론'이라고 불러도 무방할 것이다.) 역자의 느낌을 말하자면, 보이드의 이 책은 이 면에서 탁월한 모범을 보여주고 있다. 만약 독자가 적어도 이 책을 번역하는 동안에 역자가 기울인 것과 동일한 노력을 기울여 이 책을 세밀히 읽는다면 이 책을 이해하는 데에 필요한 약간의 배경 지식과 보통 정도의 상상력을 가지고 있는 한, 그는 이 책의 매 장에서 자신이 직접 그 시대에 살았던 것과 거의 다름없이, 그 시대 사람들의 삶의 모습을 생생하게 머리 속에 떠올릴 수 있게 될 것이다. 역자가 접한 역사적 서술이 그리 광범하다고는 말할 수 없지만, 역자의 경험의 범위가 제한되어 있다는 것을 전제로 하여 말한다면, 교육사는 물론이요 역사 일반에 걸쳐서 이 책만큼 '글이 살아서 꿈틀거리는' 역사 책을 보는 것은 그리 흔하게 누릴 수 있는 행운이 아니다. (번역을 하는 동안에 역자 중의 한 사람은 몇 번이고 되풀이하여 '이 책의 한 문장은 그냥 한 문장이 아니고 그 이면에 책 한 권이 들어 있는 그런 한 문장이다'라고 말하였다. 말하자면 그 한 문장은 책 한 권의 내용을 가장 정확하게 압축해 놓은 것이며, 그 정도로 그것은 독자의 상상력을 불러일으키는 막강한 생성력을 가지고 있다는 뜻이다.)

그러나 물론, 이 책이 모든 면에서 완벽하다고는 말할 수 없다. 무엇보다도 이 책은 통사로서 거의 불가피한 약점을 가지고 있다. 이 책은 서양의 고대에서 20세기 중반까지[4] 모든 시대에 걸쳐 교육의 실제와 교육사상을 다루고 있는 만큼, 그 중의 어느 특정한 시대나 특정한 사상가에 대해서는 그 각각을 별도로 취급할 때와 동일한 정도의 주의를 기울일 수 없었을 것이다. 이 문제는 특히 교육 사상가를 다루는 부분에서 두드러지게 드러난다. 만약 이 책에 취급된 어느 한 사상가를 집중적으로 연구한 사람이 이 책의 서술을 읽는다면 그는 서술의 곳곳에서 지적 긴장과 홍분을 경험하게 될 것이다. 그에게는 서술에 사용된 단어 하나하나가 주목의 대상이 된다. 그 사상가에 관한 그의 관점은 이 책에 서술된 것보다 훨씬 정확하고 치밀하며, 따라서 그에게는 그 사상을 진술하는 데에 이 단어를 쓰는가 저 단

4) 개정 · 증보판 서문과 역자 후기 참조

어를 쓰는가가 결코 하찮은 문제가 아니다. 그가 느끼는 그 긴장과 흥분 속에는 또한 자기 자신은 여러 문장, 여러 페이지로 밖에 말할 수 없는 내용을 단 몇 마디로 압축해 놓았다는 데 대한 찬탄도 포함되어 있을 것이다.

그러나 통사는 그 약점의 이면에 통사만이 가질 수 있는 강점을 가지고 있다. 특히 이 책과 같이 통사가 참으로 통사로서의 강점을 최대한 살린 경우에, 통사의 강점은 그 약점을 상쇄하고도 남는다. 통사가 가질 수 있는 강점으로서 특히 지적할 수 있는 것은 역사가 우리에게 삶의 다양성 또는 '변용'을 일깨워 주며, 그렇게 함으로써 우리를 편협하고 그릇된 '현세대 중심주의'에서 구제해 준다는 것이다. (이 '현세대 중심주의'는 문화인류학에서 말하는 '자문화 중심주의' 또는 서양인들이 그들 자신의 역사적 과오로 지적하는 '백인우위사상'에 상응한다.) 보다 구체적으로 교육의 경우에 이 '현세대 중심주의'는 현재 우리가 알고 있는 교육의 원리와 현재 우리가 따르고 있는 교육의 방법은 오직 우리 세대만이 알고 따르는 원리와 방법이라는 식의 생각으로 나타난다. 특히 사상적인 면에서 조상을 업신여기는 것은 후세대의 일반적인 경향이다. 후세대는 자신이 속하고 있는 세대가 역사적인 시간 계열의 선봉에 위치하고 있다는 오직 한 가지 이유에서 '우리 아버지나 할아버지가 이런 것들을 알았다? 말이나 되는 소린가?'라는 투로, 심지어 바로 윗 세대조차도 지적 원시인인 양 취급한다.

예컨대 교육은 삶과 긴밀한 관련을 맺어야 한다든가 교육에서는 그 대상인 학생의 심리 상태에 세밀한 주의를 기울여야 한다는 원리를 생각해 보자. 보이드의 이 책을 읽기 전에 존 듀이의 「민주주의와 교육」[5]을 읽은 독자는 십중팔구, 교육의 그러한 원리는 듀이에 와서 비로소 알려지기 시작했고, 그 원리가 알려진 오늘날의 우리에 비하면 그 이전 우리의 조상들은 교육의 '암흑시대'에 살았다는 착각에 사로잡히게 될 것이다. 그러나 보이드의 이 책에 의하면, 듀이가 강조한 교육의 실제적 원리는 그것이 하나의 사상으로 정립된 것만 고려의 대상으로 하더라도, 적어도 르네상스까지 거슬러 올라가며, 사상으로 정립되지 않은 채 교육의 실제에서 그 원리가 준수된 것으로 따진다면 거의 교육의 발생과 때를 같이한다고 말할 수 있다. 만약 우리가 보이드의 이 책이 암암리에 요구하는 대로, 후세대 특유의 그 편견 — 현세대 중심주의 — 에서 벗어나서 옛날의 교육을 가능한 한 있는 그대로 상상해 본다면, 「민주주의와 교육」이 세상에 알려지기 전이라고 하여, 또

5) John Dewey, Democracy and Education, Macmillan, 1916 ; 이홍우(역), 존 듀이 민주주의와 교육, 개정 · 증보판, 교육과학사, 2007.

는 그런 원리가 하나의 사상으로 정립되기 이전이라고 하여, 우리 조상들이 삶의 현실과 동떨어진 교육, 아동의 심리상태를 외면한 교육을 했으리라고는 믿어지지 않는다.

보이드가 이 책에서 듀이의 업적을 취급하는 방식은 이 면에서 중요한 시사를 준다. 그는 '회고적으로 말하여, 듀이의 구세주적 역할을 인정한다 하더라도, 또 한편 우리는 듀이가 이른바 "듀이식 견해"의 최초의 주창자도, 유일한 주창자도 아니라는 사실을 분명히 해둘 필요가 있다'(12 : 66)[6]라고 말하면서, 교육에서 '듀이가 한 일은 오직 이 [진화론에 입각한] 심리학의 원리를 교육 실제와 관련지은 것이다'(12 : 59)라고 말하고 있다. 목하의 논의에 맞게 이 말을 해석하자면, 듀이가 강조한 것과 같은 실제적 지침은, 비록 당시의 교육 현실에서 강조해야 할 충분한 이유가 있었던 것이기는 하지만('구세주적 역할'), 듀이 이전에도 알려져 있었고 또 때로 강조되었던 것이며, 듀이의 업적은 (오직) 그 실제적 지침을 당시의 진화론에 입각한 심리학의 원리에 비추어 설명 또는 정당화한 데 있다는 것으로 풀이된다. (듀이에 관한 본문의 설명으로 미루어 보이드는 오직 듀이의 초기 저작만을 참고한 것이 확실하다. 만약 그가 「민주주의와 교육」 또는 그 이후의 듀이의 저작을 참고하였더라면, 그는 틀림없이 앞의 '심리학적 원리'를 '철학 이론'으로 바꾸어, '듀이의 업적은 전부터 널리 받아들여져 오던 교육의 실제적 지침을 자신의 철학 이론에 비추어 정당화한 데 있다'고 말하였을 것이다.) 어쨌든 듀이의 경우에 성립하는 이 관점이 다른 교육사상가에게도 해당되지 않을 리가 없다. 어느 경우에 있어서나, 한 사상가(또는 이론가)가 교육 사상(또는 교육이론)을 정립할 때, 그는 이때까지 전혀 실천된 일이 없는 새로운 교육의 원리를 창안하는 것이 아니라, 교육의 실제에서 이미 실천되고 있는 원리를 그의 사상이나 이론에 비추어 설명하고 정당화한다고 보아야 한다.

이 점은 교육사에서의 사상과 실천의 관계라는 일반적인 문제와 연결된다. 이 책에는 통념상의 분류로 '교육사상사'(교육 사상가의 사상)와 '교육실천사'(역사상 실지로 시행된 교육)에 해당하는 내용이 포함되어 있다. 특히, 교육의 역사는 특정한 시대의 '삶의 추상'이라는 앞에서 제시한 관점에 의하면, 교육 사상사와 교육 실천사 사이의 통념상의 구분은 한 가지 중대한 문제를 제기한다. 이 통념에 의하면 한 특정한 시대에 대두된 교육 사상은 당대에 실천된 교육이 아닌, 실천되어

---

6) 제12장 66번 문단.

야 한다고 생각된 교육의 모습을 보여주며, 따라서 그것은 오히려 당대에는 '실천되지 않은' 교육의 모습을 보여준다. 이 논리에 의하면 교육의 역사가 여러 시대의 삶의 현실을 드러내어 준다는 앞의 관점은 오직 교육 실천사에만 해당되며, 여기에 비하여 교육 사상사는 삶의 현실이 아닌, 삶의 이상을 보여주는 것으로 된다. 그리고 이러한 생각은 통념상 당연한 것으로 받아들여지는 '이상과 현실의 괴리'에 의하여 더욱 확실한 것으로 간주된다.

그러나 이 책은 교육 사상사와 교육 실천사 사이의 통념상의 구분, 말하자면 한쪽은 실지로 살았던 삶의 모습을 보여 주는 반면에 다른 한쪽은 오직 머릿속의 이상으로만 존재한 삶의 모습을 보여 준다는 식의 사고방식에 대하여 근본적인 의문을 제기한다. 앞에서 말한 바와 같이, 한 사상가가 교육 사상을 정립할 때 그는 전혀 실천된 일이 없는 새로운 방안(즉, '이상')을 제시하는 것이 아니라 이미 광범하게 또는 적어도 부분적으로 실천되고 있는 방안을 명시적으로 드러내어 말할 뿐이다. 보이드가 지적하고 있는 바와 같이, 예컨대 스파르타의 삶과 교육의 기초를 마련한 것으로 알려져 있는 뤼쿠르고스의 입법은 그 당시 또는 그 이전 선사시대부터 스파르타에 시행되던 관습을 명문화한 것이며(1 : 16), '말을 하기 시작하고 첫 공부를 시작하는 어린 나이에서부터 [웅변의] 대기술에 완전히 통달한 경지에 이르기까지' 퀸틸리아누스가 제시한 웅변가의 교육과정은 '바로 최선의 로마 교육의 과정과 동일한 것'이었다(2 : 50).

물론, 이 '최선의 로마 교육'이라는 말에 시사되어 있는 바와 같이, 퀸틸리아누스는 당시에 시행되고 있던 교육 중에서 '훌륭한' 또는 '이상적인' 측면을 기술하였으며, 따라서 당시에 실지로 시행되고 있던 교육이 대부분, 그리고 정확하게 그의 기술에 부합되었다고는 말할 수 없다. (그와 마찬가지로, 예컨대 아우구스티누스가 그의 어린 시절의 학교생활을 돌아볼 때 머리에 남아 있는 것은 '거기서 이런 저런 것을 배웠다는 것이 아니라 거기서 심하게 매를 맞았다는 것'이라고 말한다고 해서(3 : 3) 그 당시의 모든 선생이 그야말로 아무것도 가르치지 않고 매질만 했다고 생각한다면 그것도 잘못이다. 예나 이제나 대부분의 교사는 대부분의 시간에 자기에게 주어진 교과를 시대의 특수적 여건과 개인의 지적 능력의 제약 속에서 열심히 가르치는 그 한 가지 동일한 일을 한다.) 그러나 또한, 퀸틸리아누스가 기술한 것과 같은 '이상적인' 측면이 당시의 현실에 전혀 없었던 것은 아니다. 이상은 현실과 동떨어진 것이 아니라 현실 속에 존재 하는 '이상적인' 측면이며, 그와 마찬가지로 현실은 반드시 이상의 불완전한 표현을 나타낸다. '이상적인' 것을 찾으려고 할 때 우리는 현실에서 눈을 돌리는 것이 아니라 바로 그 현실을 들여다 보면서 거기서 '이상적인' 것을 찾으려고 한다. 우리는 현실에 존재하지 않는 어떤 것도 이상으로 생각해 낼 수 없다. 그뿐만 아니라, 교육사상사는 삶의 현실이 아닌 삶의 이상을 보여줄 뿐이라는, 목하 문제되는 반론과 관련하여 더욱 중요한 것은 이런저런 이상을 품고 그것을 추구하는 것 그 자체가 또한 현실이라는 점이다.7) 어느 경우에나 교육사상을 교육실천으로부터 완전히 분리하여, 그것을 오직 실천되지 않은 교육과 삶을 나타내는 것으로 취급하는 것은 타당하지 않다. (그러나 또한, 교육 사상과 교육 실천 사이에 그러한 관련이 있다고 하여 교육 사상이 그 자체로서 하나의 역사적 흐름을 이루고 있다는 것을 부정할 필요는 없다. 한 사상가가 그 당시 광범하게 또는 부분적으로 실천되고 있던 교육 원리를 하나의 사상으로 정립할 때 그는 틀림없이 그 이전 사상가에 의존하였을 것이기 때문이다.)

보이드의 이 책이 우리에게 일깨워 주는 '삶의 常恒상항'이라는 것은 곧, 현재 우리가 영위하고 있는 삶과 교육은 먼 옛날부터 인간이 영위해 오던 그것과 근본적인 면에서 동일성을 나타낸다는 사실을 가리킨다. 우리가 우리 자신의 것이라고 생각하는 삶과 교육은 우리 자신의 창안이 아니라 우리의 선대로부터 물려받은 유산이며, 우리가 때로 역사상 우뚝 선 것처럼 느끼는 것도 오직 그 유산을 딛고 서있기 때문이다. 그러나 이 책에서 삶의 상항은 애당초 삶의 상항 그 자체로 주어지는 것이 아니라 '삶의 변용'으로 주어진다. 만약 이 책이 삶의 상항만을 서술했다면 그것은 이미 역사가 아니다. 역사는 처음부터 삶의 변용을 다루며 삶의 상항은 삶의 변용 속에, 또는 그 이면에 그림자처럼 비칠 뿐이다. 아마 여기에 훌륭한 통사의 비결 — 통사가 반드시 갖추어야 할, 그러면서도 가장 갖추기 어려운 조건 — 이 있다고 말할 수 있을 것이다. 통사는 상이한 시대가 나타내는 삶의 변용을 보여 주되 그러면서도 그 각각의 시대가 따로 떨어진 것이 아닌, '하나의' 역사를 보여주는 그런 것이 아니면 안 된다. 이 삶의 변용과 삶의 상항 사이의 미묘

7) 마루는 희랍 교육의 역사를 서술하는 부분에서, 체육과 음악과 문학과 과학과 예술을 결합하려는 희랍 교육의 이상이 당시 교육의 실제에서는 '진정한 지식을 경박하고 피상적인 수박 겉핥기 지식으로 바꿔치기 한 것으로 끝났다'고 말하고 뒤이어, '한 이상의 성과를 순전히 그것이 실제 사태에서 어느 정도로 광범위하게 시행되었는가로 판단할 수는 없다. 완전한 이상을 잠깐 보고 난 뒤에 마음 밑바닥에 계속 남아 있는 동경과 불안과 후회는 그 이상이 실제 사태에서 아무리 불완전하게 실현되었다 하더라도, 역시 하나의 현실이다. 희랍인들이 사실상 "전인"이 된 일은 한 번도 없지만 그럼에도 불구하고 희랍인들은 그것이 그들의 이상임을 한 시도 잊은적이 없으며 따라서 그들은 결코 그 이상을 포기하려고 하지 않았다'라고 말하고 있다. H.I. Marrou, *A History of Education in Antiquity*, Mentor Book, 1964(org. Sheed and Ward, 1956), pp.300-301.

한 균형을 도모할 수 없을 때 통사는 그것이 가지고 있는 특이한 강점을 살려내기 어렵다. 이 책은 이 면에서도 탁월한 모범을 보여 주고 있다. 이 책에서 시대별로 서술된 교육은 그 시대의 특수한 여건 속에서 하나의 공통된 모습을 나타내고 있다. 이것은 단순히 시대마다 각각 그 시대가 이상으로 삼는 인간상을 추구하고 그것을 실현하려고 노력했다는 식의 '형식상의' 공통성을 의미하는 것이 아니라, 그 이상 자체가 변용 속의 상항을 나타낸다는 '실질상의' 공통성을 의미한다. 희랍의 '철학자'(애지자)와 로마의 '웅변가'와 카스틸리오네 당시의 '廷臣정신'은 각 시대의 특수한 요구에 따라 상이한 직분으로 표현된, 동일한 인간상을 가리킨다(8 : 11-12 참조).

이 점과 관련하여 이 책이 역자에게 특히 감명을 준 점 — 그리고 독자에게 틀림없이 감명을 줄 점 — 한 가지를 지적할 수 있다. 그것은, 이 책은 역사상 대두된 모든 교육 사상을, 그 중의 어느 하나도 편파적으로 지지하거나 깎아 내림이 없이, '공평하게' 취급한다는 것이다. (대체로 말하여 저자는 모든 사상을 찬양하는 편에 선다.) 여러 시대의 교육 사상이 표면상 명백한 차이를 나타낸다는 사실에 비추어 현재 이 책이 보여주는 결과는 쉽게 달성될 수 있는 것이 아니다. 그 가장 극적인 보기는 허버트 스펜서를 취급하는 방식에서 찾아볼 수 있다.

만약 독자가 이 책을 처음부터 읽기 시작하여 제11장 마지막(11 : 50)의 스펜서에 다다르면 그는 틀림없이 역자와 마찬가지로 장차 저자가 빠지게 될 곤경에 대하여 우려를 금할 수 없을 것이다. 그때까지 저자는 교육내용으로서의 '7자유학과', 그리고 그 핵심인 희랍 로마의 고전 — 이른바 '詞章사장'— 의 교육적 가치에 의심할 여지없는 찬양을 표시하였다. 그런데 스펜서는 학교 교육의 사장적 전통에 반대하고 교육 내용으로서의 사장과 과학을 정면으로 대립시키면서 과학이 사장보다 월등하게 가치있는 교육 내용이 된다고 주장하였다. 여기에 대하여 저자는 무엇이라고 말해야 하는가? 그의 다음과 같은 말은 독자의 이 우려를 해소하는 것 이상의 효과를 발휘한다.

> 사실상, [교육내용으로서의 과학과 인문학] 사이의 화해는 느린 속도로 진행되었고 현재에도 완전히 이루어졌다고 보기 어렵다. 스펜서와 그 후계자들이 나서서, 사장 교과를 영광의 지위에 올려 놓은 지난 십 수 세기 동안의 교육을 비판한 것은 그 화해가 하나의 가능성으로 비치기 전에 반드시 거쳐야 할 준비 단계였다고 말할 수 있다. 그들의 비판은 당연하고도 타당한 것이었다. 순전히 사장적인 훈련은, 그것이

아무리 장점을 가지고 있다고 하더라도, 점점 더 과학적 지식과 발명에 의존해 가는 사회에서 생활하는 사람들에게 합당한 자격을 갖추도록 하는 데는 충분하지 못하였다. 뿐만 아니라 순전히 도야적 가치를 두고 말하더라도, 과학적 훈련은 사장적 훈련이 도저히 미치지 못할 정도의 관찰과 판단의 능력을 개발할 수 있을 것으로 생각되었다. 만약 과학이 이런 식으로 그 스스로의 가치를 입증하고서야 비로소 학문적 전통의 한 부분으로 인정받게 된다면, 그와 마찬가지로 생각하여 옛날의 사장 문화 또한, 과학에 의하여 대표되는 당시의 새로운 시대정신을 상대로 하여 스스로의 가치를 인정받지 않으면 안 된다(11 : 54).

분명히 말하여, 이런 논평은 참으로 대가다운 저작술, 그리고 아마 그보다 더 중요한 것으로서, 선대의 교육 사상에 대하여 혈육과도 같은 애착을 가지고 있는 사람이 아니고는 도저히 할 수 없을 것이다. 그리고 또한 그 저작술과 애착은 누군가가 모방하고 싶다고 하여 간단하게 모방될 수 있는 것도 아닐 것이다.

사실상, 위의 '혈육과도 같은 애착'이라는 것은 그다지 비유적인 의미로 사용된 것이 아니다. 왜냐 하면 보이드의 책은 그것을 '혈육'으로 느낄 가능성이 있다는 것을 보여주기 때문이다. 만약 우리가 정성을 다하여 열심히 이 책을 읽는다면 우리는, 오랜 역사를 통하여 수많은 사람들이 교육을 하고 또 그것에 관하여 생각을 했지만 그것은 마치 그 한 사람 한 사람을 모두 포괄하는, 그들보다 월등하게 거대한 한 사람이 교육을 하고 생각을 한 것과 같다는 것, 그리고 우리 한 사람 한 사람은 그 거대한 한 사람의 분신으로서 그 한 사람의 생각에 참여하고 있다는 것을 느낄 수 있을 것이다. 그 한 사람은 바로 우리 자신이며, 그가 한 일과 생각에 애착을 가지는 것은 바로 우리 자신에 대하여 애착을 가지는 것이 된다.

'교육사는 왜 공부하는가'라는 이 글의 첫머리에 내어건 질문에 대한 대답은 이때까지 말한 내용 여기저기에 산발적으로 암시되어 있다. 이제 그것을 요약하여 위의 질문에 대한 직접적인 대답을 제시해 보겠다. 그것은 1) 교육사를 공부하는 것은 우리 자신을 이해하는 일이라는 것과, 2) 교육사는 교육이론의 시대적 표현을 보여 준다는 두 가지 점으로 요약될 수 있다.

첫째로, 교육사를 공부하는 것이 우리 자신을 이해하는 일이라는 것은, 교육사는, 다른 어떤 분야의 역사와 마찬가지로, '삶의 추상'이라는 점에서 직접적으로 따라 나온다. 이 책 본문의 의미심장한 첫 문장, '올바른 삶을 살 수 있도록 젊은이들을 훈련하고 교육하는 일은 인간의 여러 가지 관심사 중에서 가장 오랜 역사를 가지고 있다'(1 : 1)라는 말에 명백히 진술되어 있는 바와 같이, 교육은 인간의 삶이 있는 곳에는 어디서나 또 어느 시대에나 있어 왔다. 위의 문장에서 '인간의 여러 가지 관심사'라고 말한 것 속에는 '올바른 삶을 살 수 있도록 젊은이들을 훈련하고 교육하는 일' 이외에도, 삶을 위하여 필요한 재화를 생산하고 분배하는 일, 치안을 유지하고 질서를 확보하는 일, 외적의 침입으로부터 나라를 지키는 일 등등, 인간이 삶에서 하는 모든 활동이 포함된다. 앞에서 말한 바와 같이, 이런 여러 관심사는 모두 삶의 범위 전체에 걸쳐 있고 혼연일체로 용해되어 있기 때문에, 만약 우리가 실지의 삶에서 그 중 어느 한 관심사를 들어 올린다면 — 도대체 그것이 가능하다면 — 마치 자석에 쇳가루가 달라붙듯이, 그 밖의 모든 관심사들이 한꺼번에 따라 올라올 것이다. (다시 말하면, 삶의 여러 국면은 '사실상으로' 분리되어 존재하지 않는다.) 이와 같이 삶의 여러 가지 관심사가 혼연일체로 용해되어 있는 복합적 총체 — 그것이 바로 우리의 삶이다.

그러나, 비록 삶의 여러 관심사가 별도의 공간에서 따로 추구되는 것은 아니라고 하더라도, 그 각각을 머리 속으로 분리하여 생각하는 것은 언제나 가능하다. (다시 말하면, 삶의 여러 국면은 '개념상으로' 구분될 수 있다.) 그리고 물론, 이 머리 속의 분리 작업은 각각의 관심사를 추구하는 전형적인 기관(교육의 경우에는 '학교')이 있다는 사실로 말미암아 더욱 용이해진다. 보이드가 이 책에서 한 일은 역사상 여러 시대에 일어났던 '젊은이들을 훈련하고 교육하는 일'을 그 시대의 삶으로부터 분리하여 서술하는 것이었다. 이 분리는 어디까지나 '머리 속에서만' 일어나는 것일 뿐, 결코 완전한 분리가 아니다. (그와 마찬가지로, 이 책의 곳곳에 나타나 있는 바와 같이, 통념상 '교육'과 거리가 먼 것처럼 생각되는 사실이 교육사에서 중요성을 가지게 되는 것도 삶의 여러 국면이 긴밀하게 상호관련되어 있다는 점에 비추어 그다지 놀라운 일이 아니다.) 머리 속에서 분리된 내용은 그와 동일한 반대 방향의 지적 작용에 의하여 그것이 분리되기 이전의 원래의 맥락으로 다시 투입될 수 있다. 이것이 앞에서 말한 '현실의 재구성' 작업이다.

보이드의 서술을 단서로 하여 재구성되는 현실은, 물론, 각 시대의 삶이다. 그러나 다시 앞에서 말한 삶의 역사적 연속성에 의하여, 그 각 시대의 삶은 오늘날 우리의 삶과 근본적으로 다른 것이 아니다. 역사상 어느 시대에서와 마찬가지로, 오늘날 우리도 삶의 여러 가지 관심사가 혼연일체로 복합된 그 삶을 살고 있고 또 그 안에서 '젊은이들을 교육하고 훈련하는 일'을 하고 있다. 역사상 여러 시대의 삶은, 말하자면, 오늘날 우리의 삶을 시간이라는 축으로 길게 늘여 놓은 것과 같고, 그와 마찬가지로 역사상 여러 시대에 살았던 사람들은 오늘날 살고 있는 우리 자신을 시간의 축으로 길게 늘여 놓은 것과 같다. 그 시대의 사람들을 이해하는 것은 바로 우리 자신을 이해하는 것이다. 가령 이 책에서 '아테나이 청년을 둘러싸고 있던 환경'에 관한 다음과 같은 서술을 읽어 보자.

> 길거리를 걸어갈 때 그는 일찍이 세계가 알고 있던 가장 훌륭한 예술 작품이 길 이쪽 저쪽에 줄지어 늘어서 있는 것을 보게 된다. 매일매일 그는 말솜씨가 뛰어나고 경험이 풍부한 인사들이 정치적 쟁점에 관하여 토론을 벌이는 것을 들을 수 있고, 때로는 그 쟁점의 결정에 자신이 한 몫을 담당할 수도 있다. 봄이 되면 그는 디오뉘소스 극장의 지정석에 앉아서 연례 행사로 개최되는 비극시 경연대회의 비극 공연을 아침부터 밤까지 관람할 수 있다. 분명히, 역사상 어느 시대도 청소년들에게 이토록 풍부하고 다양한 열정을 불러 일으키지는 못하였다. 그야말로 삶이 곧 진정한 교육이었던 적이 일찍이 단 한 번이라도 있었다면 이 당시의 아테나이가 바로 그런 경우였다(1 : 33).

이 서술은 그 당시 아테나이의 '교육적' 환경 속에서 살고 있던 청년의 모습을 마치 그림처럼 우리 눈 앞에 선명하게 제시하고 있다. 그러나 그 그림은 단순히 아테나이 청년만을 보여 주는 것이 아니다. 그 그림을 세밀히 들여다 보면, 그것은 오늘날 우리 사회에서 살고 있는 청년들의 모습, 또는 심지어 우리 자신의 모습과 그리 다를 것이 없다는 것을 알게 된다. 앞의 서술에 나타나 있는 바와 같이, 오늘날 우리의 환경은 그 당시 아테나이의 그것만큼 '이상적인' 것은 되지 못할지 모르지만, 우리의 환경이 그것과 '완전히' 다르다고는 말할 수 없으며, 적어도 우리가 열심히 노력한다면 우리는 우리의 환경을 그것에 좀더 가까운 것이 되도록 만들 수는 있다. 이런 뜻에서 아테나이 청년의 그 그림은, 아테나이와 우리 사이의 시공간적, 문화적 차이에도 불구하고 우리 자신의 모습(또는, '잠재적인' 우리 자신의 모습)을 보여 준다고 말할 수 있다. 이것은, 역사는 '삶의 변용' 속에 있는 '삶의 상항'을 보여 준다는 앞의 말의 한 가지 예시에 불과하다.

둘째로, 교육사가 교육이론의 시대적 표현을 보여 준다는 점에 대해서는 긴 설명이 필요하지 않다. 여기서 특별히 이 점을 말하는 것은 오직 그것이 교육학을 공부하는 사람으로서의 우리의 일이 어떤 것인가를 지시해 주기 때문이다. 앞에서 말한 바와 같이, 이 책에는 역사상 여러 시대의 사람들이 젊은이들을 훈련하고 교육하는 일을 하면서 그 일에 관하여 생각한 내용을 정립한 것(교육사상사)도 포함되어 있다. 교육 이론에 관하여 약간이나마 깊이 있게 공부한 사람이 이 책을 읽는다면 그는 거기서 오늘날 그가 다루고 있는 이론적 문제들이 거의 그대로, 또는 그와 유사한 형태로 오래 전부터 대두되고 취급되어 왔다는 것을 알게 될 것이다. 모르기는 해도, 그는 '옛날 사람들' 중에서 현재 자신이 공부하고 있는 것과 동일한 종류의 문제에 열렬한 관심을 기울이고 훌륭한 책을 쓰고 한 사람들이 그토록 많다는 사실에 놀라움을 느끼게 될 것이다. 사실상, 이 책에 소개된 사상가들은, 수적인 면에서는 말할 것도 없고, 지적 수준에 있어서도, 오늘날의 한 개인 교육학도와는 비교가 되지 않을 만큼 월등하며, 따라서 그 사상은 한 개인으로서 그것을 모두 공부한다는 것은 꿈조차 꿀 수 없을 만큼 방대하다. 이 점을 생각한다면, 심지어 그 사상가들이 그 시대의 이론적 발전 수준의 제약 때문에 때로 우리에게 웃음을 자아낼 정도의 유치한 생각을 한 경우에도, 우리는 일단 그들에게 존경과 찬탄을 보내야 마땅할 것이다.

비록 이 책이 교육의 이론적 측면을 부각시키는 데에 특별히 관심을 기울인 것은 아니지만, 이 책에는 곳곳에 저자 자신의 이론적 통찰이 드러나 있다. 그 한 가지 보기는 존 로크에 관한 논평에서 찾아 볼 수 있다. 보이드는, 로크의 저작 중에서 「교육론」은 '특정한 종류의 삶을 위한 준비로서의 교육'을 다루는 반면에 「悟性오성의 驅使구사」는 '지력의 준비로서의 교육'을 다룬다고 말한 뒤에 이어 다음과 같이 말하고 있다.

> 이 양자의 대비를 다른 방식으로 표현하자면, 「교육론」은 교육의 목적을 특정한 형식의 지식과 기술의 획득이라는 객관적인 용어로 규정하는 반면에 「오성의 구사」는 지적 능력의 도야라는 주관적인 용어로 교육의 목적을 규정한다고 말할 수 있다. 아마 이 두 관점 사이의 차이를 전연 의식하지 못했기 때문이겠지만, 로크는 이 두 가지 사이의 관련을 거론조차 하지 않는다. 일반적인 형식적 도야의 대상으로서의 부소능력이라는 것은 실지로 존재하지 않는 허구일지도 모른다는 사실에 대해서는 로크는 전혀 생각이 미치지 못한 것이 분명하다. 사실상, 이 점에 있어서는, 그의 전시대나 후세를 막론하고, 부소능력의 훈련과 사회적 기능을 위한 준비는 동일한 사실의 대안적 표현이라는 것을 단순하게 무비판적으로 가정한 수많은 교육자들도 그와 다름이 없다(9 : 57).

이 논평은 결국, 부소능력의 훈련과 사회적 기능을 위한 준비 사이의 관계는 단순히 '그것이 바로 그것'('동일한 사실의 대안적 표현')이라는 식으로 얼버무리고 덮어둘 것이 아니라 그 자체가 심각한 이론적 문제로 논의되어야 한다는 것을 시사한다. 그리고 이렇게 말하는 순간, 우리는 과연 보이드의 이 말 이상으로, 그 이론적 문제를 해명하려고 하고 있는가를 반성하게 된다.

이상의 논의는 현재 교육학을 공부하는 학도로서 우리가 하고 있는 일, 그리고 장차 더욱 분발하여 해야 할 일이 무엇인가를 보여주고 있다. 즉 교육학도로서 우리는 역사상 뛰어난 교육사상가들이 각각 그들의 삶과 교육에 대하여 했던 것과 동일한 일을 현재 우리의 삶과 교육에 대해서 해야 한다. 이 일이 어떤 일인가를 알기 위해서라도 우리는 그 교육 사상가들이 한 일을 이해하지 않으면 안 된다. 교육학에서 교육사가 차지하는 중요한 위치가 여기에 있다.

이제 마지막으로, 장차 이 책을 읽을 독자에 대한 간절한 기원을 말하면서 이 해설을 끝맺고자 한다. 이 책을 번역하는 동안에 역자는 끊임없이, 훌륭한 한 선대 禪師선사의 책을 읽고 '아 애달프다, 내가 이제야 이 책을 보게 되다니!'(嗟 我見此書 晩矣)라고 탄식했다는 한 선사의 이야기가 생각났다. 그야말로 역자에게 이 책은 만시지탄을 자아낸다. 그러므로 위에서 '이 책을 읽을 독자'라고 말했을 때, 현재 대학에서 교육학을 가르치고 있는 교수 또는 박사 과정이나 석사과정에서 공부하고 있는 학생들이 그 독자에서 제외될 필요는 없지만, 역자가 주로 염두에 둔 독자는 내년에 대학의 교육학과에 입학하는 신입생들이다. 그 미래의 독자에게 역자는 머리를 조아려 기원한다. 아니, 그것으로 부족하면 눈물로 하소연한다. 첫째, 앞으로 교육학을 공부하는 동안에 스스로 교육학의 학문적 영예가 의심스러워지거든, 아니면 누군가 공공연히 그 영예를 의심하고 훼손하는 발언을 하는 사람이 있거든, 스스로, 또는 그 사람에게 이 책을 들고 가서, '이렇게 훌륭한 역사를 가지고 있는 학문이 어떻게 시시한 학문일 수 있는가'라고 말하라. 둘째, 교육학은 현재의 교육제도나 교육 방법을 바꾸는 것 이외에도, 그것과는 다른, 또는 심지어 그것을 능가하는 중요성을 가질 수 있다는 것을 알라. 그리고 셋째, 보이드의 이 책을 모델로 하여 한국인으로서의 우리의 삶과 교육, 그리고 우리 자신의 모습을 그림처럼 보여줄 책을 쓸 수 있도록, 학문적 생애의 초기부터 준비를 갖추라. 이것은 한 인간의 평생을 걸 만한 일로서 전혀 손색이 없다는 것을 명심하라.

초판 서문

이 책이 다루는 서양교육사는 기원전 수백 년 희랍 사람들의 교육적 노력에서 시작하여 20세기 과학적 교육학의 시작에까지 이어진다. 그 역사는 본질상 진화의 기록이다. 그것은 오늘날 우리의 실제와 의견이 세기를 통하여 점차적으로 형성되어 온 과정을 보여 주며 성장 과정에 있는 삶의 구성요소인 과거와 현재를 연결해 준다. 현재로서는 그 성장 과정에 있는 삶이 곧 우리의 삶이다.

교육의 진화적 측면, 즉 현재는 과거에 의존한다는 점을 더 잘 부각시키는 방법으로서, 이 책에서는 교육기관과 교육원리를 각각의 사회적 맥락 속에서 보여 주려고 노력하였다. 각각의 장은 그 첫 부분에서, 그것에 취급되어 있는 시대의 두드러진 특징을 개략적으로 설명하는 것으로부터 시작되며, 이것은 그 당시 교육의 사회적 배경을 알도록 하기 위한 것이다.

그렇지만 이 책의 내용을 단순히 생동하지 않는 아이디어와 사조에 관한 추상적 설명에 불과한 것으로 받아들여서는 안 된다. 온갖 다양한 형태의 교육 발전은 위대한 교육자로 알려져 있는 많은 사람들의 경험과 사고에 의하여 끊임없이 예시되어 있다. 이 사람들은 그 시대의 정신을 가장 완벽하게 구현하였거나, 그렇지 않으면 교육의 실제 면에서나 이론 면에서 학교의 전통에 무엇인가 새로운 것을 보태었다. 또한, 이 책에서는 세대에서 세대를 이어 오면서 교육사상에 주도적인 역할을 한 국가들이 주로 강조되어 있지만, 이 책을 읽을 독자들의 관심이 영국, 스코틀란드, 아일란드, 그리고 미국의 교육에 가장 많이 쏠려 있으리라는 점을 감안하여 그 나라에서 일어난 중요한 사건에 특별한 주의를 기울였다.

1921년

윌리암 보이드

목 차

제 1 장

희랍의 교육

1 서론

¶1_ 올바른 삶을 살 수 있도록 젊은이들을 훈련하고 교육하는 일은 인간의 여러 가지 관심사 중에서 가장 오랜 역사를 가지고 있다. 아득히 먼 선사시대, 인간이 극히 보잘 것 없는 사회적 전통을 조금씩 쌓아가면서 서서히 동물 상태에서 벗어나기 시작하던 당시로 말하면, 학습이라는 것은 대체로 경험과 모방에 의존하였을 것이다. 그러나 유럽에 오늘날과 같은 인간이 그 최초의 모습을 드러낸 후기 구석기시대*만 하더라도, 명백히 의도적인 형태의 교육이 시행되고 있었다고 볼 충분한 근거가 있다. 뿔이나 상아에 새겨진, 또는 동굴의 벽에 그려진 동물의 그림에 나타나 있는 것과 같은 그토록 훌륭한 예술 작품이 명확한 형태를 띤 가르침이 없이 만들어졌으리라고는 도저히 상상할 수 없다. 그러한 가르침을 '왜' 했으며, '어떻게' 했는가에 관해서는 확실히 알 수 없고, 다만 그것이, 동굴의 벽화에서 짐작할 수 있는 바와 같이, 모종의 종교적 동기에 그 기원을 둔 것이 아닐까 하는 추측을 할 수 있을 뿐이다. 우리가 옛날의 교육에 관하여 비교적 확실한 지식을 얻을 수 있는 것은 그로부터 훨씬 뒤인 신석기시대*부터이며, 그 지식이라는 것도 가장 오래된 문학 작품에 공통적으로 나타나 있는 전설이라든지 오늘날에도 여전히 신석기시대에 살고 있는 오스트랄리아 원주민에 관한 지식을 토대로 하여 지나간 날을 재구성함으로써 비로소 얻어진다. 야만시대 또는 반야만시대의 교육에 관한 한 가지 가장 중요한 사실은 교육이 어디서나 성년식*과 결부되어 있었다는 것이다. 그러다가 훨씬 뒤에, 그래도 지금으로부터는 수천 년 전에 이집트와 바빌로니아의 여러 강 유역에서 오랜 세월을 두고 서서히 문명이 생겨났다. 이 지역에서 보

다 안정된 정착 생활이 시작되면서부터 의식으로서의 성년식은 그 중요성을 대부분 상실하고 그 대신에 이때까지와는 전혀 다른 종류의 필요를 충족시키기 위한 새로운 형태의 교육이 생겨났다. 이 새로운 교육에서는 문자의 발명, 그리고 문자에 의한 기록에 기초를 둔 복잡한 사회제도의 탄생이 주동적인 역할을 하였다. 이제 교육은 문자라는 그 어려운 새 기술을 배우는 일, 그리고 그것을 장사와 정치에 적용하며 신전을 중심으로 전개되는 모든 학문에 활용하는 일로 되었다. 이 일은 고도로 전문적인 성격을 띤 것이어서 가정은 도저히 그 일을 제대로 수행할 수 없었다. 이제 가정은 주로 일상생활의 실제적 훈련을 담당하게 되고, 인류 역사상 최초로 학교가 출현하게 되었다.

---

* later palaeolithic age (약 350,000-9,000 B.C.) * neolithic age (약 9,000-7,000 B.C.)
* ritual of initiation, initiation ceremony, 성인의 관습과 의무에 관한 특수적 훈련을 통하여 젊은이들을 성인의 세계로 이끄는 의식, 1 : 12-15 참조.

¶2_ 위에서 아주 개략적으로 훑어 본 교육의 진화과정을 단계별로 자세하게 고찰하는 것도 당연히 중요한 학문적 관심사가 된다. 그러나 이 책에서의 우리의 관심은 서양의 교육사에 있기 때문에 그 이전의 교육에 관해서는, 유럽 교육이 형성되기 이전에 그것에 간접적으로 기여한 방대한 고대의 교육제도가 있었다는 것을 상기하는 데에 필요한 정도로, 간략하게 언급하고 지나갈 수밖에 없다.

¶3_ 오늘날 우리의 시대를 이해할 목적으로 교육의 기원을 연구하는 적절한 출발점은 서양 문명의 모태인 고대 희랍이다. 헤겔*이 말한 바와 같이, 현대에 살고 있는 교육받은 사람들은 '희랍'이라는 이름에서 고향을 느낀다. 종교의 경우를 보면, 현대인이 가지고 있는, 초월적인 거리감을 자아내는 종교는 동방, 특히 시리아에서 온 것이며 거기에는 언제나 무엇인가 생소한 면이 있다. 여기에 비하여, '현재 여기에 있는 것, 과학과 예술, 삶을 풍부하게 해 주며 드높고 아름답게 해 주는 모든 것은 직접 또는 간접으로 희랍에서 유래된 것이다.' 교육의 분야에서 현대가 희랍으로부터 물려받은 것은 보다 큰 유산의 한 부분에 지나지 않지만, 그 한 부분은 결코 작은 것이 아니다. 바빌로니아와 이집트에도 학교가 있었지만, 거기에 있었던 학교는 오늘날 우리의 학교에 비하여 그 목적이 매우 달랐으며, 우리가 아는 한, 그 방법 또한 매우 달랐다. 현대의 그것과 근본적으로 유사한 교육의 내용과 방법을 갖춘, 오늘날 우리가 보기에 명백히 유럽식 학교로 보이는 최초의 학

교가 생겨난 것은 바빌로니아나 이집트보다 뒤늦게 발달한 희랍 문명에서였으며, 그 이후 오늘에 이르기까지 희랍의 교육사상과 희랍의 교육실제는 유럽의 모든 나라의 교육을 형성하는 데에 막대한 영향을 행사하였다. 현대의 우리에게 더 직접적으로 영향을 끼친 것은 로마이지만, 로마가 세계에 대하여 한 공헌은 어디까지나 희랍의 전통을 이어 받아 서양의 새로운 상황에 그것을 적응시킨 것에 불과하다. 심지어 유태교가 끼친 간접적 영향도, 그것이 구약의 교육사상을 통하여 행사되었건, 개인생활과 사회생활에 관한 기독교의 견해를 통하여 행사되었건 간에, 희랍 사상의 형태로 변형되어서야 비로소 유럽 교육의 성격을 결정하는 세력으로 힘을 발휘하게 되었다. 그러므로 서양교육사의 고찰은 당연히 고대 희랍에서 시작할 수밖에 없다.

* Hegel

2 희랍인

¶4_ 기원전 천오륙백 년에서 천 년 사이에 아아리아족*의 혈통을 가진 여러 종족들이 여러 차례 계속된 침략의 물결을 타고 중부 유럽에서 그리스 반도로 흘러 들어왔다. 그 중의 일부는, 나중에 노르웨이인들이 그러했듯이, 해안을 따라 배를 타고 들어와서 뮈케나이*나 트로이아*와 같은 곳을 중심으로 작은 무리를 이루어 정착하였다. 이 해양의 모험가들은 아마 특별한 저항을 받지 않고 비교적 평화적인 방법으로 원주민에 비하여 우월한 지위를 차지하였을 것이며, 결과적으로 그들은 그들이 정복한 사람들에게 부분적으로 동화되었을 것이다. 여기에 비하여 육로를 타고 온 주류는 수적으로 많은데다가 그들이 원래 가지고 있던 종족적 조직을 보다 완전하게 유지하면서 보다 철저한 정복자로서 통치권을 행사한 것은 물론이요, 그 땅에 사는 사람들에게 그들의 언어를 강제로 받아들이도록 하는 데에도 성공하였다. 그러나 심지어 이 후자의 경우에도, 정복자들은 전부터 거기에 살고 있던 사람들을 완전히 추방하거나 섬멸하지 않았다. 그리스 내에서, 아티카*와 같이, 침략의 동원으로부터 가장 멀리 떨어진 지역에서는 원주민들이 여전히 인구의 대다수를 이루고 있었으며, 라코니아*를 위시한 그 밖의 여러 지역에서도 원주민들은 정복자의 성 외곽에서 반독립적인 상태를 유지할 수 있을 정도로 그

수가 많았다. 그러나 그들의 문명은 여러 번 되풀이되는 정복자의 침략으로 말미암아 서서히 몰락하였다. 그 문명은 아이가이온해* 연안의 나머지 지방, 특히 크레타* 지방의 문명과 유사한 성격의 것으로서, 그것이 몰락한 뒤에 남아 있었던 문화적 잔재는 장차 북방 민족과 남방 민족의 융합으로 새로운 문명이 탄생하는 데에 뒷받침이 되었다.

---

* Aryans [Aryas] * Mycene [Mukenai] * Troy [Troia] * Attica [Attika]
* Laconia [Lakonia] * Egean [Aigaion] Sea * Crete[Kreta]

¶5_ 야만 민족의 침략은 기원전 11세기 도리아족*의 이주로 막을 내렸다. 그 후, 흔히 '희랍의 암흑시대'*라고 불리는 3개 세기가 흘러갔다. 이 이름이 그다지 잘못 붙여진 것이라고는 볼 수 없는 것이, 이 기간에 관해서는 거의 알려진 바가 없는 것이다. 그러나 그 시대가 끝날 무렵에 큰 변화가 일어났다. 피부가 희고 곱슬머리를 한 북방계 종족이 미노스 제국*의 융성기에 아이가이온해 연안에 살고 있었던 갈색 피부와 검은 머리의 지중해 종족에 흡수되면서 점차 자취를 감추었다. 사회적 관습과 제도도 인종에 못지않게 철저한 변화를 겪었다. 얼핏 보기에는 정복자가 그들이 정복한 땅에 도리어 정복된 것이 아닌가 하는 의심이 들 정도였다. 그러나 사실에 있어서는 그보다 훨씬 굉장한 일이 일어났다. 여러 면에서 그 조상이나 친척들과는 다른, 그러면서도 그 어느 종족보다도 풍부한 능력과 자질을 갖춘 새로운 종족이 탄생한 것이다. 이 새로운 종족은 그들의 아아리아족 선조들로부터 과학과 철학을 표현하는 데에 적합한 훌륭한 언어와 그것에 못지않게 훌륭한 정치적 지혜를 물려받았다. 이 정치적 지혜로 말미암아 그들은 한편으로, 그들의 영토를 개별적으로 분할된 여러 개의 도시국가로 조직하고 귀족정치와 자유라는 두 개의 이질적인 요소들을 조화롭게 결합하였으며, 또 한편으로, 공동의 종교적 의식과 올림포스 대경기를 통하여 개별적인 도시국가들을 결속함으로써 부족의 차이를 초월한 범그리스적 정조를 불러일으키는 데에 성공하였다. 남쪽의 종족으로부터 그들은 인격신을 숭배하는 종교와 옛날 크레타 문명에서 원숙의 경지에 이른 고상한 예술의 전통을 통하여 문화적 잠재력을 물려받았다. 심지어 토지에 부속된 원주민 농노들조차도 데메테르,* 페르세포네,* 디오뉘소스* 등 여러 지하신에 대한 신앙을 통하여 문화적 전통에 한 몫을 담당하였다. 이들 지하신에 대한 예배에서 비극과 희극, 그리고 그 밖의 여러 가지 신화가 탄생하였다.

* Dorians [Doria] * Dark Ages of Greece (약 1,100-800 B.C.)
* Minoan [Minos] Empire * Demeter, 수확의 여신 * Persephone, 데메테르의 딸
* Dionysus [Dionusos], 풍요의 신, 인간에게 포도주를 준 신

¶6_ 희랍인의 정신은 그들의 종교에서 가장 두드러진 특징을 나타낸다고 말할 수 있다. 아폴론,* 포세이돈,* 아레스,* 헤르메스,* 아테나,* 아프로디테,* 아르테미스* 등 여러 남녀 신들은, 그 어원에서 알 수 있는 바와 같이, 동방에 그 기원을 두고 있지만, 희랍에 오면서 그 성격에 근본적인 변화가 일어났다. 그것은 단순히 그 신들이 크레타의 모신처럼 동방의 신보다 더 인간과 비슷하다는 것에 그치지 않고 그 이상으로, 인간의 삶에 영향을 주는 거대한 자연 세력을 대표하는 것과 동시에 모든 중요한 인간관계를 대표하게 되었다는 것이다. 이런 성격의 신들로 말미암아 희랍인은 그들의 세속적 삶을 자유롭게 발전시킬 수 있었다. 동방에서는 인간이 자연 현상의 거대한 힘에 완전히 압도되어 있었다. 신들은 인간으로부터 한없이 멀리 떨어져 있는 존재여서 인간은 오직 노예적인 외경심을 가지고서야 신에게 접근할 수 있었으며, 성직자들은 대체로 말하여 여러 가지 인간사에 대하여 전제군주에 필적하는 영향력을 행사하였다. 희랍에서는, 자연은 보다 온순하며 인간에 의하여 쉽게 통제될 수 있었다. 그에 따라 자연의 신은 인간적 속성을 부여받아 인간의 수준으로 한층 더 가까이 내려왔고, 부족 대신에 새로운 사회조직의 단위로 등장한 성곽도시와 긴밀한 관련을 맺고 그 생활을 주관하는 것으로 간주되었으며, 성직자도 이따금 종교적인 의식이나 행사를 집행하는 정도로 그 중요성이 현저하게 약화되었다. 이런 이유에서, 희랍의 종교는 노예의 종교가 아닌 자유민의 종교였다고 말할 수 있다. 희랍의 종교는 인간의 사고와 감정을 어두운 천상에서 밝은 지상으로 끌어내렸으며, 인간으로 하여금 나날의 삶을 통하여 다른 인간이나 세계와 맺은 일상적 관계 속에서 그들의 영적 본성을 표현하도록 이끌었다. 요컨대 희랍인의 위대한 발견은, 인간이 살고 있는 이 세상은 인간으로서의 그의 본성과 무관한, 그에게 생소한 그 무엇이 아니라, 인간이 자신의 목적을 달성하는 데에 터전이 되는 명실공히 질서정연한 세계라는 사실에 있었다. 모든 삶을 지배하는 신비적인 힘은 인간과 별개의 것이 아니라는 발견에서 시작하여 그들은 그 세계 속에서 안락을 추구하는 것이 무모하거나 불가능한 것이 아님을 발견하였으며, 그러한 신념을 바탕으로 하여 예술과 과학과 철학의 탁월한 구조를 구축하고 조그만 도시국가 속에서 자유로운 정치 생활을 영위하였다.

* Apollo [Apollon], 태양의 신 * Poseidon, 바다의 신
* Ares, 전쟁의 신 * Hermes, 부와 행운을 전달하는 신
* Athena, 지혜의 여신 * Aphrodite, 사랑과 미의 여신
* Artemis, 사냥과 달의 여신

¶7_ 그러나 희랍의 정신이 이룩한 이 훌륭한 성과는 모든 도시국가에서 동일한 정도로 완전하게 실현된 것이 아니었다. 기원전 7세기까지는 모든 도시국가가 동일 보조로 꾸준히 발전해 나갔다. 이전의 아아리아족의 정복자들은 대체로 말하여 혈족관계를 시민권의 기초로 삼았던 데 비하여, 이제 그것이 토지의 소유 여부로 대치되면서 시민권이 보다 광범위하고 개방적인 것으로 확장되고 그에 따라 대부분의 도시 국가에서 왕정이 공화정 체제로 대치되었으며, 이와 더불어 문화와 사회적 자유의 진보도 모든 도시국가에서 공통적으로 이루어졌다. 그러나 기원전 6세기 경에 해안 근방의 도시국가를 중심으로 제조업과 해상 무역이 크게 번성함으로써 도시 국가들 사이에 상당한 차이가 생겼고 이 차이는 날이 갈수록 커졌다. 스파르타를 수도로 하는 라케다이모니아*와 같이, 여건상 농업에만 의존할 수밖에 없는 도시국가들은 편협한 미개생활로 전락하여 주로 전쟁의 기술에서 그 보상을 찾으려고 하였다. 여기에 비하여 상업에 유리한 여건을 갖춘 아티카나 코린토스*와 같은 도시국가들은 그 여건을 풍부하고 폭넓게 활용하여 평화의 기술을 더욱 발전시켜 나갔다. 우리가 희랍을 일컬어 유럽문명의 선구자라고 말하는 것은 해양 도시, 특히 그 중에서도 아테나이*를 두고 말하는 것이다. 희랍인의 지혜가 가장 충만하고 완벽하게 발휘된 것은 이들에서이기 때문이다.

* Lacedemon [Lakedaimonia], Sparta를 중심으로 한 지역 이름
* Corinth [Korinthos] * Athens [Athenai]

3 초기교육

¶8_ 혈연적으로나 문화적으로 희랍인의 조상에 해당하는 사람들 사이에서 교육이 어떤 모습을 띠었는가에 관하여 우리는 거의 아무 것도 아는 것이 없다. 어쩌면 최근 크레타 유적지의 발굴로 인하여 그 찬란했던 문명이 드러남에 따라 미노스 시대의 교육제도에 관하여 무엇인가를 알아낼 수 있게 될지도 모른다. 현재

로서는 그것에 관한 직접적인 자료는 오직 호메로스*의 두 서사시뿐이다. 그런데 이 서사시는 그 기원과 역사에 관하여 불확실한 점이 있기 때문에 그것을 자료로 사용할 때에는 대단히 세심한 주의가 필요하다. 만약 호메로스의 서사시가 희랍 본토에 이식된, 또 그 이식의 과정에서 변질된 미노스 문명의 후기 단계를 그려내고 있다는 견해를 받아들인다면, 우리는, 그 시가 범그리스적 집회에서 낭송하기에 적합하도록 번안하는 과정에서 첨삭이 가해졌을 가능성이 있다는 점을 감안하여, 희랍인의 조상들 사이에서 가장 문화가 찬란했던 당시에 교육이 어떤 형태를 띠었는가에 관하여 약간의 단서를 얻을 수 있을 것이다.

* Homer [Homeros] (약 800 B.C.)

¶9_ 이러한 목적을 가지고 「일리아스」*와 「오뒤세이아」*를 꼼꼼이 읽어 볼 때 가장 놀라운 사실은, 거기에는 '교육'에 관한 언급이 거의 없고, 또 글을 쓴다든가 하는 따위의, 교육을 받은 사람이라면 당연히 하게 되어 있는 일에 관한 언급도 거의 찾아볼 수 없다는 점이다. 이것은 곧 그 당시에는, 가정에서건 학교에서건 간에, 공식적인 교육의 체제가 없었다는 것을 말해 준다. 호메로스의 시에서 교육이 구체적으로 언급되어 있는 것은, 현재 나와 있는 대로, 아킬레오스*의 훈련을 다루고 있는 두 군데뿐이다. 그 하나는 「일리아스」 제9권에서 포이닉스*가 아킬레오스에게, 너의 아버지가 '어른들이 서로 다투어 명성을 얻으려고 하는 참혹한 전쟁이나 정치적 집회에 관하여 아직 기술이 없는' 어린 나이의 너를 집에서 멀리 내보내면서 나를 선생으로 삼았다고 말하는 부분이다. '그리하여 너의 아버지는 너를 말과 행동, 이 두 가지에서 모두 뛰어난 사람이 되도록 가르치라고 나를 딸려 보냈다'고 포이닉스는 말한다. 이 구절은 그 당시 지배 계층의 젊은이를 위한 교육에서 변론과 무술의 훈련이 양대 지주를 이루고 있었음을 말해주는 것으로서, 이것은 수 세기 후 아테나이 교육이 나타낼 중요한 특징을 미리 보여준다는 점에서도 흥미가 있다. 아마 이 이유에서이겠지만, 호메로스 시대의 젊은이들의 훈련에 과연 변론이 중요한 위치를 차지했겠는가에 대하여 의문을 제기하는 사람도 있다. 그러나 이것은, 그 당시 사회는 고도의 변론 능력을 필요로 하기에는 너무나 미개한 상태에 있었다는 그릇된 가정에서 나온 것이다. 호메로스 영웅의 시대는 결코 미개한 원시시대가 아니었으며, 「오뒤세이아」의 제1권에 역력히 나타나 있는 바와 같이, 변론술이 대단히 중요시되었다는 것도 그에 못지않게 확실하다. 어쨌든, 이

구절에서 의심할 여지가 없는 두 가지 사실은, 그것이 아킬레오스의 교육을 전적으로 실용적인 것으로 그려내고 있다는 점과, 말과 행동에 관한 이중의 훈련에 대한 책임이 결정적으로 아버지에게 있다는 것을 시사한다는 점이다. 아킬레오스의 경우에는 교육을 받기 위하여 집에서 멀리 떠나야 했다는 점에서 예외적인 조치였다고 볼 수 있으며, 이것으로 미루어 보통의 경우에는 아버지가 직접 아들의 교육을 담당하였음을 짐작할 수 있다. 호메로스의 시에서 교육이 언급된 둘째 경우도 역시 아킬레오스의 교육에 관한 것이다. 이 부분에는 얼핏 지나가는 말로 아킬레오스가 켄타우로스*인 늙은 케이론*에게서 치료의 기술을 배웠다는 것이 언급되어 있다. (케이론은 희랍전설에서 의술, 음악 그리고 그밖의 기술에 관한 지식을 가지고 있는 것으로 되어 있다.) 이것 또한 일반적인 경우에 해당한다고 볼 수 없다. 이 경우에서는 아무런 일반적인 결론도 끌어낼 수 없으며, 혹시 끌어낸다면, 어떤 이유에서든지 집에서 감당할 수 있는 것 이상의 교육이 필요할 때에는 누군가 지혜로 이름난 사람에게 제자로 들어갔다는 정도일 것이다. 이러한 상황에 관하여 한 가지 중요한 사실은 그것이 학교와 같은 교육기관으로서의 성격을 띤 것이 아니라 교사와 학생 사이의 사적 관계였다는 것이다. 이하에서 고찰하게 될 바와 같이, 교육적 관계에 관한 이러한 견해는 나중에 희랍 교육의 실제에서 중요한 특징으로 부각된다.

---

* Illiad [Illias] * Odyssey [Odusseia] *Achilles [Achilleos]
* Phoenix [Phoinix] * Centaur [Kentauros], 반인반마의 괴물 * Cheiron

¶10_ 호메로스 시대의 교육에 관하여 거의 알려진 바가 없다면, 그 이전의 교육적 전통에 관해서는 더욱 알려진 바가 없다. 아닌게 아니라, 여기에 관해서는 직접적인 자료가 전연 없는 형편이다. 그렇기는 해도, 현재 지구상에서 그 당시와 동일한 사회 발전 단계에 놓여 있는 다른 민족의 풍습에 관하여 우리가 알고 있는 사실로 미루어, 호메로스 이전의 상황을 어느 정도 확실하게 재구성해 볼 수 있을 것이다. 이 방향으로 나아가는 출발점으로서 우리는 호메로스의 시를 제외한 그 밖의 최초의 서사시의 내용, 즉 헤시오도스*의 서사시와 여러 비극 작품에 나오는 전설을 참고할 수 있다. 여기에는 「일리아스」나 「오뒤세이아」에 나와 있는 어떤 것보다도 훨씬 더 원시적인 것으로 보이는 요소들, 즉 '주술과 축귀의 의식, 야수 숭배, 거석 숭배, 귀신과 신인동형의 신들, "名藥명약"으로서, 또 가족의 명실상부한 우두머리로서 여자가 특유의 권력을 가지고 있었다는 흔적, 그리고 특히 인신공

양이 광범위하게 거의 어디서나 행해졌다는 사실'[1]이 나타나 있다. 기록이 없는 아득한 먼 옛날에서 내려온 이 유풍이 아아리아족과 이이가이온해 연안 민족 중의 어느 쪽을 타고 내려왔는지, 또 어느 정도로 그러한지 등은 알려고 할 필요가 없다. 사실상 그것은 종족에 상관없이 모든 야만생활의 공통된 특징이며, 오늘날 아이들의 옛날이야기에서 볼 수 있는 바와 같이, 가장 문명된 생활을 하는 사람들 사이에도 어떤 형태로든지 그 흔적이 남아 있다. 지금 이 맥락에서 그것이 우리에게 중요한 이유는, 야만시대의 전통은 심지어 역사시대에 들어와서도 희랍의 사회생활의 밑바닥에 생생한 요인으로 살아있었다는 것, 그리하여 오늘날 우리로 하여금 문화간의 비교연구를 통하여 교육이나 그 밖의 제도적 활동의 기원을 알아낼 수 있도록 해 준다는 사실에 있다.

---

1) Gilbert Murray, *Anthropology and the Classics* (ed. R. R. Marett), P.66.

* Hesiod [Hesiodos] (기원전 8세기 경)

¶11_ 이 단서를 따라서 옛날로 거슬러 올라가면 우리는 공통의 특성을 가진 개인들 — 예컨대 동일 연령, 성, 직업, 또는 동일한 토템* 을 가진 사람들 — 이 부족조직 안에서 각각 그들만의 집단을 형성하여 그들의 주위를 둘러싸고 있는 보이지 않는 세계의 신비스러운 힘에 대항하여 스스로를 보호하려고 했던 시대에 다다른다. 누구도 그러한 집단에 들어오거나 거기서 나가는 것을 가볍게 생각할 수 없었다. 어떤 종류의 것이든지 상황의 변화로 말미암아 소속 집단을 바꾸게 되는 경우에는 옛 집단과 새 집단을 각각 주관하는 신의 힘으로, 새 집단에 가입하는 사람에게 정당성을 부여하는 적절한 의식을 거치지 않으면 안 되었다. 이러한 秘敎的비교적 가입의식에는 여러 가지가 있었지만, 그 중에서 가장 중요하고 또 가장 일반적으로 행해진 것은 사춘기에 도달한 소년이 부녀자와 아이들의 세계를 떠나서 성인 남자의 세계에 들어갈 때 거치는 '성년식'이었다.

---

* totem

¶12_ 쉽게 짐작할 수 있다시피, 그러한 성년식은 그 세부 사항에 있어서는 시대와 지역에 따라 크게 차이가 있었지만, 그럼에도 불구하고 그 근본 성격에 있어서는 놀라울 정도의 획일성을 보여주고 있다. 첫째로, 젊은이는 상당한 기간 동안 가정을 떠나 격리된 생활을 하면서 가족과 완전히 결별하지 않으면 안 된다. 이 기

간 동안 젊은이는 대체로 이런 저런 종류의 시련 — 목욕, 단식, 채찍 맞기, 이빨을 뽑고 손가락을 자르기, 할례 — 을 겪으며, 때로는 그 시련이 끝날 때쯤 가매장했다가 다시 태어나는 절차를 거치기도 한다. 이렇게 해서 일단 성인의 지위에 들어오고 나면, 젊은이는 그 새로운 지위의 고유 권한에 속하는 여러 가지 비법을 배워야 한다. 누군가가 그에게 주술의 도구나 그 밖에 초인간적인 현상을 상징하는 물체를 보여 주기도 하고, 삶에서 당하게 될 중요한 사태에서 해야 할 처신과 따라야 할 절차를 가르쳐 주기도 하고, 부족의 전통과 관습, 특히 금기와 혼례에 관한 여러 가지 규칙을 일러주기도 한다.

¶13_ 이 성년식은 교육의 기회로서 대단히 중요한 의미를 가지고 있었다. 원시인들에게는, 아간*이 그러했듯이, 부족 중의 어떤 사람이 부족 전체에 저주를 몰고 올지도 모른다는 공포가 항상 따라다녔으며, 아마 이 때문에 인류의 초창기부터 어른들은 젊은이들에게 부족의 안전을 위한 올바른 행동을 가르쳐야 한다고 생각하였을 것이다. 성년식은 그것을 위한 좋은 기회가 되었다. 물론, 성년식에는 교육과는 무관한 특징도 들어 있었지만, 이것도 쉽사리 교육적 가치로 연결될 수 있었다. 예컨대 채찍을 맞는 것은 처음에는 셈족*의 머리카락 잘라 바치는 의식과 같은 정도로, 특별히 도덕적 의미를 가지고 있지 않았다. 그러나 호전적인 부족은 곧 그것이 초년병을 위한 일종의 인내력 테스트로 사용될 가능성이 있다는 것을 알게 되고, 자연히 그 가능성을 살리는 방향으로 시련을 더욱 엄하게 하였을 것이다. 뿐만 아니라, 정착생활을 하게 되면서부터 옛날의 원시적 공포가 차차 사라지고 문화가 발전함에 따라 옛날의 여러 가지 풍속이 맞지 않게 된 때에도 성년식은 여전히, 다만 강조점을 달리하면서, 계속 시행되었다. 이 강조점의 변화라는 것은 곧 세태의 변화와는 무관하게 항구적인 가치를 가지는 도덕교육적인 측면을 확대함으로써 관습의 요구에 따르는 맹목적인 의식의 무의미성을 극복하는 방향으로 나아갔다는 것을 가리킨다. 아버지가 아들에게 하는 도덕교육, 이집트인과 유태인에게는 엄격한 세부적인 지침의 형식을 띠었고 호메로스 시대의 희랍인에게는 포괄적인 형식을 띤 아버지와 아들 사이의 교육은 여기에 그 기원을 두고 있다.

---

* Achan, 여호수아 7장 참조 * Semitic tribes

¶14_ 성년식 교육의 이 마지막 단계가 일반적으로 어떤 성격을 띠고 있는가

하는 것은 현대 야만인의 관습에서 한 두 가지 예를 들어 보면 잘 알 수 있다. 파푸아족*에 관한 한 연구에서 우리는 다음과 같은 내용을 읽을 수 있다. '이곳에는 "어른의 집"이라고 불리는 곳이 있어서, 여기서는 오랜 기간의 훈련을 통하여 부족의 관습을 가르치고 있다. 여기에는 한 노인이 교사로서 '예비성인'들과 함께 생활하면서 복잡한 금기체계를 가르치고 있다. 말하자면 이런 이런 계절에는 이런 이런 생선을 먹어서는 안 된다든지, 이런 이런 음식은 장차 축제에 쓸 것으로 예비해 두어야 한다는 것 등이 그것이다. 또한 그 노인 수호자는 젊은이들에게 그들의 부족에 대하여 갖가지 충고를 한다 — 부족의 적은 너희들 한 사람 한 사람의 적이다. 아내를 고를 때에는 무엇보다도 부족의 이익을 생각해야 한다. 아내는 건강한 아이를 낳을 수 있어야 한다. 아이를 못 낳는 아내에 대해서 남편은 아무 의무도 없다. 부족의 최고 이익에 도움이 되는 것이면 무엇이든지 옳다.' '또한, 동일한 지역의 섬 젊은이들은 다음과 같은 훈계를 듣는다 — 도둑질하지 말라. 허가 없이는 아무 것도 가지지 말라. 가령 고기잡이 창을 허가 없이 가지고 갔다가 부러트렸는데 네 것은 없다고 하자. 어떻게 갚겠는가? … 이제부터 조그만 장난감 카누나 장난감 창을 가지고 놀지 말라. 그런 것은 모두 끝났다. 네 사촌과 결혼하지 말라. 사촌은 네 누이와 똑같다. 친구 사이에는 서로 누이와 결혼해서는 안 된다. 차차 시간이 지나면 부끄러워진다. 누군가가 물이나 음식이나 무엇이든지 달라고 하거든 주라. 조금 있으면 조금 주고 많이 있으면 절반을 주라. 부모를 잘 모셔라. 너와 네 아내는 굶더라도 부모를 봉양하라. 네가 가진 생선의 절반을 부모에게 드려라. 인색하게 굴지 말라. 어머니에게 욕하지 말라. 부모는 내 뱃속의 음식과 같아서 부모가 돌아가시면 배고프고 허전해진다.'[1]

1) Hutton Webster, *Primitive Secret Societies*, pp. 52-3.

* Gulf Papuans

¶15_ 물론, 희랍인들의 원시 조상들은 시간적으로나 공간적으로 오늘날 뉴기니아의 야만인과 멀리 떨어져 있지만, 성년식의 도덕교육적 측면에서 관한 위의 기술이 옛날 희랍인들이 청년들에게 한 훈련의 일반적인 방식을 상당히 비슷하게 그려내고 있다는 것은 거의 의심할 여지가 없다. 예컨대 보수적인 스파르타의 교육제도를 연구하는 사람은 누구든지, 그 교육제도의 대부분은 앞에서 말한 부족생활의 풍속에 그 기원을 두고 있다는 결론에 다다를 수밖에 없을 것이다. 한 가지 예로서, 해마다 아르테미스 오르티아*의 제단에서 성년이 되려는 소년을 채찍질

한 것은 명백히 야만적 풍속의 잔재이며, 이와 비슷한 관례는 모든 시대의 원시 부족 사이에서 수없이 발견된다. 또한, 엘레우시스*의 신전에서의 삼중의식 — '보여주는 것, 하게 하는 것, 일러 주는 것' — 은 모든 성년식의 세 가지 요체를 망라하는 것으로 볼 수 있으며, 성 히에로니무스*가 말한 대로, 그 신전의 비의에 들어오는 사람에 대한 계율로서 성소에 새겨 놓았다는 '부모를 공경하라, 봉헌으로 신을 경배하라, 육식을 하지 말라'라는 세 마디 말은 성년식에서 젊은이들에게 주는 도덕적 교훈을 요약한 것이라고 볼 수 있다. 이러한 구체적인 예는 차치하고라도, 희랍의 거의 모든 지역에서 18세에서 22세에 이르는 남자들에 대한 의무적 군사훈련*이 윤리교육, 정치교육의 수단으로 실시되고 있었다는 사실은 고대의 성년식이 지속적으로 영향을 미쳐 왔다는 어김없는 증거이다. 희랍인들이 청년들의 필요를 현명하게 존중할 수 있었고 세대차의 의의를 명백히 인식할 수 있었던 것은 — 현대 교육은 흔히 이 두 가지에 실패하고 있다 — 그러한 성년식의 기억이 민담과 관습 속에 남아 있었기 때문이다.

---

* Artemis Orthia, Attika의 옛 도시, 그곳에 있는 데메테르와 그 딸 페르세포네를 모시는 신전
* Eleusis * St. Jerome, 3 : 20 이하 참조 * 의무적 군사훈련-1 : 18 참조

4 스파르타의 교육

¶ 16_ 스파르타의 독특한 국가 조직, 그리고 그 효율성에 기초가 되었던 교육체제는, 희랍 역사의 통설로서는, 기원전 9세기 뤼쿠르고스*의 입법에 의한 것으로 되어 있다. 그러나 이 통설은 2중의 오류를 기초로 하고 있다. 첫째로, 뤼쿠르고스가 한 것이건 누가 한 것이건 간에 한때의 입법에 의한 것으로 생각되고 있는 스파르타식 생활의 특징은 그 대부분이 초기의 모든 희랍 국가에 공통된 것이었으며, 이 점에서 그것은 선사시대의 관습에 그 기원을 두고 있는 것으로 보아야 한다. 다만, 스파르타는 북으로는 험준한 산맥과 남으로는 암벽 해안으로 외부 세계와 상당한 정도로 차단되어 있었기 때문에, 다른 희랍 국가들에 뒤처지고 잊혀진 채 오랫동안 옛날의 생활 방식을 고수하고 있었을 뿐이다. 둘째로, 역사시대에 와서 스파르타를 경직된 군사체제로 만든 급격한 입법상의 변화 — 아마 이것은 뤼쿠르고스에 의한 것이었을지 모른다 — 는 기원전 9세기에 시행된 것이 아니라 7세기 말에 시행된 것이었다. 앞에서 이미 말한 바와 같이, 7세기 말경까지 스파르타

인들은 희랍의 다른 도시국가들과 공동의 보조로 발전해 나가다가 어떤 이유에선가 갑자기 사회 발전이 중단되었다.* 이점은 여러 가지 사실에 의하여 입증되고 있다. 예컨대 스파르타의 아르테미스 신전에서 최근에 발굴된 유물은 그 당시 사람들의 예술에 갑작스러운 변화가 있었음을 보여 주고 있다. 기원전 7세기의 전 기간을 통틀어 스파르타인들은, 우아한 것은 우아한 대로, 해학적인 것은 해학적인 대로, 전형적인 희랍의 감각을 보여 주는 활기찬 예술을 창조하고 있었다. 그러다가 극히 짧은 기간 내에 신전의 봉헌물은 그 아름다움을 잃고 신성한 물건에조차도 그들의 유머 감각을 표현하던 기괴한 가면이 자취를 감추었다. 이때부터 시작하여 올림포스 경기의 우승자 명단에 스파르타인이 소수밖에 등장하지 않는다는 사실 또한 그들의 관심이 편협해졌다는 것을 나타내어 준다.

---

* Lycurgus [Lukourgos] * 스파르타-1 : 7참조

¶17_ 이러한 문화적 쇠퇴의 원인이 무엇이었던가 하는 것은 확실히 알 수 없고 오직 추측할 수 있을 뿐이다. 분명히 그것은 스파르타의 규모 그 자체, 말하자면 그 전성기에도 9천 가구를 넘지 못할 정도로 소규모적인 사회였다는 사실과 관련이 있을 것이다. 그러나 스파르타인들이 당면하고 있었던 위험 — 결국 문화적 쇠퇴를 초래할 정도로 심각했던 위험 — 이, 그들이 많은 수의 농노와 원래 그곳에 거주하던 사유민들*과 섞여 살면서 그들에 대하여 권위를 행사해야 했던 데에서 온 것인지, 아니면 이웃 도시국가들의 제국주의적 야심에서 온 것인지는 알려져 있지 않다. 아마 스파르타로서는 스파르타만의 특수한 위기를 당하였겠지만, 그것과는 별도로, 이때쯤 희랍에는 스파르타뿐만 아니라 그 밖의 모든 도시국가에 심각한 문제가 생겨서 모종의 변화가 불가피하게 되었다. 즉, 정착된 생활 조건이 인구의 증가를 가져 왔고 그로 말미암아 한정된 영토와 조잡한 영농법에 의존하는 작은 나라에서는 토지를 소유하지 못한 가난한 시민들이 그 자체로서 하나의 계층을 형성하게 되었다. 대부분의 도시국가에서 빈부의 투쟁은 결과적으로 귀족 지배권의 붕괴와 함께, 부자에 대하여 가난한 사람을 편들면서 그 등에 업혀 권력을 누리는 폭군들의 등장을 초래하였다. 스파르타는 최근의 정복으로 새로운 영토를 확보하였다는 점에서 다른 도시국가보다는 형편이 나은 편이었다. 스파르타는 국토의 경작 가능한 부분을 여러 개의 할당지로 분할하고 그 각각을 국가 농노의 경작에 의하여 한 사람의 중무장 보병*과 그 가족을 부양할 수 있을 정도의

크기로 함으로써 사회적인 문제와 군사적인 문제를 한꺼번에 해결하였으며, 옛날 귀족 지배 체제에 입각하여 군인의 국가를 만들려는 목적으로 국민의 생활방식 전체를 재조직하였다.

* helot
* perioeci [perioikoi], 시민적 자유는 있으나 정치적 자유는 없는 원주민
* hoplites

¶ 18_ 뤼쿠르고스였건 아니면 다른 누구였건 간에, 이러한 생활방식의 재조직을 이룩한 사람들은 굉장한 실제적 지혜를 가지고, 국가의 군사적 목적을 위해서는 그것에 부합하는 교육을 실시하는 것이 근본적으로 중요하다는 것을 인식하였으며 스파르타의 전통에 맞는 올바른 훈련을 모든 시민에게 의무적으로 부과하였다. 희랍의 다른 도시국가에서는 부모들이 각각의 자녀를 거의 자신의 의사에 따라 마음대로 교육해도 좋도록 되어 있었다. 그러나 스파르타에서는 국가가 정하는 훈련을 거치지 않은 사람은 어느 누구도 시민 클럽의 회원이 될 수 없었고 국가로부터 토지를 배당받을 수 없었다. 거기서는 어른들의 생활뿐만 아니라 아이들의 생활도 모든 세부사항에 이르기까지 직접 또는 간접으로 국가의 통제를 받았다. 새로 태어난 아이는 해당 지역의 장로들에게 검사를 받아야 하며, 만약 허약한 것으로 판정되면 저절로 죽도록 내버려 두거나 농노들에게 넘겨주어 버린다. 검사에 합격한 남자 아이는 일곱 살까지는 어머니의 손에 양육되다가 그 이후에는 가정의 통제에서 지역사회의 통제로 이관된다. 일곱 살에서 열여덟 살에 이르기까지 남자 아이들은 단계가 높아질수록 점점 심해지는 여러 단계의 훈련을 받는다. 열여덟 살이 되면 그들은 '에페보스'*(사관후보생)가 되며 이때부터 허드렛일을 하는 것과 같은 사소한 훈육은 받지 않는다. 이때 그들은 지방으로 파견되어 비밀리에 농노들의 동정을 살피는 임무를 수행하며 변방 수비 임무를 띠고 군인으로 복무하는 첫 경험을 한다. 이러한 시보훈련은 20세에 끝난다. 이제 그들은 성인 클럽에 입적할 자격이 있지만, 시민으로서의 완전한 권리를 누리려면 아직도 10년을 더 있어야 한다. 그러나 그때에도 훈련이 완전히 끝난 것은 아니다. 그들은 끊임없이 전쟁의 기술을 연마해야 하며, 늙어서 그 능력이 없어질 때까지, 일단 유사시에는 실전에 즉각 참여할 수 있도록 만반의 태세를 갖출 의무를 지고 있다.

* ephebos, ephebi (pl.)

¶19_ 스파르타 훈련의 전반적 성격을 결정한 것은 군사적 효율성에 대한 열망이었다. 태어나서 죽을 때까지 아이와 어른의 일상생활은 모두 군대의 병영생활과 조금도 다름없이 엄격하였다. 남자 아이들은 사시사철 눈이 오나 비가 오나 맨발로 다녔으며 홑옷을 입었다. 한 평생을 전장에서 살아야 하는 사람에 어울리게, 음식은 거칠고 침대는 딱딱하였다. 매일매일 그들은 수영이나 사냥과 같은 운동과 야외 활동으로 여념이 없었으며, 강인하고 튼튼한 체력을 기르는 데에 필요한 것은 하나도 빠짐없이 하였다. 아주 어린 나이부터 그들은 끊임없는 감독 하에 있었다. 일곱 살이 되어 어머니 곁을 떠나면 남자 아이는, 그 아버지들이 전쟁에 대비하여 조직되어 있는 것과 마찬가지로, 지역별로 '徒도' 또는 '梯隊제대'에 소속되어 층층이 계급별로 조직된 사관들 밑에서 지독하게 엄한 훈련을 받는다. 제대 내에서 가장 용감하고 재주 있는 아이는 제대장으로 임명되어 일종의 준사관으로 일을 본다. 제대에서의 훈련은 '에이렌',* 즉 바로 그 제대 훈련을 마친 지 얼마 되지 않은 젊은이에게 맡겨져 있다. 에이렌 위에는 다시 '파이도노모스'*라고 불리는 국가의 감독관이 있어서, '채찍잡이'*라는 다소 기분 나쁜 이름으로 불리는 부관들의 보조를 받으면서 대단한 권위를 행사하고 있다. 이들 이외에도 모든 성인시민은 누구나 아이들이 하는 일을 예리하게 지켜보면서 정규 훈련관이 없을 때에는 그들을 대신하여 아이들을 야단치고 징벌한다. 아이들은 아이들대로, 매를 맞을 때에는 그것을 체력단련 훈련으로 생각하여 태연자약한 태도를 보여야 하는 것으로 되어 있다. 에페보스가 될 때 그들은 아르테미스 신전의 대제단에서 채찍질의 시련을 받게 되어 있고 이때 몸을 움츠리거나 신음소리를 내지 않고 매를 가장 많이 맞는 사람에게 상을 주게 되어 있다. 제대 훈련에서 매를 맞는 것은 이 최고 수준의 인내력 테스트를 위한 준비과정으로 생각된다. 크세노폰*이 '훈련과 복종의 정신이 스파르타를 풍미하였다'라든지, '청년들은 길을 걸어 갈 때 손을 소매자락 속에 깍지끼고 아무 말 없이, 이쪽 저쪽 두리번거리지 않고 얌전하게 눈을 땅바닥에 내리깔고 걸었다'라고 말하는 것은[1] 전혀 이상한 일이 아니다. 이러한 강압적인 훈련의 결과는 스파르타인의 몸가짐 전체에 역력히 드러나 있었다. 밝고 명랑한 사람들이 사는 희랍 땅에서 오직 그들만이 무뚝뚝하고 빳빳한 거동을 나타내었다. 아닌게 아니라, 스파르타인의 과묵은 '스파르타식 말투'*라는 표현이 생길 정도로, 다른 희랍 사람들의 입에 오르내렸다. 희랍 사람들은 스파르타인이 군인으로서는 나무랄 데 없이 훌륭하다는 것을 인정하면서도, 그들의 체제는 스파르타 밖의 자유로운 조건 하에서 살기에는 부적합한 사람을 만든다고 하여 그것을 좋게 생각하지 않았다.

1) Xenophon, *The Lacedemonian State*, iii.
* Eiren * Paidonomus [Paidonomos] * whip-bearer
* Xenophon * Laconic expression, laconicism, Lakonia식 말투

¶20_ 스파르타 훈련이 전반적으로 개성을 말살하는 결과를 가져온 것은 사실이지만, 또한 거기에는 젊은이들로 하여금 실제적인 면에서 재치 있고 영리하게 일을 처리하도록 하는 세심한 배려가 있었다. 재치를 길러주는 한 예로서, 에이렌은 자신이 거느리고 있는 아이들을 내어 보내어 저녁거리에 쓸 장작과 채소를 훔쳐 오도록 하는 것이 상례였다. 플루타르코스*는 뤼쿠르고스에 관한 장에서 다음과 같이 말하고 있다. '그들은 약초 항아리를 보면 정원에 몰래 숨어들어 가든지 공동취사장에 살금살금 기어들어 가든지, 하여간 어디서든지 훔쳐 내온다. 그러나 들키기만 하면 누구든지 부주의하거나 멍청하다고 하여 사정없이 매를 맞는다. 또한, 양식거리가 될 만한 것이 있으면 주인이 잠을 자거나 한눈팔 때를 타서 훔쳐 내온다. 들키게 되면 그 벌로 매를 맞는 것은 물론이요 저녁을 굶어야 한다.'[1] 또한, 에이렌은 아이들에게 신속 정확한 판단을 가르쳤다. 다시, 플루타르코스는 말한다. '저녁 식사를 마친 뒤에 에이렌은 대체로 몇몇 아이들에게 노래를 부르도록 한다. 또 다른 아이들에게 그는 몇 가지 질문을 하고 그것에 대하여 요령 있는 대답을 하도록 한다. 예컨대 이 도시에서 누가 가장 훌륭한 사람인가, 이러이러한 행동에 대하여 어떻게 생각하는가 등등이다. 아이들은 대답과 함께 간단한 이유를 제시해야 한다. 틀린 대답을 한 아이에 대하여 에이렌은 그 벌로서 아이의 엄지 손가락을 깨문다.'

1) Plutarch, *Life of Lycurgus.*
* Plutarch[Ploutarchos]

¶21_ 예컨대 이런 방법으로 스파르타 훈련은 재치 있고 민첩한 머리를 길러주었지만, 또 한편 그것은 삶에 대한 안목이 좁은 시민을 길러내었다. 이소크라테스*의 말에 의하면, 보통의 스파르타 사람들은 글을 읽을 줄 몰랐다. 스파르타 사람들은 순전히 실용적인 목적을 위해서만 글 읽는 것을 배웠다는 플루타르코스의 말을 들어보면, 이소크라테스의 그 말은 사실과 다르다고 보아야 할지 모른다. 사실이 어떠했든지 간에, 글 읽는 것이 스파르타인 사이에서 별로 대수롭게 여겨지지 않았다는 것, 그리고 국가에서 행하는 교육에 글 읽는 것이 한 부분을 차지하지

않았다는 것은 확실하다. 그와 마찬가지로, 아테나이인들에게 그토록 중요한 것으로 여겨졌던 문학과 예술이 스파르타의 교육체제에서 아무런 자리를 차지할 수 없었던 것은 당연하다. 희랍의 다른 지역이 폭넓은 지적, 심미적 관심을 발전시켜 나갔던 수 세기 동안, 스파르타인들은 그들의 편협한 생활방식에 고집스럽게 집착하면서, 시라든가 고상한 예술 따위는 호전적인 국민이 추구할 바가 못 된다는 태도를 버리지 않았다. 그들이 웬만큼 훌륭한 시인, 예술가, 철학자를 한 명도 배출하지 못한 것은 당연하다. 소피스트인 히피아스*는 스파르타를 방문한 뒤에, 스파르타인들이 관심 있게 배우려고 하는 것은 오직 '위인과 영웅의 족보, 도시의 설립, 그리고 고대 유물뿐'이라고 말하였다. 스파르타인에게 조금이라도 삶의 예술적 측면이라고 할 만한 것이 있었다면 그것은 종교적 의식과 관련된 음악이었으며, 이것조차도 스파르타인의 경직된 기질을 그대로 반영하였다. 플루타르코스의 말에 의하면, '그들의 노래는 그 스타일로 보면 단조롭고 감정이 메말라 있으며, 그 내용은 대부분이 스파르타를 위하여 싸우다가 죽은 사람들을 찬양하는 것들이다.' 이와 마찬가지 이유에서, 스파르타인이 매우 좋아했던 춤도 일반적으로 합창에 맞춰서 전투의 동작이나 씨름과 같은 운동 경기의 동작을 재연하는 형식을 취하였다. 이런 제약이 있기는 하지만, 스파르타의 노래와 춤은 그 나름으로는 훌륭한 것이었고, 그것이 도덕 훈련으로서 가치가 있다는 것은 다른 도시국가들의 뛰어난 교육자들에 의하여 한결같은 인정을 받았다.

---

* Isocrates [Isokrates]　* Hippias

¶ **22**_ 스파르타의 교육체제에 관하여 반드시 언급해야 할 두드러진 특징은 여자를 훈련하는 데에 주의를 기울였다는 점이다. 희랍의 다른 도시국가에서 여자 아이들은 가정의 울타리 속에 격리되어 자랐으며 가사에 관계되는 것 이외에는 교육을 받지 않았다. 스파르타인들은 교육의 가치에 관하여 훨씬 분명한 의식을 가지고 있었기 때문에 여자 아이들에게 집 밖에서 자유롭게 생활하도록 했고, 용감하고 의지 굳은 남자 아이의 어머니로서 부족함이 없도록, 남자 아이와 거의 다름없는 훈련을 받도록 했다. 여자 아이들은 그들 전용의 운동장에서 남자 아이들이 하는 것과 똑같이 뛰고 달리고 공놀이를 하고 원반을 던지고 씨름하고 노래하고 춤추는 것을 배웠다. 남자와 다른 점이 있었다면 그것은 오직 제대에 소속하여 집과 떨어져 사는 것이 아니라 집에 머무를 수 있었다는 것과 운동이 덜 격렬했다

는 것 정도이다. 스파르타의 부녀자들이 희랍의 다른 도시국가 사람들 사이에서 보모나 어머니로서, 스파르타의 남자들이 군인으로서 명성을 떨쳤던 것과 동일한 정도의 명성을 떨쳤던 것은 바로 그러한 훈련 덕택이었다.

5 아테나이의 교육

¶23_ 크세노폰은 스파르타의 교육체제를 설명할 때, 번번이 스파르타의 교육을 '아테나이와 여타 희랍'의 교육과 대조시키고 있다. 크세노폰의 이 대조는 스파르타의 교육이 희랍의 다른 도시국가의 교육에 비하여 특이하다는 것 — 스파르타 교육과 유사한 예는 오직 크레타에서 찾아볼 수 있다 — 을 의미하기도 하지만 그와 동시에, 스파르타를 제외한 희랍의 여러 도시국가에서의 교육이 그 세부적인 차이에도 불구하고 그 종류에 있어서 근본적인 동일성을 나타낸다는 것을 의미하기도 한다. 이때까지 희랍 여러 도시국가의 교육 실제에 관하여 알려진 모든 사실은 이 점을 지지해 준다. 그러므로 여기서는 설명의 편의상 아테나이의 교육을 집중적으로 다루면서 그것으로 여러 도시국가의 교육에 관한 설명을 대신해도 무방할 것이다. 사실상, 아테나이의 교육은 진보적인 희랍 교육의 가장 전형적인 형태를 나타내면서 그와 동시에 우리가 가장 직접적이고 완전한 자료를 입수할 수 있는 그런 교육이기도 하다.

¶24_ 아테나이 교육의 기원에 관해서는 잘 알려져 있지 않다. 아마 상당히 근거 있는 통설이겠지만, 통설로는 솔론*(약 640-559 B.C.)이 교육에 관한 최초의 입법을 하는 것으로 되어 있다. 즉, 솔론은 모든 남자 아이가 수영과 읽기를 배우도록 법으로 정하였고, 그 밖에도 기존의 학교와 소년 체육관*의 운영에 관한 여러 규정을 제정하여 특별히 임명된 관리로 하여금 그것을 시행하도록 했다는 것이다. 이러한 규정의 일반적인 성격을 보면 — 그 규정은 스파르타의 교육체제의 설립과 거의 동시대에 이루어진 것임에 틀림없다 — 교육문제에 있어서의 아테나이와 스파르타의 차이는 아주 옛날로 거슬러 올라간다는 것을 알 수 있다. 스파르타의 입법자와는 달리, 솔론은 그 당시 학교에서 유행하고 있는 교과나 그 당시의 교육방법에 관해서는 전혀 간섭하지 않고, 다만 학생의 연령과 등급, 학생의 시종('敎僕교복'*)의 자질, 등하교 시간, 학교 구역 내의 성인의 출입금지 등등 만을 법률

로 제정하였는데, 이 모든 것들은 대체로 학생들에 대한 도덕적 영향을 염두에 둔 것들이다.

---

* Solon * palestra [palaistra], 씨름장 * pedagogue [paidagogos]

¶ 25_ 이러한 규정이 있었다는 것은 곧, 이하의 설명에서 알 수 있는 바와 같이, 그 당시 아테나이에, 그 이전의 호메로스 시대에도 없었고 스파르타에도 없었던 '학교'라는 것이 있었다는 것을 말해 준다. 아테나이의 학교가 동방 어디인가의 학교(어쩌면 바빌로니아 학교)를 본따서 세운 것인지, 아니면 희랍 생활의 자생적 산물인지는 확실히 말할 수 없지만, 후자일 가능성이 전연 없는 것은 아니다. 기원전 8세기에 희랍의 도시국가들이 '암흑시대'에서 역사의 광명으로 나올 때 그들은 포이니키아*의 표음문자에 기초를 둔 알파베트를 가지고 있었으며, '민족의 書서', 호메로스의 서사시를 가지고 있었다. 이와 같이 생각해 보면 그들은 '말과 행동이 뛰어난 사람'이 되는 것만으로도 충분했던 그런 단계는 분명히 지나 있었으며 문학*이 이미 삶의 필수적 요소로 된 그런 상태에 있었다고 말할 수 있다. 이것은 필연적으로 문자의 학습을 요청하였으며, 이에 따라 조만간 학교의 설립이 불가피하게 되었다. 이 모든 점을 종합해 볼 때 우리는, 비록 직접적인 증거는 없다 하더라도, 기원전 7세기 초에 이미 아테나이에 학교가 있었다는 것, 그리고 그 학교는 나중의 아테나이 학교와 마찬가지로 국가가 세운 것이 아니라 사사로운 개인의 영위로 나타난 것이라는 결론을 상당히 확실하게 내릴 수 있다.

---

* Phoenicia [Phoinikia] * literature, 또는 문자생활

¶ 26_ 역사상의 시기로 보아 아테나이 교육은 아테나이인 자신의 용어로 '구교육'과 '신교육'이라고 불린 두 개의 명백히 구분되는 단계를 거쳤다. 이 각각의 단계에 정확한 연대를 매기기는 불가능하지만, 대략적으로 말하여 구교육은 기원전 6세기로부터 기원전 5세기 중엽, 희랍 전체에서 아테나이의 국력이 절정에 달했던 시기까지 계속되었으며, 신교육은 그 이후 한 세기 남짓 계속되다가 기원전 338년, 알렉산드로스* 대왕의 부왕인 마케도니아의 필립포스*에 의하여 희랍 도시국가들이 정복당할 때에 막을 내렸다.

---

* Alexander[Alexandros] * Philip[Philippos]

〈구 교 육〉

¶ 27_ 앞에서 말한 바와 같이, 아테나이의 교육은 그 시초부터 스파르타의 교육과 상당히 달랐으며, 그 차이는 시간이 흐를수록 점점 크게 벌어졌다. 두 경우를 모두 '교육'* 이라고 부를 수 있는 것은 그 사이에 적어도 한 가지 공통점이 있기 때문이다. 즉, 양자는 모두 실제적인 성격을 띠고 있었으며, 아이들로 하여금 국가의 일원으로서 성인 활동을 해 나갈 수 있도록 준비시켜 주는 데에 직접적인 목적을 두었다는 것이다. 그러나 스파르타와 아테나이는 생활방식이 달랐던 만큼, 그들의 교육에도 그와 동일한 차이가 나타날 수밖에 없었다. 스파르타의 소년은 '군인 시민'이 되도록 훈련된 반면에 아테나이의 소년은 전쟁을 위해서만이 아니라 평화를 위해서도 훈련을 받았다. 그리하여 스파르타의 훈육에서는 특정한 형태의 체육이 으뜸가는 관심사였음에 비하여, 아테나이의 학교에서는 체육과 함께 가장 포괄적인 의미에서의 음악*을 가르쳤으며 체육마저도 아테나이의 정교한 심미적 감각에 맞게 수정되었다.

---

* '교육' — 앞의 4절의 본문에서는 거의 언제나 '스파르타 훈련'이라는 용어가 사용되었다.
* music [mousike], 희랍어의 mousike는 영어의 music보다 훨씬 광범위한 의미로서 시와 운율을 포함한다.

¶ 28_ '구교육'이라는 이름으로 불리는 이 초기 단계에서는 체육이 교육의 더 중요한 부분이었고 또 국가가 관심을 가지는 유일한 부분이었다. 이 방면의 훈련을 받기 위하여 소년들은 사설의 소년체육관(팔라이스트라* 또는 '씨름 학교')에 다녔으며 소년기를 갓 벗어난 청년들은 아카데메이아*와 퀴노사르게스*라는 두 개의 공공 체육관*(이 학교는 모두 솔론 시대에 설립되었다) 중의 어느 하나에 다녔다. 이제 막 교육을 받기 시작하는 일곱 살짜리 소년들은 신체적 조건이 보통의 운동에는 적합하지 않기 때문에 올바른 자세와 가벼운 신체적 동작을 배우면서 공놀이나 그밖에, 아이들이라면 누구나 좋아하는 여러 가지 놀이를 하였다. 본격적인 체육훈련은 그 효과가 충분히 나타날 수 있는 열두세 살 때가 되어서 비로소 시작되었다. 이 나이의 소년들은 높이뛰기, 달리기, 씨름, 창 던지기, 원반 던지기 등으로 된 이른바 '오종경기'*의 기술을 습득하기 시작하였고 또 아마 체육관 바깥에서 민족의 무용을 배울 기회도 있었을 것이다. 이러한 여러 가지 운동을 통하여 그들은 전쟁의 역경을 견디기에 적합

한 신체적 조건을 가지게 되고 그와 동시에 우아하고 잘 발달된 몸매를 갖추게 되었다.

* palestra [palaistra] * Academy [Akademeia] * Cynosarges [Kunosarges]
* gymnasium [gumnasion] * penthalon

¶29_ 또한, 일반교육*을 받기 위하여 소년들은 별도로 시간을 내어 음악학교에 다니면서 '키타리스테스',* 즉 竪琴수금연주가의 가르침을 받았다. 이 학교의 명칭과 거기서 가르치는 교사의 명칭에서 알 수 있는 바와 같이, 이 학교에서의 교육은, 종교개혁 이전의 스코틀란드나 잉글란드에 있었던 '노래학교'*와 마찬가지로, 원래는 음악에 국한되어 있었다. 그러나 다시 '노래학교'와 마찬가지로, 우리가 그 음악학교에 관한 확실한 정보를 가질 수 있을 정도로 후대에 와서는 그 교육내용의 범위가 매우 넓어졌다. 노래와 수금연주는 여전히 가르쳤지만, 그 이외에도 문자 사회에서의 일상생활에 필요한 읽기, 쓰기, 셈하기 등의 교과도 거기에 포함되었다. 음악학교에 관한 언급이 나와 있는 고전적인 구절은 플라톤의 대화편에 나오는 프로타고라스*의 연설인데 이 프로타고라스는 최초의 소피스트로서 그가 아테나이에서 가르치기 시작한 것은 기원전 450년경이었다. 그 연설에서 프로타고라스는, 아이의 부모와 친척은 아이가 말귀를 알아들을 수 있는 나이가 되면 즉시 아이의 교육을 시작한다고 말하고 나서 계속하여 다음과 같이 말한다.

* general education, 체육교육 이외의 교육을 가리킨다.
* kitharistes * song school, 중세의 '성가학교'에 기원을 둔 초등수준의 학교
* Protagoras

¶30_ '그 후에 부모는 아이를 교사에게 보내면서 문자와 음악보다는 아이의 품행에 훨씬 더 주의를 기울여 달라고 부탁합니다. 또한, 아이가 글자를 배워서 글의 뜻을 알 나이가 되면 부모는 아이의 손에 위대한 시인의 작품을 쥐어 주고 거기에 들어 있는 수많은 훈계와 이야기, 옛날의 훌륭한 사람들에 대한 찬양을 읽게 합니다. 부모는 아이에게 그 시를 외우도록 하면서, 그 시에 나오는 사람들을 모방하라고, 그 사람들과 똑같은 사람이 될 열망을 가지라고 합니다. 이와 마찬가지로, 수금교사는 그의 어린 제자가 절제하는 사람이 되도록, 악행에 빠지는 일이 없도록 정성을 다하여 보살핍니다. 아이에게 수금의 연주를 가르치고 나면 그 교사는

위대한 서정시인이 쓴 그 밖의 여러 시를 소개하고 거기에 음악을 붙여서 아이의 영혼이 온통 화음과 운율에 젖도록 합니다. 이렇게 하여 그 교사는 아이가 화음과 운율을 갖춘, 보다 온순하고 말과 행동에 막힘이 없는 사람이 되도록 합니다. 사람의 삶에는 모든 면에 화음과 운율이 필요한 것입니다. 그 다음에 부모는 아이를 체육교사에게 보내어, 몸이 마음의 덕을 좀 더 잘 뒷받침할 수 있도록 하고 신체적 허약 때문에 전쟁에서나 그 밖의 어떤 경우에서든지 겁쟁이가 되지 않도록 합니다. 오늘날 그럴 만한 돈이 있는 사람은 누구나 그렇게 합니다.'[1)]

---

1) *Protagoras*, 325d-326c.

¶31_ 우리가 알고 있는 그 밖의 사실을 보충하여, 아테나이 소년의 교육에 관한 위의 개략적인 기술을 해석하면 우리는 음악학교에서 대체로 어떤 교육을 했는지 알 수 있다. 즉, 아이는 대략 일곱 살쯤 음악학교에 들어가서 문자를 배우기 시작한다. 글을 읽을 수 있게 되면서 곧 아이는 호메로스 시의 부분 부분을 받아쓰기 한 것을 자신의 독본으로 하여 그 시를 공부하고 암기한다. 그 후에 아이는 교사 앞에서 자신이 외운 부분을, 인물의 동작을 극적으로 표현하면서 암송한다. 좀 더 나이가 들면, 아이는 음악을 공부하기 시작하면서 노래와 수금 연주를 배운다. 이 때 아이는 악기 연주를 그 자체만으로 배우는 것이 아니라 자신이 부르는 노래에 반주를 할 수 있도록 배우며, 따라서 수금을 배우는 것과 함께 서정시도 동시에 배운다. 음악 교육의 기간은 아이에 따라 다르지만 보통의 경우에는 열네 살까지 계속된다. 프로타고라스의 말에 의하면, '이 교육은 형편이 가장 좋은 사람이 가장 많이 시킵니다. 그런 가정의 아이들은 가장 어린 나이에 학교에 들어와서 가장 늦게 학교를 나옵니다.'

¶32_ 우리는 이 구교육의 중요한 세부사항에 관하여 알지 못하는 것이 많이 있다. 예컨대 우리는 체육과 음악에 각각 어느 정도의 비율로 시간이 배정되었는지 알지 못하며, 학교의 일과표가 어떻게 짜여 있었는지도 알지 못한다. 미루어 보건대, 아마 아이는 해가 뜰 무렵에 教僕교복을 따라 학교에 가서 해가 질 때까지 온종일을 학교에서 보내며 점심 때에 잠깐 집에 와서 점심을 먹었을 것이다. (솔론의 법에 의하면 학교는, 아이가 인적이 드문 길거리에서 도덕적 위험을 당하는 일이 없도록, 해뜨기 전이나 해진 후에는 문을 열 수 없게 되어 있었다.) 그러나 체

육과 음악을 따로 정해진 시간에 가르쳤는지, 또 그 시간이 언제였는지도 순전히 추측에 의존할 수밖에 없다. 또한 우리는 체육학교 (즉, '씨름학교')와 음악학교가 완전히 분리되어 있었는지도 알지 못한다. 두 교과를 각각 다른 교사가 다른 방에서 가르쳤다는 것은 확실하며, 이것으로 보아 그 두 학교가 상당히 다른 종류의 학교였다는 것은 충분히 짐작할 수 있다. 그러나 또한, 두 학교가 긴밀한 관련을 맺고 있었다는 것도 충분히 있을 수 있는 일이며, 따라서 서로 완전히 붙어 있었던 것은 아니라 하더라도 동일한 구역에 있었던 것은 분명하다. 나중에 신교육에서 체육관이 지적 문화와 밀접한 관련을 맺고 있었다는 것이 이것을 입증해 준다. 어쨌든, '공부만 하고 놀지 않으면 멍청이가 된다'는 속담은 희랍의 소년에게는 해당되지 않았다. 체육관 주위에는 대체로 넓은 운동장이 있어서 희랍 소년들은 상당한 시간을 적절한 감독 하에서 놀이를 하는 데에 보냈을 것으로 생각된다. 현재 우리가 하고 있는 놀이는 대부분 아테나이에서도 하고 있었으며, 희랍의 교육자들은 놀이의 교육적 가치에 관하여 매우 정확한 견해를 가지고 있었던 것이 분명하다.

¶33_ 구교육에서는 좀 더 나이가 든 소년의 지적, 도덕적 교육에 관해서는 하등 특별한 조치가 없었다. 열너덧 살쯤, 부잣집 아이들은 소년 체육관*에서 성인 체육관*으로 옮겨서, 거기서 2년 동안 체육교사*의 전문적 지도 하에 보다 높은 수준의 신체 단련 운동을 한다. 이 2년 동안의 교육이 끝나면 그들은 공공집회에 참석할 수 있게 되고 극장과 법정에 출입하는 것이 당연한 것으로 된다. 이와 같이 성인의 활동에 참여함으로써 이루어지는 비형식적 교육이 어느 정도의 효과를 나타낼 수 있었던가 하는 것은 당시 아테나이 청년을 둘러싸고 있던 환경이 어떤 것이었던가를 생각해 보면 당장 분명해진다. 길거리를 걸어갈 때 그는 일찍이 세계가 알고 있던 가장 훌륭한 예술 작품이 길 이쪽 저쪽에 줄지어 늘어서 있는 것을 보게 된다. 매일매일 그는 말솜씨가 뛰어나고 경험이 풍부한 인사들이 정치적 쟁점에 관하여 토론을 벌이는 것을 들을 수 있고, 때로는 그 쟁점의 결정에 자신이 한 몫을 담당할 수도 있다. 봄이 되면 그는 디오뉘소스 극장의 지정석에 앉아서 연례행사로 개최되는 비극시 경연대회의 비극 공연을 아침부터 밤까지 관람할 수 있다. 분명히, 역사상 어느 시대도 청소년들에게 이토록 풍부하고 다양한 열정을 불러일으키지는 못하였다. 그야말로 삶이 곧 진정한 교육이었던 적이 일찍이 단 한 번이라도 있었다면 이 당시의 아테나이가 바로 그런 경우였다.

* palestra [palaistra] * gymnasium [gumnasion] * paidotribe

¶ 34_ 이러한 과도기 훈련을 2년 내지 3년 거치고 나서 십팔 세가 되면 자유민으로 태어난 아테나이 청년은 市시의 명부에 등재되고 에페보스가 된다. 아테나이 신전에서 거행되는 입단식에서 그가 행하는 선서는 에페보스 훈련의 정신을 잘 나타내어 준다. 그 선서는 다음과 같다. '나는 나의 신성한 무기를 더럽히지 않으며 대열에 있는 나의 동료를 저버리지 않는다. 나는 단독으로든 나의 동료들과 함께든 간에, 신전과 공공재산을 지키기 위하여 싸운다. 나는 나의 조국이 내가 처음 알았을 때보다 더 작은 나라가 아닌, 더 크고 훌륭한 나라가 되는 것을 보고 죽는다. 나는 나의 상관에게 복종하며 현재 있는 것이건 장차 제정될 것이건 간에 모든 법령을 준수한다. 누구든지 법령을 뒤엎거나 어기려고 하는 사람이 있으면 나는 단독으로든 나의 동료들과 함께든 간에 그 법령을 수호하기 위하여 끝까지 항쟁한다. 나는 신전과 우리 조상의 종교를 명예롭게 한다. 아글라우로스,* 에니알리오스,* 아레스, 제우스,* 탈로스,* 아욱소스,* 헤게모네,* 여러 신들이여, 나를 도와주소서.[1] 이제 보통의 교육은 완전히 끝나고, 그 후 1년 동안 에페보스는 그 나이 또래의 모든 젊은이들과 함께 열심히 일하면서 각종 무기의 사용법과 다양한 전투동작을 배우며 국가가 임명한 교사와 검열관의 감독 하에서 여러 가지 운동경기를 한다. 이 1년간의 훈련이 끝나면 그는 국가로부터 창과 방패를 지급받고 다시 1년 동안 순찰대의 일원으로 복무하면서 변방을 지키며 밀수업자와 약탈자를 적발한다. 그러나 이 격심한 훈련 중에도 에페보스에게는 이따금 휴식의 기간이 있다. 극장에는 에페보스를 위한 특별 지정석이 마련되어 있으며, 신의 축제일에 벌이는 종교행사는 대체로 그들을 초대하지 않고는 거행되지 않았다. 이 종교행사에서 그들이 수행한 다양한 역할은 파르테논* 신전의 벽에 새겨져 영원히 전해 내려오고 있다. 그리고 이 에페보스 훈련은 아테나이가 마케도니아에게 함락되어 더 이상 군인이 필요 없게 될 때까지 아무런 변동 없이 그대로 계속되었다.

1) Grasberger, *Erziehung im Klassishen Alterthum*, iii, 61.
* Aglauros, 아테나이 초대왕(여왕), 자신을 아테나이를 위한 제물로 바침
* Enyalios * Zeus, 올림포스 최고의 신
* Thallo [Thallos] * Auxo [Auxos]
* Hegemone * Parthenon, 아테나이 여신의 신전

〈신 교 육〉

¶35_ 신교육은 기원전 5세기의 전반기 동안 아테나이 전체에 밀어 닥친 심각한 경제적, 정치적 변화의 불가피한 결과였다. 원래 아테나이는 주로 농업에 의존하여 생활하는 농업국이었으나, 테미스토클레스*가 아테나이를 희랍 최강의 해양국으로 만들려고 노력한 결과로 무역이 크게 확장되었고 그에 따라 부유한 상인들이 하나의 새로운 계급으로 등장하면서 종래의 지배계급이었던 지주 귀족들과 우위를 겨루게 되었다. 이 두 계급 사이의 갈등에서 빚어진 최종적인 결과는 빈부를 막론하고 모든 자유민이 동등한 권리를 가지는 민주주의의 확립이었다. 그 후 페르시아와 생사를 건 전쟁을 치루고 난 뒤에 아테나이는 위대한 영광과 함께 더욱 증강된 국력을 가진 나라로 등장하였다. 과연 현명하고 공정한 처사였는가는 의심스럽지만, 하여간 아테나이는 페르시아와의 전쟁을 승리로 이끌기 위하여 결성한 도시국가 동맹*을 재빨리 제국으로 전환시키면서 자신이 그 종주국으로 군림하였다. 이러한 국력의 확장은 야심 있는 젊은이들에게 새로운 출세의 길을 열어 주었고, 그에 따라 이 새로운 상황에 젊은이들을 준비시켜 줄 교육에 대한 요구가 생겨났으며, 이 요구는 바로 그런 종류의 교육을 해줄 수 있다고 공언한, '소피스트'라고 불린 새로운 부류의 교사들의 출현에 의하여 즉각적으로 충족되었다. 그와 동시에, 부와 정치적 영향력이 일시에 갑자기 증가함에 따라 국민들의 기질과 습관에 근본적인 변화가 생겼다. 살라미스 해전* 이전의 여러 세기 동안 아테나이를 특징짓던 소박한 생활은 급속하게 사라지고 사치 풍조가 아테나이 전체에 만연해 있었다.

---

* Themistocles [Themistokles] (527?-640? B.C.) * Delos 동맹
* Salamis 해전(480 B.C.)

¶36_ 이러한 여러 가지 변화는 아테나이의 교육체제에 그대로 반영되었다. 그것은 특히 청년들의 교육에 큰 영향을 미쳤지만, 어린 아이의 교육이라고 하여 그것에 영향을 받지 않았던 것은 아니다. 어린 아이의 교육의 경우에는, 당시의 교육에 대하여 집요한, 그러나 그다지 공정하다고는 볼 수 없는, 비판을 가한 아리스토파네스*의 '구름'*이라는 연극(423 B.C.)에 묘사된 것을 보면 당시의 상황을 짐작할 수 있다. 이 연극에서 아리스토파네스는 이미 지나간, 또는 이제 막 지나가고 있는 구교육을 다음과 같이 기술하고 있다. '우선, 아이들은 말을 해서는 안 되게

되어 있었어요. 같은 구역에 사는 아이들은 모두, 심지어 눈이 한 자나 쌓였다 하더라도 얇은 옷을 입고 줄을 맞추어 거리를 질서정연하게 행진하면서 음악학교로 갔어요. 거기서 아이들은 노래 가사를 외우는 교육을 받았어요. 다리를 꼰다는 것은 있을 수 없었어요. 아이들은 "도시의 무서운 약탈자 팔라스"라든가 "멀리서 들리는 비명 소리"같은 가사를, 우리 조상들이 물려준 멜로디에 맞추어 힘차게 고함을 지르면서 외웠어요. 누구든지 제대로 따라하지 못하거나 요사이 새로 유행하는, 귀에 거슬리는 천박한 떨림 소리를 집어넣는 아이가 있으면, 그 아이는 뮤즈신*을 모독하였다고 하여 지독하게 매를 맞았어요.' 이 구절에서 아리스토파네스가 명시적으로 또는 암암리에 신교육에 대하여 가한 주된 공격은, (가) 그전의 엄격한 훈련이 해이해져서 아이들이 겸손하지도 않고 품행도 나빠졌다는 것, (나) 윗 세대에 애송되었던 전통적인 서정시와 서사시가 보잘 것 없는 최신 작가가 쓴 작품으로 대치되었다는 것, 그리고 (다) 음악에 여러 가지 군더더기가 붙어서 엄격한 단순미가 없어지고 그 교육적 가치가 떨어졌다는 것이다.

---

* Aristophanes (약 450-385 B.C.) * Clouds * Muses [Mousai]

¶ 37_ 우리는 또한 그 밖의 다른 자료에서, 이 시기를 전후하여 음악교육과 사장교육 사이에 구분이 생겼다는 것과, 음악교사(키타리스테스*) 이외에 따로, 읽기, 쓰기, 셈하기, 그리고 호메로스, 헤시오도스, 또 그 밖의 위대한 시인의 시를 암송하도록 가르치는 일을 담당하는 문자교사(그라마티스테스*)가 있었다는 것을 알 수 있다. 보수적인 성향을 가진 사람들이 매우 못마땅하게 여겼던 또 하나의 변화는 음악과 가사의 분리였다. 구교육에서는, 아이들은 오직 자신이 부르는 노래에 반주를 하기 위해서만 악기를 배웠고 따라서 기악은 수금과 같은 것에 국한되어 있었음에 비하여, 신교육에서는 가사와 곡조가 분리될 수밖에 없는 플루트와 같은 악기가 자유민의 아이들의 기악에 들어오게 되었다.

---

* kitharistes * grammatistes

¶ 38_ 그러나 이상의 여러 가지 혁신은 보다 나이 많은 청년들의 교육에 나타난 것에 비하면 사소한 것에 불과하였다. 앞에서 말한 바와 같이, 구교육에서는 체육학교와 음악학교를 마칠 때부터 시작하여 18세에 에페보스 선서를 할 때까지 젊은이들의 교육은 특별한 방안이 없이 각자의 재량에 맡겨져 있었다. 신교육에

서는 이 공백기를 적극적인 교육의 기회로 활용하였다. 형편상 그럴 수밖에 없었지만, 이 기간의 교육은 주로 본인의 선택에 달려 있었다. 새로운 학문을 배우고자 열망하는 사람만이 본인의 지망에 따라 이 단계의 교육을 받게 되어 있었다. 지망자들은, 그다지 확연하지는 않았지만, 크게 두 부류로 구분될 수 있었다.

¶39_ 첫째 부류는 공공활동에 참여할 준비를 갖추고 싶어 하는 젊은이들이었다. 오늘날에도 마찬가지지만, 특히 희랍에서와 같은 민주정치 하에서는 정치적 권력이 웅변가의 손에 쥐어지게 되어 있었으며, 그렇기 때문에 정치에서 두각을 나타내려고 하는 청년들은 누구나 유능한 대중연설가가 되는 훈련을 받고자 하였다. 그런데 이 일은 아테나이 시민들처럼 교육을 잘 받은 사람들을 상대로 할 때에는 그다지 쉬운 일이 아니었고 따라서 여기에는 특별한 훈련이 반드시 필요하였다. 이 특별한 훈련을 담당한 사람들이 바로 소피스트였다. 순전히 말 뜻만으로 보면 '소피스트'*는 '지혜있는 사람' 또는 '현자'를 뜻하지만, 그 당시 아테나이에서는 시일이 경과하는 동안에 그 의미가 점점 좁아져서, 결국 공공활동에 대한 준비로서 젊은이들에게 사상과 수사학 교육을 해 줄 수 있다고 공인한 외국인(즉, 아테나이 시민이 아닌) 교사를 주로 지칭하는 것으로 되었다. 최초의 소피스트인 프로타고라스는 기원전 450년에 아테나이에 나타났으며 그 이후 많은 소피스트들이 계속하여 모여 들었다. 그들은 공통된 학설이나 방법을 가지고 있지 않았으며, 대단히 훌륭한 사람에서부터 순전한 야바위꾼에 이르기까지 각양각색이었다. 모두가 아테나이보다 사변이 훨씬 자유로운, 희랍 세계의 외곽지역에서 왔다는 점을 제외하고, 그들이 나타내고 있던 한 가지 공통점은 자신이 젊은이들에게 삶의 지혜를 가르쳐줄 수 있다고 호언장담했다는 점이다. 그러나 당연한 일로서, 이와 같이 그들의 하는 일이 동일했다는 사실로 말미암아 그들 사이에는 모종의 공통된 견해가 생기게 되었다. 그들은 대부분이 인간에 관한 학문, 특히 설득의 기술에 관련된 학문에 관심을 가졌으며, 그들 중의 일류급에 속하는 사람들에게서 학생들은 논리학, 윤리학, 문학비평에 관한 내용을 중심으로 한 범학문적인 철학 훈련을 받았다.

---

* sophist [sophistes], sophia는 지혜를 뜻한다.

¶40_ 위의 첫째 부류와는 달리, 둘째 부류는 초기 희랍 사상이 나타낸 과학적 전통을 충실히 따르면서 학문을 그 자체의 가치로 추구하려는 청년들이었다. 이들도 그 학문적 지도를 아테나이 밖에서 구하기는 첫째 부류와 다름이 없었다. 그들이 학문적 지도를 받은 것은 주로 퓌타고라스* 학파의 영향 하에 있는 소피스트들에게서였다. 퓌타고라스 학파는 수학을 연마하는 일종의 종교단체로서, 그들로부터 청년들은 기하학, 천문학, 화성학(음악의 수학적 이론), 그리고 기하학의 한 분야로 취급된 산술(「유클리드 기하」7권-10권에 취급되어 있는 것과 같은 산술)을 배웠다.

* Pythagoras [Puthagoras]

¶41_ 아테나이에 온 지 반세기 이내에 소피스트들은 아테나이를 거의 완전히 석권하였다. 그들이 도입하고 발전시킨 새로운 학문은 아테나이 교육의 공인된 부분이 되었다. 그러나 그들의 운동이 첫 시도로 단번에 성공을 거두었다는 사실은 그 속에 이미 종말의 씨앗을 품고 있었다. 아테나이에는 희랍의 여러 식민지로부터 지식을 팔려는 유랑 학자들이 여전히 모여들었고 얼마 동안은 그들을 따르는 제자가 있었다. 그러나 그들이 진정 필요했던 시대는 지나갔다. 이때쯤 아테나이인들은 소피스트들이 가르칠 수 있었던 것은 거의 남김없이 배웠으며 더 이상 외국 출신 교사들에게 의존할 필요가 없었다. 기원전 5세기 말이 채 되기도 전에 이미 최초의 아테나이 출신 '소피스트'가 소크라테스*(469-399 B.C.)라는 인물로 나타났고 그로부터 시작하여, 소피스트들의 학문을 갖추고 있으면서 동시에 자기나라 사람들에 관하여 보다 친숙한 지식을 갖추고 있는, 아테나이 출신 교사의 수가 꾸준히 증가하였다.

* Socrates [Sokrates]

¶42_ 처음에 이들 아테나이 출신 교사들은 그 전에 소피스트들이 했던 것처럼 산발적이고 비체계적인 방식으로 교육을 하였다. 예컨대 소크라테스는, 명백히 그의 제자로 생각되는 사람들에게조차도, 하나의 체계를 갖춘 연속적인 교육을 한 것이 아니라 인간의 삶에 관계되는 온갖 종류의 질문들을 가지고 이것저것 비형식적인 토론만 한 것으로 되어 있다. 그러나 이 도시 저 도시로 떠돌아다니는 교사에게 알맞은 방법이 한 곳에 정착하여 상당한 기간을 두고 동일한 학생들을 가르치는 교사에게 알맞을 리가 없었다. 이러한 이유에서, 기원전 4세기의 처음

10년 동안에, 수학이나 수사학과 같은 교과를 공부할 목적으로 특정한 교사들에게 모여든 젊은이들의 집단을 모체로 하여, 명확한 강의요목과 공식화된 비판 및 토론 방법을 갖춘, 높은 수준의 학문을 가르치는 영구적인 형태의 학교가 생겨나게 되었다. 청년들을 대상으로 한 이들 최초의 학교 중에서 가장 유명하고 영향력이 있었던 것은 기원전 390년에 이소크라테스*(436-338 B.C.)가 뤼케이온* 근방의 자기 집에 세운 학교와 그로부터 일이년 후 플라톤*(427-347 B.C.)이 아카데메이아와 그 주변 정원에 세운 학교였다. 이 두 학교에서 소피스트의 전통은 두 갈래로 갈라져서 발전되었다. '연설작가'*(법정 연설을 쓰는 전문가)로 발을 들여놓은 이소크라테스는 수사학을 가르쳐서 그의 학생들에게 정치활동의 준비를 갖추도록 해 주었다. 여기에 비하여 소크라테스의 가장 위대한 제자였던 플라톤은 그의 선생이 하던 일을 이어받아 철학을 가르쳤다.

---

* Lyceum [Lukeion] * Isocrates [Isokrates] * Plato [Platon]
* logographer [logographos]

¶43_ 비록 자신을 다른 소피스트들과 분리시키려고 했지만, 이소크라테스는 모든 중요한 면에서 소피스트의 한 사람이었다. 소피스트들과 마찬가지로, 그는 문명세계의 각지에서 그의 학교에 몰려든 학생들로부터 — 일설에 의하면, 아테나이 출신 학생은 제외하고 — 수업료를 받았으며, 그의 교수방법도, 4년이라는 긴 기간을 가르쳐야 하기 때문에 훨씬 더 정련될 필요가 있었다는 점을 제외하고는, 소피스트들의 방법과 크게 다를 것이 없었다. 물론, 그가 소피스트처럼 학생의 능력 여하를 불문하고 누구든지 웅변가로 만들 수 있다고 호언장담하지 않은 것은 사실이다. 그는 오로지 문체와 어휘 선정만을 가르쳤고 말을 조리 있고 유식하게 하도록 하는 기초로서 생활철학을 가르쳤다. 그러나 소피스트 중에서 훌륭한 사람들은 이소크라테스가 내세운 것 이상으로 거창한 목적을 내세웠다고 보기는 어려우며 그들이 강의한 내용도 이소크라테스의 그것과 대동소이하였다. 그와 소피스트 사이의 으뜸가는 차이는 — 물론, 이것은 대단히 중요한 차이이다 — 이소크라테스의 경우에는 그 교육 기간이 길었던 만큼 학생들에게 수사학적 기술을 연습할 기회를 더 많이 주었다는 데에 있다. 그의 학교에서 학생들은 순전히 논쟁의 이론만 배운 것이 아니라 실지로 논쟁을 하였다. 학생들은 당대의 사건이나 역사적 사건에서 나온 온갖 주제에 관하여 글을 쓰고 발표를 하게 되어 있었으며, 자신이 한 것과 다른 학생들이 한 것을 교사가 설명하고 예시한 원리에 비추어 비판

하게 되어 있었다. 이런 식으로 하여 학생들은 표현 능력과 함께 삶에 대한 높은 안목을 습득하여 장차 그들이 할 일을 위한 준비를 갖출 수 있게 되었다.

¶44_ 플라톤의 학교는 여러 가지 점에서 이소크라테스의 학교와 달랐다. 정치적으로 출세한다는 보장이 없는데다가 수학과 사변에 대한 관심이 있어야 한다는 요구조건 때문에 플라톤의 학교에는 분명히 학생들의 숫자가 많지 않았을 것이며 아마 학생들의 나이도 많았을 것이다. 교육의 내용이 그런 것이었기 때문에 교육 방법 또한 다를 수밖에 없었다. 이 학교에서의 주된 관심은 실습이나 실제가 아닌 이론에 있었으며, 연설의 기술이나 심지어 삶의 기술의 습득이 아닌 진리탐구에 있었다. 이를 위해서 중요한 것은 철학적 주장을 고정된 학설로서 배우고 그것을 기억 속에 저장하는 것이 아니라, 소크라테스가 사용한 것과 같은 대화법*을 사용하여 인간과 세계에 관한 근본적인 관념, 즉 플라톤의 용어로 사물의 참된 '실재'를 발견하는 것이었다. 이 학교의 일반적인 교육방법은 플라톤이 쓴 여러 대화편에 예시되어 있다. 대화편에는 선생이 어떤 주제를 내걸어 놓고 학생들의 비판을 받으면서 어느 단계까지 그것을 발전시키는 것으로 되어 있다. 이것을 읽을 때마다 우리는 학생들이 플라톤의 지도 하에서, 또는 자기네들끼리 그런 종류의 토론을 끊임없이 계속하는 모습을 마치 눈에 보듯이 선하게 떠올릴 수 있다.

* dialectical method

6 희랍의 교육이론

¶45_ 신교육의 한 가지 가장 괄목할 만한 성과는 소크라테스와 그의 철학적 후계자들에 의하여 명백한 형태의 교육이론이 발전되었다는 사실에 있다. 일반적으로 말하여 교육에 관한 이론을 만들어내는 것은 그다지 흔한 일이 아니다. 시대와 국가를 통틀어서 대부분의 경우에 사람들은 그냥 교육을 할 뿐, 교육 활동의 의미에 관하여 논의를 한다든지 교육의 방법에 관하여 심각한 사고를 하려고 하지 않는다. 사실상, 유럽의 교육사에서 위대한 교육이론을 탄생시킨 것은 세 시대뿐이다. 그 첫째, 그리고 여러 가지 점에서 가장 위대한 시대였다고 말할 수 있는 것은 희랍시대이다. 둘째는 중세기가 끝나고 문예부흥으로 이어지는 시대이다. 그

리고 셋째는 불란서 혁명을 중심으로 한 그 직전과 직후이다.* 한 가지 중요한 사실은, 이 시대는 모두 격동과 급변의 시대, 다시 말하면 인간의 새로운 제도를 향하여 몸부림치면서 새로운 사회 질서의 기초로서 젊은이들을 올바르게 훈련하는 문제에 관심을 기울였던 시대라는 것이다. 철학이 인류에게 할 수 있는 최대의 봉사, 즉 사라져가는 과거의 지혜를 끌어 모아서 그것을 미래의 세대를 위한 이상으로 제시하는 그 특유의 임무를 수행하는 것은 바로 이런 시대이다.

---

* 이 책의 절 제목에 '교육이론'이라는 용어가 사용된 것은 1장 6절(희랍), 6장 4절(르네상스), 11장 6절(불란서 혁명)의 세 군데 뿐이다.

¶46_ 기원전 4세기 초에 아테나이는 위기를 겪고 있었다. 소피스트의 등장은 그들이 표방한 자유분방한 인생관으로 말미암아 일상적인 사회 풍습의 제약을 약화시키는 데에 한몫을 하였다. 이제 사람들은 정치 문제에 있어서나 종교 문제에 있어서나 법과 권위를 당연한 것으로 받아들이려고 하지 않았으며, 그들의 조상에게는 비판이나 불신의 여지가 없었던 일체의 제도에 대하여 무엇인가 석연치 못한 면이 있다는 느낌이 팽배해 있었다. 그러는 중에 스파르타와의 오랜 전쟁이 아테나이의 참혹한 패배로 끝나게 되자 올바른 삶에 대한 문제는 어느 때보다도 더 심각한 것으로 되었다.

¶47_ 소크라테스가 교사로 등장한 것은 바로 이 시기였다. 여러 면으로 보아 그는 소피스트와 다를 것이 없었다. 그는 조각가로서의 자신의 직업을 버리고 생애의 나머지 부분을, 젊은이들 사이를 돌아다니면서 소피스트들이 다룬 것과 똑같은 윤리적, 사회적 문제에 관하여 그들과 대화를 하는 데에 보냈다. 아리스토파네스가 소피스트를 야유한 연극에서 소크라테스를 소피스트와 한 통속으로 몰아세운 것은 전혀 이상한 일이 아니다. 사실상 아리스토파네스는 소크라테스를 소피스트의 가장 대표적인 인물로 취급하였다. 사회적 문제를 거론했다는 그 자체만으로 보면 — 아리스토파네스나 그 밖의 보수적인 아테나이인들이 보기에 그러한 논의는 기존의 신념을 흔들어 놓으려는 속셈에서 나온 것이었고 또 이렇게 보는 것이 완전히 그릇된 것은 아니었다 — 소크라테스는 소피스트와 전혀 구분되지 않았다. 그렇지만, 좀 더 자세히 살펴보면 양자 사이에는 여러 가지 차이가 있음을 알게 된다. 우선 그 한 가지로, 소크라테스는 아테나이 사람이었다. 앞에서 말한 바와 같이, 소크라테스는 공공의 교사로서 활동한 최초의 아테나이인이었으

며, 교사로 일하면서도 고귀한 아테나이인의 전통을 지켜, 가르친 대가로 돈을 받지 않았다. 소피스트에게는 이러한 신사다운 면이 없었다. 그들은 가르치는 일을 생계유지의 수단으로 삼았으며 보수를 받는 것을 정당하고 당연한 일로 여겼다. 이것으로 보아 소크라테스와 소피스트 사이에는 가르치는 동기에 차이가 있었던 것이 분명하며, 이 차이는 그들의 모든 가르침에 그대로 드러났다. 소피스트는 학생들이 그들의 도움을 받기를 원했기 때문에 가르쳤으며, 그들의 가르침이 아테나이 국가에 장기적으로 어떤 결과를 초래할 것인가에 관해서는 관심이 없었다. 여기에 비하여 소크라테스는 그가 학생들에게 줄 수 있는 것과 같은 그런 종류의 가르침이 아테나이의 이익을 위하여 필요하다고 생각했기 때문에 가르쳤다.

¶48_ 소피스트 중에서 사상이라고 할 만한 것을 가진 사람들은 대체로 개인주의적 사회관을 표방하였다. 그들은 인간—즉, 의식의 주체로서의 개별적 인간—을 만물의 척도로 보고, 이것을 근거로 하여, 법과 관습의 요구에 대비되는 것으로서 시민 개개인의 권리를 내세웠다. 이 주장은 궁극적으로는 도덕적 원리에 대한 전적인 회의를 나타낸 것이다. 여기에 대하여 소크라테스는 하나하나 구체적 행동에는 그 이면에 모든 시대, 모든 사람에게 동일한 일반적 원리 또는 관념이 논리적 가정으로 붙박혀 있다는 것을 보이는 데에 온힘을 기울이면서 소피스트들의 주장에 대하여 완강하게 저항하였다. 절제, 지혜, 정의 등은 단순히 개인으로서의 인간이 임의로 선택할 수도 있고 외면할 수도 있는 그런 것이 아니라 인간다운 행위의 기저에 들어있는 본질적인 관념이며, 그 관념은 누구든지 자신의 경험을 올바르게 성찰하기만 하면 그 경험 안에서 확인할 수 있다는 것이다. 여기서 '덕은 지식이다'라는 소크라테스의 주장—소크라테스를 교육사상사에서 하나의 획기적인 방향을 제시한 선구자로 만든 그 유명한 주장—이 나오게 되었다. 이 주장을 통하여 소크라테스가 말하고자 한 것은 단순히 선이 무엇인가를 알기만 하면 선한 행위를 한다는 것이 아니라, 자신이 하려고 하는 행위에 관한 정확한 지식이 없이 하는 행위, 즉 무지한 사람이 하는 행위는 그 어떤 것도 선이 될 수 없다는 것이다. 그리하여, 만약 선한 행위가 위와 같은 의미에서나마 지식에 의거한다면, 여기서 따라 나오는 필연적인 귀결은, 덕은 가르칠 수 있고 또 가르쳐야 한다는 것, 그리고 소피스트의 논의에서 빚어진 회의와 불확실성에서 벗어나기 위해서는 그들의 논의를 계속 밀고 나가서, 행위를 선하게 또는 악하게 만드는 궁극적인 근거가 무엇인가를 각자 자신의 지적 노력에 의하여 찾아내는 것 이외에 다른 방도가 없다는 것이다.

¶49_ 소크라테스를 교사가 되도록 이끈 것은 바로 이러한 확신이었다. 그러나 소크라테스의 교육사상사적 공헌은 여기에 그치지 않는다. 그는 올바른 행위와 올바른 사고 사이에 밀접한 관련이 있다는 것을 보였을 뿐만 아니라 올바른 사고를 하는 것이 어떻게 가능한가를 보이려고 애를 썼다. 이른바 '소크라테스의 방법'은 때로 귀납적 과정에 의한 것으로 규정되며, 이것은 그 자체로서는 그다지 틀린 규정이 아니다. 소크라테스는 우연히 만난 청년과 대화를 하면서 특정한 개념을 정의해야 하는 사태에 부딛친다. 가령 그 대화 중에 '경신'이라든가 '절제'라는 단어가 나온다고 하자. 소크라테스는 '"경신"이라는 것은 무엇인가,' '"절제"라는 것은 무엇인가'라고 묻는다. 그러면 청년은 그것에 관한 자신의 생각을 말한다. 소크라테스는 당장 그 청년의 대답이 들어맞지 않는 몇 가지 구체적인 경우를 꺼내어 놓는다. 그 대답과 그 경우 사이의 어긋나는 점을 없애는 과정에서 소크라테스와 청년은 처음에 내렸던 정의를 폐기하거나 수정할 수밖에 없게 된다. 이런 식으로 학생은 선생의 질문과 암시의 도움을 받으면서, 선생과 학생이 다같이 만족할 만한 정의에 도달하기까지, 학습의 과정을 계속한다. 이 방법에는 분명히 귀납적인 요소가 들어있지만, 그것이 순전히 귀납적인 과정인 것은 아니다. 차라리 그것은, 아리스토텔레스가 말한 바와 같이, '비판을 통한 정의'의 방법이라고 부르는 것이 더 적절할 것이다. 아리스토텔레스의 이 규정은 소크라테스 방법의 본질적 특징 — 즉, 일상적 경험의 내용을 일반화하는 것에서 시작하여, 그 각각의 특수적 사실에 들어있는 본질적 관념을 드러내어 그것에 관한 보다 적절한 정의에 도달하려고 한다는 점 — 을 더 정확하게 나타내고 있다. 소크라테스가 이 방법을 윤리적 행위 이외의 문제에도 적용했는가 하는 것은 분명하지 않다. 플라톤의 대화편 「메논」* 을 보면, 거기에 등장하는 소크라테스는 무지한 노예 소년을 상대로 일련의 교묘한 질문을 함으로써 그 소년의 입으로 퓌타고라스의 정리를 말하도록 하며, 이로써 그 정리에 관한 관념이 그 소년의 마음속에 잠재해 있었다는 것을 입증하고자 한다. 이것으로 보면, 플라톤의 대화편에 등장하는 인물이 아닌, 역사상 실재했던 인물로서의 소크라테스가 「메논」에 나와 있는 것과 비슷한 방식으로 수학 또는 그 밖에 윤리학 이외의 주제를 가지고 그 기저에 들어 있는 원리를 드러내려고 했다는 것, 또 그렇게 함으로써 플라톤의 '이데아 이론'이 나오도록 길을 열어 놓았다는 것도 충분히 있을 수 있는 일이다.

---

* Meno [Menon]

¶50_ 덕은 선에 관한 지식이며 따라서 가르칠 수 있다는 주장은, 비록 독창적이면서도 풍부한 의미를 담고 있기는 하지만, 소크라테스의 제자들이 그것을 실천 가능한 형태로 바꾸려고 하는 순간 즉시 그 애매성을 드러내었다. 선의 본질에 관하여 소크라테스의 제자들 사이에 이론이 분분했다는 사실로 보아 소크라테스가 이 지상의 윤리학적 관념을 명확하게 정의하지 못했다는 것은 명백하며, 여기서부터 교육에 참으로 중대한 영향을 미칠 여러 가지 어려운 문제가 고개를 쳐들기 시작하였다. 예컨대 소크라테스는 선의 의미를 정확하게 아는 사람과 모르는 사람을 확연하게 구분하였다. 그러나 선한 습관을 가지고 있으면서도, 소크라테스가 본질적으로 중요하다고 한 그 지식을 가지고 있지 않은 사람은 어떻게 보아야 하는가? 보다 구체적인 경우로서, 도대체 어떤 종류의 것이든지 원리에 관한 지식을 가질 수 없는 어린 아이의 경우는 어떠한가? 만약 어린 아이에게도 선하다는 말을 적용할 수 있다면 그것은 어떤 의미에서인가? 만약 어린 아이들이 선하지 않다면 그들은 선이 무엇인지를 어떻게 알게 되는가? 이런 것들이 크세노폰과 플라톤 — 소크라테스의 주위에 가까이 있었던 사람들 중에서 각각 상이한 방식으로 젊은이의 교육에 각별한 관심을 가졌던 두 사람 — 에게 안겨진 질문이었다. 이 질문에 대답하는 과정에서 그 두 사람은 스승인 소크라테스의 가르침으로부터 상당히 이탈될 수밖에 없었다.

¶51_ 그 두 사람 중에서 크세노폰*(435-354 B.C.)은, 아마 소크라테스를 이해한 정도가 플라톤에 비하여 뒤졌기 때문이겠지만, 소크라테스를 이탈한 정도가 더 심하였다. 그도 어느 선까지는, 인간을 선하게 만드는 방법은 인간을 지혜롭게 만드는 데에 있다는 소크라테스의 견해를 받아들인다. 그러나 크세노폰이 생각하고 있는 선*이라는 것은 도덕적인 삶의 특징을 가리킨다기보다는 특정한 종류의 일을 잘 수행하는 것을 가리키며, 크세노폰이 중요시하는 지혜라는 것은 폭넓은 교양에서 나오는 지혜가 아니라 각자의 맡은 바 임무를 수행하는 데에 필요한 그런 지혜를 가리킨다. 그의 소크라테스 전기인 「소크라테스의 회상」*에서 그가 소크라테스를, 온갖 종류의 사람들을 상대로 하여 그들이 하는 일에 관하여 말하면서 각자 자신의 일에 관하여 지혜로운 견해를 가지도록 이끄는 사람으로 추켜세우고 있는 것은 이 점에서 매우 당연하다. 또한 그의 「가정관리론」*에서 여성교육의 문제를 취급하는 데에 있어서도 크세노폰은 바로 이런 생각을 기저에 깔고 있다. 여자의 영광은, 페리클레스*의 말로, '여성에게 당연히 기대되는 것 이상의 연

약함을 보이지 않는 것'과 '좋게건 나쁘게건 남자들의 입줄에 오르내리지 않는 것'에 있다는 아테나이인의 여성관에 맞게, 크세노폰은 지적인 면의 교육에 관해서는 일언반구도 언급하지 않는다. 그에 의하면 여성교육의 목적은 가사를 돌보는 사람으로서의 자신의 의무를 현명하게 처리하도록 하는 데에 있다. 그의 이러한 견해는 갓 결혼한 한 아테나이인 남편과 소크라테스 사이의 대화형식으로 제시되어 있다. 이 남편의 부인은, 그 당시 다른 도시국가는 물론이요 심지어 아테나이의 풍속이 그러했던 대로, 바깥 세상과는 완전히 격리되어 집안에서만 성장하였다. 그러나 기원전 5세기의 마지막 무렵에 삶의 모든 국면에 걸쳐 기강이 해이해짐에 따라 그 부인의 가사 훈련에도 다소 소홀한 점이 있었던 모양이어서, 이제 그 결함을 시정하는 일이 남편에게 맡겨진 것이다. 그 남편의 부인에 대한 교육은 부인으로 하여금 자신의 의무를 이해하도록 하기 위한 것이다. 말하자면 부인은 가정주부로서의 자신의 특별한 과업에 관한 지적 통찰을 가질 때 비로소 크세노폰이 말하는 뜻에서의 '선'을 가질 수 있게 된다.

---

* Xenophon

* goodness, 여기서 '선'이라고 하는 것은 희랍어 '아레테'(arete)의 번역이라고 보아야 하며, 따라서 그것은 도덕적 의미의 선뿐만 아니라 '탁월성'(excellence)의 의미도 가지고 있다.

* The *Memorabilia of Socrates* * *Economics* [*Oikonomia*] * Pericles [Perikles]

¶ 52_ 크세노폰과 소크라테스의 차이는 크세노폰이 「퀴로스왕의 교육」*에서 남자의 교육 문제를 논의할 때 더욱 두드러지게 나타난다. 「퀴로스왕의 교육」은 소크라테스 사후 약 반세기 경에 크세노폰이 쓴 정치 소설이다. 이것은 표면상으로는 페르시아 퀴로스왕의 전기로 되어 있지만, 사실에 있어서는 국가 통치에 관한 크세노폰 자신의 견해를 소설의 형식으로 표현한 것이다. 그리하여 이 책에서 크세노폰이 페르시아의 교육을 설명하는 듯이 말하고 있는 내용은 바로 아테나이 교육의 개혁을 위한 그의 이상적 방안이다. 그 자신 아테나이 사람이었지만 크세노폰은 오랫동안 스파르타의 사령관 밑에서 용병 생활을 하였다. 기원전 399년 소크라테스가 처형되던 해에 아테나이에서 추방당하자 크세노폰은 스파르타의 영토 안에서 살면서 스파르타의 풍속을 따르고 그 아들들을 스파르타식으로 길렀다. 교육개혁을 위한 그의 제안은 직접적으로 이 경험을 토대로 한 것이었다. 크세노폰은 아테나이인들이 옛날의 교육으로 되돌아가서 스파르타의 군대식 체제 — 국가가 임명한 장교 휘하의 군대 조직, 엄격한 신체훈련과 식이훈련, 사냥과 수영과

교련, 실제적 경험이 풍부한 사람들의 끊임없는 감독과 독려 등을 특징으로 하는 체제 — 를 채택하기를 바랐다. 아테나이 교육에 새롭게 추가된 지적인 면의 교육에 관해서는 그는 전연 주의를 기울이지 않았다. 크세노폰의 견해에 의하면 교육의 목적은 교양을 기르는 데에 있는 것이 아니라 선량한 인간과 선량한 시민을 만드는 데에 있다.

---

* *Cyropedia* [*Kuropaideia*]

¶53_ 이와 같이 아테나이에 스파르타식 교육을 권장했다는 점에서 보면 크세노폰은 '덕은 곧 지식'이라는 소크라테스의 가르침을 포기했다고 말할 수 있다. 사실상, 그는 그보다 두 세대 전에 새로운 학문의 유입에 반대하면서 그 새로운 학문을 주창했다는 이유로 소크라테스를 처형한 바로 그 사람들의 입장으로 되돌아간 셈이다. 그 사람들과 마찬가지로, 크세노폰은 소피스트의 운동에 그 기원을 두고 있는 지적 각성이 아테나이의 안전을 위협하는 불안 요소가 된다고 보고, 덕의 기초는 지식이 아니라 좋은 습관에 있다고 생각한 그 이전의 소박한 시절로 복귀할 것을 주장하였다. 그러나 사실의 문제를 두고 볼 때, 그의 이러한 주장은 실현 불가능한 것이었다. 과거가 아무리 현재보다 좋아 보인다 하더라도, 개인이건 국가건 간에 시간의 흐름을 거슬러 올라갈 수 는 없는 것이다. 말하자면 크세노폰은 당시 아테나이의 정치적 상황을 제대로 파악하지 못하면서 그 불완전한 진단을 기초로 하여 교육적 이상을 제시하려고 한 것이다. 크세노폰이 학문의 전파를 비난한 근거는 그것이 사람들의 마음을 들뜨게 하고 미풍양속을 파괴한다는 데에 있었지만, 사실상 그 폐단은 훨씬 근본적인 데에 있었다. 그것은 사고작용의 본질 그 자체에 뿌리를 두고 있다. 소피스트들이 출현하기 이전부터 이미 희랍사람들은 우주의 의미를 알아내려고 생각에 생각을 거듭하였다. 그들이 품었던 최초의 의문은 자연에 관한 것이었다. 그러나 일단 위로는 하늘, 아래로는 땅을 지배하는 법칙과 질서가 있다는 것을 알아내게 되자 그들은 그 바로 다음 순간에, 소피스트가 그들에게 일깨워준 문제, 즉 인간 세상에도 과연 그런 고정된 질서가 있는가 없는가 하는 문제에 직면하게 되었다. 그리고 일단 사회를 규제하는 여러 규칙들은 임의적인 '관례'일 뿐, '자연'*의 법칙이 아닐 수도 있다는 생각이 나돌기 시작하자, 홍수와도 같은 회의와 탐구의 물결을 막을 길이 없게 되었다. 이제 시민들은 법률과 관습을 뒷받침하는 권위가 어떤 성격의 것인가를 따져 보려고 하면서 암암리

에 자신이 법률과 관습보다 우위에 있다고 생각하게 되었다. 이러한 상황에서 시민들에게 법률과 관습에 대한 충성심과 신뢰를 회복시키는 방법은 오직 그들로 하여금 자신이 몸담고 있는 제도의 의미를, 자신이 직접 체득한 지식에 의하여, 올바르게 파악하도록 하는 것, 다시 말하면 제도는 그들의 충성과 신뢰를 받아 마땅하다는 것을 스스로의 생각에 의하여 확신하도록 하는 것이었다.

---

* nature, 이 문장에 표현된 내용은 자연(nature, physis 희랍어)과 관례(convention, nomos 희랍어)의 논쟁으로 알려져 있다.

¶54_ 소크라테스의 가르침에 기저를 이루는 것은 바로 이 생각이었다. 크세노폰은 그의 스승의 가르침을 망각하고, 시민들의 자유로운 사고를 억압함으로써 그들을 사고하는 시민이 아닌 행동하는 시민으로 훈련하고자 하였다. 소크라테스가 시민을 계도한 방법은 보다 훌륭한 것으로서, 그것은 이성으로 말미암아 생긴 회의를 더 끝까지 밀고 나가서 보다 깊은 이성에 입각한 확실성에 도달하도록 하는 것이었다. 그렇지만 소크라테스가 전적으로 옳았다고만은 할 수 없다. 사고를 끝까지 밀고 나가지 못한 데서 생긴 폐단을 시정하기 위하여 사고를 더욱 철저하게 구사해야 한다는 것을 주장했다는 점에서 보면 소크라테스는 분명히 옳았다고 말할 수 있지만, 또 한편 그는 크세노폰이 스파르타식 교육을 찬양하는 과정에서 약간 지나칠 정도로 강조한 좋은 습관의 훈련이 다소간은 필요하다는 사실을 올바르게 인정해 주지 않았다. 소크라테스에게는, 선이라는 것은 개인의 자각에 관한 문제라는 것이 지극히 당연한 것으로 받아들여졌기 때문에, 그는 선에 관한 지식이 사람을 선하게 만드는 전부가 아니라는 사실을 간과하였으며 선의 본질에 관한 이해 그 자체가 선의 실천(즉, 선한 행동을 하는 것)을 떠나서는 생길 수 없다는 사실을 인식하지 못하였다. 어쨌든, 아테나이를 좀먹는 악폐의 시정 방안이 지식의 확장에 있다는 소크라테스의 믿음은 실제적 효과라는 관점에서 볼 때 심각한 결함을 지니고 있었다. 그 시정 방안이 효과를 발휘하는 데에 걸리는 기간을 생각해 보면 그것은 사후약방문이 될 가능성이 충분히 있었다. 시민들이 그들의 삶을 이성적 기초 위에 올려놓음으로써 옛날의 충성심을 채 회복하기도 전에 현재 그들의 불충성으로 말미암아 국가가 때 이른 멸망을 맞이하게 될지도 모르는 것이다.

¶55_ 다소간은 이런 실제적 문제의 긴박성 때문에, 또 다소간은 그 문제 자체의 성격에 관한 깊은 통찰 때문에, 플라톤*은 몇 가지 점에서는 크세노폰의 견해와

유사한, 그러나 또 한편 크세노폰이나 소크라테스 중의 그 누구보다도 사태의 모든 측면을 완전하게 종합한 새로운 견해를 제시하였다. 소크라테스와 마찬가지로 플라톤은, 완전한 선을 위해서는 완전한 지식이 필요하다는 것, 선에 관한 관념*을 가진 철학자만이 완전한 선한 사람이 될 수 있다는 것을 믿고 그것을 열렬히 주장하였다. 그러나 또 한편 그는 선의 관념으로 나아가는 과정의 필수적인 단계로서, 올바른 습관 훈련에 의하여 형성되는 보다 낮은 수준이 선이 있다는 것도 인정하였으며, 그렇게 함으로써 소크라테스의 주장에 들어있는 난점을 극복하려고 하였다. 말하자면 플라톤은, 선은 습관에 달려있다는 크세노폰의 견해와 선은 선의 본질에 관한 지적 이해에 달려있다는 소크라테스의 견해를 결합한 것이다. 그뿐만이 아니라, 이러한 그의 견해를 구체적인 형태로 바꾸는 과정에서 플라톤은 크세노폰과 전적으로 의견을 같이 하면서, 아동과 청소년이 아직 보다 높은 수준의 이성적 삶을 위한 준비가 되어 있지 않을 때 그들을 위한 예비단계의 훈련이 필요하다고 보고 가장 적합한 보기를 스파르타의 교육에서 찾았다. 그러나 플라톤은 이러한 훈련이 성인을 위한 완전한 교육이 될 수 없다고 보았으며, 이 점에서 그는 소크라테스의 관점을 충실히 따랐다. 그리하여 그는 스파르타식 훈련에다가, 그가 보기에 청소년 인격의 원만한 발달에 필요불가결하다고 생각된 아테나이식 생활방식의 영향을 덧붙였다. 이러한 식으로 하여 플라톤이 기대한 아테나이의 새로운 교육은 스파르타와 아테나이에 의하여 대표되는 두 가지 이상을 결합한 것이 되었다. 이 포괄적인 이상에 대하여 스파르타는 습관과 정조에 입각하여 관습과 법률을 존중한다는 보수적인 요소를 제공하였으며, 아테나이는 정치적, 지적 자유에 입각한 사회의 개선이라는 진보적 경향을 제공하였다. 전자가 없이는 국가가 존속할 수 없으며 후자가 없이는 시민의 삶이 가치를 가질 수 없다. 플라톤의 교육적 이상은 그 근본에 있어서는 아테나이적인 것이었으며 — 이 점에서 그것은 크세노폰의 스파르타적인 이상과는 대조된다 — 그럼에도 불구하고 그것은 스파르타의 교육체제가 가지고 있었던 모든 불변의 가치를 충분히 존중해 주는 그런 것이었다.

---

* Plato [Platon]
* idea of the good, 현대 플라톤 연구가들에게 일반적으로 받아들여지고 있는 용어는 '좋은 것의 형식'(Form of the Good)이다.

¶56_ 그의 대작인 「국가론」* 에 제시되어 있는 플라톤의 교육론에는 이와 같이 아테나이와 스파르타의 교육을 종합하려는 의도가 기저를 이루고 있다. 「국가론」에서 플라톤은 그 당시 희랍 생활의 가장 훌륭한 특징을 모두 종합하면서, 어떻게 하면 그런 특징들로부터, 正義정의* 를 최고의 이념으로 한 완전한 국가가 창출될 수 있는가를 보이고자 하였다. 그 당시의 악폐는 지배 계층의 이기심과 무지에 기인한다는 신념에 입각하여 플라톤은 두 가지 면에서 국가의 성격에 근본적인 변화가 일어나야 한다고 주장하였다. (가) 이기심을 근절하는 방안으로서, 그는 가족 단위의 생활방식이 철폐되고 통치자에게 일체의 사유재산을 인정하지 않는 일종의 공산주의 체제를 도입할 것을 주장하였으며, (나) 무지를 극복하는 방안으로서, 그는 통치자의 임무에 합당한 장기간의 지속적인 훈련을 받는 과정에서 그것에 필요한 지식과 통찰을 갖춘 것으로 입증된 사람들에게 국가의 통치를 맡길 것을 주장하였다.

---

* *Republic* [*Politeia*]　* justice [dikaiosune], 올바른 것, 마땅한 것

¶57_ 플라톤의 교육 방안에 들어 있는 교과목은 그 당시 아테나이의 청년 중에서 지력이 뛰어난 사람들이 배웠던 교과목과 대체로 동일하다. 그 방안에 의하면, 십칠팔 세가 될 때까지, 장차 통치자를 배출하게 될 계층의 자녀들은 남자 여자 할 것 없이 모두 체육과 음악을 배우게 되어 있다. (여기서 '음악'이라고 하는 것은 어머니의 무릎에서 듣는 신화나 옛날 이야기에서 시작하여 나중에 시인의 작품을 본격적으로 연구하는 것에 이르기까지 일체의 문화적, 예술적 관심사를 포함하여 심지어 특별한 취향이 있는 학생을 위해서는 과학의 초보적인 단계도 포함한다.) 그 후 2년 동안은 당시의 관례인 에페보스 훈련과 유사한 종류의 신체 훈련을 받는다. 이십 세에서 삼십 세에 이르기까지, 보다 높은 수준의 학업을 계속할 능력이 있는 것으로 입증된 젊은이들은 남녀 불문하고 수학 — 대수, 기하, 천문학, 화성학(음악에 관한 수학 이론) — 을 공부한다. 그리고 마지막으로, 삼십 세가 되면, 그 이전의 전훈련과정을 통하여 지력과 인격이 모두 출중한 것으로 판명된 소수의 정예집단은 5년 동안 철학 즉 '선에 관한 학문'을 공부하며, 그 후 국가의 '수호자'로서 여러 직위에 배정된다.

58_ 아테나이의 일반적인 교육 실제와 비교해 볼 때, 이 방안의 새로운 점은 교육을 지배계층에 한정한다는 것, 남녀를 동등하게 취급한다는 것, 특별히 적합한 자질을 갖춘 사람에게만 높은 수준의 교육을 허용한다는 것, 과학과 철학의 훈련을 비교적 성숙한 나이가 될 때까지 보류한다는 것, 그리고 교육의 모든 과정을 보다 철저하게 조직하고 통제한다는 것 등이다. 그러나 이 방안이 가지고 있는 항구적인 가치는 그것에 포함되어 있는 이러저러한 세부사항에 있다기보다는 그 방안을 제시하는 동안에 플라톤이 주장한 원리에 있다. 이 관점에서 파악할 때 플라톤의 교육론은 교육이 개인이나 국가에 대하여 어떤 의미를 가지고 있는가에 대한, 참으로 대가다운 종합적 견해를 보여 주고 있다. 루소*가 「국가론」을 가리켜 '사람의 손으로 쓴 가장 훌륭한 교육론'이라고 말한 것은 결코 우연한 일이 아니다.

---

* Rousseau

59_ 플라톤에 있어서, 개인과의 관련에서 볼 때 교육은 환경의 자극을 통하여 영혼을 개선, 발전시키는 것을 의미한다. 태어난 이후 얼마 동안 영혼은 그것이 육체와 결합되어 있다는 사실로 말미암아 감각과 열정에 사로잡혀 있다. 인간의 본질적 특성인 이성은 아직 개발되지 않은 상태에 있으며, 아이는 단지 외양(또는 억견*)이라는 그림자의 세계에 살면서 피상적인 지식으로 사물을 파악하며 무지한 충동에 따라 행동한다. 그러나 이 단계라고 하여 삶의 가장 고귀한 것, 가장 선한 것이 전적으로 파악 불가능한 것은 아니다. 유모에게서 듣는 옛날 이야기와 신화, 그리고 좀더 자란 후에 교사에게서 배우는 시와 음악을 통하여 아이는 교육의 첫 단계로서 미와 선에 관한 사상을 자극받고 인간의 위대한 관심사로 나아가는 첫걸음을 내어 딛는다. 아동기와 청년기 전체에 걸쳐 계속되는 문학과 음악의 훈련이 특이한 가치를 지니는 것은 바로 이 점에서이다. '운율과 화음은 영혼의 그윽한 곳으로 파고 들어가서 그곳에 완전히 자리를 잡고 들어앉는다네. 운율과 화음은 그 우아한 움직임으로 말미암아 그것으로 올바르게 교육된 영혼 또한 우아한 것으로 만든다네. 또한, 이와 같이 내면의 교육을 훌륭하게 받은 사람은 자연이나 인간사를 볼 때 그 빠진 부분이나 잘못된 부분을 가장 예리하게, 또 고상한 식별력을 가지고 간파할 수 있을 것일세. 그는 선에 대해서는 그것을 찬미하고 자신의 영혼 속에 받아들이지만, 악에 대해서는 당연히 그것을 싫어하고 미워할 걸세. 그는 아직 사물의 이치를 알 수 있는 나이가 되기 전인 어린 시절에도 이런 일을 할 수

있다네. 그러다가 이성이 찾아올 때가 되었을 때, 그는 이성을 알아보고 이때까지의 교육을 통하여 친숙해진 오래된 친구로 그 이성을 맞이하게 될 결세.'[1]

---

1) *Republic*, Ⅲ, 401d-402a.
* opinion [doxa]

¶60_ '음악'으로부터 시작된 교육은 청년기에 이르러 과학으로 연결된다. 플라톤에 의하면, 수학은 영혼을 두 가지 방향으로 발달시킨다. 첫째로, 수학은 깊은 사고를 유발하며 순전히 감각적인 지식과 그것에 기초를 둔 억견 속에 숨어 있는 모순을 샅샅이 드러내도록 해 준다. 이렇게 하여 수학은 학생들로 하여금 사물의 즉각적인 인상에 안주할 수 없도록 하며 상상의 세계에서 이성의 세계로 나아갈 수 있도록 준비시켜 준다. 둘째로, 수학은 일체의 학문과 삶의 목표인 선을 향하여 나아가는 길의 첫 단계에 학생들을 올려놓는다. 교육의 최종 상태는 모든 사물이 이데아라는 이상적인 체계의 한 부분임을 깨닫고 그 체계와의 관련 하에서 사물을 볼 수 있는 상태이며, 수학을 위시한 여러 학문은 비록 이 최종적인 상태에는 미치지 못한다 하더라도 그것을 위한 준비로서는 충분히 의미를 가질 수 있다. 그런 학문은 實在실재 그 자체가 아닌, 실재의 단편만을 다루지만, 이 단편은 바로 실재로서의 이데아를 반영하는 것이다.

¶61_ 플라톤의 교육 방안에서 다른 모든 교과를 최종적으로 마무리하는 최고 수준의 교과는 철학 또는 '변증법'*이다. '변증법'이라는 것은, 글자 그대로의 의미로는, 논의, 토론, 특히 사고의 능력이 있는 사람들 사이의 이성적인 논의를 뜻한다. 그러나 플라톤이 변증법을 완전한 교육의 최종적인 교과로 삼은 의도는 장차 국가의 통치자가 될 사람들에게 소피스트들이 가르친 것과 같은 논쟁 기술을 가르쳐야 한다는 데에 있었던 것이 아니다. 그가 말하는 변증법은 소크라테스의 변증법이다. 그러나 또한 플라톤은 '변증법'이라는 용어에 소크라테스의 '문답법'이나 소피스트의 '논쟁 기술' 이상의 의미를 부여하였다. 플라톤의 '변증법'에는 소크라테스가 보여준 그 믿음, 즉 진리를 탐구하는 사람은 논쟁에서 승리를 거둔다든지 한정된 세부적인 진리를 밝혀내는 것을 목적으로 삼는 것이 아니라 그의 용어로 '선' 또는 '좋은 것'이라고 하는, 모든 것을 포괄하는 전체적인 진리를 알아내는 것을 목적으로 삼아야 한다는 믿음, 그리고 이 포괄적인 진리는 도대체 진리 탐구라는 것이 의미를 가지려고 하면 그 전제로서 당연히 받아들여야 한다는 믿

음이 들어 있다. 플라톤은 이러한 '선' 또는 '좋은 것'을 추구하는 학문(즉, 포괄적인 진리를 추구하는 학문)을 '변증법'이라고 불렀다. 이것이 바로 완전한 통치자가 추구하고 체득해야 하는 학문 또는 관념이며, 이 학문은 삶을 전체로서 볼 수 있도록 하는 학문인 만큼, 그것은 또한 통치자로 하여금 모든 사람을 그 고유의 가치에 비추어 파악할 수 있게 해 준다.

---

* dialectic [dialektike]

¶62_ 이상의 고찰은 교육이 개개인에 대하여 가지는 의미, 즉 교육을 통하여 개인 영혼이 발전해 나가는 과정을 다룬 것이다. 그러나 플라톤에게 있어서 교육은 개인과의 관련에서보다 사회와의 관련에서 더 큰 의의를 지닌다. 플라톤의 관점에 의하면, 교육은 그 본질에 있어서 개인과 사회가 상호작용하는 과정이며, 거기서는 사회의 집단적 덕과 지혜에 구현되어 있는 모든 인간다운 특징이 개인의 발달을 형성하고 지도한다. 국가는 명실공히 개인 영혼의 '확대판'으로서, 아이가 성장하여 완전하고 충만한 성인의 삶을 살게 되는 것은 오직 국가의 정신 속으로 들어옴으로써, 다시 말하면 하나의 시민으로서 공공생활에 참여하면서 국가 정신이 최고의 표현인 문학과 과학과 철학을 공부함으로써 가능하게 된다. 그러나 교육의 영향은 그 교육을 받는 개인에게만 작용하는 것이 아니다. 사회를 구성하고 있는 각 개인의 영혼을 형성해 주는 교육은 사회 그 자체의 성격에 불가피하게 영향을 미친다. 플라톤에 의하면, 국가 안의 모든 계층은 각각 그 자체의 덕 — 일반 시민은 절제, 군인은 용기, 통치자는 지혜 — 을 가지고 있으며, 그 각각은 영혼의 근본적 속성 중에서 어느 특별한 것이 두드러지게 발달한 경우를 나타낸다. 그리하여 국가의 질은 그 국가를 구성하고 있는 여러 집단이 어떤 종류의 교육을 받는가에 따라 달라진다.

¶63_ 「국가론」에 제시된 교육체제의 기본적인 구상은 다음과 같다. 즉, 국가 안에 살고 있는 모든 사람은 성별과 사회적 지위에 관계없이 각자 자신에게 가장 적합한 역할을 수행할 수 있도록 하는 그런 교육을 받아야 한다는 것과, 모든 종류의 문화(예컨대 문학과 음악)는 그것이 나타내는 교육적 효과에 비추어 규제되고 검열되어야 한다는 것이다. 통치의 능력이나 자격이 없는 일반 시민은 아름답고 질서정연한 사회 안에서 생활하는 동안에 저절로 주어지는 교육 이상으로 특별히

교육받을 필요가 없다. 그들의 지위로 보아 그 임무에 요구되는 으뜸가는 덕은 통치에 기꺼이 복종하도록 하는 '자제력' 또는 '절제'이며, 그들의 절제는 바로 통치자들이 지혜롭다는 사실에 의하여 타당성을 가진다. 지배 계층에 속하는 사람들 중에서, 일을 처리하는 능력은 있으면서 철학적 통찰력이 없는 사람들은 국가 통치의 '조력자'로서 군대 복무와 하위 관리직을 위한 훈련을 받는다. 남녀를 불문하고 진정한 지혜를 갖춘 사람들, 변증법을 공부한 결과로 각 개인의 특수적 경험에서 오는 제약을 극복하고 최고선의 지식을 가지게 된 사람들만이 국가의 '수호자'가 될 능력이 있는 것으로 인정된다. 이들이야말로 국가 전체의 안전과 복지를 책임질 '哲人君主철인군주'*이다.

---

* philosopher-king

¶ 64_ 위대한 희랍 교육자들의 계보가 아리스토텔레스*(384-322 B.C.)에 와서 마지막을 고한다는 것은 당연하고도 적절하다. 아리스토텔레스는 플라톤의 제자이며, 이 플라톤은 또한 소크라테스의 제자였다. 모든 근본적인 문제에 있어서 아리스토텔레스는 그의 스승인 플라톤과 의견이 일치한다. 그가 의견을 달리한 것은 대체로 플라톤의 교육 원리를 한 단계 더 발전시키기 위하여, 또 그것에 필요한 부분에 한해서였다. 플라톤과 마찬가지로, 아리스토텔레스는 언제나 교육을 국가와의 관련 하에서 생각하였다. 그 두 사람에게 있어서 다같이 교육의 기술*은 정치라는 지상의 기술의 한 부분이었다. 만약 우리가 두 사람 사이의 차이를 찾는다면, 그것은 아리스토텔레스가 개인적 과정으로서의 교육에 더 강조를 두었다는 것 정도이다. 아리스토텔레스는 그 생전에 희랍의 자유 도시국가들이 마케도니아 제국으로 병합되는 것과 아울러, 나중에 무욕자족의 스토아 철학사상*으로 표현된, 개방된 범세계주의적 사조가 싹트는 것을 보았다. 그리하여 아리스토텔레스는 여전히 '인간은 천성적으로 정치적 동물'*이며 인간의 정치적 천성이 완벽하게 실현되는 것은 오직 희랍의 작은 도시국가에서만 가능하다는 것을 믿었지만, 그의 사상에는 개인주의적인 경향이 명백히 드러나 있다. 예컨대 그의 「정치학」*에서 교육을 논하는 첫머리에 적힌 다음과 같은 말은 이 점에서 주목할 만하다. '나라가 덕을 갖추게 되는 것은 그 통치에 참여하는 시민들이 덕을 갖출 때 비로소 가능하다. 우리나라에서는 모든 시민이 통치에 참여한다. 그러므로 우리가 생각해 보아야 할 문제는 한 사람 한 사람이 어떻게 덕을 갖추게 되는가 하는 것이다. 설

사 시민 전체가 덕을 갖추고 있다 하더라도 시민 각자가 덕을 갖추고 있지 못하다면, 이것보다는 시민 각자가 덕을 갖추고 있는 상태가 더 낫다. 왜냐하면 모든 시민의 덕은 시민 각자의 덕 속에 들어 있기 때문이다.'[1)]

---

1) Aristotle, *Politics*, vii, 13.

* Aristotle[Aristoteles] * techne, technai(pl.) * Stoics

* political animal, 즉 polis에 사는 동물 * *Politics*

¶65_ 그의 교육이론을 정립함에 있어서 아리스토텔레스는 그의 형이상학이론과 일관된 방향을 따르고 있다. 플라톤은 사물의 실재를 이데아에서 찾았지만, 아리스토텔레스는 플라톤의 이 견해를 수정, 발전시키면서 실재를 이데아 그 자체(즉, 사물과 별도로 존재하는 이데아)에서 찾은 것이 아니라 하나하나의 개별적 존재 속에 구현되어 있는 이데아에서 찾았다. 말하자면 동물이나 인간은 그 내부에 각각 고유의 '형상'* 또는 이데아를 간직하고 있고, 이것을 발현함으로써 스스로를 실현한다는 것이다. 그리하여 교육은 바로 이 자기실현*의 과정으로 파악될 수 있다. 인간으로서의 인간의 본성은 아리스토텔레스가 사용하는 의미에서의 이성적 존재로 완전한 발달을 이룩한다는 점에 있으며, 따라서 이성은 인간을 규정하는 본질적 형상 또는 이데아이다. 인간의 성장을 통하여 최종적으로 그 모습을 드러내는 이성은 또한 그 성장의 처음부터 작용하면서 그 과정을 촉진하고 인도한다.

---

* form, 종래 번역의 관례상 form이라는 동일한 단어가 플라톤의 경우에는 '형식', 그리고 아리스토텔레스의 경우에는 '형상'으로 번역되고 있다.

* self-realization

¶66_ 이와 같이 개인에 강조를 둔 아리스토텔레스의 교육이론은 두 가지 방향으로 나타났다. 즉, 사회적인 관점에서 볼 때 교육은 정치의 기술에 종속되는 부차적인 기술이며, 개인적인 관점에서 볼 때 교육은 내부로부터의 발달에 의한 자기실현의 과정이다. 교육에 관한 그의 주된 논의가 정치 이론을 다루는 책 속에 끼어 있는 것을 보면 아리스토텔레스는 사회적인 관점을 더 중요시한 것 같기도 하지만, 사실상 교육에 관하여 그가 말하는 내용은 대부분이 교육의 사회적 측면이 아닌 개인적 측면에 관한 것들이다.

¶67_ 교육에 관한 아리스토텔레스의 견해는 다음과 같은 말에 간략하게 잘 나타나 있다. '첫째로, 인간에게 있어서 본성(또는 자연)*이 달성하고자 하는 목적은 이성*이며, 따라서 시민의 출생과 도덕적 훈육은 그 목적을 위하여 계획되고 통제되어야 한다. 둘째로, 육체와 영혼이 둘인 것과 마찬가지로, 영혼에도 이성적인 부분과 비이성적인 부분이라는 두 개의 부분이 있으며 그 각각에 상응하여 이성과 욕망이라는 두 가지 상태가 있다. 그리고 육체가 그 생성의 순서로 보아 영혼에 앞서는 것과 마찬가지로, 비이성적인 것은 이성적인 것에 앞선다 … 그러므로 육체를 돌보는 일은 영혼을 돌보는 일에 앞서야 하며, 이 후자의 일과 더불어 욕망의 훈련이 시작된다. 그러나 욕망의 훈련은 반드시 이성의 발달을 위한 것이어야 하며 육체를 돌보는 일은 영혼을 돌보는 일을 위한 것이어야 한다.'[1] 이것을 다시 정리하자면, 개인의 발달은 세 단계로 구분되어 일어난다고 말할 수 있다. 즉, (가) 주로 신체적인 성장이 이루어지는 시기, (나) 영혼의 비이성적 부분 — 욕망 또는 열정 — 이 두드러지는 시기, 그리고 (다) 이성의 우위에 의하여 성장의 과정 전체의 의미가 명백히 드러나는 시기가 그것이다. 이 세 단계에 상응하여 교육의 3대 영역이 있다. 즉, 첫째로 신체의 교육과, 둘째로 인격의 교육, 그리고 마지막으로 지력의 교육이 그것이다. 「정치학」에서의 교육에 관한 설명은 분명히 이 순서를 따르고 있는 듯하지만, 어떤 이유에서인지 — 아마 원본의 마지막 부분이 유실되었기 때문일 것이다 — 이 각 영역에 관한 설명은 중도에서 갑자기 끝나 버리고 만다.

1) Aristotle, *Politics*, vii, 15.
* nature * reason and mind

¶68_ 신체의 교육에 관한 한, 아리스토텔레스가 말하고자 했던 내용은 현재의 「정치학」에 전부 그대로 수록되어 있는 듯하다. 이 영역의 교육으로 아리스토텔레스는 체력훈련과 군사훈련을 들고 있다. 체력훈련은 좋은 신체적 조건을 갖추게 하며 군사훈련은 궁술과 창술, 그리고 간단한 전투 동작에 숙련되도록 한다. 그러나 아리스토텔레스는, 이 두 가지는 각각 그 올바른 위치를 벗어나지 말아야 하며 과도한 훈련을 피하도록 해야 한다는 것을 강조하고 있다. 스파르타인들이 그러했듯이 머리가 빈 운동선수를 길러내는 것은 어리석은 짓이라는 것이다. 신체훈련은 목적을 위한 수단에 불과하다. '중요한 것은 언제나 짐승 같은 힘이 아니라 우아한 품위이다. 고상한 용기를 필요로 하는 시합에 참가할

수 있는 것은 늑대나 그 밖의 하등동물이 아니라 선량한 인간이다.'[1]

1) Aristotle, *Politics*, viii, 4.

¶69_ 교육의 둘째 영역은 인격의 훈련으로서, 이것은 습관을 형성시켜 주는 일을 가리킨다. 아리스토텔레스에 의하면, 교육에는 자연(또는 본성)과 습관과 이성이라는 세 가지 요소가 있으며, 그 중에서 습관은 이성보다 먼저 형성되어야 한다. 그 이유는 '욕망은 아이가 태어날 때부터 가지고 있지만 사고와 이성은 나이가 들어서야 나타난다'는 데에 있다. 그런데 욕망 그 자체는 선도 아니고 악도 아니다. 플라톤의 견해를 따르는 사람들은 영혼을 이성적인 부분과 비이성적인 부분으로 나누고 앞의 것은 선이요 뒤의 것은 악이라고 불렀지만, 아리스토텔레스는 그런 식으로 양자를 명확하게 구분하는 것에 찬성하지 않았다. 욕망은 어떤 점에서는 비이성적인 것이라고 할 수 있지만, 그렇다고 하여 지성의 통제에 의하여 이성적인 것으로 될 수 없을 정도로 완전히 비이성적인 것은 아니다. 따라서 선이나 악은 욕망 그 자체의 속성이 아니라 욕망에 가해지는 훈련 — 다시 말하면, 둘째 단계의 교육에서 형성되는 습관 — 여하에 달려 있다. 올바른 훈련을 받지 못한 영혼은 욕망의 만족이나 좌절에 따라오는 쾌락과 고통의 노예가 되어 그릇된 길로 빠지기 쉽다. '인격이 훌륭한가 아닌가는 쾌락이나 고통과 밀접하게 관련되어 있다. 쾌락은 우리로 하여금 악을 행하도록 하며 고통은 선을 행하지 못하도록 한다. 플라톤이 말한 바와 같이, 쾌락과 고통을 각각 올바른 경우에 느끼도록 하는 훈련을 아주 어릴 때부터 받아야 하는 이유가 여기에 있다. 이것 이외에 따로 진정한 교육은 없다.[1]

1) Aristotle, *Ethics*, ii, 3.

¶70_ 이와 같이 쾌락과 고통의 대상을 올바르게 선택하도록 하는 습관의 훈련 방법을 아리스토텔레스는 주로 음악(플라톤이 사용한 것보다 좁은 의미에서의 음악)에서 찾고 있다. 음악은 오락이 되기도 하고 고상한 여가 활동이 되기도 하고 정신을 도야하기도 하는 등 여러 가지 기능을 가지고 있지만, 교육에 있어서의 음악의 기능은 이 마지막, 정신의 도야에 있다. 선은 쾌락과 고통을 올바른 대상에서 느끼는 데에 있는 만큼, 고상한 것을 사랑하고 비천한 것을 증오하는 마음을 기르는 데에는 마음을 고상한 음악의 선율에 맞게 조율하는 것 이상으로 더 좋

은 방법은 없다. '분노나 온화한 마음을 있는 그대로의 존재에 가장 가깝게 드러내는 것이 있다면 그것은 리듬과 멜로디이며, 분노와 온화한 마음뿐만 아니라 용기와 절제 등 영혼의 모든 자질도 이와 마찬가지이다. 사실이 그것을 증명한다. 우리는 음악을 들을 때 영혼이 달라지는 것을 느낀다.' 이 점을 보여주는 예를 몇 가지 들고 난 뒤에 아리스토텔레스는 다음과 같이 덧붙인다. '이 모든 것은 음악이 영혼의 상태를 변화시킬 수 있다는 증거이다. 만약 음악이 이러한 힘을 가지고 있다면 젊은이들을 교육하는 데에 음악을 사용해야 한다는 것은 두말할 나위도 없다.'[1)]

1) Aristotle, *Politics*, viii, 5.

¶71_ 이어서 아리스토텔레스는 이 음악 훈련과 관련된 몇 가지 실제적 질문을 제기한다. 예컨대 아이들이 음악을 공부할 때 자신이 직접 노래와 연주를 해야 하는가 아니면 다른 사람들의 노래와 연주를 듣고 배워야 하는가, 어떤 악기를 사용하도록 해야 하는가, 어떤 종류의 멜로디가 가장 좋은가 등등이다. 이런 문제에 관하여 아리스토텔레스가 표명하는 견해는 주로 그 당시 교양 있는 희랍인들 사이에서 널리 받아들여지고 있던 것들이다. 이 논의를 하는 도중에 「정치학」은 미완성인 채 끝나고 만다.

¶72_ 이것이 오늘날 우리에게 특히 불행인 것은, 그것으로 말미암아 우리가 후기 희랍교육의 가장 관심 있는 문제 — 즉, 청년기와 성인 초기의 지적 교육 — 에 관하여 아리스토텔레스가 어떤 견해를 가지고 있었는가를 알 길이 없게 되었기 때문이다. 앞에서 살펴 본 바와 같이, 플라톤의 경우에는 젊은 '수호자'를 교육하는 방안으로서 먼저 수학을 가르치고 그 다음에 변증법에 의하여 지상의 선에 관한 지식을 가르치게 되어 있었다. 아리스토텔레스는 어쩌면 이와는 다른 방안을 생각하고 있었는지도 모른다. 아리스토텔레스 자신의 관심은 수학이 아닌 생물학과 역사학에 있었으며, 후일의 위대한 수학자들이 대부분 직접 또는 간접으로 플라톤 학파와 관련을 맺은 반면, 박물학('자연의 역사')이나 역사학을 연구한 사람들은 아리스토텔레스 학파에 속하였다는 사실로 미루어보건대, 아리스토텔레스가 제안한 청년기의 교육에는 이 후자의 과목들이 큰 비중을 차지했으리라는 짐작을 해 볼 수 있다. 그러나 그 교육의 마지막 부분은 십중팔구 플라톤의 제안과

일치했을 것이다. 아리스토텔레스 역시, 최종적으로는 청년들을 형이상학으로 이끌어서 유일신성한 우주의 '제1 원인'으로 청년들의 사고를 돌리려고 하였을 것이다.

¶73_ 이상은 개인의 발달로서의 교육에 관한 아리스토텔레스의 견해이다. 이제 우리는 그것과 상보적인 또 하나의 측면, 즉 사회적 목적을 위한 수단으로서의 교육에 관한 아리스토텔레스의 견해를 고찰해 보고자 한다. 앞에서 말한 바와 같이, 아리스토텔레스에 있어서 교육은 신체의 교육, 인격의 교육, 그리고 지력의 교육을 포괄한다. 이 세 가지 교육을 통하여 달성하고자 하는 목적은 무엇인가? 우선, 신체의 교육이 영혼을 위한 것이라는 점은 앞에서 말한 바와 같다. 즉, 신체를 적절하게 단련함으로써 영혼이 명령하는 일을 잘 할 수 있게 된다는 것이다. 그렇다면 영혼은 무엇을 위한 것인가? 여기에 대한 대답은 영혼의 이성적인 부분과 비이성적인 부분 중에서 어느 것을 생각하는가에 따라 달라진다. 이와 같이 영혼에 두 부분이 있기 때문에 교육에도 두 가지 목적이 있다.

¶74_ 첫째로, 교육은 훌륭한 시민을 양성함으로써 국가의 복지를 보장한다는 긴박한 실제적 목적을 가지고 있다. 아리스토텔레스에 의하면, 인간의 행복은 영혼이 그 고유한 덕*의 형식에 맞게 활동하는 상태를 가리킨다. 인간의 고유한 덕 — 욕망을 가졌다는 점에는 다른 동물과 다를 바 없지만 그럼에도 불구하고 인간을 다른 동물과 구별되게 하는 인간 고유의 덕 — 은 사회적 관계 속에서, 사회적 관계를 통하여 성취될 수 있는 것이다. 그러므로 교육은, 인간 개개인의 행복을 위해서나 국가의 행복을 위해서나, 시민으로서의 실제적 의무를 수행하는 데에 적합한 사람을 길러내지 않으면 안 된다. 인간이 욕망을 억제하고 절제와 용기와 관용을 갖춘 정의로운 사람이 되도록 교육받아야 하는 이유가 바로 여기에 있다. 훌륭한 시민의 삶을 사는 데에는 이성의 통제를 받지 않는 욕망이나 열정은 들어설 자리가 없다.

* virtue or excellence [arete], 1 : 51의 주 참조

¶75_ 그러나 둘째로, 비록 훌륭한 시민을 길러내는 것이 교육자의 중요한 목적이기는 하지만, 그것이 유일의 목적 또는 최상의 목적은 아니다. 이성의 하는 일

이 단순히 욕망이나 열정을 억제한다는 소극적인 것에 그치는 것은 아니다. 이성은, 영혼의 비이성적인 부분을 억제하는 것과 무관하게, 인간을 신적인 경지로 이끌어 올린다는 그 자체의 순수하고 적극적인 활동을 수행한다. 모든 피조물 중에서 오직 인간만이 자기 자신의 이익*(또는 선)보다 더 높은 선을 생각할 수 있으며, 이 점에서 인간은 일상의 실제적 삶에서 완전한 만족을 찾을 수 없다. 신과 마찬가지로, 인간은 사변적인 삶을 향유할 능력을 가지고 있으며, 플라톤이 말한 바와 같이, 시간을 초월한 관조자가 될 능력을 가지고 있다. 인간은 과학을 할 수 있으며, 지력의 도움으로 우주의 법칙을 관통할 수 있다. 인간은 문학과 예술을 할 수 있으며, 자신이 작품을 만들어 내고 다른 사람의 작품을 즐길 수 있다. 인간은 종교를 가질 수 있으며, 신을 통하여 만물의 형상을 볼 수 있다. 물론, 인간이 그 모든 가능성을 완벽하게 실현한 절정에 도달하는 것은 특별한 경우에나 있을 수 있다. 사변적 삶을 완전히 누리는 것은 오직 신만이 할 수 있는 일이다. 그러나 인간이 신의 경지에 도달할 때 비로소 완전한 행복을 누릴 수 있다는 것은 분명하다.

---

* the good

¶76_ 이렇게 볼 때, 교육자는 특정한 국가의 시민을 양성하는 것 이상의 중요한 임무를 띠고 있다는 것을 알 수 있다. 인간의 본성에 충실하게 교육하려면, 교육자는 국가의 경계에 구애됨이 없이 참으로 축복받은 삶을 영위할 수 있도록 젊은이를 준비시켜야 한다. 아리스토텔레스는 말한다. '우리의 삶 전체는 일과 여가, 전쟁과 평화 등, 두 개의 부분으로 구분되어 있으며, 우리의 모든 행위는 유용한 것과 고상한 것의 두 가지로 구분되어 있다. 이 두 가지 종류의 행위 중에서 어느 쪽을 선택하는가 하는 것은 우리가 영혼의 고귀한 부분과 비천한 부분, 그리고 그 각각의 활동 중에서 어느 쪽을 더 좋아하는가에 따라 결정되기 마련이다. 만약 우리가 전쟁을 선택한다면 그것은 평화를 위한 것이어야 하며, 일을 선택한다면 그것은 여가*를 위한 것이어야 하며, 유용한 것을 선택한다면 그것은 고상한 것을 위한 것이어야 한다 … 아이건 그 밖에 어떤 나이의 사람이건 간에 교육을 받아야 할 사람들을 교육할 때 우리가 목적으로 삼아야 할 것은 바로 그것이다.'[1] 요컨대, 교육의 최고의 목적은 여가를 올바르게 누리도록 준비시키는 것, 다시 말하여, 일상의 실제적 문제를 다소간 해결하고 난 뒤에 영혼이 신의 모습을 보고 거기서 최상의 행복을 맛볼 수 있도록 보장하는 데에 있다. 아리스토텔레스의 이 마지막 말은

참으로 놀라운 결론이며, 특히 희랍의 삶이 기초로 하고 있던 근본 원리에 어긋난다는 점에서 더욱 놀라운 결론이다. 플라톤은 적어도 소수의 지배 계층은 시민의 의무를 수행하는 것 이상으로, 선의 이데아에서 각자 자기 마음속의 理想國家이상국가를 찾을 수 있다는 것을 인정하였다. 아리스토텔레스는 이 주장을 한 단계 더 발전시키면서, 그것을 모든 사람에게 적용시켰다. 즉, 모든 사람에게 있어서 영혼의 고귀한 부분은 특정한 국가의 삶을 벗어난 곳에서, 그리고 오직 그곳에서만, 완전한 민족을 찾을 수 있다는 것이다. 이 아리스토텔레스의 발견은 단순히 시민을 기르는 교육에서부터 모든 인간적인 것을 포괄하는 보다 넓은 교육으로의 전환을 지시한다.

---

1) Aristotle, *Politics*, vii, 14.

* leisure [schole 希희], 이 희랍어 단어는 '여가'이외에 '학문적 논의'와 그런 논의를 하는 장소를 뜻한다. '스콜라 철학(Scholasticism)과 영어 단어 school은 이 단어에서 파생되었다.

참고문헌

ARISTOTLE : *Ethics* (translations by F.H. Peters, J.E.C. Welldon, H. Rackham); *Politics* (translations by B. Jowett, J.E.C. Welldon, H. Rackham).

J. Burnet, *Aristotle on Education*, Cambridge, 1903 ; T. Davidson, *Aristotle and Ancient Educational Ideals*, London, 1982.

PLATO : *Protagoras, Lysis, Republic, Laws*, translated by Jowett and in the Loeb Classics. *The Republic*, also translated by Davies and Vaughan, and by A.D. Lindsay.

J.E. Adamson, *The Theory of Education in Plato's Republic*, London, 1895, and *The Education of the Young in Plato's Republic*, Cambridge, 1900 ; W. Boyd, *An Introduction to the Republic of Plato,* London, 1904 ; R.L. Nettleship, *Theory of Education in the Republic of Plato in Hellenica*, London, 1880, and *Lectures on Plato's Republic*, London, 1897 ; W. Moberly, *Plato's Conception of Education*, Oxford, 1944 ; R.C. Lodge, *Plato's Theory of Education*, New York, 1948.

XENOPHON : *Cyropoedia*, translated by Walter Miller, 1914 ; *Memorabilia*, translated by E.C. Marchant, 1923.

제 2 장

희랍 교육의 전파

1 고대 세계의 희랍화

¶1_ 마케도니아 제국의 홍기, 그리고 그로 인한 희랍 도시국가들의 쇠망과 더불어, 희랍의 문명은 한 국가의 경계를 넘어서서 지중해를 낀 모든 나라가 공유하는 공동의 문명으로 되었다. 이 변화는 단순히 정복에 따른 우연한 결과가 아니라 사태의 필연적인 귀결이었다. 희랍 철학의 그 획기적인 발견, 말하자면 인간으로서의 인간이 가지고 있는 고유한 자질은 특정한 민족이나 계급에 국한된 자질에 있는 것이 아니라 인간의 이성에 있다는 주장이 대두된 이상, 플라톤과 아리스토텔레스가 한 것과 같이, 문화라든가 교양을 오직 희랍 도시국가의 귀족에 한정시키려고 하는 것은 근본적인 모순이 아닐 수 없었다. 사실상, 그 두 철학자들은 모두 그들이 그린 이상 국가에, 정치의 바깥에서, 정치 이외의 다른 일을 최고의 관심사로 삼는 소수의 계층이 있다는 것을 인정하였으며, 이것을 인정한다는 것은 곧 그들의 그 생각이 모순을 내포하고 있다는 것을 은연중에 받아들이는 셈이 된다. 만약 플라톤과 아리스토텔레스가 시대의 징조를 올바르게 읽을 수 있었더라면, 그들은 이제부터 교육은 국가적인 또는 종족적인 테두리에 국한될 수 있는 것이 아니라는 것, 머잖아 교육은 범세계적인 형태를 띨 수밖에 없으며 지역이나 종족의 고려는 기껏해야 2차적인 중요성밖에 가질 수 없다는 것을 알았을 것이다.

¶2_ 사실을 두고 말하자면, 희랍 문명이 헬레니즘*이라는 세계적 공동문명으로 되는 데에 필요했던 선결 조건으로서의 희랍 도시국가의 붕괴는 마케도니아의 정복이 있기 반세기 전부터 이미 시작되고 있었다. 기원전 404년 아테나이의 함락

은 희랍의 균형을 송두리째 흔들어 놓았다. 대부분의 희랍 도시국가들은 계속되는 내란과 정치적 혁명으로 진통을 겪었으며 그에 따라 국가의 저항력은 쇠퇴하고 수많은 망명객들이 세계 도처에 떠돌아다니게 되었다. 이러한 때에, 비록 희랍 국가는 아니지만 희랍 문명에 강하게 매료된 한 국가가 패권을 잡고 일어섰다는 것은 참으로 다행한 일이었다. 그 국가의 승리는 희랍의 정신을 파괴한 것이 아니라 더욱 자유롭게, 장차 상당 기간을 두고 세계적인 영향력을 행사하면서 뻗어 나갈 수 있도록 해 주었다. 알렉산드로스 대왕의 영도 하에 마케도니아는 동방의 모든 주요 국가들을 굴복시키면서, 그가 정복한 영토마다 곳곳에 희랍의 문명을 담은 도시를 건설함으로써 그의 제국을 영원한 것으로 만들려고 하였다. 기원전 332년에 알렉산드로스 자신이 나일강 삼각주에 세운 알렉산드리아 시는 수많은 도시 가운데 가장 찬란한 도시였다. 거기에는 그 당시 희랍 문명권에 속하는 전 세계의 각지로부터 정착민들이 몰려들었으며, 거기서부터 희랍 문명이, 마치 무적의 마케도니아 보병밀집대*가 거침없이 뻗어 나가듯이, 거침없이 온 사방으로 뻗어 나가서 통일된 문명으로 향한 길을 열어 주었다.

---

* Hellenism * phalanx

¶3_ 알렉산드로스 대왕의 정책은 확고하고 타당한 것이어서, 기원전 323년 그의 뜻하지 않은 죽음은 사태의 진전에 이렇다 할 만한 차질을 가져오지 않았다. 물론, 그의 제국은 즉시 산산조각이 나고 말았지만, 그가 시작한 희랍화의 과정은 그의 뒤를 이어 여러 지역을 맡아 다스린 마케도니아의 지배자들에 의하여 다음 세기까지 꾸준히 계속되었다. 심지어 기원전 2세기에 로마군의 의기양양한 전진으로 희랍이 로마의 한 속령으로 되고(146 B.C.) 마침내 로마가 알렉산드로스의 제국보다 더 큰 제국의 종주국으로 군림하게 되었을 때에도, 사태는 헬레니즘의 전파를 방해하기는커녕 오히려 새로운 영역으로 영향을 넓히는 길을 열어 주었다. 호라티우스*의 말로 자주 인용되는 '정복당한 희랍이 그 야만적인 정복자인 로마를 정복하고 라틴 세계에 학문과 예술을 가져다 주었다'라는 말은 문자 그대로 사실이며, 그 라틴 세계를 통하여 희랍은 전 세계를 지배하게 되었다.

---

* Horace [Horatius] (65 B.C.-8 A.D.)

¶4_ 그러나 로마 세계에서의 헬레니즘은 그 원래의 발상지인 희랍 도시국가에서의 헬레니즘에 비하여 여러 가지 점에서 근본적인 차이를 나타내었다. 서력 기원 원년을 전후한 수 세기 동안 지중해 연안 여러 지역에서의 삶의 정신적 기반을 이루는 과정에서 희랍 문화는 페르시아, 유태, 이집트, 로마 등 여러 독자적인 문화와 밀접한 관련을 맺게 되었고 그 모든 문화와 어떤 방식으로든지 조화를 이루지 않으면 안 되었다. 이와 같이 다양한 민족 또는 국가의 이상이 하나로 융합되어 나타난 결과는 세부적인 면에서는 여러 가지 지역별 특이성을 나타내면서도 전체적으로는 공통된 성격을 지닌 일종의 공동문화로서, 이 문화는 주로 희랍적 색채를 띠었지만 또한 거기에는 그 구성 요소인 여러 문화들의 특이성이 조금씩 가미되어 있었다.

¶5_ 이 시기의 교육 발전의 양상을 살펴보면, 그것은 교육을 그 한 부분으로 포함하는 문화 전체와 동일한 융합적 성격을 나타내고 있었음을 알 수 있다. 교육의 실제 면에서 새로운 것이 별로 없었으며, 이론 면에는 전연 새로운 것이 없었다. 제도 면에서 한 가지 새로운 것이 있었다면 그것은 아테나이와 알렉산드리아를 중심으로 한, 이른바 '희랍의 대학'이라고 불리는 것이 생겨났다는 정도이다. 그러나 이와 같이 '대학' 이외의 다른 교육기관에는 독창적인 것을 전연 찾아볼 수 없다 하더라도, 이 당시의 교육은 희랍식 교육을 전반적으로 보급하는 데에는 대단한 진전을 보여 주었다. 그전에 아테나이가 '희랍의 교육자'였다면 이제는 희랍이 그 당시 모든 나라의 교육적 지도자가 된 것이다. 도대체 '학교'*라는 용어와 제도 그 자체가 희랍에서 온 것이며, 모든 나라는 각각 그들 자신의 학교를 운영함에 있어서 희랍의 교과와 교수 방법은 물론, 심지어 학습의 자료까지 자유롭게 빌어 왔다. 그러나 그것을 빌어 온 그들의 자세는 맹목적인 것이 아니었다. 각국은 희랍이라는 귀감에서 그들에게 필요한 것을 채택하여 그것을 자신의 실정에 맞게 번안하였다. 희랍의 교육과 현대의 교육을 연결해 주는 두 개의 큰 고리인 유태 교육과 로마 교육은 특히 두드러진 보기이다(이 면에서의 유태 교육과 로마 교육은 각각 '희랍 영향권 하의 유태 교육'*과 '희랍 영향권 하의 로마 교육'*이라고 불린다). 이하에서 고찰할 바와 같이, 이 두 교육은 희랍의 전례에서 큰 도움을 받았지만, 각각은 또한 그 원래의 민족이 가지고 있었던 예지에 상응하는 뚜렷한 개성을 가지고 있었다. 희랍적 정신은 이 면에서도 그 특징을 나타내고 있다.

* school [schole], 희랍어로 schole는 '여가'(leisure)를 뜻한다. 1 : 76 주 참조
* Graeco-Jewish education * Graeco-Roman education

2 아테나이와 알렉산드리아에서의 고등교육의 발달

¶6_ 마케도니아의 패권 하에서도 보통의 희랍 교육은, 에페보스로 복무할 연령에 이르기까지만을 고려한다면, 별다른 차이를 보이지 않았다. 犬儒學派견유학파의 텔레스*(대략 300 B.C.)는, 우리의 삶에는 쾌락보다 고통이 훨씬 더 많다는 것을 주장하는 글에서, 그 증거로서 교육을 받는 동안에 소년이 겪는 고통을 간략하게 기술하고 있는데, 이 기술을 보면 당시 교육의 과정은 신교육의 그것과 거의 동일한 것임을 알 수 있다. '아이가 보모의 손에서 벗어나면 그 다음에는 교복, 체육 교사, 문법 교사, 음악 교사, 미술 교사 등 수많은 사람의 손으로 넘어간다. 그 후 때가 되면 아이는 대수 교사, 기하 교사, 그리고 승마 교사 밑에 들어간다. 그러다가 에페보스가 되면 그는 전술 훈련 장교, 체력 단련 장교, 검술 선생, 체육관장의 혹독한 감시감독 속에서 숨도 크게 쉬지 못하고 살아간다.'[1] 그림 그리기가 추가되었다는 점을 제외하면(아리스토텔레스는 이 단계의 교육에 그림 그리기를 포함시켜야 한다고 말하였다), 텔레스의 글에 언급된 초등 단계의 교과는 백년 전이나 다름이 없다. 중등 단계의 교과는 오히려 범위가 더 좁아져서, 거기에는 수사학이나 철학에 관한 언급이 없고, 심지어 텔레스가 그 글을 썼을 당시에 '문법 교사'*의 지도 하에 점차 행해지기 시작했던 문학 교육에 관한 언급도 없다.

1) Walden, *Universities of Ancient Greece*, p. 20.
* Teles the Cynic * grammarian [grammatikos]

¶7_ 그리하여 에페보스 이전 단계의 교육은 이제 그 근본 성격이 완전히 정착되어 있었다고 볼 수 있다. 그 초등단계의 교육은 에페보스의 교육, 그리고 그 이후에 보다 나이든 청년이 받는 교육과 성격상 구분되어 있었다. 에페보스와 그 이후 교육의 경우에 있어서는 도시국가의 정치적 독립이 상실됨에 따라 옛날의 군사 훈련의 중요성이 감소되는 등 삶의 조건이 전반적으로 달라져서, 그전 같으면 군대나 그 밖의 국가의 기능에 종사하였을 많은 젊은이들이 이제는 한 평생 자유롭게 학문에 힘을 쏟을 수 있게 되었다. 이러한 변화로 말미암아 종래의 의무적인

에페보스 훈련은 지원제로 바뀌었으며 나중에 일종의 대학으로 발전하게 될 새로운 고등교육기관이 그 형태를 드러내기 시작하였다.

¶8_ 아테나이에서 에페보스 제도가 순수한 군사훈련으로부터 군사훈련과 일반교육을 결합한 일종의 대학으로 그 모습을 바꾼 과정은 마케도니아 정복시대의 초기부터 기원 3세기에 이르기까지 약간의 단절을 두고 줄곧 이어진 금석문에 잘 기록되어 있다. 그것에 의하면, 기원전 4세기가 끝나기도 전에 이미 에페보스 입대는 지원제로 되었고, 복무기간이 2년에서 1년으로 단축되었으며, 예컨대 형제의 이름이 동일한 에페보스 명단에 들어있다는 사실 등으로 보아, 연령 제한이 상당히 완화되었다는 것을 알 수 있다. 기원전 2세기에는 에페보스 명단에 외국인의 이름이 등장하는데, 이것은 당시의 에페보스 훈련이 전적으로 아테나이인에게만 국한되어 있지 않았다는 것과 적어도 몇몇 경우에는 외국에서 아테나이로 교육을 받으러 온 젊은이들을 위한 교육의 기회로 간주되기도 했다는 것을 보여 준다.

¶9_ 기원전 1세기 초 경에 원로원에서 제안된 '감사결의'를 기록한 한 금석문에는 그 당시 에페보스 제도와 관련된 한 가지 재미있는 모습이 나타나 있다. '작년에 입학한 에페보스단은 회관에서 있었던 입학식에서 교장과 일반 종교 지도자와 사제들이 참석한 가운데 소정의 봉헌을 올렸으며 아르테미스신에게 영광을 돌리는 행진과 그 밖의 여러 가지 행사를 거행하였다. 그들은 관례적인 횃불 경주를 하였고 팔라스* 신상을 팔레론*까지 호위하여 갔다가 다시 제 자리에 모셔다 놓았으며, 디오뉘소스 신상을 그의 신전에서 극장까지 마찬가지 방식으로 운반하였으며, 디오뉘소스 축제에는 그 이름에 부끄럽지 않은 굉장한 황소를 몰고 왔다. 그들은 연중 내내 체육관에 빠짐없이 출석하였으며, 규율을 준수하고 국민의 이름으로 부과된 내용을 열심히 공부하는 것을 무엇보다 중요한 것으로 생각하면서 교장의 명령에 한치도 어긋남이 없이 복종하였다. 그들은 아무런 불평도 하지 않고 교장과 교관이 정한 모든 규칙을 잘 지켰으며, 프톨레마이온*과 뤼케이온에서 하는 제노도토스*의 강의, 그리고 그 밖에 뤼케이온과 아카데메이아에서 하는 모든 철학교사들의 강의를 빠뜨리지 않고 모두 들었다. 그들은 시민 의사당에서 질서 정연하게 기마보위를 하였으며, 우방이요 후원국인 로마의 사람들이 방문해 올 때 멀리까지 마중을 나갔으며, 아테나이의 국경까지 무장 행군을 하면서 조국의 국토와 도로를 답사하였으며, 마라톤*까지 나아가서 화환을 증정하고 조국의 자

유를 위하여 싸우다가 죽은 영웅의 사당에 기도를 올렸다. 그들은 일 년 내내 화기애애한 우정 속에서 생활하였으며, 법이 요구하는 대로 원로원에서 행하는 시험에 통과하였으며, 그 밖의 모든 일에서 규범에 조금도 어긋남이 없이 처신하였다. 이에 원로원은, 그들이 성인 생활의 첫발을 내어딛는 이 순간에, 그들의 공적, 그리고 법과 교장에 대한 헌신적인 복종을 기리는 원로원과 전 국민의 여망에 따라, 차기 의회의 의장에게 다음과 같은 조치를 건의하기로 합의한다. 즉, 차기 의장으로 하여금 작년도 에페보스단을 찬양하기 위한 영예 수여 안을 통과시키려는 원로원의 결의를 국민에게 제출하고 그 승인을 받도록 할 것이며, 에페보스 전원의 끊임없는 경신과 기율과 공공정신에 대한 보답으로 그들에게 금관을 수여하도록 할 것이며, 또한 그들을 가르친 교관들, 즉 훈련 교관 티몬*과 검술 교관 사튀로스*, 궁술 교관 니칸드로스*와 아스클레피아데스*, 석궁 교관 칼케돈*, 그리고 모든 조교들의 노고를 치하하고 그들 각각에게 월계관을 수여하도록 한다는 것이다.'[1)]

---

1) A Dumont, *Essai sur l'Ephebie Attique*를 인용한 W. W. Capes, *University Life in Ancient Athens*, pp. 21-23.

* Pallas * Phalerum [Phaleron] * Ptolemeum [Ptolemaion] * Zenodotus [Zenodotos]
* Marathon * Timon * Satyrus [Saturos] * Nicander [Nikandros]
* Asclepiades [Asklepiades] * Calchedon [Kalchedon]

¶10_ 에페보스 교육체제를 아테나이의 '대학'*의 전신이라고 말하는 경우를 이따금 볼 수 있지만, 이것은 에페보스 체제가 나중에 아테나이 교육 조직에 미친 영향을 지나치게 과대평가하는 것이다. 아테나이에 있었던 '대학'을 그야말로 '대학'이라고 불러야 할지 모르지만, 하여간 그 원초적 형태의 대학은 에페보스들이, 에페보스단에 입적하지 않은 많은 다른 사람들과 함께 다녔던 철학 학교를 가리킨다. 이러한 철학 학교의 기원은 플라톤까지 거슬러 올라간다. 앞에서 말한 바와 같이, 소크라테스가 처형당한 뒤에 플라톤은 주위에 상당수의 제자들을 규합하여 자기 자신의 정원과 그 옆에 있는 '아카데메이아'라는 이름의 체육관에서 가르침을 베풀었다. 처음에 그가 가르친 학생들은 주로 그 당시 수사학 학교에 다니던 학생들과 동일한 연령층인 15세에서 18세에 이르는 젊은이들로 구성되어 있었던 듯하다. 그러나 점차 시간이 흐름에 따라 그의 주위에는 여러 해 동안 그와 유대를 가지면서 그의 지도와 자극 하에서 철학 연구에 헌신하는, 보다 나이 많은 사람들의 학문적 공동체가 형성되기에 이르렀다. 플라톤 사후에 아카데메이아의 장 자

리는 플라톤 자신이 그의 후계자로 지명한 그의 조카 스페우시포스*에게 넘어 갔고, 이 조카는 그 장 자리와 함께, 아카데메이아에 귀속되었던 정원과 그 밖의 재산도 물려받았다. 스페우시포스는 다시 그 자리를 제노크라테스*에게 인계하였으며, 이로부터 전임자에 의한 지명에 의해서건 선출에 의해서건 간에 아카데메이아의 장을 물려주고 이어받으면서 플라톤 학풍을 계속 살려나가는 전통이 시작되었다. 플라톤에서 시작된 이 선례는 아리스토텔레스에 의해서도 채택되었다. 기원전 347년 플라톤이 세상을 떠난 후에 아리스토텔레스는 자신이 속해 있던 플라톤의 아카데메이아로부터 떨어져 나와서 몇 년 동안 아테나이를 떠나 살았다. 알렉산드로스 대왕의 가정교사로 3년간 그를 가르친 뒤에 아테나이로 돌아온 아리스토텔레스는 기원전 335년에 그의 친구요 후계자인 테오프라스토스*와 함께 뤼케이온 체육관*과 연계된 자기 자신의 학교를 세웠다. 이 학교가 대단한 성공을 거두었다는 것은 아리스토텔레스의 직계 제자들이 아리스토텔레스 자신의 저작에 필적하는 과학적 저작을 내어놓은 점으로 보나, 테오프라스토스가 장으로 있었을 당시에 재적 학생수가 2천명을 헤아렸다는 소문으로 보나, 의심할 여지가 없다. 그로부터 한 세대가 지난 기원전 308년과 306년에는 아카데메이아나 뤼케이온과 비슷한 방침에 따라 제논*과 에피쿠로스*가 각각 스토아 학교와 에피쿠로스 학교를 설립하였다. 이 두 학교* 역시, 소크라테스에서 비롯된 철학 운동의 연장으로서, 최선의 삶은 지식과 통찰에 기초를 둔 것이라는, 소크라테스의 주장을 기본으로 하고 있었다. 그러나 이 두 학교는 아테나이의 사회적 퇴폐가 훨씬 심각한 지경에 다다라 플라톤과 아리스토텔레스가 주장한 공동체 윤리가 그 호소력을 대부분 상실한 시기에 시작된 것인 만큼, 양자는 모두 그 당시의 시대사조에 더 잘 부합되는 개인주의 철학을 발전시켜서 그 이전의 두 학교에 다니던 학생들을 상당수 빼앗아 갔다. 스토아 학교와 에피쿠로스 학교의 학문적 활동의 결과로, 그 네 학교에서 모두 가르쳤던 논리학과 형이상학은, 물론 여전히 중요한 과목으로 되어 있었지만, 개인의 행위에 관한 보다 실제적인 문제에 비하여 부차적인 지위를 차지하게 되었다.

---

* University * Speusippus [Speusippos] * Zenocrates [Zenokrates]
* Theophrastus [Theophrastos]
* Lukeion은 아테나이 동쪽 교외에 있던 체육관 이름으로 그 부근에 있던 아폴론 신전의 이름인 Lukeios를 본 딴 것이다. 그것이 그 후 Aristoteles 학교 이름으로 되었다.
* Zeno [Zenon] * Epicurus [Epicouros] * school, 또는 학파

¶11_ 이 네 학교는 그 후 수 세기 동안 아테나이의 학문적 센터로서 오래 존속하면서 장 자리를 이어 각각의 전통을 발전시켰으며, 그들 상호간에, 그리고 회의주의적 경향을 띤 소피스트의 후예들과 열띤 논쟁을 벌였다. 아카데메이아는 그 학설에 상당한 변화를 겪으면서도, 또한 장의 계승에 몇 차례 단절을 겪으면서도, 기원 6세기까지 계속하여 존립하였다. 나머지 세 학교의 경우에는 기원전 1세기 또는 그 직후에 장의 계승이 완전히 단절되었다. 그러나 이 경우에도 학교 그 자체는 한두 세기 더 계속되다가 하드리아누스* 황제가 칙령과 기부금으로 '대학'을 설립하였을 때 그 산하기관으로 공식적인 인정을 받았다. 그러나 결국 이들 학교는 그 후 몇 세기 동안 수사학 학교의 세력이 점점 강대해짐에 따라 차차 시들다가 사라졌다. 유독 아카데메이아만은 신플라톤주의 운동으로 한때 회춘을 맛보면서 새로운 시대의 반철학적 경향과 힘겨운 싸움을 하면서 버티어 나갔다. 그러나 이 학교도 결국은 주저앉고 말았다.

* Hadrian [Hadrianus], 3 : 9 참조.

¶12_ 헬레니즘 문명이 동방으로 또 서방으로 전파되는 수 세기에 걸쳐서 아테나이의 학교는 완전히 독보적인 지위를 누리고 있었다. 전 문명세계의 사람들이 희랍을 학문의 모국으로 숭앙하였던 만큼, 아테나이에는 모든 나라(특히 동방의 여러 나라)에서 학생들이 모여 들었으며, 이들은 아테나이의 지적 활동에 동참하면서 그 학교의 독보적인 지위를 점점 더 확고히 하는 데에 중요한 역할을 담당하였다. 물론, 순전히 학문의 발전 면에서 보면 아테나이는, 비록 철학과 역사 분야에는 많은 훌륭한 업적을 내었지만, 그 당시 알렉산드리아, 페르가모스*, 안티오키아*, 로데스*, 그리고 그밖에 마케도니아 왕국 내의 여러 지역에서 학문의 발전을 목적으로 한 새로운 기관들이 왕가의 후원 하에 우후죽순처럼 생겨남에 따라 광채가 줄어든 것이 사실이다. 아테나이는 학문적 업적에 필요한 풍부한 기부금과 거대한 도서관을 갖추지 못하였다. 그러나 지식 전달이라는 면에 있어서는, 아테나이는 서력 기원이 시작할 때까지 어느 도시도 따라올 수 없는 문자 그대로 센터로서의 지위를 확보하고 있었다. 아테나이에서는 원래의 희랍 교육의 가장 두드러진 특징인, 스승과 제자 사이의 긴밀한 인간관계가 그 오래된 미덕을 고스란히 간직하고 있었으며, 이 점에서 아테나이는 세계에서 그 유례를 찾아볼 수 없다.

* Pergamum [Pergamos] * Antioch [Antiochia] * Rhodes

¶13_ 새로운 학문의 중심지로 가장 두드러지게 나타났던 알렉산드리아의 교육 사업은 아테나이의 그것과 매우 달랐다. 알렉산드리아가 도시로서 형성된 이후로부터 한 세기 반 동안에는 지식의 전달이라고 할 만한 것이 거의 이루어지지 않았으며, 설사 이루어졌다 하더라도 그것은 도서관이나 박물관을 중심으로 한 대규모의 고급 학문 연구 사업에 비하여 부차적인 지위에 머물러 있었다. 이 도시의 거대한 도서관은 기원전 323년에서 기원전 30년의 로마 정복 때까지 이집트를 지배한 프톨레마이오스*왕조의 첫 왕이며 학문의 열렬한 후견인인 소테로스*왕에 의하여 건립되었다. 이 도서관이 건립된 것은 기원전 295년이며, 그로부터 10년 뒤에 거기에 소장된 手書수서는 20만 권을 헤아렸고 기원전 1세기 중엽에는 70만 권의 수서를 자랑하였다. 박물관은, 원래 '"뮤즈신"*의 사원'이라는 뜻으로서, 필라델포스*왕이 그 부왕의 사업을 연장하여, 학자와 연구가들이 국왕의 비용으로 한평생을 연구에 바칠 수 있는 주거 시설로 설립된 것이다.

* Ptolemy [Ptolemaios] * Soter [Soteros] * Muses [Mousai] * Philadelphus [Philadelphos]

¶14_ 이 새로운 상황 하에서 실지로 이루어진 연구는 아테나이의 여러 학교, 그 중에서도 특히 아리스토텔레스 학교의 전통을 직접 이어받은 것이었다. 도서관이 학문 연구의 필수 불가결한 부대시설이라는, 알렉산드리아 체제의 기본적인 발상 그 자체가 아리스토텔레스의 본보기를 따른 것이다. 아리스토텔레스는 학문 연구의 기초로서 광범위한 서적을 수집하고 모든 종류의 사실들을 긁어모은 최초의 인물이었다. 사실상, 알렉산드리아의 대도서관을 건립하려는 발상은 아리스토텔레스학파의 한 저명한 학자인 팔레론의 데메트리오스*에게서 나왔다. 그는 10년 동안 아테나이의 평의원*으로 있었으며 그 후에는 소테로스 궁정에서 학문에 관한 수석 자문관으로서 굉장한 영향력을 행사하였던 사람이다. 위에서 말한 바와 같이, 박물관은 바로 희랍의 철학 학교에서 볼 수 있었던 것과 같은, 학자들 사이의 형제애의 가시적인 표현이었으며, 차이가 있다면 이 경우에는 방대한 기부금이 주어졌다는 것과 다양한 학문적 경향을 망라하였다는 것뿐이다.

* Demetrius [Demetrios] * Regent

¶15_ 그러나 이와 같이 알렉산드리아의 학자들이 희랍 학문의 전통을 계승하려고 노력하였고 또 실지로 아테나이의 여러 학교에서 개척해 놓은 여러 분야에

서 대단한 양의 가치 있는 업적을 내어 놓은 것은 사실이지만, 전체적으로 보아 그들의 업적에서는 전대의 노력에 비하여 특히 두드러지는 참신성이나 독창성을 거의 찾아볼 수 없다. 오직 장사에만 관심이 있는, 인구의 규모가 큰 알렉산드리아 주민들 사이에서 오로지 연구실에 파묻혀 학문 연구에만 몰두한 그 학자들에게는 실제적 삶과의 직접적인 접촉에서 생기는 창의적인 작업의 자극이 결여되어 있었으며, 따라서 그들은 주로 과거에 관심이 쏠려 있는 보잘 것 없는 서생으로 전락하는 경우가 많았다. 그 결과로 알렉산드리아에서는 철학과 문학이 빛을 발하지 못하였으며, 여기서 이루어진 주된 업적은 번역, 옛날 저작의 편찬과 주석 등, 꼼꼼하고 힘든 자구 검색은 요구되지만 독창성은 그다지 요구되지 않는 그런 종류의 일에 국한되어 있었다.

¶16_ 이런 점에서 볼 때, 기원 원년에 이르기까지 크게 세 시기로 구분되는 알렉산드리아 학교의 발달 과정에서 그 첫째 시기가 가장 찬란하였다는 것은 중요한 의미를 지닌다. 이 첫째 시기는 대략 기원전 3세기의 한 세기 동안, 아리스토텔레스와 플라톤의 학설이 특히 과학 방면에 여전히 강한 영향을 미치고 있던 시기로서, 기하학의 에우클리데스*, 물리학의 아르키메데스*, 역학의 헤론*과 필론*, 원추곡선 기하학의 아폴로니오스*, 지리학과 그 밖의 여러 분야에 걸친 에라토스테네스*, 그리고 천문학의 히파르코스* 등의 굉장한 연구가 이루어진 시기이다. 대도서관의 초대와 2대 관장인 크세노도토스*와 에라토스테네스, 그리고 그 밖의 여러 서지학파들은 위대한 희랍 작가들에 대한 깊이 있는 연구를 하였으며, 이러한 연구에도 과학에서와 같은 분석적 경향이 나타나 있다. 둘째 시기는 그 이후 기원전 146년에 프톨레마이오스 9세가 즉위한 지 얼마 되지 않아서 그가 희랍 학자들을 알렉산드리아에서 추방하던 때까지의 시기로서, 이 기간 중에는 과학 분야의 연구가 사라지고 그 대신에 문학 비평이 최고의 자리를 차지하였다. 이 시기에 명성을 떨친 사람은 두 명의 가장 저명한 古文學고문학 연구가요 대도서관의 3대와 4대 관장이었던 아리스토파네스*와 아리스타르코스*였다. 그 전세기(즉, 기원전 3세기)의 학자들이 시인과 학자를 겸하였던 것과는 달리, 이들은 순전히 학자의 일만 하면서 호메로스와 그 밖의 희랍 시인들에 관한 매우 상세한 연구를 하는 데에 한 평생을 보냈다. 아리스타르코스는 800권에 달하는 주석서를 써내었으며, 문법을 체계적인 학문으로 정립한 그의 업적은 교육사에서 특기할 만하다. 문법의 기원은 플라톤과 아리스토텔레스, 그리고 기원전 3세기의 스토아학파에서 찾

을 수 있지만, 아리스타르코스가 8품사 — 명사(형용사 포함), 동사, 분사, 대명사, 관사, 부사, 전치사, 접속사 — 를 구분함으로써 비로소 문법은 그 이후 오늘에 이르기까지, 약간의 수정을 거치면서, 학교에서 교과로 가르쳐지고 있는 그런 형태를 취하게 되었다. 알렉산드리아 학교 발달의 셋째 시기에 관해서는 별로 언급할 만한 것이 없다. 기원전 146년에 있었던 희랍 학자들의 강제 추방은 알렉산드리아 이외의 다른 나라에 학식 높은 교사들을 풍부하게 보태어준 결과를 가져온 대신에, 알렉산드리아에는 학문적 빈곤이 심하여 그로부터 한 세기 이상을 지나도록 市誌시지에 이름이 기록될 만한 학자는 거의 한 명도 나오지 않았다. 희랍인들이 사라진 지금, 유태인들은 알렉산드리아시 건립의 초창기부터 학계에서 그들이 차지하였던 두드러진 지위를 더욱 확고한 것으로 만들었으며, 이것은 서력기원 이후 알렉산드리아의 교육 발전에 매우 중요한 결과를 초래하였다.

---

* Euclid [Euklides] * Archimedes * Hero [Heron] * Philo [philon]
* Apollonius [Apollonios] * Eratosthenes * Hipparchus [Hipparchos]
* Xenodotus [Xenodotos] * Arstophanes * Aristarchus [Aristarchos]

3 유태 교육

¶17_ 앞 절에서 고찰한 알렉산드리아의 교육은 희랍으로부터 직접 영향을 받은 범세계적 성격을 띤 교육이였다. 이제 우리는 희랍의 교육방법과 원리가 유태인의 민족적 전통 및 로마인의 국가적 전통과 결합하여 어떤 결과를 나타내었는가를 고찰하고자 한다. 이 두 민족은 그 제도와 이념을 통하여 '그리스도왕국'(즉, 기독교 영향권의 모든 나라)의 구조와 정신을 결정하는 데에 크게 기여하였다. 그리고 그 두 민족의 문화와 희랍 문화의 결합으로 생긴 복합적 교육체제는 희랍 교육과 오늘날의 교육을 연결하는 교량으로서 중요한 위치를 차지한다. 이 절에서 고찰하고자 하는 유태교육(더 정확하게는, '희랍 영향권 하의 유태 교육')은 그 중요성에 있어서는 다음 절의 로마 교육('희랍 영향권 하의 로마 교육')에 뒤처지겠지만, 그 이후 교회가 유럽 교육 전체에 걸쳐서 매우 중요한 역할을 했다는 점으로 보아 — 그리고 특히 구약성서가 아이들 양육에 관한 서구인의 생각에 큰 영향을 미쳤다는 점으로 보아 — 현대 교육사상의 발생에 작용한 한 가지 요인으로서 주목의 대상이 된다.

¶18_ 마케도니아 시대 이전의 유태 교육은 몇 가지 점에서 희랍 교육과 병렬적인 과정을 따라 발달했다고 볼 수 있다. 유태 민족의 경우에도 문화적 향상의 자극은 아이가이온해 문명에서 나온 것이다. 그러나 이 경우에는 미개인과 문명인 사이의 융합이 희랍만큼 속도가 빠르지 않았으며 완전한 결실을 보지도 못하였다. 모세*와 여호수아*의 영도 하에 가나안*을 침범한 셈족 — 이것은 희랍을 정복한 아아리아족에 해당한다 — 은 거의 완전한 문맹이었으며, 그 후 그 땅에 정착한 그들을 몰아내려고 한 아이가이온 연안의 원주민인 블레셋인*들과 접촉하기까지 수 세기 동안 계속 문맹 상태에 있었다. 그러나 블레셋족과의 투쟁이 문화의 현저한 발전을 가져왔지만, 이 과정에서도 그들은, 이와 유사한 상황에서의 희랍 종족들에 비하여 훨씬 효과적으로, 그들의 종족적 고유성을 보존할 수 있었다. 블레셋인들의 계속적인 공격에 맞서서, 따로따로 떨어져 있던 유태의 여러 부족은 기원전 천 년 경에 민족적 단합을 이루었으며, 이것은 정치적인 면에 있어서는 武士王무사왕(다윗*)을 중심으로 견고한 성곽 수도(예루살렘*)를 건설하는 것으로, 그리고 종교적인 면에 있어서는 그들의 종족신인 야훼*를 경배하기 위하여 솔로몬*이 그 수도에 성전을 세우는 것으로 표현되었다.

---

* Moses * Joshua * Canaan * Philistine * David * Jerusalem * Jehova * Solomon

¶19_ 블레셋인들의 위협이 사라진 뒤에는 더욱 심각한 위험이 그들에게 닥쳐왔다. 이 당시까지 이스라엘 백성들은 농업을 위주로 하였지만 솔로몬과 그 후계자들이 보여 준 모범 때문에 많은 사람들이 농업에서 상업으로 생업을 바꾸었다. 큰 도시가 생겨나고 사치가 증대한 만큼 그에 따라 죄악도 늘어났다. 옛날의 풍속이 사라지면서 사람들은 자기 자신의 예법과 종교보다는 교역으로 말미암아 관계를 맺게 된 상대국의 예법과 종교를 받아들이려고 하였다. 이제 그들 사이에서는 초창기에 그들을 하나의 민족으로 결속시켰던 야훼에 대한 신앙이 더 이상 힘을 가질 수 없게끔 되어 있었다. 이러한 상황에서 그들을 구제한 것은 여러 선지자들의 지도에 의한 대대적인 종교부흥 운동이었다. 물론, 그 이전에도 이스라엘에는 의혹의 사태를 당할 때 야훼의 생각을 계시해 주는 예언자요 점쟁이인 선지자들이 늘 있었다. 그러나 이 새로운 시대에 선지자에게는 예언하고 점치는 일보다 더 고귀한 사명이 주어졌다. 이제 그들은 정치적, 사회적 문제에 관하여 그들이 해석한 대로의 야훼의 생각을 백성에게 선포하는 임무를 떠맡았다. 선지자들이 이러

한 권능을 가지게 된 근거는 야훼에 대한 새로운 해석, 즉 야훼는 그 도덕적인 성격에 있어서 모든 다른 신과 구별되는 유일신이라는 생각, 야훼는 단순히 한 민족을 주관하는 종족신이 아니라 그 이상으로, 최고의 윤리적 원리에 따라 만 백성을 그의 뜻대로 주관하는 절대적인 유일신이라는 생각에 있었다.

¶20_ 이와 같이 민족주의와 선지자 사상의 결합으로 말미암아 인류 역사상 처음으로, 교육은 민족의 복지를 위한 필수적인 요청이라는 식의 교육에 대한 관심이 명확한 형태를 띠게 되었다. 이 시기에 선지자들의 생각을 토대로 하여 집필된 구약의 '6경'* 에는 아이들에게 과거의 위대한 행적을 가르쳐야 한다는 강력한 주장이 여러 구절(예컨대 '출애굽기' 12장, '여호수아' 4장 6-7절)에 나타나 있는 것을 볼 수 있지만, 그밖에도 이 당시에 사람들 사이에서 교육이 널리 퍼져 나갔다는 여러 가지 증거가 있다. 한 가지 주목할 만한 사실은, 사무엘*, 엘리아*, 엘리사* 등 초기의 위대한 선지자들은 자신의 손으로 직접 쓴 것이 전연 없다는 것이다. 이것은 그들이 글을 쓸 줄 몰랐거나 그렇지 않으면 사람들이 글을 읽을 줄 몰랐기 때문이었을 것이다. 자신이 직접 글을 쓴 최초의 선지자는 아모스이며, 그는 기원전 750년경에 썼고 또 미가* 와 마찬가지로 평민 출신이었다. 이것으로 보면, 아모스 당시에는 일반 평민들도 교육을 받을 수 있었던 것이 분명하다. 아모스보다 한 세대 뒤에 나온 이사야* 의 예언서에 아이들에게 쓰기를 가르치는 것에 관한 언급이 두세 군데 나오는 것은 바로 그 점을 보여 준다고 말할 수 있다.

---

* Hexateuch, 창세기, 출애굽기, 레위기, 민수기, 신명기, 여호수아

* Elijah * Elisha * Amos * Micah * Isaiah

¶21_ 선지자들의 교육관이 가장 명백히 나타나 있는 것은 기원전 7세기 중의 어느 시기에 기록된 것으로 보이는 '신명기'* 이다.[1] '신명기'의 저자에 의하면 교육의 목적은 어린 아이 때부터 모세의 율법을 알고 따르도록 훈련함으로써 지혜 있는 사람들을 만들며 율법에 대한 그들의 열성과 헌신이 민족의 역사에 관한 지식에 토대를 둔 것이 되도록 하는 데에 있다. '후일에 네 아들이 네게 묻기를 우리 하느님 야훼의 명하신 증거와 말씀과 규례와 법도가 무슨 말이뇨 하거든 너는 네 아들에게 이르기를 우리가 옛적에 애굽에서 바로의 종이 되었더니...'* 말하자면 율법은 하나님이 그의 백성을 속박에서 구해내어 복된 땅으로 이끌어준 바로 그 율법이며 그렇기 때문에 그것에 복종해야 한다는 것이다. 또한, 이런 것을 가르칠

책임은 명백히 아버지에게 있는 것으로 되어 있다. 아이들이 교육을 받는 곳은 학교가 아니라 가정이다. 독실한 유태인이 매일 암송하는, '신명기' 6장의 그 유명한 시구, '셰마'* 라고 불리는 그 구절은 이 점을 명백히 보여 주고 있다. '이스라엘아 들으라. 우리 하느님 야훼는 오직 하나인 야훼시니 너는 마음을 다하고 성품을 다하고 힘을 다하여 네 하나님 야훼를 사랑하라. 오늘날 내가 네게 명하는 이 말씀을 너는 마음에 새기고 네 자녀에게 부지런히 가르치며 집에 앉았을 때에든지 길을 걸어갈 때에든지 누웠을 때에든지 일어날 때에든지 이 말씀을 강론할 것이며...'*

---

1) 특히, 4장 9절, 6장 7절과 20절, 9장 19절, 31장 13절, 32장 46절.

* Deuteronomy, 전통적으로 신명기의 저자는 모세로 알려져 왔다. 이것을 정설로 받아들인다면, 신명기의 저작연대는 기원전 7세기가 아닌 기원전 15세기라고 보아야 한다. 그러나 현대에 와서 문헌비평 방법이 보편화되면서 신명기의 저작연대를 기원전 15세기 이후로 보는 견해들이 대두되어 학자들 사이에서 논란을 불러일으키고 있다. Boyd가 따르고 있는 '기원전 7세기 설'은 그 새로운 견해들 가운데 하나이다.

* 신명기, 6장 20-21절. * Shema, 들으라 * 6장 4-6절

¶22_ 유태의 역사는 기원전 6세기에 새로운 국면으로 접어들었다. 이스라엘 열두 支派지파 *중 열 개의 지파는 기원전 8세기 말경 앗시리아*에 완전히 합병되었지만, 유다국* 은 남쪽 외딴 지역에 안전하게 떨어져 있었기 때문에 한 세기 동안 더 국가의 존립을 유지해 나갔다. 그러다가 이 지파 또한 바빌로니아인*에게 정복당하고, 마침내 유태 민족은 나라를 잃어버리게 되었다. 그러나 기원전 7세기에 일어난 종교부흥 운동은 유다국을 이스라엘의 비운에서 건져 내었다. 유다국이 바빌로니아인에게 정복당했던 당시, 대다수의 국민은 바빌론으로 끌려가서, 바빌론이 페르시아인에게 정복당할 때까지 50년 동안 그곳에 머물러 있다가 바빌론 함락으로 몸이 풀려 고향으로 돌아왔다. 이 과정에서 유태인의 정신에 세계적으로 획기적인 결과를 초래하게 될 일대 변화가 일어났다. 한 세계 종교가 탄생한 것이다. 이 세계 종교는 이미 그전에, 때로 제2의 이사야라고 불리는 한 무명의 선지자가 한 고귀한 예언에 최초로 표현된 바 있었다. 그러나 어쨌든 유태민족 자신은 그 변화의 진정한 의미를 깨닫지 못하였다. 그들에게 그것이 가져온 즉각적인 결과는 보다 강렬한 민족주의였다. 그들은 성전을 다시 세웠으며, 기원전 444년에 서기장 에스라*가 오늘날의 모세 5경*에 나타나 있는 율법을 백성들의 지침으로 제시한 것을 계기로 하여, 율법, 그 중에서도 특히 사제의 율법을 보다 엄격하게 지켜야 한다는 새로운 운동을 벌였다.

* 이스라엘 열두 지파 — 이스라엘은 '하나님의 方伯방백'이라는 뜻의 히브리어로 된 야곱이 하나님으로부터 받은 새 이름이다. 이스라엘 열두 지파는 야곱의 열두 아들의 후예로서, 가나안 정복 후 각 지역을 분배받아 정착하였다. 단, 레위 지파만은 예외적으로 한 곳에 모여 살지 않고 각 지파의 지역에 흩어져 주로 제사를 비롯한 여러 가지 종교적 업무를 수행하였다.
* Assyria * Judah * Babylon, Babylonia * Ezra
* 5경 — '6경' 중 '여호수아'를 제외한 다섯 책

¶23_ 이제 문자로 기록된 율법이 유태인의 삶에 핵심적 지위를 차지하게 되었다는 사실은 교육적인 관점에서 볼 때 가장 중요한 의미를 가지고 있다. 유태교는 이제 처음으로 '경전의 종교'가 되었다. 이것은 다른 어떤 것 이전에, 적어도 일부 사람들에게는 경전을 읽고 이해하기에 충분한 문자 교육을 할 필요가 있었다는 것을 의미한다. 그리고 이 필요는 에스라 이후 한 세기 동안, 유태인들이 점차 히브리어* 대신에 아람어*— 아람어는 독일어와 영어가 다른 만큼 히브리어와 다르다 — 를 사용함에 따라 더 커졌다. 앞에서 살펴본 바와 같이, 희랍의 경우, 교육 발전의 단계로 보아 유태에서의 이 시기에 해당하는 때에, 호메로스 시의 전파는 사람들에게 널리 교육에 대한 열망을 불러일으키고 학교를 세우도록 하는 결과를 가져 왔다. 유태인의 경전은 호메로스의 시와는 달리 종교적인 성격을 띤 것인 만큼, 그 결과 또한 약간은 다를 수밖에 없었다. 유태인의 경전이 궁극적으로는 대중 교육의 발전을 가져온 것이 사실이지만, 처음에는 소수의 교육받은 계층 — 율법의 원문을 베끼고 그것을 일반 대중에게 해석해 주는 일을 특별한 임무로 삼는 서기장들 — 을 만들어 내는 데에 그쳤다. 또한, 유태에서는 학교를 세운 것이 아니라(이 시기에, 아니면 이후 희랍의 영향 하에 있던 시기에) 공회당*을 세웠다. 이것은 유태인이 처한 특별한 상황으로 보아 아마 어쩔 수 없었을 것이다. 에스라가 반포한 레위기 율법*에 의하면, 야훼에 대한 예배는 오직 성전에서만 드릴 수 있었으며, 오직 아론*의 계보에 속하는 제사장 가족들만이 하나님과 일반 백성 사이의 중개자 역할을 할 수 있었다. 이것은 곧 예루살렘 바깥에서는 예배를 드릴 수 없다는 뜻이 되고, 따라서 예루살렘 이외의 지역에 사는 사람들을 그런 식으로 방치해 둔다면 그들은 머잖아 그 이웃 사람들이 따르는 이방의 관례로 전락하고 말 것이 분명하였다. 이것을 막기 위하여, 처음에는 큰 도시에, 그리고 나중에는 모든 마을에 공회당이 생겨났다. 공회당에서 사람들은 기도문을 암송하였으나, 거기서의 의식의 주된 목적은 예배를 드리는 것이 아니라 율법을 가르치는 데에 있었다. 신약성서에는 처음부터 끝까지, 공회당에서 율법을 해석해 주는 것을 일컫는 용어

로 '가르친다'*는 말이 사용되고 있다. 예수가 공회당에서 '가르쳤다'든가 바울과 그 밖의 사도들이 '가르쳤다'고 할 때의 '가르친다'는 말은 그런 뜻이다. 이리하여 공회당은 대중을 위한 교육의 센터가 되었다.

---

* Hebrew * Aramaic * Synagogue
* Levitical Law * Aron * teaching [didaskein]

¶ 24_ 페르시아가 알렉산드로스 대왕에게 정복 당했을 때 유태인은 희랍의 통제 하로 넘어 갔다. 종교를 중심으로 생각해 볼 때, 유태인의 이 새로운 주인은 옛날의 주인보다 훨씬 더 위험한 존재였다. 페르시아인들은 멀리 떨어진 곳에서 통치하였고 유태인들의 종교를 바꿀 생각은 전연 하지 않았다. 여기에 비하여 희랍문명은, 일견 매우 너그럽게 포용하는 듯하면서도, 더 의도적으로, 조직적으로 그 영향력을 넓혀 나갔다. 시리아 전역에 퍼져 있는 희랍 도시의 그물 조직은 그 곳 원주민의 언어와 풍속을 정복자의 언어와 풍속으로 대치하려는 의도에서 이루어진 것이었으며, 무엇보다도 우선, 정복자의 그 방법은 동방 다른 민족에 적중했던 것처럼 유태 민족에도 적중하였다. 기원전 200년경에 와서는 대다수의 유태인들이, 다수의 제사장 가족까지 포함하여, 희랍 문명*에 압도당하였고, 심지어 종교에 이르기까지 그들 자신의 민족적 관례를 포기하는 사태가 벌어졌다. 이러한 사태에서 옛날의 율법에 대한 헌신을 여전히 간직한 것은 비교적 소수인 敬虔派경건파뿐이었다.

---

* Hellenism, 즉 범세계적 문명으로 된 희랍문명

¶ 25_ 이 민족 상실의 과정은 마케도니아 시대의 아주 초기부터 시작되었다. 기원전 4세기 말 또는 그 직후에 그 과정은 문학의 형태로 나타났다. 구약성서 중에서 특별히 주목할 만한 몇몇 책들, 즉 '욥기'*와 '잠언'*과 '전도서'*— 이 세 책은 외경*의 집회서*와 함께 '지혜서'*라고 불린다 — 는 구약성서의 다른 책들에 비하여 여러 가지 점에서 차이를 나타내고 있다. 그런 책에는 모두 율법이나 예언에서 볼 수 있는 것과 같은 유태 민족 특유의 종교적 신앙이 거의 완전히 빠져 있다. 사실상, 그 책을 쓴 저자의 관심은 '유태주의'에 있었던 것이 아니라 인간 일반에 있었다. 당연한 일로서, 예컨대 '잠언'에는 '이스라엘'이라는 단어가 단 한 번도 나오지 않는 데 비하여 '사람'(아담*)이라는 단어는 서른세 번이나 나온다. 이것

은 '욥기'의 중심인물이 유태인이 아니라는 사실 — 이 때문에 후세의 율법학자들* 은 다음 세상에서의 욥의 운명에 관하여 극도의 의문을 품었다 — 과 함께, 이제 유태인들의 관심이 '민족'을 떠났다는 것을 보여준다.

* Job * Proverbs * Ecclesiastes * Apocrypha * Ecclesiasticus
* wisdom literature * Adam * rabbi

¶26_ 이러한 '탈민족 운동'은 기원전 200년 이후에 한층 더 확고한 형태를 띤다. 외경 '마카베오 上상'*에 적혀 있는 다음과 같은 구절은 그것을 잘 나타내고 있다. '그 무렵 이스라엘에서는 반역자들이 생겨 많은 사람들을 선동하면서, "주위의 이방인들과 맹약 맺읍시다. 그들을 멀리하고 지내는 동안 얼마나 많은 재난을 당하였습니까"하고 꾀었다. 이 말이 그럴듯하여 백성들 중에서 여럿이 왕에게 달려가, 이방인들의 풍속을 받아들이자고 청하여 허가를 받았다. 그들은 곧 이방인의 풍속을 따라 예루살렘에 운동장*을 세우고 거룩한 계약을 폐기하고 이방인들과 어울렸다.'* '마케베오 下하'에는 이 일의 장본인이 대제사장 야손* — 야손이라는 희랍식 이름부터 벌써 그가 친 희랍주의자인을 암시한다 — 이라고 되어있다. '그는 그리이스식 경기장을 재빨리 건축하고 가장 우수한 청년들에게 그리이스식 모자를 쓰게 하였다. 이렇게 불건전한 사이비 대제사장 야손의 극심한 모독적 행위로 그리이스화 운동은 극도에 달하였고 이국의 풍습이 물밀듯 쏟아져 들어 왔다.'* 여기서 유의해야 할 사실은, 이 두 구절에 언급된 '희랍식 경기장'은 그냥 운동장이 아니라 젊은이들을 가르치는 학교라는 것이다. 경기장을 세웠다는 것은, 사실은, 유태인들 사이에 희랍의 교육방법이 도입되었다는 것을 의미한다.

* Maccabees Ⅰ * gymnasium * 1장 11-15절(공동번역) * Jason
* Maccabees Ⅱ, 4장 12-14절(공동번역)

¶27_ 사실상, 유태 교육의 희랍화는, '잠언'에 명백히 나타나 있는 바와 같이, 그 전세기(기원전 3세기)에 이미 시작되었다. '잠언'에는 그 내용으로 보아 뚜렷한 체계가 없지만, 만약 거기서 한 가지 주제를 뽑아낸다면 그것은 교육이다. 이 점은 거기에 수록되어 있는 여러 가지 '잠언들'을 개관하는 그 서문에 명시되어 있다. 편찬자가 말하는 바에 의하면, 그 책의 목적은 '지혜와 훈계를 알게 하며 명철의 말씀을 깨닫게 하며 지혜롭게, 의롭게, 공평하게, 정직하게 행할 일에 대하여

훈계를 받게 하며 어리석은 자로 슬기롭게 하며 젊은 자에게 지식과 근신함을 주기 위한 것'*이다.

---

* 잠언, 1장 1-4절

¶28_ 이와 같이 '잠언'을 주로 교육론으로 보는 관점에 따라서 이하에서는 거기에 들어있는 교육에 관한 기본적인 생각이 어떤 것인지 살펴보겠다.

¶29_ (가) '잠언'은, 교육의 목적은 사람을 '지혜롭게'하는 데에 있다는 것을 표면에 분명히 내세우고 있다. 이것이 그 서문에 나타나 있는 두드러진 생각이며 그것은 또한 그 책 전체를 통하여 온갖 다른 형식으로 계속 되풀이되고 있다. 그렇다면 지혜라는 것은 무엇을 말하는가? 캐논 드라이버*에 의하면, '고대 히브리인 사이에서 지혜라는 용어는 특별한 맥락에서 사용되었으며, 따라서 그것은 특별히 한정된 의미를 가지게 되었다. 그 용어는 예리한 관찰력, 민첩한 발견과 임기응변의 능력, 발명의 재간 등을 나타내는 데에 사용되었다.'[1] 예컨대 요셉*을 '지혜로운' 사람이라고 하는 것은 꿈을 해석하는 재주가 있었기 때문이며, 솔로몬의 '지혜'는 두 어린 아기에 관한 재판에서 진실을 들추어내고 시바*의 여왕이 낸 수수께끼를 푸는 데서 발휘되었다. '잠언'에는 젊은이들이 추구해야 할 지혜가 두 가지 종류로 되어 있다. 그중에서 큰 비중을 차지하는 것은 사회적, 도덕적인 면에서의 지혜이다. 공적인 삶에 있어서나 사적인 삶에 있어서나 정직하게 처신하는 것과 재산을 존중하는 것은 젊은이들이 따라야 할 주된 덕목으로 강조되어 있으며, 무절제한 음식과 술, 부정, 비방, 나태, 자만 등은 모두 올바른 삶에 위배되는 것으로 매도되어 있다. (여기에 비하여, 보통 강조되는 덕목 중에서 '잠언'에 언급되어 있지 않은 것으로 특히 두드러지는 것은 용기, 자기희생, 지적 진실성, 그리고 남성다운 기질을 나타내는 여러 가지 덕목들이다.) 그러나, 이와 같이 도덕적인 면에서의 지혜가 가장 강조되어 있기는 하지만, 지적인 면에서의 지혜가 전연 언급되어 있지 않는 것은 아니며, 이것은 '잠언'을 쓴 사람의 사고방식이 희랍의 사변과 간접적으로나마 관련되어 있음을 보여 준다. 이스라엘의 '지혜 있는 사람'은 인간의 삶의 문제에 가장 깊은 관심을 가지고 있었지만, 자연에 관한 관심이 전적으로 결여되었던 것은 아니며, 특히 신의 섭리를 보여주는 증거로서의 자연에는 상당한 관심을 가지고 있었다. 이 지적인 면에서의 지혜는 '잠언'의 한두 구절에 언급

되어 있다. 예컨대, '야훼는 지혜로 땅을 세우셨으며 명철로 하늘을 굳게 펴셨고 그 지식으로 태양이 갈라지게 하셨으며 공중에서 이슬이 내리게 하셨느니라.'* 뒤이어 '잠언'의 그 유명한 8장에서는 지혜가 의인화되면서 이 세상이 형태를 갖추기 이전의 창조주가 곧 지혜를 나타내는 것으로 되어 있다. 이러한 구절로 미루어 보건대, '지혜 있는 사람'의 지혜를 배운 유태인의 젊은이들은 그 당시 유태인의 과학에 해당하는, 우주에 관한 약간의 조잡한 지식도 갖추고 있었음을 알 수 있다.

1) C. Driver, *Introduction to the Literature of the Old Testament*, p. 368.
* Cannon Driver * Joseph * Sheba * 잠언, 3장 19절

¶30_ (나) '잠언' 전체를 통틀어, 교육은 일차적으로 부모의 일로 되어 있다. '내 아들아 네 아비의 훈계를 들으며 네 어미의 법을 떠나지 말라. 이는 네 머리의 아름다운 관이요 네 목의 금 사슬이니라'*라는 제1장의 명령은 그 전형적인 예로서, 그것은 이후 '잠언' 전체에서 계속 되풀이되어 있다. 자녀는 가정의 핵심적인 부분으로 간주된다. 선량한 아들은 부모에게 명예의 원천이 되며 용렬한 아들은 수치의 원인이 된다. 가족 진원은 각 구성원의 행실에 깊이 연루되어 있다. 그러나, 자녀의 양육에 직접 책임이 있는 당사자는 아버지와 어머니로 되어 있지만, '잠언'에는 또한 이른바 '지혜 있는 사람'이라는, 특별한 교사의 집단에 관한 언급이 나와 있다. 이 '지혜 있는 사람'이 누구인지는 알려져 있지 않다. 몇몇 전문가들은 그것이 서기장을 가리킨다고 말한 바 있지만, 서기장들이 단 한번이라도 율법을 무시하는 것은 상상할 수 없는 반면에 '잠언'에서는 '지혜 있는 사람'들이 실지로 율법을 무시하고 있다는 점에 비추어 그 견해는 옳지 않다. '지혜 있는 사람'은 아마도 행위 문제를 주된 관심사로 삼는 실천 철학자이면서 유태 전통에 특별히 관심을 두지 않는 범세계주의자를 지칭한다고 보는 것이 가장 적절할 것이다. 그들은, 논리적, 형이상학적 질문에 관심이 없었다는 점만 제외하면, 마찬가지로 '지혜 있는 사람'을 뜻하는 희랍의 소피스트와 모든 면에서 유사성을 나타낸다. 만약 '잠언'이 알렉산드리아에서 편찬된 것이라는, 충분히 있을 수 있는 가정을 받아들인다면, '잠언'의 '지혜 있는 사람'은 알렉산드리아에 살고 있던 유태의 종교 지도자들이었을 가능성도 있다.

* 잠언, 1장 8절

¶31_ (다) 그 당시에 사용된 교육방법이 어떤 것이었던가에 관하여 우리가 얻을 수 있는 가장 직접적인 증거는 '잠언'에 사용된 용어의 어원적 의미에 있다. '잠언' 전체를 통하여, 그 책을 영어로 번역하는 경우에 틀림없이 곤란을 겪는 단어가 두 개 있다. 하나는 '법'으로 번역되는 단어로서, 이것은 '가르침'이라는 뜻도 가지고 있다. 앞에서 인용한 구절에 나와 있는 '네 어미의 법을 떠나지 말라'라는 말은 곧 '네 어미의 가르침을 떠나지 말라'는 뜻이다. 다른 하나는 '타일러서 가르치는 것'과 '징벌하는 것'이라는 두 가지 뜻을 함께 가지고 있는 단어이다. 그리하여, '아들아 야훼께서 내리시는 징벌을 가벼이 여기지 말고'라는 말은 그대로 '아들아 야훼께서 타이르시는 말씀을 가벼이 여기지 말고'로도 번역될 수 있다. 참으로 불길한 이중의미이다. 위의 두 가지 어원적 사실 중에서 첫째 것은, 가르친다는 것은 규칙이나 율법을 제시하고 그것을 암기하도록 하는 일이었음을 시사하며, 사실상 이것은 동방의 여러 민족의 교육이나 후세의 유태인의 교육에 비추어서도 타당성이 입증되는 해석이다. 배운다는 것은 언제나 교사가 학생에게 암기하도록 내어주는 계율을 그대로 되풀이 하는 것을 의미하였다. '훈계'와 '징벌' 사이의 긴밀한 관련에 관해서는 사실상 어원이라는 간접적 증거에 의존할 필요가 없다. '잠언'을 쓴 사람들은 채찍이 교육적 은총의 수단이라는 그들의 신념에 관하여 우리에게 추호도 의심의 여지를 남겨두지 않는다. '楚撻초달(채찍질)을 차마 못하는 자는 그 자식을 미워함이라. 자식을 사랑하는 자는 근실히 징계하느니라.'* '아이의 마음에는 미련한 것이 얽혔으나 징계하는 채찍이 이를 멀리 쫓아 내리라.'* 이런 종류의 징벌에 관한 언급이 '잠언'에 수없이 나오는 것은 그 당시의 교육이 끊임없는 매질을 통하여 효과를 얻으려는 야만적인 방법을 사용하고 있었다는 것을 보여 준다. 쉴 새 없이 벌을 주는 것은 이런이런 짓을 해서는 안 된다는 식의 금지가 큰 비중을 차지하는 교육체제에서는 어디서나 볼 수 있는 공통적인 특징이다. 유태의 청소년들이 배워야 할 내용의 대부분이 금지하고 억압하는 것을 목적으로 하는 율법이었다는 점을 생각해 보면, 그 내용을 기억과 인격에 주입하는 수단으로서 채찍이 사용된 것은 불가피하였다고 말할 수 있다.

* 잠언, 13장 24절　　* 22장 15절

¶32_ 이상과 같은 '잠언'의 교육적 전통은 기원전 180년 경, 그러니까 유태 교

육의 희랍화 경향이 어느 정도 수그러든 이후에 집필된, 위작의 의심을 자아내는 '집회서'에도 그대로 이어지고 있다. 이 책의 관점은 대체로 '잠언'의 그것과 동일하지만, 그래도 약간의 차이는 있다. '집회서'에 의하면, 지혜를 가르치는 교사는 보통 사람들과 뚜렷이 구별되는 특별한 집단을 이루고 있다. 그들은 학문을 업으로 삼고 있으며, 그렇게 함으로써 비단 젊은이들을 가르치는 일에만 아니라 공공업무의 지도에 참여하는 일에도 적합한 자질을 갖추게 된다. 이와 같이 그들의 직위와 역할이 달라짐에 따라 이제 그들이 제자들에게 심어주는 지혜는 이전의 범세계주의적 성격을 다소간 상실하고 그 대신에 하나님이 유태 민족에게 내린 언약에 관한 지식을 포함하게 되었다. 요컨대 '집회서'가 우리에게 보여주는 것은 유태 교육이 희랍 교육의 영향을 일방적으로 받아들이는 단계에서 벗어나서 양자가 점점 더 밀접하게 융합됨으로써 궁극적으로는 양자가 유태인의 삶 속에서 완전한 조화를 이루게 된다는 것이다. 그러나 '집회서'가 집필된 지 10년도 채 지나지 않아서 안티오코스 에피파네스왕*이 유태인에게 헬레니즘을 강제로 받아들이도록 하는 과격한 조치를 취함으로써 희랍 영향의 진전은 완전히 차단되었다. 그리고 여기에 대한 마카베오가*의 저항이 지나가고 난 뒤에는 민족주의의 정신이 압도적으로 상승하여 범 세계주의적 교육은 거의 자취를 감추었다.

---

* Antiochus Epiphanes [Antiochos Epiphanes] * Maccabees

¶33_ 그러나 희랍의 정신은 유태 민족 사이에 워낙 깊이 침투되어 있었기 때문에 새로운 민족주의가 교육에 관심을 기울이지 않았다는 것은 있을 수 없는 일이었다. 아닌게 아니라, 이제 유태인은 과거 어느 때보다도 더 교육에 관심을 가지게 되었다. 그러나 그들이 그들의 자녀에게 바라는 교육은 일반적인, 탈민족적인 지혜의 훈련이 아니라 세상의 모든 백성으로 하여금 율법에 헌신하도록 하는 그런 종류의 훈련이었다. 요한복음*에는 바리새 사람들*의 말이라고 하여 '율법을 알지 못하는 이 무리는 저주를 받은 자로다'*라는 말이 적혀있다. 이 말에 나타나 있는 생각이 바로 후기 유태교의 근본 신념이며, 이 신념은 또한 젊은이 교육에 대한 대단한 열성으로 이어졌다. '우리는 아이들을 훈육하는 데에 온갖 수고를 아끼지 말아야 하며, 율법을 준수하고 율법에 따라 하나님을 경배하는 일을 우리 삶 전체의 가장 중요한 일로 여겨야 한다'고 요세푸스*는 말한다.[1] 기원전 1세기에는 나라 안의 몇몇 곳에 초등학교가 있었던 것으로 보이며, 신빙성이 의심스러운 후

대의 소문으로는, 기원전 75년의 예루살렘에서는 이 학교에의 취학이 모든 아동에게 의무로 되어 있었다고 한다. 서력기원 65년경에 대제사장 여호수아 — 바울* 의 스승 가마리엘*의 아들 — 는 모든 지역과 도시에 아이들을 가르칠 교사를 임명하도록 명령을 내렸다. 한 가지 중요한 사실로, 이 당시에는 초등학교를 '경전의 집'*이라고 불렀다는 것이다. 이것은 이 학교에서의 주된 관심이 율법서를 읽는 데에 있었다는 것을 나타내고 있다. '경전의 집'에서는 초보적인 지식 — 읽기와 쓰기 — 이 전수되었으며 아이들은 단순히 율법을 아는 것이 아니라 율법을 실천하도록 가르침을 받았다.

---

1) Josephus, *Apion*, i, 12.

* John's Gospel * Pharisees

* 요한복음, 7장 49절

* Josephus [Flavius Josephus], 기원 1세기의 유태 사가, 본문의 인용은 그의 *Contra Apionem* (*Against Greeks*)에서 나온 것이다.

* Paul * Gamaliel * House of the Book

¶34_ 이 율법 교육은 13세에 소년기가 끝나는 것으로 끝나는 것이 아니었다. 그 당시 교사의 주종을 이룬 서기장들의 이상은 모든 유태인은 한 사람도 빠짐없이 율법에 관한 자세한 지식을 가지게 되도록 하는 것이었지만, 이것이 불가능하기 때문에 그 차선책으로서 그들은 가능한 한 많은 젊은이들을 그들의 제자로 만들려고 하였다. 이 제자들은 그들의 스승(랍비*, 즉 '나의 스승')을 '가르침의 집'* 이라고 불리는 곳에서 만났다. 예루살렘에는 '가르침의 집'이 성전 안에 있었으며, 그 밖의 다른 곳에서는 공회당 또는 그것과 동등한 합법적 지위를 가진 특별 집회장이 '가르침의 집'이었다. 이 단계의 교육과 그 밖의 보통 학교에서의 교육 사이의 으뜸가는 차이는, 이 단계의 교육은 그 범위가 넓다는 데에 있었다. 학생들은 문서화된 율법을 알아야 할 뿐만 아니라, 오랜 기간을 두고 그 율법을 설명하고 부연하는 동안에 점점 늘어난, 구두로 전해진 수많은 계율도 알아야 한다. 주된 교수방법은 반복 — 교사가 먼저 반복하고 학생이 따라 반복하는 것 — 이었다. 그러나 이 이외에, 중세 대학의 교육방법에서 큰 비중을 차지한 '논변'과 매우 유사한, 온갖 주제에 관한 '논변'도 교육방법으로 사용되었다. (서기장들이나 그 밖의 사람들이 예수에게 던지는 질문에서 우리는 이 교육방법의 일단을 목격할 수 있다. 예컨대 일곱 형제와 차례로 결혼한 한 여인에 관하여 주고받는 말이 그것이다.) '논변'의 주제가 되는 질문은 교사인 서기장이 할 수도 있고 학생이 할 수도 있다. 예

수가 열두 살 되던 해에 성전에서 묻고 대답했다고 하는 것은 예수가 '가르침의 집'에서 그러한 '논변'을 하고 있었음을 뜻한다.

---

* Rabbi * House of Teaching

¶35_ 유태인들이 희랍 문화에 짓눌리지 않으려고 애쓰는 과정에서 그들의 아동을 위하여 헬레니즘식 학교를 세우고 그들의 청년을 위하여 헬레니즘식 '논변' 방법을 채택하였다는 것은 참으로 기이한 아이로니이다. 말하자면 유태인이 희랍의 영향권에서 벗어나는 데에 성공한 것은 희랍의 교육 방법을 사용했기 때문이다. 희랍의 영향에서 벗어나는 데에도 바로 그 희랍의 교육방법을 사용할 수밖에 없었던 한 동방 민족의 사례는 곧 희랍 문화가 가지고 있는 엄청난 힘을 보여주는 웅변적인 증거이다.

4 로마 교육

¶36_ 기원전 3세기 이전의 로마 교육에 관해서는 알려진 바가 거의 없다. 로마의 알파베트는 일찍부터 대희랍제국*의 여러 식민지에서 빌어 왔으며, 기원전 4세기 로마의 특정 계층 사이에는 읽고 쓰는 능력이 보편화되어 있었다는 사실로 미루어 그 당시에 어떤 종류의 것이든 명확한 형태의 가르침이 아이들에게 행해지고 있었음을 알 수 있다. 그러나 그 다음 세기(기원전 3세기)에 꽤 널리 퍼져 있었던 '루두스'*(초등학교)가, 리비우스* 역사책의 한 두 구절에 시사되어있는 대로, 그 당시에 과연 존재했는가는 의심스럽다. 심지어 그 당시에도 희랍의 본보기에 따라, 희랍의 '문법교사'*의 학교와 동일한 종류의 사설학교에서 읽기와 쓰기를 가르쳤으리라는 것이 결코 불가능한 것은 아니다. 어쨌든, 교육의 대부분은, 그리고 아마도 대부분의 아이에게는 교육의 전부가, 가정에서 이루어졌다. '루두스'라는 단어가 '놀이' 또는 '심심풀이'를 뜻한다는 사실에서 알 수 있는 바와 같이, 루두스에서의 교육은 가정에서의 교육에 비하여 중요하지 않은 보조 수단에 지나지 않았다. 아이들이 올바른 행동('덕'*)과 사회적 의무감('경'*)을 훈련받는 곳은 가정이었다. 아이들의 교사는 아버지와 어머니이며, 그 중에서 어머니는 주로 '양육'*, 즉 일반적인 훈육을, 그리고 아버지는 '교설'*, 즉 지적 교육을 담당하였

다. (어머니가 자녀 교육을 담당하였다는 것은 그 당시 소녀 — 장차의 어머니 — 의 교육에 상당한 주의를 기울였음을 나타낸다는 점에서 주목할 만하다. 키케로* 가 그라쿠스 형제*에 관하여 한 말, '교사의 가슴에서보다는 어머니의 말씀에서 배웠다'*라는 말은 적어도 일부 부녀자들의 교양 정도에 관하여 중요한 빛을 던져 준다.)

---

* Magna Graecia * ludus, ludi (pl.) * Livy [Livius] (59 B.C.~17 A.D.) * grammatistes
* virtus * pietas * educatio * doctrina * Cicero * Gracchus, Gracchi (형제)
* non tam in gremio educatos quam sermone matris

¶37_ 분명히, 이 가정에서 받는 교육의 질은 부모 자신이 어떤 교육을 받았는가에 달려 있었을 것이다. 그 당시 가장 훌륭한 가정에서 이루어졌던 교육의 일반적 성격은, 이 시기보다 약간 나중에 나온 사람이지만 아버지 카토*가 실시한 교육에서 추측해 볼 수 있다. 플루타르코스는 '카토 전'에서 다음과 같이 말하고 있다. '그의 아들의 이해력이 눈뜨자마자 카토는, 비록 킬로라는 이름의 훌륭한 "문법교사"를 종으로 데리고 있었지만, 자신의 아들을 가르치는 교사의 직분을 떠맡아서 그의 아들과 함께 그 밖의 다른 아이들 몇 명을 가르쳤다. 그러면서 그는, 어쩌다가 그의 아들이 공부를 잘 하지 못하는 경우에 종에게 야단을 맞는다든지 귀를 비틀리는 것을 참을 수 없고, 또 그의 아들을 교육하기 위하여 그렇게 미천한 사람에게 신세를 진다는 것을 용납할 수 없다는 식으로 말하였다. 그리하여 카토는 몸소 그 아이에게 글자를 가르치고 법을 설명해 주고 신체의 단련을 돌보아 주었다. 그는 창던지기와 육박전을 가르쳤을 뿐만 아니라, 말 타기와 권투, 심한 더위와 추위를 견디는 것과 물살 센 강을 헤엄쳐 건너는 것도 가르쳤다. 본인 자신의 말로, 그는 또한 그 아이를 위하여 자신의 손으로 직접, 큰 글씨로 역사책을 써서, 아버지의 집을 떠나 이리저리 부산하게 쫓아 다니지 않고도 옛날 로마인들의 위대한 행적과 로마의 풍속에 관한 지식을 습득할 수 있도록 하였다고 한다. 그는 아들의 앞에서 야비한 말을 삼가기를 마치 聖貞女성정녀 앞에 있는 듯이 하였다. 이런 식으로 하여 카토는 그의 아들을 덕있는 사람으로 만들었다. 참으로 훌륭한 일이다.' 이하에서 설명할 바와 같이, 카토의 아들이 그의 아버지에게서 배운 내용은 카토 자신의 시대에 비하여 문화 수준이 낮은, 비교적 미개한 시대의 교육내용이다. 사실상, 그 내용은 일반적 성격으로 보아 스파르타나 초기 유태 교육의 표준적 교육내용과 비슷하다. 말하자면 그것은 글자를 읽는 것과 군인 생활에 필요한 신체 훈

련, 그리고 '법' — 기원전 451-450년에 제정된 12동판법* — 을 공부하는 것으로 되어 있다. 이 12동판 법은 그 초창기부터 모든 아이들이, 그들의 조상을 찬양하는 난폭하고 호전적인 노래를 암송하듯이, 암송하지 않으면 안 되었으며, 기원전 1세기에 이르기까지 계속하여 로마 교육의 가장 중요한 부분이 되었다. (기원전 106년에 태어난 키케로의 말에 의하면, 자신은 소년시절에 그 법을 배웠으며, 나중에 대부분의 사람들이 이미 그것을 공부하지 않게 되었을 때에도 자신은 그 아들에게 법을 가르쳤다.) 그 교육내용에는 또한, 한 민족으로서의 자신의 가치에 눈을 뜬 사람들에게서 공통적으로 나타나는 현상으로서, 민족의 역사와 관례의 공부가 포함되어 있었다.

---

* Cato the Elder, 카토는 부자가 모두 로마의 명사였다.
* Chilo * Laws of the Twelve Tables

¶38_ 기원전 250년 이전의 로마 교육이 실제적 성격을 띠었다는 것은 성년에 가까워지는 남자 아이의 경우에 더욱 두드러지게 나타난다. 아들 플리니우스*(기원 62년 출생)가 우리에게 전하는 바에 의하면, '우리 조상들 사이에서는 귀로 듣는 것에 못지않게 눈으로 보는 것도 중요한 교육이었다. 연장자들이 하는 일을 주의 깊게 지켜봄으로써 젊은이들은 머잖아 그들 자신이 하게 될 일, 그리고 다시 그들의 후세대에게 보여 주어야 할 그런 일을 배웠다.'[1] 가문이 좋은 로마 사람에게 주된 관심은 전쟁과 정치였으며 삶을 살아가는 데에 직접 관련되지 않는 어떤 종류의 지식도 그들에게는 거의 관심이 없었다. 카토가 그 당시 로마에 새로 들어온 희랍 학문에 대하여 그 영향을 물리치려고 쓴, 아동교육에 관한 책은 웅변술, 의술, 농사, 전쟁, 사법 등의 실제적 기술만을 교육내용으로 다루고 있다. 그의 판단에 의하면, 훌륭한 시민에게는 그 밖의 어떤 지식도 필요하지 않다는 것이다.

---

1) Pliny, *Epistles*, Viii, 14.
* Pliny [Plinius] the Younger

¶39_ 그러나 카토를 위시하여 옛날 사고방식을 가진 사람들의 끈질긴 반대에도 불구하고, 기원전 3세기 중엽부터 2세기 말까지 '희랍에서 로마로 대홍수처럼 밀어닥친'(키케로의 말) 문화는 원시적인 로마인의 삶을 서서히 뒤덮었다. 과연, 시대는 변화를 열망하고 있었다. 기원전 202년에 카르타고를 정복한 로마는 피할

수 없는 역사적 운명에 떠밀려 동방 여러 나라와의 연속적인 분쟁에 휩쓸려 들어갔고 그 결과로 지중해 제1의 강국이 되었으며, 이에 따라 문명 세계의 절반 이상이 사용하는 희랍어에 관한 지식을 포함하도록 그 나라 국민의 교육을 넓게 확장할 절실한 필요가 있었다. 희랍인들은 희랍인들대로, 정복자에게 그들의 봉사를 제공하는 데에 지체하지 않았다. 온갖 종류의 모험가들 틈에 끼어 문법, 수사학, 철학, 그리고 모든 학문과 예술의 교사들이 대거 로마로 몰려들었다. 그러나 희랍인들에 대한 로마인들의 호의는 무차별적인 것이 아니었다. 희랍인의 학문에는 매력을 느끼는 사람들조차도 희랍인들의 기질이나 성격에는 경멸하는 태도를 가지고 있어서 희랍의 것이라고 하여 무엇이든지 맹목적으로 받아들이려고 하지는 않았다. 그들의 실제적 성향에 맞게, 로마인은 모종의 구체적인 이득을 얻는 데에 활용될 수 있는 것이 아니면 희랍의 추상적인 학문에는 거의 중요성을 부여하지 않았으며, 철학의 경우에는, 스토아 철학이 로마인 자신의 삶의 태도와 일맥상통하는 근엄한 도덕성과 세계 질서에 대한 신념을 표방한다고 하여 그것을 받아들였을 뿐, 그 밖의 일체의 철학에는 관심을 가지지 않았다. 이와는 달리, 문법과 수사학은 로마인에게, 심지어 그것이 희랍인에게 가졌던 것보다 더 큰 매력을 가져서, 로마인은 그것을 진심으로 또 열성적으로 환영하면서 그들의 고등교육의 기본 교과로 삼았다.

¶40_ 로마에 희랍의 교육방법이 도입된 경위에 관한 상세한 내용은 잘 알려져 있지 않지만, 그 과정은 세 단계로 구분해 볼 수 있다. (가) 첫째 단계는 기원전 272년 타렌툼*의 함락으로 많은 희랍 노예들이 로마로 송치되었던 때로부터 시작된다. 그 노예들 중의 일부는 좋은 교육을 받은 사람들로서, 그들을 데려간 주인의 집 가정교사로서 알맞은 일자리를 찾았다. 그중의 가장 잘 알려진 인물은 안드로니코스*였다. 그는 아마 자신이 가르칠 학생들을 위해서였겠지만, '오뒤세이아'를 라틴어로 번역하였으며, 이 책은 그 후 삼사백 년 동안 로마 학교의 주된 독본의 하나로 계속 사용되었다. 그의 이러한 봉사 때문에 그는 기원전 240년 이전의 어느 시기에 자유의 몸이 되었고 기원전 203년 사망할 때까지 교사와 시인으로서 대단한 명성을 누렸다. 수에토니우스*가 쓴 「저명한 문법학자들의 생애」*에 안드로니코스와 함께 희랍어의 교사로 언급되어 있는 또 한명의 '반 희랍인'으로 시인 에니우스*(기원전 240년 출생)를 들 수 있다. 이 책에서는 두 사람을 모두 '문법학자'*라고 부르고 있지만, 그 당시에 실지로 '문법'을 기르치는 학교가 존재했다는

증거는 없다. 플루타르코스의 책에, 기원전 3세기 중엽에 스푸리우스 카르빌리우스가 학교('문법학교')를 세웠다는 말이 나와 있는 것을 근거로 하여 이때까지 몇몇 사람은 그것을 '문법학교'의 효시로 해석해 왔으나, 이 학교가 (고정된 수업료를 받았다는 점 이외에) 보통의 '루두스'(초등학교)와 달랐다는 것을 입증할 만한 사실이 발견되지 않는 상황에서는, 초기의 이른바 '문법학자'는 명문대가의 집에 고용된 개인 가정교사를 가리킨다고 보는 것이 안전하다. (나) 기원전 190년경 로마에는 주로 정치적 여건 때문에 희랍과 관계되는 것이면 무엇에 대해서나 날카롭게 반발하는 사태가 벌어졌다. 교육계에서 이 현상은 앞에서 말한 카토의 글로도 표현되었지만, 그밖에도 희랍인 교사들의 활동을 억제하기 위한, 여러 차례에 걸친 원로원의 조치로도 표현되었다. 기원전 173년에는 '철학의 교리를 전파한다'는 이유로 두 명의 에피쿠로스학파 교사가 추방을 당하였으며, 그로부터 12년 뒤에 원로원은, 로마에는 단 한 명의 철학자나 수사학자도 용납될 수 없다는 더욱 포괄적인 칙령을 선포하였다. (다) 이러한 반희랍적 반응은 오래가지 않았다. 안드로니코스와 에니우스의 때로부터 시작하여 라틴 문학은, 희랍 문학을 번역한 것이거나 희랍 문학을 모방한 것이거나 간에, 점차 범위와 양이 증대하여 기원전 2세기 중엽에 이르러서는 상류계층 사람들 사이에서 문학의 가치에 대한 매우 광범위한 인식이 생겨났으며, 결국은 국가의 승인 여부도 무시한 채 '문법학교'를 설립하는 방향으로 나아갔다. 수에토니우스에 의하면, 로마에서 문학을 체계적으로 가르쳐야 하겠다고 생각하게 된 것은 기원전 167년경에 희랍의 페르가모스 학교*의 교장인 말로스의 크라테스*가 로마 방문 중 다리에 골절상을 입고 로마에 체류하는 동안에 낭송과 강의를 한 것에서 비롯되었다. 문학 교육의 초기에는 희랍 문학을 주로 가르쳤지만, 뒤이어 로마의 교육 전통 중에서 훌륭한 것을 최대한으로 살려야 한다는 애국적인 열망이 일어났다. 키케로는 그의 「공화국」*에서 스키피오*의 입을 빌어 다음과 같이 말했다. '내 말을 들으시오, 나는 희랍의 문물에 대하여 완전히 무식한 사람은 아니오. 그러나 나는 우리 로마의 전통보다 희랍의 문물을 더 숭상할 생각이 없오. 나는 아버지의 덕택에 자유교육을 받았고 어렸을 때부터 내 스스로 열심히 공부하였오. 그렇기는 해도, 내가 오늘날의 나로 된 데에는 경험과 가정교육이 책보다 훨씬 더 큰 도움이 되었오.' 학식 있는 로마 기사인 스틸로*가 기원전 1세기 초엽에 최초의 라틴어 문법학교를 세운 것이라든지, 기원전 92년에, 비록 국가에 유해한 혁신이라고 하여 검열관*의 제재를 받기는 했어도, 라틴어 수사학 학교들을 세운 것은, 형태는 다르지만 동일한 정신을 표현하는 것이다. 이때부터 시작하여 라틴 문학과 수사학은 희랍어와 병행하여 가르쳐지게 되었고 점차 그 중요성이 증가해 갔다. 여기서 나타난 결과는 희랍 형식에다가 로마의 내용을 갖춘 兩善具備양선구비의 교육체제였다.

---

1) Cicero, *De Republica*, I, 22.
* Tarentum * Andronicus [Andronikos] * Suetonius (약 69-140 A.D.)
* *Lives of Eminent Grammarians* * Ennius * grammatici * Spurius Carvilius
* grammato-didaskaleion * Pergamene [Pergamos] school * Crates [Krates] of Mallos
* *Republic* [*De Republica*] * Scipio * L. Aelius Stilo * Censor

¶41_ 처음에는 여러 종류의 학교에서 가르친 내용에 다소간의 중복이 있었다. 루두스(초등학교) 중에도 문학교육을 하는 곳이 있는가 하면, 심지어 기원 1세기 말이 되도록 문법학교에서 수사학의 고급 과정을 가르치는 경우도 있었다. 그러다가 차차 시일이 경과함에 따라 로마인 특유의 탁월한 조직력에 의하여 각종 학교의 기능을 상당히 명확하게 한정하고 학교를 등급별로 배열하였으며, 이 조직과 배열은 기원전 1세기 중엽부터 제국의 멸망에 이르기까지 큰 변화 없이 그대로 계속되었다. 교육 내용의 일반적인 순서는 아풀리에우스*(기원 2세기)가 쓴 '花詞集화사집'*(20)의 기이한 구절에 분명히 나타나 있다. '식사를 할 때에는, 첫 잔은 목을 추기기 위한 것이요, 둘째 잔은 흥을 돋우기 위한 것이요, 셋째 잔은 관능을 위한 것이요, 넷째 잔은 광란을 위한 것이다. 이와는 달리, 뮤즈의 향연에서는 술잔이 거듭 될수록 영혼은 점점 더 지혜와 명철을 얻는다. 첫째 잔은 문자 교사*가 주는 잔으로서 우리 마음의 조잡함을 없애주며, 그 다음 문법 교사*가 주는 둘째 잔은 우리를 학문으로 장식시켜 주며, 마지막으로 수사학 교사*가 주는 셋째 잔은 우리에게 웅변을 가져다 준다.'

---

* Apulieus (123-185 A.D.)
* *Florida*, 본문 괄호 안의 20이라는 숫자는 분절의 번호를 나타내는 듯하다.
* litterator, 글자를 가르치는 교사 * grammaticus * rhetor

¶42_ '문자 교사'의 학교는 바로 초창기에서부터 로마의 유일한 학교였던 루두스(초등학교)였다. 거기에는 직위와 계층을 불문하고 모든 남자 아이와 때로는 여자 아이들이 여섯 살이나 일곱 살이 되면 교복*— 이 교복은 원래 희랍에서와 마찬가지로 노예였다 — 의 보호를 받으면서 배우러 다녔다. 거기서 배우는 내용은 읽기와 쓰기와 셈하기에 국한되었으며 수업의 질도 일반적으로 말하여 그다지 높

지 않았던 것으로 추측된다. '문자 교사' 또는 '놀이선생'* 은 옛날 영국의 개척학교* 교사들과 비슷한 점이 있으며, 또 이들과 마찬가지로 별로 존경을 받지 못하였고 보수도 낮았다.

---

* pedagogue [pedagogus] * litterator, ludi magister * adventure school

¶ 43_ 상류 계층의 남자 아이는 열두 살이나 열세 살이 되면 문법학자의 학교에 가서 '문법' 공부를 시작한다. (여자 아이로서 초등 이상의 교육을 받으려고 하는 아이는 가정에서 '문법'을 배운다.) 여기서 '문법'이라고 하는 것은, 퀸틸리아누스의 「웅변가의 교육」* 제1권에 의하면, '첫째로 정확한 화술과 둘째로 시인들의 작품에 관한 설명이라는 두 부분을 포함한다.' 말하자면 그것은 현대적인 의미에서의 문법과 문학을 포괄한다. 이 두 부분 중에서 학생들의 공부 시간의 대부분을 차지한 것은 문법이었다. 학생들이 배운 교재는 디오니시오스 트락스*가 쓴 희랍어 문법 또는 레미우스 팔라이몬*이 쓴 라틴어 문법(기원 70년경 출판)이었다. 이 중에서 디오니시오스 트락스는 알렉산드리아의 아리스타르코스*의 제자였으며, 그가 쓴 문법은 모든 현대 문법의 선구로서 기원 1300년이 될 때까지 콘스탄티노폴리스에서 계속 사용되었다. 문법을 공부하는 동안에 학생들은 격변화와 동사의 어미변화를 세밀하게 공부하였으며, 그 이외에도 단어의 형식에 관한 온갖 종류의 질문에 관하여 토론하였다.[1] 문법의 중요한 요소들을 습득하고 나면 희랍 문학 또는 라틴 문학(또는 희랍 문학과 그 다음에 라틴 문학)의 공부가 시작된다. 시인의 작품이 주된 교과로 되어 있었지만, 적어도 이론상으로는, 완전한 문학공부가 되려면 산문 작가의 작품도 공부해야 한다는 것이 인정되어 있었다. 문학 작품을 다루는 방식은 매우 철저하였다. 먼저, 공부할 작품을 읽는 것, 즉 '낭독'*을 한다. '문법교사'가 구절을 읽고 학생이 따라 읽는데, 이때 억양과 고저장단에 세밀한 주의를 기울이면서 그 글의 의미에 합당하는 효과를 내는 데에 노력을 집중한다. 그 다음에는 구절에 관한 교사의 주석, 즉 '해설'*을 한다. 여기서는 어원이나 문법에 관한 특이 사항을 설명하고 그 구절에 관련되는 역사, 신화, 철학, 과학의 내용을 언급한다. 교사가 이런 내용을 강의하면 학생은 그것은 필기하여 나중에 암기하여야 한다. '해설'에 이어, '비판',* 즉 알렉산드리아 학자들이 한 것과 같은 텍스트의 비평, 구절의 다양한 해석 방법에 관한 토론이 이루어진다. 그리고 마지막으로, 학생들이 충분이 성숙했을 경우에는 '판정'*을 한다. 여기서는 작가의 특

징적인 기법에 대한 비판적 평가, 그의 장점과 단점에 대한 사정이 이루어지며 때로는 그 작가와 다른 작가들의 비교도 이루어진다. 이와 같이 작가에 관한 자세하고 면밀한 연구를 하는 것 이외에도 학생은 그 이야기를 자신의 용어로 다시 해 본다든지, 여러 가지 대안적 표현을 연습해 본다든지, 희랍어와 라틴어를 유창하게 구사하기 위한 연습을 하는 등, 그때그때의 형편에 알맞은 활동을 한다. 이것으로 미루어 보면, 학생은 '문법교사'의 곁을 떠나 수사학 학교에 들어가기 전에 굉장한 양의 공부를 했던 것이 분명하다. 문법학교에서 소년이 받은 훈련은, 퀸틸리아누스가 희랍의 용어를 인용하여 말한 바와 같이, '원만한 교육'* 이었으며, 그 교육을 완전히는 고사하고 비슷하게나마 마친다는 것은 천우신조라고 할 만큼 어려운 일이었다.

---

1) [이하 원문] 예컨대 turbo와 Cato, Calypso와 Juno는 격변화가 동일한가? 탈격은 carona navale인가 아니면 navali인가? tera와 terra, narare와 narrare, obtinuit와 optinuit 중의 어느 것이 맞는 철자법인가? 등등.

* Quintilian [Quintilianus] * *The Education of an Orator*

* Dionysius [Dionysios] Thrax * Remmius Palemon [Palaimon]

* Aristarchus [Aristarchos] * lectio * enarratio * emendatio * judicium

* encyclopedic education, 이것은 all-round (well-rounded) education을 뜻하는 희랍어 enkuklios paideia의 번역어이다.

¶44_ 문학 방면의 일반 교육을 마친 뒤에, 열여섯 살쯤 되어 성인의 복장* 을 할 나이가 되었을 때 정치활동에 뜻을 둔 젊은이는 수사학의 전문 과정에 들어간다. 이제 그의 앞에 놓여 있는 과제는 대중 연설의 기술을 연마하는 것이다. 이 기술에 숙달하는 데에는 아리스토텔레스에서 시작하여 그의 뒤를 이어받은 여러 학파의 후계자들이 발전시킨 수사학의 이론에 능통해야 할 뿐만 아니라 웅변가가 사용하는 모든 기법, 웅변가가 그의 실무에 종사하는 동안에 다루어야 할 모든 주제를 자유자재로 구사할 수 있어야 하는 만큼, 젊은이가 길고 힘든 훈련을 거쳐야 하는 것은 당연하다. 선생의 감독 하에 젊은이는 일상의 사적 생활과 정치활동에 필요한 다양한 형식의 웅변을 공부하고 연습하지 않으면 안 된다. 이런 것들을 가르치는 데에 있어서 수사학 학교는, 이 문제에 관한 키케로의 논술 — 예컨대 「웅변가론」* (i, 31) — 에서 알 수 있는 바와 같이, 고도로 정교한 교육 방법을 고안해 내었다. 줄리엥 교수* 가 정리한 바에 의하면, '연습연설'* 의 훈련을 받는 동안 한 특정한 '주제'* 에 관하여 학생이 해야 할 연습은 대체로 다음과 같은 절차를 따르

다. '(가) 찬양 — 말이나 행적을 한 인물을 찬양한다. (나) 釋義석의 — 행위의 격률의 이면에 들어있는 생각을 추출하여 길게 풀이한다. (다) 동기 — 그 생각의 근본이 되는 진리를 설명한다. (라) 검사 — 그 생각에 반대되는 견해와 거기서 따라오는 귀결을 조사한다. (마) 비교 — 두 경우의 정당성을 비교한다. (바) 예시 — 그 생각을 다른 위인의 경우에 비추어 예시한다. (사) 증거 — 그 생각의 타당성을 입증하는 옛날 작가를 원용한다. (아) 결론 — 대부분의 경우에 권유 또는 교훈에 해당하는 결론을 맺는다.'[1]

1) *Les Professeurs de Littérature dans l'anciene Rome*, p. 302.
* toga virilis, 이것은 미성년자의 복장인 toga praetextatus와 구별된다.
* *De Oratore* * Professor Jullien * declamation * chria

¶45_ 이상에서 알 수 있는 바와 같이, 로마 교육은, 비록 그 형식에 있어서는 희랍 교육에서 파생된 것이기는 하지만, 여러 가지 점에서 차이를 나타내었다. 우선, 학교 교과의 포괄성이라는 관점에서 볼 때, 로마 교육은 희랍 교육에 비하여 그 폭이 좁았다. 체육, 무용, 음악, 과학, 철학 등은 설사 교육에 포함되었다 하더라도, 문학과 웅변 공부에 부수된 곁가지 교과로 그 중요성이 현저하게 감소되었거나 그렇지 않으면 학교 바깥에서 각자 배우도록 맡겨 두어야 할 내용으로 간주되었다. 희랍의 선례를 가장 충실하게 따랐다는 문학 공부에 있어서조차도 로마의 교육은 실용적인 정신에 입각해 있었다. 이 정신은 모든 종류의 지식과 기술을 선량한 시민과 훌륭한 웅변가를 만든다는 목적에 종속시키는 것으로 나타났으며 문법과 수사학이 이 실제적인 목적을 달성하는 데에 가장 중요한 것이라고 하여 그 세부적인 기술적 측면을 지나치게 숭상하는 결과를 가져 왔다. 로마의 젊은이들 중에서 교양이 뛰어난 사람들이 다수, 학문이 더 자유롭고 허용적인 분위기에서 추구되는 아테나이나 그 밖의 다른 곳으로 가서 거기서 그들의 교육을 마무리 지은 것은 아마 로마 학교의 이러한 제약을 막연하게나마 의식했기 때문일 것이다. 그러나 이 모든 결함에도 불구하고, 로마 교육은 적어도 한 가지 점에서 있어서는 희랍 교육을 능가하였다. 그것은 곧, 조직의 천재라는 로마인답게, 그들은 가르칠 가치가 있다고 생각된 교과를 가르치는 방법에 있어서는 고도의 기계적 완벽성을 달성하였다. 중세의 암흑시대가 지나면서 교육의 재건이 시작되었을 때 사람들이 그 본으로서 희랍이 아닌 로마의 교육을 따른 것과, 19세기에 이르기까지 분석적 방법에 의한 언어의 교육이 유럽 학교를 독차지하다시피 한 것은 주로 이 때문이

었을 것이다. 르네상스*로 말미암아 현대 세계의 희랍 정신이 다시 살아났을 때에도 로마 교육방법의 전통은 여전히 교육계를 강하게 사로잡고 있었으며, 교육을 희랍 문화의 폭과 깊이로 되돌려 놓는 데에는 다시 3개 세기라는 긴 세월이 필요하였다.

* Renaissance

5 로마의 교육 문헌

¶46_ 로마의 교육 문헌은 그것이 다루는 교육 그 자체와 동일하게 좁은 실제적 성격을 띠고 있다. 라틴어로 된 최초의 교육 저작은 아버지 카토*(234-149 B.C.)와 '로마의 가장 박식한 사람'* 바로*(116-27 B.C.)가 쓴, 구체적인 교과목에 관한 논술들로서, 이 두 가지는 모두 현존하지 않는다. 바로는 일반적으로 자유학과에 관한 최초의 포괄적인 저서를 쓴 사람으로 인정되고 있다. 그의 저서인 「신자유학문」*은 문법, 수사학, 변증법(논리학), 기하, 산수, 천문학(점성학), 음악, 의학, 건축 등 여러 학문을 두루 논의한 것으로 알려져 있으며, 이 중에서 처음 일곱 가지는 기원 4세기 이후에 '7자유학과'*로 지정되어 고등교육의 표준 교과로 되어 있었다. 위의 교과들 중에서 다섯째(산수), 여섯째(천문학), 여덟째(의학) 교과가 바로의 논의에 포함되어 있었는가에 관해서는 의심의 여지가 있으며, 그렇기 때문에 과연 그가 자유학과를 정의한 선구자라고 불릴 수 있는가 하는 것은 확실하지 않다. 그러나 그의 저작이, 로마의 교육에서 소홀히 취급한 결과로 사라지기 직전에 있었던 희랍 교과의 기억을 생생하게 살려내었다는 것, 그리고 그렇게 함으로써 희랍 교육과 후대의 교육을 연결하는 데에 실지로 공헌했다고 말하는 데에는 일리가 없지도 않다.

* Cato the Elder * vir eruditissimus Romanorum * Marrcus Terrentius Varro
* *Disciplinarum libri novem* * Seven Liberal Arts

¶47_ 로마 교육이 보다 체계적인 형태를 갖추게 되고 문학과 수사학이 학교 교과에서 압도적인 지위를 차지하게 되면서부터 다양한 교과에 대한 포괄적인 관심은 사라지고 온통 관심은 최고최상의 공부인 웅변술에 집중되었다. 로마 교육

이 이 방향으로 흐르게 된 데에 주동적인 역할을 한 인물은 기원전 1세기의 키케로(106-43 B.C.)와 기원 1세기 말엽의 퀸틸리아누스(약 35-95 A.D.)였다. 키케로는 웅변에 관한 세 편의 논술—「주제론」,* 「웅변가론」,* 그리고 「웅변가 브루투스」— 을 썼으며 그 밖의 세 편의 소론을 썼는데, 그중에는 아들의 질문에 답하는 형식으로 된 수사학 문답서도 있다. 그리고 퀸틸리아누스의 「웅변가의 교육」*에는 로마 교육의 원리와 방법이 매우 완벽하게 해설되어 있다.

---

* Marcus Tullius Cicero * Quintilian [Quintilianus] * *De Inventione* * *De Oratore*
* *Brutus de Claris Oratoribus* * *The Education of an Orator* [*Instituto Oratoria*]

¶48_ 키케로는 교육의 문제를 교육자의 입장에서가 아니라 대중 계몽가의 입장에서 보는 일반 교양인의 관점을 취하였다. 그 자신 설득력 있는 언변의 힘으로 국가의 최고 관직에 올라간 최초의 인물로서, 키케로는 웅변 교육을 로마의 정계에 들어가는 필수적인 준비로 생각하였으며 설명과 시범으로 웅변의 이론과 기술을 발전시키는 데에 모든 노력을 기울였다. 그는, 비록 희랍과 로마의 교육적 이상에 차이가 있다는 것을 의식하였지만, 철학과 웅변을 서로 적대 관계에 있는 활동으로 보지는 않았다. 그는, 세상에서의 자신의 역할을 훌륭하게 수행할 수 있는, 교육받은 사람이 되려고 하면 누구나 철학과 웅변을 모두 갖추어야 한다는 것을 확신하고 있었다. 뼈 속까지 로마인인 그는, 지식은 그것을 적절하게 표현하는 능력을 수반하지 않을 때에는 아무 짝에도 쓸모가 없다는 것을 알았지만, 그와 동시에, 지식이라는 원료가 없는 웅변은 아무런 힘도 발휘할 수 없다는 것을 알았다. 그리하여, 웅변을 경멸하는 철학자들에 대한 그의 응수방식은 철학의 가치를 부정하는 데에 있었던 것이 아니라, 진정한 웅변가는 바로 철학자라는 것, 아니면 진정한 웅변가는 적어도 철학 중에서 삶을 살아가는 데에 가치가 있는 내용은 다 알고 있고 거기에다가 금상첨화로 그 철학을 실제 사태에 적용하는 힘을 가진 사람임을 역설하는 데에 있었다. 키케로는 다음과 같이 말한다. '철학자들의 논의 속에 예컨대 신의 不死불사, 경건, 만물의 조화, 우정, 동료 시민 또는 전인류의 공통된 권리, 국가의 법, 평등, 절제, 관용 등 모든 종류의 덕을 언급해야 할 주제가 나오면, 짐작컨대 학파와 학교를 불문하고 모든 철학자들은, 그 주제는 자기네의 관심사이며 그 중의 어느 것도 웅변가와는 무관하다고 큰 소리로 주장할 것이다. 그러나 철학자들에게 이 모든 주제를 세상의 귀퉁이에서 한가롭게 여가를 즐기면서 실컷 따져보도록 자유를 허락하는 이상, 웅변가에게도 자신의 직분에 맞는 기회

와 역할을 허락해야 한다고 나는 생각한다. 다만, 두 경우에 차이가 있다면, 웅변가는 철학자가 부드럽고 맥빠진 용어로 논의하는 바로 그 주제를 강력하고 매력있게 개진한다는 것뿐이다.'[1)]

1) Cicero, *De Oratore*, i. 13.

¶49_ 이 키케로의 말에 나타나 있는 두 가지 사이의 대립, 즉 개인적 관심의 추구로서의 지식과 공공 목적을 위한 수단으로서의 지식 사이의 대립 — 이것은 곧 희랍의 철학과 로마의 웅변술 사이의 대립이기도 하다 — 은 퀸틸리아누스에 의하여 더욱 날카롭게 표명된다. 웅변가는 철학을 알아야 한다는 키케로의 견해를 인정하고 또 장래의 웅변가를 훈련하는 과정에 여러 관련 분야의 교과를 포함시키면서도, 퀸틸리아누스는, 자신은 웅변가를 철학자로 만들 생각은 추호도 없다는 것을 분명히 밝히고 있다. 그는 다음과 같이 말한다. '삶의 방식 중에서 철학자의 삶 이외의 어느 것도 시민생활의 의무라든가 그 밖의 웅변가가 관심을 가지는 모든 것으로부터 멀리 떨어져 있지 않다. 철학자 중의 그 누구가 법정에 자주 드나들며 공공 집회에서 두드러지게 활약한 일이 있는가? 철학자들은 누구나 입으로는 정치에 관하여 이래라 저래라 열심히 떠들지만, 그들 중의 그 누구가 실지로 정치를 관장한 일이 있는가? 그러나 내가 기르고자 하는 웅변가는 진정한 정치가로서, 혼자서 이론을 중얼대는 것이 아니라 자기 자신의 직접적인 체험과 공공생활에 바치는 노력으로 자신이 그런 인물임을 입증한다. 이런 뜻에서 내가 기르고자 하는 웅변가는 로마적 의미에서의 "지혜 있는 사람"*이라고 말할 수 있다.'[1)] 퀸틸리아누스에게 있어서 이상적인 웅변가는, 그가 인용하는 카토에게 있어서와 마찬가지로, '말재주가 있는 훌륭한 인간'*이며, 퀸틸리아누스의 생각으로는, 그 이상 고귀한 인간형은 상상할 수 없다. 그는 또 다른 구절에서, 인간이 다른 동물에 비하여 가지고 있는 우월성은 덕과 언어에 있으며, 따라서 인간의 특이한 탁월성은 이성(라티오)*에 못지않게 웅변(오라티오)*에도 있다고 말한다. 이 이유에서 그는 웅변가를 유일하게 완전한 인간으로 간주하며, 이에 비하여 철학자는 본질상 열등한 인간이라고 생각한다.

1) Cicero, xii, 6, 7.

* Roman wise man, 여기서 지혜 있는 사람은 희랍어의 philosophos (애지자, 철학자)를 가리킨다.

* good man skilled in speech　* reason [ratio]　* eloquence [oratio]

¶50_ 그가 생각하는 이상적 인간인 완벽한 웅변가를 기르는 문제를 다룬 책에서, 퀸틸리아누스는 말을 하기 시작하고 첫 공부를 시작하는 어린 나이에서부터 그 대기술에 완전히 통달한 경지에 이르기까지 학생이 밟아야 할 과정을 자세하게 설명하고 있다. 그 과정은 바로 최선의 로마 교육의 과정과 동일한 것이며, 따라서 그것을 여기서 길게 설명할 필요는 없을 것이다. 그 책이 주는 정보가 오늘날 우리에게 가치가 없는 것은 아니지만, 그 책의 진정한 흥미는 그것이 주는 정보에 있는 것이 아니라 그것이 로마 교육의 실체를 그 내부에서, 그 당시의 가장 성공적인 교사의 입장에서 기술하고 논의한 책이라는 사실에 있다. 이런 관점에서 생각해 볼 때, 그 책의 가장 놀라운 점은 교육의 과정을 학생과의 관련에서, 학생을 중심으로 하여 기술하고 있다는 것이다. 아이가 그 배운 내용을 이해할 수 있게 될 일곱 살 때까지 일체의 학습을 연기해야 한다든지, 최초의 교육은 품성의 훈련에 그쳐야 한다는 식으로 생각하는 사람들과는 달리, 퀸틸리아누스는, 교육은 가능한 한 일찍 시작해야 한다고 믿고, '학습의 기본적 요소는 오로지 기억에 달려 있으며, 이 기억력은 아이들도 가지고 있는 것은 물론이요, 아이 때에 기억한 내용이 가장 오래 지속 한다'는 점에서 더욱 그렇게 해야 한다고 믿는다. 그러나 여기에 덧붙여서 그는 '또한 나는 연령별 차이에 관하여 전연 모르고 있는 것이 아니며, 어린 나이의 아이들을 너무 심하게 몰아치거나 억지로 모든 공부를 한꺼번에 다 하도록 강요해야 한다고 생각하지도 않는다'[1]라고 말한다. 교육은 처음부터 끝까지 아동의 연령에 맞추어야 한다는 것을 퀸틸리아누스는 잘 알고 있었다. 교과를 완전히 배우도록 할 수 없다는 사실이 그 교과를 전적으로 가르치지 말아야 할 이유는 되지 못한다. 교사가 가르치는 모든 것을 한꺼번에 받아들이지 못하는 어린 마음이라 하더라도, 적어도 그 일부는 받아들일 수 있으며 그렇게 함으로써 그 전체를 파악하는 방향으로 한 걸음 가까이 나아갈 수 있다. 이와 동일한 취지에서 퀸틸리아누스는 재능의 개인차에 대해서도 응분의 고려를 한다. '자신이 맡아 가르치는 학생들의 능력차를 정확하게 관찰하고 학생 개개인의 천성이 각각 어느 방향으로 기울어져 있는가를 확인하는 것은 훌륭한 교사의 자질로 널리 인정되고 있으며 또 그래야 마땅하다. 학생의 재능은 천차만별이며 개개인의 마음의 형식은 몸의 형태가 다양한 것에 못지않게 다양하다.'[2] 지혜 있는 교사는 학생 개개인이 가지고 있는 특이한 재능을 인식하고 각각에 알맞은 교과를 선택할 것이며, 나아가서 지력이 모자라는 학생들에게는 그것에 맞게 수업을 조절하여 오직 그들의 천성이 나아가려는 방향으로 훈련을 시켜야 한다. 웅변에 두각을 나타낼 가능성

이 보이는, 재능이 있는 학생의 경우에, 특정한 몇몇 교과에 열의를 보이지 않거나 유독 그 교과에만 능력이 뒤떨어지는 현상이 나타나면 교사는 모든 교과에서 원만한 발달이 이루어지도록 특별한 노력을 기울여야 한다. 교사가 해야 할 일은 천성을 거역하는 데에 있는 것이 아니라 그것을 보완하고 그 결함을 시정하는 데에 있다.

1) Quintilianus, *Institutio Oratoria*, I, i, 19, 20. 2) II, vii, 1.

¶51_ 이와 같이 연령과 개인에 따라 나타나는 지적 능력의 한계를 의도적으로 고려해야 한다는 퀸틸리아누스의 주장은 교육의 한 가지 새로운 차원을 타개한다. 아마 희랍인들도 학교 교육의 실제에서는 그런 차이를 인식하였겠지만, 그런 것들을 구체적인 지침으로 명백히 체계화할 필요가 있다는 데에까지는 그들의 생각이 미치지 못하였다. 상이한 연령에 대해서는 상이한 수업을 해야 한다는 것은 그들에게는 거의 말할 필요조차 없이 당연한 일이었으며, 개인에 따른 고려는 비교적 자유로운 그들의 교육체제 속에서 상당한 정도 저절로 이루어졌다. 그러나 로마에서는 사정이 달랐다. 첫째로, 성인의 교양이 타민족의 언어와 문학에 기초를 두고 있다는 사실, 그리고 문법과 같은 분석적 학문이 교육받은 계층 사이에서 대유행을 이루고 있다는 사실로 말미암아 학교에서 전수되는 교육의 내용은 아동의 관심과는 거리가 멀었다. 둘째로, 희랍에서와는 달리, 로마에서는 교육을 철저하게 조직하였으며, 그 일환으로 특정한 사회적 지위에 속하는 아이는 능력이나 취향을 불문하고 누구나 배워야 하는 표준 교육과정을 만들어 내었다. 여기서 나타난 결과는 초등학교와 문법학교를 통틀어 엄한 규율이 강요되었다는 것이다. 호라티우스의 악명 높은 선생, '채찍 악마 오르빌리우스'*나 태연자약한 軍神 군신의 위엄도 흔들어 놓을 만한 고함과 주먹질을 끊임없이 퍼붓는 악질적인 '놀이선생'*은 로마의 문헌에 나오는 너무나 익숙한 등장인물이다.[1] 퀸틸리아누스는 보통의 교사보다 훨씬 폭넓고 인간적인 교육관을 가지고 있었던 만큼, 이 사태가 지각 있는 교육자에게 제기하는 문제를 의식하지 않을 수 없었다. 그러나 비록 그가 체벌을 비인간적이고 불필요한 조치로서 강하게 비난하고, 교육을 할 때 학생의 천성적 차이를 적절하게 고려하고자 노력한 것은 사실이지만, 그럼에도 불구하고 그는 교육의 폐단이 그 당시의 교육의 성격에 근원을 두고 있다는 것은 인식하지 못하였다. 퀸틸리아누스의 생각에, 아이는 미약한 지력과 왕성한 기억력을

가지고 있는 불완전한 성인이며, 그가 아이를 위하여 내린 교육적 처방은, 그의 그러한 원시적인 심리학과 로마의 전통에 일관되게, 성인의 지식과 기술을 그대로 수준만 낮추어서 가르치는 것이었다. 로마 제국이 멸망하였을 때, 로마의 전성기에 공공 활동에 종사할 웅변가들을 배출해 낸 문학 교육은, 그 으뜸가는 교과서인 퀸틸리아누스의 「웅변가의 교육」과 함께, 유럽 교육 전체의 귀감이 되었으며, 이로 말미암아 후세의 아이들은 로마의 아이들보다 더 완전한 속박에 억눌려 지냈다. 이 교육의 성격 문제가 새롭게 파헤쳐지고 새로운 아동관에 비추어 보다 만족할 만한 해결이 모색되기까지에는 아직 여러 세기가 더 지나가야 한다.

---

1) *Epigrams*, ix. 68.
* Orbilius plagosus

참고문헌

CICERO : *Orator Brutus*. J.E. Sandys, 1895 ; Hendrickson and Hubbell, 1939. *De Oratore*, A.S. Wilkins, 1879-92 ; Stuttaford and Sutton.

QUINTILIAN : *Institutes of Oratory*, translated by J.S. Watson, London, 1882-85 ; translated by H.E. Buter, London, 1921-22 ; F.H. Colson, *M. Fabii Quintiliani Institutionis Oratoriae*, Liber I, Cambridge, 1924. W.M. Smail, *Quintilian on Education*, Oxford, 1938.

제 3 장

로마 제국의 교육

1 로마 제국의 학교

¶1_ 로마가 그 속국에 대한 지배를 확립하고 유지하는 데에는 교육이 가장 중요한 역할을 하였다. 알렉산드로스 대왕의 본보기를 따라 로마인은 공화정 말기에서부터 그 속국의 국민들 사이에 로마의 제도와 문화를 전파하려는 의도적 정책을 썼다. 정복군의 발자국이 지나간 곳에는 어디에나 帝國제국의 수도를 본딴 도시가 생겨나서 행정과 통치의 중심지가 되었으며, 모든 큰 도시와 대다수의 작은 도시에는 그 나라 아이들을 위한 문법 학교와 수사학 학교가 설립되었다. 예컨대 갈리아* 지방에는, 카이사르*의 기록에 나타나 있는 바와 같이, 드루이드 교파*의 학교들이 있어서 많은 젊은이들이 때로는 20세가 될 때까지 그 교파와 관계되는 내용을 공부하고 있었는데, 이제 이런 학교는 기원 1세기 초에 오뙹,* 리옹,* 뚤루즈,* 님므,* 비엔나,* 나르본느,* 마르세이유* 등지에 번창한 로마의 학교들로 재빨리 대치되었다. 또한, 영국의 경우를 보면, 타키투스*의 책에 나와 있는 바와 같이, 아그리콜라*가 그 지역을 평정하고 난 뒤에 가장 우선적으로 취한 조치는 그곳 원주민 우두머리의 아들들에게 수사학의 기술을 가르칠 수 있는 여건을 마련한 것이었으며, 그로 말미암아 이 때까지 로마에 대하여 猜疑的시의적인 태도를 가지고 있던 많은 사람들이 새로운 학문에 이끌려 로마 쪽으로 돌아섰다. 제국의 모든 지역에서 '학교를 통한 로마화' 과정이 꾸준히 진행되어, 기원 2세기에 이르러서는 로마의 학교가 거의 완전히 보편화되었다. 심지어 지적 수준이 내리막길에 접어들어서 문학과 학문의 연구가 점진적인 쇠퇴를 보였을 때에도, 학교가 퍼져나가는 경향에는 거의 아무런 영향을 미치지 않았다. 북쪽 야만인들의 위협이 점

점 심각해지고 있던 4세기 말경까지도 수사학 학교는, 아우구스티누스의 말대로, '전세계를 통틀어 수많은 학생들의 왁자지껄한 소리로 활기에 넘치고' 있었으며, 그러다가 끊임없이 되풀이되는 야만인의 침략의 물결에 제국이 휩쓸려 쓰러지는 것과 함께 사라졌다.

---

* Gaul [Gallia] * Caesar * Druid * Autun * Lyons * Toulouse * Nîmes * Vienna * Narbonne * Marseilles * Publius Cornelius Tacitus (약 55-120 A.D.)
* Gneaeus Julius Agricola(37-93 A.D.), 로마의 장군, 브리타니아 종족

¶2_ 문법과 수사학이 미개인을 로마인으로 개화시키는 데에 놀라운 영향력을 발휘했다는 점 다음으로, 로마 교육이 나타낸 가장 두드러진 특징은 그것이 시간적으로 오랜 동안, 또 지역적으로 매우 다양한 조건 하에서 획일성을 유지하였다는 점에 있다. 서력 기원 1세기에서 4-5세기에 이르기까지, 그리고 로마 대제국의 동쪽 끝에서 서쪽 끝에 이르기까지, 로마 교육은 하등의 실질적인 변화가 없이 그 동질성을 유지하였다. 시간의 경과에 따른 변화가 그토록 미미하기 때문에, 기원 1세기에 퀸틸리아누스가, 다시 그 당시보다 한 세기 전의 교육을 요약하여 기술한 로마 교육의 모습은 3-4백 년 후에 제국의 모든 지역에서 이루어지고 있던 교육과 본질적인 면에서 하등 차이가 없었다. 이 당시에 살았던 위대한 인물로서 우리가 그 소년 시절을 상세히 알고 있는 인물의 교육적 이력은 거의 어떤 것이든지 이 점을 증명해 준다. 여기서는 그 한 예로, 로마 가톨릭 敎父교부 중에서 가장 저명한 아우구스티누스의 교육을 들어 보겠다.

¶3_ 아우구스티누스*는 354년 아프리카 북부 누미디아*에 있는 타가스테*라는 작은 도시에서 태어났다. 원주민으로서 자유민이 된 그의 아버지 파트리키우스*는 가난하면서도 아들에게 훌륭한 교육을 받도록 하려는 결심으로 그를 '초등선생'*(로마 학교의 '놀이선생'*에 해당하는 초등학교 교사)의 학교에 보냈다. 그의 「참회록」*에 나타나 있는 바와 같이, 거기서 아우구스티누스는 읽고 쓰고 셈하는 것을 배웠다. 그러나 중요한 것은, 그가 자신의 학교생활에 관하여 맨 먼저 하는 말은 거기서 이런저런 것을 배웠다는 것이 아니라 거기서 심하게 매를 맞았다는 것이다. '선생님들에게 복종하는 것이 소년기에 합당한 나의 의무라는 말을 들었을 때, 그리고 그 의무를 다하면 출세하여 웅변술로 이름을 날리고 그 결과 사람들 사이에 명성과 속임수로 찬 부를 누리게 된다는 말을 들었을 때, 나는 말할 수

없는 비애와 모멸감을 경험하였다. 그 후 나는 학교에 가서, 가련하게도, 도대체 어디에 쓰이는지 알 수 없는 것들을 공부하였다. 그래도, 내가 조금이라도 게으름을 피우면 나는 사정없이 매를 맞았다.' 그는, 그의 첫 공부는 구미에 맞지 않았으며, 만약 교사들의 '고문'이 억지로 강요하지 않았더라면 그것을 배우지 않았을 것이라고 솔직히 털어놓는다. 그가 소년 시절부터 (초등학교에서?) 배운 희랍 문학에 대해서도 그는, 희랍어가 자신의 모국어가 아니라는 사실 때문에, 마찬가지로 혐오감을 가졌다. ('내가 호메로스를 억지로 배웠듯이, 만약 희랍 아이들이 베르길리우스*를 억지로 배웠다면, 그들도 나와 마찬가지였을 것이다.') 그가 공부를 진정으로 좋아하게 된 것은, 아마 열두 살 때쯤으로 추측되지만, 이웃 도시인 마다우라*의 문법학교에 간 이후였다. 그가 새로운 교사들 — '문법학자들' — 에게서 배운 라틴 문학, 그 중에서도 특히 베르길리우스의 「아이네이스」*는 그에게 큰 즐거움을 갖다 주었다. '"하나에다 하나를 더하면 둘이요, 둘에다 둘을 더하면 넷이요"라는 노래는 나에게 진절머리가 났지만, 무장한 군인을 가득 실은 목마, 불타는 트로이아, 그리고 죽은 크레우사*의 무시무시한 그림자는 이 뜬 구름 같은 세상의 가장 재미있는 광경이었다.'[1] 그는 열다섯 살 되던 해에 마다우라에서 돌아와서, 아버지의 가난으로 공부를 계속할 수 없게 된 채 일 년을 집에서 보냈다. 그러다가 한 친절한 후견인의 도움으로 그는 카르타고에서 3년 동안 법정 수사학을 공부하였고, 나쁜 품행에도 불구하고 동료들 사이에서 수석을 차지하였다. 그는 20세에 수사학 교사가 되어, 철학과 '이른바 자유학과'의 공부로 자신의 지식을 넓혔다. 그에게 놀라움과 기쁨을 안겨준 것은, 다른 사람들은 '매우 유능한 교사'의 도움을 받고서도 거의 아무 것도 이해할 수 없다는 아리스토텔레스의 「범주론」*을 혼자서 이해할 수 있었다는 사실이다. 그밖의 다른 학문의 경우도 마찬가지였다. '수사학이나 논리학, 기하, 음악과 산수에 관하여 써 놓은 것이면 무엇이든지 나는 큰 어려움 없이, 또 어느 누구의 가르침도 없이 이해할 수 있었다.'[2]

---

1) Augusine, *Confessions*, I, 9,13,14.   2) iv, 16.

* Augustine [Augustinus]   * Numidia   * Thagaste

* Patricius   * primus magister   * ludi magister, 2 : 42 참조

* *Confessions*   * Virgil [Publius Vergilius Maro] (70-19 B.C.)

* Madaura   * Aeneid [Aeneis]   * Creusa   * *Categories*

¶4_ 이상에서 알 수 있는 바와 같이, 아우구스티누스가 받은 교육의 기초는 문학과 수사학의 철저한 훈련에 의하여 다져졌으며, 이 점에서 그의 경우는 다른 모든 사람의 경우와 다름이 없다. 그의 공부에서 다른 사람의 경우와 다른 특이한 점이 있다면 그것은 오직 그가 학교의 보통 공부를 마친 뒤에 '철학과 자유학과'에 관심을 가졌다는 점이다. 이 방면의 교육에 관한 아우구스티누스 자신의 기술에 나타나 있는 바와 같이, 그 당시에는 학교에서 통상적으로 가르치는 교과 이외에 여러 가지 교과가 있어서, 그것을 배우고자 하는 사람은 특별한 교사 밑에서 공부하거나 아니면 혼자서 독학으로 공부를 하지 않으면 안 되었다. 사실상 제국의 여러 지역에서는 이런 교과를 상당히 다양하게 취급하고 있었다. 아테나이, 알렉산드리아, 로마, 그리고 그밖에도 전문적인 학문을 가르치는 여러 도시는 모두 문법과 수사학 교육을 실시하는 한편, 각각 독자적으로 고급 과정의 학문을 가르치고 있었으며, 그 도시의 번창 여부가 교사와 학생들에게 인기 있는 교과를 가르치는가의 여부와 밀접하게 관련되어 있었다. 다소간은 이 이유에서, 또 다소간은 그런 교과들 중의 몇몇이 이후 몇 세기 동안 고등교육에서 중요한 위치를 차지하게 되었다는 점 때문에 이 단계의 교육발전은 특별한 관심의 대상이 된다.

¶5_ 이와 관련하여 이 시기에 있었던 특히 두드러지게 중요한 두 가지 운동에 관하여 언급할 필요가 있다. 하나는 제국의 황제들이 몇 대에 걸쳐 계속적으로 교육기관, 그 중에서도 특히 고등교육에 관련된 교육기관을 조직하였다는 것이다. 교육에 대한 황제의 개입은 처음에는 우호적인 후원으로 시작되었지만 마지막에는 교육에 대한 국가의 통제로 연결되었다. 또 하나는, 위의 첫째 것보다 시기상으로는 나중이지만 궁극적으로는 더 중요한 의미를 가진 것으로서, 한편으로 학교의 이교도 문화*와 또 한편으로 기독교 교회로 대표되는 새로운 인생관 사이의 상호작용이다. 이 둘째 운동은 특히 제국의 쇠퇴 과정에서 교회가 지배적인 세력으로 부각됨에 따라 더욱 중요한 문제를 제기하게 된다.

---

* pagan culture

2 기원 1세기 로마 제국의 교육

¶6_ 국가에 유해한 결과를 가져올 우려가 있는 교육에 대하여 이따금 제재를 가하기는 했지만 공화정은 시민들이 그들 나름의 방식으로 자녀를 교육하도록 내버려 두면서 학교에 대하여 별로 관심을 기울이지 않았다. 그러나 로마의 지배권이 확대되어 제국이 되면서부터는 종래와는 다른 정책이 필요하게 되었다. 그 새로운 정책의 첫 단계는 율리우스 카이사르*가 자유학과를 가르치고 있는 로마 거주의 모든 외국인 교사들에게 시민권의 특혜를 부여한 조치로 나타났다. 그의 뒤를 이은 아우구스투스*는 카이사르와 마찬가지로 학자들의 활동에 관심을 가지고 있었고 그의 선례를 따라 학문을 장려하였다. 아우구스투스는 로마에 최초의 공공 도서관을 설립하였으며, 로마 시에서 모든 외국인을 추방할 때에도 교사들만은 그대로 머무를 수 있게 하였다. 그 후 역대의 황제들이 이와 같이 학문에 대한 일반적인 후원을 계속하였지만, 학교를 조직하고 지원하기 위한 결정적인 조치가 취해진 것은 베스파시아누스*치하(69-79)에서 였다. 이 황제는 '평화의 사원' 안에 나중에 고등교육을 위한 학교가 생겼을 때 그 핵이 된, 도서관을 설립하였을 뿐만 아니라, 교사 중의 일부에게 국가 공무원의 지위를 부여하면서, 라틴어 수사학의 수석교사들에게는 국고로 연봉 10만 세스테르티우스*를 지불하고 '문법학자', 수사학자, 의사, 철학자들에게는 시민의 의무 중 일부를 면제하여 주었다. (퀸틸리아누스는 라틴어 수사학의 최초의 수석교사였다.) 네르바*(96-98)와 트라야누스*(98-117) 치하에서 황제의 공덕은 새로운 방향을 취하였다. 이탈리아 반도의 인구 감소를 억제하기 위하여 그들은 농민들에게 상당한 액수의 돈을 대여해주면서 거기서 나오는 이자로 기금을 마련하여 5천 명의 소년과 소녀들에게, 소년의 경우에는 18세까지, 소녀의 경우에는 14세까지 교육을 마치는 데에 필요한 연간 생활비*를 지급해 주었다. 이러한 보조는 이후 황제들에 의해서도 계속되고 확대되었다.

---

* Gaius Julius Caesar (약 100-44 B.C.)
* Augustus [Gaius Julius Caesar Octavianus] (63 B.C.-14 A.D.) * Vespasian [Vespasianus]
* sesterce [sestertius], semi tertius(2와 2분의 1), 원래 나귀 두 마리 반에 상당한다고 하여 이와 같은 명칭이 붙여진 화폐 단위, 원문에서 Boyd는 그 교사의 연봉을 '가령' 1921년 당시의 英貨영화로 800파운드 정도가 될 것으로 보고 있다. 로마에서는 나귀가 특히 쌌는지는 모르지만, 하여간 '거액' 이었을 것이다.
* Nerva * Trajan [Trajanus] * allowances [alimenta]

¶7_ 대체로 말하여, 이 시기의 황제들은 이탈리아 반도 밖의 로마영토에서의 교육 문제에는 거의 관심이 없었던 듯하다. 여기에 가장 중요한 예외는 알렉산드리아의 경우로서, 이 도시는 알렉산드로스 대왕과 첫 프톨레마이오스 왕조의 업적을 본받으려고 애쓴 아우구스투스와 그 바로 다음 황제들의 후원 아래에서 한때 로마 제국에서 으뜸가는 학문의 중심지가 되었다. 다시 한번, 박물관 안에서, 또 그 바깥에 있는 다른 학교들에서, 학문 활동이 꽃을 피웠다. 상당수의 알렉산드리아 사람들이 교사의 일자리를 찾아 로마로 이주했지만, 그러한 상황에서도 수많은 학자들은 여전히 알렉산드리아에 남아서 학교의 전통적인 교과를 계속 가르쳤다. 그 학자들은 주로 '수사학 연구와 언어학, 비평의 연구를 겸하여 하는 문법학자, 지리학과 그 밖의 모든 학문을 조금씩 겸하여 하는 역사가, 각각 자신의 관심에 따라 웅변술, 윤리학, 정치, 종교를 가르치는 철학자, 산수와 기하뿐만 아니라 천문학과 역학도 가르치는 수학자, 그리고 마지막으로, 박물학과 식물학과 해부학을 겸하여 하는 의사'[1] 등이었다. 그러나 그 나름의 문예부흥을 맞이하는 동안 알렉산드리아는 그 학문의 성격이 상당한 정도로 달라졌다. 시대의 요청에 부응하여, 종래에는 그다지 중요시되지 않던 수사학과 철학이 으뜸가는 교과로 되고, 바다 건너 온 수많은 학생들로 이제 알렉산드리아는 옛날의 알렉산드리아보다는 아테나이(이 당시에는 일시 침체되었지만)에 더 가까운, 교육의 대중심지로 발전하였다. 그리하여 알렉산드리아에는 곧 다가올 이교도 학문과 기독교 사이의 투쟁이 그 기틀을 마련해 가고 있었다.

---

1) M. Matter, *Histoire de l'Ecole d' Alexandrie*, I, 271.

¶8_ 알렉산드리아에서 희랍의 학문이 장려되는 동안, 이와는 대조적으로, 아프리카 북부와 갈리아 지방에는 (아마 율리우스 카이사르의 업적이겠지만) 라틴계의 학교가 설립되었으며, 이들 학교는 계속 번창하면서 여러 세기를 두고 훌륭한 학자들을 배출해 내었다.

3 제2, 제3 세기의 로마 교육

¶9_ 기원 2세기 초에 이르기까지 아우구스투스 이후 역대 황제들의 교육 진

흥 활동은 어느 편인가 하면 학문에 대한 황제 자신의 관심이나 국민들로부터 인기를 얻으려는 욕망에 기인한 것이며, 제국의 필요에 관한 명확한 인식이나 폭넓은 정책적 고려에 기인한 것이 아니었다. 하드리아누스*(117-138), 안토니누스 피우스*(138-161), 그리고 마르쿠스 아우렐리우스*(161-180) 등 여러 황제는 즉흥적이고 산발적인 교육 진흥 방식을 지양하고 제국 그 자체만큼 광대하고 질서 정연한 대 교육체제를 창출하였다. 하드리아누스의 경우를 보면, 그는 '半반 희랍 황제'*라는 칭호가 붙을 정도로, 희랍적인 것이라면 아무 것에 대해서나 열렬한 찬탄을 아끼지 않았던 인물이었으며, 그가 교육에 관심을 가지게 된 원동력은 바로 이 열정과 찬탄에 있었다. 그의 영토 어디에서나 희랍의 철학자와 교사들은 황제의 특별한 보호를 받았다. 그는 선대의 황제들이 철학자와 교사에게 부여한 특혜와 면제를 확고하게 하고 더욱 확대하였으며, 그들이 하는 일에 비상한 관심을 표명하였다. 그는 로마에다가 희랍의 학자와 로마의 학자들이 만나는 회합 장소로서, 그리고 높은 수준의 학문과 교육을 위한 센터로서 '아테나이館관'*을 건립하였으며, 알렉산드리아에서는 박물관의 후견인이 되어 그 활동에 대한 지원을 약속하고 자신의 친구인 학자들 몇 명을 박물관의 연구원으로 지명하였다. 그러나 그에게서 가장 큰 총애를 받은 것은 희랍, 그 중에서도 특히 그가 애착을 가진 아테나이였다. 아테나이에다가 종교적 또는 교육적인 목적을 위한 수많은 찬란한 건물을 세운 것 이외에도, 황제는 아테나이의 교사들을 최대한 격려해 주었으며 그 결과로 아테나이는 학문의 本山본산으로서의 옛날의 영광을 다시 한번 자랑할 수 있게 되었다. 하드리아누스에서 시작된 이러한 사업은 안토니누스에 의하여 그와 동일하게 호의적인 정신으로 계승되었다. 사실상, 안토니누스야말로 로마 제국 교육체제의 진정한 창건자라고 말할 수 있다. 어느 선대 황제보다도 제국 전체에 무엇이 가장 필요한 것인가에 대하여 폭넓은 안목을 가졌던 그는 모든 지역의 모든 시당국에 대하여 특별교사에게 봉급을 지불하고 특권을 부여하도록 의무를 부과하였다. 그는 칙령을 내려, 각 지역의 수도에는 10명의 의사, 5명의 철학자*와 5명의 문법학자를 시 당국의 비용으로 두도록 하였으며, 法廷법정이 있을 정도의 대도시에는 7명의 의사, 4명의 철학자와 5명의 문법학자를, 그리고 소도시에는 5명의 의사, 3명의 철학자와 3명의 문법학자를 역시 시 당국의 비용으로 두도록 하였다. 이들 학자의 임용은 시의회에 일임되었지만, 가령 市財政시재정이 너무 궁핍하여 그 비용을 국고의 지원으로 충당해야 하는 경우는 말할 것도 없고 그렇지 않은 경우에도 약간의 통제권은 황제가 행사할 수 있도록 하였다. 그 다음 황제인 마르쿠스 아우렐리우스의 교육 발전에 대한 기여는 앞의 두 황제만큼 크지는 못하였지만, 그래도 여전히 괄목할 만한 것이었다. 이 紫衣자의의 철학자는 어린 시절부터 희랍 철학자들과 매우 가깝게 지냈으며 그런 만큼 그의 주된 관심은 하드리아누스 황제와 마찬가지로 아테나이의 학교에 있었다. 진정한 스토아 철학자로서의 너그러운 마음으로, 그는 아테나이에 전부터 전해 내려오는 네 개의 철학 학교*(그는 스토아 학파와 정면으로 반대되는 에피쿠로스 학파를 제외하지 않았다)에 대하여 각각 두 명의 수석교사와 웅변술의 특별 수석교사를 두도록 하고 그들의 봉급을 황실 재산에서 지불하도록 하였다. 이와 같이 하드리아누스에서 시작된 사업이 완성되자, 아테나이는 그야말로 로마 세계의 으뜸가는 '대학'이 되었다.

---

* Publius Aelius Hadrianus　* Antoninus Pius　* Marcus Aurelius

* Graeculus, little Greek의 뜻으로 희랍 문화에 심취되어 있는 사람을 야유하는 말

* Athenaeum　* sophist

* philosophical schools, 이것은 철학 학파로 이해될 수도 있다. 이 4개의 철학 학교 는 아카데메이아, 뤼케이온, 스토아, 에피쿠로스의 그것을 지칭한다(2 : 10 참조).

¶10_ 이와 같이 교육에 관심을 가진 훌륭한 황제들이 잇달아 재위한 데서 나온 직접적인 결과는 희랍어권 전체에 걸쳐서 학문에 대한 열성이 두드러지게 고조되었다는 것이다. 희랍과 소아시아의 학교는 학구열에 넘치는 학생들로 가득찼으며, 3세기 초의 한 수사학자가 말한 바와 같이, 이오니아* 전체가 '학자들의 숙소'*로 되었다. 이 행복한 사태는 어디서나 교육에 영향을 주었고 학교의 일을 발전시키는 추진력이 되었으며, 이 추세는 알렉산드루스 세베루스*— 그는 안토니누스의 사업을 이어 받아 장학금을 마련하였다 — 가 세상을 떠남(235)과 더불어 제국이 심한 혼란에 빠지고 황제를 멋대로 세우고 폐하는 데 따른 민란과 군사혁명의 와중에서 학문이 교착 상태에 빠질 때까지 계속되었다. 그러나 이 로마 교육의 부흥은 심지어 그 전성기에 있어서도 장차 오랜 역사를 통하여 항구적인 의미를 가질 정도의 깊은 심각성을 띠지 못하였다. 그것이 가장 자랑으로 내세울 만한 것은 말만 번지르르하게 하는 수사학적 말잔치이며, 이것은 옛날 아테나이의 그 엄격한 웅변술을 몰아내고 그 자리에 들어 앉은, 인위적으로 꾸며내는 아시아풍의 웅변*을 본딴 것이었다. 온 세상 어디든지 학자나 철학자가 아닌, 수사학자나 '궤변가'*가 학교와 정계에서 영웅 취급을 받았다. 티레의 아드리아누스*라는 사

람은 마르쿠스 아우렐리우스가 아테나이의 수사학 수석교사로 임명한 사람이었는데, 그가 로마에서 얼마나 굉장한 대접을 받았는가를 보면 그 당시 형편이 어떠했는가를 충분히 짐작할 수 있다. 필로스트라투스*는 다음과 같이 적고 있다. '아드리아누스는 무슨 주술로 로마를 호렸는지, 희랍어를 전혀 알지 못하는 사람들조차도 그의 연설을 듣고 싶어 했다. 로마 사람들이 종교적 축제를 벌이고 있을 때, 사환 아이가 의장석 입구에 나타나 아드리아누스가 연설한다는 것을 알리기만 하면 원로원 의원이건 기사건 할 것 없이 모두 자리를 박차고 일어나서, 앞에서 느릿느릿 걸어가는 사람들을 야유해 가면서 곧장 아테나이관으로 달려가곤 했다. 희랍어로 교육받은 사람은 말할 것도 없고 로마에서 라틴어 교육을 받은 사람들조차도 이 모양으로 미쳐있었다.'[1] 당연히, 이러한 분위기에서는 문학도, 철학도 그 밖에 어떤 실속 있는 지적 추구도 꽃필 수 없었을 것이다. 순전히 말뿐인 열변을 최고의 이상으로 삼는 교육체제는 그것이 삶의 현실에서 멀리 떨어져 있다는 점 때문에, 그리고 그 자체의 내적 불모 때문에, 필경 부패와 멸망에 떨어지게 되어 있었다.

1) Walden, *The University of Ancient Greece*, p.236.
* Ionia * college of learned men * Alexandrus Severus
* Asiatic oratory, 여기에서 Asia라는 것은 시리아 지역을 가리키는 것이 분명하다.
* sophist, 또는 철학자 * Adrian[Adrianus] of Tyre * Philostratus

¶11_ 그러나 이 타락한 교육이 천하를 삼킬 듯 기세를 부리는 중에도, 제국 전체에 걸쳐서 기독교가 차츰 퍼져 나가면서 새로운 도덕적, 지적 세력이 나타나고 있었다. 이 기독교의 새로운 세력은 조만간 당시의 이교도 교육을 원래의 심각한 목적으로 되돌려 놓는 데에 기여하게 되어 있었고, 또 만약 로마 제국이 몰락하지 않았더라면, 궁극적으로 학교의 성격 전체를 바꾸어 놓을 수도 있었을 것이다. 기원 1세기 동안에는 그 새로운 신앙을 따르는 사람들은 대부분이 가난하고 무식하였다. 기독교의 부름에 응답한 사람들 중에는 '육체를 따라 지혜있는 자, 능한 자, 문벌 좋은 자가 많지 않았던' 것이다.[1] 그러나 시일이 경과함에 따라 기독교는 점차로 사회적 지위가 낮은 사람에서 높은 사람에 이르기까지 가장 훌륭한 사람들을 끌어들이게 되었고, 그 사람들 중에는 이른바 '세상 지혜'에 밝은 사람도 적지 않게 끼어 있었다. 이 사람들은, 비록 기독교 신앙을 소중히 여기기는 했지만, 그렇다고 하여 그것 때문에 자기 자녀가 교육받지 않은 무식한 사람이 되는 것은 바

라지 않았으며, 설사 그것을 바랐다하더라도, 교회가 성장하는 과정에서 현재의 학교에 이미 그 자체의 무기로 진을 치고 들어 앉아 있는 이교도 문화와의 일대 접전이 불가피했던 만큼, 그들로서 현재의 교육을 도외시한다는 것은 있을 수 없는 일이었다. 그들의 입장에서 보면 문법과 수사학은 그 형식성과 假飾가식이 비위에 거슬리는 경우도 있었을 것이며, 그런 교과를 가르치는 과정 전체에 스며들어 있는 이교도적 관념과 풍속이 그들의 그 새로운 종교의 정신과 정면으로 충돌하는 경우도 있었을 것이다. 그러나 만약 기독교인들이 도대체 교육을 받으려고 하면, 명백히 그 교육은 학교가 아닌 다른 곳에서는 받을 수 없었다.

1) 고린도 전서, 1장 26절.

¶12_ 이교도적 교육을 시킬 것인가, 아니면 전연 교육을 시키지 않을 것인가라는 딜레마에 직면하여, 그들 중의 대부분은 자녀를 학교에 보내는 쪽을 택하였다. 서방 기독교 교회의 창건자로서, 철학자를 멍청이라고 부르고 세속 문학을 공부하는 것을 '신을 우롱하는 것'이라고 선언한 고집불통의 테르툴리아누스*(160년경 출생)조차도 아이들을 학교에 보내는 그 길 밖에는 달리 방도가 없다는 데에 동의하였다. 그가 2세기 말 경에 쓴 「우상숭배론」*은 그 당시 기독교가 당면하고 있던 실제적 문제의 어려움에 관하여 흥미 있는 단서를 제공해 준다. 그는 기독교인이 교사가 되는 것은 불가하다는 입장을 명백히 하고 있다. 그의 말에 의하며, 교사는 '지혜의 여신'*을 찬양하는 축제에 참가한다든가 계절에 따라 정해진 대로 '꽃의 여신'*을 기리기 위하여 학교를 장식하는 따위의 일을 하지 않을 수 없다. 그렇게 하지 않는 것은 국가의 법에 어긋나는 죄를 범하는 것이다. 뿐만 아니라, 문학을 가르치는 동안에 교사는 학생들에게 옛날 신화에 나오는 온갖 추잡한 이야기를 들려주고 신들이 그런 존재임을 설명해 주어야 한다. 분명히 말하여, 이것은 기독교인으로서 할 일이 못된다. 그러나 테르툴리아누스의 말처럼 만약 기독교인인 교사가 신과 여신에 관하여 이런저런 말을 하면서 자신의 입을 더럽혀서는 안 된다면, 그것과 동일한 논거에 의하여 기독교인인 학생도 그런 말을 들으면서 그 귀를 더럽혀서는 안 된다고 말해야 할 것이다. 그런데도 테르툴리아누스는 이 명백한 결론을 회피한다. 기독교를 믿는 젊은이들이 보통의 학교에서 하는 교육을 받는 동안에 어떤 위험에 처하게 되는가를 잘 알면서도 그는 그 젊은이들이 학교에 다니는 것을 금지할 생각을 하지 못한다. 그는 다음과 같이 묻는다. '학

교에 다니지 않고서 어떻게 인간의 지혜를 얻을 수 있으며 사고와 행위를 올바르게 이끌어 나갈 방법을 배울 수 있겠는가? 문학은 삶의 모든 일을 처리해 나가는 데에 필수불가결의 도구가 아닌가?'

---

* Tertullian [Tertullianus] * *Idolatry* * Minerva * Flora

¶13_ 그러나 테르툴리아누스가 제안한 타협안이 효력을 발휘하기에는 상황이 너무나 절박하게 한 쪽으로 기울어져 있었다. 기독교 교회 전체는 이미 불가피한 것으로 된 현실에 굴복하여, 기독교인이 학교의 교사가 되는 것을 막을 엄두를 내지 못한 채 기존의 학교를 받아들였다. 그러나 그 중에서도 한 가지 다행스러운 예외가 있었다. 교육에서 이교도 문화와 기독교를 화해시키는, 다른 곳에서는 불가능할 정도로 어려웠던 그 일이 알렉산드리아의 교리문답 학교*에서 성공적으로 이루어진 것이다. 그 범세계주의적 경향을 띤 도시에서는 옛날 신앙과 새로운 신앙 사이에 생긴 상당히 심각한 대립이, 기독교 신앙을 가진 많은 학자들이 알렉산드리아에 전부터 있었던 종교와 문화에 호의적인 태도를 취함으로써 상당히 완화되었다. 클레멘스*(약 160-216)의 입상은 알렉산드리아 기독교의 아량과 관용이 최고도로 발휘된 경우를 잘 나타내어 준다. '클레멘스의 견해의 의하면, 복음은 기독교로 말미암아 돌연히 나타난 새로운 출발점이 아니라, 헬레니즘과 유태교라는, 이미 달리고 있던 두 개의 선이 만나는 집합점이다. 그에 의하면, 모든 역사는 하나이며, 이것은 모든 진리가 하나인 것과 동일하다. 그는 "진리의 강은 하나이지만, 여러개의 작은 개울들은 이쪽 저쪽에서 이 강으로 흘러 들어 온다"고 말한다. 전세계의 문명이 우상 숭배의 방향으로 나아간 것은 사실이지만, 우상 숭배는 어디까지나 수치스럽고 가증스러운 전략에 불과하다. 이성의 열매는 무지와 관능에 사로잡혀 있는 사람들에게서가 아니라 헤라클레이토스,* 소포클레스,* 플라톤에게서 그 眞價진가를 찾아야 한다. 이런 사람들에서는 학문이 곧 하나님의 약속이었으며, 그들에게 있어서 학문은 유태인에게 율법이 정당성의 근거인 것과 마찬가지로 정당성의 근거였다. 클레멘스는, 희랍의 철학자들이 가지고 있었던 가장 훌륭한 생각은 모두 모세의 오경에서 "훔쳐 간" 것이라는, 사람들 사이에 떠돌아다니는 터무니없는 말을 되풀이하기는 하지만, 그가 진정으로 말하고자 하는 바는, 그의 글의 여러 구절에서 나타나 있는 바와 같이, 철학은 악마의 선물이 아니라 "말씀"* 으로 주어지는 하나님의 선물이라는 것, 그리고 그 하나님의 말씀은 그

말씀이 지상의 형태로 나타난 것, 즉 인간의 지력을 언제나 비추고 있다는 것이다. "렌즈가 불을 붙일 수 있는 것은 그 점화력을 태양에서 빌어오기 때문이다."'[1]

---

1) C. Bigg, *The Christian Platonists of Alexandria*, pp. 47-49.
* Catechetical School * Clement [Titus Flavius Clemens]
* Heraclitus [Herakleitos] * Sophocles [Sophokles] * Logos

¶14_ 교리문답 학교가 영향력과 세력을 가지게 된 것은 이러한 절충의 정신 속에서였다. 원래 교리문답 학교는 세례를 받으려고 준비하고 있는 예비 신자들을 가르치기 위한, 그 당시 제국 안의 모든 교회에서 흔히 볼 수 있었던 기관이었다. 그러나 2세기 말경, 그 학교는 교육의 범위를 넓혀, 남녀 불문하고 모든 연령층의 학생들을 대상으로 하여 종교적인 내용과 세속적인 학문을 동시에 가르치는 학교가 되었고, 이 일은 스토아 철학에서 기독교로 개종한 판타이누스*, 그리고 나중에 클레멘스의 지도 하에 이루어졌다. 기원 202년에 그의 스승인 클레멘스의 뒤를 이은, 흔히 '3세기 기독교 교육의 王者왕자'라고 불리는 오리게네스*(185-254)의 영향 하에서 교리문답 학교는 모든 다른 학교를 능가하는 중요한 지위로 부상하였다. 이 당시에 교리문답 학교에서 이루어진 교육의 일반적 성격은 오리게네스가 박해를 받아 알렉산드리아를 떠난 뒤에 카이사레아*에 가서 세운 학교에 관하여 그의 제자 한 사람이 말한 내용에서 추측해 볼 수 있다. 상급반 학생들의 교육과정은 약 4년 동안 이수하게 되어 있었는데, 그 교과를 이수하는 순서는 명백히 플라톤의 영향을 받았음을 보여주고 있다. 즉, 먼저 문법과 논리학의 훈련에서 시작하여, 그 다음에 기하, 물리학, 천문학의 철저한 기초를 다지며, 거기서 다시 철학(특히 윤리학)을 기독교적 관점에서 비교 연구한 뒤에, 마지막으로 성서를 세밀하게 연구하는 것으로 끝난다.

---

* Pantaenus * Origen [Origenes Adamantius] * Caesarea, 로마령 팔레스티나의 수도

¶15_ 교리문답 학교의 영향은 지대하고 원대하였다. 그 학교를 통하여 기독교는 처음으로 세계의 문화 속에 결정적인 요소로서 한 자리를 차지하게 되었고, 그와 동시에 희랍의 과학과 철학의 精髓정수를 그 교리 속에 포함시키게 되었다. 서방 교회*는 이 조류의 영향을 가장 적게 받았다. 서방 교회는 언제나 학문에 대하여 불신하는 태도를 보였으며 그렇기 때문에 그들에게 '학교'라는 것은 이단적

견해의 덩어리로서 猜疑시의의 대상이 되었다. (아닌게 아니라, '학교'와 '이단'은 때로 완전한 동의어로 간주되었다.) 그러나 심지어 이러한 서방 교회에서 조차도 교리문답 학교의 추세는 아우구스티누스와 같은 신학자들의 사상에 깊은 감명을 주어, 교회와 학문 세계를 화해시키는 데에 도움이 되었고 고대의 문화가 중세기로 넘어가는 과정을 순탄하게 해 주었다. 교리문답 학교가 가장 직접적으로 또 즉각적으로 영향을 미친 것은 특히 시리아를 중심으로 한 동방에서였다. 이곳에서는 알렉산드리아의 교리문답 학교를 본딴 학교들이, 때로는 직접 알렉산드리아 교사의 지휘와 독려에 의하여, 곳곳에 생겨나서, 유럽대륙의 대부분이 암흑에 뒤덮인 뒤에도 학문이 밝게 타오르고 있었다. 이와 관련하여 특별히 흥미 있는 사실은 이 지역에서의 학문 계승의 진로가 알렉산드리아에서 시작하여 안티오키아*와 에데싸*를 거쳐 나시비스*의 네스토리아 학교*(489년 설립)로 연결되고, 여기서부터 아리스토텔레스의 업적이 회교 학자들의 손으로 넘어가서 12-13세기에 유럽으로 다시 넘어올 때까지 소중히 간직되어 있었다는 것이다.

---

* Western Church, 또는 로마 교회　* Antioch [Antiochia]
* Edessa　* Nisibis　* Nestorian School

4 콘스탄티누스 황제 이후 서로마 제국 멸망까지의 교육

¶16_ 디오클레티아누스* 황제(284-305) 치하에서 법과 질서가 회복됨에 따라 제국의 학교는 멸망을 목전에 둔 제국의 마지막 융성기에 접어들었다. 다시 한 번 문학과 수사학 연구가 꽃을 피웠으며, 逍遙學派소요학파*의 형태를 빈 궤변이 어디서나 환영을 받았다. 그러나 이들의 개가는 오래가지 못하였다. 기원 313년 콘스탄티누스*황제(306-337)는 역대 황제들의 정책을 갑자기 뒤집어, 기독교의 박해를 중지하고 기독교도에게도 다른 종교를 믿는 사람들과 동일한 공공권리를 부여하는 그 유명한 밀라노 칙령*을 선포하였다. 물론, 콘스탄티누스는 학교의 기능을 마비시키는 하등의 제약도 가하지 않았다. 오히려 그는 자신의 힘이 미치는 범위 내에서 최대한으로 학교의 이익을 증진시키고 이전의 혼란 상태에서 학교가 입은 피해를 보상해 주었다. 그는 그의 제국을 위하여 새로 마련한 수도 콘스탄티노폴리스*로 학자들을 초치하였고 문법, 수사학, 철학, 법학의 교육을 위하여 막대

한 기금을 내어 놓았으며 그 덕택으로 콘스탄티노폴리스는 아테나이와 알렉산드리아에 필적하는 정도를 넘어서서 오히려 그 두 도시를 능가할 정도가 되었다. 또한 그는 알렉산드루스 세베루스 황제 이래로 유명무실하게 된, 교사에 대한 봉급과 특혜를 모든 지역에서 그전 수준으로 회복시켰으며, 누구도 교사를 해치거나 법에 고발하지 못하도록 함으로써 교사의 특혜를 더욱 확장하고 그 부인과 가족에게도 이와 유사한 특혜를 부여하였다. 그의 목적은, 그 자신이 언명한 대로, '많은 사람에게 자유교과를 가르치는 교사의 짐을 조금이라도 가볍게 해 주는' 데에 있었다. 그러나 콘스탄티누스가 기독교를 용인하였다는 사실은 높은 수준의 학문을 가르치는 교사들, 특히 희랍과 알렉산드리아의 큰 학교에서 가르치는 수사학자들에게는 바로 그 자유교과, 그리고 그 교과가 기초로 하고 있는 이교도 문화에 심각한 타격을 가하는 것으로 받아들여졌다. 말하자면 그것은 그들의 삶과 존재의 터전인 헬레니즘에 치명타를 가하는, 새로운 국가적 질서의 도래를 의미하였다.

---

* Diocletian [Diocletianus]　* Peripateticism
* Constantin [Constantinus]　* decree of Milan [Milano]
* Constantinople [Constantinopolis]

¶ 17_ 만약 콘스탄티누스의 조치에 반대하는 운동이 오로지 문법과 수사학 교사들의 노력에만 의존하였더라면, 그 운동은 아마 일찌감치 실패로 끝나고 말았을 것이다. 그 나름으로 오랜 전통을 가진 학교의 영향력이 막강한 것은 사실이었지만, 이미 대다수 대중의 지지를 얻은 위에 반대자라고는 극소수의 지식인과 원로원 의원급 인사들밖에 없는 기독교와 비교해 볼 때, 학교를 받쳐주고 있던 기존의 종교적 세력에는 이 새로운 종교의 잠입에 대적할 수 있을 정도의 성실성과 진실성이 결여되어 있었다. 그러나 그 바로 전세기(3세기)에 기존의 문화와 종교의 밑바닥에 깔려 있는 옛 신화가 그 당시 보수적인 경향을 가진 사람들 사이에 강한 영향력을 행사하고 있던 신플라톤주의*의 종교사상으로부터 새로운 활력을 부여받고 다시 살아났다. 옛날의 철학은 이미 그 시대의 정신에서 유리되어 심지어 그 본고장인 아테나이에서조차 거의 사라진 반면에, 클레멘스나 오리게네스와 같은 기독교 지도자들이 기독교를 교육받은 사람들의 지적 수준에 알맞은 형식으로 가다듬던 바로 그 시점에, 알렉산드리아에서는 플라톤과 아리스토텔레스의 철학을 동방의 신비주의와 결합한, 그리고 이성과 신앙의 요구를 다같이 만족시키는 이

새로운 절충적 철학이 성장하고 있었다. 그 최초의 가장 위대한 해설자요, 오리게네스의 동시대인이며 동학인 플로티누스[*]가 해설한 대로라면, 그 철학은 기독교와 정면으로 갈등을 일으킨다고 볼 이유가 없었다. 그러나 플로티누스의 제자로서 260년 경에 그 철학을 로마에 소개한 포르피리우스[*]는 그 철학을 반기독교적인 방향으로 해설하였으며, 한 세대 뒤에 그것을 시리아에 소개한 그의 제자 이암블리쿠스[*] 또한 마찬가지였다. 기원 4세기에 그 철학이 희랍 세계에 퍼져 나갔을 때에는 그 철학 속에 들어있던 독단적, 신비주의적 요소가 더욱 두드러지면서, 기독교에 반대하는 지식인들 사이에 널리 받아들여지는 신앙으로 되었다. 그 지식인들은 그 철학에서 옛날 자기들의 종교의 근본 사상을 옹호하고 그들 자신의 종교적 필요를 충족시키는 두 가지 이점을 동시에 발견하였으며, 나아가서는 그것을 가증스러운 침입자인 기독교에 대항할 힘의 집결점으로 삼았다.

---

* neo-Platonism * Plotinus * Porphyry [Porphyrius](233-약 306 A.D.) * Iamblichus

¶18_ 잠깐 동안, 문학과 알렉산드리아의 종교 철학 사이에 우호적인 동맹관계가 성립할 듯한 서광이 비치고, 구세계의 신과 여신이 다시 제자리에 복위될 듯한 기미가 보였다. 기원 361년, '배교자'[*]라는 칭호가 붙은 율리아누스[*]는 이교도 문화를 재확립하려는 확고한 결심을 가지고 황제의 자리에 올랐다. 젊은 시절에 그는 문학과 신플라톤주의 철학을 열심히 공부하였으며, 종교 면에서의 그의 背教배교 — 그에게 있어서 기독교는 같은 피를 나눈 수많은 사람들의 살륙을 가져온 장본인이었다 — 는 이 젊은 시절의 공부 때문으로 알려져 있다. 따라서 그의 등극은 최후의 대 소피스트인 리바니우스[*]와 같은 사람에게는 종교와 문화가 한꺼번에 개가를 울릴 조짐을 보여주는 것으로서 응당 환영할 만한 일이었다. 과연 율리아누스는 처음에는 모든 종교와 신앙을 용납하는 너그러운 마음을 요란하게 과시하면서 기독교도를 박해할 생각은 전혀 하지 않았다. 그러나 그는 362년, 기독교도가 학교의 교사로 일하는 것을 금지하는 칙령에서 기독교에 대한 반감을 아주 공공연히 표명하였다. 그는 이 칙령과 관계되는 한 편지에서, '호메로스, 헤시오도스, 데모스테네스,[*] 헤로도토스,[*] 투퀴디데스,[*] 그리고 이소크라테스, 그리고 뤼시아스[*] 등, 이 모든 사람들은 신을 모든 교육의 안내자로 삼은 것이 아닌가' 라는 질문을 하고 계속해서 다음과 같이 말한다. '내가 보기에는, 누군가 이 사람들의 작품을 해석하는 일을 하면서 그들이 섬긴 신을 섬기지 않는다면 그것은 이

치에 맞지 않는다. 만약 그가, 자신이 해석하는 그 사람들, 스스로 그들의 "예언자"로 자처하는 그 사람들의 지혜를 믿는다면, 그는 무엇보다도 먼저 그 사람들이 그들의 신에 대해서 가졌던 경건한 태도를 본받아야 할 것이다. 그렇지 않고, 만약 그가, 그 사람들은 최고의 진리에 관하여 그릇된 견해를 가지고 있었다고 생각한다면, 그는 차라리 갈릴리아 교회에나 가서 마태*와 누가*를 해석해야 할 것이다.'[1] 이 문제에 관한 그의 의지를 강제로 시행하기 위하여 그는, 시당국에 의한 교사의 임명은 일체 그의 승인을 받아야 한다는 또 하나의 칙령을 내렸다. 이렇게 하여 그는 교육에 대한 황제의 통제라는 선례를 확립하였고, 이 선례는 그의 뒤를 이은, 기독교 신자 황제들에 의하여, 어느 편인가 하면 이교도 교사를 제약하는 방향으로, 계속 활용되었다. (기원 425년 테오도시우스*와 발렌티니아누스*의 법에 의하여, 누구든지 국가가 공인하는 학교 이외의 기관에서 가르치는 것은 불법으로 되었다.)

---

1) Walden, *Universities of Ancient Greece*, p. 110.
* Apostate * Julian [Julianus] * Libanius * Demosthenes
* Herodotus [Herodotos] * Thucydides * Lysias [Lusias]
* Matthew * Luke * Theodosius * Valentinian [Valentinianus]

¶19_ 그 이듬해(363) 율리아누스의 사망과 함께 이교도 문화는 부흥의 기회를 영영 잃어버리고 말았다. 사실상, 그가 살아있었다고 하더라도 결과는 아마 마찬가지였을 것이다. 그의 방안에 대하여 기독교 신자가 아닌 사람들까지도 냉담하게 반응하였다는 사실은 옛날의 종교가 이미 사람들의 마음에 와 닿는 신앙으로서 힘을 가질 수 없게 되었음을 보여 준다. 당시의 형편으로 보면, 사태는 원래 예정된 코스로 급히 되돌아갔고 율리아누스 이전에 시작되었던 학교의 쇠퇴는 4세기 말이 가까워 오면서 더욱 두드러졌다. 이러한 쇠퇴기는 다소간은 기독교의 확장에 그 원인이 있었다. 기독교국 또는 半반기독교국 안에서의 이교도 학교는 어디까지나 비정상적인 기관이었으며, 특히 그것보다 더 좋은 형태의 교육이 없는 상황에서는 일체의 학문에 대한 관심의 저하를 초래할 수밖에 없었다. 통치자의 입장에서는, 종래에는 詞章사장과 웅변 능력이 뛰어난 사람들에게 부여하던 직위를 이제는 법률을 공부하고 라틴어의 지식을 갖춘 사람들에게 수여함으로써 학교의 중요성에 대한 평가의 변화를 표시하였다. 이보다 더욱 심각한 것은 시당국의 기능이 점차 약화되는 데서 나타난 결과였다. 기원 3세기 말에 이르기까지, 수사학 학교를 졸업한 사람들은 대부분 시의 공무원으로 일자리를 얻을 수 있었

지만, 디오클레티아누스* 황제 때부터 시작된 관료체제의 발달은 중앙의 권력을 비대하게 하고 그 대신 시당국을 약화시켰으며, 지방 장관과 그 밖의 관리의 수를 대폭 감소시키는 결과를 가져왔다. 여기에 덧붙여서 점점 늘어나는 조세 부담은 소도시에서의 교육비의 전반적 감축을 초래하였으며, 교사에 대한 법정 급료는 점점 줄어들고 불확실해지다가 때로는 완전히 중단되기도 하였다. 기원 376년 그라티아누스* 황제는 갈리아 지방의 교사들에게 지불할 봉급의 액수를 확실히 규정함으로써 이러한 교육적 침체를 진정시키기 위하여 심각한 노력을 기울였다. 각 지역의 수도는 각각의 재량에 의하여 교사를 선발하도록 허용하는 한편, 그는 거기서 임명된 수사학 교사에 대해서는 24아노나*— 1아노나는 士兵사병 1년치 봉급에 해당한다 — 의 봉급을 지불할 것과 희랍어, 라틴어의 문법 교사에 대해서는 그 절반의 봉급을 지불할 것을 강력하게 지시하였다. 이 칙령이 어떤 효과를 나타내었는가는 알려져 있지 않지만, 그것이 교사의 지위에 괄목할 만한 변화를 일으켰으리라고는 생각되지 않는다. 리바니우스가 테오도시우스* 황제에게 보낸 서한에서 지적한 바와 같이, 당시의 사태를 시정할 수 있는 진정한 방안이 있었다면 그것은 오직 시당국의 기능을 강화하는 것뿐이었다. 그것은 황제가 취할 수 없거나 취할 의향이 없었던 방안이었다.

---

* Diocletian [Diocletianus] * Gratian [Gratianus]
* annona, annonae (pl.) * Theodosius

¶20_ 사태가 정상적인 진로를 따라 진전되었더라면, 로마 제국의 기독교회는 국가 교육의 성격에 획기적인 변화를 가져올 수 있었을 것이다. 그러나 기독교 교회가 정치적인 면에서는 승리를 거두었음에도 불구하고, 4세기 말이 되어서도 교회는 2세기 말에 비하여 확실한 교육정책을 수립하는 쪽으로 거의 아무런 진전을 보이지 않고 있었다. 이교도적 학문에 대한 불신에 있어서나 실제적인 대안을 강구해 낼 능력이 없는 점에 있어서나 교회는 전과 조금도 다름이 없었다. 히에로니무스*나 아우구스티누스와 같은 가장 위대한 기독교 사상가들조차도 이 문제에 대해서는 갈팡질팡 속수무책이었다. 한평생 내내 그들은 학문과 종교를 화해시키려고 헛고생만 하였으며, 문학과 수사학이 삶에서 어떤 위치를 차지하는가에 관한 혼란된 마음에서 결코 벗어나지 못했다. 당대의 가장 유능한 학자였던 히에로니무스(331-420)의 경우는 특히 우리에게 많은 것을 가르쳐 주고 있다. 젊은 시절에 그는 로마에서, 중세기의 표준적인 문법 교과서를 쓴 저명한 문법학자 도나

투스*의 문하에서 수사학과 철학을 공부하였다. 로마를 떠나 신학을 공부하기 위하여 갈리아로 간 그는 거기서 새로운 삶으로의 부름을 받았다. 마흔 살이 지나서 그는 세상과 인연을 끊기로 결심하고 시리아의 사막으로 들어갔다. 그러나 그런 고독 속에서도 그는 책과 가까이 지내면서 고전을 탐독하는 데서 죄에 대한 회한이 가벼워지는 것을 느꼈다. '나는 얼마나 비참한 인간이었는가! 나는 단식을 하고 키케로를 읽었다. 내 죄를 생각하며 수많은 밤을 잠 못 이루고 쓰라린 눈물을 흘린 뒤에 나는 플라우투스*를 손에 들었다. 그러나 내가 때로 기독교 신자로서의 원래의 나로 돌아와서 선지자들이 쓴 글을 읽으려고 하면 그 유치한 마구잡이 문체는 당장 나에게 거부감을 일으켰다.'[1)]

1) Jerome, *Episltes*, p.25.
* Jerome [Eusebius Hieronymus]　* Aelius Donatus
* Titus Maccius Plautus(기원전 2세기), 로마의 희극작가

21_ 히에로니무스가 그의 유명한 꿈을 꾼 것은 바로 이러한 때였다. 꿈에서 그는 죽어서 대심판관 앞에 불려 나갔다. 그 눈부신 빛에 고개를 숙인 채, 그는 자신이 기독교 신자임을 들어 스스로를 변호하려고 애썼다. 그때 추상같은 대답이 들려 왔다. '어찌하여 감히 거짓을 고하려고 하느냐. 그대는 키케로 숭배자로다. 네 보물이 있는 곳에 네 마음도 있느니라.' 이 꿈을 꾼 이후에 그는 세속적인 저자들이 쓴 책을 읽는 것을 그만두고 다른 사람들에게도 그의 본을 따르도록 강력하게 권유하였다. 그러나 그의 이 포기는 철두철미 진심이 아니었다. 그전에 수사학에 헌신한 자신의 어리석음을 통탄하고 세속적인 학문에 관한 그의 모든 기억을 定罪정죄하는 바로 그 서한에서 그는 또다시 테미스토클레스,* 플라톤, 이소크라테스, 퓌타고라스,* 데모크리토스,* 크세노크라테스,* 제논,* 클레안테스* 등의 학자와 호메로스, 헤시오도스,* 시모니데스,* 스테시코로스,* 소포클레스* 등 시인을 인용하고 있고, 그로부터 12년 후 베들레헴*에 修道院수도원을 세웠을 때에도 거기에 있는 학교에 다니는 소년들에게 가르칠 교과목 중에 문법과, 플라우투스, 테렌티우스,* 그리고 무엇보다도 베르길리우스 등 고전 작가들의 작품을 포함시켰다. 이것으로 보면, 교회가 교육문제에 관하여 히에로니무스에게서 모종의 지침을 받는다는 것은 있을 수 없는 일이었다. 히에로니무스처럼, 소년에게는 고전을 가르치고 어른에게는 고전을 잊어버리라고 하는 것은 너무나 명백한 모순이어서, 그의 지침이나 그의 행적 중의 어느 것도 진정한 영향력을 발휘할 수 없었다.

* Themistocles [Themistokles] * Pythagoras [Puthagoras]
* Democritus [Demokritos] * Xenocrates [Xenokrates]
* Zeno [Zenon] * Cleantes [Kleantes] * Hesiod [Hesiodos]
* Simonides * Stesichorus [Stesichoros] * Sophocles [Sophokles] * Bethlehem
* Terence [Publius Terentius Afer] (190?-159 B.C.), 로마의 희극작가

¶22_ 만약 4세기의 기독교도들이 히에로니무스와 같은 학자적 금욕주의자의 충고를 그 최종적인 논리적 귀결까지 따라갔더라면 옛날의 학문을 완전히 폐기하였을 것이다. 사실상, 극히 일부이기는 하지만, 교회 내의 중요한 인사들 중에는 그것을 유일한 방안으로 생각한 사람도 있었다. 그 가장 두드러진 예로, 그 당시 아퀴타니아* 지방의 가장 위대한 귀족이요 뛰어난 詞章能力사장능력의 소유자였던 파울리누스*를 들 수 있다. 신비주의적 기독교의 영향을 받아 그는 부도 지위도 다 버리고 철저한 은둔 생활을 하면서 문명된 사회로 다시 돌아오라는 모든 간청에 귀를 막아 버렸다. 그의 옛 스승인 아우소니우스*에게, 자신은 세상에서는 죽은 사람이라는 것을 알리는 편지에서 그는 다음과 같이 말하고 있다. '제가 이미 저버린 뮤즈신에게 어찌하여 자꾸만 저의 헌신을 명령하도록 종용하는지요? 그리스도에게 헌신을 서약한 마음은 노래의 여신을 기꺼이 받아들일 수는 없는 일입니다. 그 마음은 아폴로신에게는 굳게 닫혀 있습니다. 힘에 있어서는 선생님께 모자라지만 열성에 있어서는 결코 못지않게, 선생님과 함께 귀머거리 포에부스*를 델피*의 동굴에서 불러내려고 했던 것은 이미 지나간 일입니다. 이제 또 다른 힘, 더 큰 능력을 가지신 하나님이 저의 영혼을 사로잡고 있습니다. 하나님은 저에게 여가건 일이건 쓸데없는 세상 일과 우화 같은 문학에 시간을 들이는 것을 그만두라고 명령하십니다. 저는 그분의 법에 복종하고 그분의 빛을 보아야 합니다. 그 빛은 소피스트의 교활한 기술과, 영혼을 허영과 거짓으로 채우고 혀만을 훈련시키는 시인의 허구에 가리워져 있습니다.'[1)]

1) S. Dill, *Roman Society in the Last Century of the Western Empire*, p. 232.
* Acquitania, 갈리아의 한 지방 * Paulinus * Ausonius * Phoebus * Delphi

¶23_ 이것이 그 당시 서부 유럽에 퍼져나간 수도원 생활의 근본정신이었다. 그리고 이것은 또한 이보다 약간 뒤에 수도원이 교육에서 수행한 역할을 이해하기 위해서는 반드시 염두에 두어야 할 정신이기도 하다. 그러나 그것은 확실히 교

회 전체의 정신은 아니었다. 심지어 문학과 철학을 용납하는 정도가 가장 덜하였던 서방 교회조차도 이교도 학문과 타협하여 수용과 배척의 '중도'를 찾으려는 것이 일반적인 경향이었다. 고전 문화 중에는 기독교와 맞지 않는 면이 약간은 있었지만, 신앙심을 돈독하게 하는 데에는 거기서 빌어올 것이 많이 있다는 인식이 있었으며, 이 '借用차용'은 '이집트인의 재산을 탈취한' 성경의 선례에 의하여 충분히 정당한 것이 된다는 믿음이 있었다. 교육에 관한 초기 기독교의 관점을 가장 분명하게 표현하고 있는 아우구스티누스의 「성직론」*과 「기독교 교리론」*이라는 두 권의 논술은 그러한 생각을 기본으로 하고 있다. 「기독교 교리론」은 오직 성직자의 교육만을 다루고 있지만, 그럼에도 불구하고 이 책에서 아우구스티누스는 기독교도인 교사에게 문법과 수사학이 매우 중요하다는 것을 거듭거듭 역설하고 있다. 수사학의 중요성에 관하여 그는 다음과 같이 말한다. '수사학이라는 것은 진리건 거짓이건 간에 강력하게 주장하기 위한 기술인 만큼, 진리를 옹호하려는 사람이 거짓과 대항하여 싸울 때 그런 기술로 무장을 해서는 안 된다고 말할 사람이 어디에 있겠는가? 가령 사람들에게 거짓된 내용을 설득하려고 하는 사람은 듣는 사람이 호감을 가지도록, 주의를 기울이도록, 또는 그 내용을 알아듣고 수긍할 수 있도록 설명하는 방법을 알고 있는 반면에, 진리를 옹호하는 사람은 그런 방법을 전혀 모른다고 하자. 이것이 현명한 처사라고 생각할 그런 바보가 어디에 있겠는가?'[1] 그 책의 다른 곳에서 그는 또 다음과 같이 말한다. '만약 철학자라고 불리는 사람들, 특히 플라톤주의자들이 진리이면서 우리의 신앙과 부합되는 내용을 말했다면, 우리는 그것을 기피하지 말아야 할 뿐만 아니라, 나아가서는 우리가 그 합법적인 소유자요 사용자임을 당당히 주장하면서 비합법적인 소유자의 손에서 그것을 건져내어야 한다.' 사실상, 그동안 선량하고 신앙심 깊은 형제들 중에는 옛날 이스라엘 사람들의 본을 따라 이집트인의 것을 마음대로 빌어온 사례가 많이 있다. '가장 설득력 있는 교사요 가장 축복받은 저 키프리아누스*는 이집트에서 나올 때 많은 금은보화와 비단옷을 싣고 나오지 않았는가? 또한, 락탄티우스*는 얼마나 많이 가져 왔는가? 살아있는 사람은 말할 것도 없고, 빅토리누스,* 옵타투스,* 힐라리우스*는 또 어떤가? 이 모든 사람들보다 훨씬 전에, 하나님의 가장 충실한 종, 모세도 그와 똑같은 일을 하였다. 기록된 바에 의하면, 모세는 이집트의 모든 지혜를 배워 두었다고 한다.'[2]

1) Augustinus, *De doctrina Christiana*, Ⅳ, ii. 3.
2) Ⅱ, x1, 60.61.
* *De Ordine* * *De Doctrina Christiana*
* Cyprian [Thascius Caecilius Cyprianus] (약 200-258 A.D.), 카르타고 주교, 순교자
* Lactantius * Victorinus * Optatus * Hilary [Hilarius]

¶24_ 기독교 설교자의 교육을 위한 방안을 마련함에 있어서 아우구스티누스는 한편으로 학교의 세속적 교육내용 중에서 자신의 목적에 적합한 것은 모두 활용한다는 방침을 따르면서도 또 한편으로는 이 방침에 두 가지 부분적인 수정을 가하였다. (이 두 가지 수정 사항은 그 이후 기독교 교육의 일반적인 방침으로 채택되었다.) 첫째로, 아우구스티누스는 문법과 수사학의 교육을 위한 자료를 고전에서만 아니라 성경과 그밖의 기독교 관계 저작에서도 뽑으려고 하였다. 예컨대 웅변의 여러 가지 형태를 논하는 과정에서 그는, 그 다양한 형태는 한 두 가지를 제외하고는 모두 성경 또는 암브로시우스나* 나 키프리아누스와 같은 기독교 교사의 글에서 예시될 수 있다고 말하고 있다. 그는 이와 동일한 주장이 수사학 이외의 학교 교과에도 성립한다는 것까지는 말하지 않았지만, 그 주장을 학교의 보통 교과로 확대하는 것은 충분히 가능하였을 것이다. 그 당시의 성경 번역이 형편 없었다는 점과 고전에 비길 만큼 수준 높은 기독교 문헌이 없었다는 문제점은 있었지만, 학교에서의 사장교육에 명백히 기독교적 성격을 띤 자료를 포함시킴으로써 그것을 기독교에 부합하도록 하지 못할 까닭이 없었다. 둘째로, 아우구스티누스는 학습자의 관심을 중심으로 하여 그것에 도움이 될 보조수단으로서, 모든 종류의 지식을 간편하게 정리한 개요서를 만들 것을 주창하였다. '몇몇 사람들은 성경에 나와 있는 모든 단어와 이름을 들추어 내어, 성경에 해석이 빠져 있는 경우에는 하나하나 해석을 붙였다. 또한 에우세비우스*는 역사적 지식을 가지지 않고는 해결할 수 없는 성경의 질문을 해결할 수 있도록 과거의 역사를 정리하였다. 이런 사람들은 몇 가지 안 되는 지식을 얻기 위하여 그토록 많은 것을 뒤지는 데에 쓸데없이 정력을 소비하지 않아도 좋도록 해 주었다. 만약 누군가 능력있는 사람이 형제들의 편의를 위하여 기꺼이 그런 수고를 감당할 선의를 발휘한다면, 그 밖의 다른 문제에 관해서도 위의 것과 동일한 종류의 일을 할 수 있을 것이다. 예컨대 그는 성경에 나와 있는 낯선 땅 이름, 동물, 식물, 암석, 광물, 그리고 그밖의 사물들을 종류에 따라 배열하고 설명하는 일을 할 수 있을 것이다. 또한, 수에 관해서도 이

와 마찬가지로, 성경에 나오는 숫자만을 대상으로 하여 수의 이론을 만들고 그것을 설명하는 글을 쓸 수 있을 것이다.'[1)]

1) Augustinus, *De Doctrina Christiana*, Ⅱ. xxxix, 59.
* Ambrose [Ambrosius] (약 340-397 A.D.), 밀라노 주교
* Eusebius (약 260-340 A.D.)

¶25_ 아우구스티누스의 두 가지 제안 중 첫째 것은, 비록 표현은 다르지만 아우구스티누스 당시와 바로 그 앞 세대에 속하는 몇몇 저자들이 고전을 본딴 기독교 문학을 만들어 내려고 한 데서 이미 나타난 바 있다. 기원 4세기 전반에 유벵쿠스*라는 이름의 스페인 사제는 「복음사」*라는 책을 써서 마태복음 이야기를 베르길리우스풍의 六律詩육율시로 서술하였다. 그 약간 뒤에(약 350) 세둘리우스*는 동일한 주제와 동일한 기법으로 「목가」*라는 시를 썼다. 그의 뒤를 이어 수많은 작가들이 나왔는데, 그 중에서 가장 유명한 사람은 프루덴티우스*로서 여러 편의 찬송가와 「영혼의 싸움」*이라는 시를 썼다. 위의 세 사람은 모두 한때 수사학 교사를 지냈으며, 그것으로 미루어 그들이 그런 작품을 쓴 의도는 다소간은 학교에서 쓸 교재를 만든다는 데에 있었던 것이 분명하다. 그것이 그들의 의도였든지 아니었든지 간에, 그들의 작품이 기원 5세기 중에 몇몇 학교에서 읽혔다는 증거가 있으며, 496년에 교황 겔라시우스*는 세둘리우스의 작품을 특별히 교재용으로 추천하였다. 이와 같이, 일단 학교의 교재로 채택되고 나서는, 그들의 작품은 중세 전체를 통하여 내내 상당한 인기를 누렸다. 심지어 16세기에 이르러서도 그들의 이름은 영국 성 바울 학교*의 콜레트 학장*이 쓴 그 학교의 정관에 올라와 있다. 즉 그들은 '청결하고 정숙한 라틴어로 그들의 지혜를 써낸 기독교 작가들'이며, 그 학교의 학생들은 그들의 작품을 반드시 공부하여야 한다는 것이다.

* Juvencus * *Historia Evangelica* * Sedulius * *Carmen Paschale*
* Aurelius Clemens Prudentius (348-410 A.D.), 스페인 태생의 로마 시인
* *Psychomachia, The Battle of the Soul*
* Gelasius * St. Paul's School * John Colet, Dean

¶26_ 아우구스티누스의 제안 중 둘째 것은 교육의 실제라는 관점에서 첫째 것보다 더욱 중요한 의미를 가지고 있었다. 기원 6세기에서 12세기에 이르는 긴 기간 동안, 학문과 교육이 근근이 그 명맥을 유지해 온 것은 주로 아우구스티누스

가 성직자용으로 제작해야 한다고 말한 그런 종류의, 사실적 자료를 정리한 참고자료 덕분이었다. 그런 참고자료 중에서 가장 먼저 만들어진 것은 아우구스티누스 자신이 아직 젊었을 때 편찬한 것이다. 앞에서 말한 바와 같이, 그는 스무살 쯤 되었을 때 자유학과 연구에 착수하여 바로*의 「신자유학문」*을 본딴, 자유학과에 관한 여러 편의 논술을 쓰기 시작했다. 그 당시에 실지로 완성된 것은 오직 문법에 관한 것뿐이지만, 그 후에 논리학, 수사학, 음악, 기하, 산수, 그리고 철학에 관한 서론을 썼다. 그 책이 전체로서 완성을 보지 못한 것은 아마도 그의 종교적 관심이 증가함에 따라 순전히 세속적인 학문에 대한 관심이 시들어 버렸기 때문일 것이다.

---

* Marcus Terentius Varro　* *Disciplinarum Libri Novem*

¶27_ 그러나 비록 아우구스티누스의 당초의 계획이 실현되지는 못하였다 하더라도, 자유학과의 원만한 체계*를 정립해야 한다는 생각 그 자체는 당시의 시대적 조류에 완전히 부합하였다. 기독교도가 아닌 사람들조차도 수사학 학교에서 가르치는 것과 같은, 아무 내용이 없는 논설과 토론에 신물이 나서, 이때까지 푸대접을 받아 온 자유학과가 줄 수 있는 보다 내용 있는 시식을 환영할 태세를 갖추고 있었다. 아우구스티누스와 동일한 북아프리카 출신의 법률가이며 수사학자인 마르티아누스 카펠라*가 5세기 초반에 자유학과의 교과서를 쓸 생각을 한 것도 아마 그런 분위기 때문이었을 것이다. 주로 바로의 책을 참고한 그의 「학문과 웅변의 결혼」*은 여러 출전에서 끌어낸 잡다한 지식을 수집하여 환상적인 우화의 체제 속에 배열해 놓은 것이다. 도합 아홉 권으로 된 그 책의 체제 역시, 명백히 바로의 책을 모방한 것이다. 그 중의 두 권에는 웅변의 신인 메르쿠리우스*와 신으로 격상된 지상의 처녀 '학문'이 고대 희랍의 여러 신들과 신적인 현자들이 보는 앞에서 결혼식을 올리는 이야기가 나와 있다. '학문'의 들러리로는 문법, 변증법(논리학), 수사학, 기하, 산수, 천문학, 음악이 각각 독특한 상징을 들고 등장한다. 예컨대 '문법'은 아이들의 혀를 길게 늘이는 도구를 들고 있으며, '논리학'은 한 손에 뱀을 들고 또 한 손에는 갈고리를 감추고 있다. 일곱 명의 들러리가 차례로 나와서 각각 자신의 학문을 죽도록 따분하게 현학적으로 설명하는 것이 나머지 일곱 권의 책이다.

---

* encyclopedia　* Martianus Capella

* *Wedding of Philology and Mercury* [*De Nuptiis Philologioe et Mercurii*]　* Mercury [Mercurius]

예 28_ 기원 5세기에 나타난 서글픈 학문의 쇠퇴를 카펠라의 이 작품만큼 여실히 보여줄 수 없을 것이다. 그 책에서 철학을 다루고 있는 부분을 보면, 거기에는 희랍의 문학과 사상에 담겨 있는 것과 같은 생생한 아이디어는 거의 흔적도 찾아볼 수 없고, 거기에 나와 있는 '과학'이라는 것은 '부정확한 지리학과 신비에 싸인 수학과 구태의연한 천문학의 괴상한 뒤범벅'*이다. 그렇지만 중요한 사실은, 이와 같이 내용이 빈약함에도 불구하고 그 책은 그 당대와 그 이후 세대의 필요를 그 나름으로 충족시켜 줄 수 있었다는 것이다. 중세의 전 기간을 통하여, 그 중에서도 특히 중세의 초기에, 그 책은 비상한 인기를 누렸다. 그 책은 높은 수준의 학문을 가르치는 것으로 자처한 여러 학교의 가장 일반적인 교과서였으며, 여러 시기에 정말로 뛰어난 학자들이 그 책의 주석서를 썼다. 그 책의 큰 장점은 다양한 주제에 관하여 그 당시에 알려져 있던 대부분의 정보를 꼼꼼이 수집하여 편리한 형태로 분류했다는 데에 있다. 자유학과의 수는 일곱 개이며 오직 일곱 개밖에 없다는, 그 책에서 처음으로 소개된 아이디어는 그 책의 내용 자체만큼 임의적인 것이지만, 그럼에도 불구하고 그 책은 '자유학과'라는 걷잡을 수 없는 개념에 다소간 확실한 의미를 부여한 것이 사실이다. 그나마 그 확실성이 있었기 때문에 수 세기에 걸친 무지한 암흑시대, 오로지 저 세상만을 바라보고 산 그 시대의 편협한 마음이 약간은 그 편협성을 모면할 수 있었으며, 희랍의 학문이 다시 좋은 시절을 만나게 될 때까지 그 가냘픈 명맥을 유지해 나갈 수 있었다.

* 이것은 출전 미상의 다른 저자의 인용이다.

5 공공학교의 소멸

예 29_ 기원 4세기 말경 로마 제국이 동방의 여러 신에게 제사지내는 것을 금지하고 서방의 토속적 종교 단체의 재산을 몰수한 것은 로마제국에서의 기독교의 완전한 승리를 알리는 신호였다. 이때부터 시작하여 새로운 종교인 기독교에 대하여 적대감을 보이는 사람들은 그 수에 있어서나 영향력에 있어서나 꾸준히 쇠퇴해 갔다. 그 사람들의 마지막 보루는 알렉산드리아와 아테나이로서, 이 두 곳에서는 신비주의적인 색채가 강하고 공격적인 태세가 약한 신플라톤주의가 학식과 교양을 갖춘 이교도들의 마음을 사로잡고 있었다. 알렉산드리아의 경우, 반기독교 운동은 그 세력이 비교적 미약하였으며, 히파티아*가 기독교 폭도들의 손에 죽음을 당한(415) 후에는 이렇다 할 만한 반기독교 사상가가 나오지 않았다. 그러나 아마 그 세력이 미약했다는 바로 그 점 때문이겠지만, 알렉산드리아의 반기독교 세력은 특별한 장애를 받지 않고 계속 미약한 상태로 머물러 있으면서 질질 끌어오다가 결국 640년 아랍인들의 침공으로 완전히 사라졌다. 아테나이의 경우는 그렇지 않았다. 거기서는 신플라톤주의자들이 스스로 플라톤 학파의 전통을 계승한 후계자로 자처하였고 상당히 유능한 철학자들이 연달아 배출되면서 아카데메이아의 옛날 명성과 위세를 그대로 누리고 있었다. 그러나 5세기가 지나가면서 그들의 지위는 점점 불안전하게 되었다. 그들의 존재는 국가가 인정하는 종교인 기독교에 대한 도전으로 여겨졌기 때문에 황제는 아카데메이아와 같은 이교도적 교육기관을 금지하는 칙령을 연달아 반포하였다. 마침내 529년, 학원이 그 가쁜 숨을 몰아쉬고 있던 때에 유스티니아누스* 황제는 아카데메이아의 물질적 자원을 몰수하고 아테나이에서 철학자가 법률을 강의하는 것을 금지함으로써 아카데메이아에 마지막 종지부를 찍었다.

* Hypatia * Justinaian [Justinianus]

¶30_ 로마 제국 전체를 통틀어 문법과 수사학을 가르치는 공공학교*가 어떤 운명을 겪었는가 하는 것은 그다지 분명하지 않다. 이 문제에 관하여 확실하게 말할 수 있는 것은 오직, 그런 학교는 4세기에는 번창하였다는 것 (심지어 이때에도 쇠퇴의 징조는 역력하였다), 그리고 6세기에 와서는 몇몇 학교만을 남겨 놓고 모두 사라져 버렸다는 것이다. 그 소멸의 즉각적인 원인은 5세기 전체에 걸쳐 계속된 북쪽 야만족들의 침공이 로마 사회의 기반을 흔들어 놓았다는 데에 있었다. 서로마 제국의 붕괴를 전후한 심각한 혼란기에, 학교와 같이 연약하고 비용이 많이 드는 기관이 맨 먼저 수난을 당하는 것은 어쩔 수 없는 일이었다. 야만인 침략자들은 그들 자신의 이익을 위하여 그곳에 이미 있는 법률과 행정체제를 약간은 존중할 수밖에 없었으며, 일반적으로 로마의 통치 기구를 대도시의 감독과 보호 하에 그대로 존속시켰다. 그러나 무지 몽매한 그들에게 기존의 학교를 유지한다든가 그들이 멋대로 파괴해 놓은 학교를 복구할 생각이 있었을 리가 없었다. 따지고 보면, 만약 로마의 교육이 건전한 상태에 있었더라면 학교가 그 내부에서 되살아날 수도 있었을 것이다. 그러나 불행하게도 침략의 충격이 학교를 덮친 것은 로마 제

국이 교육의 문제와 관련하여 분열을 겪고 있었을 때였다. 기독교 신앙을 표방하는 사회에서 이교도 학문을 가르친다는 학교의 애매한 위치 때문에 많은 사람들은 학교의 역할에 대하여 불신과 의혹에 차 있었으며, 학교의 몰락을 보고도 그것을 구하려고 하는 사람은 아무도 없었다. 이러한 상황에서 학문과 문화를 보호하는 일은, 겉으로는 기독교 신앙으로 포장되어 있지만 내심으로는 여전히 이교도주의로 기울어져 있는 이전의 통치 계급의 손에 맡겨질 수밖에 없었다. 그러나 교육이 관직과 결부되는 데서 생긴 학문적 열성은 이제 상황이 변하여 교육이 이미 부와 권력으로 향한 통행증이 될 수 없게 되자 곧 시들어 버렸다. 그리하여 학교는 야만인의 무지와 무관심에 못지않게 그 자체의 취약성 때문에 소멸되었다.

* public school, 여기서 말하는 '공공학교'가 예컨대, 플라톤의 아카데메이아나 이소크라테스의 수사학 학교와 구별된다는 것은 분명하지만, 양자를 구별하는 기준이 정확하게 무엇인가(설립자의 지위인가 아니면 교육대상의 범위인가) 하는 것은 그다지 분명하지 않다.

¶31_ 교육의 이 쇠퇴 경로는 갈리아 지방의 경우를 살펴보면 가장 쉽게 알 수 있다. 우연하게도 거기서는 로마 문화의 斜陽사양이 각각 4,5,6세기의 핵심부에 살았던 세 사람의 저작에 연속적인 단계를 따라 아주 분명하게 나타나 있다. 아우소니우스*(309-394)는 당대의 가장 두드러진 교사였다. 보르도*의 시 학교에서 문법을 가르친 뒤에 그는 수사학자로서 대단한 명성을 얻었고 그로 말미암아 그라티아누스의 개인교사로 발탁되었다. 그의 제자가 황제의 자리에 오르자 그는, 처음에는 이탈리아와 아프리카, 그리고 나중에는 갈리아의 교육장관이 되었고 결국에는 집정관이라는 최고의 지위에 다다랐다. 그라티아누스의 사망과 함께 그는 아퀴타니아에 은퇴하여 나머지 생애를, 손자의 교육을 돌보고 아주 우아하고 우수한 시를 쓰면서 편안한 학자 생활로 보냈다. 그의 시에는 학자로서의 그의 경험과 교우관계가 풍부히 언급되어 있으며, 이것을 기초로 하여 우리는 4세기 갈리아 지방의 학교와 관련된 삶과 공부를 되살려 낼 수 있다. 그것에 의하면, 퀸틸리아누스 저작에 나타난 것과 비슷하게, 로마 교육은 갈리아 지방의 상류계층에 번창하고 있었으며, 로마 제국의 황금시대에서 볼 수 있는 것과 같은 황제의 애호를 누리고 있었다. 문학교육은 어쩌면 약간 무미건조해졌고 수사학은 약간 지나칠 정도로 현학적인 색채를 띠었는지 모르지만, 학교가 쇠퇴기에 접어들고 있다는 징조는 전혀 나타나 있지 않다. 그러나 정치가요 주교인 시도니우스 아폴리나리스*(약 430-484)에 오면 우리는 사장*의 역사상 새로운 시대에 들어선다. 아우소니우스

에서 아폴리나리스에 이르는 기간 동안 야만인들은 조금씩 조금씩 로마인들의 통치권을 잠식해 들어와서 그들 자신의 힘으로 새로운 왕국들을 세웠다. 그러나 완전한 암흑시대에 들어가기까지는 아직 시간이 있었다. 아직도 문화가 일시적으로 번성할 간헐적 평화가 얼마간 남아 있었다. 그러나 시도니우스가 쓴 편지와 시로 미루어 보건대, 그 문화는 대부분이 과거에 의존하여 존재하였을 뿐이며 학교를 통하여 새롭게 갱신되는 문화는 아니었다. 아닌게 아니라, 그가 출생한 기원 430년만 하더라도 높은 단계의 교육을 실시하는 학교가 그때까지 남아 있었는가가 의심스러울 정도이다. 어쩌면 그런 학교가 있었는지도 모르지만, 시도니우스와 그의 동시대인들이 쓴 글에는 그런 학교가 있었다는 명백한 증거가 될 만한 단 하나의 언급도 찾아 볼 수 없다. 그런 높은 수준의 교육은, 만약 여전히 실시되고 있었다면, 극히 한정된 사람들에게만 국한되어 있었으며, 개인의 집에서 개인 교수에 의하여 시행되었던 듯하다. 그 다음 세기에 프랑크족이 패권을 잡았을 때에는 이 私家사가의 교육마저 거의 완전히 자취를 감추었다. 이 사태의 증인은 투르*의 주교이며 프랑크의 역사를 기록한 사가인 그레고리우스*(약 540-594)이다. 그 자신이 받은 교육은 말할 건덕지조차 없었다. 그의 말에 의하면, 그의 교사인 아비투스*는 그에게 문법을 가르친 일도 없고 이교도 저자가 쓴 책은 전혀 읽지 못하게 하였다. 그레고리우스는, 자신은 문장에 관하여 너무나 무식해서 문법적으로 정확한 문장을 쓸 수 없다고 솔직히 고백하고 있다. 유독 그만이 그러했던 것은 아니다. 그는 「프랑크 왕국의 역사」* 서문에서 다음과 같이 서술하고 있다. '갈리아의 여러 도시에서 자유학과의 학습은 쇠퇴하고 있으며, 차라리 죽어가고 있다…변증법과 문법을 배운 사람, 그리하여 이 사실을 시나 산문으로 기록할 능력을 가진 사람은 단 한 사람도 찾아볼 수 없다. 글 공부한 사람들은 대부분이 속수무책으로 "아 슬픈 시대여, 글 공부는 이제 우리에게서 사라졌다"고 탄식하고 있다.' 물론, 그가 여기서 '글 공부한 사람들'이라고 말하는 것은 특정한 지식인 집단을 지칭하는 것이며 그 사람들을 상대로 말함으로써 그는 그들의 반론을 예상하고 있지만, 추측컨대 그들이 가지고 있는 무기는 마르티아누스 카펠라의 책에 나오는 지식 이상의 아무 것도 아니었다. 이 모든 것을 종합해 볼 때, 이때까지 몇몇 학자들이 내세운, 7세기 말까지 갈리아의 학교에서 문법과 수사학이 가르쳐졌다는 주장은 받아들이기 어렵다. 도대체 학교가 있었다면, 그 학교에서 가르친 '글공부'라는 것은 고전이 아니라 읽고 쓰는 초보적인 글공부였다. 가장 좋게 말한다 하더라도, 한때 문화를 향유하던 갈리아 지방에서 학교는 그 정도로 위축되어 있었다.

---

* Ausonius * Bordeaux * Sidonius Apolinaris
* letters * Tours * Gregory[Gregorius] * Avitus
* *History of the Franks*

¶32_ 갈리아 지방에서 일어난 사태는 서부 유럽의 거의 모든 곳에서도 그대로 일어났다. 불과 몇 세대 사이에 중세적인 학문은 거의 완전히 중단되고 로마의 학교는 제국 그 자체와 운명을 함께 하였다. 오직, 알프스 때문에 침략의 극단적인 兵火병화로부터 다소간 보호된 이탈리아에만 몇몇 옛날 학교들이 목숨을 부지하면서, 11세기의 르네상스 때 대학의 선구자로 다시 등장할 때를 기다리고 있었다.

제 4 장

암흑시대

1 교회의 부속기관으로서의 학교

¶1_ 기원 5세기에 북방 야만 민족에 의한 로마 제국의 파괴는 그 이전 천 년 동안 지중해 지역에서 찬란하게 꽃피웠던 문화를 완전히 종식시킬 기세를 보였다. 바로 한 세기 전만 하더라도 로마 제국 전역에 걸쳐서 활기차게 문법과 수사학을 가르쳤던 여러 도시의 공공학교들은 한두 세대가 지나는 동안에 거의 완전히 자취를 감추었고 거기서 가르치던 교사가 사라짐으로써 무지의 먹구름이 유럽대륙의 대부분을 두껍게 덮고 있었다. 그러나 전세계의 장래를 위하여 다행하게도, 야만족의 승리는 완전한 것이 아니었다. 로마를 정복하면서 야만족들은 기독교 교회의 영향 하에 들어오게 된 것이다. 모든 것이 붕괴되는 속에서 종교적 신앙은 그 활기를 그대로 지니고 있었고 그 종교의 따뜻한 배려 하에서 학문의 명맥을 유지하기에 충분한 정도의 고대문명이 보존되었으며, 그 덕택으로 마침내 새로 이주해 온 야만족이 과거의 지식을 일부 자기 것으로 소화할 정도로 성장하였고 그들 나름의 독창적인 능력에 따라 그 지식을 더 발전시키게 되었다.

¶2_ 물론, 교회가 시와 국가*를 대신하여 교육의 제공자와 지도자의 자리에 나아가는 데에는 약간 시간이 걸렸다. 당분간은 한때 학식과 문화를 높이 받들던 사람들 사이에서조차도 교육에 대한 모든 종류의 열망이 거의 사라지고 교회 또한 전체적으로 보통 사람들의 이 무관심에 동참하는 사태가 계속되었다. 그 이전의 문학 교육과 수사학 교육은 이교도적 정신을 따르고 있었으며, 이것이 기독교계에 불러일으킨 심각한 불신은 아직도 상당히 넓은 범위에 걸쳐 여전히 남아 있

었다. 그렇기는 해도, 얼마 지나지 않아서 교회는 상황의 압력 때문에 교육에 관심을 가질 수밖에 없게 되고, 교회 자체의 문화적 필요로 말미암아 결국 체계적인 학교 체제가 생겨나서 암흑시대의 마지막 무렵에는 그 전에 로마 제국의 멸망과 함께 사라졌던 것에 거의 못지않게 완전하고 포괄적인 체제로 발전하게 되었다.

---

* municipality and State

¶3_ 이 학교의 성격을 이해하는 데에 한 가지 명심해야 할 것은, 교회가 교육의 일을 떠맡은 것은 교육이 그 자체로서 좋은 것이라고 생각해서가 아니라, 이전의 세속적 학문을 가르치지 않고는 교회의 일을 제대로 할 수 없다고 생각했기 때문이라는 것이다. 이와 같이, 교회가 세속적 학문을 가르친 것은 그것이 그 신도들, 특히 성직자들의 성서 연구와 종교적 의무 수행에 필요하다고 생각했기 때문이며, 따라서 당초에는 보통의 세속적 삶의 필요에 대비하여 젊은이들을 가르친다는 생각은 전연 없었다. 그러나 차차 시간이 지남에 따라 교회는 그 교육적 관심의 범위를 넓힐 필요가 있었다. 여기저기서, 종교적 목적에 직접 도움이 되는 범위를 넘어서서 학문을 성취하고, 또 그 결과로 학문 그 자체를 위하여 학문을 연마하는 교역자들이 나타났다. 또한, 유럽의 여러 지역 중에서 라틴어가 잘 알려져 있지 않은 지역에서는 비신도들, 특히 지배 계층을 위한 학교를 교회와 나란히 설립하여 교회의 원리와 관습이 그들에게 이해될 수 있도록 하는 일이 필요불가결하게 되었다. 여기서 한 걸음만 더 나가면 로마 제국하의 문법학교의 교육과 같은 일반교육이 될 수 있었다. 그리고 그 한 걸음은 떼어 놓기가 그다지 어렵지 않았다. 이제 왕들은 전보다 개화되었고, 그들은 처음부터, 그들이 본뜨고 있었던 로마의 황제들이 그러했던 것처럼, 국가가 번영하기 위해서는 국민들에게 적어도 학문의 초보는 널리 가르쳐야 한다는 것을 알고 교육의 확산을 장려하였다. 이런 식으로 하여, 사회적 조건이 보다 안정되고 옛날의 학문이 교회 안에 재창조됨에 따라 모든 지역에 교회 산하의 학교가 생겨나서 11세기 경에는 유럽의 대부분 지역에 다시 한 번 교육의 수단이 제대로 갖추어지게 되었다.

¶4_ 비록 옛날 교육에서 빌어온 것이기는 하지만 새로 일어난 교육은 그 정신이 옛날 교육과 동일하지 않았다. 로마의 학교는 추호의 애매성도 없이 세속적인 목적을 가지고 있었다. 그 학교가 배출한 최고의 인물들은 문학에 정통한 사람과

웅변술의 대가들로서, 학교에서 배운 지식은 그들이 법정에서 자신의 역할을 수행하고 도시와 국가에 봉사하는 데에 도움이 되었다. 교육의 권위가 국가에서 교회로 이관됨에 따라 학교의 교과목은, 심지어 명목상으로는 동일한 경우에도, 목적이 달라진 만큼 성격도 달라졌다. 이제 교육의 목적은 본질상 현세가 아닌 내세에 있었다. 형식 여하를 막론하고 교육을 해야 할 궁극적인 이유는 그것이 신앙에 도움이 된다는 데에 있었다. 배운 사람의 전형적인 모습은 교양을 갖춘 실무가가 아니라 교육받은 성직자였으며, 최고의 교육을 받아야 수행할 수 있는, 사회의 모든 세속적 직분은 당연히 교역자의 손으로 넘어갔다.

¶5_ 교육이 성직자의 전유물로 된 상태는 고대에서 근대로 넘어오는 과도기에 확립되어 천 년 이상 계속되었으며 그것이 유럽의 지적 생활에 미친 영향은 실로 막대하였다. 그것이 가져온 가장 명백한 결과는 학문의 범위가 교회의 이해와 교설에 의하여 설정된 울타리 속으로 크게 줄어들었다는 것이다. 기독교 성립 이후 몇 세기 동안에 세속 문학을 겨냥했던 의심의 눈길은, 원래 그것과 관련되어 있었던 이교도적 신앙이 먼 과거의 기억에 불과한 것으로 됨에 따라, 조금씩 가시게 되었다. 그러나 교회가 엄격하게 종교적인 성격이나 목적을 가진 것 이외의 교과목을 받아들여 그 이상을 넓히고 난 뒤에도, 교회는 여전히 그 신앙의 핵심적인 조항과 맞지 않는 듯한 느낌을 주는 일체의 새로운 철학과 과학에 대하여 끈질기게 눈살을 찌푸렸다. 상황이 이러하기 때문에 지적 탐구는 수 세기 동안 그 에너지를 고전적 학문의 재발견에, 그리고 그 학문을 교회가 해석한 대로의 기독교 교리에 부합하는 방향으로 체계화하고 재진술하는 데에 쏟을 수밖에 없었다. 장차 언젠가는, 인간의 사고에 대한 이 강제적인 제한이 인간 정신의 전진적 운동에 심각한 장애로 느껴질 날이 오게 되어 있었다. 그러나 '암흑시대'(이것은 대략 11세기까지 계속되었다)에 살아야 했던 사람들에게는 그 제약은 거의 완전한 축복이었다. 근대 국가의 선구자 역할을 담당할 사람들이 과거의 지적 성취를 바탕으로 하여 거기서 그들의 필요를 충족시켜 줄 지식을 추출하는 과정에서 그것은 결과적으로 더 없는 도야와 훈육의 기회가 되었다.

2 수도원의 교육적 역할

¶6_ 성직자를 양성하기 위한 교육이 최초의 가장 좁은 형태에서부터 사회의 모든 사람을 위한 교육으로 발전되기까지의 상세한 경위는 대부분이 짙은 안개 속에 묻혀 있다. 당대의 사람의 손으로 쓴 기록은 종류 여하를 불문하고 거의 없으며 따라서 이 시대에 관한 정보는 주로 그 후 상당한 기간이 지난 뒤에 작성된 연대기에 의존할 수밖에 없다. 그러나 이 연대기는 일반적으로 말하여 사실과 허구를 마구 뒤섞어 놓은 것에다가 종교적 믿음에 바탕을 둔 환상으로 옷을 입힌 것으로서, 역사적 정확성보다는 종교적 교화에 더 큰 비중을 두고 있다.

¶7_ 수도원 생활*이 교육에 어떤 역할을 수행했는가를 고찰하는 데에 있어서는 반드시 이 점을 염두에 둘 필요가 있다. 일반적으로 받아들여지고 있는 믿음으로는, 로마 제국이 멸망한 뒤에 유럽 교육을 개척한 사람들은 수도원*의 수도사* 라고 되어 있다. 흔히 학교가 암흑시대의 수도원과 관련된 것으로 보고 있기는 하지만, 위의 믿음은 유럽 교육의 기원에 관하여 그릇된 인상을 자아낸다. 하나의 운동으로서의 수도원 생활은 매우 다양한 인품과 자질과 능력을 가진 진실한 사람들을 끌어 들였으며, 따라서 그것이 나타낸 형식, 또한 매우 다양하였다. 그러나 몇몇 예외적인 경우가 있을 수 있다는 것은 인정한다 하더라도, 수도원 생활을 전반적으로 규제한 금욕주의적 정신은 대체로 교육 활동에 그다지 좋은 조건이 될 수 없었다는 것은 분명히 말할 수 있다. 이 세상을 등지고 동료 인간들로부터 격리되어 구원을 얻고자 한 사람들이 자신의 학문에 관심을 가졌다든가 그것을 다른 사람들에게 전수할 의욕을 가졌다는 것은 거의 상상하기 어렵다.

* monasticism * monastery * monk

¶8_ 물론, 4세기에는, 성 히에로니무스*와 같이, 모든 것을 버리고 오로지 책에만 열렬히 매달리면서 자신의 종교적 임무의 한 부분으로 세속적 지식을 전수하는 데서 만족을 얻은 사람들이 있었다. 사실상, 만약 보통의 학교에 학문적 열성이 살아 있었다면, 그 문화권에는 반드시 히에로니무스와 같은 생각을 가진 헌신적인 사람들이 적지 않게 있었다고 보아야 한다. 수도원 교육의 보다 전형적인 모습을 고찰하기에 앞서, 그러한 예를 보여 주는 중요한 인물인 카시오도루스*에 관

하여 주의를 기울일 필요가 있다. 카시오도루스는 기원 480년경에 남부 이탈리아에서 태어나서 생애의 대부분을 정치가로서 6세기의 초기 수십년 동안 이탈리아를 지배했던 동고트족*의 개화된 왕들을 보필하는 데에 보내었다. 정치가로서의 그의 생애의 마지막 무렵에 그는 로마에 기독교 학교를 세워서 공공 교사로 하여금 종교적 문헌의 교육과 자유학과의 교육을 동시에 실시하도록 할 계획을 세웠다. 그러나 그의 계획은 전쟁의 발발로 좌절되었으며, 수년 후(약 540)에 그는 세상에서 물러나 두 개의 수도원을 세웠다. 또 다시 그의 생각은 교육으로 향하였다. 몇 권의 성서주석을 쓰는 한편, 그는 그의 수도원에 있는 수도사들에게 도움을 주기 위하여 「聖俗學 敎範성 · 속학 교범」*이라는 제목의 책을 편찬하였다. 이 책의 제1부는 종교적 문헌에, 그리고 제2부는 자유학과에 각각 할애되어 있다. 모든 세속적 지식은 7개의 자유학과로 망라된다는 생각은 마르티아누스 카펠라*의 저작에 나타나 있지만, 카펠라의 책은 그것이 자아내는 이교도적 분위기 때문에 일반적으로 받아들여지지는 못하였다. 카시오도루스의 저작은 지식의 7중 구조를 새롭게 강조하면서 그것을 '지혜가 그 집을 짓고 일곱 기둥을 다듬었다'*는 성서 구절과 관련지음으로써 그것에 종교적인 의미를 부여하였다. 이때부터 7자유학과는 교육의 표준적인 내용이 되었고 카시오도루스의 저작은, 독창성이 없는 개설서임에도 불구하고, 표준적 교과서의 하나로 널리 사용되었다.

---

* 3 : 20 참조 * Cassiodorus * Ostro-Goths
* *Institutiones divinarum et soecularum lectionum*
* Martianus Capella, 3 : 27 참조 * 잠언, 9장 1절

¶9_ 그러나 카시오도루스의 예가 수도원 생활의 학문적 측면을 부각시키는 데에 다소간 도움이 되기는 했지만, 6세기의 수도원 생활은 일반적으로 학문에 대하여 냉담한 경향을 나타내었다. 로마 교회내에서 이러한 경향을 주도한 진정한 대표자라고 말할 수 있는 사람은 카시오도루스의 동시대인인 성 베네딕투스*라는 위대한 인물로서, 그가 제정한 '수도원 규칙'은 그 이후 수 세기 동안 서부 유럽의 거의 모든 수도원에서 채택되었다. 젊은 나이에 그는 훌륭한 가문의 로마 사람들이면 누구나 받는 그런 교육을 받으러 로마로 갔다. 그러나 문학 공부가 동료 학생들에게 미치는 나쁜 영향을 본 그는 곰곰이 생각해 본 끝에 모든 세속적 학문을 버리고, 그의 전기를 쓴 그레고리우스 교황의 말대로, '알면서 무지하고 현명하게 무식한' 사람이 되기로 결심하였다. 기원 529년에 그는 몬테 카시노*에 있는 옛날 아

폴로 신전의 터에 그의 유명한 수도원을 세웠다. 이 수도원에 자유학과를 가르치기 위한 배려가 있었는가에 관해서는 많은 논란이 있지만, 베네딕투스가 학문에 대한 경멸을 표방했다는 점으로 미루어 그런 배려가 있었다고 보기는 어렵다. 확실한 것은, 그가 수도사를 위하여 제정한 '수도원 규칙'에는 공부에 관한 어떤 조항도 찾아볼 수 없다는 것이다. 그 규정의 제48장에서 그는 '안일은 영혼의 큰 적이다'라고 잘라 말하고, 따라서 수도사는 육체적 노동을 하거나 성서를 읽으면서 바쁘게 지내야 한다고 말하고 있다. 이것을 확실히 보장하기 위하여 그는 매일의 일과로서 7시간의 노동과 2시간 이상의 성서 읽기를 규정하고 있다. 그러나 수도사는 누구도 자신의 책과 펜을 가지지 못하게 되어 있다. 이것으로 보아, 나중에 베네딕투스파 수도원에서 학문과 노동이 일반적 특징으로 되어 있었던 것과는 달리, 베네딕투스 자신에게서는 학문이 수도원 체제의 필수적인 요소가 된다든가 젊고 무지한 사람들에게 종교 이외의 지식을 전수하는 것이 수도사의 의무라는 식의 생각을 찾아 볼 수 없다. '수도원 규칙'을 따르는 사람들의 임무 중에 책 읽는 것이 포함되어 있었다는 것은 수도원이 책을 공급해 주어야 한다는 것과 수도사들이 책을 읽을 줄 안다는 것을 전제로 한다. 바로 이 점 때문에, 시간이 흐름에 따라 원고를 베끼는 일, 또는 '寫經사경'이 수도원의 공통적인 과업으로 되고 수도사가 되라고 부모가 '喜捨희사'한 어린 소년들*과 신참 수도사를 가르치는 일도 수도원에서 하게 되었다. 이 두 가지 활동이 교육과 관련하여 상당한 의의를 가지는 것은 사실이지만, 그렇다고 하여 수도원이 그 울타리 바깥에 있는 사람들에게 교육을 베풀었다고 볼 수는 없다.

---

* St. Benedict[Benedictus]   * Monte Cassino   * oblati

¶10_ 기원 6세기와 7세기의 수도사들이 종교적 저작과 관련된 것 이외의 모든 학문에 대하여 대체로 어떤 태도를 취했는가 하는 것은 그레고리우스 대교황*(540-604)의 교육 정책에 잘 나타나 있다. 이때까지 교황의 자리에 앉았던 사람으로서 그만큼 유능하고 그만큼 두드러진 사람은 없었을 것이다. 그는 원로원 가문에서 태어나서 로마에서 공공학교가 사라지기 직전의 마지막 무렵에 보통의 교육을 받았다. 그의 전기를 쓴 동명이인의 그레고리우스*(프랑크 왕국의 사가)에 의하면, 그는 자기 또래의 학생들보다 '어깨와 머리 길이만큼이나' 문법과 수사학과 논리학에 뛰어난 능력을 보였다. 그는 그가 받은 교육의 성격상 정치적인 분

야에서 크게 촉망되는 출발을 내어디뎠지만, 신앙의 삶을 살라는 부름에 응답하여 그의 정치가로서의 생애를 포기하고 수도사가 되었다. 그러나 그는 교황에 의하여 수도원 생활을 그만 두게 되었고, 그 자신의 요청에 따라 세속에서의 성직에 임명되었다. 그러나 그는 교황이 된 뒤에도 마음으로는 여전히 수도사였으며, 교육과 삶에 관한 그의 견해는 그 본질에 있어서 여전히 수도사의 그것이었다. 교육에 대한 그의 으뜸가는 공헌은 '성가학교'*의 설립(아니면, 아마 기존 학교의 개선에 불과한 것이었는지도 모른다)이었다. 이 학교는 학생들에게 노래와 초보 라틴어와 글 읽기를 가르쳐서 교회의 성가대원을 양성하는 학교였다. (나중에 고찰하게 되겠지만, 성가학교는 교회에 부속된 영구적 기관이 되었고 그 후에는 초등 수준의 교육을 담당하는 학교로 발전하였다.) 일체의 높은 수준의 교육에 대하여 그레고리우스는 공공연히 적대시했다고까지는 말할 수 없을지 모르지만, 완전히 무관심하였다. 그의 「道德大系도덕대계」*의 서문으로 실려 있는 긴 편지의 끝 부분에서 그가 세련된 문학 교육에 대한 경멸을 솔직하게 토로하는 다음과 같은 구절은 그의 그러한 생각을 잘 드러내고 있다. '나는 야만인이 되지 않으려고 기를 쓰지 않는다. 나는 내 뜻을 굽혀가면서 전치사의 위치라든가 어형변화의 강세 따위에 주의를 기울이지 않는다. 나는 하늘의 계시를 전달하는 단어가 도나투스*의 문법 규칙에 따라야 한다는 생각에 참을 수 없는 분노를 느낀다.' 교황의 산하에 높은 학문을 가르치는 학교를 세우려는 기미가 보였을 때 그것에 대한 그의 반응도 동일한 정신을 나타내고 있다. 그때 비엔나의 주교였던 데시데리우스*에게 보낸 편지에서 그는 다음과 같이 말하고 있다. '그대 교회의 형제들이 사람들에게 문법을 가르치고 있다는 보고에 접했을 때 우리는 수치와 모욕을 금할 수 없었습니다. 우리를 더욱 슬프게 하는 것은, 그것 때문에 우리는 한탄스럽게도 그대에 대한 우리의 의견을 바꿀 수밖에 없다는 점입니다. 한 입으로 그리스도를 찬양하는 노래와 주피터를 찬양하는 노래를 동시에 할 수 없습니다. 생각해 보십시오. 주교의 몸으로 신앙심 깊은 평신도조차 입에 담을 수 없는 말을 하다니 얼마나 수치스러운 일이겠습니까? 지금이라도 당장, 우리의 귀에 들어온 보고가 사실이 아니요, 그대가 세속적 학문의 허영에 몸을 바치고 있지 않다는 것이 명백히 입증된다면, 우리는 불경스럽게도 파렴치한 인간들을 찬양하는 더러움에 물들지 않도록 그대의 마음을 지켜준 하나님께 감사를 드릴 것입니다.' 학자들 중에, 고대 문학의 연구는 로마 제국의 市시 공공학교가 해체되는 것과 동시에 즉시 교회로 숨어 들어가서 거기서 학문적 피난처를 찾았다고 주장하는 사람들은, 이 편지에서 그레고리우스가 데시데리우스를 매도한 것은 단순히 세속적 문학을 가르쳤기 때문이 아니라 종교적 문학을 손상시키는 방향으로 세속적 문학을 가르쳤기 때문이라는 식의 해석을 시도해 왔다. 그러나 그 편지는 이러한 해석을 뒷받침할 만한 하등의 단서도 담고 있지 않다. 그 편지에 명백하게 시사되어 있는 것은 그레고리우스가 이교도적 고전을 기독교정신 그 자체에 위배되는 것으로 보았다는 것이다. 만약 이 견해가 타당하다면, 6세기와 7세기에 만연해 있었던 무지와 편견은 교회에도, 그리고 특히 수도원에도 널리 퍼져 있었다는 것, 그리고 수도원이 그런 지경에 이른 데 대한 책임은 상당한 정도로, 서부 유럽의 수도원에 베네딕투스 수도회의 규칙을 강요하는 데 큰 영향력을 발휘한 그레고리우스에게 있었다는 것이 필연적인 귀결로 된다.

---

1) Gregory, *Epistles*, xi, 54.
* Pope Gregory the Great[Gregorius Magnus P.]
* Gregory[Gregorius], 3 : 31 참조 * Song School[Schole Cantorum]
* *Magna Moralia* * Donatus * Desiderius

¶11_ 수도원에 무지와 편견이 만연되어 있었다는 것은 의심할 여지가 없다. 기원 8세기 말경에 이르도록 교황의 관할 하에 있는 땅에서는, 오직 하나의 예외를 제외하고는, 종교 이외의 분야에서 어느 정도 높은 수준의 학문적 발전이 있었다는 아무런 확실한 증거를 찾아 볼 수 없다. 그 오직 하나의 예외는 아리우스*의 논쟁으로 말미암아 지적 활동이 여전히 활발하게 일어났던 스페인이었다. 이 논쟁에서 정치적인 견해를 가장 훌륭하게 대변한 사람은 세빌리아의 주교이며 당대의 가장 학식 있는 사람이었던 이시도레*(570-636)였다. 이시도레는 세속적 학문의 가치에 관하여 그레고리우스와 별로 큰 견해 차이를 보이지 않았다. 자신의 교구 내의 수도사들에게 부과한 '규칙'에서 그는 '이방인', 즉 이교도의 책을 읽는 것을 금지하였고 그렇게 함으로써 수도원에서 모든 고전 작가들을 추방하였다. 사랑을 주제로 시를 쓴 시인에 관하여 언급하면서 그는 '악령에게 제사지내는 데는 꼭 향을 피워야 하는 것이 아니다. 악령이 하는 말에 곧바로 귀를 기울이는 것도 그에게 제사지내는 것이다'라고 말하였다. 그러나 비록 그가 수도사들은 성서나 교부들의 저작 이외의 어떤 지식도 가지지 말아야 한다고 생각했지만, 또 한편으로 그는, 세속적 문학에 관하여 아는 것은, 그것이 가지고 있는 모든 폐단에도 불구하고, 그릇된 교설로부터 교회를 보호하는 데에 필요하다고 생각하였다. 그는

'이단보다는 차라리 문법이 더 낫다'고 말하였다. 수도사는 무지해도 좋지만, 사람들 사이에 퍼져 있는 그릇된 믿음을 다루어야 하는 성직자는 그렇지 않다는 것이다. 성직자의 교육용으로, 또 학생들이 원전을 직접 읽지 않고도 그 위험한 지식에 접할 수 있도록 하려는 뜻에서, 그는 이교도 작가와 기독교 작가를 통틀어 수많은 작가들의 작품을 「기원」*이라는 제목의 스무 권짜리 백과전서로 요약 편찬하였다. 처음 세 권은 7자유학과를 다루며 그 중에서도 문법은 온통 한 권을 차지한다. 넷째 권은 의학과 도서관 문제 등등으로 세속적, 종교적 경험의 모든 측면을 다양한 주제로 다루어 나가다가 마지막 제20권은 육류와 음료, 공구와 가구를 다룬다. 이 지식의 대요약은 사실상 한심하기 그지없는 작품이다. 예컨대 천문학에 관한 조항에는, 태양은 달보다 크고 지구보다 크다는 말이 적혀 있다. 이것은 그 책에 적혀 있는 '과학'이라는 것이 얼마나 막연한 것인가를 보여 주는 전형적인 예이다. 그렇지만, 놀랍게도, 이시도레의 「기원」은 중세의 으뜸가는 종합 개설서였다.

---

* Arius * Isidore * *Origins, or Etymologies*

12_ 이상에서 우리는 오직 수도원의 경우만을 염두에 두고 6세기와 7세기의 교육 실태를 고찰하였다. 그러나 수도사들이 학문을 등한시했다는 점과 관련하여 위에서 말한 내용은 그대로 암흑시대 전체에 해당된다. 목하의 주제와 관련하여 현재 나와 있는 증거를 세밀히 분석해 보면, 수도원은 학문의 본산으로서 거기서부터 무지한 속세로 학문의 빛이 퍼져 나갔다는 식의 생각은 부정될 수밖에 없다. 사실을 두고 말하더라도, 수도원 중에는 학문에 전혀 주의를 기울이지 않은 곳이 많이 있었으며, 학문과 문화가 뛰어났다는 수도원에도 교육받은 수도사들은 대체로 소수 집단에 불과하였다. 뿐만 아니라, 수도원에서 이루어진 교육이라는 것도 내용에 있어서는 주로 종교에 관련된 주제를 다루는 것이었으며 그 대상은 수도원 생활을 계속하려는 사람들에게 국한되어 있었다. 때로 학자들 중에는, 수도원에는 두 가지 종류의 학교가 부속되어 있었다고 주장하는 사람들이 있다. 즉, 수도원의 '內室내실'에 그 수도원 내의 수도사 지망생을 위한 학교와, 수도원의 규칙상 내실에 들어올 수 없는 다른 학생들('외부인'*)을 위한, 내실 밖의 건물에 위치한 학교가 있었다는 것이다. 그러나 이것은, 유명한 聖성 골*의 대수도원*과 같은 소수의 예외적인 경우를 기초로 하여 이끌어낸 그릇된 결론이라고 생각된다. 이 사원의 경우에는 아일란드의 영향을 받아 실지로 교단의 안과 밖을 위한 학교가

설립되어 있었다. 그러나 보통의 경우에는, 수도원에서 교육 받은 것은 신참 수도사와 수도원에 '희사'된 소년들(혹시 그런 소년들이 있었다면)이었다. 또한, 수도원의 규율에 따라 한 명의 수도사가 두 명의 신참을 밤낮 가리지 않고 끊임없이 감독하도록 배치되었다는 점으로 미루어 볼 때, 실지로 수도원에서 공부한 사람의 수는 심지어 가장 큰 수도원에 있어서도 매우 적었을 것임에 틀림없다. 그 수는 때로는 하나나 둘, 많아야 열명을 넘지 않았을 것이다.

* externi * St. Gall * abbey

3 아일란드의 교육

¶13_ 기원 6세기에서 8세기에 이르기까지 대륙에서의 수도원 생활이 무지의 늪에서 교육에 무관심하고 있을 때 아일란드의 수도원에서는 굉장한 학문의 부활이 일어났고 이로 말미암아 아일란드는 이 기간 동안 유럽에서 가장 교육 수준이 높은 나라가 되었다. 아일란드가 어째서 이러한 두각을 나타내게 되었는가는 잘 알려져 있지 않다. 기원 4세기 경 어느 때에, 아마 잉글란드와 갈리아 지방에서 온 선교사들에 의해서겠지만, 스코트인*(그 당시에는 아일란드 사람을 이렇게 불렀다) 사이에 기독교가 정착되었다. 그러다가 그 후 두 세기에 걸쳐 튜톤족*의 야만인들이 잉글란드와 갈리아 지방에 있는 로마 문명을 파괴하는 동안, 아일란드 교회는 바깥 세계와 단절되고 원래 그것이 파생되어 나온 모체와는 여러 가지 중요한 점에서 차이가 있는, 그 자체의 조직과 신학이론을 자유롭게 발전시킬 수 있었다. 이 단절의 한 가지 결과는 교회 통치의 특이한 방법이 형성되었다는 것이다. 교황의 관리하에 주교들이 각각의 교구를 통치하는 대륙의 체제와는 달리, 나라 전체에 수많은 독립된 수도원들이 여기저기 흩어져 있었고, 그 수도원의 사람들이 바로 주위의 구역에서 일반 사제의 역할과 수도사의 역할을 겸하여 수행하였다. 이와 함께 의식(둥근 삭발, 세례의 의식, 부활절 등)에도 많은 차이가 생겼고, 이것은 나중에 켈트족*의 교회와 로마 교회가 이 지역에서 다시 한번 접하게 되었을 때 신랄한 논쟁의 대상이 되었다.

* Scots * Teutom * Celt

¶14_ 그러나 두 교회의 차이는 단순한 의식의 문제 이상으로 심각하였다. 두 교회는 그 정신에 있어서 차이가 있었으며 그 차이는 다른 어떤 면에서보다 문화적인 면에서 두드러지게 나타났다. 드루이드교*의 옛날 토속 신앙과 갈등을 겪으면서 아일란드 기독교인들은 그 반대파인 드루이드 교인들의 학문에서 깊은 영향을 받았다. 카이사르는, 그가 통치하던 당시의 갈리아 지방에는 드루이드 교인인 교사들에 의하여 높은 수준의 학문이 전수되는 학교가 여러 개 있었으며 거기에 수많은 청년 귀족들이 다니고 있었다고 말하고 있으며, 이것으로 미루어 아마 아일란드에도 이와 비슷한 학교가 있었을 것으로 추측된다. 원시적인 토속 신앙에서 기독교로 바뀌는 과정에서 이 교육의 전통은 계속 유지되었다. 성직자가 아닌 일반 교사들이 가르치는 세속적 학교가 교회의 학교와 나란히 병존한 것은 물론이요, 드루이드 교인 대신에 사람들의 종교적 길잡이가 된 수도사들이 드루이드교의 문화적 관심과 교육 사업을 그대로 이어받았다. 옛날의 학문이 그대로 지속되었다는 것을 보여 주는 하나의 예로, 7세기의 어느 한 지역(투암 드레카인*)에는 적어도 각각 종류를 달리하는 세 개의 학교가 있었다는 사실을 들 수 있다. 즉, 라틴어와 기독교 문헌을 가르치는 학교, 아일란드의 법률을 가르치는 학교, 그리고 아일란드의 문학을 가르치는 학교가 그것이다. 이것은 결코 흔히 볼 수 있었던 일이 아니다. 만약 이 정도의 증거로도 부족하다면, 나라 안 여기저기에 큰 수도원 학교가 있어서 아일란드 사람은 물론이요 영국 전체와 대륙에서도 상당히 많은 학생들이 모여 들었다는 사실을 추가로 들 수 있다. 전해 내려오는 바에 의하면, 성 피넨*, 성 브렌단*, 성 콤발*의 세 신부가 있는 클로나드*, 클론퍼트*, 방고르*의 수도원에 각각 3천명의 학생들이 다니고 있었다고 한다. 이 믿을 수 없는 숫자는, 방고르(웨일즈 소재)의 수도원은 7개의 구역으로 되어 있고 각각의 구역에는 300명 이상의 학생들이 있었다는 비드*의 말을 들어보면 충분히 납득될 수 있다. 이와 같이 큰 규모의 학교 이외에도 글라스네빈*에 있는 성 고비* 수도원과 같이 학생 수 50명의 소규모 학교들도 많이 있었으며, 그런 학교도 교육적 열의에 있어서는 큰 학교에 못지않았다.

---

* Druid, 3 : 1참조 * Tuam-Drecain * St. Finnen
* St. Brendan * St. Comball * Clonard * Clonfert
* Bangor * Bede * Glasnevin * St. Gobi

¶15_ 이러한 수도원 학교에서 전수된 학문이 어떤 성격의 것인가에 관해서는 정확하게 알려져 있지 않다. 아마 신학이 그 가장 중요한 요소를 이루고 있었을 것이다. 그러나 이 점을 인정한다 하더라도, 아일란드의 학교는 대륙의 수도원 학교에 비하여 몇 가지 중요한 차이를 나타내었다.

¶16_ 첫째로, 아일란드의 학교는 기독교 교단에 속한 사람들만을 대상으로 한 것이 아니라, 그전의 드루이드 교인들이 한 것과 같이, 비신도들에게 개방되어 있었다. 이 점에 관하여 비드 존사*의 「교회사」*는 놀라운 증언을 하고 있다. 기원 664년에 영국과 아일란드를 휩쓴 대역병에 관하여 언급하면서 그는 다음과 같이 말하고 있다. '이 당시 아일란드에는 영국 혈통을 가진 다수의 귀족과 천민들이 영국을 떠나 아일란드로 건너와서 성서를 공부하거나 금욕적인 생활을 하고 있었다. 머잖아 그 사람들 중의 일부는 수도원에 들어가 그곳에서 정신적 단련에 스스로를 묶기도 하고, 또 일부는 자유롭게 여기저기 거주지를 바꾸면서 훌륭한 선생을 찾고자 하여 공부에서 낙을 찾는 쪽을 택하였다. 아일란드 사람들은 어느 쪽인가를 가리지 않고 기꺼이 받아들여서, 그들에게 무료로 나날의 음식을 제공하고 읽을 책을 주고 무상으로 교육하였다.'[1)]

---

1) Bede, *Eccelesiastical History*, iii, 27.
* Venerable Bede(673?-735) * *Ecclesiastical History*

¶17_ 둘째로, 아일란드의 학자들은 일찍부터 고전에 예민한 관심을 가지고 있었다. 유럽의 교회가 희랍 문학에 대하여 무지하고 로마 문학에 대하여 불신에 차 있을 때, 아일란드의 수도사들은 그 두 가지를 열심히 공부하였다. 대륙의 기독교 형제들이 혹시 고전에 담겨 있는 이교도 정신이 기독교를 뒤엎을 힘을 발휘할지도 모른다는 공포에 사로잡혀 있을 때 아일란드 사람들은 멀리 떨어진 섬을 보금자리 삼아 고전 그 자체의 문학적 가치를 마음껏 즐기고 있었다. 기원 6세기 말경에 아일란드에서 갈리아 지방으로 건너온 선교사들은 그 당시의 그 누구보다도 문학에 능통하고 훨씬 더 순수하고 훌륭한 라틴어 문장을 쓸 수 있었으며, 그 후 두 세기 동안 그들의 후세들은 희랍 학자로서 큰 명성을 누렸다. 산디즈는 다음과 같이 말한다. '서구에서는 거의 자취를 감춘, 희랍에 관한 지식이 아일란드의 학교에서는 널리 보급되어 있어서, 누군가가 희랍어를 알았다면 사람들은 그가 틀림없이 아일란드 출신이라고 생각했을 정도였다.'[1)]

1) Sandys, *History of Classical Scholarship*, i, 437.

¶ 18_ 셋째로, 로마 교회의 성직자들은 일반적으로 라틴어에만 관심을 가졌을 뿐, 해당 지역 사람들의 모국어에는 전혀 관심을 보이지 않았던 데 비하여, 아일란드의 수도사들은 자국어와 자국문학에 활발한 관심을 보였다. 聖성 콜럼바*에 관한 하나의 일화는 이 점을 잘 나타내어 준다. 그의 전기작가인 아담난*이 전해주는 이야기로는, 어느 날 한 아일란드 시인*이 이오나*에 있는 수도원에 왔다가 설교를 듣고 난 뒤에는 곧장 가버렸다고 한다. 수도사들은 원장인 콜럼바에게 '저런 사람이면 아름다운 아일란드 노래를 잘 부를 수 있을 텐데, 어째서 그 사람더러 그 곡조에 시를 붙여서 찬송을 좀 해줄 수 없겠느냐고 부탁하지 않으셨습니까'라고 말하였다. 신앙이 돈독한 콜럼바였지만, 그는 이러한 수도사들의 요청에 조금도 화를 내거나 당황하는 기색이 없이, '내가 그런 부탁을 하지 않은 것은, 수도원에서 나가자 마자 그의 적에게 죽음을 당할 그 불쌍한 사람에게 기쁨의 노래를 불러달라기가 너무 잔인하다고 생각했기 때문이오'라고 대답하였다.[1] 콜럼바가 가지고 있었던 아일란드 문화에 대한 허용적인 태노는 그 낭시 아일란느의 수도원이 일반적으로 가지고 있었던 태도였다. 앞에서 말한 바 있는, 투암*의 아일란드 법률학교와 아일란드 문학 학교의 교사들은 성직자가 아닌 보통 사람들이었지만, 그 중에는 수도사도 더러 끼어 있었으며, 아일란드의 고대 문헌이 보존된 것은 주로 그들의 노력 덕분이었다.

1) Adamnan, *Life*, i, 22.

* St. Columba * Adamnan

* Irish poet(file), 이 이야기는 본문에 나와 있는 바와 같이 수도원 내에서 세속적인 시를 들으려는 수도사들의 희망을 농담으로 받아 넘긴 콜럼바의 관용을 나타내고 있다. '적에게 죽음' 운운은 아마 아일란드 시인을 일컫는 'file'(장교와 구분되는 사병)의 의미와 관련되어 있을 것이다.

* Iona * Tuam

¶ 19_ 꼬박 200년 동안, 아일란드의 수도원에서는 신앙과 학문이 금슬 좋은 반려자로서 꽃을 피웠다. 그러다가 795년 바이킹*족의 침입이 폭풍처럼 나라 전체를 거세게 휩쓸었고, 유럽의 대부분이 혼란에 빠져 있는 동안 아일란드가 누렸던 평화와 안전은 사라지고 다시 오지 않았다. 그 후 3개 세기 동안 아일란드는 번번이 북방의 야만민족에게 짓밟혔으며, 그 문화는 거의 흔적조차 남김없이 사라졌

고 그와 함께 그 문화의 온상이던 교회 또한 사라졌다. 그러나 모든 것이 완전히 없어진 것은 아니었다. 아일란드가 한참 번영을 누리던 때에, 아일란드인 특유의 그 '방랑벽'으로 말미암아, 수많은 선교사들이 바다를 건너 영국과 프랑크 왕국과 갈리아 지방에 설교자와 교사로 정착하였으며, 그 후 북방 야만민족에 의한 약탈의 공포가 심해짐에 따라 그 수는 더욱 증가하였다. 그들의 새 보금자리에서 그들은 여러 개의 작은 식민지를 형성하여 그들의 조국의 언어와 풍속을 끈질기게 지켰으며, 학문과 교육에 대한 그들의 열성 또한 조금도 수그러들지 않았다. '그들은 어디를 가든지 학교를 세웠다. 맘즈베리* 학교는 가난한 스코트인 교사, 마이덜프*의 주위에 모여든 일단의 제자들에서 시작되었다. 성 콜럼반*(543-615)이 설립한 룩설*과 보비오*의 두 학교는 오랫동안 부르군디*와 롬바르디아*의 야만 지역 한 가운데에서 학문적 활동의 중심지로 남아 있었으며, 그의 동료인 성 골*(550-645)이 정착한 곳에는 아직까지 그의 이름을 따르고 있는 사원이 자랑스럽게 솟아올라 그 후 수 세기 동안 서부 유럽의 학문을 비추는 횃불이 되었다. 세력이나 학문 면에서 그것과 쌍벽을 이루는 라이케나우*의 자매 사원이 콘스탄스호*의 섬 위에 세워진 것도 십중팔구 스코트인의 교육열에 힘입었을 것이다. 이러한 큰 전당의 비호 하에 게르만 민족이 경략하는 식민지를 따라 여기저기에 조그만 공부 모임이 수없이 세워지고 이것을 통하여 학문이 뿌리를 내렸다. 거의 예외없이, 이들 모임을 학교나 수도원으로 성장하도록 이끈 직접적인 추진력은 — 그 땅에 학교나 수도원을 새로 설립하는 것은 차치하고라도 — 스코트인 유랑자들의 열성적인 헌신이었다.'[1] 나중에 가서, 아일란드의 수도원에서 갈라져 나온 이 곁가지는 더욱 멀리, 독일을 거쳐 폴란드와 불가리아까지 뻗어 나갔다. 기원 12세기에 이르도록 유럽 여기저기에 아일란드 사람의 손으로 수도원들이 여러 개 세워졌고 그 지방에 아일란드의 전통이 계속 이어져 내려왔다는 것은 아일란드 수도원 운동이 얼마나 활기를 띠었는가를 여실히 증언하고 있다.

1) R. L. Poole, *History of Medieval Thought*, p. 14.

* Viking   * Malmesbury   * Maidulph   * St. Columban

* Luxeuil   * Bobbio   * Burgundy   * Lombardia

* St. Gall   * Reichenau   * Lake of Constance

4 주교학교

¶20_ 아일란드의 교육자들이 한 일은 그 나름으로는 훌륭하였지만, 그들의 학교는 너무 수가 적고 너무 특색이 뚜렷하여 유럽의 교육 전체를 재건하는 데는 간접적 영향을 끼치는 정도에 지나지 않았다. 옛날 로마 학교의 진정한 계승자는 아일란드 교회건 로마 교회건 간에 수도사들의 학교가 아니라 주교들의 학교였다. 일찍이 3세기부터 성직자의 훈련을 위한 주교의 학교가 있었지만, 문법과 수사학을 가르치는 공공학교*가 존재했던 그 당시로서 주교학교*의 교육은 주로 신학과 교회 운영에 관련된 것이었다. 그러나 공공학교가 사라짐에 따라 주교학교는 그 교육의 범위를 넓혀 보다 일반적인 교육에 관련되는 내용을 포함시킬 필요가 있었다. 물론, 처음에는 이와 같이 교육의 범위를 넓히는 것에 대하여, 옛날의 문학교육에 대한 편견이 가시지 않은 사람들과 성직자들을 무지의 상태에 방치하는 것보다 그들을 교육하는 것이 더 위험하다고 생각하는 사람들로부터 상당한 반발이 있었다. 그레고리우스 교황이 데시데리우스 주교에게 보낸 편지*는 아마 주교학교에서 신학뿐만 아니라 문법까지 가르치려는 최초의 시도에 대한 항의에 해당한다고 볼 수 있을 것이다. 앞에서 살펴 본 바와 같이, 그레고리우스가 주교 산하의 기관에서 문법을 가르친다고 분개할 때, 그는 '사람들에게 문법을 가르친다'는 식으로, 그 신분이 정확하게 명시되지 않은 '사람들에게'라는 표현을 썼다. 충분히 있을 수 있는 일로서, 만약 이 '사람들'이 수도사가 아닌 일반 성직자가 될 사람들이라면, 그레고리우스의 편지는, 공공 문법학교에서 교회 문법학교에로의 이행은 7세기 초에 이미 진행되었다는 것을 보여 주지만, 그와 동시에 그 편지는 또한, 주교로서 보통의 교육을 떠맡는 것이 그다지 당연한 일이 아니었다는 것을 보여 주기도 한다.

---

* public school * episcopal school, Bisop's school * 교황의 편지-4 : 10 참조

¶21_ 아마 주교학교가 본격적으로 처음 등장한 것은 잉글란드에서였을 것이다. 현재 우리에게 확실한 기록이 남아 있는 최초의 주교학교는 잉글란드에 세워진 것이며, 참으로 기이하게도, 그 설립에 간접적인 계기가 된 것은 그레고리우스의 활동이었다. 비드의 「교회사」에는 그 사정이 다음과 같이 기록되어 있다. '그 당시(631), 동 앙글리아*의 왕은 시즈베르트*였다. 그는 선량하고 신앙심이 깊은

인물로서, 얼마 전 망명지인 갈리아 지방에서 세례를 받았다. 고국에 돌아와 왕의 자리를 되찾는 즉시, 그는 자신이 본 갈리아 지방의 정비된 교육 체제를 모방하고자, 소년들에게 문법(즉, 사장*)을 가르치는 학교를 설립하였다. 이 일을 하는 과정에서 그는 펠릭스* 주교의 도움을 받았는데, 이 주교는 켄트*에서, 칸터베리*의 방식을 몸에 익힌 여러 명의 의전관과 교사를 데리고 왔다.'[1] 이 문단에는 던위치*에 있는 동 앙글리아의 학교가 언급되어 있을 뿐 아니라, 거기에 교사를 보낼 수 있을 정도로 오래된, 칸터베리에 있는 옛날 학교도 언급되어 있다. 이 칸터베리의 학교는 언제 설립되었는가? 펠릭스 주교의 이름이 나와 있는 것을 보면 이것은 알아내기 어렵지 않다. 펠릭스는 부르군디 사람으로서, 그레고리우스가 영국에 선교사로 파견한 수도사인 아우구스티누스*의 동료 한 사람에 의하여 주교로 임명되었다. 이 점으로 보아 동 앙글리아 학교는 수도사 아우구스티누스의 선교 사업의 일환으로 설립되었다고 보아야 하며, 그것은 거기에 교회가 세워진 것과 같은 시기인 600년경이라고 보아서 별 무리가 없을 것이다. 그러나 이와 같이 그 학교를 아우구스티누스와 관련짓는 데는 두 가지 어려움이 있다. 첫째로, 명백히 일반인들이 다닐 학교에 수도사가 도대체 어떻게 하여 관여하게 되었는가 하는 것과, 둘째로, 그레고리우스에 의하여 영국에 파견된 선교사가 그의 교회의 부설로 문법학교를 세워 문법을 가르치는 불경스러운 일을 저질러가며 교황의 뜻에 정면으로 역행한다는 것이 있을 법한 일인가 하는 것이다. 앞의 질문에 대한 대답은, 아우구스티누스 자신은 수도사이지만, 교회는 수도원의 규칙이 아닌 일반 교회의 규칙에 따랐다는 것이다. 뒤의 질문에 대해서는, 칸터베리 학교는 아예 문법학교가 아니라 교회의 종교적 행사를 이해하는 데에 필요한 지식을 가르치는 학교였다고 말하면 문제가 간단하게 해결될지 모른다. 그러나 동일한 종류의 학교로서 그 이후에 설립된 것은 모두 문법학교였다는 사실에 비추어 이 견해는 타당하지 않다. 게다가 당시에 필요했던 것은 문법학교였다. 그 학교는 장차 성직자가 될 사람을 위한 학교가 아니라 — 물론, 그런 사람들도 다닐 수는 있었다 — 부유한 영국 사람들의 자녀를 위한 학교였다. 한 가지 명심해야 할 것은, 영국 사람들은 교회의 모든 종교적 행사에 사용되는 라틴어에 관하여 완전히 무지한 상태에 있었으며, 이 점에서 그들은 대륙 사람들과 입장이 달랐다는 점이다. '영국에 오는 선교사들은 한 손에 라틴어 예배서와 또 한 손에 라틴어 문법책을 가지고 오지 않으면 안 되었다. 영국 출신 신부들에게 예배에 사용되는 언어인 라틴어를 가르쳐야 했으며, 개종자 중에서 적어도 상류 계층에게는 종교의 기본적인 요소를 알리기 위한 기초로서 문법의 초보를 가르쳐야 했기 때문이다. 그리하여 문법학교는 이론상, 또 대체로는 사실상으로도, 교회의 대기실, 또는 현관으로 필요불가결하게 되었다. 그러나 아우구스티누스가 왔을 때에는 교회도 문법학교도 없었기 때문에 그는 두 가지를 새로 만들지 않으면 안 되었다.'[2] 그리고, 문법학교를 새로 만들 때, 아우구스티누스는 십중팔구 이탈리아에, 비록 쇠퇴하고 있지만 여전히 존재했던 보통의 문법학교를 본떴을 것이다.

---

1) Bede, *Eccelesiastical History*, iii, 18.
2) A. F. Leach, *The Schools of Medieval England*, p. 3.
* East Anglia * Sigebert * litteroe 라틴어 * Felix * Kent
* Canterbury * Dunwich * Augustine[Augustinus]

¶22_ 비드의 「교회사」에 나와 있는, 던위치 학교의 설립 이후 2년, 요크*에 있는 성가학교에 관한 구절은, 칸터베리에는 문법학교뿐만 아니라 성가학교도 있었다는 것을 보여 준다. 이것은 충분히 예상되는 일이다. '평화가 다시 찾아오고 신도들의 수도 증가했을 때, 제임스 부제*는 로마와 칸터베리의 방식을 따라 자신의 뛰어난 솜씨인 교회 성가를 많은 사람들에게 가르쳐 주었다.' 이것으로 미루어, 큰 교회의 부설로 성가학교와 문법학교가 병립되어 있었던 것은 중세 교육의 일관된 특징이었으며, 7세기 초에 칸터베리에 있었던 것은 그런 종류의 학교로서 최초의 것임이 분명하다.

---

1) Bede, *Eccelesiastical History*, ii, 20.
* York * James the Deacon

¶23_ 영국에서 학교가 만들어지는 데에 작용했던 것과 동일한 추진력은 그와 동일한 시기에 아마 다른 곳에서도 작용했다고 보아야 할 것이다. 시즈베르트가 갈리아의 학교를 찬양했다는 사실에서도 그것은 충분히 짐작된다. 그러나 그밖에는 이 시기의 상황을 알려 주는 자료가 거의 전무하여, 교회가 그 성직자를 위한 교육을 점차 일반 사회로 확장해 나간 경위를 정확하게 추적하기는 불가능하다. 우리가 짐작할 수 있는 것은 다만, 의도적인 목적을 가지고 추진한 것이 아닌, 그때그때의 사회적 필요에 따라 자발적으로 생겨난 운동이 대체로 그러하듯이, 그 당시 유럽의 여러 지역은 교육의 진보 정도에 차이가 있었고, 또 교육의 형태도 지역마다 각각 달랐으리라는 것이다.

¶24_ 유럽 교회 전체를 두고 말하자면, 정치적 상황이 불안정한데다가 기독교적 학문과 이교도적 학문 사이의 갈등으로 인한 열띤 대립이 순조로운 교육에 방해가 되고 그 발전을 지연시켰다고 하는 데에는 의심의 여지가 없다. 그것은 그렇다치고, 한 가지 주목해야 할 점은, 교육에 종사하는 것이 성직자의 본연의 임무임을 최초로 명시적으로 천명한 것은 아직 야만인의 침략으로 인한 사회적 혼란을 겪지 않은 유럽 교회의 동부 지회였던 것으로 추측된다는 사실이다. 기원 680년에 콘스탄티노폴리스*에서 회동한 제6차 기독교 공회*에서 채택된 것으로 잘못 알려져 있는 여러 개의 교회 법규 중 두 가지는 교회법 체계 중에서 교육에 관한 사항을 명시한 가장 오래된 규정으로 특히 주목할 만한 것이다. 그중의 첫째 것은 '성자의 교회'(주교가 직접 관장하는 교회)와 수도원에 있는 학교에 관련되는 것으로서, 여기에는 사제가 그의 조카나 그 밖의 친척을 이 학교에 보내고 싶으면 마음대로 보낼 수 있다는 것이 규정되어 있다. 그리고 둘째 것은 시골이나 도시에 있는 사제들에게, 그들에게 자녀를 맡기고자 하는 부모라면 누구나 자녀를 보내어 문법을 배울 수 있도록 학교를 경영하라고 지시하고, 부모가 자발적으로 주는 것 이외에는 수업료를 징수하거나 어떤 형태의 보상도 받지 말라고 지시하고 있다. 이 법규가 어떻게 하여 생긴 것인지는 분명하지 않지만, 그것이 대단히 오래된 것이라는 점(늦어도 8세기 초 이전)은 분명하며, 그것을 콘스탄티노폴리스의 회의와 관련되어 있는 것으로 보는 전통적인 견해가 전적으로 터무니없다고만은 할 수 없다.[1] 위의 둘째 법규에 의하면, 그 법규가 제정되던 당시에 이미 작은 마을에 사제의 감독 하에 일반인의 자녀들이 다닌 문법학교가 몇 개 있었다는 것과 다른 지역도 그와 비슷한 학교를 가지고 싶어 했다는 것을 짐작할 수 있다. 첫째 규정은, 높은 수준의 학교는 여전히 성직자를 위주로 한 교육을 실시했다는 것과, 그러면서도 그 교육내용은 반드시 성직자로서 교단에 들어가지 않을 사람들에게도 도움이 될 정도로 충분히 일반적인 성격을 띠었다는 것을 시사한다.

1) Mansi, *Sacrorum Consiliorum Nova Collectio*, xi, 1007.
* Constantinople[Constantinopolis]　* Sixth Ecumenical Council

¶25_ 약 한 세기 후(797)에 이들 법규는 서부 유럽에서 오를레앙의 주교인 테오덜프*에 의하여 보다 자세한 규정으로 되풀이하여 제정되었으며, 이때 이후로 교회가 초등학교와 문법학교를 유지 운영할 책임이 있다는 것은 '교회 공회'* 가 오랜 기간 동안 연달아 제정한 규정에 의하여 결정적으로 확립되었다. 예컨대

에우게니우스* 교황이 주재한 826년의 '총공회'*는 '주교의 관할 구역과 그 밖의 필요한 곳에 문법과 자유학과를 충실히 가르칠 "선생과 박사"*를 임명하는 데에 신중과 근면을 다해야 할 것이다. 왜냐하면 그 교과야말로 하나님의 명령을 분명하게 설명해 주는 모든 내용을 담고 있기 때문이다'라고 지시하였다.

---

* Theodulph * Church Councils * Eugenius
* General Council * masters and doctors

¶26_ 이런 법령들이 나왔다는 것은 곧 교회학교가 존재하였다는 뜻이다. 그 법령은 새로운 체제를 창출해 내는 것이 아니라 이미 설립되어 있는 체제를 개선하고 확장하는 것을 목적으로 삼고 있다. 사실을 두고 말하더라도, 8세기 말엽에 와서는(이때는 테오덜프와 샤를르 대제*가 '보편교육'을 주창한 때이다) 모든 사원*과 그 산하의 연합교회에 성가학교와 문법학교가 부설되어 있었고, 성가학교는 종래와 같이 순전히 성가대원을 훈련하는 전문적인 학교가 아니라 초등학교 교육도 겸하여 하고 있었으며, 문법학교 또한 종래와 같이 신학공부를 위한 예비학교가 아니라 장차 성지에 들어갈 사람들과 모든 다른 전문직에 들어갈 사람들이 함께 일반교육을 받는 학교였다는 것을 보여 주는 풍부한 증거가 있다. 뿐만 아니라, 조그만 교구교회 중에도 때로는 사제가 선생이 되어 대중교육을 위한 성가학교를 운영하는 곳이 많이 있었다.

---

* Charlemagne * cathedral

¶27_ 이와 같이 교회 부설 학교의 기능이 확장됨에 따라 그 조직에 상당한 변화가 온 것은 당연한 일이었다. 처음에는 주교들 자신이 교사의 일을 보았다. 그리하여, 668년에 칸터베리 관구에 대주교로 임명된 타르수스의 테오도르*는 그의 친구 하드리안*과 함께 전국을 순회하면서 모든 곳에서 가르쳤으며, 그의 교육 사업은 영국의 교육을 한 세기 이상 두드러진 위치에 머물러 있도록 하였다. 비드는 다음과 같이 말한다. '이 두 사람은 종교적 문헌과 세속적 문헌에 모두 풍부한 학식을 갖추고 있었기 때문에 그들에게서 흘러나오는 귀중한 지식의 물줄기는 주위에 모여든 수많은 제자들의 가슴으로 흘러들어갔다. 결국, 그들은 수많은 종교 서적으로 학생들에게 운율법, 천문학, 그리고 교회 산수를 가르쳤다. 오늘날까지(약 731) 그 제자 중의 몇 명이 살아 있어서 그것을 입증해 주고 있다. 그들은 라틴어

와 희랍어를 모국어만큼 잘 알고 있다.'[1)] 그러나 이 순회교육의 방법은 교육의 초창기에는 아주 적합한 것이었지만, 일단 학교가 도처에 생기고 난 뒤에는 그 필요성이 없어졌다. 기원 8세기가 되면서 주교는, 그 임무의 성격상 이곳저곳으로 나다녀야 하기 때문에, 가르치는 일을 대성당에 상주하는 공회 회원들에게 위임하기 시작하였다. 성가학교의 일은 일단 11세기 법령에 '聖歌者성가자'*로 지칭되는 간부의 손에 맡겨졌으며, 문법학교는 여러 명칭*으로 불린 '교사'*의 책임으로 되었다. 이 문법학교의 교사는 해당교구의 법률가이기도 했으며, 따라서 나중에는 '법률사'*라고 불리었다.

1) Bede, *Eccelesiastical History*, iv, a.
* Theodore of Tarsus * Hadrian * cantor
* scholastices, magister scholarum, archischola * schoolmaster * chancellor

¶28_ 이 단계에는 보통의 학교와 높은 수준의 학교 사이에 명백한 교과목상의 구분이 없었다. 교육과정의 기초는 마르티아누스 카펠라, 카시오도루스, 그리고 이시도레에 의하여 백과전서식으로 해설된 7자유학과에 법률과 신학을 곁들인 것이었다. 알쿠인*(교사로서의 그의 업적에 관해서는 나중에 따로 고찰한다)이 쓴 '요크 교회의 주교와 성자'*라는 시에는 8세기 중엽에 그의 선생인 알베르트* 밑에서 공부하던 요크 대성당 학교의 교과목들이 훌륭하게 개관되어 있는데, 이것은 아마 그 당시 훌륭한 학교의 교육과정을 대표하는 것으로 보아도 좋을 것이다. '경건과 지혜가 넘치는 분이시며 교사이면서 사제이신 그분은 에그베르트* 주교님의 동료로 오셨다네. 주교님으로 말미암아 그분은 요크시 성직의 선도이며 학교의 스승이 되셨다네. 거기서 그분은 수많은 학문의 물줄기와 온갖 교과의 이슬로 목마른 가슴을 적셔 주셨다네. 어떤 자에게는 문법의 기술을 나누어 주시며, 또 어떤 자에게는 수사학의 강물을 쏟아 주셨다네. 어떤 자는 법률의 숫돌에 갈아 날카롭게 벼리셨으며, 어떤 자에게는 함께 뮤즈의 노래를 부르도록 가르치셨으며, 또 어떤 자는 카스탈리아*의 피리를 불고 수금으로 파르나수스*의 언덕을 달리게 하셨다네. 또 어떤 자에게는 하늘의 조화를 가르쳐 주셨다네. 해와 달의 고된 발걸음, 하늘의 다섯 띠, 일곱 행성, 붙박이 별의 법칙이며 그 뜨고 지는 것, 공기의 움직임, 바다와 육지의 진동, 사람과 가축과 새와 들짐승의 본성, 여러 가지 수와 온갖 기하 모양을 그분은 가르치셨다네. 부활절은 틀림없이 돌아온다는 것을 그분은 보장하셨다네. 무엇보다도 그분은 성서의 신비를 드러내시고 단순한

옛날 법칙의 깊은 의미를 파헤쳐 보여 주셨다네.'[1] 이 시의 찬란한 언어를 평범한 산문으로 바꾸어 읽으면, 결국 요크에서 공부한 주된 교과는 자유학과와 성경으로 된다. 그 교과의 목록은 문법과 수사학에서 시작하며, 이것은 논리학*(알쿠인의 시에는 빠져 있음)과 함께 중세의 '三學삼학'*을 이루었다. 서양 교육의 가장 중요한 측면인 논리학 또는 변증법*이 여기에 언급되어 있지 않은 것은 시라는 형식적 제약 때문이었는지도 모르지만, 아마 그것보다는 아직까지 논리학*에 그다지 큰 관심이 없었기 때문일 것이다. (요크의 도서관에는 아리스토텔레스의 저작들이 일부 비치되어 있었다.) 삼학 다음에는 '四科사과'*가 나온다. 첫째는 음악으로서, 알쿠인은 이것을 법률과 관련짓고 있다. (그럼에도 그는 법률이 그 내용으로 보아 삼학과 연결된다고 생각했던 듯하다.) 이시도레의 「기원」과 동일한 느낌을 자아내는 자세한 천문학, '기하 모양'뿐만 아니라 지리학적 사실에 관한 지식도 포함하는 기하, 여러 가지 수와 관련되는 대수 등은, 마치 그 각각이 별로 중요시되지 않았다는 것을 나타내기라도 하듯이, 한데 묶여 있다. 부활절의 날짜 계산은 천문학과 대수에 다같이 관계되는 것으로서, 이 문제를 둘러싼 로마 교회와 아일랜드 교회의 논쟁으로 영국 북쪽의 아일란드 교회와 요크에도 그것이 중요한 문제였기 때문에 사과와 관련하여 특별히 언급되어 있다. 마지막으로, 알쿠인이 말한 바와 같이, '그 모든 것 위에' 성서 공부가 있다. 그러나 이것은 아직까지는 전문적인 교과가 아닌, 보통 소년을 위한 보통 교육의 한 부분으로 되어 있었다.

---

1) A. F. Leach, *Educational Charters*, p. 12.
* Alcuin * *The Bishops and Saints of the Church of York.*
* Albert * Egbert * Castalia * Parnassus * dialectic
* trivium * logic or dialectic * logic * quadrivium

5 교육에 관한 국왕의 관심

¶29_ 암흑시대에 문화를 구제한 역할을 한 것으로서 교회 다음으로 중요한 것은 몇몇 국왕의 교육 사업에 대한 지원이었다. 어느 모로 보나 학문과는 거리가 먼 활동가인 국왕들이 그 무지의 시대에 자신의 관심사와는 거리가 먼 분야에 그와 같이 적극적인 관심을 가졌다는 놀라운 사실은 아마 제정 로마의 전통의 영향 때문이었을 것이다. 율리우스 카이사르* 때부터 많은 로마 통치자들은 학교에 따

뜻한 관심을 기울였으며, 로마 제국의 일부에서 그들의 후계자가 된 야만족의 왕들은 이 점에서 그들의 본을 따랐다. 동 고트 왕국의 첫 왕 테오도리크*는 6세기 초에 카시오도루스*의 보필을 받으면서 가장 훌륭한 황제에 못지않게 이탈리아 지방을 다스렸다. 그는 공공의 학교를 장려하고 그의 손자를 그런 학교에 보냈다. 기원 6세기 말엽에 갈리아를 통치한 메로빙 왕조*의 왕 킬페리크*는 그 왕국 안에 있는 모든 도시에 친서를 보내어 로마 알파베트에 자신이 덧붙인 희랍 문자를 모든 아이들이 읽을 수 있도록 하라고 명령하였다. 앞에서 말한 바와 같이, 동 앙글리아의 왕 시즈베르트는 갈리아 지방에서 자신이 보아오던 본을 따서 그의 왕국에 학교를 세우려고 했는데, 그가 갈리아에서 본 것은 아마 킬페리크의 후계자가 시행하던 교육이었을 것이다. 메로빙 왕조를 이어받은 카롤링 왕조* 또한 전 왕조에 못지 않게 교육에 관심을 가졌다. 샤를르 대제의 부왕인 페핀*은 서 앙글리아의 선교사 성 보니파크*의 교회 개혁을 지원하였으며, 이것은 학문이 되살아나는 길을 열어주었을 뿐만 아니라 영국과 아일란드로부터 선교사와 학자들을 불러들이는 계기가 되었다. 또한, 페핀의 관심과 보호 하에서, 메로빙 왕조 때에 기원을 둔 것으로 (증거는 박약하지만) 전해지고 있는, 귀족들을 위한 궁정학교*가 새로운 중요성을 띠게 되었다.

* Julius Caesar * Theodoric * Cassiodorus, 4 : 8 참조
* Merovingian dynasty, 프랑크 왕국 전반기(약 500-751)를 통치한 왕조 * Chilperic
* Carlovingian[Carolingian]dynasty, 메로빙 왕조의 뒤를 이어 프랑크 왕국을 통치한 왕조.
* Pepin * St. Winfrid Boniface[Bonifac] * palace school

¶30_ 그러나 학문에 대한 모든 왕가 후견인 중에서 가장 두드러진 인물은 샤를르 대제*(768-814)였다. 그는 선왕 중의 그 누구보다도 분명하게, 국가의 번영에 교육이 필요하다는 것을 인식하였으며, 에브로강*에서 엘베강*에 이르는 여러 나라를 무력으로 통합하여 세운 위대한 왕국 전체에 교육을 진흥시키기 위하여 체계적인 노력을 기울였다. 샤를르 대제는 그 자신이 굉장한 지력의 소유자였으며, 계속되는 전쟁의 방해 속에서도 지식에 대한 열망으로 라틴어와 희랍어뿐만 아니라 천문학이나 그 밖의 과학에도 상당한 지식을 습득하였다. 학문을 널리 보급하여 국민을 야만의 상태에서 이끌어 올리려는 그의 야망에 따라 그는 여러 나라의 학자들을 궁정으로 초대하였다. 그의 전기작가는 그를 '외국인 숭배자'*라고 부르고 있다. 교육 사업에서 그를 처음 도와준 사람들은, 샤를르 대제에게 문학 공

부를 시켜준 피사의 페테루스*와 훗날 유명한 「롬바르디아 역사」*를 쓴 베네딕투스 수도회의 수도사 파울루스 디아코누스*였으며, 이 둘은 모두 이탈리아 사람이었다. 이들의 도움을 받아 대제는 먼저 성직자를 상대로 개혁 사업에 착수하여, 성서와 기도서의 사본에 착오가 없도록 하라고 교회에 지시하였다. 기원 782년, 파울루스 디아코누스의 교정을 거친 설교집을 전국 교회에 배포하도록 하면서 대제는 그의 서문에서 다음과 같은 중요한 말을 하고 있다. '비록 우리가 교회의 여건을 개선하기를 간절히 바라고 있지만, 우리는 또한 열성을 다하여, 우리 조상이 돌보지 않아 거의 절멸된 詞章사장 공부를 되살려 내는 임무를 스스로 떠맡고자 한다. 우리는 모든 백성에게, 그들의 능력이 미치는 한도 내에서, 자유학과를 연마하도록 명령하며, 우리 스스로가 그 모범을 보이고자 한다.'[1] 이 명령은 교육의 질을 높이려는 그의 최초의 시도에 속하는 것으로서, 그 이후 그의 정책의 특징적인 면모를 드러내어 준다. 그는 국민 전체의 교육 수준을 높이는 데에 궁극적인 목적을 두고 먼저 그 국민을 교육 시켜야 할 성직자들에게 주의를 기울인 것이다.

1) Mullinger, *The Schools of Charles the Great*, p. 101.
* Charles the Great[Charlemagne] * Ebro * Elbe * Amabat peregrinos
* Peter [Peterus]of Pisa * *History of the Lombards* * Paulus Diaconus

¶31_ 그 두 명의 이탈리아 학자들은 아마 대제의 백성들을 무지한 야만인으로 여겼던 탓인지 모르지만, 그들의 교육을 이끌어 줄 사람으로 그다지 적합한 인물이 아니었다. 대제가 그 이탈리아인들의 뒤를 이어 그에게 자문해 줄 사람으로 알쿠인(약 735-804)을 만난 것은 그야말로 천우신조였다. 알쿠인은 한때 궁정학교의 교사였으며 782년에서 796년까지 왕국의 교육장관으로 있었다. 알쿠인은 프랑크 사람들과 가까운 나라에서 왔을 뿐 아니라, 가장 높은 수준으로 발전해 있었던 당시의 영국의 학문적 전통을 가지고 들어 왔다. 비드가 사망한 735년에 노슴브리아*의 귀족 가문에 태어난 그는 북부 잉글란드에 학문이 가장 번성하던 때에 요크 학교에 다녔다. 그보다 두 세대 앞서간 비드의 경우와 마찬가지로, 그도 '그 당시 유럽의 어디에서도 찾아 볼 수 없었던 학문적 혜택 — 아일란드, 로마, 갈리아, 칸터베리의 학문 등등, 서방의 모든 기존의 학문적 원천을 완벽하게 활용할 수 있다는 혜택 — 을 누렸다.'[1] 그는 이 혜택을 십분 활용하였다. 그는 요크 학교의 가장 뛰어난 학생이 되었고 그의 선생인 알베르트가 대주교가 되었을 때 부제로 임명되었으며, 776년에는 그 학교의 교장이 되었다.

1) *Dictionary of Christian Biography*, Bede 항에 인용되어 있는 West, *Alcuin*, p. 29.
* Nothumbria

32_ 샤를르 대제를 보좌하는 사람으로서의 그의 새로운 임무는 여러 가지였다. 그 중에서 중요한 한 가지는 궁정학교의 감독이었다. 그는 요크에서 데리고 온 세 명의 제자들의 도움을 받아 궁정학교를 운영하였다. 거기서 그는 샤를르와 그의 왕족들 — 왕비, 왕자, 공주, 그리고 그 밖의 친척 — 뿐만 아니라 샤를르가 장차 국가나 교회의 높은 자리에 앉히기로 예정해 놓은 젊은 귀족들을 가르쳤다. 알쿠인이 쓴 편지와 그가 편찬한 교과서를 종합해 볼 때, 이 혼성집단이 공부한 교과는 요크의 학교에서 가르치던 것과 거의 동일하였음을 알 수 있다. 그가 한때 샤를르에게 쓴 편지에는 다음과 같이 쓰여 있다. '아, 영원히 폐하와 함께, 피에리아*의 시를 즐기며, 영롱한 수의 모양을 연구하며, 옛날 교부들의 놀라운 말씀에 귀를 기울이며, 우리의 영원한 구원에 관한 거룩한 명령을 풀이하며 살 수 있었으면 합니다.'[1] 그의 수업 방법은 다양하였다. 열여섯 살된 샤를르의 아들 페핀이 읽어 보라고 쓴 대화로 미루어 보건대, 나이 어린 학생에게는 알쿠인 자신이 쓴 매우 가상적인 여러 개의 질문과 대답을 외우도록 하는 방법을 썼다. 샤를르를 위시하여, 이런 문답식 방법을 지루하고 무미건조하다고 생각할 만큼 나이든 학생들을 가르칠 때에는, 흔히 샤를르 자신의 주도로 진행되는 토론이 중요한 방법으로 사용되었다. 때로 과학에 관계되는 내용이 거론되는 경우는 그렇지 않았지만, 모든 질문에 대하여, 비드나 이시도레와 같은 이전 사람들의 지혜에 깊이 심취해 있었던 알쿠인은 그 즉석에서 대답하였다.

1) West, *Alcuin*, p. 46.
* Pieria

33_ 알쿠인은 또한 샤를르 대제가 왕국 전체의 교육 개선을 위한 계획을 수립하는 일에 충심으로 협력하였다. 알쿠인이 옆에서 보좌하는 기간 동안에 왕이 반포한 여러 차례의 무게 있는 교서에는 그 학자적인 진술이나 세부사항에 다같이 알쿠인의 손길이 명백하게 드러나 있다. 그 교서 중의 최초의 것은 787년경에 모든 주교와 수도원의 長장에게 보낸 것이다. 거기서 왕은 먼저, 수도원에서 자신에게 보낸 편지가 형편없이 쓰여 있다는 점을 들어 나라 안에 문맹이 널리 퍼져 있

다는 사실을 언급하고 난 뒤에, 성직자들은 성서를 올바르게 이해하기 위하여 전심전력 공부에 열중해야 한다는 것을 간곡하게 부탁하고 있다. '짐은 그대들이 문법 공부를 게을리하지 않을 것은 물론이요. 그 이상으로, 인내와 겸손으로 그 공부에 전념하여 성서의 오묘한 진리에 언제나 쉽게 파고 들 수 있기를 권고하노라. 성서에는 비유가 많이 들어 있어서, 그것을 읽는 사람은 학문을 배울수록 그 영성적 의미에 쉽게 다다를 것임은 의심할 여지가 없도다. 그러므로 이 일을 위하여, 배울 능력과 의지가 있으면서 동시에 다른 사람을 가르칠 열의가 있는 사람들을 선발하도록 하라.'[1] 이 교서에 뒤이어 비슷한 내용의 칙령이 여러 차례 반포되었다. 그 2년 후에 수도사와 사제에게 각각 칙령이 내려갔다. 수도사에게 보낸 칙령에는, 모든 수도원*에 학교를 세워서 소년들에게 노래와 산수와 문법을 가르치라는 명령이 적혀 있다. (이 학교는 오로지 수도원 안에 있는 사람들만을 대상으로 하였는가? 아아헨 공회*가 817년에, 수도원이 그 학교를 외부 학생에게 개방하는 것을 금지했다는 사실은 그 당시 또는 그 이전에 수도원 학교가 일반 학생들을 받아들여 학교를 확장하려고 시도했다는 것을 시사한다.) 사제에게 내린 칙령에는, 앙글로 삭슨 교회의 관례를 따라 성직자는 최소한 몇 년 동안의 교육을 받아야 한다는 규정이 들어 있다. 그러나 샤를르 대제는 순전히 교서를 반포하는 것으로 그의 할 일을 다했다고 생각한 것은 아니다. 그는 로마에 갔을 때 학교에서 가르칠 특별 교사를 모집해 왔으며, 학교 감독관들*을 임명하여 그의 지시가 충실히 이행되도록 하였다.

1) West, *Alcuin*, p. 49.
* monastery and abbey
* Council of Aachen, Aachen은 샤를르 대제 시절의 프랑크 왕국 수도
* missi dominici

¶ **34**_ 기원 796년에 알쿠인은 프랑크 왕국의 가장 부유한 수도원인 투르의 성 마르틴* 대수도원의 장이 되었으며 그 곳을 위대한 수도원 교육의 중심지로 만드는 데에 나머지 평생을 바쳤다. 알쿠인이 은퇴한 뒤에는 오를레앙의 주교 테오덜프가 교육행정 방면에서의 그 일을 이어받았고 궁정학교 교장의 일은 클레멘스* 라는 아일란드 학자가 맡았던 것으로 되어 있다. 기원 796년 이후에 반포된 샤를르 대제의 교서로 판단하건대, 알쿠인의 은퇴 이후 샤를르는 교육정책의 폭을 더욱 확장하였다. 알쿠인이 자문으로 있었을 때 샤를르의 노력은 주로 수도사와 사

제의 교육에 국한되어 있었던 데에 비하여, 이제는 일반 국민의 교육에 주의를 기울이기 시작한 것이다. 기원 797년에 테오덜프가 성직자들에게 대중을 위한 무상교육을 하도록 지시했다는 것은 앞에서 이미 언급한 바 있다. 그 후 802년에 샤를르 대제가 반포한 다음과 같은 교서는 그와 동일한 견해를 표명한 것이다. '누구나 그 아들을 학교에 보내어 문법을 공부하도록 해야 하며, 아이는 학문이 충분히 성취될 때까지 학교에서 열성을 다하여 공부하여야 한다.'[1]

---

1) West, *Alcuin*, p. 56.
* St. Martin * Clement [Scotus Clemens]

¶35_ 당시의 상황은 샤를르 대제의 이 자유교육의 이상을 제대로 실현하는 데에 결코 유리한 것은 아니었지만, 그의 교육적 이상은 적어도 한 세기, 또는 그 이상을 두고 그의 후계자와 다른 나라의 군주들에게 자극과 격려가 되었다. 기원 825년에 로테르* 황제는 칙령을 반포하여, 이탈리아에서 학문은 '몇몇 군주들의 부주의와 태만으로 어디서나 절멸상태에 있으므로', 9개의 도시에 학교를 세우고 그것을 중심으로 하여 주변 지역의 학생들을 교육하도록 하라는 지시를 내렸다. 그 1년 뒤에 에우게니우스 교황의 주재 하에 교회총공회가 모든 주교 관구에 문법학교를 세우도록 권고했다는 것은 이미 말한 바 있지만, 이것은 로테르의 칙령을 일반적인 방식으로 다시 되풀이한 것에 불과하다. 기원 829년에 갈리아 지방의 주교단은 샤를르 대제의 아들인 루이*에게 다음과 같은 탄원서를 보내어 공회의 그 지시를 이행하도록 요청하였다. '우리는 전하에게 진지하고 공손하게 청원하오니, 부왕의 모범을 따라 전하의 영토 내에 세 군데 적당한 곳을 골라 공공의 학교를 세우도록 하셔서, 부왕과 전하의 노고가 허사로 끝나지 않게 하시고 하나님의 신성한 교회에 큰 혜택과 영광이 넘치게 하시며 전하의 이름이 만대에 길이 빛나게 하시기를 바랍니다.'[1] 제국 안과 밖의 어려움이 점점 심해가는 중에도 샤를르가 창조한 교육적 전통은 루이의 아들인 샤를르*로 계속 이어졌다. 이 손자 샤를르는 그 인품이나 관심이 여러 면에서 그의 영특한 조부와 비슷하였다. 그와 같은 시대에 살았던 한 학자의 말에 의하면, 그는 '거의 모든 땅의 학교와 공부의 지주'였으며, 수많은 아일란드의 학자들이 그의 궁정으로 모여 들었다. 그 학자는 다음과 같이 말하였다. '거의 아일란드의 학계 전체가 험한 바다의 위험도 아랑곳하지 않고 자발적인 망명의 길에 올라 솔로몬의 지혜를 가지신 분의 소원을 성취시키려고 모여 들었다.'[2] 그 손자 샤를르의

보호 아래, 중세를 지배했던 스콜라 철학의 선구자인 위대한 아일란드 학자, 요하네스 스코투스 에리우게나*는 궁정학교의 선생으로 있으면서, 도량이 넓은 제왕의 궁정이 아니고는 그 어느 곳에서도 용납되기 어려운 솔직한 언사를 써서 가르쳤다.

---

1) Poole, *History of Medieval Thought*, p. 24.
2) Mullinger, *The Schools of Charles the Great*, pp. 173-174.
* Lothaire(840-855 재위) * Lewis(814-840 재위)
* Charles the Bald * John Scotus Eriugena[Johannes Scottus Eriugena]

¶36_ 샤를르 대제가 9세기의 영국 교육에 미친 영향은 특히 현저하다. 기원 9세기 초에 영국 왕들 중에서 가장 세력이 강했던 머시아*의 왕 오파*는 알쿠인에게 편지를 보내어 그 제자 중의 한 명을 자기 나라 백성을 가르칠 교사로 보내어 주도록 간청하였다. 알쿠인은 그렇게 하겠다고 하면서 그 편지에, 왕의 그 열성은 '여러 곳에 꺼져버린 학문의 불빛'을 그 왕국 곳곳에 밝게 비춘다는 찬사를 보내었다. 샤를르의 본보기는 9세기 말의 알프레드* 왕에게 더욱 큰 효과를 나타내었다. 기원 871년, 알프레드가 왕위에 올랐을 때 그가 직면한 문제는 샤를르가 프랑크 왕국에서 직면했던 것과 대동소이하였으며, 그가 문제를 해결한 방식 또한 거의 정확하게 샤를르를 따랐다. 데인족*의 침입을 받은 뒤로 영국에서는 머시아를 제외한 모든 지역에서 학문이 거의 사라졌다. 적어도 알프레드가 보기에는 그러하였다. 그는 약간 과장을 섞어 다음과 같이 말하고 있다. '영국의 학문은 전반적으로 심히 쇠퇴하여, 험버강* 이쪽 땅에는 영어로 된 기도서를 이해하거나 라틴어 편지를 영어로 번역할 수 있는 사람이 매우 드물었으며, 모르기는 해도, 험버강 저쪽 땅에도 그런 사람들이 별로 많지 않았을 것이다.'[1)] 알프레드는 샤를르의 교서를 영어로 번역하여 내어 놓으면서 그 서문에서 샤를르의 정신을 메아리처럼 되풀이 천명하였으며, 샤를르와 마찬가지로, 알프레드도 일차적으로 교회의 교육을 장려함으로써 개혁을 시작하였다. 또한, 그 후 한 세기가 지난 뒤에 정체불명의 아세르*라는 이야기꾼이 쓴 「알프레드 傳전」*을 사실로서 받아들인다면, 알프레드는 자신의 수입의 8분의 1을 궁정학교의 유지비로 지출하고 많은 귀족 출신의 소년들뿐만 아니라 낮은 계층의 소년들도 거기서 공부할 수 있도록 하였다. 그러나 그의 목적은 시종일관 전국민의 수준을 높이는 데에 있었다. 그가 바란 것은 '자유민으로 태어난 영국의 젊은이로서 공부에 전념할 수 있을 정도로 넉넉한 사람이면 누

구나, 그 연령이나 재능으로 보아 특별히 다른 일을 할 수 없는 한, 영어를 잘 읽을 수 있게 될 때까지 공부에 전념하여야 하며, 그 후 공부를 계속하여 높은 지위에 오르고자 하는 사람은 라틴어를 배우도록 해야 한다'[2]는 것이다. 이 목적을 위하여 그가 몸소 한 공헌 중에서 으뜸가는 것은 당대의 가장 훌륭한 라틴어 서적들 ― 그레고리우스의 「목회론」*, 보에티우스*의 「철학의 위안」,* 오로시우스*의 「세계 보편사」,* 비드의 「교회사」― 을 영어로 번역한 것이다. 그 이상으로 그가 또 어떤 일을 했는지 우리는 알 수 없다. 전설에서는 그의 이름이 옥스포드 대학의 설립과 관련되어 있지만, 그것은 순전히 꾸며낸 이야기이다. 그의 진정한 광채는 그가 교설로, 또 시범으로 영국의 교육에 새로운 생명을 불어 넣었다는 것, 그리고 그렇게 함으로써 그로부터 200년 후 영국 대학의 발흥으로 표현된 문예부흥을 예비했다는 데에 있다.

---

1) Leach, *Educational Charters*, p. 23. 2) p. 25.

* Mercia * Offa * Alfred * Danish * Humber * Asser * *Alfred's Life* * *Pastoral Care* * Boëthius * *Consolations of Philosophy* * Orosius * *Universal History of the World*

참고문헌

ALCUIN : C.J.B. Gaskoin, *Alcuin*, London, 1904 : Bishop Stubbs, article in *Dictionary of Christian Biography* ; A.F. West, *Alcuin and the Rise of the Christian Schools,* London, 1893.

KING ALFRED : *Asser's Life of Alfred*, edited by W.H. Stevenson, 1904 ; *Alfred's Translation of Gregory's Pastoral Care*, edited by H. Sweet, London, 1871 ; *King Alfred's Books*, G.F. Browne, London, 1920.

제 5 장

대학의 발흥

1 암흑시대의 종결

¶1_ 샤를르 대제의 업적이 교육에 준 추진력은, 비록 시간이 경과함에 따라 약화되기는 했지만, 그래도 11, 12세기의 문예부흥 전까지 유럽의 학문이 계속되어 나가도록 하는 데는 충분하였다. 물론, 이 기간 동안 몇 차례에 걸쳐서, 학문이 쇠퇴해간다는, 늘 되풀이되는 탄식이 나오기도 했지만, 그 쇠퇴의 정도는 샤를르 대제 이전의 몇 세기 동안에 볼 수 있었던 것처럼 광범하지도 않았고 심각하지도 않았다. 수도원과 사원에서는 언제나 학문을 소중히 여겼고, 한 곳에 학문이 쇠퇴했다면 그 반면 다른 곳에서는 늘 참신한 노력이 일어나서 그 결손을 보충하곤 했다. 그리하여 10세기에 오토 대제*가 그의 유명한 조상이 세운 제국을 재건하려고 했을 때, 샤를르 대제의 교육적 이상은 오토 대제의 동생인 브루노*의 학문적 열의로 말미암아 다시 빛을 발하게 되었다. 기록에 의하면 브루노는 '오랫동안 망각되었던 7자유학과의 명맥을 되살려 내었다.' 학자요 동시에 정치가로서 브루노는 이탈리아 전역에서 구할 수 있는 최고의 교사와 최상의 고전 서적들을 궁정학교에 모아서 그 학교를 옛날의 번성하던 모습으로 되돌려 놓았다. 또한 그는 고위 성직자들이 교육의 지도자가 되도록 격려함으로써 학문을 전파하였다. 특히 아일란드 선교사들에 의하여 설립된 라이케나우*나 성 골*을 위시한 몇몇 수도원들이 학문 업적의 최고봉으로 부상한 것도 그의 격려와 지원 덕택이었다.

---

* Otto the Great (936-973 재위)
* Bruno   * Reichenau   * St. Gall

¶2_ 그러나 이 모든 것을 감안하더라도, 이 기간 동안 교육이 위험한 처지에 있었던 것만은 분명하다. 유럽의 대부분은 불안정한 상태에 있었다. 샤를르 대제의 제국은 그 후계자의 무기력한 통치 하에서 불란서, 독일, 이탈리아라는 세 개의 나라로 분열될 운명에 놓여 있었으며, 어디에나 정치적 혼란이 만연해 있었다. 이러한 내부적 혼란에 겹쳐서, 외족의 침입이 세 방향에서 유럽의 기독교국을 위협하고 있었다. 기원 8세기에서 11세기에 이르기까지 노르웨이족은 유럽 서해안 지방 전역, 특히 아일란드, 영국, 북부 불란서 지역을 초토로 만들었다. 거의 같은 시대에 아프리카의 사라센* 정복자들은 지브랄타르 해협을 건너 물밀 듯 몰려와서 스페인 전역을 정복하였고, 만약 732년 칼 마르텔*에 무참한 패배를 당하지 않았더라면 중부 유럽에까지 침입하였을 것이다. 그 후 그 다음 세기 동안에 사라센족은 지중해에서 최강의 해군력을 가지게 되면서 이탈리아를 침략하였다. 기원 9세기 말경, 무어족이 여전히 남쪽에서 기세를 떨치고 있을 때, 뒷날의 터어키족과 먼 혈연관계가 있는 몽고족의 한 지파인 마지야르족*은 독일과 남부 불란서, 북부 이탈리아를 휩쓸었으며 그들의 소란은 933년 작센의 황제 하인리히*에게 대파될 때까지 계속되었다. 이러한 난세에 문화가 조락하고 쇠퇴하는 것은 불가피하였다. 사실상, 침략의 발길이 가장 잦은 지역에서는 문화가 완전히 자취를 감추기도 하였다. 앞에서 말한 바와 같이, 아일란드에는 옛날의 학교가 거의 완전히 사라졌다. 잉글란드의 학교가 그 비운을 면한 것은 오직 침략으로 인한 파괴가 그렇게 심각하지 않았기 때문이며 또한 알프레드왕이 침략자를 물리치고 난 뒤에 곧 복구에 착수했기 때문이다. 형편이 좀 나은 곳에서도 사람들은, 수도원에 틀어박힌 몇몇을 제외하고는, 살기에 바빠서 책이나 공부, 교육 따위에 신경을 쓸 여유가 없었다. 이러한 형편에서 학교의 상당수는 때 이르게 문을 닫았다. 학교가 하는 일에 폭넓은 관심이 결여되어 있는 상태에서, 학교 일을 계속하는 것은 주로 내부 전통의 지원에 의존하였으며, 내우나 외환이 있을 때에는 학교의 일이 수시로 중단되었다.

---

* Saracen * Charls Martel * Moors * Magyars
* Henry the Fowler [Heinrich der Vogler] (약 876-936)

¶3_ 마침내 유럽은 이 큰 시련에서 벗어나 안정을 되찾았다. 기원 11세기에 이르러 노르웨이족은 유럽에 흡수되어 기독교도로 되었다. 무어족과 마지야르족은 물러갔고, 그 이상 심하게 성가신 일을 할 수 없게 되었다. 번영이 재빠르게 회복되었고, 문명된 상태가 전에 없이 더 확고하게 확립되었다. 암흑시대는 지나가

고 본격적인 중세기가 도래하여 도덕적 지적 각성을 약속해 주고 있었다. 그 시작은 대략 기원 천 년으로 잡을 수 있다.

¶4_ 이 놀랄 만한 회복의 저력은 로마 제국의 폐허에 교회와 국가의 공동 노력으로 규합된 문명의 힘이었다. 또한, 샤를르 대제가 정치와 교육의 개혁에 의하여 불완전하게나마 유럽 전체의 공동 목표를 인식시켰다는 것도 여기에 적지 않은 공헌을 하였다. 그러나 11세기의 문명은 8세기의 문명과는 대단히 달랐다. 大禍대화에서 大福대복이 생긴 것이다. 서부 유럽의 삶은, 직접 간접으로, 그것이 거쳐 온 긴 갈등의 시간으로 말미암아 풍부해졌다. 북쪽의 억센 야만인들은 모든 유럽 국민에게 새로운 남성 기질과 함께 문화의 영향에 민감하고 참신하게 반응하는 강건한 정신력을 불어넣어 주었다. 무어족은 구교의 신앙, 그리고 희랍의 과학과 철학에 크게 영향을 받은 그 자체의 학문을 내세워 유럽 문명에 동화되기를 끝내 거부하였으며, 이로 말미암아 기독교 제국은 구교의 세력으로부터 기독교적 신앙을 지키기 위하여 더 높은 지적 수준으로 발돋움하지 않으면 안 되었다. 심지어, 새로운 지식이니 영감을 줄 것이라고는 아무 것도 없었던 마지아르족까지도 유럽에 성곽 도시가 건설되도록 함으로써 중부 유럽, 특히 이탈리아의 사회생활에 근본적인 변화를 초래하였다. 이 도시들은 장차 대학의 발상지로 예정되어 있었다.

¶5_ 이러한 역사적 상황에 놓여 있었다는 점을 제외하면, 이탈리아의 도시에는 다른 나라의 도시에 비하여 하등 특이한 점이 없었다. 사실을 말하자면, 자위의 능력을 가진 대규모의 도시가 형성된 것은 유럽 도처에서 볼 수 있었고, 그것은 유럽의 정신적 자세에 획기적인 변화를 가져 왔다. 중세의 삶과 사고의 특징적인 것은 모두 도시의 발달에 그 기원을 두고 있다고 말해도 전혀 과장이 아니다. 그 전 시대에는 사람들의 삶을 규제하는 통치기구가 적어도 평민에게는 너무 방대하고 너무 멀리 떨어져 있었기 때문에 개인의 기업심이나 주도권이 거의 전적으로 마비되어 있었다. 세속적인 면에서나 종교적인 면에서 권위를 행사할 자리에 있는 소수만이 진정한 의미에서의 자유를 누릴 수 있었다. 도시의 발생과 성장은 이 모든 것을 바꾸어 놓았다. 도시의 성곽 안에서 시민들은 점점 더 독립을 획득하였다. 그들은 일상 생활의 사무를 처리하기 위하여 의회를 조직하였고 상공업을 보호 조정하기 위하여 조합을 결성하였다. 자율성의 점진적 증대로 그들은 교회와 국가의 통치가 부과하는 성가신 제약에서부터 점차 자유를 확보하였다.

¶6_ 새로운 공민권 운동은 곧 교육계에도 영향을 미쳤다. 우선, 그 한 가지 효과는 학교 수의 급격한 증가로 나타났다. 도시의 자극적인 분위기로 사람이 몰려들게 됨에 따라 교육에 대한 요구가 생겨났고, 그리하여 얼마 지나지 않아서 웬만한 크기의 도시치고 학교를 세우지 않은 곳이 없을 정도였다. 외관상으로 보기에, 이들 학교는 그 전에 사원과 그 연합교회*가 설립한 학교와 전혀 근본적인 차이가 없었다. 옛날 학교와 마찬가지로, 이 새로운 학교도 성직자가 운영하고 가르쳤으며, 교과목도 이전 전통을 그대로 따랐다. 그러나 일반 시민이 이 학교에 날카로운 관심을 가지고 있었다는 사실, 그리고 많은 경우에 그들이 학교의 유지와 관리에 한 몫을 차지하고 있었다는 사실은 그 학교의 이념에 큰 차이를 가져 왔다. 성직자의 통제 하에 있으면서도 그 학교는 점점 더 세속적인 성격을 띠게 되었다. 중세 말기에 가서 그 학교들 중의 일부는 교회의 손에서 완전히 빠져나와 순수한 시립 교육기관으로 되었다.

* collegiate churches

¶7_ 그러나 중세 도시의 발달이 교육에 미친 효과를 가장 두드러지게 나타낸 것은 문법학교나 그보다 더 낮은 수준의 성가학교가 아니라, 그 당시에는 '일반학과'*라는 이름으로 불리다가 나중에는 '대학'*으로 알려지게 된 새로운 형태의 고등교육 기관이었다. 대학이 시작된 연대를 정확하게 말하기는 불가능하다. 그 이유는 한 마디로, 최초의 대학이 생겨난 것은 상당히 오랜 기간에 걸친 일이었다는 것이다. 대학의 기원 문제에 관하여 말할 수 있는 것은 오직, 12세기 초엽에 몇몇 도시에서는 의학, 법률학, 신학 등 특수한 분야의 지식을 가르치는 학교가 명성을 얻고 있었고 이곳에 많은 수의 학생들이 각지에서부터 몰려들었다는 것이다. 이 도시들 중의 몇몇은, 훌륭한 교사를 모시고 있다는 점에서 다른 도시보다 유리한 입장에 있다든지, 아니면 지리적으로 유리한 여건에 있다든지 하여, 학생들을 계속 끌어들일 수 있었다. 이런 도시의 학교는 교사와 학생의 안전을 보장하는 통치기구를 갖춘 영구적 기관으로서의 조직을 갖추기 시작하였고, 시 당국과 교회의 권위로부터 명백한 인정을 받기에 이르렀다. 이들 대학 중에는 이름이 알려지지 않은 것들도 있지만, 볼로냐, 파리, 옥스포드 등, 위대한 '어머니' 대학들*은 이후 수 세기 동안 유럽 각지에서 생겨난 많은 대학들의 모델이 되었다.

* studia generalia　* university　* great mother universities

¶8_ 대학과 도시 자치권의 성장 사이에 긴밀한 관련이 있다는 것은 시의 행정이 가장 자유롭고 활발했던 남부 유럽 지역에서 대학이 가장 급속도로 전파되었다는 사실로 알 수 있다. 이탈리아에서는 12세기의 처음 50년 동안에 무려 9개의 대학 — 그 중에는 불과 몇 년 사이에 없어진 것도 있다 — 이 자생적 성장에 의하여 또는 특별한 계기에 의하여 설립되었고, 그 후 2개 세기 동안에 역시 그만한 수의 대학이 생겨났다. 도시가 발달했다는 점에 있어서는 스페인도 예외가 아니어서, 여기서는 시 당국과 왕권의 공동 관심에 힘입어 중세 동안에 12개 대학이 설립되었다. 즉, 13세기 초에 셋(그 중에 가장 큰 것은 살라망카*), 14세기에 다시 셋, 그리고 나머지는 15세기 후반에 설립된 것이다. 남부 불란서의 여러 도시는 스페인이나 이탈리아에 비하여 시민 교육에 그다지 깊이 관여하지 않았지만, 여기에도 두 개의 옛날 '일반학과'(몽펠리에르*에 있었던 것이 유명하다)가 있었고, 이탈리아의 영향을 받아서 다시 6개 가량이 더 세워졌다. 여기에 비하여, 봉건적 사회조건이 도시의 발달에 심각한 장애가 되고 있었던 북부 유럽에서는 대학의 발달이 훨씬 더디었다. 불란서에는 훌륭한 학교가 많이 있었고, 특히 샤르트르*에 있었던 것은 학문의 수준에 관한 한 이탈리아에 있었던 학교에 못지 않게 '일반학과'로서의 면모를 갖추고 있었지만, 법률 공부가 주종을 이루었던 오를레앙*과 앙제르*의 것을 제외하고는 모두 파리 대학에 압도되어 결코 대학의 수준에는 오르지 못하였다. 영국의 사정도 이와 비슷하여, 옥스포드*와 캠브리지*가 워낙 두드러져서 그 위세 때문에 다른 곳에서는 대학을 설립할 엄두를 내지 못하였다. 독일과 네델란드 지방 역시, 많은 수의 학생들을 볼로냐*와 파리, 또는 그 밖의 대학에 보내면서도 자체의 대학을 가지지 못한 채 14세기 후반까지 내려 왔으며, 네 개의 스코틀란드 대학 중의 최초의 것(성 안드류스 대학* 1411)은 다음 세기에 가서야 비로소 설립되었다. 기원 1500년까지 유럽에 실지로 존재하였던 대학은 도합 79개에 이른다.

---

* Slamanca * Montpellier * Chartres
* Orleans * Angers * Oxford
* Cambridge * Bologna * St. Andrews

2 대학의 기원

¶9_ 시일이 경과함에 따라 최초의 여러 대학들은 서로서로의 경험을 참고하면서 다소간 공통된 형태로 접근해 갔지만, 그 초기의 발달은 대부분 각각 개별적으로 이루어졌다. 그리하여 처음부터 대학들 사이에는 뚜렷한 차이가 있었고, 이 차이는 특히 북부와 남부 사이에 두드러지게 드러났다. 또한, 이 차이는 나중에 새로운 대학들이 설립되어 세부적인 다양성을 나타내면서 더욱 두드러졌다. 이탈리아와 남부 불란서의 대학들은 일반적으로 볼로냐 대학의 모범을 따랐고, 북 유럽의 대학들은 일반적으로 파리 대학을 모형으로 삼았다. 이러한 차이의 기저에는 두 지역의 교육적 전통의 차이가 깔려 있었다. 북쪽의 교육은 어디서나 교회의 손안에 들어 있었으며, 젊은 성직자들이 학생의 대부분을 이루고 있었다. 그렇기 때문에 교회에 관한 공부가 주종을 이룬 것은 당연한 일이며, 교회 당국이 대학 운영에 강한 발언권을 가진 것도 또한 당연하다. 여기에 비하여, 이탈리아에서는 세속적인 학문관이 언제나 지배적인 세력을 가지고 있었다. 물론, 이탈리아에도 다른 곳에서와 마찬가지로 교회에 의하여 설립된 학교가 있었지만, 옛날의 詞章教科 사장교과가 북쪽에서는 대체로 종교에 비하여 부수적인 지위에 있었던 반면에 이탈리아에서는 그 사장교과가 심지어 성직자들에 의해서도 독자적인 관심사로서 연구되고 전수되었다. 또한, 이보다 더 중요한 사실로서, 이탈리아에서는 상당히 많은 경우에 교사들이 비성직자였다는 점을 들 수 있다. 그 때문에, 이탈리아의 대학에서는 교회 공부가 부차적인 위치를 차지하였고, 가장 중요한 교과는 의학과 법률, 그 중에서도 특히 법률이었다. 이러한 근본적인 차이로 말미암아 이 두 경우는 각각 별도로 고찰할 필요가 있다.

¶10_ 이탈리아 대학이 체제 발전에 있어서 약간 앞서는 면이 있기 때문에, 먼저 이탈리아의 경우를 고찰하겠다. 여기서 염두에 두어야 할 것은, 이탈리아에서는 로마 제국의 사회적, 정치적 제도가 비록 여러 면에서 수정되기는 했으나, 결코 완전히 사라진 것은 아니라는 사실이다. 거듭되는 침략에도 불구하고, 종전의 도시들은 자율적 통치 기구로서의 권리와 특권을 대부분 그대로 간직하고 있었으며, 로마의 시민은 여전히 로마법의 적용 범위 안에 있었다. 이러한 사태에서 나타나는 필연적인 결과로서, 북부 이탈리아에서는 북부 유럽의 통치계급인 성직자나 봉건귀족 중의 어디에도 속하지 않는 일반 시민으로서, 높은 문화를 향유하면서

학문 연구에 생기를 불어넣는 사람들이 상당히 많이 있었다. (북부 유럽의 두 통치계급 중에서 성직자는 주로 종교 공부에 관심이 있었으며 봉건귀족은 대체로 일체의 학문에 무관심하였다.) 시간이 경과함에 따라, 도시의 지위는 꾸준히 향상되어 갔다. 샤를르 대제 통치하의 게르만 제국*은 종전의 정복자로부터 도시를 해방시키는 결과를 가져 왔고, 그 후 게르만 제국이 약화되면서 도시는 점점 더 독립을 확보하여 갔다. 그러다가 마침내 제국과 교회 사이의 알력을 외교적으로 이용하여 11세기 경, 도시들은 제국과 교회, 양자로부터 완전히 벗어나서 자치 국가로서의 지위를 확보하였다.

* German Empire

¶11_ 학문에 직접 관련되는 것으로서, 이들 도시 중심의 국가가 강대한 세력을 가짐으로 말미암아 생긴 가장 두드러진 결과는 법률에 대한 관심이 증대하였다는 것이다. 법률은 이탈리아의 학생들 사이에는 언제나 특별한 관심의 대상이 되어 왔다. 아마 이것은 옛날부터 로마법의 전통이 단절되지 않고 계속되었기 때문일 것이다. 그러나 도시의 발달로 말미암아 법률 공부는 새로운 가치를 가지게 되었다. 이제 법률에 관한 지식은 국외자에 대하여 도시 자체의 권리를 유지하기 위해서만 아니라 도시의 내적 규제를 위해서도 큰 역할을 하게 되었다. 이런 이유에서 법률은 수사학의 한 분야로서 학교 교과에 자리를 차지하게 되었고 라틴어의 쇠퇴와 더불어, 라틴어로 된 법률을 읽고 쓰는 것이 문법 교육의 통상적인 부분으로 되었다. 그리하여, 칸터베리 사원의 유명한 이탈리아인 대주교인 란프랑크*(1005년경 출생)에 관한 기록을 보면, '그는 그의 조국의 풍속에 따라 소년 시절부터 학교에서 자유학과와 법률의 교육을 받았다'라고 되어 있다. 이와 같이, 일반교육의 한 부분으로서 법률 교과가 보편화되고 난 뒤에 그 다음 단계로 법률을 전문적으로 공부하는 사람들이 출현하였다. 그 시작은 파비아*와 라벤나*의 학교에서 볼 수 있다. 전자는 11세기 초엽부터 롬바르디아법*의 중심지로서 유명하였고, 후자는 9세기에서 11세기에 걸쳐 로마법을 가르친, 이탈리아 내의 가장 두드러진 학교였다. 그러나 파비아와 라벤나가 이 방면의 효시이기는 하지만, 궁극적으로 이탈리아의 가장 훌륭한 학교요 최초의 법률대학이 된 것은 볼로냐였다. 볼로냐가 이와 같이 두각을 나타내게 된 이유는 그다지 확실하지 않다. 지리적인 이유가 그 한 몫을 했으리라는 것은 의심할 여지가 없다. 볼로냐는 이탈리아 북부에서 중앙으로 가는 여러 도

로의 접점에 위치하고 있으며, 따라서 교황 산하의 국가들과 롬바르디아 도시들 사이의 모든 갈등에 휘말릴 수밖에 없었다. 그러나 볼로냐의 장래를 위하여 이것보다 더 중요했던 것은 여러 도시들이 다투어 학문 연구의 우위를 차지하려고 하고 있던 결정적인 시기에 그 학교에 이르네리우스*(약 1050-1130)라는 이름의 대법률가가 나타나서 이탈리아의 법률 연구에 새로운 자극을 불어넣었다는 사실이다.

---

* Lanfrane * Pavia * Ravenna * Lombard law * Irnerius

¶12_ 기이하게도, 볼로냐가 유럽 전체에서 명성을 얻고 또 그곳에 대학이 설립된 것이 이르네리우스 때문이었다는 점에 대해서는 일반적인 합의가 이루어져 있음에도 불구하고 그 인물이나 업적에 대해서는 거의 알려진 바가 없다. 그가 저명한 법률학자였다는 것은 확실하다. 또한, 그가 훌륭한 교사로서 많은 학생들을 끌 수 있었다는 것은 그의 가르침에서 나온 결과로 미루어 충분히 타당하게 추론해 낼 수 있다. 그러나 그 이상 다른 것을 알아내기는 어렵다. 심지어 그의 가르침에 어떤 새로운 점이 있었는지조차도 불확실하다. 아마 법률 교육에 있어서의 그의 주된 공헌은 그가 가르친 과목 중에 유스티니아누스 법전 개요서*의 새로운 부분을 도입했다는 데에 있을 것이다. (이 개요서는 유스티니아누스 법전에 관한 저명한 로마 법률가들의 논평으로 되어 있으며, 그 법전과 함께 「민법대계」*를 이루고 있었다.) 이르네리우스는 단순히 법의 원칙적인 면만을 토론하는 대신에 표준적인 법조문을 세밀하게 전문적으로 연구한 최초의 사람이었던 것으로 생각된다. 법률 교육에서 그가 일으킨 개혁이 정확하게 어떤 것이었든지 간에, 법률적 지식은 그로 말미암아 매우 확장되어서 이제 법률은 단순히 자유학과에 부속된 군소 교과의 지위에 머무를 수 없게 되었다. 이때부터 법률은 그 자체로서 독자적인 교과로서의 지위를 굳히게 되었고 전문적인 교사 밑에서 전문적인 학생들이 배울 만하고 또 배워야 하는 학문이 되었다. 그리고 이르네리우스와의 관련으로 말미암아 볼로냐는 이 공부를 가장 잘 할 수 있는 곳으로서 유럽 전체에 알려지게 되었다.

---

* Digest of the Justinian Code * *Corpus Juris Civilis*

¶13_ 이탈리아에서 법률이 전문적인 연구 분야로서 성장하고 있던 몇 세기 동안, 북쪽에서는 신학에서 이와 비슷한 움직임이 일어나고 있었다. 법률에서나 신학에서나 그 학문 발전의 출발점이 자유학과에 있었던 점에서는 양자가 동일하

였다. 그러나 이탈리아에서는 실제적 생활의 필요 때문에 수사학이 가장 중요한 학문이 되고 그것을 법률에 적용하는 것이 학자들의 주된 관심사가 된 데 비하여, 교회가 교육을 전적으로 장악한 북쪽에서는 변증법, 또는 논리학이 우위를 차지하였다. 북부 유럽에 있어서는 7자유학과의 삼학(문법, 수사학, 논리학) 중에서 문법은 종교적 이단으로 의심의 대상이 되었고 수사학은 문예의 수준이 낮았던 그 당시에는 무관심의 대상이었으며, 오직 논리학만이 특별한 문제가 없이, 지식을 갈망하는 학생들의 지적 요구를 만족시켜 줄 수 있었다.

¶14_ 중세의 사상계를 지배하였던 논리학과 그 신학적 적용이 학문적 관심사로 사람들의 마음을 사로잡게 된 기원은 요하네스 스코투스 에리우게나*에서 찾아볼 수 있다. 앞에서 말한 바와 같이, 그는 9세기 중엽에 궁정학교의 교사로 있었다. '예정설'*에 관한 글에서, 요하네스 스코투스는 먼저 진정한 철학과 진정한 종교는 완벽하게 일치한다고 전제하고, 신앙 문제를 해결하는 열쇠를 철학에서 찾으려고 하고 있다. 그에게 있어서 이것은 곧 정통적 교리를 논리적 방법으로 확인하는 것이었으며, 그 자신의 논의는 정연한 삼단논법으로 논리를 전개하는 새로운 형식을 취하였다. 그러나 그의 방법이 새롭다고 하는 것은 순전히 형식만을 두고 말하는 것이 아니다. 그는 이시도레*와 알쿠인*으로 대표되는 낡은 신학 전통을 완전히 깨트리고, 단순히 기존의 관념을 정돈하는 기계적 도구로서가 아니라, 그의 표현으로, '마음의 공통 관념의 탐색 수단'으로서의 논리학에 새로운 의미를 부여하였다. 여기서 그는 관념과 실재의 관계라는, 그로부터 2세기 후에 철학과 신학 모두에 엄청난 결과를 가지고 올 문제에 거의 접근하였다. 기원 11세기에서 14세기에 이르기까지 기독교 교리를 과학적 체계로 발전시키는 일에 거의 모든 학자들의 정력을 흡수한 스콜라 철학은 그의 선구자적인 노력에 의하여 기초가 다져졌다고 말할 수 있다.

* John Scotus Erigena [Johannes Scottus Eriugena] (약 815-877)
* predestination * Isidore * Alcuin, 4 : 31 이하 참조.

¶15_ 그렇지만, 요하네스 스코투스는 시대를 너무 앞서서 그 당시 사람들의 사고의 방향을 결정하는 데에 그다지 영향을 주지 못하였다. 그의 저작은 얼마 동안 망각 속에 파묻히는 비운을 겪었다. 그러나 그가 제기한 형이상학과 신학의 문제는 신플라톤주의자인 포르피리우스*(233-약 301)가 쓴 「아리스토텔레스의 범

주론 입문」이라는 책으로 말미암아 사상가들의 관심을 끌게 되었다. 이 책은 보에티우스*의 번역을 통하여 중세의 모든 학도에게 알려졌다. '이 저자가 스콜라 철학의 문제를, 해결은 하지 않은 채 그냥 진술만 하는 데 사용한 구절은, 기독교 경전을 제외하면, 동일한 분량의 다른 어떤 문헌의 구절보다도 사상사에서 중요한 역할을 수행했다고 보아야 할 것이다. 그 저자는 다음과 같이 쓰고 있다. "다음으로, 類류와 種종에 관하여, 그것들이 실지로 존재하는가,* 그것들이 실지로 존재한다면 그것은 유형인가 무형인가, 또한 그것들은 가시적인 사물과 분리될 수 있는가,* 아니면 가시적인 사물 속에, 따라서 그것과 결부되어 존재하는가* 하는 문제에 대하여 나는 결정을 내리지 않겠다. 이러한 문제는 대단히 심오한 문제로서 오랜 연구를 필요로 한다."'[1)]

---

1) H. Rashdall, *Universities of Europe in the middle Ages*(revised, 1926), i, 40.

* Porphyry [Porphyrius]

* *Introduction to Aristotle's Categories* * Boethius

* subsistent * sive in solis nudis intellectibus posita sint

* separata a sensibilibus

* an insensibilibus posita et circa hoec consistentia

¶16_ 포르피리우스가 이와 같이 추상적인 용어로 제시한 반립명제들은 11세기의 문예부흥에 이르러 實念論실념론*과 唯名論유명론*이라는 대립되는 주장으로 정리되어 나타났고, 이것은 철학의 영역을 넘어서서 신학의 논쟁으로 한층 구체화되었다. 실념론에 의하면, 사물의 '實在실재'는 우리가 사물에서 가지게 되는 일반적 관념에서 찾아 볼 수 있으며 감각으로 지각되는 개별적 사물은 '外樣외양'에 불과하다. 그 반면, 유명론에 의하면, 일반적 관념은 '오직 이름'*이며 그것에 상응하는 실재를 가지고 있지 않다. 하나하나의 개별적 사물 그것이 각각 '실재'이다, 등등. 이러한 철학적 견해는 희랍 철학자들의 오래된 주장이 다소 조잡한 형태로 재현된 것이지만, 이제 그것은 신학적 주장과 결부된 논쟁점으로서 새로운 열기를 띠게 되었다. 사실을 말하자면, 두 입장은 모두 교회의 정통적 의견에 반대되는 결론으로 연역될 수 있었다. 실념론은 개별자라는 것이 도대체 중요성을 가질 수 있는가를 의심하게 했으며, 따라서 영혼의 불멸이라든가 심지어 개별자로서의 신의 존재까지도 의심의 대상으로 만들었다. 그 입장을 논리적으로 더 발전시키면, 그것은 모든 것을 하나의 전체적인 존재 속에 용해시켜 버리는 철저한 범신론 입장에 빠진다. 유명론 역시 여기에 못지않게 이단적인 의미를 내포하

고 있었다. 만약 감각을 통하여 지각되는 개별적 사물 이외에 아무 것도 존재하지 않고 여러 특수자들을 포괄하는 보편자라는 것이 없다면, 삼위를 일체로 보는 삼위일체의 교리도 성립할 수 없다. 결국 신도 하나가 아니라 셋이어야 할 것이다. 이와 마찬가지로 생각하여, '성체화'* 도 어불성설이 되며 성체도 빵 이상의 아무 것도 될 수 없는 것이다. 그러나 안셀무스*(1109 몰)와 로셀리누스*(1106 몰)가 각각 실념론과 유명론의 편에 서서 논쟁을 벌임으로써 중세의 대논쟁이 시작되었을 때, 안셀무스가 대표하는 실념론은 정통교회의 철학으로 대두되었고 로셀리누스가 대표하는 유명론은 회의와 비판의 철학으로 대두되었다. 대체적으로 말하면, 이것이 그 후 몇 세기를 두고 두 진영이 떠맡은 역할이었다. 안셀무스와 같이, 이성은 권위에 종속되어야 하며 신념의 강도가 신념에 관한 이론에 앞선다는 확신에서 출발한 사람들은 회의의 가능성에 흔들림이 없이 그들의 입장을 견지할 수 있는 지적 기반을 실념론에서 찾았다. 이와 반대로, 유명론은 심지어 교회에 대하여 충성을 표방한 사람들(대부분의 학자들이 그러했다)에게도 믿음보다는 의심을 불러일으키는 철학 이론이 되었다.

* Realism * Nominalism
* meroe voces * transubstantiation
* Anselm [Anselmus] (1033-1109)
* Roscellinus

¶17_ 이 두 개의 대립되는 철학에서 제기된 여러 가지 질문들은 학문을 자극하였고 그것이 계기가 되어 북부 유럽의 대학이 탄생하였다. 물론, 순전히 심각한 질문이 제기되었다는 사실 그 자체만으로 대학이 탄생했다고는 말할 수 없다. 거의 동일한 질문이 요하네스 스코투스 때에도 제기되었지만, 그때에는 대학의 탄생이라는 결과가 생기지 않았던 것이다. 두 경우의 차이는 그 사이에 일반교육*이 상당히 진보하였다는 데에 있다. 사원학교가 효율 면에서 향상되었을 뿐만 아니라 야만족의 침략에 대한 저항의 중심지였던 도시에는 어디서나 학교가 설립되었다. 그 결과로, 11세기에 접어들면서 유럽에 다시 평화가 찾아왔을 때에는 모든 나라에서 어느 때보다도 많은 학생의 무리가 스콜라 학파의 철학적, 신학적 토론에 매료되어 있었다.

* general education

¶18_ 그러나 그렇다고 하여 이 학생들의 관심이 오로지 논리학에 국한되어 있었다고 생각해서는 안 된다. 아닌게 아니라, 나중에 가서는 논리학이 고등교육 기관의 관심을 거의 독차지하다시피 했지만, 12세기 초만 하더라도 북부 불란서의 샤르트르에는 베르나르 실베스테르*의 지도 하에 고대 문학의 연구가 꽃을 피웠던 유명한 학교가 있었다. 이것은 15세기의 문예부흥을 맞이할 때까지 다른 어떤 곳에서도 찾아볼 수 없던 현상이었다. 명문 학교들이 여기저기 따로 떨어져 있었고 그 학교의 명성이나 교과의 특수성이 주로 그 학교를 이끌었던 유명한 교사가 누구였던가에 달려 있었던 만큼, 학교 사이에 상당한 다양성이 있었으리라는 것은 쉽게 짐작할 수 있다.

---

* Bernard Sylvester

¶19_ 그러나 파리 대학이 명문의 지위로 떠오르면서부터 교사에 의하여 학교의 성격이 결정되던 시대는 지나가고, 학문의 전통이 지역별로 특수한 대학에 고정되어서, 이것이 교사보다도 더 강하게 학교의 성격을 결정하게 되었다. 또한, 그와 동시에, 학문 연구의 분야가 표준화되면서 이에 따라 교육적 관심이 다소 좁아지기도 하였다. 이 변화는 12세기 초엽에 일어났다. 그 전까지 파리는 학생들이 자주 드나드는, 몇 개의 불란서 도시 중의 하나에 지나지 않았다. 란프랑크와 그 후계자인 안셀무스가 연달아 칸터베리 대주교를 지내면서 노르망디의 베크*에 있는 학교의 교장으로 있었을 때에는 외국 학생들이 파리보다는 오히려 베크에 신학 공부를 하러 왔다. 그러나 카페트 왕조*가 파리를 불란서의 수도로 정하게 됨에 따라, 파리는 다른 도시에 비하여 유리한 위치를 차지하게 되고, 이 이점은 다른 도시에 훌륭한 교사가 있다는 일시적인 우위성을 상쇄하고도 남음이 있었다. 그리하여 12세기 말엽에 가서 이미 파리는 불란서 안의 교육 도시 중에서 제1의 지위에 나아가 있었다. 그 당시 노트르담* 사원학교의 교장은 샹포의 윌리암*으로서, 그는 '하늘의 천사처럼' 신학을 강의한 것으로 알려져 있으며, 그 밖에도 학교마다 인문학과 신학을 가르친 유능한 학자들이 상당히 많이 있었다. 한 사람의 특출한 천재만 있으면 파리는 완전히 정상에 오르게 되어 있었고, 때맞추어 이 천재는 페테루스 아벨라르두스*(1079-1142)라는 인물로 나타났다.

---

* Bec * Capet Kings (987-1328) * Notre Dame
* William of Champeaux * Peter Abelard [Peterus Abelardus]

¶20_ 어렸을 적부터 아벨라르두스는 학문에 대한 불타는 사랑을 가지고 있었으며, 그 때문에 브루통*의 명문대가의 장자로서의 권리를 기꺼이 포기하고 학문의 길에 나섰다. 그를 가르친 최초의 스승은 불굴의 유명론자 로셀리누스*였지만, 이 단계에서도 아벨라르두스는 스승의 교의를 받아들이기에는 너무나 독자적인 사고를 하고 있었다. 그에게서 일 년간 배운 뒤에 아벨라르두스는 잠깐 샤르트르를 방문하고 거기서 수학을 공부하려고 해 보았지만 별로 성공을 거두지 못하였다. 거기서 그는 파리로 가서 샹포의 윌리암 밑에서 공부를 하였는데, 이 윌리암은 로셀리누스와는 정반대되는 입장을 취하는 사람이었다. 그리하여 아벨라르두스는 또다시 그의 스승과 견해가 맞지 않음을 알게 되고 파리에 자신의 학교를 세울 포부를 가졌다. 그러나 윌리암은 사원학교의 권위에 힘입어 허락을 해 주지 않았고, 아벨라르두스는 30마일 떨어진 작은 도시에서 선생을 하면서 학자로서의 생애를 시작하였다. 건강이 나빠져서 몇 년간 은둔 생활을 한 뒤에, 아벨라르두스는 파리에 돌아와서, 윌리암과의 변증법 논쟁에서 괄목할 만한 승리를 거두었다. 얼마 후에 그는 파리에다가 사원학교의 영향이 미치지 않는 학교를 세웠으며, 많은 학생들이 논리학에 관한 그의 찬란한 강의를 들으러 구름같이 모여 들었다. 그러나 아벨라르두스는 굉장한 야심의 소유자로서 인문학과의 교사로 머물러 있는 것에 만족하지 않았다. 신학자로서의 자격을 갖추기 위하여 그는 다시 어떤 신학 선생 밑에서 공부를 하였으며, 얼마 뒤에는 윌리암의 뒤를 이어 사원학교를 맡았다. 이제 아벨라르두스의 명성은 절정에 다다라서, 전 유럽으로부터 수천 명의 학생들이 그의 강의를 들으러 파리로 왔다. 그러나 바로 이 개선의 순간에 그와 신학적 입장을 달리하는 반대파들은 그에 대한 반감을 가지고 그와 엘로이즈*와의 비극적인 염문을 기화로 삼아 그를 몰아내었으며, 마침내 그는 세상을 등지고 성 드니스*의 수도원에 칩거하지 않을 수 없었다. 열성 있는 학생들은 그가 유폐되어 있는 이곳까지 몰려 와서, 여기에서조차 교사로서의 일을 그만 두게끔 놓아두지 않았다. 그는 다시 새로운 논쟁에 휘말려 들어가서, 무자비한 처형에 의하여 불행한 최후를 마쳤다.

---

* Breton * Roscellinus * Héloïse * St. Denys

¶21_ 철학사에서 볼 때, 아벨라르두스는 유명론과 실념론의 중간 입장을 취하였다. 그는 두 입장이 긍정하는 바를 받아들이고 부정하는 바를 거부함으로써,

아리스토텔레스의 입장과 비슷한 일종의 개념주의적* 입장을 창안해 내었다(그는 아리스토텔레스를 세밀히 연구하였다). 즉, 그는 관념이 개별적인 사물과 떨어져서 독자적으로 존재한다고는 생각하지 않았지만, 또 한편, 인간의 마음에 관념이 필요한 이상, 관념은 그 자체의 실재를 가지고 있다고 주장하였다. 그러나 아벨라르두스가 그토록 굉장한 인기를 모았고 또 그의 가르침이 파리의 교육 활동, 그리고 파리를 통하여 전 유럽의 교육 활동에 지속적인 영향을 준 것은 그의 철학 때문이 아니었다. 그것은 그의 신학 — 더 구체적으로 말하면, 신학적 문제를 論辯논변*의 방법에 의하여 철학적 논의의 주제로 취급한 것 — 때문이었다. 그의 방법의 일반적 성격은 「예, 아니오」*라는 제목이 붙은 그의 책을 고찰해 보면 가장 잘 이해할 수 있다. 서론 부분에서 그는 기독교 교리를 비판적으로 검토할 필요가 있다는 것을 상당히 대담하게 제시하고 있다. 그는 '끊임없는 의문이 지혜로 가는 제일의 열쇠이다. 의심을 통하여 우리는 탐구로 나아가며, 탐구에 의하여 우리는 진리를 알게 된다'고 말한다. 나아가서 그는, 教父교부들의 저작 속에는 불분명하고 서로 모순되는 견해가 많이 들어 있다고 지적한다. 이러한 난점을 제거하는 방법으로서 그는 논쟁의 양편을 옛날의 권위 있는 사람의 학설로 공평하게 제시하기를 제안한다. '여러 저작에서 많은 수의 인용을 모아 놓으면, 독자는 그 저작의 권위가 어느 정도로 확고한 것인가를 판단함으로써 진리를 찾으려고 할 것이다.' 이 목적을 위하여 아벨라르두스는 기독교 교리 내에서 158개의 논쟁점을 골라내어, 성 바울, 성 아우구스티누스, 그리고 교부들이 사용한 반대 입론을 끌어 대었다. 첫째 논쟁점은, 의미심장하게도, '신앙은 이성에 근거를 두어야 하는가 아닌가'라는 물음이다. 그 밖에도 넓은 범위에 걸치는 주제들이 그 158개의 논쟁점 속에 취급되어 있다. 예를 들면, '하느님은 실체인가 아닌가', '하나님은 악을 만들었는가 아닌가', '우리는 때로 모르고 죄를 짓는가 아닌가' 등등이다. 일단 아벨라르두스에 의하여 도입된 이래, 이와 같이 권위자들의 상반된 발언을 인용하는 방법은 온갖 종류의 질문들을 다루는 방법으로서 급속도로 받아들여졌다. 예컨대 그것은 볼로냐의 수도사 그라티아누스*가 그의 「교회법규 조정」*(1139-1142)에서 교회의 법을 정하는 데에 적용되었다. 이 책은 그 후 교회법에 관한 표준적인 저작의 하나가 되었지만 그보다도 신학 방면에서 가장 큰 영향을 끼쳤다. 기독교 교리에 관한 불붙는 질문들을 논의하는 모든 사람들은 입장 여하를 막론하고 이 책을 자유롭게 사용했으며, 그로 말미암아 파리 대학의 학생들은 3백여 년 동안 스콜라 신학을 으뜸가는 학문적 관심사로 삼게 되었다.

* conceptualism * disputation * *Sic et Non* [*Yea and Nay*] * Gratian [Gratianus]
* *Concordia discordantium canonum* [*concordance of Discordant Cannons*]

3 대학 체제의 발달

¶ **22**_ 기원 12세기 초, 볼로냐와 파리는 그 밖의 다른 점에서는 명백한 차이를 나타내었음에도 불구하고 학문적 조건에 있어서는 근본적인 유사성을 나타내고 있었다. 양쪽 어느 경우에 있어서나 인문학 계통의 몇몇 학교들이 당시의 보편적인 필요와 관심에 부응하여 특별한 분야에 노력을 집중하면서 수준 높은 교육을 시도하고 있었다. 또한, 어느 경우에 있어서나 훌륭한 교사의 출현은, 첫째로, 교육내용의 범위가 확장되고 교육의 방법이 달라져서 이제는 그들의 가르침을 전통적인 공부와 동일한 종류의 것으로 생각할 수 없게 만들었으며, 둘째로, 많은 수의 학생들을 끌어 모아서 이제는 이런이런 분야의 전문적인 교육을 받으려면 이런이런 도시로 가야 한다는 식의 생각이 모든 유럽 학생들 사이의 통념이 되도록 하였다. 이것이 바로 대학의 시작이다. 그러한 학교를 지칭한 '스투디움 게네랄리스'* 라는 이름 — 물론, 이것은 얼마간의 기간이 지난 뒤에 생긴 이름이다 — 은 지역적인 제한이 없이 유럽 전역의 학생들에게 열려 있는 공인된 '공부 장소'라는 뜻으로 사용되었다. 그러나 '스투디움 게네랄리스'는 아직 '우니베르시타스'*(본격적인 대학)는 아니었다. 이 단계에서는 아직 중세 대학을 옛날 아테나이나 알렉산드리아의 학교와 구별 짓는 뚜렷한 차이점을 찾아볼 수 없다. 교사의 자격 규정도 확실히 정해져 있지 않았다. 볼로냐에서는 배울 학생을 모을 수 있는 사람이면 누구든지 선생이 되었고 파리에서는 노트르담 사원학교 교장*의 허가만 얻으면 누구든지 선생이 될 수 있었다. 또한, 교사나 학생들이, 나중에 그러했던 것처럼, 하나의 단체로서 권리나 특혜를 누리는 일도 없었다. 스투디움 게네랄리스와 그 전신인 '학교'의 으뜸가는 차이는, 스투디아의 학생들 중의 상당수는 자기의 고향에서는 배울 수 없는 내용을 배우려고 모여든 다른 지역 출신이었다는 것이다. 이 차이는 겉으로 보기에는 별로 중요한 것 같지 않지만, 사실은 대학의 발흥에 결정적인 계기를 마련하였다고 볼 정도로 중요하다.

* studium generalis, studia generalia(pl.), 일반학과(5 : 7 참조)
* universitas * Chancecellor of Notre Dame

예23_ '유니버시티'*라는 말은 원래에는 단순히 선생이나 학생의 협회 또는 조합*을 뜻하였다. 이 조합은, 명백하게, 12세기 당시 유럽 전역에 걸쳐 두드러지게 나타난 장인들의 조합을 본따서, 선생과 학생의 상호부조와 보호의 목적으로 조직된 것이다. 중세에는 외국에서 생활하는 사람은 늘 위험한 처지에 있었다. 그 사람은 자의에 의하여 입국한 그 나라에서 아무런 권리도 주장할 수 없었으며, 따라서 그가 안전을 보장받는 유일한 방도는 그 곳에 사는 자기 나라 사람들과 어울려 지내는 것이었다. 이런 이유로 하여, 공부하는 고장에서도 외국에서 온 선생이나 학생들은 따로따로 '유니버시티'를 조직하여 그들끼리 모여 살았다.

---

* university   * gild

예24_ 파리에서나 볼로냐에서나 할 것 없이, 이런 종류의 협회로서 먼저 생긴 것은 선생들의 협회였다. 기록에 의하면, 1170년 경에 파리에서 공부하고 있던 셀라의 요하네스*라는 학생이 '저명 선생 동호회'의 일원으로 가입되었다고 한다. 이것으로 보면 1150년과 1170년 사이의 어느 시점에선가 선생들 사이의 조직이 초보적인 형태로나마 처음 생겼음을 알 수 있고, 따라서 파리 대학이 처음 생긴 것도 이때쯤이었다고 말할 수 있다. 선생으로 조직된 이 초기 협회에 관해서는 아무것도 알려진 바가 없다. 그러나 현재 남아 있는 극히 단편적인 증거에 의하면, 학자들의 조합에 있어서도, 일반 직업인의 조합에 있어서와 마찬가지로, 학생이 그 정규회원인 선생의 자격을 얻기 위해서는 대가로 인정되는 선생 밑에서 5년에서 7년에 이르는 도제 생활을 하지 않으면 안 되었으며, 도제생활이 끝나면 학생은 그를 가르쳐 준 선생에 의하여 협회에 정식으로 소개되고 '입회식'*에서 예비강의*를 한 뒤에야 정식회원이 되었음을 알 수 있다. 이 초창기의 협회에는 아직 회원인 선생들 사이에 명문화된 규정도 없었고 공식적인 회장을 가진 공인된 법적 단체도 아니었다. 볼로냐의 선생 협회에 관해서는 더욱 알려진 바가 없다. 볼로냐의 경우, 1215년 이전에 선생 협회가 있었다는 기록은 남아 있지 않지만, 아마 틀림없이 여기서도 파리에서와 거의 같은 시기에 협회가 조직되어 있었을 것이다.

---

* Johannes of Cella   * inception   * probationary lecture

예25_ 선생의 협회는 일반 직업인 조합의 일반적 선례를 따랐다. 그런데 12세기의 마지막 10년 동안에 볼로냐에서 생긴, 법률을 공부하는 학생들의 '유니버시티'는 도제의 지위에 있는 사람들을 회원으로 했다는 점에서 선생의 협회와는 다른 범주에 속한다. 이 학생의 협회는 외국에서 장사를 하는 상인들이 각각 자기나라 사람들끼리 상인협회를 조직한 것과 성격이 비슷하였다. 상인들과 마찬가지로 학생들도 자기 방어를 위하여 협동해야 할 처지에 있는 외국인들이었으며, 그들의 협회 또한 국가별 조직이라는 원리를 따랐다. 처음에는 롬바르디아,* 토스카노,* 로마, 울트라몬타나*의 네 '국가'별로 네 개의 '유니버시티'가 있었다. (이 마지막, 울트라몬타나의 유니버시티는 불란서, 독일, 영국, 그리고 그 밖의 여러 나라 학생들의 연합으로 이루어졌다. 학생들이 이와 같이 네 개의 '국가'로 나누어진 것은 이후 대학의 전통으로 되었지만, 그 기원인 볼로냐에서는 이로부터 약 1세기가 지난 뒤에 네 개에서 두 개로 그 수가 줄어드는 것과 더불어 그 전통이 사라졌다.) 이들 '유니버시티'는 우선 학문 면에서는 하등의 권위도 가지고 있지 않았다. 그것은 순전히 그 회원들의 개인적 관심이나 이익을 도모하는 데에 목적을 둔 사적 단체였다. 이 점을 보여주는 한 가지 명백한 증거로서, 이런 종류의 협회로서는 최초의 것이라고 생각되는 독일계 협회의 여러 규정을 들 수 있다. '이들 여러 규정에서는 협회의 목적을 "형제애에 입각한 자선, 상호교류와 우의, 환자의 위문과 빈자의 지원, 장례의 수행, 원한과 싸움의 근절, 학위 지망생을 시험 장소까지 데려가고 데려오면서 보호하는 일, 전회원의 사기 진작" 등에 두고 있다.'[1)]

---

1) H. Rashdall, *Universities of Europe in the Middle Ages* (revised 1936), i, 161.
* Lombardia * Toscano * Ultramontana * nation

¶26_ 협회의 체제나 세력이 아직 미약한 이 초기 단계에 있어서도 파리와 볼로냐 등 여러 도시의 선생과 학생들은 상당히 유리한 지위를 차지하고 있었다. 파리에서는 협회 회원들을 일종의 성직자 집단으로 취급하여 법을 어겼을 경우에 교회 재판소에서 재판을 받는 등 여러 가지 특전을 부여하였다. 이탈리아의 여러 도시는 협회 회원들을 특별한 계층으로 간주하여 시 당국이 자진하여 특별대우를 하였다. 이러한 여러 가지 특권 이외에, 그 이상으로 협회 회원들은 거의 협회의 출현 당시부터 최고의 세속적 권력으로부터 총애를 받았다. 아직 본격적인 대학의 조직이 전연 갖추어지지 않은 1158년에 프리드리히 바르바로사* 황제는 롬바르디아 왕국의 모든 학생에게 특별한 법적 지위를 부여하는 칙령을 발표하였다. (때로 이것을 볼로냐의 대학 설립 시기로 보는 경우가 있지만 그것은 잘못이다.) 즉, 법적 절차를 밟을 때 사건 당사자인 학생은 그의 선생이나 그 도시의 주교 중

에서 어느 한 쪽을 선택하여 판결을 받을 수 있다는 것이다. 파리에서는 1200년에 시민과 학생 사이에 난투가 벌어져서 수 명의 학생이 목숨을 잃은 사건이 있은 뒤에 학생들은 필리프 아우구스투스* 로부터 볼로냐에서와 비슷한 특권을 법적으로 인정받았다.

---

* Frederick Barbarossa[Friedrich I](1152-1190 재위)
* Philip Augustus(1180-1223 재위), 불란서 황제 필리프 2세

¶ **27_** 이러한 국왕의 총애 속에서도 볼로냐에서건 파리에서건 할 것 없이 스투디움 게네랄리스 그 자체에 대한 인정은 주어지지 않았다. 국왕이나 시 당국이 부여한 특권은 오로지 학생들과 선생들 개개인을 대상으로 한 것이었다. 그 이유는 명백하게 스투디움 게네랄리스가 아직 체계적인 조직을 갖추지 못했다는 데에 있다. 그러나 13세기가 되면서 여기에 큰 변화가 일어났다. 몇몇 '유니버시티'들(즉, 교사와 학생의 조직)이 명백한 행정적 기능을 갖춘 법인으로 등장한 것이다. 이 법인은 각각의 전체적인 '스투디움 게네랄리스'*가 여러 개 모여 이룩된 것이었는데, 이 전체적인 스투디움을 나중에 '우니베르시타스 스투디이',* 또는 간단하게 '우니베르시타스'라고 부르게 되었다.

---

* studium generalis, studia generalia의 단수형 * universitas studii

¶ **28_** 볼로냐에 있어서나 파리에 있어서나, 이와 같이 개별적인 '유니버시티'들이 하나의 유니버시티로 통합된 것은 그것과 지방 당국과의 마찰에서 빚어진 결과였다. 볼로냐의 경우에 그 마찰의 원인이 된 쟁점은 간단한 것들이었다. 법률을 공부하는 학생들은 대부분 외국인들이었으며 그들의 대다수는 상당히 나이가 많았고 본국에서는 상당한 지위를 차지하고 있는 사람들이었다. 그들은 이곳 볼로냐의 교수들과 시 의회 의원들에 대항하여 그들의 이익을 내세우지 않으면 안 될 형편에 있었다. 그들은 자신의 그 세력을 튼튼하게 하기 위하여 국가별로 '유니버시티'를 조직하였다. 기원 13세기 중엽에 여러 개의 군소 유니버시티들은, '치트라몬타나'*와 '울트라몬타나'*— '산 이쪽'과 '산 저쪽' — 라는 두 개의 큰 유니버시티로 통합되어 각각 그 회원 중에서 장을 선출하였다. 회원들은 이 장에 대하여 복종을 서약하였고 만약 그 서약을 위반할 때에는 위약의 선언을 받고 국외자로 낙인찍히었다. 다음 세기 초에 두 개의 유니버시티는 사실상 하나로 되어, 여전

히 두 명의 장을 가지고 있으면서도 동일한 규정과 공동의 회합에 의하여 운영되었다. 궁극적으로는 이것이 유니버시티의 통치부가 되었다. 문학부와 의학부 등, 수적으로 열세에 있는 분야의 회원들도 모두 그 통합된 유니버시티의 산하로 들어가서, 그 운영에는 관여하지 못하면서, 원래의 회원인 법학부 학생들과 동일하게 그 지시를 받았다.

* Citramontana * Ultramontana

¶29_ 볼로냐에서 학생의 '유니버시티'와 시 당국 사이의 대립은 심각하지 않았다. 유니버시티의 자치권 주장은 대부분 시 당국에 의하여 이의 없이 받아들여졌으며, 학생의 행동을 제약하기 위하여 내린 유니버시티 長장*의 조치를 시행하는 데에는 어느 쪽에서도 반대가 없었다. 양측 사이의 불화가 발생하는 주된 원인은 학생이 연루된 법적 사건에서 유니버시티의 장이 시민에 대하여 권위를 행사하려고 하는 데에 있었다. 이 문제에 있어서는 양측이 팽팽히 맞서서, 두 세기가 지난 뒤에 유니버시티가 쇠퇴함으로써 자연적으로 해결되기를 기다리지 않으면 안 되었다. 이보다 심각한 문제는 학생들이 어떤 이유에서든지 볼로냐에 불만을 느껴서 다른 도시로 그들의 '공부 장소'를 옮기려고 할 때 발생하였다. 중세의 대학에는 일정한 건물이 없었고 법인의 재산 또한 보잘 것 없었기 때문에 이와 같이 학생들이 '공부 장소'를 다른 도시로 옮겨가는 일은 유럽 전체에서 흔히 볼 수 있었다. (예컨대 캠브리지는 1209년에 옥스포드에서 학생들이 대거 이주해 옴으로써 대학의 지위를 얻게 되었으며, 옥스포드 역시 그로부터 20년 후에 파리로부터의 학생 이주에 크게 도움을 받았다.) 볼로냐의 경우에는 1215년에 학생들이 대거 다른 도시로 이주한 일이 있었는데, 그 이후 시 당국은 만약 유니버시티 장 중에서 학생들에 대한 그의 이주 명령에 복종하도록 학생들의 서약을 요구하는 경우가 생기면 그 장을 추방하겠다고 위협하였다. 교황 호노리우스 3세*가 학생들 편에서서 양측을 중재하러 나섰음에도 불구하고 이 문제를 둘러싼 싸움은 그 후 몇 년을 두고 계속되었다. 결국, 시 당국은 그 규정집에서 유니버시티 장에 대한 강제조항은 삭제하지 않은 채, 더 이상 이 문제로 학생들에게 간섭하지 않고, 강제보다는 회유에 의하여 학생들을 도시에 붙잡아 두려고 하였다.

* rector * Honorious III

¶30_ 선생들과의 관계에서 학생들은 시 당국과의 관계에서 거둔 것보다 훨씬 더 완전한 승리를 거두었다. 기원 12세기 동안 스투디아 게네랄리아에서 학문이나 교육에 관한 문제는 '박사들의 조합'* 의 권한에 속해 있었다. 그러나 사사건건 트집을 잡는 일부 박사들과 그들의 강의를 듣는 학생들의 무분별한 동맹 파업에 의하여 학생들의 '유니버시티'는 선생들을 완전히 제압하였다. 선생들은 유니버시티 장에게 복종할 것과 학생 간부들의 지시대로 강의를 운영할 것을 서약하지 않으면 안 되었다. 선생들은 강의를 정확하게 제 시간에 시작하고 끝내지 않으면 안 되었다. 선생들은 적당한 속도로 강의를 진행하여 내용 전체를 망라해야 하며 어려운 부분을 건너뛰거나 내용을 함부로 삭제하지 말아야 했다. 선생들은 규정을 위반했을 때는 그 위반에 상응하는 벌금형을 받았으며, 계속 항거할 때에는 강제로 소속되어 있는, 그러면서도 그 운영에는 전연 발언권이 없는 조합으로부터 축출당하지 않으면 안 되었다.

---

* doctors' gild

¶31_ 장기적인 안목으로 보면 학생들의 '유니버시티'의 세력은 바로 자체붕괴의 원인이 되었다. 기원 13세기의 후반에 들어와서 시 당국은 학생들의 불만을 진정시키고 대학의 명성을 유지하기 위하여 박사들에게 봉급을 지불하기 시작했고, 그렇게 함으로써 '대학개혁 위원회'* 를 통하여 선생의 임명과 감독의 책임을 일부 수행하게 되었다. 조합 일반의 전횡에 대한 반작용으로서, 이 위원회는 대학 운영면에서 명실상부한 통제력을 행사하게 되었고, 여기에 비하여 학생들의 유니버시티는 종래의 세력을, 극히 일부분을 제외하고는 완전히 잃어버렸다. 유니버시티는 이런저런 형태로 그 쇠퇴된 권위를 행사하다가 마침내 18세기 말엽 유럽의 대혁명에 휩쓸려 자취를 감추게 되었다.

---

* board of reformatores studii

¶32_ 파리에서의 대학의 발전은 볼로냐의 경우와는 상당히 다른 조건에서 이루어졌다. 파리 대학의 주축을 이룬 문학부 학생들은 볼로냐의 법학부 학생들처럼 자신의 권리를 주장하기에는 너무 어리고 가난했으며, 따라서 파리에서 학생과 선생 사이의 대립은 전혀 문제가 되지 않았다. 심지어 대학인들과 시 당국 사이의 대립도 이 시기를 통틀어 비교적 사소한 것이었다. 파리 대학의 체제를 결정하

는 데에 본격적인 영향을 미친 것은 13세기 전체를 두고 계속된 선생의 조합과 파리 교회의 대표인 노트르담 사원장 사이의 투쟁이었다. 원래 사원장은 노트르담 사원학교의 교장으로서 파리 교육계의 최고 권위자였으며, 파리에서 선생으로 일하고자 하는 사람은 누구나 그가 발급하는 '교사 자격증'* 을 소지하지 않으면 안 되었다. 사원장은 마음대로 그 교사 자격증을 수여하고 거부할 — 심지어 박탈할 — 권리를 주장했을 뿐만 아니라, 파리 시에 있는 모든 선생과 학생들의 통치와 기율 문제를 완전히 장악하고자 하였다. 선생들은 사원장에게 자격증을 수여하는 권한이 있다는 것은 인정하였지만, 선생이 될 수 있는 조건을 정하는 것은 선생들에게 일임되어야 한다고 주장하면서, 그들이 내세우는 조건에 미달되는 선생은 일체 그들의 조합에 받아들이려고 하지 않았다. 파리의 교회 간부들이 보기에 선생들의 이러한 자율성 주장은 공인된 권위에 대한 반란으로 간주되었으며 그들은 총력을 기울여 선생들의 그 주장을 분쇄하려고 하였다. 기원 13세기의 처음 10년 동안, 노트르담 사원장은 모든 선생에게 복종 서약을 강요함으로써 포문을 열었다. 이 공격에 맞서서 선생들은 교황 이노켄티우스 3세* 에게 청원을 제출하였고 교황은 선생의 주장을 시인하는 결정을 내렸다. 기원 1212년 교황의 교지* 에 의하여 사원장은 선생에게 복종 서약을 강요하지 못하게 되었고 선생들이 제출하는 명단에 들어 있는 모든 선생 지망생들에게 무조건 자격증을 수여하지 않으면 안 되었다. 오직 문학부에 한해서만 사원장은 부분적인 통제를 할 수 있도록 허용되었다. 이러한 교황의 지시에도 불구하고 파리의 교회 당국은 선생과 학생을 종속적인 지위에 가두어 두기 위하여 계속적으로 노력하였으며, 선생들이 대학 운영의 규정을 마음대로 정하였다고 하여 한때 대학 전체를 파문한 일도 있다. 선생들은 번번이 로마 교황에게 청원서를 제출하였고 교황의 결정은 거의 언제나 대학에게 유리한 쪽으로 내려졌다. 사원장의 감옥은 철폐되고 대학을 파문하는 일은, 교황의 명시적인 윤허가 없이는 할 수 없게 되었다.

* licentia docendi * Innocent[Innocentius] III * Bull

¶33_ 그러나 대학의 번민은 이것으로 끝난 것이 아니었다. 기원 1229년, 시민과 학생 사이의 시비 끝에 파리 주교의 묵인 하에 왕이 그 소요를 진압하기 위하여 파견한 병사들에 의하여 많은 학생들이 죽음을 당한 사건이 벌어졌다. 선생들은 즉시 강의를 중단하였고, 이것이 아무런 효과를 내지 못하자 그들은 대학의 문을

닫았다. 많은 선생들은 옥스포드로 건너갔고 그 나머지 선생들은 불란서 내의 군소 대학으로 흩어져 갔다. 교황 그레고리우스 9세*가 선생들 편에 서서 중재를 하러 나섰고 1231년에 '학문의 모체'*라는 이름의 교지를 발행하였다. (이것은 그 후 '대학의 대헌장'*으로 불리게 되었다.) 이 교지에 의하여 선생들이 강의 거부에 의하여 그들의 입장을 관철할 수 있도록 그 권한이 명백히 규정되고 인정되었으며, 선생들이 자율적으로 규정을 정하고 선생 집단 전체에게 그 준수를 강요할 수 있다는 완전한 보장을 받았다. 그와 동시에 사원장의 사법적 권한은 더욱 약화되었다. 그의 형법상의 권한은 완전히 철폐되었고, 민법상의 또는 종교적인 문제에 있어서의 권한도 상당히 축소되었다.

---

* Gregory [Gregorius] IX * *Parens Scientiarum*

¶34_ 기원 13세기 중엽, 두 개의 탁발수도사* 교단 — 흑의의 도미니코 수도회*와 회의의 프란체스코 수도회*— 이 점점 세력을 가지게 됨에 따라 대학의 자유는 새로운 위험에 직면하게 되었다. 탁발수도사들은, 그들 자신은 모든 다른 분야의 선생에게 해당되는 교사임명 규정의 제약을 받지 않고 신학교사로 채용되어야 한다는 주장을 들고 나왔다. 이전의 교황들과는 반대되는 정책을 펴는 교황 알렉산드루스 4세*를 등에 업고, 그들은 모든 선생들의 결사적인 반대에도 불구하고 그들의 입장을 관철시켰지만, 새로운 교황이 임명되면서 그들의 승리에서 얻은 이득을 대부분 상실하였다.

---

* Mendicant Friar * Dominican [Dominicus] * Franciscan [Franciscus]
* Alexander [Alexandrus] IV

¶35_ 그 이후 얼마간의 소강 상태를 지난 1280년대에 투지만만한 사원장이 재임하면서 사원장의 권한 문제를 둘러싼 해묵은 논쟁이 또다시 재연되었다. 그러나 이제 선생들의 세력은 사원장으로서는 도저히 어쩔 수 없을 정도로 막강해져서, 결국 사태는 사원장에게 오직 교사의 자격증을 수여하는 의식적인 권한만을 인정하는 선에서 수습되었다. 이때부터 시작하여 중세가 종말을 고할 때까지 선생은 최고의 지위를 누렸다. 대학은 시 당국이나 교회와의 관계에서 그야말로 무적의 지위를 확립하였다. 대학의 권력에 대한 제약이 있었다면 그것은 오직 대학이 파리 교회와의 투쟁 과정에서 자발적으로 교황에 복종하러 들어갔다는 것

뿐이었다. 그러나 볼로냐의 경우에 있어서와 마찬가지로 파리에 있어서도, 대학의 과다한 자유는 16세기에 가서 그것에 대한 반작용이 나타날 때 스스로의 응보를 자초한 셈이 되었다. 그 권력을 너무 확신한 나머지, 대학은 감히 불란서의 왕권과 대적하였고, 이 사태는 결국 대학이 스스로의 권력이 사라졌다는 것을 확인하는 것으로 끝났다.

¶36_ 한 세기를 두고 계속된 투쟁이 대학의 체제에 미친 영향은 참으로 지대하였다. 기원 13세기 초만 하더라도 대학이라는 것은 학부별*로 엉성하게 조직된 선생과 학생의 집단에 불과하였으며, 그들을 한 덩어리로 묶는 끈은 모든 교사가 노트르담 사원장의 자격증을 받아야 한다는 것 이외에 아무 것도 없었다. 기원 13세기 말에는 모든 학부들이 참여하는 긴밀하고 강력한 협의체가 있었고 문학부 선생들의 대표인 학장*이, 법적인 면에서의 우두머리는 아니라 하더라도, 실질적인 우두머리로 있었다. 사원장에 공동으로 대적하는 과정에서 여러 개의 선생 '유니버시티'들이 하나로 통합되었고 그 중에서도 하급(예비적) 수준의 문학부가 두각을 드러내었다. 이와 같이 문학부가 두각을 드러내게 된 경위는 사원장과의 투쟁에서 앞장을 선 사람들이 문학부 선생들이었다는 점으로 쉽게 설명된다. 문학부 선생들은 나이가 가장 젊은 선생들이었고 따라서 사원장의 억압으로부터 시달림을 가장 많이 받게 되어 있었으며 그런 만큼 제일 먼저 힘을 규합하지 않으면 안 되었다. 볼로냐의 법학도들의 보기를 따라서, 그들은 매우 일찍부터 네 개의 '국가' — 불란서, 노르망디, 피카르(네델란드), 영국(독일과 그 밖의 북부지역 포함) — 별로 조직을 형성하였다. 이 네 국가의 유니버시티 간부와 그 공동 학장이 주로 문학부의 행동 방침을 결정하였다. 사원장과의 갈등이 점점 심각해짐에 따라 문학부 선생들의 영향력도 꾸준히 증가하였고 학장과 그 산하에 있는 네 개의 문학부 유니버시티들이 대학의 특권을 수호하는 으뜸가는 세력이 되었다. 다소간은 '문인들'*(이것은 그 당시 문학부 선생들의 칭호였다)이 수적으로 대다수를 차지하였고 따라서 빈번한 소송의 비용을 가장 많이 부담하였다는 이유에서, 또 다소간은 다른 학부 선생들의 대다수가 또한 문학부에 속하면서 그 운영에 참여하였다는 이유에서, 문학부 유니버시티의 간부는 모든 학부의 공동 협의회에서 언제나 우위를 차지하였다. 또한, 문학부의 학장은 다른 학부 선생들의 학장과 동등한 지위에 있었음에도 불구하고 점차 대학 전체를 구성하는 일곱 개의 '조합'*(예비적인 수준의 교육을 담당하는 문학부

의 네 국가별 유니버시티와 그 상위 수준의 세 학부인 신학, 의학, 법학)의 장으로 인정받게 되었다.

* faculty * rector * artists * company

4 대학 교과의 조직

¶37_ 대학 운영 체제의 발전이 이루어지고 있는 동안 또 한편에서는 그에 못지 않게 뚜렷한 발전이 교과 조직 면에서도 일어나고 있었다. 이 면에서의 발전의 시발점으로서 13세기 초의 어느 시점에선가 학위의 수여가 시작되었다는 것을 들 수 있다. 그때까지 학생이 선생의 자격을 얻는 과정은 도제에서 장인이 되는 과정이나 종자에서 기사가 되는 과정과 흡사하였다. 학생은 선생 조합의 일원이 하는 강의를 수강하여 일정한 햇수(아마 4년에서 5년)가 지나면 '교생'* 이 되었다. 교생의 자리에서 다시 몇 년을 지나면 그는, 파리나 그 밖의 북쪽 도시의 경우, 노트르담 시원장이나 그에 준하는 교회간부에게 교사 자격증을 신청하고 그를 가르쳐 준 선생에 의하여 선생의 반열에 오를 후보자로서 다른 선생들에게 소개된다. 만약 교회의 허락이 내려지고 선생들의 인정을 받으면 그는 선생이 된다. 볼로냐와 남쪽 지방에서도 절차는 대체로 동일하였지만, 다만 초기에는 교회의 승인을 받을 필요가 없었다는 점이 북쪽의 경우와 달랐다. 남쪽에서 교회의 승인이 교사의 필수 요건으로 된 것은 1219년 교황 호노리우스 3세가 볼로냐에서도 파리에서와 마찬가지로 교사를 지망하는 모든 사람들에게 볼로냐 부주교*의 허가를 얻도록 한 이후이다. 그러나 시간이 지남에 따라 교사라는 지위의 명예가 점점 높아져서, 실지로 가르치는 일에 종사할 의향이 없는 사람들 중에도 교사의 지위를 얻으려는 사람이 나타나고, 그 결과로 '가르치는 교사'와 '가르치지 않는 교사'의 구분* 이 생기게 되었다. 그리하여 '마스터'(교사 또는 석사)는 특별한 교육과정을 성공적으로 이수한 사람을 뜻하게 되었으며, 이에 따라 마스터의 자격 요건을 훨씬 엄밀하게 규정할 필요가 생겼다.

* student-teacher * Archdeacon
* magistri regentes와 magistri non-regentes의 구분(Paris), magistri legentes와 magistri non-legentes의 구분(Bologna)

38_ 이 면에 있어서는 볼로냐가 선도적 역할을 수행한 듯하다. 중세에서 '법률적 지식'이라는 것은 법률 문헌과 그것에 관련되는 공인된 주석에 관하여 지식을 가지고 있다는 것을 의미하였다. 그러므로 표준적 문헌에 관한 강의를 수강하고 그 내용에 관한 시험에 통과하는 것은 법학의 학위를 받는 데에 필수적인 요건이었다. 민법을 공부하는 학생은 5년간의 수학을 마친 뒤에 법률 문헌의 한 장에 관하여 강의할 허가를 학장에게 신청할 수 있으며 그로부터 1년 뒤에는 책 전체를 강의할 허가를 신청할 수 있었다. 한 과목의 강의를 마치고 나면 그는 시험 없이 학사 학위*를 받았다. 그로부터 2년 뒤, 즉 7년의 공부를 마친 뒤에 그는 박사 학위*를 받기 위하여 지원할 자격을 얻었다. 박사 학위 시험을 보기에 앞서서 그는 학장에게 출두하여, 자신은 모든 규정상의 요건을 이수했다는 선서와 함께 그에게 복종하겠다는 서약을 한다. 학장으로부터 박사 학위에 필요한 절차를 진행해도 좋다는 허락을 받고 나면 이제 그는 그를 가르쳐 준 박사에 의하여 또는 그의 능력을 증언할 수 있는 다름 사람에 의하여 볼로냐의 부주교에게 박사 학위를 받을 사람으로 추천된다. 그 다음에 그는 비공개로 시험을 본다. 박사 후보자는 먼저 여러 명의 박사들 앞에서 자신이 설명해야 할 두 개의 구절을 받는다. 같은 날 몇 시간 지난 뒤에 그는 그 두 구절을 설명하고 그것에 관하여, 처음에는 시험관으로 지명된 두 명의 박사에 의하여, 그리고 그 다음에는 그 밖의 모든 박사에 의하여 구두시험을 받는다. 거기에 참석한 박사들의 투표에 의하여 박사 후보자로서의 능력이 인정되면 그는 '유자격자'가 되고, 그 후 사원에서 성대한 의식과 함께 거행되는 공개 시험에 출두함으로써 졸업의 절차가 끝난다. 그가 박사의 반열에 받아들여지기 위하여 거쳐야 할 마지막 단계는 법학에 관련되는 문제로 강의를 하고 그 강의 내용에 관하여 몇몇 선발된 학생들과 논변을 행하는 것이다. 이것을 마친 뒤에 그는 부주교에게 소개되고 그로부터 교사 자격증을 수여받는다. 이때부터 그는 정식으로 교사의 자리에 오른다. 이제 그는 '선생의 의자'*에 앉는다. 그의 손에는 법률 문헌 한권이 주어지며 손가락에는 금반지(아마 그의 지위가 기사와 동등하다는 것을 보이기 위한 것인듯), 그리고 머리 위에는 박사의 예모가 그의 위의를 드러낸다. 마지막으로 그는 두 개의 '유니버시티'로부터 호위를 받으면서 거리를 행진한다.

---

* Bachelor * Doctorate * magisterial chair [cathedra]

¶39_ 파리에서도 독자적으로, 또는 아마 십중팔구는 볼로냐의 절차를 모방한 결과로, 이와 비슷한 제도가 발전되었다. 기록에 남아있는 것으로서, 1215년에 이미 문학 학위에 요구되는 교육과정이 명백하게 제시되어 있는 것을 볼 수 있다. 그 기본은 7자유학과이지만, 이 당시의 7자유학과는 훨씬 변형된 형태를 띠었다. 논리학은 으뜸가는 교과로서, 「아리스토텔레스의 범주론 입문」을 주로 다루었다. 문법은 프리스키아누스*의 논문을 주로 참고하여 매우 국한된 방식으로 취급되었으며 문학은 여기에 포함되지 않았다. 수사학과 철학은 2차적인 중요성을 가진 것으로 간주되어, 휴일이나 축제 기간 중에나 읽혔다. 수사학에 관한 책으로 특히 지정된 것은 도나투스*의 「만풍」과 보에티우스*의 「회자문구」*였다. 철학에는 아리스토텔레스의 「윤리학」과 4과(산수, 기하, 음악, 천문학)가 포함되었다. 이들 교과는 그 후 여러 시기에 다시 변형되고 수정되었으며, 그 중에서도 13세기 초에 발굴된 아리스토텔레스의 형이상학과 자연철학이 추가된 것은 특기할 만하다. 이 분야에 관한 아리스토텔레스의 저작은 처음에는 신앙에 위험한 영향을 끼친다고 하여 금서로 취급된 바 있다. 기원 14세기 중엽에 와서 교육과정은 세 부분으로 대별되었다. 즉, (가) 학사과정*— 문법, 논리학, 심리학, (나) 교사자격과정*— 자연철학, 그리고 (다) 교사임용과정*— 도덕철학 및 고급 자연철학이 그것이다.

* Priscian [Priscianus] * Donatus * *Barbarisms* * Boethius
* *Topics* * baccalaureate * licence * mastership

¶40_ 기원 13세기 말엽에는 과정 이수의 여러 단계에서 해당 교과에 관한 시험이 부과되었다. 학사 학위 지망자는 먼저 논리학과 문법 선생과의 논변을 통하여 그의 실력을 증명해 보이고 난 뒤에, 그가 속하고 있는 유니버시티에서 지정한 수 명의 시험관 앞에서 구두시험을 본다. 시험관은 그가 적당한 기간에 지정된 강의를 수강했는지, 공부한 책의 내용에 관하여 잘 알고 있는지를 판정하며, 이 판정이 내려지면 그는 '결정'*의 절차를 밟는다. '결정'이라는 것은 한 주제에 관한 논지를 설명하고 그것에 반대하는 입장에 대하여 변호하는 것을 말한다. 이 절차는 며칠 동안 계속된다. 이 시련을 성공적으로 거치고 나면 그는 학사가 된다. 그 후 계속 강의를 수강하면서 지정된 책을 섭렵하고 그 내용으로 강의와 논변을 하고 나서 그는 사원장에게 교사 자격증을 신청한다. 이 때 그는 다시 구두시험을 보고 사원장과 네 명의 시험관 앞에서 강의와 논변을 해야 한다. 이 시험에 통과하면 그는 '유자격자'가 되지만, 교사가 되기 위해서는 '입회식'*에서 다른 선생들의 승인

을 받지 않으면 안 된다. 먼저 자신이 속하고 있는 유니버시티의 인정을 받고 필요한 선서를 한 뒤에 그는 마지막으로 '교사들'* 앞에서 논변을 행한다. 이렇게 함으로써 그는 정식으로 선생이 되어, 선생의 예모를 쓰고 선생의 의자에 앉는다.

---

* determination * inception * regent masters

¶41_ 세 개의 상위 학문에서의 학위 수여 절차도 문학부의 그것과 비슷하였다. 대체로 말하여, 신학부, 의학부, 법학부의 학위 지망자들은 먼저 문학부의 공부를 얼마간 한 뒤에(반드시 문학부를 졸업할 필요는 없다), 일정 기간 동안 지정된 공부를 하고, 논변을 중심으로 한 시험을 보고 의식 절차를 거쳐 선생의 지위에 올랐다.

¶42_ 처음에 대학의 학위 제도는 단순히 대학 자체 내의 편의나 효율성을 위한 조치에 지나지 않았다. 그러나 13세기 초부터 새로운 대학이 여기저기 생겨남에 따라 대학별 학위의 상대적 가치가 상당히 중요한 문제로 대두되었다. 이 당시에는 심지어 가장 명성이 높은 대학에 있어서도 상위 학부 중에서 오직 어느 하나만 높은 수준으로 발전해 있고 그 밖의 학부에는 교사가 전혀 없거나 열등한 교사만 있는 형편이었다. 그렇기 때문에 여러 분야에서 훌륭한 교육을 받고자 하는 학생은 여러 곳의 '공부 장소'를 찾아 옮겨 다니지 않으면 안 되었다. 그리하여 선생과 학생들이 이 대학에서 저 대학으로 빈번히 이동하는, 중세 초기 대학 생활의 두드러진 특징이 나타나게 되었다. 예컨대 블루아의 피에르*라는 인물에 관한 기록을 보면, 그는 먼저 투르와 파리에서 문법과 철학을 공부하고 교회법에 관한 강의를 들으러 볼로냐에 갔다가 다시 파리로 돌아와서 신학을 공부하고 마지막으로 영국에서 선생이 된 것으로 적혀있다. 이와 같이 이곳저곳으로 옮겨 다니는 사태에서는 대학에 따른 선생의 실력 수준에 관한 문제가 필연적으로 대두된다. 오래된 명문 대학의 경우에는 이 문제가 비교적 간단하게 해결될 수 있었다. 그 명성을 근거로 하여 그런 대학은 그 대학에 소속한 선생들에게 '장소를 불문하고 가르칠 권한',* 즉 '새로운 시험이나 승인 절차를 거치지 않고, 새로 시작하는 데에 따르는 어떠한 의무도, 어느 누구의 허가를 얻을 필요도 없이' 유럽의 어느 도시에서나 가르칠 수 있는 권한이 주어져야 한다고 주장하였으며, 이 주장은 반드시는 아니지만 대체로 받아들여졌다. 그러나 오래된 대학처럼 명성을 가지지 못한 새로운 대

학은 어떻게 하여야 하는가? 새로운 대학은, 예컨대 스페인에서와 같이, 그 대학에 속해 있는 나라의 국왕으로부터 특권을 부여 받음으로써 이 문제를 해결할 수 있었다. 대학이 이 국왕의 특권을 받는다는 것은 다른 나라의 학생들을 유치하기 위해서는 절대로 필요하였다. 그러나 이 국왕의 특권은 어디까지나 해당 대학에 국한하여 효력을 발휘할 수 있었으며, 다른 대학과의 관계에까지는 효력이 미치지 못하였다. 이 문제에 대한 보다 근본적인 해결은 13세기 초에 군주나 교황이 그 정책의 일환으로 대학을 설립하는 방식으로 나타났다. 이때부터 점차적으로 대학이 적절한 지위를 확보하는 유일한 방법은 보편적 권력자의 설립 정관을 받아 내는 데에 있다는 인식이 생겨났다. 말하자면 유럽의 종교적 지도자인 교황이나 신성 로마 제국의 황제가 대학을 인가함으로써 그 학위가 보편적 타당성을 가지도록 한다는 것이다. 유럽의 대학 중에서 최초의 몇몇을 제외한 대부분의 대학들이 황제의 칙령이나 더 흔히는 교황의 교지에 의하여 설립된 것은 이 때문이다. 기원 13세기 말경에는 이것이 완전히 관례로 확립되어, 파리 대학이나 옥스포드 대학과 같은 옛날의 명문 대학조차도 그들의 지위를 강화하기 위한 방법으로 교황에 대하여 그 졸업생에게 '장소를 불문하고 가르칠 수 있는 권한'을 준다는 명시적인 인가를 해 주도록 요청할 정도였다. 이렇게 하여 유럽의 대학은 직접 교황의 산하에 들어가게 되었고, 원래 사원장이나 그 밖의 교회 권위에 의하여 수여되던, 오로지 해당 도시에서만 통용되던 교사 자격증이 교황의 이름으로 보편적 타당성을 가지게 되었다.

---

* Peter(Pierre) of Blois   * jus ubique docendi

5 영국과 스코틀란드의 대학

¶43_ 앞 절에서는 볼로냐와 파리 등 대학의 원초적 형태에 관하여 상세하게 고찰하였으므로, 이제 이 절에서는 그 두 원조를 의도적으로 모방하여 형성된 칠팔십 개의 중세 대학들이 그 체제나 성격에 있어서 굉장한 다양성을 나타내었다는 점에 관하여 설명할 필요가 있다. 대학의 설립자들은 그 두 선례 중의 어느 하나를 본딴다는 의도를 명백히 표방하였지만, 여러 가지 지역적 특수 사정 때문에 상당한 수정이 불가피하였다. 예컨대 스페인의 대학들은 볼로냐의 체제를 본따서

설립되었지만, 모두 국왕의 후원에 의존할 수밖에 없었다는 점에서 볼로냐보다는 훨씬 더 교회의 통제 하에 놓이게 되었다. 또한, 남부 불란서의 여러 대학은 주로 법률 분야에 관심을 가지고 여러 면에서 이탈리아 대학과 비슷한 점을 나타내었지만, 파리의 영향을 받아 선생과 학생의 공동 협의에 의하여 대학을 운영하였으며, 그와 동시에 볼로냐와 파리의 어느 곳에서도 볼 수 없는 독자적인 성격을 발전시켰다.

¶44_ 초기 대학의 다양성을 예시하는 한 가지 방법으로 여기서는 중세 기간 동안 영국과 스코틀란드의 여러 대학이 보여준 중요한 특징을 간략하게 살펴보겠다.

¶45_ 영국의 경우에는 옥스포드 대학에 관하여 설명하는 것으로 충분하다. 캠브리지 대학은 설립 시기도 나중일 뿐만 아니라 목하 문제되는 이 기간에는 세력이나 명성에 있어서 미약한 상태에 있었다. 이와는 달리, 옥스포드는 12세기 초의 엉성하게 조직된 '공부 장소'에 까지 거슬러 올라가는 최초의 대학에 속하며 초창기부터 유럽에서는 파리 다음으로, 또 한때는 파리를 능가한다고 할 수 있을 만큼, 명성이 높았다.

¶46_ 체제와 교과 면에서 옥스포드는 거의 완전하게 파리 대학의 본을 따랐다. 물론 이 면에서도 양자 사이에는 사소한 차이가 있었으며, 그 중에서도 옥스포드에는 학위 시험이 없었다는 것은 특기할 만하다. 그러나 유일하게 중요한 차이는 사원장의 위치에 있었다. 우선, 사원장은 파리에서 보는 바와 같이 교회의 대표였다. 그러나 옥스포드는 큰 교회를 가진 사원 도시가 아니며 옥스포드의 사원장은 거기서 60마일이나 떨어진 링컨*의 주교에 의하여 임명되었다. 사정이 이러하기 때문에, 파리에서 대학의 발전에 중요한 역할을 한, 교회와 대학 사이의 마찰은 옥스포드에서는 있을 수가 없었다. 거의 처음부터 옥스포드의 사원장은 대학 자체 내의 신학부 선생들 사이에서 선발되는 것이 당연한 일로 되어 있었고 여기서 선발된 사원장은 교회의 간부인 것에 못지않게 대학의 간부였다. 사실상 그는 사원장과 학장의 직위를 겸하고 있었으며, 옥스포드를 구성하고 있는 두 '유니버시티'의 행정상의 장인 두 명의 학감*은 대학 전체의 장인 그에게 종속되어 있었다. 기원 14세기가 채 끝나기도 전에 이 사원장 겸 학장의 권위는 이미 상당히 신장되

어 원래의 전통적 교회통치체제의 간섭과 통제에서 벗어날 수 있을 정도였으며, 그 다행스러운 결과로서, 옥스포드는 그 당시 대학으로서는 예외적인 현상이라고 할 만큼 자유를 누렸고 대륙에서 스콜라 철학이 쇠퇴기에 접어든 후에도 여전히 참신한 사고의 센터 역할을 수행하였다.

---

* Lincoln * proctor

¶47_ 이와 같이 체제 면에서의 변화가 일어나고 있는 동안 다른 한편에서는 장차 영국대학의 역사 전체에 영향을 미칠 더 큰 변화가 학생 생활면에서 일어나고 있었다. 그것은 학생들이 점점 식당과 기숙사*를 중심으로 무리를 짓게 되었다는 것이다. 이러한 식당과 기숙사는 옥스포드에 국한된 것은 아니었다. 모여 살기 좋아하는 중세의 풍습으로 말미암아 일찍부터 대학 도시에는 집단 숙박시설이 형성되었으며, 특히 파리에서는 13세기 초에 최초의 영국 기숙사가 출현하기 전부터 이 방향으로 상당한 진전이 있었다. 그 최초의 형태는 학생들이 자기네들끼리 모여서 그중에서 장을 뽑고 그를 중심으로 자치적으로 운영하는 숙박소*였다. 최초의 기숙사는 대학의 설립자가 그 대학의 선생 밑에서 공부하는 가난한 학생들을 위하여 세운, 말하자면 '보조를 받는 숙박소'에 지나지 않았다. 그러나 설립자의 보조를 받는다는 것은 단순히 매달 꼬박꼬박 돈이 들어온다는 것에 그치는 문제가 아니었다. 일체의 선행이 경건의 표현이었던 그 시대에 설립자의 보조는 그것을 받는 기관의 종교적인 성격과 필연적인 관련을 맺고 있었다. 옥스포드의 경우에 그것은 현대의 대학에서 보는 것과 같은 비종교적인 교수 학생 숙박시설이 아닌, 명실공히 '대학교회'*의 설립을 의미하였다. 옥스포드의 대학교회와 그 이전의 '연합교회'* 사이에 차이가 있었다면 그것은 오직 '교단과 학교를 위하여* 설립된 것이 아니라 학교와 교단을 위하여* 설립되었다'는 것뿐이다. 대학 기숙사의 이 새로운 기능은 아마 틀림없이, 종교적인 수도단체들이 그 교단에 속하는 사람들로 하여금 배우고 가르치는 일에 종사할 수 있도록 대학 도시에 집을 지어준 보기를 따랐을 것이다. 대학 기숙사에서 사는 선생과 상급생들은 하급생들의 교육적 지도와 함께 대학의 선생들이 하는 정규 강의에 대한 보충 수업을 필수적인 의무로 담당하였다.

---

* hall and college * hospice * 대학교회-collegiate church
* 연합교회-collegiate church, 5 : 6 참조 * ad orandum et studendum * ad studendum et orandum

예 48_ 이 모든 것을 분명하게 예시하는 사례로서, 1264년 영국의 전 사원장 머톤의 월터*가 설립한 머톤 칼레지*(옥스포드의 여러 칼레지 중에서 최초의 것인 바이욜* 다음으로 오래된 것)의 경우를 들 수 있다. 월터는 '옥스포드 또는 그 밖에 대학이 번창하는 지역에 살고 있는 20명 학자의 지속적인 생계와 두세 명의 성직자의 생계를 위하여' 두 개의 장원을 기증하고 그 사람들을 그 중의 어느 하나에서 살도록 하였다. 그 10년 뒤에 그는 '자신의 시설 전체를 옥스포드로 옮겨와서 기부금을 확장하고 그 시설에 성 요한 교회를 부설하여 대학교회로 하고 거기에서 살고 있는 교수 회원들을 교회 참사회원으로 하였으며, 세입이 증가함에 따라 그곳에 수용되는 인원을 늘리도록 지시하였다.' 그와 동시에, 그는 칼레지 운영에 관한 종래의 지시에 덧붙여서, 그 이후 모든 칼레지 설립의 대본이 되다시피 한 규정을 작성하였다. '"머톤의 학도의 집"이라고 불리는 이 집에는 영원히 대를 이어가면서 학문에 전념하는 학자들, 문예나 철학, 교회법이나 신학 공부에 평생을 바치고자 하는 사람들이 살게 될 것이다. 그들 중의 대다수는 자유학과를 공부하다가 사감과 교수회원의 뜻에 따라 신학공부로 전향할 것이다. 그러나 그들 중의 사오명은 상급자의 배려에 의하여 교회법을 공부하면서, 만약 필요하다면, 민법에 관한 강의를 듣도록 허락될 수 있을 것이다' 또 다른 조항에는 다음과 같이 명시되어 있다. '위의 학도들 중에서 신중하고 분별 있는 사람들을 선발하여 사감 아래에서 그의 조수로 일하면서 학습 면에서나 품행 면에서 뒤떨어진 사람들을 지도할 책임자로서 20명마다, 또는 만약 필요하다면 10명마다 1명의 학생장*을 두도록 해야 할 것이다.'[1)]

1) A. F. Leach, *Educational Charters*, pp. xxvii-xxviii, 183.
* Walter of Merton * Merton College * Balliol * president

예 49_ 칼레지에서 수업하는 풍속은 일단 시작되자마자 옥스포드 전체에 재빨리 퍼져나갔고, 15세기 말경에 와서는 그 당시 옥스포드 대학 안에 있던 10개의 비종교적 칼레지와 7개의 종교적 칼레지에서 이루어진 강의가 정규 대학의 강의를 거의 대치할 정도였다. 학생들은 정규 강의에 출석할 의무가 없어졌으며, 대학의 선생은 반드시 강의를 담당해야 한다는 선생에 대한 의무도 최소한으로 줄어들었다. 이 변화가 어느 정도로 완벽하게 일어났는가 하는 것은 1518년에 대학 교수단들이 '학생들이 아무도 출석하지 않는 강의를 꼬박 한 시간씩 강제로 할 의무를 삭제해 주도록' 요청한 사실에서 알 수 있다. 대학의 규모가 훨씬 큰 파리에서도 추세는 대체로 이와 비슷하였다. 그러나 옥스포드 대학에서 거주하는 사람들이 주로 학사나 선생*인 것과는 달리, 파리 대학의 칼레지에서 사는 사람들은 주로 학사과정의 학생들이었으며, 따라서 파리에서는 대학이 칼레지에 대하여 훨씬 큰 통제력을 행사하였고 칼레지의 번성이 곧 대학의 쇠퇴를 의미하였던 것이 아니라 오직 칼레지가 대학 수업의 장으로 변화되었을 뿐이다. 그 결과로, 중세가 지나고 나서는 파리 대학의 칼레지는 기숙사로서의 중요성을 대부분 상실하였다. 이와는 달리, 옥스포드 대학의 칼레지는 각각이 독립적으로 또 자치적으로 운영되고 있었으며 따라서 중세가 지난 뒤에도 옛날의 자율성을 거의 그대로 누리고 있었다. 종교개혁 당시에 철폐된 종교적 칼레지를 제외하면 옛날의 칼레지는 오늘날 모두 그대로 존재하고 있으며, 그 후 여러 시기에 10개의 칼레지가 추가되었다. 칼레지의 특징적 수업 방식인 '개인면담 수업'*과 더불어, 옥스포드 대학은 세계의 어느 대학에서 보다도 더 완전하게 옛날 칼레지의 전통을 그대로 간직하고 있다.

* master, 또는 석사, 선생이 되는 데에는 학사 학위를 받고 난 뒤에 특별한 과정을 거쳐야 했다.
* tutorial instruction

¶50_ 스코틀란드의 대학은 영국과는 상당히 다른 조건에서 생겨났다. 유리한 조건을 갖춘 여러 나라에서 대학이 학문의 중심으로 세력을 확장해 나간 몇 세기 동안, 스코틀란드는 자체의 정부도 미약하고 밖으로는 영국과의 끊임없는 전쟁에 시달리면서 나라의 기반이 아직 확고하지 못한 상태에 있었기 때문에 학문에는 관심을 둘 겨를이 없었다. 스코틀란드의 학생들은 자기 나라에서 받을 수 없는 교육을 받으러 다른 나라로 가지 않으면 안 되었다. 기원 15세기가 되어 비로소 그 최초의 대학인 성 안드류스*(1411)가 설립되었으며 그 후 약 40년 간격으로 글라스고우*(1450), 아버딘*(1494) 대학이 설립되었다. (에딘버러 대학*은 종교개혁 이후인 1584년에 가서야 설립된다.)

* St. Andrews * Glasgow * Aberdeen * Edinburgh

¶51_ 이 세 대학 중의 어느 경우에 있어서나 설립자는 그 도시의 주교였으며, 그 설립 의도는 신학과 교회법 및 민법 등의 법학을 가르치는 종합적인 '공부 장소'를 마련하는 데에 있었다. 결과적으로 말하면, 이 계획은 국력이 빈약하고 인구가 적은 그 당시의 스코틀란드로서는 지나친 야심이었으며, 그 세 대학을 통틀어

다소간이나마 성과를 거둔 분야는 오직 문학부뿐이었다. 이 점은 스코틀란드의 대학 체제를 결정하는 데에 큰 영향을 미쳤다. 법학을 가르치는 대학을 설립하겠다는 의도에서 설립자들은 다소간 볼로냐를 모방하여 학생들에게 대학 운영에 참여할 통로를 마련해 주었지만, 문학부 학생들은 나이가 너무 어렸기 때문에 그 참여는 형식적인 것에 그쳤고 실지로 대학 운영의 권한은 강의를 담당하는 선생의 손에 쥐어져 있었다. 그리하여 사실상 스코틀란드 대학의 체제는 북부 독일과 네델란드의 신흥 대학들을 거의 그대로 모방한 셈이 되었다. (이 무렵 대륙의 오래된 대학에서는 교황분립 문제로 열띤 논쟁이 벌어졌고 그로 말미암아 그곳에서 공부하던 스코틀란드 학생들이 대거 북부 독일과 네델란드의 신흥 대학으로 이주한 일이 있었다.) 초기에는 스코틀란드 대학의 학생들은 여러 선생들이 따로따로 살고 있는 '教育棟교육동'*에서 공부를 했지만 머잖아 세 대학이 모두 독일의 선례를 따라 대학 전체가 하나의 '교육동' 또는 칼레지를 운영하면서 강의실 뿐만 아니라 선생과 학생의 숙소를 제공해 주었다. 성 안드류스와 아버딘에서는 그 후에 한 두 개의 칼레지가 더 추가되었지만, 그 이전에 스코틀란드의 대학은 그 전형이 이미 고정되어 있었다. 그 본보기인 독일 대학과 마찬가지로 스코틀란드에서는 대학의 거주 단위로서의 '칼레지'*와 행정단위로서의 '대학'*이 사실상 동일한 것으로 되었으며, 이로 말미암아 성 안드류스에서는 칼레지가 학생들에게 학위를 수여하는 것과 같은 다소 기이한 현상이 나타나기도 하였다. 그러나 이와 같이 칼레지와 대학이 통합됨으로써 나타난 가장 중요한 결과는 강의를 담당하는 교수의 집단이 항구적인 것으로 고정되고 강의가 이들에게 국한해서 위촉되었다는 것이다. 그 당시 강의를 담당하는 선생이 끊임없이 바뀌는 파리 대학과 비교해 보면, 이것은 오늘날의 대학 교수 제도와 더 비슷하다. 그러나 오늘날의 대학 교수와 중세 스코틀란드의 대학 교수 사이에는 기이한 차이가 있다. 당시의 스코틀란드 대학에서는 교수가 한 분야에 관한 강의만 한 것이 아니라 일종의 '순환제도'로서, 각각의 교수가 한 집단의 학생들을 4년 동안 끌고 올라가면서 그들에게 모든 과목을 가르쳤다. 이것은 유럽의 다른 어느 대학에서도 그 유례를 찾아볼 수 없는 특이한 제도로서, 이 당시에서부터 18세기에 그것이 철폐될 때까지 스코틀란드 대학의 질적 수준의 저하를 가져온 원인이 되었다고 할 수 있다.

---

* paedagogies * college * university

6 대학 이하 단계의 학교 교육

¶52_ 중세 전 기간을 통틀어 대학의 발생과 성장에서 가장 두드러지게 나타난 학문적 열의는 대학 이하의 학교들이 도처에 광범하게 퍼져 있었다는 사실에서도 그 자취를 드러내었다. 사람들이 드문 산간 벽지를 제외하면, 서부 유럽에는 소년이 정규 문법학교에 다니기 위하여 집을 떠나 살아야 했던 그런 지역이 거의 없었다. 이 문법학교에서 소년은 읽기와 쓰기와 종교를 배우는 것 이외에, 문자 언어와 회화 언어로서의 라틴어, 그리고 심지어 그 당시까지도 '사소한' 교과로 취급되었던 수사학과 논리학을 배웠다. 문법학교가 없는 작은 도시와 마을에는 대체로, 초서*가 「여수도원장 이야기」*에서 '한 무더기의 조무래기 아이들이 모여 있는 작은 학교'라고 말한, 읽기학교 또는 노래학교가 있었다.

> 해마다 어른들이
> 높은 교리와 학설을 배우던
> 바로 그 학교에서
> 이제는 코흘리개 아이들이
> 말과 노래와 글자를 배우도다.

중세의 아이들이 거기서 배운 내용이 결코 헛되지 않았다는 것은 그 당시의 보통 상인이나 직공의 손으로 씌어진 글이 그 이후 3개 세기 동안의 그것보다 훨씬 훌륭하고 계산도 정확하다는 사실에서 미루어 짐작할 수 있다.

---

* Geoffrey Chaucer　* *The Prioresses Tale*

¶53_ 당시의 형편이 이와 같이 순조로웠던 것은 교회가 교육에 정성을 기울인 결과였다. 기원 12세기에 이미 교회법은 대중교육이 교회의 본질적 기능에 속한다는 것을 분명히 인정하고 있다. 사실상, 1189년의 제3차 라테란 공회*에서는 성직자들뿐만 아니라 가난한 학생을 위해서도 무상의 학교를 세우라는 명령을 내렸다. 즉, '하느님의 교회는 자애로운 어머니와 같아서 가난한 사람들에게 육체를 유지하는 데에 필요한 물건과 영혼을 이롭게 하는 데에 필요한 물건을 모두 제공함으로써 부모의 도움을 받을 수 없는 가난한 사람들이 글을 읽고 생활을 영위해 나갈 기회가 박탈당하는 일이 없도록 해야 한다. 모든 사원에 적절한 건물을 지어

선생으로 하여금 그 사원의 성직자들과 가난한 학생들을 무상으로 가르치도록 하여, 가르치는 사람이나 배우는 사람에게 다같이 부담을 덜어주고 배움의 길을 열어주어야 한다.' 또한, '그 밖의 교회나 수도원에서도, 과거에 이 목적을 위한 조치가 있었다가 폐지된 경우가 있다면, 이제 그것을 다시 부활시켜야 할 것이다.'[1)]

1) A. F. Leach, *Educational Charter*, 122, 123.
* Lateran Council, Lateran은 로마의 교황궁

¶ **54**_ 이 칙령에 나타난 바와 같이 중세의 암흑시대에 사원, 대학부속교회, 수도원 등과 연관을 맺고 세워진 학교들은 모두 그 이후 유럽교육에서 중요한 역할을 수행하였다. 물론, 거기에는 약간의 변화가 없었던 것은 아니지만, 그 변화는 결코 근본적인 것이 아니었다. 기원 12세기에 수도원이 큰 세력으로 등장함에 따라 대다수의 사원과 교회는 그 부속학교와 함께 수도사들의 통제 하에 들어가게 되었다. 그러나 이것은 일부 학자들이 주장하는 것과는 달리, 가르치는 일이 사제에서 수도사로 넘어갔다는 것을 의미하지는 않는다. 이 경우에 학교의 행정은 수도원의 소관이었지만 교사는 수도원에서 나온 것이 아니라 교회의 일반 성직자들 중에서 나온 것이다. 이 당시의 가장 중요한 변화는 사원에서의 세속 교육 분야에서 찾아 볼 수 있다. 신학이 전문 분야로서 발전함에 따라 수도원 학교에서는 문법교과가 그 상위의 여러 교과로부터 분화되고 기존의 문법학교 또는 성가학교에 덧붙여서 신학학교가 설립되는 결과가 나타났다. 그와 동시에 학교에서 학생을 가르치는 일과 교회법을 해석하고 집행하는 일이 기능상으로 명백히 구분되기 시작했다. 종래의 '학교선생'*이 한층 위세가 높아져서 이제는 '사원학교장'으로서 사원의 4인 집행부의 한 명이 되었다. 문법학교에서의 그의 자리는 대체로 대학 문학부에서 선생 자격을 획득한 문법학교 교사에게 넘겨졌다. 이제 사원학교장은, 자신이 당연직으로서 교장의 일을 보고 있는 신학 학교의 강의를 제외하고는, 실지로 가르치는 일에는 종사하지 않고, 해당구역에서 교사가 되려면 누구나 가져야 하는 교사 자격증을 수여하는 권한을 통하여 교육 전반에 관한 통제력을 행사하였다.

* scholasticus

¶55_ 그러나 사원과 대학의 부속교회에서 설립한 학교만으로는 당시의 교육적 필요를 도저히 충족시킬 수 없었다. 앞에서 말한 바와 같이, 이 당시에는 약간 큰 마을에는 거의 어디나 학교가 있을 정도로 배움의 열망이 확산되어 있었다. 이 새로 설립된 학교는 다양한 설립 배경을 보여주고 있다. 영국의 경우를 말하자면, 이 당시의 학교는, 오래 전부터 있었던 옛날 학교는 별도로 치고, 적어도 네 가지 유형으로 구분될 수 있다. (가) 후기의 대학 부속학교* 이 유형의 학교는 13세기 중엽에서 종교개혁에 이르는 동안에 대거 설립되었다. 그 중 최초의 몇몇 학교에서는 종래의 대학 부속학교에서처럼 학교의 공부가 교회의 종교적인 행사에 비하여 부차적인 중요성을 가지고 있었지만, 1382년에 와이크함의 윌리암*이 명시적으로 남자 아이의 교육을 목적으로 윈체스터 칼레지*를 설립하였을 때에는, 앞에서 대학의 칼레지의 경우와 관련하여 말한 바와 같이, 학교와 교회 사이의 강조점의 전환이 있었다. 이튼*(1440)을 위시하여 그 이후에 설립된 이런 유형의 학교는 대부분 종교가 아니라 교육을 일차적인 관심사로 삼았다. (나) 병원 부속학교. 이 유형의 학교는 처음에는 빈민 구호소* 사업의 일환으로 시작되었다. 이 빈민 구호소는 기부금을 받아 운영 하였으며 간단한 질병의 치료도 겸하여 하고 있었다. 병원 부속학교는 그러한 빈민 구호소 또는 '병원'에 수용되어 있는 가난한 아이들을 가르치는 학교였다. 그 중에서 가장 유명한 것은 런던의 그리스도 병원에 부속된 블루 코우트 학교*(1553년 설립)로서, 리치*에 의하면 '에드워드 6세*가 명실공히 설립했다고 할 수 있는 유일한 교육기관'이다. (다) 길드 학교. 상인과 장인의 조합은 대부분의 경우에 그 조합원들의 명복을 빌고 조합과 관련된 종교적 의식을 주관할 목적으로 사제를 두고 있었다. 이 사제들은 그 밖의 여가 시간에 조합원들의 아들이나 그 구역 주민들의 아들을 위한 학교를 운영하였다. 그런 학교 중에서 특히 유명한 것으로, 셰익스피어가 '약간의 라틴어와 그보다 더 근소한 희랍어'를 배웠다는 스트래트포든에이븐*의 옛날 문법학교와 아직까지 조합의 산하에 있는 런던의 '상인 테일러 학교'(1561년 설립)를 들 수 있다. (라) 연보학교(또는 진혼당학교).* 이 유형의 학교는 그 설립 배경이 길드 학교와 유사하다. '연보'*는 '진혼당'에서 죽은 사람의 명복을 위하여 진혼곡을 불러줄 사제에게 주는 기부금이었는데, 진혼당에서의 일은 늘 있는 것이 아니고 여기에 배치된 사제는 시간이 많았으므로 그로 하여금 문법학교의 과목을 가르치도록 하는 것이 일반적인 관례였다. 기원 16세기의 영국에는 이런 종류의 학교가 100여 개 있었다.

* Collegiate School
* William of Wykeham (1324-1404), 윈체스터 주교
* Winchester College * Eton * almshouse
* Blue Coat School * A.F. Leach
* Edward VI(1547-1553 재위)
* Stratford-on-Avon * Merchant Taylors' Shcool
* Chantry School * chantry [cantaria]

¶56_ 위의 학교에 관하여 한 가지 특기할 만한 사실은, 그 위의 대학 수준에서 이미 나타난 바와 같이, 교육이 교회의 직접적인 통제에서 벗어나서 비종교적인 형태로 독립하는 경향을 나타내었다는 것이다. 물론, 이 분리는 아직 미미하였다. 심지어 길드 학교에서와 같이 학교가 확실히 교회로부터 독립되어 있는 경우에도 선생은 거의 언제나 성직자였다. 그러나 15세기에 접어들면서, 가르치는 일이 교회의 전유물이었던 시대는 이미 지나갔다는 징조가 나타난다. 그리하여 15세기 동안 요크 사원 문법학교*의 교장은 세 명이 잇달아 모두 일반인이었으며, 이 이후에 설립된 학교 중에는 성직자가 아닌 일반인을 교장으로 하여야 한다는 것을 명시적으로 규정하는 경우도 있었다. 이 시대의 조류를 나타내는 더 중요한 사실로서, 독일과 스코틀란드에서의 '시립학교'*의 출현을 들 수 있다. 이 학교는 그 경영에 있어서 뿐만 아니라 대부분의 경우 교사의 임명에 있어서도 시의 산하에 있었다. 아마, 모든 경우는 아니더라도 대부분 경우에 교사의 임명에는 사원학교장이나 그 밖의 교회 당국의 승인이 필요하였다. 그러나 이때쯤 상당히 많은 도시들은 이 면에서 점점 더 확고한 독립을 이룩해 나갔다. 교사의 임명을 순전히 시 당국의 직권으로 행했다는 최초의 기록은 1464년에 스코틀란드에서 피블즈 학교*의 '기부자와 이웃들'이 윌리암 블라클로크*라는 사람을 교장으로 임명하였다는 기록에서 찾아 볼 수 있다. 즉, 1418년의 기록에는 시장과 시민들이 문법학교의 교장 후보자를 사원학교장에게 추천하고 그의 심사를 요청한 것으로 되어 있다. 그러나 그 90년 뒤인 1509년에는 '시장, 기부자, 평의회 의원과 주민들'이 사원학교장의 공공연한 반대에도 불구하고 교장을 임명하였으며, 사원학교장이 로마 교황에게 이 문제에 관한 청원을 제출했음에도 끝까지 그들의 주장을 관철시켰다는 기록이 있다. 또한, 1538년 교장 자리가 공석으로 되어 있었을 때, 시평의회는 그들이 지명한 사람을 사원학교장에게 통보하고, 사원학교장이 자신의 마음에 드는 사람을 임명하고자 했음에도 결국 평의회의 후보자를 임명하였다. 피블즈나 아버딘과 같

은 도시는 분명히 예외적인 경우에 속한다고 보아야 하겠지만, 그럼에도 불구하고 그것은 교육이 교회의 권위에서 세속적 권위로 이양되는 전체적 동향을 예고한 효시로서는 분명히 의의를 가지고 있다.

---

* York Cathedral Grammar School   * Burgh School
* Peebles   * Sir William Blaklok

참고문헌

ABELARD : G. Compayre, *Abelard and the Origin and Early History of Universities*, London, 1893 ; J. McCabe, *Peter Abelard*, London, 1901.

권말 참고문헌 참조.

제 6 장

인문주의 교육

1 문예부흥

¶1_ 근대의 여명을 알리면서 인간적 정신의 눈부신 각성이 나타난 역사적 시대를 일컬어 흔히 '다시 태어난다'는 뜻의 '르네상스'*라는 이름으로 부르지만, 이 용어는 문자 그대로의 의미로는 그 시대의 전체적인 특징을 나타내기에는 어이없이 부족하다. 기껏해야 그 용어는 방대하고 포괄적인 운동의 한 측면만을 드러낼 뿐이며, 그나마 가장 중요한 측면을 드러낸다고 할 수도 없다. 이 시대의 가장 중요한 특징은 고대적 사고방식과 문물의 '재탄생'이 아니라 인간을 유린하는 편협된 중세 문명에 대한 확고한 항거, 그리고 보다 넓고 충만한 개인의 삶을 위한 막연하지만 집요한 요구에 있었다.

* renaissance

¶2_ 사실상, 처음 얼마 동안 이 새로운 정신을 소유한 사람들은 미래를 향하여 나아가는 것보다는 과거로 되돌아가는 데에 더 관심을 기울이는 것처럼 보였다. 여러 형식의 예술은 고전적인 모델을 기초로 삼았다. 희랍과 로마의 양식을 본뜬 새로운 건축양식이 나타났다. 단테*와 페트라르카* 등, 현대 유럽의 위대한 작가들의 선구자의 위치에 있었던 문학가들은 무엇보다도 고전 문학의 가치를 재발견하고 그것을 공부하는 데에 앞장섰던 사람들이다. 그와 마찬가지로, 아리스토텔레스의 이론을 맹목적으로 추종하던 상태에서 벗어난 당시의 철학자와 과학자들은 대체로 말하여 당장 새로운 방향으로 그들 자신의 독자적인 사상을 정립하

려고 한 것이 아니라 아리스토텔레스 이외의 고대 학자들의 이론을 배우는 일에 노력을 기울였다. 심지어, 과거와의 단절이 가장 두드러졌던 신학에 있어서도, 새로운 경향의 신학자들은 종래의 신앙과 삶의 체제를 혁명적으로 탈피한 새로운 체제를 구축해야 한다는 충동을 느끼면서도 그 충동을 억누르고 자신들의 동향을 초대 교회에의 복귀로 표현하였다. 어디서나 들리는 외침은 '과거로 돌아가자. 고대 세계의 예술과 문학과 종교로 돌아가자'라는 것이었다.

* Dante Alighieri (1265-1321)
* Petrarch [Francesco Petrarca](1304-1374)

¶3_ 이 모든 일이 진행되는 동안, 그 주동자들이 거의 느끼지 못하는 사이에 바로 이전의 과거건 먼 과거건 간에 '과거'와는 다른 새로운 세계의 희미한 윤곽이 그 모습을 드러내고 있었다. 그 최초의 징조는 유럽의 여러 곳에서 국가* 정신, 또는 국가에 관한 의식이 싹트고 있었다는 것이다. 중세 사람들은 자신을 도시에 속한 시민이라고 생각한 데 비하여, 이제 사람들은 그보다 큰 단위에 속한다고 생각하였으며, 그것은 자신의 존재를 작게 만드는 것이 아니라 더 크게 만든다는 것을 깨닫기 시작하였다. 국가 감정의 성장과 밀접하게 관련된 것으로, 이때까지 비속한 언어, 문학적인 목적에 쓸모없는 언어라고 생각되어 오던 각 지역의 자국어로 된 진정한 문학이 출현하였다. 그야말로 '문예의 부흥*'이 그 최고조에 달하기 전에도 이탈리아의 단테, 페트라르카, 보카치오,* 영국의 초서*와 위클리프*는 자국어의 엄청난 문학적 가능성을 의심할 여지없이 입증하였다. 또한, 자연과학에서는 오랜 세월이 지난 뒤 처음으로, 로저 베이콘*에서 시작하여 코페르니쿠스*의 획기적인 연구에서 절정을 이루는 명실상부한 '연구' — 능동적 추구 — 가 이루어졌다.

* nationality, 또는 민족 * revival of learning * Giovanni Boccaccio (1313-1375)
* Geoffrey Chaucer (1343?-1400) * John Wycliffe (1320?-1384)
* Roger Bacon (1214?-1294?), 영국의 프란체스코회 수도사, 철학자
* Nicolaus Copernicus (1473-1543)

¶4_ 위의 두 경우에 작용한 정신은 동일하였지만 그 결과는 매우 달랐다. 앞의 경우에 나타난 결과가 과거의 재탄생이었다면, 뒤의 경우에 나타난 결과는 미래의 탄생이었다. 이와 같이 재탄생과 탄생을 정면으로 대조시키면, 마치 두 운

동이 서로 날카롭게 구분되는 것처럼 생각될지 모르지만, 사실은 그렇지 않다. 한편으로, 과거의 더 좋은 면을 되살려 내려는 열망은 원래 더 좋은 미래를 표현하는 것에 불과하다. 고대 세계의 삶을 재현하려고 한 사람들의 목적은 사실상 과거의 업적 중에서 모든 훌륭한 것을 그대로 나타낼 수 있도록 그들 자신의 세계를 재건하는 데에 있었다. 그리고 또 한편으로, 그들의 강한 창조적 충동을 새로운 예술적 또는 제도적 형식으로 구현하고자 한 사람들은 틀림없이 고대의 원천에서 영감과 지침을 찾았을 것이다. 그렇기는 해도 과거로 되돌아가려는 노력과 미래로 나아가려는 이 두 가지 노력은 시작될 때부터 대립의 소지를 안고 있었으며, 그 대립은 르네상스가 점점 진행되어 초창기의 싱싱한 활력을 잃고 마침내 하나의 時代相시대상으로 정착되면서 더욱 심각해졌다. 장차 어떤 결과를 몰고 올지도 모르는 새로운 사고방식과 행동양식을 과감하게 시도하여 새로운 시대를 여는 것에 비하면, 옛날을 부활시키는 데서 만족을 얻는 쪽이 대부분의 사람들에게는 훨씬 쉬운 일이었다. 그러나 바로 이 점 때문에 고대에 기초를 두고 거기서 이끌어낸 사회생활의 양식은 시간이 지나감에 따라 바로 전 시대의 생활양식에 못지않게 진보에 큰 장애가 되었다. 그들이 찾는 황금시대가 지나간 과거가 아닌 다가올 미래에 있다고 생각한 사람들은 르네상스를 만들어낸 바로 그 정신에 더욱 박차를 가하여 르네상스를 비판하며 그것을 넘어서야 한다고 생각하였다.

¶5_ 르네상스가 진행되는 동안의 교육과 그 이후의 교육 발달을 추적하는 데는 위의 두 가지 경향을 늘 염두에 두어야 한다. 사실상, 르네상스 이후 오늘에 이르기까지 교육의 역사는 바로 그 두 경향의 상호작용과 갈등의 기록이라고 말할 수 있다. 물론, 14세기와 15세기에 교육의 개혁에 열의를 가진 사람들에게는 그 두 경향 사이의 갈등이 거의 문제가 되지 않았다. 이론적으로 말하면, 그들에게는 두 가지 가능성이 열려 있었다. 즉, 학교와 대학이 중세의 전통을 청산하고 르네상스의 충동으로 말미암아 새롭게 등장한 문학과 철학과 과학을 가르치느냐, 그렇지 않으면 당시 교육 이외의 다른 분야가 모두 그러했듯이 과거로 되돌아가서 희랍과 로마 문학에서 교육내용을 구하느냐 하는 것이다. 그러나 실제적으로 그들에게 주어진 가능성은 오직 후자뿐이었다. 오늘날 우리의 입장에서 보면 르네상스가 무엇을 의미하는가 하는 것은 비교적 분명하다. 현 시점에서 지난 4개 세기 동안 점진적으로 창조된 새로운 문학, 새로운 과학, 새로운 정치 형태, 새로운 사회생활의 이념 등은 모두 르네상스에서 시작된 정신적 세력에 힘입은 것이다. 그러

나 그 움직임이 막 시작되던 초창기에 살았던 사람들에게는 이 모든 것이 아직 나타나지 않은 미래에 속하였다. 그들은 이제 과거 천이백 여 년 동안 해 오던 것과는 전혀 다른 새로운 교육을 논의하고 있었다. 자국어로 된 문학은 아직 유년기에 있었으며 어느 나라 말이든지 간에 현대어로 된 작품으로서 희랍 로마의 위대한 고전과 어깨를 나란히 할 만한 것은 거의 없었다. 과학은 더욱 덜 발달된 상태에 있었다. 심각한 과학 연구를 하는 사람은 극소수였으며, 그들이 가지고 있는 얼마 안 되는 지식은 아직 秘敎비교의 수준에 머물러 있었다. 사람들은 아직도 '연금의 돌'* 을 찾으러 다녔고 지구가 우주의 중심이라고 믿고 있었다. 물론, 문학에 있어서나 과학에 있어서나 간에 미래의 성과에 대한 약속은 넘치도록 팽배해 있었다. 그러나 약속으로만 존재하는 지식을 교과로 삼아 교육할 수는 없는 일이었다. 그리하여, 당연한 귀결로서 르네상스의 교육자들은 고대 세계로부터 물려받은 작품으로 눈길을 돌렸다. 그것 때문에 학생들이 그들의 모국어 대신 라틴어로 교육을 받아야 하게 된 것은 아마 불행한 일이었겠지만, 또 한편 그 당시에는 아직 라틴어가 어느 면으로 보나 '살아있는 언어'로서 유럽 전역에 걸쳐 학자나 실무자들이 모두 라틴어로 말하고 글을 썼다는 점을 고려하면, 그 불행은 충분히 견딜 만한 것이었다. 뿐만 아니라, 그 당시의 모든 분야에 관한 중요한 책이 라틴어로 되어 있었다는 실용적 고려는 차치하더라도, 무엇보다도 중요한 사실은, 라틴어는 그것보다 덜 알려진 희랍어와 함께 문학을 공부하는 열쇠였으며 또한 문학은 그 시대의 포부와 열망을 가장 집약되고 정련된 형태로 표현하고 있었다는 점이다. 중세 동안에는 대체로 억압되어 있던, 미와 진리와 자유에 대한 욕망이 진정한 만족을 얻을 수 있었던 것은, 적어도 현대적 필요에 더 적합한 새로운 정신적 매체가 창조되기 전에는, 어디까지나 라틴 문학에서였다.

* philosopher's stone, 모든 금속을 황금으로 만드는 힘이 있는 것으로 생각된 신비의 광물

2 이탈리아의 인문주의 교육

¶6_ 기원 14세기에 이탈리아의 페트라르카에서 시작된 학문의 부활은 거의 즉각적으로 교육에 영향을 미쳤다. 위대한 고전 작품의 필사본을 소유하면서 그것을 해석하는 데에 필요한 지식과 통찰을 가지고 있는 학자가 있는 곳에는 어디

에나 스스로 로마 제국의 정신적 상속자로 자처하는 이탈리아 청년들이 모여 들었다. 이런 경위를 통하여 라틴 고전은, 약간 뒤에 중요시된 희랍 고전과 함께, 교육받은 사람들의 공동 소유물이 되었다. 볼로냐를 위시한 옛날 대학은 이 운동에 거의 아무런 역할을 담당하지 않았다. 당시 이러한 각성의 주된 진원지는 자신이 문학 연구에 열성이 있거나 그렇지 않으면 다른 사람에게 그 열성을 자극하는 후견인으로서의 명성을 얻고 싶어 하는 사람이 지도자의 위치에 있는 그런 도시나 궁정이었다. 이 점에 있어서 메디치가*의 도시인 피렌체*는 대표적인 보기이다. 문학적인 열성이 아직 무르익지 않은 1348년에 이미 피렌체의 시민은 새로운 학문의 진흥을 위하여 대학을 설립하였으며, 1396년 콘스탄티노폴리스에서 이 대학에 온 크리솔로라스*는 여기에 희랍 연구를 도입하여 서부 유럽의 인문주의에 새로운 요소를 첨가하였다. 또한, 15세기 후반, 메디치의 후손으로서 다방면으로 찬란한 업적을 거둔 로렌쪼*의 시절에는 그 유명한 아테나이의 아카데메이아를 본뜬 플라톤의 아카데미아*가 이 대학에 설립되었으며 그로 인하여 사방에서 유명한 학자들이 모여들어 기독교 사상이 가미된 플라톤 철학을 보급하려고 노력하였다. 그러니 이 방면의 선도적 역할을 담당한 것은 피렌체였지만, 그 이외에도 파도바*나 베네치아*와 같이, 그것에 조금도 뒤지지 않는 문학 연구의 중심지가 여기저기에 있었으며, 로마와 나폴리*에는 피렌체의 아카데미아와 관심 분야는 다르면서도 성격에 있어서는 동일한 아카데미아가 광범하게 성행하였다 이와 같이 하여 인문주의 사상은 이탈리아 전역에 급속도로 퍼져서 여러 형식으로 사람들의 삶 속으로 파고들었으며, 그러한 인문주의의 형식 중에는 공공연하게 또는 약간 지나칠 정도로 이교도적인 색채를 띠는 것도 있었다.

---

* Medici, 피렌체의 부유한 은행가의 집안으로서 1420년대에서 1730년대에 이르기까지 문학과 예술을 적극적으로 후원하였다.
* Florence [Firenze] * Chrysoloras * Lorenzo (1478-1492 재위)
* Platonic Academy [Academia Platonica] * Padua [Padova]
* Venice [Venezia] * Naples [Napoli]

¶7_ 여러 가지 정황으로 미루어, 당시의 학교는 이 새롭게 불붙은 문학적 관심에 즉각적인 반응을 보였던 것으로 판단된다. 북부 유럽의 경우와 비교해 보면 남쪽 이탈리아 지방에서는, 모든 여건으로 보아, 학교를 르네상스의 정신에 맞추는 데에는 그다지 큰 변화가 필요하지 않았다. 우선 교사들이 대부분 성직자들이

아닌 일반인들로서 성직자들보다는 새로운 정신에 대하여 훨씬 개방된 태도를 가지고 있었다는 것이 한 가지 이유이다. 그러나 그보다도, 남쪽 지방은 라틴어와 라틴 문학의 본고장으로서, 라틴 문학을 외래문화로 받아들인 북쪽에서와 달리, 여기서는 그것이 원래의 생생한 의미를 그대로 지니고 있었다. 그러므로 남쪽 학교로서는 엄격하고 딱딱한 중세식 훈련에서 벗어나서, 그들의 국가적 긍지와 삶의 기쁨을 한꺼번에 가져다주는 이 새로운 시대정신을 받아들이기가 비교적 용이하였다.

¶8_ 르네상스의 교육적 이상을 표명한 최초의 인물은 1390년대에 파도바 대학에서 논리학을 가르친 피에트로 파올로 베르게리오*(1349-1420)였다. 그가 교육을 위하여 한 일은 두 가지였다. 하나는 퀸틸리아누스의 「웅변가의 교육」의 해설서를 발간했다는 것이며, 또 하나는 「신사의 처신과 자유교과」*라는 책을 썼다는 것이다. 앞의 것은 로마 시대의 위대한 교사였던 퀸틸리아누스의 성숙한 교육적 지혜를 세상에 알렸으며, 그로 말미암아 퀸틸리아누스의 그 책은 그것이 처음 나왔던 그 당시보다 더욱 중요한 가치를 가지고 새로운 영감과 실제적 지침의 원천으로 다시 탄생하게 되었다. 이론가건 실천가건, 이태리 사람이건 독일 사람이건 할 것 없이, 르네상스의 교육자들은 모두 퀸틸리아누스의 이 책을 공부하면서 그 정신을 배우고자 하였다.[1] 베르게리오의 저작 중 뒤의 것은 인문주의 교육의 목적과 방법을 광범하게 종합적으로 요약한 책으로서, 그 이후 두 세기 동안 굉장한 인기와 영향력을 누렸다. 이 책은 파도바 영주의 아들의 교육을 위하여 쓴 것이며, 당시로부터 12세기 전 로마 시대의 동일 계층의 청년을 겨냥한 퀸틸리아누스의 방침을 거의 그대로 되풀이하고 있다. 퀸틸리아누스에 있어서와 마찬가지로 이 책에서도 정계에 종사하는 사람은 원만한 전인적 교육을 받아야 한다는 것이 역설되어 있고 교육의 내용은 학생의 개인적 성향과 연령에 맞게 조절되어야 한다는 것이 강조되어 있다. 양자 사이의 차이는 모두 베르게리오가 옛날 로마의 교육을 기독교적 삶의 태도와 결합시키려고 했다는 데서 빚어진 것들이다. 바로 다음 세기에 아이네아스 실비우스*(교황 피우스 2세)가 그의 「아동교육론」*에서 교육자가 관심을 가져야 할 제1목적으로 인격을 든 것과 마찬가지로, 베르게리오는 학문과 품행을 공부의 2개 공동 목표로 내세우면서도 학문은 도덕에 종속되는 것으로 보고 있다. 그에 의하면, 자유교육*은 '몸과 마음의 가장 높은 천부의 능력, 인간을 고귀하게 만들며 덕 다음으로 존귀한 자리를 차지하는 그러한 능력을 이끌어내고 훈련하고 발달시키는 교육'[2]을 뜻한다. 그러나 사실상 베르게리오는, 군

대 생활을 위한 준비로서, 그리고 육체를 이성의 통제 하에 들도록 하기 위한 조치로서 신체적 훈련을 도외시하지는 않지만, 주로 문학적, 詞章的사장적 교과를 자세하게 취급하고 있다. 그가 제안하는 교육과정은 상당히 변형된 형태의 7자유학과이다. 기본적인 교과는 역사, 윤리학, 웅변이며, 이 마지막의 웅변에는 문법, 작문 규칙, 그리고 논리적 논의 전개 방법이 포함되어 있다. 시는 여가 활동으로 제안되어 있으며, 그 다음으로는 옛날의 4과(산수, 기하, 음악, 천문학)가 열거되어 있다. 이 교과들 자체보다도 더욱 중요한 것은 교과에 대한 그의 태도이다. 한편으로, 베르게리오의 주장에는 문학과 문체에 관한 새로운 강조가 나타나 있다. '문학은 사실을 드러낼 뿐만 아니라 사상과 그 표현을 드러내기도 한다. 만약 그 사상이 가치 있는 것이고, 또 가치 있는 방식으로 표현되어 있다면, 그 사상과 그 표현은 결코 사라지는 일이 없을 것이다. …문학에 의하여 과거와 현재와 심지어 미래까지를 우리의 것으로 만드는 이 힘 이외에, 우리가 인생에서 추구할 것이 또 어디에 있겠는가?'[3] 또 한편으로, 이에 못지않게 놀라운 것으로서, 그의 주장에는 자연에 관한 새로운 인식이 나타나 있다. 중세 동안 4과는 겨우 명목만을 유지해 온 형편이었던 것과는 달리, 그에게 있어서는 4과가, 희랍인들 사이에서 과학이 살아있는 교과였던 것과 같이, 가치 있는 것으로 보였던 것이 분명하다. 과학의 몇몇 분야에 관하여 언급하고 난 뒤에 그는 다음과 같이 말하고 있다. 즉 '자연에 관한 지식, 하늘과 땅에 있는 사물의 법칙과 성질, 그 원인과 변화와 결과 — 이것은 젊은이들에게 가장 즐겁고 또 가장 유익한 공부이다.'

---

1) Woodward, *Education during the Renaissance*, p. 9.
2) Woodward, *Vittorino da Feltre*, p. 102. 3) *Ibid*, p. 105.
* Pietro Paolo Vergerio * *On the Manners of a Gentleman and on Liberal Studies.*
* Aeneas Sylvius (Pope Pius Ⅱ) * *On the Education of Children* * liberal education

¶9_ 베르게리오에 의하여 훌륭하게 제시된 교육이론이 교육의 실제로 실현된 것은 다음 세대에 가서, '최초의 현대적 교사'라는 칭호에 그다지 손색이 없는 펠트레의 비토리노*(1378-1446)에 의해서였다. 베르게리오와 비토리노 사이의 기간에 플루타르코스의 「교육론」 번역판이 나왔으며 퀸틸리아누스의 全作品전작품과 웅변술에 관한 키케로의 세 저작*이 차례로 발굴됨으로써 교육에 대한 열성이 더욱 가속화되었다. 이제 교육에 대한 새로운 아이디어를 실천에 옮길 시기가 무르익었고, 비토리노는 이 과업에 가장 적합한 인물이었다. 열여덟 살에 파도바

대학에 입학한 비토리노는 페트라르카의 제자인 라벤나의 지오바니*의 강의를 들었고 바르지차*의 '家僕가복' 또는 '문하생'이 되었다. 이 두 위대한 인물과의 교류를 통하여 비토리노는 키케로의 정신이 어떤 것인가를 알게 되었고 궁극적으로는 당대 최고의 라틴 문체를 터득하게 되었다. 문학에서 학위를 받은 뒤에 그는 아직까지 대학의 정규 교과로서 별로 인정받지 못하는 수학 공부를 마침으로써 그의 명성을 한층 더 높였다. 파도바에서 20년간 문법과 수학을 가르치고 난 뒤 그는, 아마도 교사의 자격으로, 베네치아에 있는 구아리노*의 학교에 가서 그곳에서 희랍에 관한 지식을 습득하였다. 그로부터 수년 뒤에 비토리노는 베네치아에서 그 자신의 학교를 세웠지만, 머잖아 그것을 그만두고 만토바*의 영주인 지안프란체스코 곤자고*의 집에서 그의 가정교육을 담당하였다. 그 집에서는 비토리노와 그의 학생들을 위하여 '기쁨의 집'*이라는 이름의 특별한 별장을 지어 주었고, 여기서 그는 22년 동안을 가르쳤다. 비토리노가 가르친 학생들은 영주의 아들, 딸과 그 이외의 다른 귀족 자녀들이었고, 나중에는 장래가 촉망되는 가난한 학생들이 추가되어 약 육칠십 명에 이르렀으며, 이들은 모두 숙식을 함께 하면서 비토리노와 그의 조수들의 가르침을 받았다.

---

* Vittorino of Feltre　* 키케로의 세 저작—2 : 47 참조
* Giovanni of Ravenna　* Barzizza　* Guarino　* Mantua [Mantova]
* Gianfrancesco Gonzago　* House of Joy [La Gioiosa]

¶10_ 비토리노에게 있어서 知的지적 교육의 기본은 라틴어와 희랍어로 된 고전 작품을 세밀하고 광범하게 공부하는 것이었다. 이 작품들은 문학적인 면에서도 훌륭할 뿐만 아니라 그 내용면에서도 도덕적으로 의혹의 여지가 없는 주제를 다룬 것이어야 했다. 또한 비토리노는 교육내용으로서 라틴어의 작문과 연설에 각별한 주의를 기울였다. 그러나 그의 교육과정은 문학 공부에만 국한된 것이 아니었다. 거기에는 또한 고대의 역사와 철학, 그리고 4과 중의 두 세 과목이 포함되어 있었다. 비토리노의 교육과정에 빠져 있는 것 중에서 한 가지 주목할 만한 것은 자국어를 가르치는 데에 아무런 배려가 없었다는 점이다. 이와 같이 학문적 소양을 쌓는 것과 병행하여, 게임이나 운동을 통한 엄격한 신체 단련이 이루어졌다. 이 후자의 교육은 궁중에서의 귀족 생활에 필요불가결한 요소로서, 비토리노의 경우에는 그것에 신체적 완성이라는 희랍적 이상에 대한 존경이 가미되어 한층 격조가 고양되어 있었다. 이 모든 교육활동의 기저에는 일상의 예배로 구체화된

기독교적 정신이 흐르고 있었다. 비토리노 자신의 모범은 그 정신에 생생한 의미를 부여하였다. 사실상, 학교의 전반적인 성공 그 자체가 비토리노의 인격으로 말미암은 것이었다고 말해도 좋을 정도이다. 올바른 교과를 선택하고 그것을 올바른 방법으로 가르치는 데에 세심한 주의를 기울인 것은 사실이지만, 교육과정이나 교육방법 중의 어느 것도, 이후 50년간 도처에서 볼 수 있었던 것과는 달리, 판에 박은 것처럼 고정되어 있지 않았다. 비토리노가 고양된 사회적 의무감과 각자의 독특한 재능을 고도로 발달시킨 훌륭한 시민, 훌륭한 학자를 길러낼 수 있었던 것은 바로 그런 특성을 갖춘 비토리노 자신이 학교의 교육활동을 직접 이끌었기 때문이다.

¶11_ 비토리노의 학교와 유사한 것들이 그 밖의 다른 곳에도 여러 개 있었지만, 그 중의 어느 것도 비토리노의 학교만큼 르네상스 교육의 이상을 완전하게 구현하지 못하였다. 자유교육을 통하여 완전한 인간과 충량한 시민을 길러내어야 한다는 주장은 여러 교육 논설에서 꼬리에 꼬리를 물고 떠들썩하게 되풀이되었지만, 그럼에도 불구하고 그 후의 학교들은 어느 것도 비토리노가 확립한 표준에 미치지 못하였다. 이 쇠퇴의 최초의 증거는 그의 동시대인이며 친구인 베로나의 구아리노*(1374-1460)에서 나타난다. 크리솔로라스의 집안에서 5년 동안 희랍어를 배울 수 있었다는 무상의 특전을 누렸다는 점을 제외하면 구아리노의 생애는 비토리노와 거의 다를 바 없었다. 그는 라벤나의 지오바니 밑에서 공부했고, 베르게리오의 영향을 받았으며, 학교와 대학에서 교편을 잡다가, 페라라*의 궁정학교* 교장으로서 일생을 마쳤다. 그렇지만 이 모든 배경을 가지고서도 그의 교육관은 비토리노의 그것과 동일하지 않았으며, 이 차이는 그의 동시대인의 눈에도 명백히 드러났다. 구아리노에게 있어서 고전 문학 공부는 선량한 인간의 전면적 발달을 위한 수단인 단계를 넘어서서 이미 그 자체가 목적이 되는 길로 접어들고 있었다.

---

* Guarino of Verona * Ferara * court school

¶12_ 구아리노의 관점은 그의 막내아들이 그 아버지의 교육활동을 기록한 「교육의 방법과 고전작가의 작품을 읽는 방법」이라는 짤막한 논술에 잘 나타나 있다. 여기서 '교육의 방법'이라는 것은 사실상 저자 자신의 견해라기보다는 그의 아버지 구아리노의 견해를 발전시킨 것에 불과하지만, 하여간 '방법'을 문제로 삼

았다는 것 그 자체는 특기할 만하다. 사실상, 그 당시의 상황으로 보면 방법의 문제가 대두된다는 것은 당연한 일이었다. 그렇기는 해도, 방법에 대한 강조는 수업의 형식에 관심을 기울이면서 교육의 내용을 부차적인 지위로 격하시키는 경향을 나타내었다. 구아리노의 경우에, 이와 같이 교육이 삶의 현실과 단절되어 있었다는 것은 특정한 교과가 그 내용과는 무관하게 그 자체로서 교육받는 사람의 자질로서 중요하다는 것을 역설했다는 데서 드러난다. 구아리노의 아들은 다음과 같이 쓰고 있다. '이상에서 나는, 라틴 韻文운문을 쓰는 능력은 교육받은 사람의 한 가지 필수불가결한 특징이 된다고 말하였다. 이제 나는 그에 못지않게 중요한 둘째 특징을 말하고자 한다. 그것은 희랍의 언어와 문학에 관한 지식이다.'[1] 라틴 운문이 형식을 공부하기 위한 교과임은 말할 필요도 없으며, 그의 설명에 나타난 바에 의하면, 그의 학생들이 습득해야 할 희랍에 관한 지식 또한 그에 못지않게 형식을 배우는 데에 주안점을 둔 것이다. 그의 일차적인 관심은 학생들에게 희랍의 문학을 알도록 하는 데에 있는 것이 아니라 희랍어의 단어와 成句성구가 라틴어의 이해에 도움이 된다는 데에 있었다. 교육의 방법에 관한 그의 논의도 동일한 방향을 지시하고 있다. 그는 '교육의 기초는 문법으로 다지도록 해야 한다'고 말하면서, 뒤이어 문법에는, 첫째로 여러 품사를 올바르게 사용하는 규칙을 다루는 부분과, 둘째로 역사 서술과 같은 연속적인 산문을 연구하는 두 개의 부분이 포함된다고 말한다. 또한 그는 라틴어 운문을 쓰기 전에 律讀율독*의 규칙을 먼저 공부할 것과 운문을 쓰고 난 뒤에 매일매일 시인의 작품을 읽을 것을 권고한다. 물론, 문법과 운율의 규칙을 아는 것이 한 언어에 관한 철저한 지식을 가지는 데에 절대로 필요한 것은 사실이다. 그러나 실지로 사용되는 맥락을 떠나서 그러한 규칙을 공부해야 한다든가 문학 작품을 읽기 전에 그 규칙에 주의를 집중하도록 하는 것은 형식주의에 수반되는 모든 폐단을 스스로 불러들이는 결과가 된다. 말하자면 형식을 공부하는 것 그 자체가 지나치게 중요한 것으로 간주되고 그와 함께 문학이 가질 수 있는 인간적 가치가 도외시되는 것이다.

---

1) Woodward, *Vittorino da Feltre*, p. 166.

* *On the Method of Teaching and of Reading the Classical Authors* * scansion

¶ **13**_ 구아리노 父子부자의 경우에, 이 문법의 예비 훈련이 과연 문학의 올바른 감상에 방해가 되었는가의 여부는 판단하기 어렵다. 그러나 아들 구아리노의 세대에 언어에 관한 분석적 연구가 고도로 치밀한 수준에 이르렀다는 점을 고려

하면, 그 위험이 단순한 기우에 그쳤다고만은 할 수 없다. 비토리노의 제자로서 가장 후대에 속하는 페로티*가 라틴 詩作法시작법에 관한 최초의 현대적 논술인 「운율론」*과 최초의 현대적 라틴 문법인 「기본 문법」*을 쓴 것은 이 경향을 나타내고 있다. 페로티의 책이 우수하다는 것은 일반적으로 인정되고 있지만, 예컨대 수사학을 처음 공부하는 학생을 위한 '수사법'*을 논의할 때 그것을 자그마치 열세 가지로 구분하여 설명하는 것을 보면 그의 저작의 성격을 대강 짐작할 수 있다. 이러한 언어의 형식적 측면에 대한 강조는 그 뒤를 이은 사람들에서 더욱 두드러지게 나타났으며, 머잖아 라틴 작문에서 자유라든가 자발성 같은 것이 완전히 자취를 감추는 결과를 낳게 되었다.

* Perotti * *Metrice* * *Rudimenta Grammatices* * trope

¶14_ 이 당시 교육의 쇠퇴를 나타낸 또 한 가지 특징은 키케로의 문체를 작문의 유일하게 정확한 모범으로 지나치게 추켜세웠다는 데서 찾아볼 수 있다. 퀸틸리아누스의 뒤를 이어, 비토리노와 구아리노는 물론, 페로티와 같은 문법학자들도 키케로의 편지와 수사학적 저작을 완벽한 라틴 문학의 표본으로 생각하였다. '절대로 키케로에서 이탈하지 말라'*는 것이 젊은 학자들을 향한 비토리노의 格率격률이었다. 그러나 비토리노의 학생들 중에서 실지로 키케로를 유일한 표본으로 삼는다든지 순전히 형식만을 취하고 내용의 공부를 완전히 도외시한 사람은 아무도 없었다. 철저한 키케로주의자들이 나타나서 키케로에 나오지 않는 단어나 어구를 전적으로 배제하고 문체와 형식을 학문의 유일한 관심사로 삼은 것은 15세기 말경에 가서였다. 이때부터 두 진영이 완전히 갈라서서 세대를 바꾸어가며 계속적으로 열띤 논쟁을 벌였다. 한쪽 진영에서는 예컨대 폴리티아누스*같은 사람들이 '키케로를 흉내 내는 일'에 코웃음을 쳤다. '누군가가 나에게 "당신은 키케로를 표현하지 않는다"라고 말한다면, 그것에 대한 나의 대답은 "나는 키케로가 아니다. 내가 표현하는 것은 나 자신일 뿐이다"라는 것이다.'[1] 또 한쪽 진영에서 벰보*와 같은 사람들은 기독교적인 내용을 표현하는 데에 키케로가 사용한 것과 같은 이교도적 용어를 사용할 정도로 키케로에 집착하였다. 벰보의 저작에서는, 시의회 의원들은 '등록된 성부', 성모 마리아는 '여신',* 그리고 수녀는 '베스타의 처녀'* 등등과 같은 '수사학적' 기법으로 표현되어 있다. 기원 1528년, 키케로에 대한 맹목적인 추종을 매도하고 초기 키케로주의자의 태도를 지지하는 에라스무스*

의 「키케로주의자」*라는 책의 출간과 더불어, 위의 논쟁은 이탈리아의 판도를 넘어 전 유럽으로 확산되었고 결국은 건전한 의견의 승리로 일단락이 내려졌다. 그러나 도대체 그러한 논쟁이 일어났다는 것 그 자체가 르네상스의 학문과 교육에 일어난 변화를 보여 준다는 점에서 중요한 의의를 가진다. 그 논쟁은 르네상스라는 운동 전체에 내재해 있었던 취약점을 드러내었으며, 그와 동시에, 고대 문학에 대한 사랑을 통하여 중세의 질곡으로부터 인간의 마음을 해방시키려고 했던 약속의 시대는 지나가고 그 영향 하에서 새롭게 창조되었던 학교가 이제는 문학적 규칙과 형식이라는 무미건조한 부담을 안게 되리라는 불길한 조짐을 나타내었다.

---

1) Sandys, *History of Classical Scholarship*, ii, 85.
* A Cicerone nunquam discedendum　* Politian [Politianus] (1454-1494)
* Bembo Pietro (1470-1547)　* patres conscripri
* dea ipsa　* virgines vestales　* Erasmus　* *Ciceronianus*

2 북유럽 인문주의 교육의 태동

¶ **15**_ 북부 유럽의 르네상스는 대략 1430년에서 1600년 사이의 기간에 해당하는 것으로서, 그 본거지인 이탈리아의 르네상스와는 양상이 대단히 달랐다. 여기에는 이탈리아의 여러 도시에서 천재를 배출해 낸 넘치는 삶의 약동도 없었고 미켈란젤로*나 레오나르도 다 빈치*와 같은 인물에 나타난 것과 같은 자연과 인간에 관한 방대한 관심도 없었으며, 적어도 종교개혁 이전에는, 14세기와 15세기 이탈리아의 삶을 전반적으로 특징짓고 있던 개성의 열렬한 주장도 거의 찾아볼 수 없었다. 우선, 이곳에서 르네상스 운동은 여기저기 흩어진 소규모의 예술가와 학자 집단에서만 통하는 은밀한 움직임이었다. 이들 집단은 그들의 현실적 환경에서 유리되어 그들 자신만의 삶과 활동을 영위하면서 알프스 남쪽에 있는 동료들과의 직접 또는 간접의 접촉을 통하여 영감과 지침을 얻고 있었다. 그러나 이와 같은 한정된 범위 안에서도 르네상스 운동은 인간 활동의 거의 모든 영역에서, 그리고 무엇보다도 학문과 교육과 종교에서 심대한 영향을 미치고 있었다. 약간 늦게 불붙은, 실제적 성향을 가진 북부인들의 마음에도 이미 새로운 생활 방식에 대한 막연한 동경이 싹트고 있었다. 그들에게 르네상스는 막강한 추진력으로 작용하여 그들의 마음 속에 갇혀 있던 에너지를 분출시켰으며, 그 에너지는 나중에 가서, 이

탈리아의 예술, 문학, 정치에 못지않게 그 나름의 독자적인 위대성을 가진 특이한 제도를 창출하게 되었다.

---

* Michel Angelo * Leonardo da Vinci

¶ 16_ 이 태동하는 변화가 교육에 어떤 방식으로 표현되었는가 하는 문제에 관해서는 이미 앞에서 잠깐 언급한 바 있다. 앞 장에서 우리는 영국과 독일의 큰 도시에서 상인들의 세력이 점점 강대해짐에 따라 학교의 통제가 교회에서 일반 시민의 손으로 넘어갔다는 것을 살펴보았다. 그러나 학교가 시 당국에 의하여 통제된다든가 교회와는 무관한 일반인이 교사로 임명된다는 사실이 대단히 중요한 의미를 가지는 것은 사실이지만, 그 당시 교육의 일반적 성격에는 아직 이렇다 할 큰 변화가 없었다. 옛날의 낡아빠진 문법과 수사학 교과는 여전히 학생들의 시간을 송두리째 사로잡고 있었고 투박한 중세식 라틴어는 내용이나 문체의 아름다움과는 아랑곳없이 계속 전수되고 사용되었다. 기원 15세기가 저물어 가고 문예의 부흥이 모든 학자들 사이에서 본궤도에 올랐을 때에야 비로소 학교와 대학이 그 변화된 시대정신에 다소간 본격적인 반응을 보이기 시작하였다.

¶ 17_ 북부의 르네상스가 최초로 보금자리를 찾은 것은 네델란드에서였다. 홀란드와 플란더스 지방의 여러 자유도시는 상공업으로 부를 축적한 과감한 중산층에 의하여 통제되고 있었으며, 이 점에서 그 도시들은 유럽의 다른 어떤 지역보다도 이탈리아의 도시와 비슷한 일반적 조건을 갖추고 있었다. 그 도시들은 이탈리아에서 확산되는 영향력을 기꺼이 받아들였으며 이탈리아에서 시작된 새로운 운동을 독자적인 방향으로 발전시켜 나갈 수 있었다. 이 점과 관련하여 가장 주목할 만한 것은 그들의 교육적 성과였다. 이미 13세기에 그들은 시립학교*를 가지고 있다는 점에서 주위의 여러 나라를 앞질렀으며, 15세기에 와서 르네상스의 맥박이 북부 유럽의 학계를 두드릴 때, 그것을 가장 기꺼이 받아들인 것도 네델란드의 학교였다.

---

* town schools

¶ 18_ 여기에 '공동생활 형제단'*이라고 불리는 새로운 종교 단체의 지도 하에 훌륭한 학교제도가 출현함으로써 교육이 새로운 모습으로 변화될 길이 열렸다.

이 형제단은 종교단체이기는 하지만 다른 교단에서처럼 헌신 서약을 하지 않는다는 점에서 그 밖의 교단과 달랐다. 그것은 1376년경 홀란드 지방의 더벤터의 게어트 그로트*라는 사람이 자선과 봉사를 목적으로 조직한, 신앙에 몸을 바친 사람들 사이의 자발적인 단체였다. 이 교단의 창설자 자신이 약간의 학문을 쌓은 사람이기는 하지만, 이 교단이 처음부터 교육 사업에 손을 댈 의도를 가지고 있었던 것은 아니다. 그러다가 그 당시 더벤터의 여러 학교에 다니는 학생들이 주위의 환경으로 말미암아 도덕적으로 위험한 상황에 처해 있다는 것을 보고 그 교단은 소년 보호소를 열었고 여기에 수용되어 있는 소년들의 공부를 돌보아 주는 과정에서 교단 자신이 학교의 감독과 지도를 떠맡게 되었다. 학교감독원으로서의 그들의 성공이 알려짐에 따라 다른 도시들도 그들을 초빙하여 감독의 일을 맡겼으며, 15세기 말경에는 네델란드와 서부 독일에 걸쳐 상당히 많은 문법학교가 그들의 통제하에 들어오게 되었다.

---

* Brethren of the Common Life　* Geert Groot of Deventer (1340-1384)

¶19_ 이 교단의 감독을 받은 학교가 우수하였다는 가장 명백한 증거는, 이 시대의 북부 유럽에서 학자로, 또는 교육자로 명성이 높은 사람들은 거의 누구나 한때 그 학교의 학생이었다는 사실에서 찾아 볼 수 있다. 그러나 교육에 대한 그들의 봉사가 단순히 그들 산하의 학교를 거쳐간 명사들의 숫자에 의하여 평가되는 것은 아니다. 그들이 교육사에서 영광의 자리를 차지하는 근거는 오히려 그들이 그 산하의 학교에 일으킨 교육의 변화, 즉 교육과정에 인문학 교과를 도입하였다는 것과 새로운 학교 조직 방식을 성공적으로 시도하였다는 데에 있다.

¶20_ 먼저, 인문학 교과의 도입에 관하여 말하자면, 사실상 형제단이 처음부터 인문학 교과에 특별한 관심을 가졌던 것은 아니다. 게이트 그로트나 토마스 아 켐피스*와 같은 사람에게 있어서 주된 관심은 도덕과 종교에 있었다. 그러나 형제단의 조직 그 자체에 이미 명백히 나타나 있는 단원들의 개방된 태도로 말미암아 그 두 사람의 뒤를 이은 지도자들은 새로운 아이디어를 환영하였고 교사들에게 최고의 이탈리아 학교에서 절찬을 받고 있는 것과 유사한 교육 과정을 채택하도록 허용하였다. (그 교사들이 반드시 교단의 구성원들이었던 것은 아니다.)

---

* Thomas à Kempis (1380-1471)

¶21_ 이보다 더 중요한 것은 그 학교의 둘째 특징, 즉 학교의 교육 활동을 세밀하게 조직했다는 것이다. 그들은 여러 학교를 하나의 체제로 운영하는 방식을 창안했을 뿐 아니라, 일종의 사업가적인 수완으로써 그 모든 학교들이 동일한 정신과 방법을 따르도록 종용하였다. 이것은 이탈리아에서는 전연 찾아볼 수 없는 특징이었다. 이탈리아의 새로운 인문주의 학교는 각각 그 나름의 표준에 따라 운영되었으며 학교 사이에는 상당한 차이가 있었다. 양자 사이의 이러한 차이는 전제적으로 운영되는 이탈리아의 도시와 민주적으로 운영되는 북부 유럽의 도시 사이의 차이를 반영한다. 북부 사람들은 그들의 장사 일을 조직하는 방식으로 그들의 도시를 조직한 것이다. 사실상, 형제단의 학교들은 상공업의 성장과 더불어 북부 유럽에 생겨난 새로운 사회생활 방식의 간접적 표현이라고 말할 수 있다. 그리고 그 새로운 사회생활의 이념은 머잖아 교육뿐만 아니라 일체의 정치제도를 개혁하게 되어 있었다.

¶22_ 이상과 같은 방향으로 학교가 발전하는 것은 어느 한 사람의 노력으로 이루어질 수 있는 것이 아니다. 오히려 그것은 학교가 몸담고 번성하고 있는 공동체의 삶 전체에서 생겨난 결과라고 보아야 한다. 그렇기는 해도, 이 당시 이 지역에서의 학교의 발전은 1465년에서 1498년에 이르기까지 더벤터에서 학교장을 지낸 위대한 교사 알렉산더 헤기우스*의 수완에 힘입은 바 크다. 헤기우스는 어느 면으로 보더라도 뛰어난 학자는 아니었다. 그는 나이가 마흔이 되어서야 비로소, 이탈리아에서 북부 유럽으로 새로운 학문을 소개한 최초의 학자들 중의 한 사람인 청년, 프리슬란드의 루돌프 아그리콜라*와의 친교를 통하여 인문학 공부를 하게 되었다. 그러나 일단 인문학 공부에 발을 들여 놓자 그는 학교의 교과를 인문학의 방향으로 바꾸는 데에 대단한 열성을 기울였다. 그는 희랍의 언어와 문학에 특별한 중요성을 부여하여 학교 프로그램에 그것을 도입하였다. 그는 「희랍어의 유용성」*이라는 글에서 '우리의 모든 것은 희랍인의 덕택이다'라고 말하고 있다. 라틴어와 관련하여 그가 하고자 했던 것은, 문법 공부를 시와 도덕의 이해에 종속시키는 것과 같은, 주로 수업 방법의 개혁에 관한 일이었다. 이탈리아의 가장 훌륭한 학교가 확립한 표준에 비추어 보면 그가 이룩한 성과는 그다지 크다고 할 수 없을지 모른다. 한때 더벤터에서 학교에 다닌 에라스무스는 헤기우스라는 인물에 대해서는 존경하는 마음을 가지고 있었지만, 나중에 그 학교를 평할 때에는 여전히 야만 상태에 머물러 있었다고 말하였다. 사실상, 에라스무스가 학교에 다녔을 당

시에는 학교에 이런저런 비판의 소지가 있었을 법도 하다. 그러나 에라스무스는 오직 헤기우스가 도입한 변화의 첫 시작을 보았을 뿐이며, 에라스무스가 세상을 떠나기 전에 이미 상당한 개선이 이루어졌으리라는 것은 거의 확실하다. 어쨌든 헤기우스가 이룩한 가장 가치 있는 업적은 학교의 조직에 관한 것이었다. 적어도 이 방면에 관한 한 어느 누구도 그를 따를 수 없다. 그의 학교에 구름같이 모여드는 학생들을 효과적으로 대처하는 방법으로서 — 그의 말년에 학생 수는 2천 명이 넘었다 — 그는 학생들을 여덟 개의 학년으로 조직하였다. 이 여덟 개 학년이 공부한 내용을 직접 기록해 둔 것은 없지만, 전해 오는 바에 의하면, 1496년에 리에쥬* 에서 형제단이 설립한 학교의 교육 조직이 더벤터의 헤기우스의 조직을 그대로 모방한 것으로 되어 있다. 이 리에쥬 학교의 교육조직은 한때 그 학교에 다닌 학생으로서 그 후 학교 조직의 일을 담당한 요한 슈투름*이 쓴 보고서에 상세히 소개되어 있다. 이 학교 역시 여덟 개의 학년으로 조직되어 있으며 각각의 학년에는 특정한 교육 프로그램이 있다. 즉, 제1차 년도에는 초보문법, 제2차 년도에는 쉬운 글을 모아 놓은 선집, 제3차 년도에는 쉽게 고쳐 쓴 산문 작가 작품과 라틴 산문, 제4차 년도에는 역사가의 저작과 초급 희랍어, 제5차 년도에는 고급 희랍어, 논리학과 수사학, 산문의 원문, 제6차 년도에는 희랍 문학과 작문, 고급 논리학과 수사학, 제7차 년도에는 유클리드, 로마법, 아리스토텔레스와 플라톤, 마지막으로 제8차 년도에는 신학과 논변으로 되어 있다. 헤기우스의 학교는 모든 면에서 헤기우스 자신의 직접적인 감독 하에 운영되었다. 헤기우스는 여러 개의 학년에 공부할 내용을 할당하였고 도덕적인 면에서나 지적인 면에서 학생들의 성장을 지도하고 불편을 덜어 주었다. 그의 아래에는 각 학년의 교육을 담당하는 교사진이 있었다. 각 학년은 교사 혼자서 담당하기에는 학생 수가 너무 많기 때문에 10명씩 조를 짜서 각 조의 나이 많은 학생이 다른 학생들을 돌보도록 하였다. 이것이 북부 유럽의 초창기의 학교에서 갖추고 있던 교육 조직의 일반적 성격이었다.

---

* Alexander Hegius　* Rudolph Agricola of Friesland(1443-1485)
* *On the Usefulness of Greek*　* Liège　* Johann Sturm, 7 : 15 참조

4 북부 유럽의 교육이론

¶23_ 헤기우스와 같은 교장들이 교육의 제1선에서 인문주의를 교육의 기초

로 삼기 위하여 벌인 실제적 노력이 어떤 이론적 원리에 의하여 설명되는가 하는 문제는 16세기 초의 가장 유명한 문필가요 가장 훌륭한 교육 이론가인 데시데리우스 에라스무스*(1466-1536)에 의하여 밝혀졌다. 에라스무스는 1466년에 로테르담*에서 게어트*라는 목사와 의사의 딸 사이의 사생아로 태어났다. 고우다*에서 학교에 다닌 뒤에 그는 아홉 살에 더벤터의 학교로 옮아가서, 그 자신의 말로, 주로 바보 같은 라틴 운문을 외우는 일로 시간을 보냈다. 그러나 여러 가지 정황으로 미루어, 그는 이때 희랍어를 공부하면서 후일의 공부를 위한 최초의 발판을 마련한 것으로 보인다. 자신의 의사와는 맞지 않게 그는 1492년에 목사로서 교단에 들어가지만, 나날의 지루한 일에 싫증이 나서 그 자리를 그만두고 캄브라이*지역 주교의 개인 비서가 되었다. 그는 주교의 재정적 후원으로 파리 대학으로 가서 고전에 관한 지식을 넓히고 신학을 공부하였다. 그러나 불행하게도 그가 재학한 칼레지는 파리 대학의 칼레지 중에서도 가장 스콜라 철학 분야에 몰두하는 대학이었으며, 이미 그에게 뚜렷하게 나타나고 있던 이 낡아빠진 공부에 대한 혐오감이 여기서 더욱 심화되었다. 마침내 1499년에 에라스무스에게 생애의 전환점이 다가왔다. 그의 친구요 후견인인 마운트조이 공*의 초청으로 그는 잠깐 동안 영국을 방문하여 거기서 리네이커,* 콜레트,* 토마스 모어 경* 등, 평생을 두고 교우관계를 끊지 않은, 작지만 영향력 있는 영국 인문주의자의 집단을 사귀게 되었다. 그 후 6년 동안 에라스무스는 주로 파리에서 살았다. 그러다가 1506년에 그는 이탈리아로 가려던 마음속의 대숙원을 성취하여 거기서 희랍어를 완전히 마스터하였다. 헨리 8세가 영국 왕위에 오르자 그는 그 젊은 왕이 그 전에 그와 한 약속을 지켜 문학의 대후원자가 되리라는 기대를 품고 다시 영국으로 건너갔다. 그는 4년 동안 영국에 머물면서 콜레트 학장이 성 바울학교를 인문주의 교육의 중심지로 재창립하는 일을 도왔으며 캠브리지대학에서 희랍어와 신학을 가르쳤다. 그 후 3년 동안 여행을 한 뒤에 에라스무스는 1517년에서 1521년까지 루벵*에 자리를 잡고 루벵대학 부설의 '고전어 학원'*의 설립에 지대한 관심을 가졌다. 그러나 종교개혁으로 인한 종파 간의 대립은 그를 그곳에 머물러 있게 놓아두지 않았다. 생애의 마지막 수년 동안 그는 주로 스위스에서, 그의 온건한 성품으로는 참으로 견디기 어려운 두 반대파의 끝없는 논쟁을 지켜보면서 쓸쓸한 나날을 보냈다.

---

* Desiderius Erasmus　* Rotterdam　* Geert　* Gouda　* Cambrai
* Lord Mountjoy　* Thomas Linacre (1460?-1524)　* John Colet (1467?-1519)
* Sir Thomas More (1478-1535)　* Louvain　* Collegium Trilingue

¶24_ 자신의 허약한 건강과 시대적인 혼란으로 경황이 없는 중에도 에라스무스는 다방면에 걸친 수많은 책을 썼다. 교육에 관한 그의 저작은 그의 문학적인 저작의 일부분에 불과하지만 그의 다면적인 천재를 그대로 보여주고 있다. 그의 교육적 저작에는 스콜라 학자들과 문법가들을 조소한 유명한 「愚神禮讚우신예찬」* 을 위시하여 교육의 원리와 방법에 관한 논설, 그리고 학교의 교과서 등이 포함되어 있다. 이들 중의 몇 가지는 성 바울 학교의 창립과 관련하여 콜레트 학장과 친분을 맺은 것이 계기가 되어 쓴 것들이다. 에라스무스는 교사와 학생을 위한 책으로 성 바울 학교의 최초의 교장인 릴리*가 엮은 라틴어 문법을 마지막으로 손질하였으며 그 자신이 쓴 것으로는 여러 개의 종교적 찬가*, 「사물과 언어의 세계」*라는 제목으로 된 라틴어 작문의 기초로서의 어구 교과서, 도나투스*에 의거한 라틴어 통사론 교과서, 「기독교적 인간의 교육」*이라는 교육논술 등이 있다. 또한, 에라스무스는 일반 대중을 위한 책으로 「공부의 방법」*을 썼다. 젊은이의 교육에 관한 그의 열렬한 관심은 평생을 두고 시들지 않았으며, 그의 후기 저작 중에는 그의 가장 중요한 교육적 저작 두 편이 들어 있다. 그것은 그 당시의 일상 생활을 배경으로 한 라틴어 회화 교과서인 유명한 「대담」*과 인문주의 교육의 원리에 관한 그의 가장 종합적인 논술인 「어릴 때부터 시작하는 소년의 자유교육」*이다.

---

* *Praise of Folly* * Lily * 예컨대, *Carmina, A Concio de Puero Jesu*
* *De Copia Rerum et Verborum* * Donatus
* *The Education of a Christian Man* [*Institutio Christiani hominis*]
* *On the Right Method of Instruction* [*De Ratione Studii*]
* *Colloquies*
* *On The Liberal Education of Boys from the Beginning* [*De pueris statim ac liberaliter instituendis*]

¶25_ 에라스무스는 행동에 있어서나 신념에 있어서나 철저한 사해동포주의자였다. 라틴어와 그의 모국어인 홀란드어밖에 할 줄 모르면서도 그는 홀란드는 물론, 불란서, 영국, 독일, 이탈리아의 어느 학자들과도 허물없이 지냈다. 국가에 관한 의식이 어디에나 팽배해 있던 그 시대에도 그는 국가간의 차이를 인정하지 않았고 각 국가의 자국어 문학에는 아무런 관심을 보이지 않았다. 그의 이상은 지식의 내용에 있어서나 표현 매체인 언어에 있어서나 희랍과 로마의 위대한 문학에 기초를 둔 유럽 전역의 공동 문화의 건설에 있었다. 그는 가장 훌륭한 라틴 작가들의 언어가 인간이 품을 수 있는 모든 생각을 전달하는 매체로서 지구상의 어떤 언어보다도 탁월하다고 생각했을 뿐 아니라, 고대인들의 사회적, 정치적

제도가 현대 세계의 표본이 된다고 생각하였고, 법률이건 의학이건 과학이건 간에 삶의 주요 관심사에 관한 모든 지식은 고대인의 저작에 들어 있다고 생각하였다.

¶26_ 그러나 이와 같이 범세계주의적인 사상을 가졌음에도 에라스무스는 어김없는 北歐人북구인이었다. 그의 모든 교육적 저작은 그가 가장 잘 아는 나라들의 필요를 겨냥한 것이었다. 그는 다음과 같이 말한다. '내가 어렸을 때에는 희랍문학을 입에 올리는 것조차도 이단으로 간주될 정도로 우리 독일은 온통 야만상태였다. 이런 이유에서 나는 나의 미력이 미치는 범위 내에서 젊은이들을 무지의 수렁에서 건져내어 순수한 학문으로 이끌어 올리려고 노력하였다. 나는 이탈리아를 위하여 글을 쓴 것이 아니라 홀란드, 브라반트, 플란더스를 위하여 글을 썼다.'[1] 그의 이 말은 학문과 교육의 역사에 있어서의 그의 위치를 정확하게 나타내고 있다. 그는 남부와 북부의 중간에 위치하면서 새로운 학문을 그것이 생겨난 본거지로부터 튜톤*의 땅으로 이식하는 일에 공헌하였다. 그가 이 일을 할 수 있었던 것은 그가 한편으로 고전에 심취하고 있으면서도 근본적으로는 그가 가르치고자 한 북부 사람들과 동일한 혈족임을 의식하였기 때문이다.

1) Sandys, *History of Classical Scholarship*, ii, 132n.
* Teuton

¶27_ 이 점은 교육 문제에 대한 그의 접근 방식에 명백히 나타나 있다. 학문은 신의 은총을 받기 위한 수단이라는, 그의 마음을 언제나 강하게 사로잡고 있었던 생각은 영어권과 독일어권에 사는 사람들의 특징인 깊은 도덕적, 종교적 인생관과의 정신적 유대를 보여준다. 그는 '글을 모르는 사람은 사람이 아니라는' 확고한 믿음을 가지고 있었지만, 순전히 학문 그 자체만을 위한 학문에는 관심이 없었다. 그에게 있어서 문화의 가치는 그것이 '좋은 삶'에 직접 기여한다는 사실에 있다. '교육의 첫째, 그리고 가장 중요한 직분은 젊은이의 마음속에 敬神경신의 씨앗을 심는 것이며, 둘째는 젊은이로 하여금 자유교과를 사랑하고 그것을 철저하게 배우도록 하는 것이며, 셋째는 삶에서의 자신의 의무를 수행할 준비를 갖추도록 하는 것이며, 넷째는 어릴 때부터 올바른 예법을 몸에 익히도록 하는 것이다.'[1] 이와 같이 종교적 신앙을 교육의 첫째 목적으로 내세운다든지, 학문과 품행을 밀접하게 관련짓는 것은 이탈리아 사람으로서는 생각도 할 수 없었을 것이다. 교육 사상

에 있어서 에라스무스와 가장 가깝다고 할 수 있는 비토리노조차도 에라스무스만큼 실제적인 면에 직접 강조를 두지는 않았다.

1) De Civilitate Morum Puerilium, quoted Woodward, *Erasmus*, p. 73.

¶28_ 교육의 과정에 관하여 세밀한 분석을 했다는 것 또한 에라스무스의 중요한 특징이다. 그는 아이들을 직접 가르쳐 본 일이 없을 뿐만 아니라 예컨대 희랍어의 초보를 배우러 그에게 오는 아이들에게 짜증을 내었지만, 교육방법의 문제에 관해서는 세밀하고 정확한 방침을 제시하였다. 그 중의 단 한 가지 보기로서, 문학교육에 있어서 문법이 어떤 위치를 차지하는가에 관한 그의 논의는 탁월한 경지를 나타낸다. 오늘날 우리에게도 경탄을 자아내는 「공부의 방법」에서 그는 다음과 같이 말하고 있다. '이 문제에 관한 나의 확신을 분명히 해둘 필요가 있다. 즉, 語形變化어형변화와 統辭통사의 규칙을 아는 것은 모든 학생에게 절대로 필요하지만, 그 규칙은 가능한 한 소수여야 하고 단순해야 하며 조심스럽게 진술되어야 한다는 것이다. 보통의 문법교사들이 아이들의 머리 속에 온갖 규칙을 쑤셔 넣는 데에 귀중한 세월을 낭비하는 어리석은 짓을 하는 것을 보면 참을 수 없다. 언어를 사용하는 능력은 규칙을 학습함으로써 획득되는 것이 아니라 자신의 생각을 정확하고 품위 있게 표현하는 일에 익숙해 있는 사람들과의 일상적인 교섭을 통하여, 그리고 가장 훌륭한 저자들의 작품을 면밀하게 검토하면서 읽는 습관을 통하여 획득된다. 이러한 저자들의 작품으로서 문체에 있어서도 훌륭한 모범이 될 뿐만 아니라 내용 면에서도 교훈이 되는 것을 선택하는 것이 좋다.'[1] 이 원리에 따라서 에라스무스는, 문법은 철저하게 내용에 종속되어야 한다고 주장한다. 형식적인 문법이 필요하기는 하지만, 그것을 배우기에 앞서서 일상의 사물에 관한 대화를 통하여 언어를 '비형식적으로' 접할 기회를 가져야 한다는 것이다. 심지어 나중의 단계에 가서, 온갖 주제에 관하여 끊임없는 작문 연습을 한 결과로 언어에 관한 철저한 지식의 기초가 다져진 뒤에도, 고전 문학을 신화, 농업, 군사학, 지리학, 역사, 천문학, 박물학 등 여러 분야의 기술이나 학문과 결합함으로써 문학이 일상의 일과 관련을 맺도록 해야 한다. 언어의 공부가 학습자의 지력을 발달시키고 일상생활에 관한 지식을 증대시키는 데에 도움이 되지 않는다면, 그것은 스콜라 철학의 수사학에 못지않게 무용지물이 되고 만다.

1) Woodward, *Erasmus concerning Education*, pp. 163-4.

¶29_ 그러나 에라스무스가 오로지 방법의 문제에만 관심을 가졌다고 생각해서는 안 된다. 교육의 세부적인 문제가 그의 생각의 큰 부분을 차지하고 있었던 것은 사실이지만, 그는 이 세부적인 문제를 교육의 목적이라는 일반적인 문제와 관련지을 수 있었으며, 그로 말미암아 자질구레한 실제적 문제에 지나치게 몰두하는 데에 흔히 수반되는 편협성에서 벗어날 수 있었다. 그는 교육의 실제에 반영되어 있는 보다 넓은 삶의 문제를 망각하지 않았으며 수단에 몰두하여 목적을 놓치는 어리석음을 저지르지 않았다. 이 점은 에라스무스가 클레베스 공*에게 그 아들의 양육에 관한 조언을 하기 위하여 쓴 「소년의 자유교육」에 잘 나타나 있다. 이 저작에서 그는 아이의 교육을 아주 어릴 때부터 시작하는 일이 중요하다는 것을 역설하고 있다. 그는 아이가 아직 어머니의 무릎 위에 있을 때부터, 흔히 하는 대로 회초리질을 하지 않고 놀이나 이야기로, 읽기와 쓰기와 그리기를 가르쳐야 한다고 말하고, 이 최초의 교육이 끝난 뒤에는 아버지나 그 밖의 다른 유능하고 경험 있는 교사가 성경과 고전을 가르쳐야 한다고 말한다. 그러나 에라스무스의 그 책이 가지고 있는 중요성은 거기에 제안된 교육 방안에 있는 것이 아니요 그 방안을 실천하는 방법에 있는 실제적 통찰에 있는 것도 아니다. 오늘날 우리가 그 책에 관심을 가지는 것은 그것을 통하여 에라스무스의 교육철학을 엿볼 수 있기 때문이다.

* Duke of Cleves

¶30_ 다른 것은 고사하고 그 중에서 특히 두 가지 점은 주목할 가치가 있다. 첫째는 교육이 아동에게 얼마나 심각한 영향을 미치는가 하는 것이다. 에라스무스는 개인의 성장 과정에 작용하는 요인을 세 가지로 구분하고 있다. 첫째는 '천성',* 즉 '훈련의 대상이 되는 생득적 능력과 완성을 추구하는 천부적 성향'이며, 둘째는 '훈련',* 즉 '능숙한 수업과 지도를 받는 것'이며, 셋째는 '연습',* 즉 '천성으로 주어지고 훈련으로 연마된 능력과 활동을 스스로 자유롭게 구사해 보는 것'이다.[1] 이 중에서 가장 중요한 것은 '훈련'이다. 천성은 힘이 강하지만 연습으로 보완된 훈련은 더욱 힘이 강하다. 훈련으로 이룩하지 못할 것은 거의 아무것도 없다. 이와 같이 교육에 의하여 마음을 올바르게 이끌 수 있다는 깊은 확신을 가지는 것과 동시에, 에라스무스는 개개인이 가지고 있는 천부적 성향의 차이로 말미암아 '어떤 학생은 수학으로, 어떤 학생은 신학으로, 어떤 학생은 수사학이나 시로, 또 어떤 학생은 전쟁으로' 마음이 끌린다는 사실을 도외시하지 않는다. 그러나 이

러한 개인차를 적절하게 존중하면서도, 그는 여전히 '교육방법이 타당하고 수업과 연습이 발맞추어 나아간다면, 인간 지력의 유연성으로 말미암아 대체로 도야의 효과가 나타난다'는 의견을 가지고 있다.

---

1) Woodward, p. 191.
* Nature * Training * Practice

¶31_ 둘째로 주목할 점은 교육의 사회적 의미, 다시 말하면 교육은 개인적 관심사임에 못지않게 사회적 관심사라는 것이다. 에라스무스는 이 점을 두 가지 각도에서 설명한다. 한편으로 그는 부모에게 그들이 사회에 대하여 의무가 있다는 점을 강조한다. 그는 아버지에게 '여러분의 자녀는 여러분에게만 태어난 것이 아니라 여러분의 나라에 태어났으며, 여러분의 나라에만 태어난 것이 아니라 신에게도 태어났다'고 말한다.[1] 여기서부터 그는, 옛날 사람들에게 있어서 올바른 교육의 기초는 가정에서 부모로부터 받는 훈련에 있었으며, 이 옛날 사람들의 생각은 만고불역의 진리라는 결론을 내린다. 또 한편으로 그는 정치가와 종교인에게도 이에 상응하는 의무, 즉 젊은이들을 교육할 유능한 교사들이 충분히 배출되도록 제도를 마련하여 교육을 진흥시킬 의무가 있다고 주장한다. 에라스무스가 판단하기에, 그 당시 학교 교육의 열악상은 교사들의 교육 수준이 전반적으로 낮은 데다가 그 직무 수행에 필요한 훈련을 받지 못했다는 데에 그 원인이 있었다. 그러나 그는 이 폐단을 어떻게 시정해야 하는가 — 국가가 나서야 하는가 아니면 자신의 재산과 정력을 아낌없이 바치는 개인의 노력에 의존해야 하는가 — 하는 문제에 관해서는 결정을 내리려 하지 않는다. 전체적으로 보아 그는 국가에 희망을 걸고 있는 듯하다. '그것은 군대를 정비하는 것에 뒤지지 않는 공공의 책임이다'라고 그는 말한다. 그 자신이 직접 그 결론을 이끌어 내고 있지는 않지만, 명백한 결론은, 국가가 군대를 조직할 필요가 있다면 그와 동일한 필요에 의하여 교육을 조직해야 한다는 것이다.

---

1) Woodward, p. 187.

¶32_ 에라스무스의 교육관은 그 장점에 있어서나 단점에 있어서나 북유럽 인문주의의 전형적 표현이었다. 그의 교육관은 그 자양원인 북유럽 문학과 마찬가지로 폭넓고 온건하고 고귀한 정신을 나타내고 있다. 그러나 이런 장점에도 불구

하고 그의 교육관은 그것이 겨냥한 시대의 필요에 정확하게 부합되지 않는다는 단점을 가지고 있다. 그가 학교의 교과로 내세운 고전 문화는 예컨대 토마스 모어 경의 「유토피아」*에 나오는, 사장과 교양을 갖춘 귀족 학자층에는 더 없이 훌륭한 교육내용이 될 수 있었겠지만, 그것이 보통의 세상 일을 하면서 살아가는 사람들에게 과연 어느 정도로 적합했던가에 대해서는 의문의 여지가 있다. 에라스무스와 같이 대다수의 보통 사람들에서 멀리 떨어져 있었던 사람들에게는 이것이 의문으로 떠오르지조차 않았다. 좀 더 구체적으로 말하여, 에라스무스는 학자와 廷臣정신에게 무엇보다도 적합한 문학 훈련이 주로 상업에 관심이 있는 신흥 중산층에는 적합하지 않다는 것, 그리고 라틴 문학이 알프스 이북의 삶에서는 결코 그 본거지인 이탈리아에서와 동일한 의미를 가질 수 없다는 것에는 생각이 미치지 못하였다. 에라스무스의 교육 방안 속에 북유럽의 자국어와 자국문학, 그리고 그밖에 고전적 전통에서는 찾아볼 수 없는 새로운 형식의 지식이 들어 있지 않은 것은 이 점에서 매우 당연하다. 그 두 가지 중에서, 자국어와 자국문학을 교육내용에 포함시키기 위해서는 인문주의의 확대가 필요하였고, 에라스무스는 그 필요를 전연 상상하지 못하였다. 그리고 새로운 형식의 지식을 교육내용에 포함시키기 위해서는 르네상스를 그 표면으로 이해하는 것 이상으로 그 이면에 들어 있는 원리로서 해석할 필요가 있었다. 이러한 해석은 곧 에라스무스가 한 발자국도 이탈하려고 하지 않았던 인문주의적 삶의 개념을 벗어던지는 것에 해당하지만, 또한 이것은 에라스무스의 사상이 가지고 있었던 진정한 의미요 그 시대정신의 진정한 요청이기도 하였다.

* *Utopia*

¶ **33**_ 에라스무스의 교육관 속에 인문주의의 확대의 필요성이 내재되어 있다는 것은 위에서 말한 바 있지만, 이 방향으로의 진보는 그 다음 세대인 후안 루이스 비베스*(1492-1540)에 의하여 이루어졌다. 기원 1492년 발렌시아*에서 태어난 비베스는 청년 시절에는 열렬한 스콜라 철학의 추종자였다. 그러나 파리에서 3년간 공부하는 동안에 그는 에라스무스의 저작에 접하면서 인문주의로 전향하였고, 그 후 루벵에 정착하여 에라스무스와 직접 교제함으로써 그 전향은 확고한 것으로 되었다. 교육적 저작에 관한 그의 관심은 아라곤의 캐더린*의 후견 하에 잠깐 동안 영국에서 살기도 한 1523년에서 1528년 사이에서 시작된다. 그의 제자인

메어리 공주*를 위하여 쓴 「소녀를 위한 공부 방법」*과 「기독교적 여성의 교육」*은 16세기에 나타난 여성 교육에 관한 여러 저작 중 최초의 것이면서 가장 주목할 만한 것이다. 캐더린의 이혼 문제에 연루되어 궁정에서 해고된 뒤로 그는 부르제스*에 은둔하면서 빈곤과 역경 속에서 세 개의 교육적 저작을 써서 「교과론」*(1531)이라는 하나의 제목으로 내어 놓았다. 그의 후기의 저작으로는 라틴어의 초보자를 위한 「대담」*과 심리학적 논술인 「영혼과 생명」*이 있으며, 이 나중 것은 심리학에 관한 최초의 현대적 저작으로 손꼽힌다.

---

* Juan Luis Vives　* Valencia　* Catherine of Aragon(1485-1536)
* Princess Mary　* *On the Right Method of Instruction for Girls* [*De Ratione Studii puerilis*]
* *On the Education of a Christian Woman*　* Burges　* *On the Subjects of Study* [*De Disciplinis*]
* *Colloquies*　* *De Anima et Vita*

¶34_ 교육 문제를 취급하는 일반적 관점에 있어서 비베스는 에라스무스와 대동소이하다. 「교과론」에 수록된 세 권의 저작 중에서, '학문 타락의 원인'을 다루는 첫째 권은 중세 학문의 내용과 방법을 비판적으로 검토하면서 스콜라 학파의 단점을 폭로하고 매도하는 내용으로 되어 있다. 스콜라 학파의 교묘한 말재주 대신에 그는 문학을 공부할 것을 주장한다. 그러나 스콜라 철학에 대한 그의 반감은 에라스무스의 경우보다 더 심오한 근거를 가지고 있다. 그의 견해에 의하면 스콜라 철학의 공부, 그리고 그 기초가 되는 아리스토텔레스 윤리학의 결함은 그것이 '보편적 관념'*을 가정한다는 데에 있다. 바로 여기에 학문 타락의 진짜 원인이 있으며, 따라서 그것을 시정하는 길은 경험의 개별적 사실에서 출발하여 거기서부터 '마음의 자연스러운 논리'를 따라 관념에 도달하는 것이다. 요컨대, 진정한 학문의 방법은 연역이 아니라 귀납이라는 것이다. 「교과론」의 둘째 권은 비베스 자신의 건설적 제안을 적은 것으로서, 이것 또한 에라스무스의 정신을 따르고 있다. 이 둘째 권에 '여러 가지 교과의 교육, 또는 기독교적 교육'*이라는 이중의 제목이 붙어 있다는 사실은 바로 비베스가 기독교 정신과 인문주의를 '교양 있는 신앙심'*으로 결합시키려는, 에라스무스가 꿈꾸었던 것과 동일한 열망을 가졌다는 것을 보여 준다. 아마 비베스의 경우에는 신앙심이 더 두드러졌다고 보아야하겠지만, 어쨌든 두 경우가 동일한 이상을 나타내고 있다는 것은 분명하다. 즉, 교육의 첫 단계에서부터 학생에게 제시되는 교육의 으뜸가는 목적은 선이며, 이 목적을 실현하는 수단은 라틴문학과 희랍문학에 대한 학문적 탐구였다.

* *universal ideas*

* *The Teaching of the Several Subjects, or Christian Education* [*De tradendis disciplinis seu de institutione Christiani*]

* cultured piety

¶35_ 그러나 비베스가 순전히 에라스무스의 가르침을 그대로 되풀이하고 있다고 생각하는 것은 잘못이다. 사실상, 교육 문제에 관한 한, 두 사람 중에서 독창적인 사상을 표현한 것은 오히려 비베스 쪽이다. 비베스는 에라스무스가 가지고 있지 않았던 철학적 통찰을 교육적 논의에 도입하였으며, 그 철학은, 항거의 철학이 흔히 그렇듯이 그다지 깊이 있는 것은 아니었지만, 비근한 문제를 새로운 각도에서 조명할 수 있도록 해 주었다. 에라스무스와 비교할 때 비베스의 위대한 점은 그가 현대 사상가로서는 최초로 교육을 심리학의 관점에서 이해하고자 했다는 데에 있다. 이전의 교육사상가들이 주로 무슨 교과를 가르쳐야 하는가에 관심을 기울이고 가르치는 방법을 생각할 때에도 오직 교과의 성격만을 고려한 데 비하여, 비베스는 학습의 과정을 주로 '학습자의 마음'의 성격에 의하여 결정되는 것으로 봄으로써 교육에 관한 관점의 혁명적 전환을 선도하였다. '여러 가지 교과의 교육'이라는 논설에 분석되어 있는 기억 훈련의 방법은 이 점을 예시하고 있다. 여기서 비베스는, 기억력은 사실을 질서정연하게 배열함으로써, 그리고 가르쳐야 할 내용과 그 이유를 '연합'시킴으로써 훈련될 수 있다고 설명한다. 이보다 더욱 주목할 만한 것은 후기에 쓴 심리학적 저작에 들어있는 '공부의 방법'*이라는 의미심장한 제목이 붙어 있는 한 절이다. 여기서 비베스는 다음과 같이 말하고 있다. '공부는 감각에서 시작하여 상상에 이르는 길을 따라 나아가며, 상상에서부터 다시, 모든 공부의 본질이요 생명인 이성으로 나아간다. 그리하여 학습은 개별적 사실에서 사실들의 집합으로, 개별적 사실에서 보편자로 진행된다. 이것은 아이들에게서 실지로 관찰될 수 있다.' 여기에 덧붙여 비베스는 '감각은 우리의 최초의 교사이며, 마음은 감각의 집으로 둘러싸여 있다.'[1]고 말한다.

1) Vives, *De Anima* ii, 8.

* The Method of Learning

¶36_ 심리학적 관심은 여러 가지 방면으로 비베스의 교육관에 영향을 미쳤다. 첫째로 그것은 비베스로 하여금 학생의 개별성에 관심을 가지도록 하였다. 남

자 학생을 위한 학교의 설립과 운영을 위한 지침에서 그는, 교사는 해마다 네 차례에 걸쳐 학생들을 개별적으로 면담하면서 학생 개개인의 정신적 자질을 알아내고 그에게 가장 적합한 과목이 어떤 것인지 결정하도록 충고하고 있다. 또한, 비베스가 정신적 결함이 있는 아이들, 농아, 맹인 아동들의 경우에 제기되는 여러 가지 문제를 고려하는 데에 선구자가 된 것도 교육을 학습자의 필요에 적응시키려는 노력의 일환이었다. 둘째로, 그의 심리학적 관심은 고대의 언어를 가르치는 데에 아동의 모국어를 활용할 필요가 있다는 것을 그에게 일깨워 주었다. '교사는 학생의 자국어에 관한 정확한 지식을 가지고 그것을 수단으로 하여 학문의 언어를 더 쉽게, 학생들에게 더 적합하게 가르칠 수 있어야 한다. 현재 그가 가르치고 있는 내용에 해당하는 올바른 단어를 알지 못한다면 그는 학생들에게 그릇된 생각을 전달할 것이다. 뿐만 아니라, 공부하는 내용이 완전하게 언어로 표현되지 않은 한, 학생들은 각자의 언어로 그 내용을 이해할 수 없을 것이다.'[1] 이 정도로서는 아직 자국문학을 학교의 교과로 활용하는 단계까지는 도저히 미치지 못하지만, 에라스무스가 고전적 언어 이외에는 아무 것에도 관심을 가지지 않았던 것에 비해서는 분명히 진일보한 경지를 나타내고 있다. 셋째로, 감각 경험이 지적 활동의 첫 단계라는 비베스의 생각은 일상생활의 사실에 익숙해지는 것이 교육의 요소로서 대단히 중요하다는 것을 그에게 인식시켜 주었다. 그는 다음과 같이 말하고 있다. '학생들은 장인의 가게나 공장에 들어가서 그들에게 이것저것 물어 보고 그들이 하는 일의 세부 사항을 알아보는 일을 부끄럽게 생각해서는 안 된다. 종래에 공부를 한 사람들은 이런 것들을 알아보는 것을 업신여기고 그들의 삶에 그토록 중요한 것들을 알고 기억하려 하지 않았다. 이 방면에서의 그들의 무지는 세기를 거듭하면서 오늘에 이르기까지 점점 심해져서, 오늘날 우리는 우리 할아버지의 시대에 대해서보다 키케로나 플리니우스의 시대에 관하여 훨씬 더 많이 알고 있다.'[2] 여기서 비베스는 자신도 모르는 사이에 인문주의자들과 결별하고, 이때부터 시작하여 언어적 표현이 아닌 사실의 경험에서 교육의 내용을 찾으려고 한, 점점 불어나는 사람들의 대열에 한 발자국 가까이 다가간다.

---

1) Foster Watson, *Vives on Education*, p.103.　　2) p. 209.

참고문헌

ERASMUS : W.H. Woodward, *Erasmus concerning Education*, Cambridge, 1904.

PLATTER,T. : P. Monroe, *Thomas Platter and the Educational Renaissance of the Sixteenth Century*, New York, 1904.

VITTORINO DA FELTRE : W.H. Woodward, *Vittorino da feltre*, Cambridge, 1905.

VIVES, J. L. : Foster Watson, *Vives on Education,* Cambridge, 1913 ; *Juan Luis Vives and the Renaissance Education of Woman*, London, 1912 ; and *Tudor Schoolboy Life*, London, 1908.

제 7 장

종교개혁과 교육

1 종교개혁 이전의 독일교육

¶1_ 종교개혁*과 더불어 교육은 세계의 장래를 위하여 획기적인 의의를 가진 새로운 국면에 들어섰다. 종교개혁이 가져온 궁극적인 결과는 모든 지역에 학교 체제가 생겨났다는 것과 서부 유럽의 대부분의 지역에서 교육의 권위가 교회에서 국가로 이관되었다는 것이다. 그러나 그 초창기에는 하등의 급격한 변화도 나타나지 않았다. 심지어 종교개혁을 추진한 당사자들이 보기에도, 그들이 하는 일이라는 것은 단순히 기존의 교육기관을 그대로 유영해 나가는 정도였고, 달라진 것이라고 해야 교회의 통치형태가 바뀌는 데에 부수적으로 따라오는 아주 사소한 수정에 지나지 않았다. 어쨌든 종교개혁가들이, 그들의 운동이 필연적으로 가지고 올 광범하고 궁극적인 사회적 변화를 거의 의식하지 못한 것은 분명하다. 이와 같이 교육의 분야에서 종교개혁 이전으로부터 이후로의 이행이 비교적 순탄하게 이루어질 수 있었던 것은, 종교개혁은 북부 유럽 문예부흥의 직접적인 산물이었다는 것, 그리하여 종교개혁에 의하여 도입된 새로운 교육적 이상은 그 반 세기 이전에 지적인 면에서 유럽에 지배적인 세력을 가졌던 인문주의자들의 이상에서 직접 발전되어 나온 것으로서 그것과 별로 다르지 않기 때문이다.

---

* Reformation

¶2_ 독일의 여러 公國공국*에서 인문주의가 발전한 경로는 그 이전의 네델란드의 경우와 유사하였다. 여기에서도 역시 사장문화의 부흥에 길을 열어 놓은 것

은 번창하는 무역 도시를 중심으로 한 독일 고유의 문학 운동과 교육 운동이었다. 기원 14세기 말경, 대학이 여러 도시에서 우후죽순처럼 생겨났다. 보헤미아 지방의 프라하 대학*은 1348년에 설립되었으며, 불과 몇 년 사이에 독일 각지로부터 수많은 학생들이 모여들어 등록 학생수가 1만 명에 육박하였다. 최초의 진정한 독일 대학이라고 할 수 있는 비엔나 대학*은 1365년에 합스부르크 왕가*에 의하여 설립되었고 1385년과 1409년 사이에는 하이델베르크*, 쾰른*, 에르푸르트*, 라이프찌히*, 로스토크* 등지에 대학이 설립되었다. 그로부터 반세기 후에 또 한 차례 대학 건립기가 시작되어 9개의 대학이 더 태어났다. 즉, 그라입스발트*, 프라이부르크*, 바젤*, 잉골슈타트*, 트레브*, 마인쯔*, 튜빙겐*, 비텐베르크*, 프랑크 포르트 온 오데르* 대학이 그것이다. 인문주의가 상승일로에 있을 때 설립된 몇몇 대학을 제외한 대부분의 대학들은 모두 중세적 성격을 띠고 있었으며 주로 파리 대학의 선례를 따르고 있었다. 그러나 심지어 설립 초창기부터도 이 대학들은 그 원형인 파리 대학에 비해서는 훨씬 세속적인 정신을 나타내고 있었다. 그것은, 다소간은, 애당초 이들 대학의 설립 자체가 부유한 시민계층의 고등교육에 대한 열망 때문에 가능했기 때문이며, 또 다소간은, 이들 대학이 인문주의적 관심을 가진 군주들의 후원에 크게 의존하였던 만큼 자신에게 봉사할 유능한 인재를 구하려는 그들의 소망을 무시할 수 없었기 때문이다. 그 결과로, 도미니코 교단이 압도적인 영향을 미치고 있었던 쾰른의 경우를 제외한 모든 대학은 루돌프 아그리콜라*와 같은 학자들의 가르침에 의하여, 그리고 그 당시 새로 발명된 인쇄기에서 점점 많이 찍혀 나오는 책에 의하여, 알프스를 넘어 온 새로운 학문에 상당히 즉각적인 호응을 보였다. 그 대학 중의 몇몇은 활발한 인문주의 운동의 중심지가 되었다. 예컨대 황제 막시밀리안 1세*(1459 출생)가 그 주위에 일군의 학자와 시인들을 모아 놓았던 비엔나 대학에는 詩學部시학부가 있었고 라틴 문학이 주된 교과로 되어 있었다. 프라이부르크와 바젤 대학에서도 시학부가 있었다. 또한, 마인쯔 대학은 훌륭한 인문주의의 중심지였을 뿐 아니라 독일 인쇄의 본거지로서 고전의 부흥을 촉진한 대부분의 책이 여기서 출판되었다. 가장 중요한 것으로서, 1502년에 작센*의 選擧候선거후 프리드리히*가 인문학의 발전을 위하여 설립한 비텐베르크 대학에는 마르틴 루터*가 수사학 교수로 있으면서 문학의 부흥이 그 장벽을 깨트리고 종교의 영역으로 확산되는 계기를 마련하였다.

* German States * Prague [Praha]
* Vienna * House of Hapsburg * Heidelberg
* Cologne [Köln] * Erfurt * Leipsig * Rostock
* Greifswald * Freiburg * Basel * Ingolstadt
* Treves * Mainz * Tubingen * Witttenberg * Frankfort-on-Oder
* Rudolph Agricola (1443-1485), 6 : 22 참조 * Maximillian (1493-1519 재위)
* Saxony [Sachsen] * Elector Frederick [Friedrich Ⅲ] (1463-1525) * Martin Luther

¶3_ 대학에서 문학 연구가 진전됨에 따라 그것과 병행하여 그 아래 단계의 학교의 성격도 점차적으로 변화하였다. 독일 전역에 걸친 '공동생활 형제단'* 학교의 확산은 교육의 전반적 질적 향상의 길을 열어 주었다. 그러나 학교가 보다 넓은 인문주의 운동에 본격적으로 호응하기 시작한 것은 대학이 훌륭하게 교육받은 교사들을 수적으로 충분하게 배출할 수 있게 되었을 때였다. 그러나 인문주의 교육의 이 실험 단계에서 새로운 문화에 심취한 교사들은 여전히 여기저기서 옛날 전통의 벽에 부딪치고 있었다. 이즈음에 나타난 가장 두드러진 인물이 야코프 빔펠링*(1450-1528)이다. 빔펠링은 알사스에 있는 공동생활 형제단 학교에서 교육을 받고 바젤, 에르푸르트, 하이델베르크 대학에서 교육을 받은 뒤에, 이 마지막 하이델베르크 대학에서 시학교수가 되었다가 나중에 총장까지 지냈다. 그는 교육 개혁의 열렬한 주창자로서 그것을 촉진하기 위한 여러 권의 책을 썼다. 그중 중요한 것은 다음과 같은 것들이다. 「독일 만민교육」*은 교사 지침서로서, 여기서 그는 학문과 신앙은 두 가지가 다 같이 교육에서 중요시되어야 한다는 점을 말하고 문법의 교육은 라틴어를 쉽게 읽고 쓰는 데에 필요한 범위에 국한시킬 것을 권고하고 있다. 「청년 독본」*은 부분적으로는 일반적인 교육론이고 부분적으로는 산문과 운문을 발췌하여 엮은 학교용 교과서이다. 그리고 「게르마니아」*는, 특별 김나지움*을 설립하여 학문과 교육을 진흥시키자는 요지의, 슈트라스부르크 시의회에 제출한 청원서이다. 이 마지막 저작 「게르마니아」(1501)에서 그가 한 제안은 전대미문의 것이었다. 그가 설립하자고 제안한 학교는 고전 교육을 마지막 단계까지 완전히 실시하여 완성된 학자를 배출하는 데에 목적을 둔 학교가 아니었다. 그 학교는 물론, 라틴 문학을 가르치기는 하지만, 그것은 교회나 국가의 공직에 들어갈 준비로서 이미 보통의 라틴어 학교에 다닌 소년들에게 실제적인 훈련을 하는 데에 목적을 두는 학교였으며, 거기서 학생들이 공부해야 할 저자들은 고대와 현대를 막론하고 삶의 지혜라든가 전쟁, 건축, 농사 등에 관하여 글을 쓴 사람들이었

다. 그는 시의회에 대하여, 이 모든 것은 그다지 시간과 돈을 많이 들이지 않고 가르칠 수 있으며, 또한 그렇게만 되면 그 도시는 온 독일의 선망의 적이 될 것이라고 장담하였다.

---

* Brethren of the Common Life, 6 : 18 참조
* Jocob Wimpheling * *Isodoneus Germanicus*
* *Adolescentia* * *Germania* * *Gymnasium*

¶4_ 에라스무스는 북부의 인문주의 운동이 제 갈 길을 가도록 내버려둔다면 그것은 궁극적으로 대학과 학교를 인문주의의 이상으로 전향시킬 수 있을 것이라고 믿었지만, 이 에라스무스의 믿음이 과연 옳았겠는가는 그 누구도 말할 수 없다. 그 정도로 그 운동은 속도가 느렸다. 대학의 경우를 보면, 그 운동은 주로 몇몇 머리 좋은 사람들의 연구와 교육에 의존하고 있었으며, 이들은 영구적인 교수직이 없는 상황에서 일시적인 영향을 미치다가 마는 것이 일반적인 경향이었다. 심지어 그 운동이 비교적 큰 성과를 거두었다고 하는 학교에서도 인문주의 운동의 영향은 그곳에 있는 교사가 옛날의 전통을 능가할 수 있을 정도로 강한 영향력을 가지고 있는 몇몇 학교에 국한되어 있었다. 대체로 이것이 종교개혁의 소동으로 기존의 교회와 정치 체제가 무너지고 일체의 학문이 혼란에 빠졌을 당시의 교육의 형편이었다. 그러나 이렇게 말하는 것은 종교개혁이 반인문주의적 성격을 띠고 있었다는 뜻이 아니다. 오히려 그 반대로, 종교개혁을 가능하게 한 것이 바로 인문주의적 각성이었다. 문학과 교육을 다시 살려내려고 한 사람들은 누구나 교회 운영의 개혁을 부르짖는 요구에 동조하는 마음을 가지고 있었으며, 그들 중의 일부 — 그 대표적인 인물은 에라스무스였다 — 는 그 개혁을 내부로부터 일으키기 위하여 열심히 노력하였다. 그러나 인문주의가 일으킨 비판의 힘과 변화의 열의는 그러한 온건한 학자들이 거는 제동을 순순히 받아들이고 그들이 제시하는 제한된 범위 안에 머물러 있으려고 하지 않았다. 그리하여 젊은 세대의 인문주의자들은 루터가 기치를 들기가 무섭게 그들의 운동을 혁명으로 전환하여 마침내 기독교 왕국이 두 개의 반대되는 진영으로 갈라지는 결과를 몰고 왔다. 그 격동 속에서 인문주의만 아니라 모든 형태의 교육이 심각한 타격을 받았다. 따지고 보면 이것은 그럴 수밖에 없었다. 첫째로, 교회에 대한 적대감은 곧바로 직접적으로나 간접적으로 교회의 산하에 있는 교육기관에 대한 적대감으로 연결되었다. 대다수의 경우에, 그전에 학교에 기부되었던 재산은 종교개혁의 취지에 찬성하는 지배자나

군주에게 몰수당하였으며 학교는 문을 닫고 때로는 영영 문을 다시 열지 못하였다. 이처럼 심한 조치까지는 취해지지 않은 그 밖의 경우에도, 농민 반란으로 인한 황폐는 학자와 학생의 수를 격감시켜서 학교가 거의 쓸모없는 지경에 이르렀다. 둘째로, 특히 '재침례파'*와 같은 편협한 종교개혁가 집단에서는 그들의 강렬한 종교적 확신으로 말미암아 그 밖의 고려사항을 도외시하면서 일체의 문화를 교회와 국가의 악의 근원으로 보고 그것을 매도하였다. 그들은 학문에서 오는 세속적 지혜를 신앙에서 오는 영적 지식과 대립되는 것으로 보았다. 물론, 개혁자 중에서도 온건한 사람들은 이러한 견해를 받아들이지 않았다. 루터나 멜랑크톤* 같은 사람들은 학문에 관심을 가지고 있었으며 새로 창조되는 교회를 위해서는 학문이 필요하다는 것을 분명히 의식하고 있었다. 그러나 심지어 이런 사람의 경우에도 논쟁이 격렬해질 때에는 자연히 학문에 대하여 반대하는 쪽으로 기울어졌다. 그들은 기존의 대학과 학교를, 루터의 앞뒤가리지 않는 신랄한 용어를 인용하자면, '당나귀의 우리요 악마의 소굴'이라고 매도하였을 뿐만 아니라, 종교개혁의 필요성은 인정하면서도 마지막까지 그들과 함께 개신교로 宗體종체를 바꾸는 데에는 찬성하지 않았던, 에라스무스와 같은 온건한 인문주의자들과 맞섰다. 루터의 교조가 풍미하는 곳에 학문이 외면당한다는 에라스무스의 불평에는 전혀 근거가 없었던 것도 아니다. 물론, 그 책임이 전적으로 루터에게 있었다고는 할 수 없다. 적어도 다소간은, 그것은 종교개혁이 독일과 북부 유럽의 사회생활 전체를 혼란에 몰아넣은 데에서 따라온 불가피한 결과였다. 그러나 루터는 어디까지나 첫째가 종교인이요 그 다음이 학자였던 만큼, 이전의 인문주의에 대한 그의 공격이 교육 사태의 어려움을 가중시켰다는 데에는 의심의 여지가 없다. 에라스무스는 이렇게 말하였다. '루터는 고전 공부에 증오와 경멸을 퍼붓는다. 이것은 우리에게는 치명타이지만 그에게도 별로 이로울 것이 없다.'

---

* Anabaptists * Melanchthon

2 루터의 교육적 이상

¶5_ '인간다운 학문'*의 장래를 걱정한 나머지, 에라스무스는 마르틴 루터*(1483-1546)의 건설적 재능을 계산에 넣지 않았다. 루터가 에라스무스만큼

고전 공부에 중요성을 부여하지 않은 것은 아마 사실이겠지만, 그 위대한 종교적 선구자의 생각과 위대한 학자의 생각 사이에는 양자의 논쟁이 시사하는 정도로 큰 차이가 있었던 것은 아니다. 두 사람은 모두 중세적 생활 체제와 그것에 수반되는 모든 특징들에 대하여 항거하면서, 사회적 갱신을 위한 그들의 이상을 과거에서 찾으려고 하였다. 다만, 한 사람은 그것을 주로 초기 기독교 교회의 삶과 이상에서 찾으려고 한 반면에, 또 한 사람은 그것을 주로 고대 희랍과 로마의 세속적 제도에서 찾으려고 했을 뿐이다. 이것만 가지고 보면, 라틴어와 희랍어를 배움으로써 그것에 담겨 있는 알뜰한 지혜를 습득할 필요가 있다는 점에 관하여 그 두 사람은 근본적인 의견의 일치를 나타내고 있다. 그러나 교육의 분야에서 루터가 본 문제는 에라스무스가 본 것보다 훨씬 심각한 것이었다. 기존의 교회와 절연하고 새롭게 창조해 낸 체제에서도 학문은 그전의 체제에서와 다름없이 매우 중요하다는 것을 인정하면서도, 루터는 에라스무스가 바랐던 것과 같은 소규모의 지적 귀족주의를 확립하는 데에 만족하려고 하지 않았으며 그 귀족주의의 이념이 일반대중에게까지 강요되는 것을 좌시하려고 하지 않았다. 종교개혁은 루터에 동조한 사람들이 통치한 독일의 여러 공국에서는 교회의 권위를 무너뜨리고 그와 함께 교육체제 전체를 혼란에 빠트렸으며, 그 결과로 관리와 정치 지도자와 종교계의 성직자를 길러내는 교육뿐만 아니라 일반 대중에게 알맞은 교육이 절실히 필요하게 되었다. 일상생활의 필요를 위해서도 그러하거니와 특히 개신교의 종교관에 따라 성경과 교리 문답에 관하여 신도들 자신이 직접 알아야 한다는 점 때문에 완전히 새로운 종류의 학교가 필요하였다. 루터가 말한 바와 같이, 학교에서 소년이 20년, 30년을 도나투스* 공부에 보내면서 아무것도 배우지 못하는 시대는 이미 지나갔다. 새 날이 밝았고 모든 것은 변했다. 새로운 시대는 새로운 교육을 요청하고 있었다.

---

* humane learning　* Martin Luther　* Donatus, 로마의 문법학자

¶6_ 교육재건 사업은 루터에 의하여 즉시 시작되었다. 독일 교회와 로마를 잇는 마지막 줄은 1521년 보름스에서 열린 신성로마 제국의 의회*에서 완전히 잘렸다. 루터는 즉시 개신교 신앙의 기초로서의 성경을 독일어로 번역하는 일에 착수하여 그 이듬해에 자신의 신약 번역판을 출판하였다. 그 후 1524년에 그는 「독일 내의 모든 도시의 시장과 시의회 의원들에게 보내는, 기독교 학교의 설립과 유지

를 촉구하는 서한」*에서 교육에 관한 그의 견해를 자세한 근거를 붙여 천명하였다. 다시 몇 년 뒤에 그는 교육용으로 대소 두 개의 교리문답을 썼으며, 유명한「아동의 취학 의무에 관한 강론」*을 발표하였다. 이 강론에서 그는, 국가는 학교를 제공하여야 하며, 만약 필요하다면 강제 수단을 써서라도, 아동을 취학시켜야 한다는 점을 강조하였다. 그러나 루터는 단순히 다른 사람에게 이렇게 하라고 말하는 것에 그치지 않았다. 전 생애를 통틀어 그는 교육 사업에 지대한 관심을 가졌다. 그는 여러 학교, 그 중에서도 특히 여학교의 설립을 도왔으며, 그뿐만 아니라 독일의 학교조례*에는 직접으로든지 간접으로든지 그의 영향이 뚜렷이 나타나 있다. (독일에서 학교조례는 개신교 교회의 통치를 위한 규정의 한 부분으로 편입되어 있는 것이 일반적인 관례였다.)

---

* Diet of Worms, 여기에서 루터를 이단자로 선언하였다.
* *Letter to the Burgomasters and Councillors of all towns in German lands, urging the Establishment and Maintenance of Christian Schools*
* *Discourse on the Duty of sending Children to School*
* school ordinances

¶7_ 교육에 관한 루터의 공식적인 발언은 얼마 되지 않지만, 그의 발언은 원대하고 거시적인 개혁가의 이상을 제시하고 있으며, 그것이 직접 대상으로 한 독일은 말할 것도 없고 로마에서 떨어져 나간 다른 나라에도 교육 발전을 위한 자극을 주었다. 그의 기본 가정은, 새로운 교회는 구시대의 교육 사업을 넘겨받아야 한다는 것이다. 고전어에 관한 올바른 지식은 성경을 바르게 이해하는 데에 필요 불가결하며, 따라서 그것은 새로운 교리를 지켜 나가는 데에 필요하였다. 그러나 비록 그가 교육을 통하여 종교를 진흥시키는 데에 일차적인 관심을 둔 것은 사실이지만, 그는 또한 교육에는 종교 이외의 더 넓은 관심사가 관련된다는 것을 분명히 인식하였다. 그가 말한 바와 같이, 설사 영혼도 없고 천국이나 지옥도 없고 오직 세속적인 일만 남아 있다고 하더라도, 여전히 소년 소녀를 위한 좋은 학교는 있어야 하며 거기서 나라를 잘 다스리는 남자와 집안을 잘 돌보는 여자가 배출되어야 한다. 그는 또 다른 구절에서, 한 도시의 번영은 거대한 보물과 강한 성벽과 훌륭한 집에 있는 것이 아니라, 모든 보물과 재산을 획득하고 유지하고 활용할 수 있는, 총명하고 유능하고 지혜롭고 명예로운 잘 교육된 시민에 있다고 말한다.

¶8_ 이 세상과 다음 세상을 위하여 아동들을 준비시키는 교육은 어떤 것이어야 하는가? 어떤 사람들은, 그 일은 부모가 하도록 일임하면 된다고 생각한다. 그러나 루터는, 한편으로는 아동의 양육에 있어서의 가정의 역할을 과소평가하지 않으면서도, 또한 심지어, 대교리문답의 서문에서 각 가정의 아버지는 적어도 매주 한 번씩 아동과 하인에게 종교를 가르쳐야 한다고 간곡히 부탁하기까지 하면서도, 가정교육은 너무 범위가 좁다고 보고, 학교에서 아동은 언어와 예술과 역사를 배우면서 '천지개벽 이래 일어난 모든 일에 관한 경험을 자신의 내부에 확보할 수 있다'는 식으로 학교 교육의 이점을 내세운다. 그의 의견에 의하면, 학교는 시당국에 의하여 제공되어야 하며 공공의 비용으로 유지되어야 한다. 시에서는 해마다 막대한 돈을 들여 도로를 만들고 성곽을 쌓고 군인을 무장시키고 있다. 그만한 돈으로 한두 명의 훌륭한 교사를 확보해서 안 될 이유가 어디에 있는가? 일단 학교를 제공하고 난 뒤에 시당국은 그 권위를 이용하여 아동의 취학을 보장해야 한다. '만약 통치자가 그들의 신체 강건한 신민에게 창과 총을 짊어지도록 강요할 수 있다면 그것보다 더 당당한 근거로 그들에게 자녀를 학교에 보내도록 강요할 수 있어야 한다. 악마는 우리로 하여금 교육을 게을리하도록 하여 도시와 국가에 해를 끼치도록 은밀히 획책하고 있으며, 이 악마와 싸워야 하는 전쟁은 훨씬 더 지독한 전쟁이다.'

¶9_ 사실상, 루터는 그가 설교하는 복음처럼 무상이며 무제한인 교육을 베푸는 그런 교육체제를 바랐다. 또한 그 교육은 복음과 같이 남녀와 사회 계층의 구분과 무관한 교육이어야 했다. 그는 모든 사람을 교육하는 데에 따르는 경제적 난점을 도외시하지 않았다. 대다수의 부모들은 매우 가난하였으며, 교육을 받도록 자녀의 시간을 할애하는 것은 때로는 가정생활에 지장을 초래한다는 것을 그는 알고 있었다. 이 난점의 해결책으로서 그는 소년과 소녀 모두 하루에 한두 시간씩 학교에 다니고 그와 동시에 가정에서 수공을 배우도록 하는 방안을 제시하였다. 루터가 이 시간제 학생들에게 무슨 교과를 가르쳐야 한다고 생각했는지는 분명하지 않다. 그가 대체적으로 그려낸 교육프로그램은 분명히 이와 같은 시간제 교육으로는 달성할 수 없는 것들이다. 그는 다음과 같이 말한다. '나의 경우에 만약 나에게 자녀가 있다면 나는 그들에게 언어와 역사뿐만 아니라 노래와 음악, 그리고 수학의 여러 분야를 배우도록 하겠다.' 보통 아이의 경우에 성경과 교리 문답에 관한 지식을 습득하게 한다든지, 체육과 음악 — 루터는 이것을 몸과 마음에 미치는 효

과 때문에 가르쳐야 한다고 말한다 — 을 가르치는 것은 가능할지 모르지만, '언어 공부', 즉 라틴어, 희랍어, 히브리어의 공부는 명백하게 목사, 교사, 또는 국가의 관리가 될 훈련을 받은 소수의 선발된 학생들을 위한 것이다. 수학도 마찬가지여서, 사실상 루터는 다른 곳에서 그것을 변증법과 수사학과 함께 대학 수준의 교과로 간주하고 있다. 일반 대중이 자기 손에 그 나라 말로 된 성경을 가지도록 해야 한다는 루터의 열망에 비추어 볼 때, 그의 주장 속에 모국어를 가르쳐야 한다는 언급이 없다든지, 그가 제시한 교과목 중에 모국어가 빠져 있다든지 하는 것은 약간 특이하면서도 놀라운 일이다. 그러나 루터는, 모국어는 '가정에서의 일상 대화에서, 시장에서, 교회 강단에서' 가장 잘 학습될 수 있다고 말한다. 이것으로 보면 그의 교육 방안에는 일반 대중의 자녀를 위한 초등교육과 시민 생활이나 교회 생활에서 책임 있는 지위에 나아갈 사람들을 위한 높은 수준의 언어 교육이 암암리에 구분되어 있었던 것이 분명하다. 루터 자신은 이 두 가지를 명확하게 구분하지 않았지만, 그 구분은 머잖아 개신교 국가의 교육체제에 그 모습을 명백히 드러내게 되어 있었다.

3 독일에서의 개신교 교육의 발달

¶10_ 종교개혁에 불을 당긴 것이 독일이었던 만큼, 그것의 한 필수적인 부분으로서 교육개혁을 해야 한다는 루터의 부르짖음은 독일 내에서 개신교 신앙을 채택한 군주들과 학자들로부터 즉각적인 호응을 얻었다. 그리하여 독일에서는 행정 당국과 학계, 종교계의 대표자들이 협력한 결과로 교육 재건 사업이 급속도로 진전되었다. 이때 그들이 주로 주의를 기울인 것은 대학과 상급수준의 학교였다. 첫째로, 대부분의 큰 도회지에서 찾아 볼 수 있었던 중세의 도시공공학교*들은 점차로 재조직되었고 그 숫자도 증가하였다. 게다가, 작센의 모리츠*가 수도원을 철폐한 데서 생긴 재산으로 세 개의 '군주학교'*를 설립한 1543년 이후에는 도시학교와 병렬적으로, 국가가 그 자체의 사회적 필요 때문에 재정 지원도 하고 통제도 하는 보다 현대적인 유형의 학교가 생겨났다. 이들 도시학교와 국가학교에서 '김나지움'*이 생겨나서, 그날 이후 오늘에 이르기까지 독일의 가장 중요한 학교로 발달해 왔다. 여기에 비하여, 개신교의 근본 취지에 비추어 불가피하게 요청된 것으로 볼 수 있는 대중교육은 훨씬 느린 속도로 성장하였다. 이 방면의 학교로서 최

초의 것은 북부 독일의 여러 도시와 마을에서 요한 부겐하겐*(1485-1558)이 종교와 모국어의 읽기와 쓰기를 가르칠 목적으로 세운 학교들이지만, 어느 곳에서나 이런 종류의 학교가 공식적인 인정을 받은 것은 1559년이 되어서였다. 바로 그 해에 뷔르템베르크 공국*은 학교조례에서 마을에 '독일의 학교'*를 세울 것을 규정하였고 그 후 작센 공국도 이 보기를 따랐다. 그리하여 두 공국은 이 결정적으로 중요한 시기에 교육의 선도적 위치에 서는 영예를 나누어 가지게 되었다.

---

* city school * Maurice [Moritz](1521-1553, 1547-1553 재위) * princes' school
* gymnasium, gymnasia (pl.) * John Bugenhagen * State of Würtenberg * German School

¶11_ 개신교 국가로서의 독일이 그 교육기관을 창조해 내는 데에 큰 공을 세운 위대한 사람들 중에서 최초의, 그리고 가장 위대한 인물로 두드러지는 사람은 필리프 멜랑크톤*(1497-1560)이다. 새로운 신앙의 신학적 기초를 다지는 데에 장장 40년을 보낸 길고도 힘든 한 평생 동안, 그는 보통 사람에게서는 찾아볼 수 없을 정도의 다양한 교육 사업에 몸을 바쳤다. 그는 스스로 고전과 신학 강의를 함으로써 비텐베르크 대학을 개신교 연구의 중심지로 만들었다. 그는 장차 문학을 공부하려고 하는 젊은이들을 위하여 자신의 사가에 사립학교를 운영하였고, 18세기에 이르러서도 여전히 사용될 정도로 훌륭한 일련의 문법 교과서와 그 밖의 교과서를 썼다. 그는 (특히 작센 공국 안의) 여러 도시에 학교 체제를 확립하였고, 하이델베르크를 위시한 몇몇 옛날 대학을 재조직하였으며 마르부르크*, 쾨니히스베르크*, 예나* 등 새로운 개신교 대학을 조직하였다. 누구나 이의 없이 그의 것으로 인정하는 '독일 국민의 교사'*라는 칭호는 분명히 그에게 합당한 칭호였다.

---

* Philip Schwarzert Melanchthon * Marburg * Königsberg * Jena * Proeceptor Germanioe

¶12_ 독일의 중등학교 체제는 대체로 멜랑크톤의 창안에 의한 것이었다. 기원 1525년 그가 아이슬레벤*과 누렘베르크*에서 최초의 개신교 상급학교를 위하여 정관을 마련하고 교육과정을 편성해준 이후로, 개신교 내에서는 그에게 교육조직 문제에 관한 조언을 해 달라는 요청이 끊이지 않았다. 학교의 설립과 운영 문제에 관하여 그가 56개 도시와 주고받은 서신은 아직도 남아 있어서 이 분야에서 그가 얼마나 굉장한 노력을 기울였는가를 보여 주고 있다. 그러나 그의 영향은 이와 같이 사적인 접촉에 의한 것에 그치지 않았다. 그가 여러 시기에 쓴 학교조례들

은 그보다 훨씬 많은 학교조례의 본보기가 되었고 그의 교육방법은 한때 그의 제자였던 수많은 교사들의 노력에 의하여 멀리 또 넓게 퍼져 나갔다. 그가 사망한 1560년에 와서 그의 교육체제는 독일의 여러 도시에 보편화되다시피 하였다. 그 교육체제의 일반적 성격은 아이슬레벤 시 학교의 '교육과정'* 을 통하여 알아볼 수 있다. 이 교육과정은, 나중에 다른 도시의 교육과정과 마찬가지로, 두 가지 두드러진 특징을 나타내고 있다. 즉, 학교 공부를 세 개의 학교 또는 단계로 편성하여 학생들로 하여금 능력에 따라 진급할 수 있도록 하였다는 것과, 라틴어 문법과 문학이 주된 교과목으로 되어 있었다는 것이다. 첫 단계는 초보자의 단계로서, 학생들은 발췌문을 모은 간단한 책자, 이솝의 우화, 모셀라누스*의 대화, 카토*의 도덕시 등을 자료로 하여 초보 라틴어를 배운다. 여기서의 목적은 라틴어를 말하기 위한 충분한 어휘를 습득하는 데에 있다. 둘째 단계에서는 본격적인 문법 공부가 시작된다. 멜랑크톤은 다음과 같이 말한다. '문법의 규칙을 가르치는 데에 찬성하지 않는 사람들, 문법은 그런 식으로가 아닌 다른 방법으로 더 잘 학습될 수 있다고 생각하는 사람들은 소년의 공부에 관하여 심각한 과오를 저지른다.' 이런 이유에서 문법은 이 단계의 주된 관심사이다. 학생들은 테렌티우스*나 베르길리우스와 같은 몇몇 작가들의 작품을 읽지만, 그것은 그 자체를 공부하기 위해서가 아니라 거기에 예시된 문법을 공부하고 어휘를 늘이기 위해서이다. 학생들은 문법을 완전히 배우고 나서야 셋째 단계로 진급하여 변증법과 수사학의 초보 단계를 공부하며 리비우스*와 살루스티우스*의 역사, 베르길리우스와 호라티우스*와 오비디우스*의 시, 키케로의 웅변서와 윤리적 저작을 읽는다. 라틴어에 관한 상당한 지식을 가지고 있고 능력이 뛰어난 학생은 희랍어와 히브리어를 시작할 수 있도록 하며, 경우에 따라서는 수학과 여러 가지 예술을 돌아가며 공부하도록 한다. 멜랑크톤이 그 이후에 마련한 학교조례는 아이슬레벤의 경우와 약간의 상이점을 보여주고 있다. 예컨대 1528년의 '작센 순시규정'*에 나타난 라틴어 학교 교육과정에서 그는 보다 제한된 교수요목을 제시하고 있는데, 이것은 아마 보다 어린 학생들을 대상으로 하였기 때문일 것이다. 거기서 그는 다음과 같이 충고한다. '교사는 오직 라틴어만을 가르치도록 주의해야 하며, 그전에 다른 학교에서 했던 것처럼 독일어와 희랍어와 히브리어를 가르치면서, 가련한 학생들에게 이익이 되지 않는 것은 물론이요 해를 끼치는 잡다한 짐을 지우지 말아야 한다.' 또 하나의 차이는 문법을 종전보다 더 강조했다는 것이다. 아이슬레벤의 교육과정에서 문법은 둘째 단계에서만 가르치게 되어 있는데 비하여, 여기서는 세 단계에서 다 같이 가르치도록 되어 있다. 첫째 단계의 학생들은 도나투스*를 공부하며, 둘째 단계에서는 이솝, 모셀라누스, 에라스무스, 테렌티우스와 플라우투스*를 읽고 어형변화와 통사론의 원리를 파악하며, 마지막 단계에서도 문법 공부는 계속된다.

---

* Eisleben * Nuremberg * *Lehrplan* * Mosellanus * Cato
* Terence [Terentius], 3 : 21 주 참조 * Livy [Livius]
* Salust [Caius Sallustius Crispus] (86-34 B.C.), 로마의 역사가 * Horace [Horatius]
* Ovid [Ovidius] * Cicero * Saxon Visitation Article * Donatus * Plautus

¶13_ 멜랑크톤의 위대한 업적은 북부 유럽의 교육에서 인문주의와 개신교를 효과적으로 결합했다는 데에 있다. 그렇지만, 이 두 가지 위대한 운동을 결합하는 일은 필연적으로 그 각각에 약간의 손실을 초래하였다. 개신교 편에서 보면, 그것은 종교개혁가들의 교육적 이상을 다소간 좁히는 결과를 가져 왔다. 멜랑크톤은 자신의 그 탁월한 학문으로 말미암아 루터가 종교적 신앙의 기초를 개인적 신념에 두기 위한 필수적인 조건으로 강조한 대중교육의 필요에 약간은 무관심할 수밖에 없었으며 고등학교 수준에서의 모국어 교육을 위한 조치 또한 그의 고려 대상에서 제외되었다. 고등학교 교과에서 모국어가 제외되었다는 사실에서 따라오는 한 가지 귀결은, 인문주의의 교육과 문화는 희랍 로마의 위대한 저작에 관한 철저한 지식 위에서만 가능하다는 고정관념을 낳게 되었다는 것이다. 보통의 경우라면, 종교개혁가들이 종교 분야에서 명시적으로 천명한 바와 같이, 인간의 모든 영적 생활은 직접경험에 기초를 두어야 한다고 보고 이 원리에 따라 자국어와 자국문학이 당연히 교육 방안에서 근본적으로 중요한 위치를 차지한다는 것을 인정하는 방향으로 나아갔을 것이다. 멜랑크톤과 그의 제자들의 노력이 거둔 인문주의의 승리는 종교개혁의 이상에서 뻗어 나오는 이 당연한 교육과정상의 조치를 억제하고 3백 년 이상이나 외국 문화의 공부를 상급 수준 학교의 핵심적인 관심으로 삼도록 만들었다.

¶14_ 인문주의 또한, 새로운 종교와의 제휴로 말미암아 종교에 못지않게 그 정신이 손상되는 방향으로 수정되었다. 멜랑크톤은 교육에서 고전이 가지는 특이한 가치에 관하여 강한 확신을 가지고 있었지만, 그는 또한 고전 공부가 그 자체로서 목적이 된다고 생각하기에는 너무나 독실한 개신교 신자였다. 북부 유럽의 모든 인문주의자에게 있어서와 마찬가지로, 그에게 있어서 교육의 목적은 '글공부

한 경건'*의 함양에 있었다. 그러나 그가 살고 있던 나라와 그 시대의 필요때문에 그는 어쩔 수없이 '글공부'보다는 '경건'에 더 강조를 두었으며, 이 점은 그가 고전 중에서 신앙심의 육성에 도움이 되지 않는 부분을 처리한 방식에 여지없이 반영되었다. 그러나 그렇다고 해서 그가, 그전에 플라톤과 기독교 교회의 교부들이 각각 그 나름으로 그러했던 것처럼, 고전의 내용과 종교적인 신앙 사이에 특별한 적대관계가 있다고 생각했다는 뜻은 아니다. 이런 종류의 의구심이 생기기에는 그가 살았던 세계와 옛날 사람들의 세계 사이에 너무나 큰 간극이 있었다. 그는 고전에 관하여 충분히 자세하게 알지 못했기 때문에 그 세부적인 내용에 관해서는, 그것이 신앙심에 위배되는가의 여부를 심각하게 문제삼을 정도로 관심을 가지고 있지 않았다. 그가 본 문제점은 오히려 고전이 경건한 삶에 도움이 되도록 하는 방법을 모색하고 그 구체적인 수단을 강구하는 데에 있었다. 그러기 위해서는 고전에 들어 있는 내용 중에서 무엇이든지 직접 또는 간접으로 교훈이 될 만한 것을 무조건 강조할 수밖에 없었으며, 이것은 교육실제의 면에서는 당연히 문학 공부의 예술적 측면을 도덕적 측면에 종속시킴으로써 고전의 원래 가치의 상당한 부분을 유실시키는 결과를 가져 왔다. 그러나 재앙은 여기서 그치지 않았다. 모종의 인위적인 조작에 의하여 도덕적인 이익의 수단으로 전환될 수 있는 것 이외의 내용에 대하여 일체 무관심한 태도를 취할 때, 거기서 오는 필연적인 결과는 문학의 형식적 우수성에 지나친 가치를 부여한다는 것이다. 사실상, 이러한 경향은 멜랑크톤에서 특별히 두드러진 것은 아니지만, 그에게 그러한 경향이 있다는 것은 부정할 수 없다. 언어교육에 관하여 그의 견해와 상당한 공통점을 나타내고 있는 에라스무스와 비교해 볼 때, 멜랑크톤은 문법과 운율의 학습에 훨씬 더 큰 비중을 두고 있다. 이것은 앞에서 말한 여러 학교조례에 명백히 드러나 있으며, 그뿐만 아니라 공부에 관하여 학생과 청년에게 보낸 그의 편지 여기저기에도 나타나 있다. 그러나 아마 이 면에서의 그의 견해가 가장 분명하게 표현되어 있는 것은 1526년 누렘베르크의 고등학교 개교식에서 한 훌륭한 기념연설일 것이다. 거기서 그는 다음과 같이 말했다. '종교의 진리와 도덕적 의무는 지난 시대의 실천에 바탕을 둔 훈련에 의하여 적절한 준비를 갖춘 마음에 의해서가 아니면 올바르게 지각될 수 없다. 부모들은, 그리고 그와 마찬가지로 이 도시의 모든 구성원은 그 젊은이들을 교육하는 공동의 의무를 지고 있다. 첫째로, 그들은 종교를 가르치도록 해야 하며, 이것은 그 필요조건으로서 충실한 사장교육을 요구한다. 그 다음으로, 사회적 안전과 준법 또한 마찬가지의 훈련을 필요로 한다. 누렘베르크의 시의회는 이 새로운 학교를 설립하는 데에 위의 두 가지를 모두 고려하였다. 현재 라틴어를 가르치는 학교로서 문법학교*가 있지만, 장차 이것은 고등학교에 진학할 학생을 위한 예비 교육기관으로 그 성격이 수정되어야 할 것이다. 이 두 학교 사이의 등급의 구분은, 학생들은 적합하다고 판정되기 전에는 높은 수준의 교과를 공부하도록 하지 말아야 한다는 취지에서 결정된 것이다. 문법을 확실히 마스터한 학생만이 라틴어의 회화와 작문을 공부할 자격을 얻는다. 그렇지만 라틴어 학교는 에라스무스, 테렌티우스, 플라우투스 등 권위 있는 저자들을 무시하지 않을 것이며 베르길리우스의 작품 중에서 쉬운 것들도 여기에 포함될 것이다.'[1] 이것으로 보면 멜랑크톤이 실지로 문법 그 자체를 중요시했다고는 말할 수 없지만, 그와 같이 문법공부와 문학공부를 엄격하게 구분하는 것은 교육 실제에 위험한 결과를 초래할 가능성을 내포하고 있었다. 멜랑크톤이 제의한 그 방안이 유효적절하게 적용되려면 멜랑크톤 자신이 가지고 있었던 것과 동일한, 고대 작가에 대한 열렬한 관심이 전제되어 있어야 한다. 그 이후의 사람들에게서 흔히 그러했듯이, 그러한 관심이 결여된 상황에서는 삶의 현실과 유리된, 언어의 형식적 측면을 그 자체의 목적으로 취급하는 결과가 불가피하게 따라 온다.

---

1) Woodward, *Education during the Renaissance*, p. 224.
* lettered piety [pietas literata]   * grammar school

¶ 15_ 북부 인문주의에 내재해 있었던, 형식주의로 타락하는 경향은 멜랑크톤보다 약간 나이가 아래인 그의 친구 요한 슈투름*(1507-1589)의 업적에 명백히 드러나 있다. 소년 시절에 슈투름은 리에쥬에 있는 '공동생활 형제단'의 학교에 다녔다. 루벵과 파리에서 학생으로서, 또 강사로서 성공적인 생애를 보낸 뒤, 1537년에 슈트라스부르크에 설립된 김나지움*의 교장이 되었을 때, 그는 그 학교를 리에쥬의 본보기에 따라 조직하였다. 즉 학생들은 능력에 따라 여러 개의 학년으로 구분되고 한 학년에서 다음 학년으로의 진급은 해마다 엄숙한 의식을 거쳐 이루어지며, 한 학년을 10명씩 조로 편성하여 그 중에 나이 많은 학생인 조장이 맡도록 하며, 근면과 선행에 대해서는 포상을 한다는 것이다. 두 경우의 중요한 차이는, 김나지움의 수업 연한이 더 길었다는 것과 — 여기서는 처음에는 9개 학년이었다가 나중에는 10개 학년으로 되어 6세에서 15세까지의 학생을 대상으로 하였다 — 조직이 그다지 치밀하지 않은 5년간의 상급과정 — 이것은 결국 대학으로 발전하였다 — 이 보통의 과정위에 첨가되어 있었다는 것이다. 헤기우스*의 보기에 따라

슈투름은 매 학년의 교과와 교육방법에 관한 세부적인 계획을 글로 써내었다. 그는 먼저, 1537년 개교 당시에 「개설교에서의 사장교육의 올바른 교육방법」*이라는 책을 썼고, 28년 뒤에는 교사용 지침서로 「학교편람*」을 썼다. 이와 같이 치밀한 조직에 슈투름 자신의 강한 영향력이 가세하여, 그의 학교는 작센과 뷔르템베르크 뿐만 아니라 멀리 떨어진 지역에서도 고등학교와 대학의 교육 발전에 큰 영향을 미쳤다. 다소간은, 여러 나라에서 몰려든, 또 그 중에 귀족 출신 소년들이 많이 섞여 있는 그의 학생들을 통하여, 또 다소간은, 그에게 학교 운영에 관한 자문을 구하는 사람들에게 슈투름 자신이 해준 조언의 직접적인 결과로, 슈트라스부르크의 김나지움은 널리 모방되었고, 슈투름 자신의 세기뿐만 아니라 그 이후 3개 세기 동안 인문주의 학교의 일반적인 형태를 결정하는 데에 다른 어떤 교육기관보다 더 중요한 공헌을 하였다.

---

* Johann Sturm * gymnasium, 9 : 38 주 참조 * Hegius, 6 : 22 참조

* *Book on the Right Method of Founding Schools for Literary Education* [*De literarum ludis recte aperiendis liber*]

* *Class Letters*

16_ 만약 슈투름의 경우가 단순히 일회적으로 또는 산발적으로 교육 조직과 수업의 방법을 제시한 것에 그쳤다면 아무 문제가 없었을 것이다. 그러나 불행하게도, 그것은 고전교육이 그 형식적 측면에서 상투적인 형태로 굳어 버리도록 하는 결과를 가져왔다. 슈투름 자신은 안목이 넓은 사람이었고 아리스토텔레스 논리학의 형식적 허구성에서 탈피하려고 한 새로운 사상가 집단에 동조하였지만, 그가 제안한 라틴어와 희랍어 교육의 실제는 그것과는 다른 방향으로 허구성을 띠었다. 맨 처음 슈트라스부르크에서 일을 시작했을 때 그는, 교육의 목적은 '경건한 지식과 웅변'*의 함양에 있다고 말하였다. 이것으로 보면 그는 학생들이 지식과 표현 능력을 습득하기를 바랐던 것이 분명하며, 그의 말에 나타난 바와 같이, 그 두 가지는 올바른 신앙의 기초가 된다고 보았다. 그러나 그의 이러한 이상이 학교의 교육 실제에 실지로 적용되는 과정에서는 '웅변'이 '지식'이나 '경건'을 훨씬 압도하였다. 그래도 피해를 덜 입은 쪽은 경건이었다. 교육기간 전체의 전반부에서, 처음에는 독일어로, 그 다음에는 라틴어로 교리문답을 세밀히 가르쳤으며, 6학년 이후에는 성서 중에서 성 바울의 서간을 정규적으로 가르쳤다. 그러나 지식의 경우에는, 고전 공부에서 우연적으로 습득되는 지식 이외에는 완전히 도외시

되었다. '인간은 사고나 판단보다 말을 더 잘 하는 본성을 가지고 있으며' 따라서 언어의 훈련이 맨 먼저 와야 한다는 사악하고 유해한 원리에 따라, 역사와 수학과 과학은 학교의 전 과정이 끝나고 상급학교 교육이 시작될 때까지 연기되었다. 산수의 초보를 가르칠 시간은 배정되지도 않았고, 그것은 맨 마지막 학년에 가서 상급학교를 위한 예비교육 단계에서야 비로소 등장한다. 학교의 압도적인 관심은 수사학과 문체의 원천으로서의 고전 공부에 있었다. 학생들의 자국어는 교실 안에서는 물론, 교실 밖에서도 금지되었고 일상의 대화와 수업은 모두 키케로풍의 라틴어로 이루어지게 되어 있었다. 아닌게 아니라, 키케로는 학생들이 공부해야 할 으뜸가는 저자였다. 이삼년 동안 주로 라틴어 문법과 초보적인 작문에 매달린 뒤에 학생들은 나머지 학년의 대부분을 키케로 공부에 바쳤다. 처음에는 그 밖의 라틴 저자들로, 그리고 나중에는 희랍 저자들로 교육과정의 폭이 넓어졌을 때에도 키케로의 웅변 저작들은 여전히 교육내용을 지배하였다. 그리하여, 이탈리아 문예부흥의 말기에 한번 그러했던 것처럼, 다시 한 번 키케로주의가 상승세를 타고, 원래 학교교육의 활력소로 들어갔던 인문주의는 이미 넋 빠진 언어적 형식에 골몰하는 내리막길을 걸어가고 있었다.

* sapiens et eloquence pietas

4 칼벵주의와 교육

¶ 17_ 루터의 추종자들이 그의 원리를 채택한 독일의 여러 공국의 필요에 맞는 교육체제를 정립해 나가는 동안, 그 밖의 개신교 국가에서도 그와 유사한 운동이 진행되고 있었다. 예컨대, 울리히 츠빙글리*(1484-1531)는 루터와 거의 같은 시기에 그와는 아무 관계없이 로마 교회에 대한 항거를 주도하면서, 1523년에 「소년을 위한 기독교 교육」*이라는 짤막한 논술을 출판하였는데, 이것은 개신교의 관점에서 교육을 논의한 최초의 책이다. 이 책에서 그는 라틴어, 희랍어, 히브리어의 공부를 주장하고 성경 교육을 위한 체계적인 교육과정을 제시하는 것 이외에, 자연 공부, 산수, 음악, 그리고 여러 종류의 체육을 교과로 권장하였다. 그러나 교육개혁을 위한 그의 노력은 그의 갑작스런 전사로 중단되고 별다른 성과를 내지 못하였다.

* Ulrich Zwingli * *The Christian Education of Boys*

¶ 18_ 몇 년 뒤에, 처음에는 스위스에서, 그리고 나중에는 불란서, 홀란드, 영국, 스코틀란드, 그리고 미국에 이르기까지 교육에 중대한 결과를 가지고 올 또 하나의 교육 운동이 스위스의 제네바에서 시작되었다. 이 운동의 중심인물은 장 칼벵*(1509-1564)으로서, 그는 그 나름으로 루터에 못지않게 강력한 사람이며 루터보다 더 위대한 학자요 정치가였다. 그는 피카르디*에서, 비천한 신분으로 시작하여 교회 법률가라는 상당히 점잖은 지위에 올라간 사람의 아들로 태어났다. 그는 열네 살의 나이에 문학을 공부하는 학생으로 파리 대학에 들어가서 마튀렝 코르디에*와 그 밖의 여러 선생 밑에서 인문학 공부에 괄목할 만한 진전을 보였다. 거기서부터 그는 약간 자신의 의사와는 달리 오를레앙*과 부르쥬*에서 법률을 공부하였다. 그러나 그의 마음은 언제나 인문학에 있었다. 그리하여 그를 가로막던 장애가 없어지는 것과 동시에 그는 인문학으로 복귀하여 세네카*의 저작 하나에 주석을 달아 스물두 살에 출판함으로써 그의 굉장한 능력을 입증하였다. 이때까지 그가 걸어온 길은 가톨릭 사제가 되는 길이었으나, 스물네 살이 되던 어느 때에 그는 신비스러운 전격적 개종을 통하여 헌신적인 개신교 신자가 되고 고전에서 성경으로 공부의 방향을 바꾸었다. 스물여섯 살이 되기도 전에 그는 그의 위대한 「기독교 강요」*의 초판을 발행하고 즉시 개신교 교리의 일류 해설자로서 그의 자리를 굳혔다. 그 2년 후인 1538년에 그에 대한 박해를 피하여 조국인 불란서를 떠나면서, 그는 자신의 개인적인 공부를 포기하고 제네바에 개신교를 확립하는 데에 도움이 될 결심을 하였으며, 이로써 거의 우연에 의하여 자신의 평생 과업을 발견하게 되었다. 그가 제네바에 도착하였을 때, 그 도시에는 이미 개신교가 개가를 올리고 있었다. 모든 사람들이 공공연하게 개신교 신자임을 표방하였고, 적어도 명목상으로는 삶과 교리의 모든 문제에서 성경을 최고 권위로 받아들이고 있었다. 그러나 국가와 교회에는 여전히 혼란이 많이 남아 있었다. 이 상황에서 칼벵은 국가가 기독교의 원리에 따라 통치되고 교회는 자율적 통치기구로서 종교와 도덕에 관련되는 모든 문제에서 전면적인 통제를 행사할 수 있는, 새로운 정치적, 종교적 질서를 수립할 가능성을 보았다. 그의 나머지 일생은 이 이상을 실현하기 위한 집요한 노력에 바쳐졌다.

* John Calvin [Jean Calvin] * Picardy * Mathurin Cordier * Orleans * Bourges
* Lucius Annaeus Seneca (4 B.C. ?-65 A.D.), 로마의 스토아 철학자, 극작가, 정치가
* *Institutes of the Christian Religion*

¶19_ 그의 과업을 시작할 때부터 칼뱅은 교육이 개인생활에서나 사회생활에서 종교를 진흥시키는 도구로서 근본적으로 중요하다는 사실을 인식하고 있었다. 그가 도착한 이듬해인 1537년에 파렐*과 공동으로 시의 기관장들에게 제시한 '교회 통치에 관한 규약'*에는 종교 문제와 관련된 아동 훈련이 여러 차례 언급되어 있다. 아동은 학교에서 하루에 한 시간씩 찬송가를 불러 공중 예배에서 회중을 이끌 수 있어야 하며, 그뿐만 아니라 각자 집에서 '기독교 신앙의 간략하고 쉬운 개요'를 배워 나중에 목사가 하는 교리문답에 대비하여야 한다는 것이다. 그러나 비록 칼뱅의 계획에는 어디에나 교육의 종교적 측면이 두드러지지만, 그는 또한 세속적 교육의 필요성도 인정하였다. 그의 학교 일을 도와주기 위하여 제네바로 온 옛 스승 마튀렝 코르디에와 함께 쓴, 초등학교의 전망에 관한 글에서 그는 다음과 같이 말하고 있다. '비록 우리가 하나님의 말씀을 최우선으로 여기기는 해도 우리는 훌륭한 훈련을 거부하지 않는다. 하나님의 말씀은 참으로 모든 학문의 기초이지만, 자유학과*는 말씀에 관한 완전한 지식을 얻는 데에 도움이 되므로 결코 업신여길 것이 아니다.' 나아가서 그는, 교육은 '일반 행정을 확보하고 교회가 해를 입지 않도록 지키며 사람들 사이에 인간미를 유지하는 데에' 필요하다고 말한다. 이러한 정신에서 그는 모국어와 실용 산수 공부를 위하여 충분한 배려를 하였으며 문법의 철저한 기초를 닦아야 한다는 것을 역설하였다.

* Gulillaume Farel (1489-1565) * Articles on Church Government * liberal arts

¶20_ 이런 내용의 글을 쓴 지 얼마 되지 않아 칼뱅은 제네바에서 추방당하였고 그것으로 제네바에서의 그의 일은 끝나는 듯하였다. 그러나 그의 교육계획에 관한 한, 그의 추방은 사실상 가장된 축복이었다. 기원 1538년에서 1541년까지 그는 슈트라스부르크에서 불란서어를 말하는 개신교 신자들의 회중을 만들고 슈투름의 학교에서 나이든 학생들에게 신학을 가르치면서 바쁜 나날을 보내었다. 슈투름과의 교우를 통하여 그는 학교 조직에 관하여 많은 것을 배웠을 뿐 아니라, 1537년에 그가 청소년용 교리문답을 만들었을 때에는 그가 미처 깨닫지 못했던, 아동들의 능력이 제한되어 있다는 사실에 약간 생각이 미치기도 하였다. 그 결과는 1541년, 그의 추방이 풀리고 그가 제네바 교회의 수석 목사라는 새로운 지위로 다시 돌아왔을 때 그가 준비한 '교회조례'*에 명백히 드러났다. 이 조례에는 성직자와 공직자를 위한 준비로서 '언어와 세속적인 학문'을 가르치는 중등교육기관

으로서의 '콜레쥬'*가 교회와 지역사회 전체의 복지를 위하여 필요 불가결하다는 것이 명시적으로 규정되어 있다. 이 콜레쥬의 장은 '학식과 경험이 많은 사람'이어야 하며, 그 밑에는 높은 수준의 과목을 가르칠 '강독자'*와 나이 어린 아동을 가르칠 '학사'*를 둔다. 교사는 교회의 보직자로 간주되며, 목사와 마찬가지로 교회의 규율을 따라야 한다. 바로 그 해에 칼벵은 1537년의 교리문답을 개정하였는데, 이 개정된 교리문답 역시, 그것이 대상으로 하고 있는 미성숙한 아동들에게는 너무 길고 너무 어려웠지만, 개정되기 전의 것보다는 훨씬 아동의 수준에 가까워졌다.

---

* Ecclesiastical Ordinance * collège, 10 : 41 참조 * reader * bachelor

¶21_ 도시 내부의 끊임없는 분쟁으로 말미암아 콜레쥬는 칼벵의 기대에 미치지 못한 채 여러 해 동안 발전되지 못한 상태로 남아 있었다. 그러나 그의 계획이 실현되리라는 희망은 한시도 칼벵의 머리를 떠난 적이 없었으며, 그러다가 15년 뒤에 심기일전 새로운 시도를 할 기회가 그에게 다가왔다. 기원 1556년에 그는 슈투름의 학교를 다시 방문하였고 돌아오는 길에는 자신의 학교를 세울 참신한 계획을 가지고 왔다. 이 계획을 그는 「제네바 아카데미 조례」*(1559)라는 제목의 책으로 써 내었다. 이 조례에는 슈트라스부르크 학교의 모든 두드러진 특징들 — 학년을 질서정연한 계열로 조직하는 것, 한 학년을 10명의 조로 편성하는 것, 진급할 때 엄숙한 의식을 거행하는 것, '私學사학'* 또는 김나지움에서는 예비적인 성격을 띤 교육을 실시하고 그 위의 '公學공학'*에서는 신학, 법률 등, 높은 수준의 교과목을 가르치는 것 — 이 그대로 다시 나타났다. 다만, 김나지움 과정에는 약간의 차이가 있었다. 슈트라스부르크에서는 10개 학년이었던 것이 여기서는 7개 학년뿐이었다. 아래의 4개 학년에서 학생들은 라틴어 뿐만 아니라 불란서어의 읽기와 쓰기를 배웠는데, 불란서어가 추가된 것은 제네바의 민주적인 정신을 반영한 것이다. 그 중에서도 가장 중요한 차이는 키케로의 중요성이 약화되고, 슈트라스부르크 체제를 압도하였던 수사학에 대한 관심이 없어졌다는 것이다. 초대 교장인 테오도르 드 베자*의 유능한 지도 하에서 이 새로운 학교(그것은 '아카데미', '콜레쥬', '대학' 등 여러 가지 이름으로 불리었다)는 즉각적인 성공을 거두었다. 십년 후 칼벵이 사망하였을 때, '사학'에는 1200명, 그리고 '공학'에는 300명의 학생이 있었다. 결국, 칼벵은 그의 사업에 이 영예의 왕관이 씌워지는 것을 보고 죽은 셈이다.

* *Leges Academioe Genevensis* * Schola Privata
* Schola Publica * Theodore de Beza

¶22_ 제네바의 교육 원리는 칼벵의 교회 통치형태와 교리의 추종자가 있는 모든 나라로 퍼져 나갔다. 불란서의 위그노*, 홀란드의 개혁교회*, 영국의 청교도*, 스코틀란드의 장로교* 등은 모두 그 조그만 스위스 도시의 학교와 대학의 체제를 각각 상이한 방식으로, 상이한 정도의 성공을 거두면서 받아들였으며, 이들을 통하여 칼벵주의는 종교에 있어서와 마찬가지로 교육에 있어서도 강력한 세력을 가지게 되었다. 심지어 그것이 교회나 국가에서 압도적인 지위를 확립하지 못한 나라에서도, 칼벵주의는 여전히 교육 발전의 과정에 심각한 영향을 미쳤다. 불란서의 경우에는 위그노의 산하에 수많은 초등학교뿐만 아니라 32개의 콜레쥬와 8개의 대학이 생겨났으며, 이 8개 대학은 한동안 유럽 대학의 수위를 차지하였다. 영국의 경우를 보면, 영국 국교*의 반대에도 불구하고 청교도주의는 엘리자베스 여왕치하의 마지막 몇 년 동안 옥스포드와 캠브리지를 석권하고 있었으며, 이런 정도의 절대적인 지위를 잃어버리고 난 뒤에도 청교도주의는 여전히 영국 국민의 교육적 삶 전체에 무시하지 못할 세력을 가지고 있었고 지금도 그러하다.

* Huguenots * Reformed Church * Puritans * Presbyterian * Anglican Church

¶23_ 그러나 제네바의 교육적 이상이 가장 완전히 실현된 것은 칼벵의 체제가 다른 어떤 나라에서보다 완전하게 받아들여진 스코틀란드에서였다. 스코틀란드 종교개혁의 지도자인 존 녹스*(1505-1572)는 칼벵과 긴밀한 관계를 맺으면서 몇 년 동안 제네바에서 살았으며 따라서 칼벵의 교육 계획을 잘 알고 있었다. 기원 1560년, 스코틀란드 교회의 법령에 의하여 신앙 고백이 채택되고 로마 교회와 스코틀란드 교회의 단절이 공식화되는 것과 동시에, 녹스는 네 명의 다른 목사들과 함께 스코틀란드의 교회 통치 방식의 기본으로서, 「교회규율 제일서」*를 마련하였다. 그 골자는 교회의 통제 하에 사회는 모든 계층을 위한 교육 체제를 확립한다는 것이며, 이것은 그 넓이와 포괄성에 있어서 그 당시의 어떤 교육적 제안에서도 유례를 찾아볼 수 없다. 녹스와 그의 동료 목사들의 제안은 다음과 같다.[1] '우리가 판단하기로는, 조금이라도 이름 있는 마을에서는 교회마다 적어도 문법과 라틴어를 가르칠 수 있는 선생을 둘 필요가 있다는 것이다. 사람들이 오직 1주일에 한 번

씩 설교를 들으러 모이는 산간 지방에서는 강독자나 설교자를 임명해 두고 그 교구의 아동과 청소년들에게 초보적인 지식, 특히 교리문답을 가르치도록 해야 한다. 교리문답은 현재 우리의 공동 교단인 제네바 교단의 책으로 번역되어 있다. 뿐만 아니라, 큰 도시, 특히 교회 감독이 있는 큰 도시마다 고등학교*를 세워서 자격 있는 선생에게 충분한 생활비를 지급하면서 최소한 논리학과 수사학, 그리고 여러 언어 등 인문학을 가르치도록 하는 것이 마땅하다. 특히 오지에서 온 가난한 학생들, 자력으로 공부할 수 없는 것은 말할 것도 없고 일가친척들의 도움을 받을 수도 없는 사람을 위해서는 공부할 수 있도록 지원을 해 주어야 한다. 마지막으로, 대학*은 학문에 능력과 열성이 있는 사람들로 충당되어야 한다. 특히 유의해야 할 것은 지위나 조건 여하를 막론하고 어떤 아버지도 자녀를 자기 기분 내키는 대로 기르면서 특히 젊은 머리에 엉뚱한 생각을 불어 넣어서는 안 된다는 것이다. 아버지는 누구나 자녀를 학식과 덕 속에서 성장하도록 보살필 의무가 있다. 부유하고 유력한 사람들은 그들 자신이 해 온 것과 같이 그들의 자식 또한 부질없는 안일 속에서 시간을 낭비하도록 해서는 안 된다. 그들은 교회의 제재 하에 그들의 자녀를 잘 단련함으로써 교회와 국가의 이익을 위하여 헌신하도록 해야 한다. 그들은 그럴 능력이 있기 때문에 이 모든 것을 그들 자신의 비용으로 감당해야 한다. 가난한 사람의 자식도 그 기질이 온순한가 아닌가를 시험해 보고 난 뒤에 교회의 비용으로 생활비와 학비를 대어 주어야 한다. 문학과 학문에 능력이 있는 학생은(부자건 가난한 사람이건 관계없이) 결코 학업을 그만두도록 해서는 안 되며, 학업을 계속하도록 독려하여 국가에 유위한 인재가 되도록 해야 한다.'[2]

---

1) *The works of John Knox*, ii, 209 seq. 2) *Ibid.*, ii.
* John Knox * *First Book of Discipline* * college * university

¶24_ 녹스와 그의 동료들이 위에 인용된 것보다 훨씬 더 자세하게 서술한 교육방안은 칼벵주의 교육의 공통된 특징을 나타내고 있다. 즉, 교회가 학교 교육에 대하여 직접적인 책임을 담당해야 한다는 것, 性성과 사회 계층에 관계없이 모든 아동을 동일하게 교육해야 한다는 것, 교육이 최종적으로 교회와 국가의 봉사에 연결되도록 함으로써 교육을 사회적 목적에 기여하도록 하는 것 등이 그것이다. 그러나 그 방안에는 거의 확실히 녹스의 업적이라고 할 수 있는 몇 가지 새로운 측면이 추가되어 있다. 아니면, 설사 녹스의 업적이라고까지는 말할 수 없다 하더라도, 교회의 일과 관련되는 그 밖의 문제에 관하여 녹스가 거의 그대로 따른 대륙의

선례에서 그와 유사한 것을 찾아볼 수 없다는 것은 분명하다. 그 한 가지는, 부유한 계층과 가난한 계층을 막론하고, 초보적인 기초 지식에 관한 한, 모든 사람들을 위한 보편교육을 교회의 감독 하에 실시한다는 것이다. 루터는 독일의 군주들에게 교육을 모든 백성에게 의무화하도록 권고하였다. 녹스는 그 의무를 부과하는 권위를 국가가 아닌 교회에 부여함으로써 '교육의 의무화'라는 아이디어가 실제적인 효력을 가지도록 하였다. 둘째로, 위의 것보다 더 중요한 것은 하나의 통일된 국가교육체제를 확립함으로써 그것을 통하여 능력이 입증된 사람들이 그 나라의 가장 높은 지위에 오르도록 하는 아이디어이다. 제네바의 학교는, 중세대학과 마찬가지로, 초등학교와 중등학교와 대학이 한꺼번에 들어있는 학교였다. 스코틀란드의 방안에서는 그와 같이 상이한 수준의 교육기관이 명확히 분리되고, 또 그러면서도 모두가 최종적인 결과에 기여하도록 되어 있었다. 가령 산간벽지에서 자라는 아동은 거기서 2년 동안 읽기와 교리문답과 문법의 초보지식을 배운 뒤에 작은 도시에 있는 문법학교로 가서 삼사년 동안 문법과 라틴어를 공부한다. 그 다음에 그는 큰 도시에 있는 고등학교*로 가서 4년 동안 논리학과 수사학과 고전학(희랍어 포함)을 배우며, 마지막으로 대학*에 가서 3년 동안 철학(변증법, 수학, 자연철학 포함)을 배우고 난 뒤에 뒤이어 법률, 의학 또는 신학으로, 스물다섯 살 쯤되어 교육을 마친다.

---

* high school or college　　* university

¶25_ 불행하게도 「교회규율」은 교회에서도 의회에서도 받아들여지지 않았고, 심지어 교회가 기꺼이 채택할 수 있었던 제안들도 부분적으로밖에 시행되지 않았다. 그 제안을 시행하는 데 필요한 교부금은 해체된 교회의 기본 재산에서 나올 것이었는데, 이것이 대부분 귀족의 수중으로 들어갔던 것이다. 그렇기도 해도 녹스의 제안은 그 후 계속하여 스코틀란드의 교육 발전에 깊은 영향력을 행사하였다. 스코틀란드 사람들이 계층 여하를 불문하고 언제나 교육을 그토록 높이 받들며 진지하게 추구한다는 사실은 다른 어떤 것보다도 아마 여기에 그 원인이 있다고 보아야 할 것이다.

5 예수회의 교육체제

¶26_ 중등 이상의 교육*을 인문주의와 종교의 두 기초 위에 조직하려는 개신교 교회의 움직임은 가톨릭 교육자에게도 그와 유사한 노력을 불러 일으켰다. 그 노력은 남부 유럽의 여러 가톨릭 국가에서 놀라운 성과를 거둔 것은 말할 것도 없고 심지어 개신교 국가의 개신교 학교에도 압력을 가하였다. 이 운동의 선구자는 스페인의 귀족, 로욜라의 이그나티우스*(1491-1556)였다. 서른 살 때까지 그는 군인의 길을 걸으면서 용감하고 기사다운 사람으로 명성을 얻었다. 그러나 전투에서 입은 심한 부상을 치료하는 동안 그는 「그리스도 전기」*와 「성자열전」*을 읽고, 세속적인 야망을 버리고 엄격한 금욕주의 생활에 몸을 바치기로 결심하였다. 그 2년 후에 그는 회교도들을 개종시키는 힘든 일을 하러 도보로 성지순례의 길을 떠났다. 그 목적에 실패하자 그는 다시 스페인으로 돌아와서 자신의 어린 시절의 교육에 결함이 있다는 것을 깨닫고 그것을 만회하기 위하여, 처음에는 바르셀로나*의 문법학교에서, 그리고 나중에는 알칼라* 대학과 마지막으로 파리 대학에서 전심전력 공부에 힘을 기울였다. 파리 대학에서 그의 주위에 그와 동일한 생각을 가진 소수의 학생들을 모으게 되자 그는 1534년에 그 중의 다섯 명으로 '예수회'*라는 새로운 교단을 결성하고 그 첫째 목적을 예루살렘의 선교 순례로 정하였다. 터어키의 전쟁으로 이 계획이 좌절됨에 따라 그들은 계획의 범위를 넓혀, 어느 나라에서든지 선교 활동을 하여 교황에게 봉사하기로 작정하고 1540년 교황의 공식 인정을 받았다. 그러는 동안에 종교개혁의 진전은 유럽 교회 그 자체에 심각한 문제를 야기하였으며, 이에 따라 그들의 활동은 아직 로마에 충성하는 나라에 종교개혁의 세력이 침투하는 것을 막고 이미 개신교로 전향한 나라에서는 개신교와 맞서 싸우는 일을 하는 쪽으로 다소간 쏠릴 수밖에 없었다. 이그나티우스와 그의 동료들은 학문에 관심을 가진 사람들이었으며, 그들의 그 학문적 관심으로 말미암아 그들은 이 사태를 해결하는 관건이 높은 단계의 교육에 있다고 판단하였다. 그리하여 이단을 물리치기 위한 조직의 일환으로 그들은 점차로 그들의 세력 기반이 확고한 모든 나라에, 일반적 성격에 있어서는 그들의 반대파인 개신교의 그것과 비슷하면서도 그들 자신의 특별한 목적에 맞게 수정된 고등학교와 대학* 체제를 수립해 나갔다. 이 일에서 그들은 즉각적인 성공을 거두었다. 이그나티우스가 사망하기 전에 교단은 열두 개의 '교구' 여기저기에 100개의 고등학교*와 회관을 가지고 있었으며, 16세기

말 경에는 가톨릭 국가의 고등학교와 대학 교육의 대부분이 예수회의 통제 하에 있었다.

---

* higher education * Ignatius of Loyola, 스페인 본명 Ignatio de Loyola
* *Life of Christ* * *Lives of Saints* * Barcelona * Alcala * Society of Jesus
* colleges and universities * colleges

¶27_ 예수회가 성공을 거둔 비결은 어느 정도로는 그 회원들이 그 임무를 수행하는 데에 있어서 사심 없는 열성과 헌신으로 학문과 신앙을 결합했다는 데에 있었다. 종교개혁의 재앙은 오히려 가톨릭교가 가지고 있는 심오하고 고귀한 요소에 새로운 활력을 불어 넣어주었다. 대부분의 가톨릭 국가에서 국민과 지도자들은 힘을 모아, 극렬한 반대 세력과 정면으로 맞서서 그 지적, 영적 우수성을 입증해 보인 예수회의 헌신적인 노력을 기꺼이 환영하고, 훌륭한 교육을 책임지고 실시하는 데 대한 조건으로 고등학교와 대학에 대하여 무제한 통제를 행사하도록 해달라는 예수회의 요구를 기꺼이 받아들였다. 그러나 이것만으로는 예수회 운동의 지속적인 성공을 보장할 수 없었을 것이다. 그 성공에 대한 설명은 예수회가 가톨릭교회의 근본정신에 완전히 부합하는, 또 그와 동시에, 실제적인 방법 면에서 근본적으로 타당한 교육 체제를 발전시켰다는 데에서 찾아야 한다. 시대의 필요에 대한 깊은 통찰에 의하여, 이그나티우스는 젊은 시절에 그에게 익숙했던 군대 모델을 채택하였다. 그가 교단에 붙인 최초의 스페인 명칭은 '예수의 연대'*였고, '장군'이라고 불린 그 우두머리에게는 군대의 장과 같은 절대적인 권위가 부여되었으며, 모든 회원은 병사와 마찬가지로 그 상급자에게 무조건 복종하였다. 그러나 이 모든 것이 자아내는 독재적 분위기는 인간성에 대한 건전한 존중에 의하여 상당히 완화되었다. 이그나티우스 자신만 하더라도, 그는 혁명적 몽상가이면서도 실제적 판단력이 뛰어난 사람이어서, 부하들의 특별한 능력과 관심을 십분 활용할 줄 알았으며, 그가 시작해 놓은 체제를 완성하는 임무를 떠맡았던 그의 바로 다음 후계자들 또한 그의 모범을 충실히 따랐다.

---

* The Regiment of Jesus

¶28_ 예수회의 교육방안은 이 점을 훌륭하게 보여주고 있다. 그 교육방안은 어느 한 사람의 머리에서 나온 것이 아니라 예수회 전체의 경험과 지혜가 응결된

결정체였다. 기원 1584년에 제4대 '장군'인 클라우디우스 아쿠아비바*는 여러 교구에서 선발된 6명으로 위원회를 구성하고 그들로 하여금 표준적인 교육계획을 마련하도록 명령하였다. 교육에 관한 수많은 저작을 세밀히 연구하고 또 가톨릭과 개신교를 통틀어 그 당시 가장 뛰어난 교육기관에서 사용하고 있는 여러 가지 교육방법을 조사하고 난 뒤에, 그 위원회는 보고서를 작성하여 그것을 모든 교구에 배포하고 그것에 입각하여 수업을 해 보도록 하였다. 이 보고서는 1591년에 인쇄 되었고 그 이후 8년 동안의 시험을 거쳤다. 마침내 1599년에, 끊임없는 토론을 통하여, 정교한 「학습계획」*이 발간되었다. 이 책은 1832년에 새로운 형태로 수정되기까지 예수회의 학교와 대학의 교과목과 교육방법에 관한 모든 세부사항들을 규제하는 권위 있는 지침서가 되었다.

---

* Claudius Aquaviva * Plan of Studies [*Ratio Studiorum*]

¶29_ 일반적인 구상으로 보아 그들의 교육방법은, 슈투름 자신이 호의적으로 인정한 바와 같이, 슈투름의 방법과 상당히 유사하였다. 공부해야 할 교과목은 크게 두 과정으로 구분되어 있다. 하나는 나이어린 소년을 위한, 주로 사장적 성격을 띤 예비과정으로서, 여기서는 주도면밀하게 구분된 등급을 거쳐 최종적으로 수사학에 이르며, 그 위에 청소년과 젊은 성인을 위하여, 철학을 거쳐 신학 또는 그 밖의 전문과목을 공부하도록 하는 상급과정이 있다. 김나지움에 해당하는 詞章課程 사장과정의 경우를 보면, 키케로를 중요시한다든가, 포상을 하고 시험을 거쳐 진급시키며 한 반을 열 명의 조로 편성하는 등등, 슈투름의 체제와의 유사성이 명백하지만, 여기에도 여러 가지 차이가 있다. 즉, 노력을 절약하는 의미에서 맨 아래의 학년을 없애고 5개 학년만을 둔 것, 처음부터 라틴어와 병행하여 희랍어를 가르치는 것, 일반적으로 모국어의 사용에 약간의 주의를 기울인 것, 최종 학년(수사학을 배우는 학년)을 2년 또는 심지어 3년으로 연장하여 말이나 글로 자신의 생각을 효과적으로 표현할 수 있도록 한 것 등이 그것이다. 그러나 그보다 더욱 큰 차이는 상급 과정에 있다. 가르치는 교과목은 슈트라스부르크의 슈투름 학교와 거의 동일하지만, 예수회의 경우에는 파리 대학의 보기를 따라 각각의 교과목에 훨씬 많은 시간을 배정하였으며, 한편으로 3년간의 철학과 과학 예비과정 — 이것은 대학의 인문학 과정에 해당한다 — 과, 또 한편으로 4년간의 공부와 2년간의 복습으로 된 신학 전문과정 사이의 구분을 더 분명하게 하였다.

예 30_ 예수회의 가장 중요한 혁신은 예수회 회원을 교사와 교수로 양성하는 데에 특별한 관심을 기울였다는 데에 있다. 이미 사장과정을 마친 예수회 훈련생은 2년 동안 오로지 '靈神修鍊영신수련'* 에 시간을 보낸 뒤에 철학 공부를 하러 상급 과정에 들어간다. 거기서 3년 동안 철학을 공부하면 '스콜라 철학자'로서 김나지움의 하급 학년을 가르칠 자격이 주어진다. 몇 년 뒤에 그는 신학이나 그 밖의 대학 전공과목을 공부하여 철학 교사의 자격을 얻고, 궁극적으로는 자신이 전공한 분야에서 교수의 자격을 얻는다. 이 모든 기간 동안, 그에게는 자신이 알고 있는 것에 못지않게 그것을 다른 사람에게 가르치는 능력도 중요한 것으로 간주되며, 따라서 그는 정기적으로 지식과 함께 이 능력을 확인하는 시험을 치른다. 그뿐만 아니라 그는, 특히 교사가 된 초기에는, 단계마다 감독과 지시를 받도록 되어 있다. 아쿠아비바*가 임명한 6인 위원회의 보고서에는 다음과 같이 적혀 있다. '만약 교사가 될 사람들이 한 사람씩 그보다 더 유능한 교사에게 배정되어 두 달 또는 더 오랜 기간 동안 읽는 것, 가르치는 것, 쓰는 것, 시험 점수 매기는 것, 학급을 운영하는 것 등의 방법을 훈련받는다면, 이것은 학교에 대단히 유익할 것이다. 교직에 종사하고 있는 교사가 사전에 이런 훈련을 거치지 않는다면, 그는 그가 가르치는 학생을 희생시키면서 혼자서 그런 것들을 배울 수밖에 없을 것이요, 그가 가르치는 일에 능숙할 때쯤 되면 이미 그의 명성은 땅에 떨어진 뒤이다. 또한, 모르기는 해도, 그는 이미 습득한 나쁜 습관을 평생토록 버리지 못할 것이다.'[1)]

---

1) Hughes, *Loyola*, p. 160.

* spiritual exercise * Aquavia

예 31_ 예수회 교육체제의 가장 두드러진 특징은 교사와 학생 모두를 교단과 교회의 권위에 종속시킴으로써 한 사람 한 사람의 순간적인 감정이나 판단을 억제하도록 의도적인 노력을 기울인다는 데에 있다. 교사가 해야 할 일은 하나에서 열까지 모두 세심한 배려에 의하여 사전에 결정되어 있었으며, 수업에서 사용할 교재나 수업방법에 있어서 그는 아무런 재량이 없었다. 아쿠아비바는 그의 글에서 다음과 같이 말하고 있다. '다른 사람들이 이미 취급해 놓은 문제에 관해서는 새로운 의견을 좇지 말아야 하며, 어떤 면에서든지 종교와 관련된 문제 또는 그와 유사하게 중대한 문제에 관해서는 교단의 교육장관이나 상급자와 상의하지 않고는 새로운 문제를 제기하지 말아야 한다. 현재 자기가 하고자 하는 일이 용납될 수 있는 것인지 의심스러운 경우에는 그 문제에 관하여 교단의 다른 사람들의 의견을 들어보고 하나님의 영광을 드높이는 데에 가장 적합한 것을 따르도록 하는 것이 좋다.'[1] 또한 학생의 경우에도, 학생은 공부하는 동안 내내 그의 어깨를 내리 누르는 훈육의 멍에를 벗어버릴 수 없었다. 학생은 끊임없는 감독 하에서 법에 복종하지 않으면 안 되었다. 학생은 학교와 대학 수업의 대부분을 차지하는 '豫讀예독'*(즉, 강의)에 빠짐없이 출석하지 않으며 안 되었다. 그러나 비록 자연적인 충동의 억제가 학교생활의 핵심적인 요소이기는 했지만, 학교의 훈육은 결코 혹독하지 않았다. 체벌은 거의 찾아볼 수 없었고, 외부적인 강제가 아닌, 교사와 학교의 사랑이 공부를 부추기는 '동기'가 되도록 모든 노력을 기울였다. 교육과정이라는 근본적인 문제에 쏟은 것과 동일한 배려가 학습의 조건이라는 지엽적인 문제에도 작용하여, 학습이 학생에게 지나친 부담이 되지 않도록 관심을 기울였다. 공부시간은 될 수 있는 대로 적게 하여 피로를 덜어 주었으며, 포상과 분발심을 최대한으로 활용하여 공부에 재미를 느끼도록 하였다.

---

1) Hughes, *Loyola*, p. 150.
* prelection, 학생들 앞에서, 장차 학생이 혼자 읽을 수 있도록, 선생이 책을 읽고 해설하는 것

¶32_ 예수회 고등학교와 대학*의 우수성에 관해서는 한 번도 심각한 의문이 제기된 바 없다. 예수회 교단의 다른 활동에 관해서는 전혀 찬성하지 않은 반대파들조차도, 한편으로 예수회 교육이 사회에 미칠 영향에 관해서는 우려를 표명하면서도, 예수회 회원들이 교육기술의 대가라는 점에 대해서는 인정을 아끼지 않았다. 기원 17세기 초에 베이콘 공이 이 점에 관하여 한 증언은 그 전형적인 예이다. 그는 말하였다. '옛날 교육에서 최선의 것은 근래 예수회 학교에 이런저런 방식으로 되살아나 있다. 그들이 가지고 있었던 미신적인 신념에 관해서는 "호사다마"*라고 말해야 하겠지만, 인간 학습과 도덕 문제에 관한 그들의 견해에 대하여 나는, 아게실라우스*가 그의 적인 파르나바주스*에게 한, "저 훌륭한 사람이 어째서 나의 편이 아닌가"*라는 말밖에 달리 할 말이 없다.'[1] 물론, 그들의 대학에서의 교육은 형식주의에 흐른 것이 사실이지만, 이것은 언어와 사장을 위주로 하는 교육에서는 어디서나 불가피한 것이었다고 말할 수 있다. 그러나 심지어 이 면에 있어서도, 예수회 학교의 쇠퇴는 개신교 학교가 당한 것처럼 심하지 않았다. 그것은, 다소간은 그들에게 훌륭한 교육방법의 전통이 고스란히 이어져 왔기 때문이며, 또 다소간은 그들에게는 라틴어가 상용어로 되다시피 하여, 북부 유럽의 경우와는 달리, 여러 나라 사람들이 모인 교사와 학생 집단에서 훨씬 오랫동안 活語활어

로 되어 있었기 때문이다. 그러나 시간의 흐름에 따라 그들의 교육체제는 바로 그 우수성이 몰고 온 약점에 희생을 당하지 않으면 안 되었다. 종교적 신앙과 직접 관계되지 않은 문제에 있어서조차 혁신을 억누른 것은 결과적으로 일단 규정된 교육방법에 대한 보수적인 추종을 가져왔고 그에 따라 그 방법은 점차로 처음의 그 생생한 효과를 잃어버렸으며, 그것은 또한 시대의 변화에 따라 변화하는 요구 조건에 그들의 교육체제를 적응시키는 데에 심각한 장애가 되었다. 그 결과로 18세기에 오면 예수회의 학교와 대학은, 비록 많은 훌륭한 과학자들을 배출하기는 했지만, 과학적 사고를 위주로 하는 시대정신과 관련을 맺지 못한 채, 대체로 그것에서 벗어나게 된다. 사실상, 이 점에서는 종교개혁으로 꽃을 피운 그 밖의 다른 학교들도 예수회의 학교보다 나을 것이 없다. 그러나 교육과는 무관한 근거에서 발생한 예수회에 대한 편견까지 겹쳐서, 이 사태는 예수회의 교육 사업에 대한 전반적 반발을 일으켰고, 그것은 마침내 1773년 교단에 대한 탄압, 그리고 그 이후 40년 동안 학교가 폐쇄당하는 슬픈 결말로 이어졌다.

---

1) Bacon, *The Advancement of Learning*, i.

* Jesuit college　* Quo meliores, eo deteriores　* Agesilaus　* Pharnabazus

* Tails quum sis, utinam noster esses

참고문헌

JESUITS : A.P. Farrell, *The Jesuit Code of Liberal Education,* Milwaukee, 1938 ; E.A. Fitzpatrick, *St. Ignatius and the Ratio Studiorum,* New York, 1933 ; T. Hughes, *Loyola and the Educational System of the Jesuits,* London, 1892 ; G. M. Pachtler, *Ratio Studiorum et Institutiones Jesu,* Berlin, 1887.

KNOX, J. : *First Book of Discipline in Works*, ii, edited by David Laing, Edinburgh, 1846-1864.

LUTHER, M. : F.V.N. Painter, *Luther on Education,* Philadelphia, 1889.

MELANCHTHON, P. : K. Hartfelder, *Melanchthonaiana Poedagogica*, Leipzig, 1892, and *Melanchthon als Proeceptor Germanioe,* Berlin, 1889 ; J.W. Richard, *Philip Melanchthon, the Preceptor of Germany,* New York, 1898.

제 8 장

인문주의의 확장

1 제2의 문예부흥

¶1_ 한편으로 르네상스와 또 한편으로 가톨릭이나 개신교를 막론하고 교회의 영향 하에서 르네상스가 만들어 낸 교육체제 사이의 정신적 유대를 식별해 내기는 용이한 일이 아니다. 그 교육체제에서 교수의 기초는 르네상스로 말미암아 영광스러운 부활을 맞이한 고전작품이었으며, 교사와 학생이 다같이 사용하게 되어 있었던 언어는, 천박하되 실제적인 목적에는 적합한 중세의 라틴어가 아닌, 옛날 키케로 식의 화려한 라틴어였다. 그러나 르네상스 운동의 전성기에 학자들을 부추기고 채찍질하였던 충동들 — 넓고 충만한 삶에 대한 열망, 문체와 사고의 아름다움에서 오는 기쁨, 무한한 범위의 지식에 대한 갈망 — 은 대체로 학교에서 자취를 감추었다. 마치 개신교가 이미 지나치게 비대해진 儀式의식과 教義교의의 전횡에 대한 개인 영혼의 항거로 시작되었으면서도 한 세기가 채 못가서 새로운 조직과 신조를 만들어 내고 그것으로 옛날과 조금도 다름없이 엄격한 제약을 가하였던 것과 같이, 교육도 일단 희랍 로마의 고귀한 저작과의 접촉을 통하여 새 생명을 얻고 난 뒤에는 종교에 못지 않게 빠른 속도로 정신보다는 사장을 숭상하고 문학의 산 내용을 희생시키면서 문자 공부만을 일삼는 방향으로 나아갔다. 사실상, 이 쇠퇴의 과정은 한때 '글공부한 경건'*이라는 형태로 인문주의와 종교를 결합함으로써 주춤거리는 듯했지만, 그것은 그야말로 한때뿐이었다. 종교개혁과 반종교개혁 운동으로 불붙은 열정이 수그러들자, 학교의 사장교육은 즉시 종교와의 관련에서 얻었던 생기를 잃어버리고 공허한 형식주의로 곧바로 곤두박질했다.

* lettered piety, 7 : 14 참조

예2_ 그러나 비록 르네상스의 원리를 구현하는 교육제도를 창출하려는 시도가 거의 실패로 끝나기는 했지만, 근대적 정신의 효소는 언제나 사람들의 마음속에 작용하고 있었다. 그 중에서 뛰어난 사람들은 종래의 성과에 불만을 품고 새로운 르네상스를 통하여 그들의 이상을 더 적절하게 표현하도록 사람들을 자극하고 격려하였다. 교육에 관한 한, 이 제2 르네상스*의 선구자들이었던 개혁가들은 그 이전 원래의 르네상스 당시보다 엄청나게 더 어려운 일을 담당하지 않으면 안 되었다. 이 후자의 경우에는 단순히 과거로 되돌아가서 거기서 발견되는 최선의 것을 당대의 요구에 맞게 적응시킴으로써 그들의 문제에 대한 비교적 간단한 해결책을 찾을 수 있었다. 그러나 제2 르네상스의 개혁가들은 보다 나은 미래를 꿈꾸었으며, 따라서 그들은 과거로 되돌아가는 것만으로는 만족할 수 없었다. 그들은 대체로 말하여 인간 본성의 가능성을 의식하였으며, 옛날의 지혜의 원천에서 재창조된 지식과 이상은 이 문제에 대한 완전한 해답이 될 수 없었다. 그들은 내용 면에 있어서나 방법 면에 있어서나 과거의 어느 것과도 약간은 다른 새로운 교육을 하고자 하였다. 그러나 그들이 학교의 울타리 안으로 끌어들이고자 한, 인간과 우주에 관한 보다 넓은 지식은 이제 겨우 발견되는 과정에 있었으며 그 지식이 기초를 두어야 할 과학적 방법의 의미는 여전히 매우 불완전하게 이해된 상태에 있었다. 그와 마찬가지로 '개인의 자유로운 발달'이라는 이상 — 개혁가들이 보기에 인문주의 학교는, 그 전의 인문주의자들이 보기에 중세 학교가 그러했던 것과 마찬가지로, 이 이상이 결여된다는 점에서 결함이 있었다 — 은 모든 점에서 실현될 가능성이 요원한 사회적, 정치적 이상과 불가분의 관계로 연결되어 있었다. 종교개혁이 낳은 자유의 약속이 사회생활과 국가생활에서 실현되지 않은 상태에서 교육의 자유는 크게 기대하기 어려웠다.

* second renaissance

예3_ 이 '앞을 내다보는' 운동의 발단을 고찰하기 위해서는 유럽의 모든 학교에서 고전 공부가 위세당당하게 자리잡고 있고, 사태가 교회의 분열로 향하여 나아가고 있던 16세기 초로 되돌아갈 필요가 있다. 그 운동의 초기 단계인 이 시기에는 르네상스의 두 정신을 나타내는 두 교육관 사이의 대립이 대부분의 경우 아직 두드러지게 나타나지 않았으며, 15세기 말엽 불란서의 경우를 제외하고는 양자 사이의 공공연한 갈등이라고 할 만한 것은 전연 없었다. 사실상, 원래의 르네상스와 마찬가지로 새로운 르네상스의 발상지인 이탈리아에서는 옛날 표현에서 새로운 표현으로의 이행이 너무나 순탄하여 거의 눈에 띄지 않을 정도였다. 이 이행의 두드러진 특징은 일상의 삶의 중요성을 부각시키고 이에 따라 교육도 성직자나 학자가 아닌, 실무자와 선량한 시민이 될 '속세의 청년'을 대상으로 해야 한다는 데에 있었다. 이러한 특징의 이면에는 오랜 세기에 걸쳐서 이탈리아 사상의 특징이 되어 온, 풍부하고 원만한 세속적 인간성에 대한 半異教徒的반이교도적 열망이 있었다. (이 열망은 펠트레의 비토리노와 같은 교육자에 의하여 '학자신사'*라는 이상적 인간상이 제시되면서 기독교의 윤리와 일시 화해하였던 적이 있다.) 이 제2의 르네상스는 그것이 몰고 온 결과는 중요하지만 그 정신에 있어서는 그 전의 르네상스와 크게 다를 것이 없다. 학자들의 학문이 衒學현학으로 변하여 삶과의 관련을 상실할 위기에 처했을 때 교육의 이상이 학자다운 것에서 신사다운 것으로 점차 옮겨진 것이다. 이제 지각 있는 사람들이 바라는 교육은 학자를 양성하여 우연한 기회에 각자에게 알맞은 실무에 종사하도록 하는 교육이라기보다는 문학적 지식으로 盛裝성장을 한 신사를 양성하는 교육이었다.

* scholar-gentleman

¶4_ '교양 있는 기사'*를 기른다는 이 생각은 중세의 기사 양성을 위한 실제적 훈련의 기저에 들어 있었던 것에서 별로 진전된 것이 아니며, 만약 그 생각이 이탈리아 안에 그대로 머물러 있었더라면 교육의 발전에 거의 아무런 효과도 나타낼 수 없었을 것이다. 그러나 알프스를 넘어 처음에는 불란서로, 또 그 뒤에는 영국으로 건너가서 그 생각은 각국의 특이한 이상과 접촉하면서 도저히 상상할 수 없었던 뜻밖의 결과를 나타내었다. 불란서에는 파리 대학에 깊이 스며든 중세주의의 적대와 귀족 계급의 무관심에도 불구하고 이 생각이 빠른 속도로 받아들여졌고, 이 새로 들어온 이탈리아 풍을 받아들인 사람들은, 일종의 자기방어로서, 삶과 문화에 관한 모든 관념에서 공격적인 태도를 취할 수밖에 없었다. 그들이 모방하려고 한 이탈리아 신사와 마찬가지로, 불란서 사람들은 실제적 지혜를 교육의 중요한 부분으로 내세웠지만, 이탈리아 사람들이 한 것 이상으로 이 지혜를 일체의 지식과 대립되는 것으로 보고 심지어 지식에는 도대체 진정한 가치라고 할 만한 것

은 아무 것도 없다고 주장하기까지 하였다. 이보다 더욱 중요한 사실은 '인물' 또는 '立身입신'을 중시하는 이탈리아 사람들의 풍습이 불란서 사람들 사이에서는 약간 다른 방식으로 표현되었다는 것이다. 이탈리아에서는 사람들이 우러러 보는 직위에 올라가서 자신의 역량을 발휘하는 것이 인간으로서 당연한 목표였다. 그러나 불란서에서는 이런 생각이 받아들여지기 어려웠으며, 따라서 이 경우에 자아를 실현한다든가 인격을 발달시킨다는 것은 어느 편인가 하면 학문이나 생애에서 자기 자신이 선택한 길을, 다른 사람의 간섭이 없이 자유롭게 추구한다는 소극적인 의미로 해석되었다. 이탈리아의 영향을 더 늦게 받은 영국의 반응은 불란서의 경우와는 또 달랐다. 영국에서도 이탈리아의 영향은 반감을 샀지만, 이전의 르네상스가 불란서에서보다 더 진전되기도 했고 또 이탈리아와의 거리가 멀어서 그 이상은 마치 외국의 것인 양, 그것을 그대로 모방하는 것이 영국 사람들 자신의 삶에 그다지 심각한 혼란을 일으킨다고는 생각되지 않았기 때문에, 영국인들의 반감은 훨씬 온건한 형태를 띠었다. 이탈리아의 영향이 일으킨 즉각적인 효과로서 가장 중요한 것은 젊은 영국 신사의 훈련에 필수적 요소인 우아한 기품과 활달한 기상을 도입했다는 것과 종래의 문법학교에 비하여 사회생활에 보다 밀착된 형태의 교육이 가능하다는 것을 시사했다는 것이다. 교육의 미래를 위하여 훨씬 더 중요한 것은 기사도 문화의 발자취를 이어 이탈리아의 과학이 도입되었다는 것과 그것이 프란시스 베이콘*에 의하여 지상에서의 인간의 관심사를 모든 것의 중심으로 받아들이고 과학을 인간의 목적 달성을 위한 수단으로 삼는 것을 골자로 하는 삶의 철학으로 흡수되었다는 것이다. 사실상, 베이콘의 철학은 이탈리아 사상의 한쪽 면을 발전시킨 것에 불과하지만, 그 점에서는 영국의 학교가 이탈리아 사상을 대표하는 것으로 받아들인 사장적 인문주의도 마찬가지이다. 베이콘 철학의 위대한 공적은 그것이 나타내는 바로 그 일면성으로 말미암아, 수 세기 동안 유럽 문화를 지배한 후에 이제 인문주의와 종교의 제휴에 의하여 유럽교육에서 또 다시 새로운 힘을 얻으려고 하는 내세지향적 가치관에 도전하였다는 것, 그리고 르네상스에 의하여 되살아난 희랍 로마 문화의 가장 중요한 요소인 세속적 가치가 다시 한번 강력한 영향력을 가질 수 있도록 하였다는 데에 있다.

---

* cultured chivalry   * Francis Bacon (1561-1626)

2 「廷臣정신의 서」

¶5_ 이탈리아 르네상스의 전성기가 저물어갈 무렵, 책으로 쓸 수 있는 최고의 수준에서, '당대의 가장 중요한 도덕적, 사회적 관념의 정수 또는 요약'을 보여준 한 권의 책이 나왔다는 것은 하나의 역사적 행운이었다. 「정신의 서」*라는 제목의 이 책은 1516년경에 집필되어 '로마 약탈'*의 이듬해인 1528년, 이탈리아 도시의 영광이 그 종말을 고하던 때에 세상에 나왔다.

* *The Book of the Courtier* * Sack of Rome

¶6_ 이 책의 저자인 발다사레 카스틸리오네*(1478-1529)는 아마 당시의 가장 위대한 인물의 대열에 끼기는 어렵겠지만, 그의 경험으로 보나 개인적 이상으로 보나 완벽한 廷臣정신의 모습을 그려내는 일에 그만큼 적절한 인물이 없었다는 것은 분명히 말할 수 있다. 청년 시절에 그는 라틴어와 희랍어에 관한 학문적 지식을 습득하였고 고고학과 미술에 관하여 세밀하다고는 할 수 없어도 광범한 지식을 갖추었다. 이런 배경을 가지고 그는 스물 한 살에 그의 친척인 만토바 후작*의 궁정에 무관과 외교관으로 들어갔다. 그로부터 5년 후에 그는 우르비노 공작*에 仕事사사하기 위하여 그의 궁정으로 옮아가서 거기서 기사, 예술가, 문필가 등, 우르비노 궁정의 찬란한 측근들 틈에서 일생 중 가장 행복했던 최고의 몇 해를 보내었다. 그는 일찍 인격과 능력을 인정받아 여러 높은 관직과 사신직을 지냈으며, 이탈리아 여러 도시의 파란 많은 정치적 변화를 뚫고 꾸준히 상승하다가 로마가 함락된 지 2년 뒤에, 그 재앙을 막을 수 없었던 데에 대한 일말의 책임이 있다는 불명예 속에서 세상을 떠났다.

* Baldassare Castiglione * Marquis of Mantua [Mantova] * Duke of Urbino

¶7_ 「정신의 서」가 가지고 있는 의의를 올바르게 이해하기 위해서는 카스틸리오네가 가지고 있었던 약점을 염두에 둘 필요가 있다. 그는 어느 모로 보나 독창적 예술가는 아니었다. 그에게 특출한 점이 있었다면 그것은 — 다시 한번 말하지만, 이것은 보통 위대한 것이 아니다 — 우르비노의 궁정에 있으면서 거기서 학자적 실무가의 이상형을 발견하였다는 것과 그러다가 그 이상형의 모습을 무의식적 예술의 무예술적 완벽으로 그려낼 수 있다는 생각을 하게 되었다는 것이다. 그가

발견한 이상형의 단 하나의 전형적인 보기를 든다면 그것은 우르비노 대공, 프레데리고*였다. 중요한 사실은, 프레데리고는 한때 비토리노의 제자였다는 것이다. 프레데리고는 만토바의 '기쁨의 집'*에서 소년 시절을 보낸 뒤에 그의 스승의 가르침을 나중의 그의 삶에서 실천으로 옮겼고 그 결과로 오랜 통치 기간을 통하여 그의 공국을 학문과 교육으로 이름나게 했다. 비토리노가 학자로서, 밖에서, 문학에 대한 사랑과 기사도의 실제적 훈련을 결합시키고자 하였다면, 프레데리고는 정치가로서, 안에서, 학자와 기사라는 두 가지 인간형을 이탈리아와 유럽에 이때까지 존재하지 않았던 새로운 인간형, 통치의 정신을 예술과 문학에서 구하는 '학자 기사'*라는 인간형으로 결합시켰다. 사실상, 이상적 정신의 진짜 주인공은 카스틸리오네가 아니라 프레데리고였지만, 그 진짜 주인공을 만들어 내는 데에 있어서의 카스틸리오네의 공적은 공작 자신에 못지 않았다. 프레데리고의 후계자의 치하에 우르비노의 궁정에 들어가서 카스틸리오네는 자신이 그 위대한 전통의 상속자가 되었으며, '廷臣정신을 글로 빚어냄으로써' 그 새로운 이상을 시간과 공간의 제약에서 구해내어 유럽 교육의 공동 유산의 일부로 만들었다.

* Frederigo * House of Joy, 6 : 9 참조 * scholarly knight

¶8_ 그러면 이제 카스틸리오네가 제시한 완벽한 정신의 특징을 알아보자. 첫째로, 가장 중요한 것으로서, 완벽한 정신은 행동인이다. 그는 직업 군인은 아니지만 전술에 능하며 외면적인 과시욕이 전연없는 조용한 용기로 전쟁의 모든 위험을 무릅쓸 태세가 되어 있다. 그렇기 때문에 또한 그는 사냥, 수영, 정구, 무도, 무기의 사용 등, 모든 남성적 운동을 자유자재로 할 수 있으며, 마치 진짜 전문가는 자신이 전문가라는 생각을 전연 하지 않는 것과 같은 그런 종류의 숙련과 우아의 절정으로 그 운동에서의 자신의 직분을 해 낼 수 있다. 말할 필요조차 없는 당연한 일로서, 그는 다른 어떤 것보다도 중요한 화술의 대가이다. 그의 말은 거만하지 않은 위엄으로 듣는 사람에게 무게를 가진다. 그는 자신이 말하고자 하는 내용을 '적절하고 분명하고 세밀히 선택되고 잘 적용된, 그리고 가장 중요한 것으로서, 백성들 사이에서 사용되는' 단어로 표현한다. 그는 진부한 문학적 형식을 현학적으로 구사하지 않고 모국어를 사용하며, 필요에 따라서는 새로운 단어와 용법을 라틴어의 저장고에서 끌어내는 것도 사양하지 않는다.

¶9_ 이 모든 것에 덧붙여서 그는 학자의 기지와 지력을 가지고 있다. '선량한 것을 별도로 치면, 모든 사람에게 있어서 마음의 참된 장식, 으뜸가는 장식은 사장'이며, 따라서 훌륭한 정신은 '사장의 장식과 무술의 용맹을 겸비한' 옛날의 수많은 탁월한 우두머리들의 모범을 따르지 않으면 안 된다. 사장에 있어서 그는 '적어도 요새 사람들이 인문학이라고 부르는 교과에 있어서는 보통으로 잘하는 정도에 그쳐서는 안 된다. 그는 라틴어뿐만 아니라 희랍어에 관한 이해도 갖추고 있어야 하는 것이, 여러 가지 많은 훌륭한 것들이 그 글로 쓰여있기 때문이다. 그는 시인뿐만 아니라 웅변가와 역사가의 글을 열심히 읽어야 하며, 특히 우리의 이 모국어로 운문과 산문을 지어보아야 한다.'[1] 다시, 옛날의 풍습대로, 그는 음악과 그림의 솜씨도 익혀야 한다. 이들 예술은 실제적 가치가 클 뿐 아니라 완전한 교육의 필수적인 부분이다. 그림에 관하여 카스틸리오네는 다음과 같이 말한다. '그림은 그 자체로서 가장 고귀하고 가치있는 일일 뿐만 아니라' 여러 가지 이점을 가지고 있다. '그것은 특히 전쟁에서 땅모양, 언덕, 강, 다리, 성채, 요새, 진지 등등을 그리는 데에 유용하다. 이런 것들을 머리 속에 기억할 수는 있다 하더라도, 그림을 그리지 않고는, 다른 사람에게 보여줄 수 없는 것이다. 아닌 게 아니라, 그림이라는 예술을 존중하지 않는 사람은, 내가 보기에는, 정신이 나간 사람이다. 우리 눈에 보이는 세계의 운행, 반짝이는 별들로 눈부신 광대한 하늘, 그 한가운데에 있는 지구는 바다로 둘러싸여 있고 언덕과 골짜기와 강으로 갈라져 있으며, 온갖 나무와 아름다운 꽃과 풀로 장식되어 있다 — 이것은 분명히 자연과 신의 손으로 그려진 하나의 고귀하고 위대한 그림이다. 그 손과 동일한 일을 하는 사람은, 내가 보기에는 대단한 찬양을 받아 마땅하다.'[2]

1) Castiglione, *The Courtier*, Thomas Hoby's translation, pp.84-5.
2) p. 92.

¶10_ 정신의 인격을 최종적으로 마무리하는 마지막 특징으로서 카스틸리오네는 이성에 의한 격정의 억제를 든다. 아리스토텔레스가 말하는 덕은 결국 이것의 다면적 표현을 가리킨다. 완전한 정신은 절제와 용기와 정의, 그리고 무엇보다도 관대한 마음을 가져야 한다. 그러나 이 모든 것으로도 아직 무엇인가 부족한 것이 있다. 덕을 갖추고 있다 하더라고 정신은 너무나 지상의 사슬에 묶여 있다. 그를 완전하게 만드는 데에 필요한 것은 종교이다. 비록 말로서는 아니라 하더라도 의미로서는, 이것이 카스틸리오네의 마지막 대답이다. 르네상스 시대의 최고 지성인

들이 대부분 그러했듯이, 카스틸리오네는 삶의 궁극적 문제에 대한 해답을 플라톤이 말한, 영혼이 최선의 순간에 있을 때 보게 되는 천상의 미에서 찾았다. 그가 완벽한 정신에게 갖추어지기를 열망한 것은 바로 이 초월적 경험이었다. 완벽한 정신은 至福지복의 눈으로 잠깐 동안 번득이는 그 천상의 미를 보지 않으면 안 된다. '그 천상의 미는 모든 다른 미의 근원이며, 증가하거나 감소하는 법이 없이 언제나 아름답고 어디를 보나 동일한 미 그 자체이다. 그것은 가장 단순하고 순수하여 다른 어떤 것에도 의존하지 않는 오직 미 그 자체이며, 그 밖의 모든 아름다운 것은 오직 그 천상의 미에 참여하기 때문에 아름다운 것이 되는, 미 그 자체이다.'

¶11_ 카스틸리오네의 논의 전체는 그 마지막 부분에 비추어 이해되지 않으면 안 된다. 피상적으로 보면, 그 마지막 부분은 그 당시의 완벽한 군주에 관한 여러 개의 논술에다가 완벽한 정치가에 관한 보충적인 논술을 보탠 것으로 보일지 모르지만, 사실상 그가 다루고 있는 것은 완벽한 정치가가 아니라 완벽한 인간이다. 르네상스의 의미를 다소간이나마 이해했던 사돌레토*와 같은 교육자나 그 밖의 사상가들과 마찬가지로, 카스틸리오네는 일체의 교육을 특정한 직책을 위한 훈련으로 간주한 중세의 전통과 결별하고, '직업'*이라는 것은 완전한 인간의 삶을 이루는 한 요소에 지나지 않는다는 고대 희랍의 이상을 되살려내었다. 카스틸리오네 당시에 가장 훌륭한 인간의 필수적인 자질이 정신이라는 직분을 통하여 가장 잘 실현될 수 있다고 생각했던 것은 역사적 우연이었다. 그것은 마치 퀸틸리아누스 당시에 그 자질이 웅변가의 직분을 통하여 가장 잘 실현될 수 있었던 것과 같다. 그러나 퀸틸리아누스와 마찬가지로 카스틸리오네는, 인간으로서 최선의 경지에 다다른 사람은 사회 안에서 어떤 직책을 차지하고 있는 사람보다 훨씬 더 크고 위대하다는 점에 대하여 추호의 의심도 품지 않았다.

---

* Sadoleto　* vocation, 또는 소명

¶12_ 사실상, 「정신의 서」가 영향력을 행사한 비결의 상당한 부분은 바로 여기에 있다. 물론, 그것이 영향력을 가지게 된 데에는 대부분의 나라에서 그 당시만 아니라 그 이후 오랫동안 궁정이 모든 종류의 위대한 사업이 계획되고 추진된 중심이었다는 사실이 유리한 조건으로 작용하였다. 그러나 이 사실이 그 영향력의 전부를 설명해주지는 않는다. 비록 정신이 중요한 인물이기는 하지만, 그것은 그

자체로서는 보편적 인간형이 아니다. 카스틸리오네가 살았던 당시에도 이탈리아의 몇몇 나라(예컨대 베네치아)에서는 정신의 자질보다 상업의 능력이 더 중요시되었고, 따라서 이런 곳에서는 정신보다 서기*가 훨씬 더 높은 대접을 받았다. 이와 마찬가지로, 유럽의 북부에서는 정신보다 더 중요한 직책들이 있었다. 그럼에도 불구하고 「정신의 서」가 유럽 전역에 걸쳐 즉각적인 환영을 받고 세대에서 세대로 내려오면서 어디서나 통치자 계층에게 이탈리아 르네상스의 도덕적, 지적 이상을 심어주었다는 것은, 카스틸리오네가 그려낸 정신의 특징은 오직 하나의 특정한 계층이나 하나의 특별한 집단의 특징이 아니라 한 위대한 시대가 지시하는 바에 따라 모든 높은 가능성을 지향하는 보편적 인간의 특징이라는 그 사실에 의해서가 아니고는 달리 설명할 방도가 없을 것이다.

* secretary

3 불란서 교육의 새로운 동향

¶13_ 불란서는 이탈리아와 가까운 거리에 있는데도 이탈리아에서 시작된 새로운 학문이나 그것에 따라오는 사회생활의 양식이 불란서 사람들 사이에 정착하는 데는 오랜 기간이 걸렸다. 파리 대학은 그 사령탑적인 권위로 학교에 종사하는 사람들로 하여금 중세 공부에 매달리도록 오랫동안 붙잡아 두었으며, 귀족들은 일반적으로 학문을 군사적 용맹과 양립불가능한 것으로 보고 사장을 경시하는 경향이 있었다. 그러나 1494년, 이탈리아에 원정갔던 불란서 군대가 이탈리아식 예법과 문화에 관한 약간의 지식을 가지고 돌아온 뒤에는 나라 전체의 기풍에 변화가 생겼다. 그리하여 불란서에서는 독일에 종교개혁이 일어나던 때에야 르네상스가 막 시작되고 있었다. 이때부터 고전 공부는 다른 나라에서 있었던 것과 동일한 보수적 반작용에 대항하여 그 자체의 진로를 개척하지 않으면 안 되었으며, 게다가 그것이 개신교의 교리와 연관되어 있다는 의심에서 오는 강력한 저항을 물리치지 않으면 안 되었다. 얼마 동안은 그 귀추가 불확실하였다. 파리 대학은 그 권력이 허용하는 마지막 극단까지 종교적, 학문적 이단을 박해함으로써 르네상스의 운동을 저지하려고 있는 힘을 다하였다. 사장적인 르네상스가 안전한 자리를 확보한 것은 프랑수아 1세*가 이탈리아 궁정의 전례를 따라 인문주의의 후견인으로

서의 역할을 떠맡으면서 새로운 학문을 공부한 교수들을 그의 산하에 두고 보호했을 때였다. 심지어 이때가 되어서도 보수 진영은 여전히 강한 세력을 가지고 자유사상의 발걸음을 지연시켰다. 다행하게도 그 보수 진영의 반대는 오히려 새로운 학문으로 하여금 적어도 그 당시로는 이탈리아나 그 밖에 이탈리아의 학문을 도입한 어느 다른 나라에서도 찾아볼 수 없을 정도의 굉장한 활력을 가지도록 자극하였고 그로 말미암아 불란서는 이후 두 세기 동안 활발한 고전 연구의 중심지가 되었다.

* Francis [François] I (1515-1547 재위)

¶14_ 학문적 갈등의 결과는 교육 분야에도 뚜렷한 흔적을 남겼다. 학교와 대학에 관한 한, 개혁가들의 승리는 부분적인 것에 지나지 않았다. 가장 저명한 불란서 인문주의자인 기욤므 뷔데*(1468-1540)는 젊은 프랑수아왕에게 보낸 「군주의 교육」*(1516)이라는 논술을 통하여 교회와 대학에 대항하여 궁정의 지지를 얻는 데에 성공하였다. 프랑수아의 도움으로 뷔데는 1530년에, 희랍어, 히브리어, 라틴어, 수학 과목에 주임교수를 둔 프랑스 대학*을 설립하였고 이것을 통하여 스콜라철학의 마지막 대보루를 공격하였다. 이와 거의 같은 시기에 보르도*시에는 앙드레 구베아*에 의하여, 폭넓은 허용적 노선을 따르는 유명한 인문주의 학교인 기옌느 대학*이 설립되었다. 그러나 대체로 말하여 옛날의 오래된 교육기관은 여전히 그 자체의 지위를 유지하면서 모든 신학문의 도래에 대하여 만만치 않은 반대세력을 이루고 있었다. 그러나 여기서도 다시, 그 반대는 의도와는 다른 결과를 낳았다. 개혁을 위한 열망이 방해를 받는 데 대한 보상으로, 거의 전적으로 학교 바깥에서부터 교육적 이상주의가 봇물처럼 터져 나와서, 개인적 자유에 대한 열정이 교육에 관한 서구적 사고에 그 최초의 숙명적 등장을 보게 되었다. 그 이상주의는 16세기 초기에 라블레의 풍자적 저작에서부터 그 부차적 관심사로 출현하여, 약간 뒤에 라무스의 대학 개혁에서 실제의 분야로 접어들었다가 마침내 몽테뉴의 「수상록」에서 가장 항구적인 형태로 표현되었다. 이 대단히 중요한 이상적 동향의 발단을 올바르게 이해하기 위해서는 이 세 선구자들에서 표현된 그것의 상이한 측면을 고찰하지 않으면 안 된다.

* Guillaume Budé * *On the Education of the Prince* * College of France
* Bordeau * André Gouvéa * College of Guyenne

¶ 15_ 프랑수아 라블레*(1495-1533)는 불란서 중앙에 있는 쉬농*에서 태어났다. 그가 아홉 살이 되었을 때 그의 아버지는 그를 프란체스코 교단의 탁발 수도사가 되라고 그 교단의 수도원에 보내었다. 거기서 그는 무지한 수도사들 틈에서 혼자 희랍어 공부를 시작했다. 그의 희랍어 공부가 몰고 온 박해를 피하는 한 방편으로 그는 교황의 허가를 받아 베네딕투스 교단의 대수도원으로 옮겨가서, 거기서 주교의 보좌 신부로 있으면서 충분한 자유를 누리며 몇몇 불란서 대학에서 자신의 공부를 할 수 있었다. 기원 1530년 경에 그는 수도원을 떠나 일반 사제가 되어서 의학 공부를 시작하였고 그 이후 내내 의사와 작가 일로 나머지 평생을 보내었다. 의학과 해부학의 강사로 일한 것을 제외하면, 그는 교육에 관한 직접적 경험이 없다. 그러나 에라스무스와 슈투름과의 친교로 그는 교육에 강한 관심을 가지게 되었고, 그 관심은 그의 명성을 빛낸 두 권의 풍자적 저작인 「팡타그뤼엘」*과 「가르강튀아」*의 여러 장에 나타나 있다.

* François Rabelais * Chinon * *Pantagruel* * *Gargantua*

¶ 16_ 교육에 관한 라블레의 일반적 견해는 그의 인문주의 친구들과 공통된 점을 많이 가지고 있지만, 그의 인문주의에는 색다른 면이 있다. 그는 당시의 어느 누구보다도 더, 옛날 르네상스의 특징이었던 개인의 가치에 대한 신선하고 재기 넘치는 감각을 가지고 있었으며, 이것은 사회생활에 관한 그의 견해 전체에 영향을 미쳤다. 그가 보기에 이상적 사회는 완전한 자유를 누리는 인간들의 동호회이다. 이러한 그의 견해는 유토피아의 텔레마 수도원*에 살고 있는 사람들에 관한 다음과 같은 묘사에 잘 나타나 있다. '그들의 삶은 일체 법이나 규정이나 규칙에 의하여 이루어지는 것이 아니라 그들 자신의 의지와 자유로운 쾌락에 의하여 이루지고 있었다. 그들은 자신이 일어나기 좋은 때다 싶을 때 자리에서 일어나며, 그럴 욕망이 생길 때 마시고 먹고 일하고 잠을 잤다. 그들의 규칙에는 오직 하나의 조항밖에 없었다. 그것은 "네가 하고자 하는 것을 하라"는 것이다. 왜냐하면 자유로운 사람이라면, 그리고 좋은 가문에 태어나서 잘 자랐으며 성실한 사람들과 어울려 대화를 즐기는 사람이라면 누구나 천성적으로, 언제나 덕있는 행동을 하고 악에서 물러서도록 그들을 부추기는 본능과 정신을 가지고 있기 때문이다. 그들은 이것을 기품*이라고 생각한다.'[1)]

1) Rabelais, *Life of Gargantua and the Heroic Deeds of Pantagruel* (Urquhart's trans.), i, 57.
* Utopian Abbey of Thelema * honor

¶17_ 라블레가 교육에 관한 그의 의견을 표명한 가르강튀아와 팡타그뤼엘의 훈련 과정을 보면, 사실상 개인의 자유에 관한 그의 아이디어는 그 훈련 과정의 환상적인 묘사에 직접적으로는 언급되어 있지 않다. 그는, 사람을 자유롭게 만드는 교육은 그 자체가 자유의 정신 속에서 이루어져야 한다는 것을 인식하지 못했던 것이 분명하다. 젊은 거인 가르강튀아는 '자신의 쾌락에 의하여' 공부하기는 커녕, 쉴새없이 공부에 고역을 치르도록 강요된다. 그는 새벽 네 시에 일어나며, 하인이 몸을 문질러 주도록 구부리고 있는 동안에 누군가가 옆에서 성서 한 페이지를 그에게 읽어 준다. 그는 아침 하늘에 보이는 가장 중요한 특징을 눈여겨 보도록, 그리고 그것을 그 전날 밤에 본 것과 비교하도록 지시를 받는다. 옷을 입는 동안 그의 선생은 그에게 어제 공부한 내용을 되풀이해 준다. 그리고 난 뒤에 세 시간 동안, 책 읽는 것을 들으면서 하는, 본격적인 공부가 계속된다. 들에서 잠깐 놀이를 하는 동안에도 그는 내내 배운 것에 관하여 토론해야 하며, 그 후에 열 시쯤 아침 식사를 한다. 수업은 여전히 계속된다. 식사 중에 책을 읽어 주는 것은 물론이요, 그 뿐만 아니라 식탁 위에 놓여 있는 빵, 포도주, 소금, 그리고 그 밖의 것에 관하여 교훈적인 논평을 들려주고 그것에 관하여 고대의 저자들이 쓴 구절을 읽어 주고 외우도록 한다. 아침 식사가 끝나면 소화를 위하여 한 시간 여유를 주지만, 이 한 시간 동안에 그는 아침 공부의 예습을 하고 산수, 기하, 음악, 천문학의 이른바 4과*를, 카드놀이나 주사위 놀이를 통하여 학습한다. 그 다음에 세 시간 동안 그는 아침 공부를 하면서 계속 책 읽는 것을 듣고 또 글 쓰는 것을 연습한다. 오후에 그는 대개 승마학교로 가서 온갖 운동을 하면서 얼마간 시간을 보내며, 집으로 돌아오는 길에는 나무와 풀에 관하여 알아보고, 다시 그것에 관하여 고대의 저자들이 쓴 구절을 학습한다. 비가 오는 날이면 그는 목공, 조각, 그리고 그 밖의 실제적 작업활동으로 바쁜 시간을 보내며 검술학교에 가거나 그렇지 않으면 마을의 공작소를 견학한다. 저녁 식사를 기다리는 동안 그는 그날 들은 책의 몇 구절을 반복한다. 여섯 시에 하는 저녁 식사는 하루의 주찬이지만, 심지어 이 시간에도 아침 식사 때에 읽던 뒤를 이어 책을 읽어 주고 유익한 대화를 한다. 저녁 시간은 음악과 게임으로, 또 때로는 여행자나 학자들을 방문하는 데에 보낸다. 마지막으로, 잠자리에 들기 전에 그는 밖으로 나가

밤하늘을 관찰하고 그날 하루 동안 배운 내용을 되풀이하라는 지시를 받는다.

* quadrivium

¶18_ 위에 요약된 가르강튀아의 교육에 희화적 요소가 들어 있다는 것은 의심할 여지가 없다. 그것은 보통 사람을 위한 교육이 아니라 거인의 천성을 가진 사람을 위한 거인적 과업이다. 그러나 그 희화 속에는 몇 가지 심각한 아이디어가 들어 있다. 라블레가 그려낸 가르강튀아의 교육은 중세 학생들의 타성에 대한 항거를 나타내고 있다. 그들은 라블레의 말에 의하면, 문법과 주석을 마구 쑤셔 넣은 결과로 '아무 쓸모없는 돌대가리'*가 되었으며 진정한 관심도, 실제적인 판단 능력도 결여된 상태에 있었다. 이 항거의 이면에는, 라블레뿐만 아니라 그 당시 최고의 지성인들의 대다수의 마음을 사로잡고 있었던 열렬한 동경, 인간이 알아낼 수 있는 모든 지식에 대한 동경, 오늘날에도 그렇거늘 하물며 그 당시의 빈약한 지식으로는 도저히 달성될 가망이 없는 이상을 향한 동경이 들어 있다. 거기에는 또한, 모든 지식을 구비한 그 '백과전서적 교육'* 으로 가는 길은 일상 경험에 관계되는 모든 사실을 공부하는 데에 있다는 중요한 암시가 들어있다. 다만, 그 일상 경험에 관련되는 모든 사실은 고전적 저작에 구현된 지식에 의하여 확장되고 명료화된다.

* useless blockhead * encyclopedic culture, 2 : 43 주 참조

¶19_ 라블레의 교육 방안에 관한 이러한 해석은 그의 두 권의 책 중에서 앞의 것에 나와 있는, 가르강튀아가 그의 아들 팡타그뤼엘에게 보낸 편지에 뒷받침되어 있다. 그 편지가 유토피아에서 부친 것으로 되어 있는 것은 아마 거기에 적혀 있는 내용이 '이상적' 상황에서의 삶에 관한 것임을 암시하기 위한 것이라고 볼 수 있겠지만, 사실상 거기에는 라블레의 저작이 일반적으로 나타내고 있는, 허장성세식 표현이 의미를 가리우는 문체상의 특징이 놀라울만큼 결여되어 있다. 이 편지에서 가르강튀아는 더 이상 바보 같은 거인으로 나타나는 것이 아니라 계몽군주로 나타난다. 자신이 젊었을 때와 지금 자신이 그 글을 쓰고 있는 당시 — 누가 보더라도 그것은 그 당시의 블란서를 지칭한다 — 의 교육 상황을 비교하고 난 뒤에, 가르강튀아는 다음과 같이 말한다.[1] '네가 여러 나라 말을 배우는 것이 나의 의도요 또한 나의 열망이다. 퀸틸리아누스가 말했듯이, 먼저 희랍어를 배워야 하고 그 다음에 라틴어를 배워야 한다. 그 다음에 성서를 읽기 위하여 히브리어를 배워

야 하며 그와 함께 칼데아어*와 아랍어도 배워야 한다. 희랍어의 문체를 가다듬는 데는 플라톤을 본따야 하며, 라틴어의 문체는 키케로를 본따서 가다듬어야 한다. 네 기억을 언제든지 되살려 낼 수 없는 역사는 있어서는 안 되며, 여기에 도움이 되는 것으로서 우주론*에 관하여 쓴 저자들의 책은 대단히 유용하다. 네가 대여섯 살 때 나는 너에게 기하, 산수, 음악의 자유교과를 약간 맛보게 했다. 그 공부를 계속하여 그 나머지 부분을 완성하라. 천문학의 모든 규칙을 공부하되, 제발 점성술은 배우지 말라. 나는 네가 공민의 법을, 그 모든 조문을 암기할 정도로 자세히 알고 그것을 철학과 비교하기를 바란다.' 이때까지 라블레가 말하는 것을 들어 보면 그것은 당시의 열성적인 詞章家사장가라면 누구나 했을 법한 충고이다. 그가 권장하는 지식은, 한 마디로 말하여, 라블레 자신을 포함하여 그 당시의 모든 학자들이 갖추고 있었던 지식이다. 그러나 라블레는 인문학자였던 것에 못지않게 과학자였으며, 이하에서 그는 이상적인 교수요목에, 그 당시로서는 상상하기 어려운 내용을 덧붙이고 있다. '이제 자연의 작용에 관한 지식을 말하겠다. 나는 네가 자연의 작용을 열심히 공부하기 바란다. 어떤 바다, 어떤 강이나 연못에 사는 물고기라도 네가 모르는 것이 있어서는 안 된다. 공중에 나는 모든 새에 관하여 공부하고, 숲과 과수원에 있는 모든 덤불과 나무, 땅바닥에서 자라는 모든 풀과 꽃, 땅 속 깊은 곳에 감추어져 있는 모든 금속, 동방과 남방에서 나는 모든 보석에 관하여 공부하라. 그 다음에 희랍과 아라비아와 로마의 의학자들이 쓴 책을 세밀히 공부하고 자주 해부를 하여 또 하나의 세계, 소우주, 즉 인간에 관하여 완전한 지식을 갖추라. 한 마디로 말하여, 나는 너에게서 지식의 심연 그 자체를 보고 싶은 것이다.' 가르강튀아의 편지는 깊은 종교적 어조로 끝나 있다. 이것은 라블레가 그토록 학문을 숭상하면서도 완전한 삶에서 종교가 차지하는 올바른 위치에 관하여 생각을 하고 있었음을 보여준다. '지혜는 악으로 기울어진 마음에는 들어오지 않으며 양심 없는 지식은 영혼의 파멸이다. 그러므로 너는 마땅히 신을 섬기고 사랑하고 경외하며, 그분에게 너의 모든 생각과 희망을 의지하며, 그분의 긍휼로 너에게 주어진 그 신앙에 의하여 힘써 그분에게로 나아가야 한다.'

1) Rabelais, *op. cit.*, ii, 8.
* Chaldaic, 칼데아는 바빌로니아 남부의 옛 왕국 　 * cosmography

¶ **20**_ 라블레는 그의 아이디어를 교육 실제의 요건에 맞게 적응시키는 데에는 별로 관심이 없었으며, 따라서 그가 직접 교육에 미친 영향은 그다지 크지 않았을

것이다. 여기에 비하여 페테루스 라무스*(1515-1572)는 라블레와 동일하게 중세의 방법에 반대하고 그와 유사하게 광범한 지적 관심에 대한 열망을 가지고 있으면서, 고등교육*을 중세적 전통의 굴레에서 건져내는 데에 한 평생을 보내었고 또 여기에 상당한 성공을 거두었다. 피카르디* 지방의 농장 일군의 아들로 태어난 그는 열두 살에 돈 많은 학생의 몸종으로 파리 대학에 갔다. 그의 인생에 전환기가 된 것은 그 당시 파리 대학의 한 학생 숙사의 선생으로 있던 요한 슈투름의 강의를 청강한 것이었다. 그 강의는 문학('웅변')과 철학을 겸한 것이었다. 슈트름의 강의와 비교할 때 파리 대학의 모든 다른 공부는 라무스에게는, 사실은 아랑곳하지 않고 아무 것도 유용한 것이라고는 만들어내지 않는, 부질없는 입씨름으로 보였다. 도처에서 행해지는 삼단논법식 논변에 대한 그의 반론을 체계화하여 그는 스물한 살에, 선생이 되는 자격시험에서 '아리스토텔레스의 말은 모두 거짓이다'라는 놀라운 주장을 전개함으로써, 교사로서의 생애를 시작하였다. 사실상, 그가 참으로 도전한 것은 아리스토텔레스의 학설이 아니라 — 그는 자신이 인식하고 있었던 것보다 훨씬 더 아리스토텔레스에 의존하였다 — 그 당시 대학 교육의 정신과 방법 전체였다. 그가 무엇보다도 반발한 것은 판단의 기준으로 권위를 무비판적으로 끌어들인다는 것이었다. 그는 혹은 아리스토텔레스, 혹은 키케로, 혹은 퀸틸리아누스와 같은 대가들의 맹목적 추종자가 되기를 거부하였다. 자기 자신이나 다른 사람들을 위하여 그가 바란 것은 '자유롭게 사고하는 권리'였다. 결국, 아리스토텔레스에 대한 그의 반론을 전개한 두 권의 책, 「변증법 교육」*과 「아리스토텔레스 비평」*은 왕의 칙령에 의하여 금서로 되고, 그는 철학 강의를 금지당하였다. 그러나 그의 활동에 대한 규제는 일시적인 것에 지나지 않았다. 새 왕의 등극과 함께, 영향력 있는 친구들은 파리 대학의 관할 밖에 있는 왕립 프랑스 대학*에 특별히 그를 위하여 '웅변과 철학' 주임교수 자리를 마련하고 그를 그 자리에 앉혔으며, 거기서 그는 특별히 심각한 장애를 받음이 없이 그의 혁명적인 견해를 발전시키고 전파하였다.

---

* Peterus Ramus [Pierre de la Ramée]　* higher education, 중등이상의 교육
* Picardy　* college　* *The Institutes of Dialectic*
* *Animadversions on Aristotle*　* Royal College of France

¶21_ 라무스의 건설적 제안에 기본 방향이 되는 원리는 '유용성'이었다. 그는, 그의 반대파들이 말한 대로, '공리주의자'*였다. 그의 목적은 모든 지식이 실제

로 나타나도록 하는 데에 있었다. 그에 의하면 교육의 내용은 원래의 의미에서의 '기술'* 의 총체이다. 문법은 정확한 담화의 기술이며, 수사학은 정확한 언변의 기술이며, 변증법은 정확한 입론의 기술이며, 등등, 다른 것도 모두 이와 같다. 이러한 견해에 의하면, 모든 학문 분야에서 학습한 내용을 삶의 현실과 관련짓도록 하기 위해서는 새로운 교육방법을 고안할 필요가 있다. 교사는 옛날 사람들의 의견에 의존할 것이 아니라, 오직 한 가지, 그의 설명이 '자연'* 에 근거하도록 해야 한다. 예컨대 문법의 공부는 언어의 실지 용법에 의거해야 하며 물리학의 공부는 직접적인 사실 조사에 의거해야 한다. 그러나 라무스는 단순히 '방법'을 변화시키는 것으로 만족하지 않고 대학 공부의 범위도 확장되기를 바랐다. 그리하여 그의 원리가 그 당시 대학의 중심 교과였던 '3학'* 에 적용되는 방식을 시범하고 난 뒤에, 그는 등한시되던 '4과'* 에 손을 대기 시작했다. 이 방면의 노력은 그에게 가해진 박해로 말미암아 중단될 수밖에 없었다. 그 박해는 결국 성 바돌로메오 축일* 에 개신교 신자들에 대한 대학살로 빚어진 그의 죽음으로 끝났다. 그러나 그의 죽음은 그가 순수 수학과 응용 수학을 대학의 교과로서 새로운 지위에 올려 놓지 못할 만큼, 그리고 17세기를 특징짓는 획기적인 과학 진보를 위한 길을 열지 못할 만큼, 빨리 찾아온 것은 아니었다.

---

* utilitarian [usuarius 라틴어]
* arts, 희랍어 techne, 라틴어 ars와 마찬가지로 '만든다'(making)는 의미를 가지고 있다.
* nature, 여기서 자연은 arts(기술)에 대비되는 것으로 보아야 한다.
* trivium   * quadrivium   * St. Bartholomew's Day

¶22_ 미셸 드 몽테뉴*(1533-1592)에서 혁명적인 개인주의 사상의 영향 하에서의 인문주의의 변질은 라블레나 라무스에서와는 다른 방향을 취하였다. 이 두 사람의 경우에 그들이 싸워야 했던 적은 중세 정신이었으며, 전형적인 인문주의로부터 그들을 떼어놓은 가장 중요한 차이는 그들이 고대의 삶과 문학에 관한 공부에다가 '구체적인'* 공부를 추가함으로써 보다 폭넓고 보다 개인적인 문화를 이룩하고자 했다는 데에 있다. 몽테뉴는 모든 분야에 書貪서탐이 있는 독서가였고 그 점에서는 그 두 사람과 동일한 부류에 속하지만, 과학에는 관심이 없었으며, 따라서 그는 그 두 사람처럼 단순히 학문의 범위를 여러 분야로 확대하는 것만으로는 인문주의의 결함에 대한 보안책이 될 수 없다고 생각하였다. 당시의 실정에 대한 불만에서 벗어나는 라블레-라무스 식의 탈출구가 결여된 상태에서 그의 정신

적 불안은 그로 하여금 옛날의 학문에 대하여 뿐만 아니라 새로운 학문에 대해서도 비판적인 태도를 취하도록 만들었다. 그는 인문주의에서만 아니라 그것을 대치하고 나타난 학문에서도 삶의 문제에 대한 해답을 찾을 수 없었다. 어떤 종류의 것이든지 무작정 지식을 습득하기만 하는 것은 학자*를 '현학자'*로 만드는 것이며 실제적 판단의 훈련에는 전연 도움을 주지 않는다. '현학'*에 관한 에세이에서 그는 다음과 같이 말한다. '우리는 한 인간에 대하여 끊임없이, 그는 희랍어나 라틴어를 아는가, 그는 운문을 쓸 수 있는가 아니면 산문을 쓸 수 있는가를 묻는다. 그러나 정말로 중요한 것은 그가 더 선량해졌는가, 또는 더 지혜로워졌는가 하는 것이다. 여기에 대해서는 일언반구도 없다. 우리는 모든 노력을 기억에 쏟으며, 이해와 양심은 텅빈 채로 놓아둔다. 새가 이따금씩 곡식을 찾으러 나갔다가 그것을 주둥이에 물고서도 그것을 맛보지 않고 새끼에게 곧장 갖다 주듯이, 우리의 현학자들도 이 책 저 책에서 지식을 긁어 모아서는 입술까지만 가져갈 뿐 삼킬줄 모른다. 새들보다 더 나쁜 것은, 우리의 현학자의 지식은 그에게서 배우는 학생이나 자식들에게도 그 현학자 자신에게 그렇듯이 자양이 되지 않는다는 것이다. 그 지식은 이 사람에서 저 사람으로 옮아다니면서 오직 자기과시나 여흥에 쓰일 뿐이다.' 그런 허무한 공부를 15년, 16년 동안 한 젊은이가 더 바보로 되어, 또 라틴어와 희랍어를 안다고 더 거만해져서 돌아온다고 한들 조금도 이상할 것이 없다. 그가 한 공부는 전연 그의 삶의 실체 속에 들어가지 않았다. 그 공부는 그를, 사물을 있는 그대로 볼 수 있는 능력이 결핍된 이전의 상태에 그대로 방치해 둔다. 사실상, 이해와 양심이라는 것은 바로 그 본질적인 능력이 각각 상이한 영역에서 표현된 것이다.

---

* Michel de Montaigne * concrete * scholar * pedant * *Pedantry*

¶23_ '현학'에 관한 에세이의 마지막 부분에서 몽테뉴는 자신의 이상을 예시하는 훌륭한 보기로서, 페르시아인의 교육에 관한 크세노폰의 기술*을 인용한다. 몽테뉴는 페르시아인들이, 다른 나라 사람들이 그 자녀에게 문자를 가르친 만큼 열심히, 그 자녀에게 올바른 행동을 가르쳤다는 사실에 대하여 찬성을 표시한다. 그는 다음과 같이 말한다. '페르시아인은 교육을 최소한으로 줄이려고 하였다. 학문*이라는 것은 기껏해야, 그것도 최선의 방법으로 가르쳤을 경우에, 신중과 원만과 결단밖에 가르쳐 주는 것이 없기 때문에 그들은 처음부터 소문이 아니라 행동

으로 그 자녀를 가르치고 말과 규칙이 아니라 모범과 행적에 의하여 자녀의 인격을 형성하였다. 그리하여 그들의 가르침은 마음속의 지식으로 되는 것이 아니라 습관과 성향이 되었고 후천적인 획득이 아니라 선천적인 소유가 되었다.'

* 페르시아인의 교육-1 : 52 참조 * sciences

¶24_ '현학'이라는 에세이를 읽은 한 친구의 제안에 따라 몽테뉴는 교육에 관한 자신의 생각을 '자녀 양육에 관하여'*라는 또 하나의 에세이로 발전시켰다. 그의 모든 에세이에서도 그렇지만, 이 에세이에서 몽테뉴는 자신의 개인적 경험을 그의 의견의 기초로 삼고 있다. 몽테뉴 자신의 교육 — 그는 그것을 길게 언급하고 있다 — 은 다소간 특이하므로, 그의 설명을 잘 이해하기 위해서는 그가 받은 교육을 참고하지 않으면 안 된다. 그의 아버지는 젊었을 때 이탈리아에서 살았으며, 비록 학자는 아니지만, 거기서 학문의 중요성과 정신적 독립성에 대한 인식을 얻어 고국인 불란서에 돌아왔다. 맏아들 미셸이 태어났을 때, 아버지는 그 갓난 아이를 먼 시골 마을에 보내어 아이가 농부들 사이에서 살면서 검소하고 소박한 생활 태도를 배우게 하였다. 한 두 해가 지난 뒤에 아버지는 아이를 자기 집에 도로 데리고 왔다. 여기는 모든 것이 달랐다. 온 집안이 이탈리아 영향 일색이었고 어린 미셸은 학문과 교양의 분위기 속에서 자라면서 추호의 강요나 노력도 없이 학문의 첫 발자욱을 떼어 놓을 수 있었다. 아버지는 그 자신 교육에 관하여 많이 알지는 못했지만, 그럼에도 보통의 교육방법에 불만을 품고 아들의 교육 문제에 관하여 여러 부류의 친지들과 상의하였다. '나의 아버지가 들은 말은, 우리가 고대 희랍인과 로마인의 장엄한 영혼과 그들이 가졌던 지식에 도달하지 못하는 유일한 이유는 그들의 말을 배우는 데 너무 오랜 기간을 허비한다는 데에 있다는 것이었다.' 이 견해를 따라서 아버지는, 불란서어는 전연 모르면서 라틴어에 능통한 한 훌륭한 독일 학자에게 아들을 맡기고 온 집안 식구가 그 아들 앞에서는 일체 라틴어 이외의 다른 말은 쓰지 말도록 할 계획을 세웠다. 이 실험의 결과는 대단한 성공이었다. 여섯 살이 되었을 때, 아들은 불란서어는 전연 모르면서 라틴어를 유창하게 할 수 있었다. 그리고 이것은, 몽테뉴의 말에 의하면, '방법 없이, 책 없이, 문법이나 규칙이 없이, 회초리 없이, 눈물 없이' 이루어진 것이다. 그러나 아버지는 그 계획이 과연 지혜로운 것이었던 가에 의심이 생겨서 여섯 살 된 아들을 보통 방식대로 교육시키려고 보르도에 있는 기옌느 중등학교에 보내었고 아들은 열세 살이 될

때까지 그곳에 머물러 있었다. 그곳에는 몽테뉴가 '위대한 스코틀란드 시인'이라고 부른 조지 뷰카난*을 위시하여 훌륭한 선생들이 있었음에도 불구하고 몽테뉴는 공부에 진척을 보지 못하고 라틴어 회화 실력도 곧 잃어 버렸다. 그의 초기 훈련은 그에게 자신이 배우고 싶은 것이 아니면 무엇이든지 배우려고 하지 않는 성미를 길러 주었고, 그리하여 그는 만약 오비디우스*의 「변신」*에 열렬한 애착을 가지게 되지 않았던들 책과 공부에 진절머리가 나서 아마 학교를 떠났을 것이다. 그의 공부를 지도하던 교사는 이 애착을 기화로 하여 오비디우스에서 루키아누스*와 베르길리우스*로 나아가도록 이끌었다. 이들 시인에서부터 그는 점차 모든 다른 저자들 — '고대건 현대건 이태리어, 스페인어, 불란서어로 된 역사가, 시인, 철학자들의 저작' — 을 섭렵하면서, 그의 에세이에서 그가 끊임없이 인용하는 방대한 양의 문헌에 관한 지식을 얻었다. 이것은 참으로 비범한 교육이며, 몽테뉴 자신도 그것이 그에게 미친 영향을 솔직히 인정한다. '어린 시절에 자유롭고 용이한 방식으로 교육을 받고 어떤 종류의 강제적 복종도 당해 보지 않은 결과로, 나는 심각한 노력을 기울일 줄도, 훈육을 받을 줄도 모른다. 나는 그 자체 이외에 다른 주인을 모르는 자유로운 영혼을 가지고 있으며, 그 영혼이 자신의 일을 하도록 하는 데에 익숙해 있다.' 이런 양육 방식이 어떤 결함을 가지고 있든지 간에, 그것은 그가 법률공부를 하기 위하여 툴루즈*로 갔을 때, 그리하여 거기서 가르강튀아 식으로 하루에 열서너 시간씩 땀 흘리며 공부하는 열성적인 학생들 틈에 끼었을 때, 그에게 크게 도움이 되었다. 그의 활력에 찬 건강은 창백한 그의 동료들 사이에서 그를 두드러진 인물로 만들었으며, 이것은 어린 시절에 그가 받은 교육이 신체적인 면에서 이점을 가진다는 좋은 증거가 되었다.

* *On the Upbring of Children* * George Buchanan(1506-1582)
* Ovid[Ovidius](43 B.C.-18 A.D.) * *Metamorphoses*
* Lucian [Lucianus] * Virgil [Vergilius] * Toulouse

¶25_ 교육에 관한 몽테뉴의 논의 전체를 꿰뚫고 있는 핵심적인 생각은 지식과 지혜의 차이이다. 그가 끊임없이 역설하는 바에 의하면, 공부의 유용성은 아이들을 학식있는 사람으로 자라도록 하는 데에 있는 것이 아니라 삶을 살아가는 지혜를 가지도록 하는 데에 있다. 몽테뉴는 결코 지식을 경시하지는 않는다. 그는 지식이, 특히 그의 글이 대상으로 삼고 있는, 신분 높고 운 좋은 사람들에게는, '위대한 장식이요 또한 굉장한 봉사의 도구'가 된다는 것을 인정하며, 그의 글이 직접

다루고 있는 방식으로 양육될 소년은 각각의 처지에 맞는 수업을 받도록 유능한 교사의 손에 맡겨져야 한다고 말한다. 그러나 그는, 자신은 이 부분의 교육에 관해서는 이렇다 할 만한 말이 없다는 것을 솔직히 인정하면서, 인격에 영향을 미치는 교육에 국한하여 그 일반적 방법에 관련되는 몇 가지 원리를 개진하는 것을 자신의 임무로 삼는다. 그의 논의는 약간 지리멸렬하지만, 그 중에서도 세 가지 요점을 뽑아낼 수 있다.

¶26_ (가) 모든 학습자에게 동일하게 적합한 교육 방법은 없다. '이미 도달해 있는 정도가 같지 않고 종류도 다른 수많은 마음을 동일한 교과와 동일한 훈육으로' 교육하려고 하는, 흔히 볼 수 있는 관행은 극소수를 제외한 모든 학생들에게서 무위로 끝날 수밖에 없다. 아동의 마음의 향방은 그토록 불확실하며 그 참된 본성은 풍속과 규칙에 의하여 그토록 쉽게 변하기 때문에 교사는 그 특별한 역량을 고려할 때에만 성공을 기대할 수 있다. 몽테뉴는 약간 뜻밖에도 다음과 같이 말한다. '이 난관에 대하여 나의 생각은, 어느 편인가 하면, 어린 아이들이 나타내는 유치한 경향을 토대로 하여 우리에게 예상되는 그의 장차의 인격을 너무 곧이곧대로 믿을 것이 아니라 언제나 최선의 것, 가장 이익이 되는 것으로 그를 이끌도록 해야 한다는 것이다.' 물론, 몽테뉴는 학생에게, 학생 자신의 好惡호오와는 관계없이, 교사가 바라는 것이면 무엇이든지 배우도록 해야 한다고 말하는 것이 아니라, 그 '최선의 것, 가장 이익이 되는 것'을 전달하는 데에 있어서 교사는 학생이 그것에 관하여 어떻게 생각하는지를 들어봄으로써 그의 관심이 어디에 있는가를 알아내어야 한다는 것, 그리고 학생이 그 배운 내용을 소화하여 재생시킬 수 있는가를 눈여겨보면서 수업을 그것에 맞게 조절하여야 한다는 것을 말하고 있다. (나) 여기서 따라오는 것으로서, 몽테뉴는 '폭력과 강압'을 결코 용납하지 않는다. 몽테뉴가 그것에 반대하는 것은 단순히 심한 체벌이 '고귀한 천성'을 타락시키고 무디게 만든다는 데에 있는 것이 아니라 그것이 일체의 학습 의욕을 파괴한다는 데에 있다. 아이에게 고난을 견디도록 하는 것은, 물론 필요하다. 무슨 수를 써서라도 '더위와 추위, 바람과 뙤약볕, 그리고 모든 위험에 그를 단련시켜서 이런 것들을 대수롭지 않게 생각하도록 하라. 옷과 잠자리, 먹는 것과 마시는 것에서 부드럽고 달콤한 것은 일체 아이에게 주지 말라. 아이로 하여금 모든 역경에 익숙하도록 하라.' '그러나 만약 아이에게 수치와 벌을 두려워하는 마음이 생기도록 하고 싶으면, 수치와 벌에는 아이를 단련시키지 말라.' 이 주제는 몽테뉴의 그 글 여기저기에 누누이 되

풀이되고 있는, 그 글의 마지막 말이기도 하다. '식욕과 마찬가지로 性向성향에 대하여 우리가 할 수 있는 오직 한 가지 일은 그것을 유혹하는 것이다. 이 일을 하지 않으면 우리는 아이를 바보 책벌레로 만들 뿐이다. 따귀를 갈기면서 아이에게 지식을 억지로 쑤셔 넣을 수는 있을 것이다. 그러나 그것이 조금이라도 가치를 가지도록 하려면 우리는 그것을 아이의 마음 속에 넣어 주어야 할 뿐만 아니라 아이를 그 배우자로 만들지 않으면 안 된다.' (다) 아이로 하여금 지식을 자기 것으로 만들도록 하는 최선의 방법은 그가 하는 모든 공부가 자신의 판단력을 행사할 기회가 되도록 하는 것이다. 아이가 자신이 들은 말을 그대로 되풀이할 수 있게 되는 것만으로는 부족하다. '암기는 지식이 아니다.' 맨 처음부터 교사는, 때로는 아이에게 길을 열어 주면서, 때로는 아이 혼자서 하도록 내버려 두면서, 아이로 하여금, 스스로 해 보도록 함으로써 아이의 마음의 향방을 북돋아 주는 데에 목적을 두어야 한다. 어느 경우에나 교사는 아이가 무엇이든지 순전히 권위 때문에 받아들이도록 해서는 안 된다. 여러 갈래로 의견이 갈라져 있을 때 교사는 될 수 있는 한 그 결정을 아이에게 맡겨야 한다. 아이에게 그런 능력이 없을 경우에는 아이가 결정을 못 내린 엉거주춤한 상태에 있다고 하여 해로울 것이 없다. 적어도 아이가 아는 것은 아이 자신의 것이 될 것이다.

¶27_ 몽테뉴는 보통의 학교 공부가 교육에서 한 자리를 차지한다는 것을 인정하면서도, 아이에게 실제적 지혜의 기초가 충분히 다져지기까지 모든 심각한 공부를 보류해야 한다고 주장한다. 그의 의견에 의하면, 교육의 올바른 시작은 주위에 있는 사람들과의 교섭에서 이루어져야 한다. 이런 뜻에서 그는, 남자 아이는 어렸을 때부터 여행을 하고 세상 견문을 넓힐 것을 권한다. 외국 여행은 교육적인 면에서 많은 이점을 가지고 있다. 그것은 학생으로 하여금 말을 쉽게 배울 나이에 자기 나라 말이 아닌 다른 나라 말에 접하도록 해 준다. 또한 그것은 학생을 집에서 떼내어, 교사로 하여금 부모의 간섭을 받지 않고 학생을 거친 생활과 힘든 일에 적응시킬 수 있게 한다. 그러나 이런 것들은 부차적인 고려 사항에 지나지 않는다. 외국 여행의 가장 중요한 가치는 그것이 자기중심적 세계관에서 학생을 해방시킴으로써 건전한 판단을 훈련할 기회가 된다는 데에 있다. '우리의 "어머니 자연"* 의 모든 장엄을 머리 속에 그릴 수 있고 그 면모의 영원한 다양성을 볼 수 있는 사람, 자기 자신은 물론이요 왕국 전체가 조그마한 점 하나에 불과하다는 것을 아는 사람, 이런 사람이야 말로 사물의 진가를 아는 사람이다. 한 마디로 말하여, 나는 학

생이 세계를 그의 책으로 삼기를 바란다. 세계가 우리에게 제시하는 수많은 情調 정조, 노선, 판단, 의견, 법률, 풍속은 우리 자신이 가지고 있는 이런 것들에 대하여 건전한 판단을 하도록 가르치며, 또한 우리 자신이 가지고 있는 것들의 불완전성과 자연적 약점을 인식하도록 우리의 판단을 도야한다. 이것은 결코 만만한 도제 수업이 아니다.' 세계의 다른 곳에 사는 사람들에 관한 지식과 함께, 어떤 면에서는 그것보다 더 중요한 것으로서, 역사상 다른 시대에 사는 사람들에 관한 지식이 있다. 이 역사를 통하여 아이는 최고의 시대에 살았던 위대한 영혼과 접하게 된다. 오로지 사실과 날짜만을 가르친다면 역사는 아무 쓸모없는 공부이지만, 플루타르코스가 그 훌륭한 보기를 보여 준 대로, 판단을 구사할 자료로 사용된다면 역사는 인간 본성의 가장 깊은 곳에 빛을 던져 주는, 더할 나위 없이 가치 있는 공부이다.

* mother Nature

¶ **28**_ 여행과 역사 공부가 제공할 수 있는 삶의 경험으로 기초가 다져진 뒤에야 비로소 보다 일반적인 교양교육*을 할 시기가 온다. '아이를 보다 지혜 있고 선량한 사람으로 가르치고 난 뒤에 우리는 그에게 논리학, 물리학, 기하학, 수사학에 관하여 설명해 준다. 그전에 이미 판단의 훈련을 받은 바 있기 때문에 아이는 머잖아 자신에게 맞는 지식을 습득하게 될 것이다.' 그러나, 만약 몽테뉴의 생각을 철저하게 따라서 이런 교과를 가르친다면, 심지어 그 교과 중의 어떤 것은 완전히 없어져 버릴 정도로, 교과 교육의 양상이 달라져야 할 것이다. 예컨대, 논리학과 문법은, 몽테뉴가 보기에는, 지나치게 단어에만 매달리는, 거의 유용성이 없는 교과이다. '우리 인생의 절반은 공허한 지저귐 속에서 지나간다. 우리는 사오 년 동안 단어를 배우고 그 단어를 문장으로 꿰매는 것을 배우는 일에 갇혀 지내며, 그보다 더 긴 기간 동안 수많은 문장을 너댓 개의 부분으로 배열하는 데에, 그리고 적어도 다시 오년 동안 그 문장을 이리저리 섞고 엮어서 복잡한 형태로 짜맞추는 것을 배우는 일에 얽매여 지낸다.' 그렇다면 이런 짓을 해서 무슨 소용이 있는가? '만약 우리가 사실만 풍부히 가지고 있다면, 말은 저절로 따라오게 되어 있다.' 문법이라든가 그 밖의 말 공부를 하는 대신에 학생은 삶의 철학에 시간을 보내는 것이 훨씬 더 유익할 것이다. 플루타르코스의 말에 찬성을 표하면서 몽테뉴는 그를 인용하여 다음과 같이 말한다. 즉, 아리스토텔레스는 알렉산드로스에게 삼단논법의 속임수나 기하의 법칙을 가르치느라고 그 위대한 학생의 시간을 낭비하지 않고, 그

시간을 용기, 민첩, 관용, 절제, 그리고 어느 것에도 겁을 먹지 않는 결연한 태도에 관한 훌륭한 규율을 가르치는 데에 활용하였다는 것이다. 만약 몽테뉴에게 학생이 있었더라면 아마 그도 이런 것들로 그 교육을 마무리하였을 것이다.

---

* general education

4 영국 교육의 새로운 동향

¶29_ 그 경제적, 사회적 후진성으로 말미암아 영국에서 교육이 세속적인 경향을 나타낸 것은 불란서에서보다 더 속도가 느렸다. 사실상, 새로운 학문 그 자체의 진보는, 16세기 초반에 토마스 모어 경의 주위에 많은 저명한 학자들이 모여 들었다는 사실에서 명백히 나타나 있는 바와 같이, 빠른 속도로 이루어졌다. 위대한 학자 에라스무스, 문예부흥의 학문을 영국에 소개한 의사요 학자인 토마스 리네이커,* 성 바울 사원에 새로운 학교를 세운 콜레트 학장,* 캠브리지에서 그리고 영국에서 최초의 인문주의 칼레지*를 설립한 피셔 총장*— 첼시*에 있는 모어의 집에서 회동한 사람들 중에 이런 이름들이 끼어있는 것을 보더라도, 그 학자들의 집단은 유럽에서도 그에 필적할 만한 보기를 찾아볼 수 없을 정도였다. 그러나 이 학자들이 불어 넣은 충동에 의하여 학교와 대학에서 인문주의 공부가 빠르고 확실하게 진행된 반면, 단순히 사장적인 분야 이상의 폭넓은 인문주의의 발전은 지지부진하였다. 이 방향으로의 첫걸음을 내어디딘 것은 토마스 모어의 친구의 아들이요 리네이커의 제자인 토마스 엘리오트 경*(1490-1546)의 「통치자*」(1531)라는 제목의 책이었다. 엘리오트는 한때 국가의 관리였으며, 카스틸리오네의 「정신」과 같은 이탈리아의 저작뿐만 아니라 에라스무스의 저작에도 통달한 학자였다. 그의 넓은 경험과 독서는 그의 「통치자」에 잘 나타나 있다, 그는 인문주의자로서 그의 위치를 확고하게 굳히고 있었지만, 그의 인문주의는 그 이전의 에라스무스의 인문주의가 아니라 이탈리아의 동시대인이 나타내고 있었던 새로운 인문주의였다. 이 점은 무엇보다 그의 책이 라틴어가 아닌 영어로 쓰였다는 점에서 분명히 나타나 있다. (그의 책은 교육에 관한 책으로서 희랍어나 라틴어가 아닌 현대의 자국어로 쓰인 최초의 책이었다.) 또한, 교육의 으뜸가는 목적은 통치자 계급을 국가의 從僕종복이라는 그들의 임무에 적합한 인물로 만드는 데에 있다는 그의

확신도 그 점을 나타내고 있다. 엘리오트는 교육의 방법과 교육과정에 관한 세부적인 면에 있어서는 에라스무스를 답습한 것이 사실이지만, 심지어 이 면에서도 중요한 차이를 찾아볼 수 있다. 비베스 — 앞에서 말한 바와 같이, 이 또한 에라스무스의 제자였다 — 와 마찬가지로, 그는 여성의 교육을 제창하였으며, 라틴어와 희랍어를 배우는 데에 모국어를 사용할 것과 구체적인 경험에 입각하여 교육할 것을 주장하였다. 그의 저작에서 가장 독자적인 주장은 씨름, 달리기, 수영, 승마, 사냥, 무용과 궁술을 통한 신체훈련을 강조했다는 점에 있다. 플라톤을 휑하니 꿰고 이탈리아 궁정의 관례에 익숙한 영국 騎士기사의 교육 방안 속에서 이러한 힘든 운동이 그 한 부분으로 권장되어 있다는 것은 그다지 기이한 일이 아니다.

---

* Thomas Linacre * John Colet * college * Cancellor fisher
* Chelsea * Sir Thomas Elyot * *The Boke named the Governour*

¶30_ 「통치자」는 영국의 교육 여론에 상당한 영향을 미쳤지만, 만약 그것이 출판된 몇 년 후에 영국의 종교개혁이 사태의 순조로운 진전을 깨트리지 않았더라면 그보다 훨씬 더 큰 영향을 미쳤을 것이다. 결국에 가서는 인문주의가 개신교 영국의 학교와 대학에 굳건히 자리잡게 되었지만, 이 인문주의는 엘리오트의 넓은 인문주의라기보다는 모어 세대의 좁은 인문주의였다.

¶31_ 그러나 이와 같이 일시적인 퇴보를 보이면서도 인문주의가 살아남았다는 것은 얼마 동안 위협적인 조짐을 보여 오던 교육의 파탄에 비하면 그나마 다행한 편이었다. 종교개혁과 같이 한 나라의 교회 체제를 그토록 근본적으로 변화시킨 사건이 그 체제와 불가분의 관계를 맺고 있는 학교에 심각한 위험을 초래하지 않는다는 것은 결코 있을 수 없는 일이며, 영국의 경우에는 그 변화가 돌발적으로 일어났다는 점이 사태의 어려움을 크게 더하고 있었다. 초등학교는 거의 붕괴되다시피 했지만, 초등학교를 제외한 영국의 교육기관이 이 위기를 통하여 약해졌다기보다는 더욱 강해진 상태로 그것을 돌파하였다는 것은 참으로 놀라운 성과였다. 여기에는 튜도어* 왕조 여러 군주들의 학문적 열성이 크게 작용하였지만, 그와 함께 엘리자베스* 여왕의 치세에서 분수령에 도달한, 국민 편에서의 교육적 관심의 대폭적인 상승도 중요한 원인이 되었다. 헨리 8세*는 로마와 결별하고 수도원을 철폐한 직후에 당장 학교에 주의를 기울였다. 옥스포드와 캠브리지의 몇몇 칼레지들은 수도원으로부터 몰수한 재산으로 후한 기부금을 받았으며, 큰 수도원이

있던 지역의 학교 아홉 개가 더 큰 규모로 재설립되고, 그 밖에도 헨리 8세가 사망하던 당시 여러 개 학교가 재설립되는 과정에 있었다. 헨리의 아들인 에드워드*의 섭정을 맡은 소머세트*는 헨리의 정책을 계속 시행해 나가려는 의도에 있어서는 누구에 못지않았다. 그러나 捐補金연보금을 국왕의 재산으로 이관하는 것을 골자로 하는 1548년 연보령*은 참으로 불행한 결과를 가져왔다. 시대의 역경 속에서, 이때까지 교육을 위한 기금을 제공해 오던 몰수된 토지의 대부분이 다른 곳으로 유출되고 이제 학교는 이전의 기부금에 상당하는 것으로 간주된 국왕의 하사금으로 만족할 수밖에 없었다. 초등학교와 자그마치 200개로 추산되는 많은 문법학교가 완전히 사라지고, 살아남은 학교들도 대부분 화폐 가치의 계속적인 하락 때문에 빈곤한 상태를 면하지 못하였다. 엘리자베스 여왕이 왕위에 올랐을 때 선왕들의 실책은 누구에게나 명백하였으며, 따라서 여왕은 뜻있는 인사들의 협조를 받아 그 실책을 만회하려고 열심히 노력하면서 옛날 학교를 복구하고 새로운 학교를 세웠다. 그리하여 16세기의 끝 무렵에 영국은 전국을 통틀어 교육체제가 다시 잘 정비된 상태에 있었다.

---

* Tudor * Elizabeth (1558-1603 재위), 엘리자베스 1세
* Henry VIII(1509-1547 재위) * Edward VI
* Edward Seymour Somerset(약 1500-1552) * Chantries Act

¶ **32**_ 종교개혁으로 말미암아 정치적 운세는 달라졌지만, 그것이 학교의 성격에 미친 영향은 매우 미미하였다. 학교의 주된 교과는 16세기 초에 북부 르네상스의 지도자들이 정해준 그대로 문법과 수사학이었으며 학교 설립의 원래 취지였던 종교적 고려는 여전히 학교 교육의 방향 전체를 규제하고 있었다. 이미 있던 교회 대신에 다른 교회가 들어섰다는 사실 그 자체는 학교와는 별 상관이 없었다. 새로 들어선 교회는 단순히 옛날 교회의 임무를 그대로 물려 받았다. 교회는 교사의 자격 여부를 규제하고 교사에게 자격증을 수여하였으며, 주기적인 방문과 視學시학으로 교사들의 수업을 감독하였다. 학교행정에서 한 가지 새로운 요인은 국왕이 교회의 영수로서 학교의 일에 직접 간여할 수 있게 되었다는 것이다. 그러나 국왕이 실지로 학교 교육에 간여한 범위와 정도는 대체로 경미한 편이었다. 교사로부터 헌신서약을 받아내는 것 이외에, 그 간여의 주된 형태는 이따금 교과서를 규제하는 것으로 나타났다. 기원 1540년 헨리 8세는 「릴리의 문법」*으로 알려진 문법책 — 성 바울 학교의 설립자인 콜레트 학장, 그 학교의 초대교장인 릴리, 에라스

무스와 그 밖의 학자들이 모두 참여하여 만든 문법책 — 을 학교에서 사용될 유일한 문법 교과서로 규정하는 칙령을 내렸다. 에드워드 6세와 엘리자베스 여왕도 이와 비슷한 칙령을 반포하여, 이 책은 18세기까지 유일하게 인정된 문법 교과서가 되었다. 생각해 보면, 메어리* 여왕의 치하에서 대륙으로 망명했던 개신교 목사들이 돌아옴으로써 교회에 청교도적인 색체가 강해짐에 따라 학교 교육에 무엇인가 수정이 가해질 만했는데도 종교 교육에 더 강조를 두는 것 이외에 학교의 중심 교과는 이렇다 할 영향을 받지 않았다. 사실상, 청교도 중의 일부는 고전에 들어 있는 이교도적인 요소에 이의를 제기하기도 했지만 그 대부분은 고전어가 신앙에 도움이 된다고 보고 종래의 관례와 타협하는 손쉬운 방법을 택하였다. 이 견해는 라틴어, 희랍어, 히브리어를 '신성한 언어'라고 부른다든지 이따금 라틴어와 희랍어의 첫 단계에 신약성서를 사용하는 경향에 명백히 나타나 있었다.

---

* *Lily's Grammar* * Mary(1553-1558 재위), 구교 신봉

¶ 33_ 그러나 학교와 대학이 법률의 힘과 스콜라 철학의 전통을 등에 업고 종래의 정통 교육*에 안주하고 있는 동안에 학교 바깥에서는 큰 사회적, 지성적 세력이 진보를 위한 작업을 하고 있었으며, 그로부터 얼마 되지 않아 교육의 폭을 넓히려는, 종교개혁으로 말미암아 중단되었던 운동이 새로운 기운으로 다시 시작되었다. 교육개혁의 주된 동인은 튜도어 왕조하에서 일어난 신흥 귀족들이었다. 이들은 대다수가 자신의 개인적인 정력과 재능으로 그 지위에 올라선 사람들로서, 학교의 학문 공부에는 그다지 관심이 없었지만 현재의 신분에서의 그들을 유능한 사람으로 만드는 교육에 대해서는 그 중요성을 재빨리 간파하고 그들의 야심을 성취하는 데에 도움이 될 수 있는 그런 교과를 도입하는 데에 상당한 열의를 보였다. 이런 식으로 하여 그들은 실제적 삶과 관련되는 학문과 예술 공부를 시도하게 되었다. 학문의 발전과 함께 새로운 가치를 가지게 된 산수, 기하, 음악, 천문학 등의 옛날 교과와 불란서어, 이태리어, 화학, 그림 등등, 실용적 가치가 명백한 새로운 교과, 그리고 무엇보다도, 전시건 평화시건 간에 활동에 필요한 신체적 조건을 갖추는 데에 도움이 되는 체육이 그것이다. 이런 교과목들을 도입하는 데에 별 무리가 없었던 것은, 첫째로, 동일한 사회적 지위에 있는 이탈리아 청년들이 이미 그것을 배우고 있었고, 둘째로, 그것은 카스틸리오네의 「정신의 서」 같은 책에 명시적으로 제시된 교과목일 뿐만 아니라 —「정신」의 호우비* 영역판은 1561

년에 나왔다 — 더 편리하게는 이탈리아에 가서 직접 그것을 배워올 수도 있었기 때문이다.

---

* educational orthodoxy * Hoby

¶ **34**_ 그러나 이 교육개혁 운동의 정신과 방향이 전적으로 대륙에서 나온 것이라고 생각해서는 안 된다. 물론, 영국 사람들 중에는 영국의 것을 경멸하는 '친이탈리아파'가 있었던 것이 사실이다. 그러나 엘리자베스 여왕 치하의 '광활한' 시대에 국가적 자부심이 하늘을 찌를듯이 높아지면서 그런 사람들은 예외적인 인물로 되었다. 젊은 영국 신사는 일반적으로 훌륭한 애국자였으며, 멀카스터*가 말했듯이, '나는 로마를 사랑하지만 런던을 더 사랑한다. 나는 이탈리아를 좋아하지만 영국을 더 좋아한다. 나는 라틴어를 알지만 영어는 숭배한다'고 말할 정도였다. 그 자부심의 한 가지 증거는 모든 방면에 있어서의 표현 수단으로서 영어를 점점 더 소중히 여기게 되었다는 데서 찾아볼 수 있다. 통치 계급을 위하여 종래의 문법학교 교육보다 더 나은 교육을 해야 한다고 생각한 사람들이 '교회 강단에서, 회의 석상에서, 의회에서, 관직에서, 그리고 그밖에 영연방의 모든 직위에서' 사용될 영어에 관한 올바른 지식이 필요하다는 것을 분명히 알게 된 것은 별로 놀랄 일이 아니다. 여기서부터 영어를, 인문주의 교과의 학문적 언어로서 고전어와 어깨를 겨룰 만큼 영광스러운 자리를 차지하는 언어로 인정하기까지에는 아직 상당한 거리가 있다. 그러나 이하에서 보게 될 바와 같이, 적어도 한 위대한 교사는 이 거리를 끝까지 걸어갈 준비를 하고 있었다.

---

* Mulcaster

¶ **35**_ 교육의 개선을 위한 열망이 팽배해 있었다는 것은 이 기간 동안에 교육을 주제로 한 여러 권의 책이 나왔다는 사실에 잘 나타나있다. 약간 과장해서 말하자면, 교육이라는 주제는 모든 사람의 마음 속에 들어 있었다고 말해도 좋을 정도이다. 심지어 스펜서*와 같은 시인은 자신의 시를 본질상 교육의 효과를 가지는 '교육적 시'라고 생각하면서, 그의 시 '요정의 여왕'*은 신사의 교육, 즉 아리스토텔레스의 덕을 함양함으로써 '유덕하고 고귀한 훈육 속에서 신사 또는 귀공자를 형성하는' 데에 목적을 두고 있다고 주장한다. 교육의 주제를 다루는 방식 또한 놀라울 정도로 다양하였다. 한 집단은 — 이들은 대부분 세속적 인사들이었다 — 훌

륭한 가문 출신의 청년을 위한 훈련을 다양한 관점에서 논의한다. 칼벵파의 목사요 모들린 칼레지*의 학장인 로렌스 험프리*는 「귀족」*에 관한 논술을 처음에는 라틴어로(1561), 그 다음에는 영어로(1563) 써서 상류 계층의 덕과 학문을 찬양한다. 엘리자베스 여왕의 개인교사였다가 나중에 그 비서가 된 로저 아스캄*은 「학교 선생」*(1570)에서, 고전 학습의 방법으로서 그가 왕가의 제자에게 사용한 일이 있는 이중번역의 방법을 설명하면서 젊은이들을 위한 쉽고 즐거운 공부 방법을 제안한다. 위대한 탐험가요 식민지 경략가인 험프리 길버트 경*은 '여왕 폐하의 슬하에 있는 젊은이들과 그 밖의 다른 귀족 신사의 자녀들의 교육을 위하여 런던에 아카데미를 세울' 계획을 제시하면서 (1572), 언어, 과학, 법률과 신학, 그리고 '전시와 평화시의 긴박한 실제적 필요를 해결하기 위한' 근대적 교과 등, 실제적 교육의 종합적 방안을 제안하고 있다. 잉글란드에 거주한 스코틀란드인인 제임스 클렐란드*는 「귀족 청년의 교육」*(1607)에서 카스틸리오네, 엘리오트, 그리고 그밖에 궁정의 문화를 해설한 여러 사람들의 견해를 새롭게 제시하면서 특히 외국 여행을 주창하고 있다. 이보다 약간 뒤에 헨리 피참*은 그 당시 대단한 인기를 누렸던 「완전한 신사」*(1622)에서 대체로 위와 동일한 주장을 하지만 그러면서도 특히 그 이전의 누구보다도 상세하게 영국 문학의 아름다움을 다루고 있다.

---

* Spenser　* *Faerie Queen*　* Magdalen College
* Laurence Humphrey　* The Nobles　* Roger Ascham　* Schoolemaster
* Sir Humphery Gilbert　* James Cleland　* *The Institution of a Young Nobleman*
* Henry Peacham　* *Compleat Gentleman*

¶36_ 이들 실제적 성향을 가진 인사들이 청년 신사들을 그 신분에 맞게 훈련하는 방안을 이리저리 제안하는 동안, 또 하나의 집단은 교육을 그 안에서부터 개혁하려고 하고 있었다. 그 중에서 가장 중요한 인물은 리차드 멀카스터*(약 1530-1611)로서, 그는 25년간 런던의 '상인 테일러의 학교'* 교장, 그리고 12년간 성 바울 학교 교장을 역임하였다. 그가 영국 교육자 중에서 두드러진 위치를 차지한다고 볼 수 있는 근거는 상인 테일러 학교에서의 22년 경력을 거친 뒤에 쓴 두 권의 초등교육에 관한 저서이다. 그것은 「서책의 기술이나 신체의 건강을 위하여 아동을 훈련하는 데에 관련되는 기본적 입장」*(1581)과 「초등교육의 제1 부분」*(1582)이다. 그는 문법학교의 공부를 하러 오는 아이들의 준비가 워낙 부실하여 그곳 교사는

'그가 다루어야 할 대상이 밑바닥에서부터 썩었기 때문에 속수무책'의 형편에 있다는 사실을 전제로 하여 논의를 시작한다. 그의 의견에 의하면 이런 사태에 대한 유일한 시정책은 부자건 가난한 사람이건 가리지 않고 모든 아이들에게 열두 살이 될 때까지 읽기와 쓰기와 음악과 그리기의 훈련을 의무화하는 것이다. 이런 훈련을 거치고 난 뒤에, 보통 하는 것처럼 일곱 살에서 열일곱 살까지 라틴어를 가르치지 않고 열두 살에서 열여섯 살까지 라틴어를 가르치면 훨씬 진보가 빠를 것이다. 그러나 이 단계의 교육이 성공을 거두기 위한 필수적인 조건은 이 단계에서 교사는 '가장 교활한 자'가 되어야 한다는 것과, 이 단계에서의 교사의 일이 최대의 정력과 최대의 판단을 요구하는 만큼 그에 대한 보상 또한 최대의 것이어야 한다는 것이다. 튼튼하고 오래가는 학문의 건물을 위한 기초를 놓는 일은 최선의 교사가 아니고는 그 누구도 제대로 할 수 없다. 여기서부터 당연히 따라오는 귀결로서, 교사는 대학에서 그 일에 필요한 적절한 훈련을 받아야 한다. 교사는 의학, 법률, 신학을 공부하는 학생들과 마찬가지로 먼저 철학 학부에서 교육을 받고 난 뒤에 다시 그들과 마찬가지로 교사를 위한 전문 분야의 학부에 가서 필요한 지식과 올바른 직업정신을 습득해야 한다. 그리고 난 뒤에도 다시 교사는 실지로 가르치는 일을 통하여, 예컨대 멀카스터 자신이 제안하는 것과 같은 좋은 교육방법을 터득할 필요가 있을 것이다. 학생에 관하여 말하자면, 특히 중요한 것은 두 가지이다. 즉, 세밀하게 계획된 게임과 운동을 통하여 신체를 단련하는 것과, 라틴어 공부를 시작하기 전에 말하기와 쓰기에서 정확한 영어 사용에 의하여 자유교육의 기초를 다지는 것에 세밀한 주의를 기울여야 한다는 것이다. 멀카스터는 「초등교육의 제1부분」에서 이 후자에 관하여 길게 설명하고 있다. 그 책의 '결론' 부분에서 그는 다음과 같이 묻고 있다. 왜 모든 글을 영어로, '깊은 발상과 솔직한 전달을 동시에 가능하게 하는' 영어로 쓰지 않는가? 여기에 덧붙여서 그는 다음과 같이 말한다. '이 세상의 어떤 언어든지, 핵심을 찌르는 점에 있어서나 평이하게 진술하는 점에 있어서나, 모든 주장을 영어보다 더 잘 발설할 수 있는 언어가 있다고 나는 생각하지 않는다. 가깝게 몸을 도사리는 미묘한 희랍어나 밝게 뻗어 나가는 장엄한 라틴어에 비하여 영어는 조금도 손색이 없다.'[1] 그로부터 30년 후, 영어를 정규 교과로 공부해야 한다는 탄원은 또 한 명의 교장에 의하여 강화되고 확장되었다. 그는 아슈비 들라 주쉬 학교*의 교장이요 「문학유희 : 문법학교」*(1612)의 저자인 존 브린슬리*이다. 교육개혁을 위한 제안이 들어있다는 점 이외에, 그의 책은 그 당시 문법학교 교육 실제에 관한 정보의 저장고이다. 그중의 가장 중요한 대목은 영어 교육을 다루는 부분이다. 자신의 실제적 제안을 하기에 앞서, 그는 '현재 수준 이상의 영어 교육'을 위한 주장을 가장 치밀하게 전개한다. 그는 다음과 같이 말한다. 여기저기서 들리는 불평에 의하면 문법학교에서는 '학생들로 하여금 그들의 생각을 우리말로 순수하게 쉽사리 표현할 수 있도록 훈련하는 일과, 라틴어나 희랍어 이외에도 우리말을 더 철저하게 연습하도록 하는 일을 등한시한다고 하는데, 우리가 주로 노력을 기울여야 할 것은 바로 이 방면이다. 그 이유는 다음과 같다. (가) 신분과 직위를 막론하고 우리 모두가 말로나 글로 가장 많이 사용할 언어는 우리의 모국어라는 점, (나) 우리 모국어의 순수성과 우아한 정취는 우리 조국의 명예의 으뜸가는 부분으로 존중되어야 한다는 점, (다) 현재 학교에서 잠깐 교육받는 사람 중에서 장차 학문을 할 사람은 다른 직업에 종사할 사람에 비하여 극소수라는 점.'[2)]

---

1) Foster Watson, *Teaching of Modern Subjects in England,* pp. 10-11.

2) Cf. Campagnac's Edition, pp. 21-22.

* Richard Mulcaster　　* Merchant Taylor's School

* *Positions wherein those Primitive Circumstances be examined, which are necessarie for the Tranining Up of Children, either for skill in their Books or Health in their Bodie*

* *The First Part of the Elementarie*　　* Ashby-de-la-Zouch School

* *Ludus Literarius* : *The Grammar School*　　* John Brinsely

¶37_ 엘리자베스 시대의 기라성 같은 교육자의 대열에 한 사람, 그 자신 교사도 아니요 교육의 실제에 특별히 관심을 가지지도 않았으면서 그 중의 어느 누구보다도, 또는 아마 그 모두를 합친 것보다도 더 교육사상에 큰 영향을 미친 사람을 포함시키지 않으면 안 된다. 그 사람은 이탈리아 르네상스가 세계에 준 마지막 선물인 새로운 과학 운동을 해설한 위대한 철학자, 베룰람 공, 프란시스 베이콘*(1561-1626)이다.

---

* Francis Bacon, Lord Verulam

¶38_ 베이콘과 같이 지식에 관한 모든 것을 그의 영역으로 삼은 사람으로서 문법학교에 관하여 아무런 언급도 하지 않는다는 것은 분명히 기이한 일이다. 「학문의 진보」*의 한 대수롭지 않은 부분에서 그는 지식의 전달에 있어서 교육이 차지하는 역할을 간략하게 언급하고 있다. 그의 말에 의하면, 이 문제에 관한 가장 짧은 규칙은 '"예수회의 학교를 참조하라"는 것이다. 이때까지 실천된 것으로서

그 이상 가는 것이 없다.' 학습에 관한, 이보다 약간 자세한 논의는 1600년경, 베이콘이 이튼 학교*를 방문하고 난 뒤에 그 학교의 교장인 헨리 사빌*에게 쓴 편지 형식으로 된 단편적인 「지력을 도와주는 방법에 관한 논설」*에 나와 있다. '청년들의 도덕을 형성하고 순화하는 문제에 관해서는 학자들이 언급하지만, 착상, 기억, 판별 등 지력의 개선에 관해서는 그들은 아무 말도 하지 않는다.' 이 문제에 관한 그의 견해는, 의지와 신체를 단련하는 운동이 있는 것과 마찬가지로, 지력을 위해서도 '운동'이 필요하다는 것이다. 그는 이 운동의 일반적 성격을 개략적으로 설명한다. 그의 첫째 원리는 '그 운동은 삶을 목적으로 해야 한다는 것이다. 다시 말하면 그것은 마음이 활동하는 데에 가장 쓸모 있는 그런 능력을 기르기 위한 것이어야 한다.' 그러나 어떤 이유에서든지 이것이 불가능하다면 마음은 그 밖의 방법에 의하여 간접적으로 그 준비를 갖출 수 있다. '만약 기억력의 부족이 빈약한 이해력과 산만한 주의력을 통하여 심화된다면 이를 위해서는 수학과 법률이 도움이 된다. 수학이나 법률 공부에서는 마음이 잠깐 옆길로 빗나가면 그 실마리를 영영 놓치고 만다.' 여기서 주목해야 할 것은, 이 말의 기저에는 교육을 정신적 부소능력*의 훈련으로 보는 견해가 깔려 있다는 것이다. 이 견해는 교육에 관한 현대적 사고의 가장 두드러진 특징 중의 하나이다.

---

* *The Advancement of Learning* * Eton * Henry Savile
* *Discourse Touching Helps for the Intellectual Power*
* mental faculty

¶ **39**_ 베이콘이 말한 내용은 주로 대학교육에 관련된 것이다. 「학문의 진보」 제2권에서 그는, 라무스의 견해와 대동소이하게 — 이 문제에 관한 한, 베이콘은 라무스의 견해를 따른다 — 자신이 보는 대학교육의 결함을 다음과 같이 지적하고 있다. (가) 대학의 주된 공부는 모두 직업과 관련된 전문교육이며 학문의 기본인 인문학과 과학은 어디서나 소홀히 취급되고 있다. '이와 같이 대학과 학회가 오직 전문적인 공부에만 전념하는 것은 이때까지 과학의 발전을 저해해왔을 뿐만 아니라 국가와 정부에도 해로운 결과를 가져왔다. 그리하여 군주가 국가의 일을 맡길 사람을 뽑으려고 할 때 사방을 둘러보아도 유능한 사람은 그토록 보기 드문 사태가 벌어진다. 이것은 이 목적에 맞게 고안된 대학 교육, 말하자면 천성과 환경의 영향으로 거기에 적합한 사람들이 (다른 학문과 함께) 특히 역사, 현대어, 정책에 관한 책과 공무에 관한 논설을 익혀서 국가의 공직에 임할 충분한 준비와 교육

을 받을 수 있는 그런 대학 교육이 없기 때문이다.' (나) 어떤 종류의 것이든지 실험을 위한 배려가 전적으로 결여되어 있거나 매우 불충분하다. '몇몇 과학 (특히 자연철학과 물리학)에서 조작의 결실을 거두기 위해서만 아니라 깊이 있는 사변을 위해서도 서적 이외의 다른 도움이 필요하다는 것은 말할 필요가 없다. … 일반적으로 말하여, 실험에 필요한 경비가 충분히 마련되지 않을 때에는 자연의 비밀을 풀고 여는 데에 큰 진보를 기대하기 어렵다는 것은 확실하다고 말할 수 있다.' (다) '옛날부터 시작하여 오늘날 우리 때까지 계속되어온 정독, 논변, 그리고 그 밖의 스콜라 철학 식의 연습을 앞으로도 계속하는 것이 과연 유익한가, 아니면 그것을 폐지하고 다른 것으로 대치해야 하는가' 하는 질문에 대하여 심각한 고려를 하는 일이 없다. 몇 가지 보기로서, 그는 학생들의 마음 속에 논리학과 수사학이 다룰 소재가 전연 없는 상태에서 때이르게 이들 교과를 가르치려고 하는 것이라든지, 창안과 기억을 분리하여, 학생들이 전혀 알지 못하는 것에 관하여 말을 하도록 시키거나 그렇지 않으면 아무 생각 없이 기성의 공식을 사용하도록 하는 것 등을 든다. (라) 유럽의 여러 대학에서 이루어진 연구를 체계적으로 정리해 놓지 않은 현 상태에서, '아직 충분히 연구되지 않은 지식 분야'가 무엇인지 알아내어 그 분야에 관하여 저술이나 연구를 할 적합한 인물을 임명하려고 하지 않는다.

¶40_ 베이컨이 1624년에 쓴 유토피아적 작품, 「신아틀란티스」*는 대학교육에 관한 위와 같은 비판과 관련하여 이해되지 않으면 안 된다. 그 책의 첫 편집자인 롤리 박사*는 그의 서문에서 다음과 같이 말하고 있다. '공이 이 우화를 지은 것은 거기서 "솔로몬의 집"* 또는 "6일간 役事역사의 대학"*이라는 이름으로, 자연을 해석하고 인간의 이익을 위한 위대하고 굉장한 연구를 하는 기관으로서의 대학의 모범을 제시하기 위해서였다.'

---

* *The New Atlantis* * Dr. Rawley * Solomon's House
* College of the Six Days' Work

¶41_ 다음 장에서 보게 될 바와 같이, 대학이 보편적 학문을 하는 기관이 되어야 한다는 이 제안은 코메니우스*와 그의 영국 제자들에게 열렬히 받아들여졌지만, 결국 그것은 원래 제안된 형태로 실현될 수는 없었다. 그러나 베이컨이 교육에 광범한 영향을 미친 것은 그의 구체적 제안을 통해서가 아니라 그의 철학을 통해서였다. 여기서 그의 철학을 자세하게 고찰하는 것은 불필요하지만, 교육과 관련

하여 특별히 중요한 다음과 같은 몇 가지 점은 지적할 수 있을 것이다. (가) 모든 지식의 목적은 인간에게 자연을 지배할 힘을 주는 데에 있다. 인간의 삶에 영향을 미치는 여러 가지 사물과 현상의 원인을 알아냄으로써 인간은 그가 바라는 결과를 절대적으로 확실하게 만들어낼 수 있다. (나) 이 효과적인 지식을 획득하는 방법은 모든 고정관념에서 벗어나서, 귀납의 방법*에 의하여 자연의 사실을 연구하는 것이다. 베이콘이 이해하는 대로의 歸納귀납은 특수적 사례의 단순한 열거에 의하여 일반적 관념에 도달하는 것 이상으로 훨씬 깊은 의미를 품고 있다. 그것은 연구 대상인 사실에 특이한 성격을 부여하는 '단순 본성'*을 탐색한다는 뜻을 가지고 있으며, 이를 위해서는 구체적 사례에 근본이 되는 요소와 그렇지 않은 요소를 분리할 필요가 있다. (다) 이 방법은 그 사용에서 절대적 확실성이 보장되어 있으며, 따라서 그것을 사용하는 데에 특이한 능력이 요구되지 않는다. 필요한 정도의 인내심과 훌륭한 감각을 가진 사람이면 누구나 그것을 사용하여 새로운 지식을 발견할 수 있다. (라) 지식의 진보를 위한 보조 수단으로서, 여러 분야의 학문을 배열하고 분류하여 이미 알려진 것은 무엇이며 과학적 방법에 의하여 장차 발견해야 할 것이 무엇인가를 알아낼 필요가 있다.

* Comenius * the method of induction * simple natures

예42_ 이들 원리는, 베이콘 자신에 의해서는 오직 불완전하게 발전되었고 따라서 그 의미가 불분명하지만, 17세기의 교육사상에 큰 영향을 미쳤다. 인간이 막 새로운 시대에 돌입하려고 하는 이 시기에 베이콘은 아는 것과 가르치는 것을 추구한 사람들의 스승으로서 아리스토텔레스의 자리를 대신하였다. '지식의 진보'는 삶과 생각을 개혁하려는 뜻을 품은 많은 사람들의 표어가 되었고, 또 그 많은 사람들을 통하여 교육의 현대적 현상 속에 필수적인 요소로 자리잡게 되었다.

참고문헌

ASCHAM, R. : *The Schoolmaster*, edited by J.E.B. Mayor, London, 183 ; *English Works*, edited by W. Aldis Wright Cambridge, 1904.

BACON, FRANCIS : *The Philosophical Works*, edited by J.M. Robertson, London, 1905 (based on Ellis and Spedding, London , 1857).

BRINSLEY, J. : *Ludus Literaius*, edited by E.T. Campagnac, Liverpool, 1917.

CASTIGLIONE, B. : *The Courtier* (Hoby's Translation), Tudor Library, London, 1900.

COLET, J. : H. Lupton, *Life of John Colet*, London, 1887.

ELYOT, Sir T. : *The Boke named the Governour*, edited by H.H.S. Croft, London, 1880, also by Foster Waston (Everyman Library), London, 1907.

GILBERT, H. : *Queen Elizabeth's Academy*, edited by F.J. Furnivall, London, 1869.

MONTAIGNE, M. : M. Lowenthal, *The Autobiography of Michel de Montaigne*, London, 1935 ; *Essays*, Florio's Translation in the World's Classics, also translated by George B. Ives, Havard University Press, 1925, and by E.J. Trechman, Oxford, 1927 ; G. Compayré, *Montaigne and the Education of the Judgement*, London, 1908 ; G. Hodgson, *The Teacher's Montaigne*, London, 1915 ; L.E. Rector, *Montaigne on the Education of Children*, New york, 1899.

MULCASTER, R. : *Positions*, edited by R.H. Quick, London, 1888 ; J. Oliphant, *The Educational Writings of Richard Mulcaster*, Glasgow, 1903 ; *Elementarie*, edited by E.T. Campagnac, Oxford, 1925.

PEACHAM, H. : *The Complete Gentleman*, edited by G.S. Gordon, Oxford, 1906.

RABELAIS, F. : *Life of Gargantua and the Heroic Deeds of Pantagruel* (Uruhart's Translation), edited by H. Morely, London, 1887 ; A. Coutaud, *La Pédagogie de Robelais*, Paris, 1899 ; G. Hodgson, *The Teacher's Rabelais*, London.

RAMUS, P. : P. Graves, *Peter Ramus and the Educational Reformation of the Sixteenth Century*, New York, 1912.

SADOLETO, J. : T. Campagnac and K. Forbes, *Sadoleto on Education*, Oxford, 1916.

제 9 장

17세기의 교육

1 종교개혁의 뒷자취

¶1_ 기원 17세기는 유럽의 여러 지역에서 교육 사업이 활발하게 일어날 조짐을 보이면서 동이 텄다. 그러나 종교개혁에 뒤따른 극심한 종교적 갈등은 불란서의 위그노 전쟁, 독일의 30년 전쟁, 영국의 시민전쟁[*]으로 표면화되었고 여기에 따라 그 조짐은 물거품으로 사라질 수 밖에 없었다. 대부분의 나라는 너무 피폐하여 교육이나 그 밖의 일상적인 사회 활동에 여력을 짜낼 수 없는 형편이었다. 교육에 관한 한, 가톨릭 제국은 그래도 곤란을 덜 겪었다. 거기서는 정치적 불안의 와중에서도 예수회 조직이 계속 확장되면서 꾸준히 부와 세력을 축적해 가고 있었다. 여기에 비하여 개신교국에서는 새로운 교육 체제에 내재해있는 재정적, 행정적 결함이 점점 뚜렷이 드러났다. 개신교로 전향한 교회는 세속적 경향을 띠게 되면서 학교에 대한 통제력을 잃어 버렸으며, 종교개혁 당시에 교육용으로 비축되었던 교회 기금은, 국가의 지원이나 개인 독지가의 성금에 의한 보충이 불충분했던 만큼, 어디서나 그 당시의 수요에 비해서는 어이없이 부족하였다. 빈약한 학교 시설과 형편없는 교사 대우로 교육의 질은 계속 저하되어 17세기 말엽에 가서는 북부 유럽과 서부 유럽의 상당한 지역에서 교육이 전반적인 침체를 나타내었다.

* Civil War(1642-1649), 찰스 1세와 의회와의 전쟁

¶2_ 이러한 상황에서, 라틴어와 종교를 가르치면서 모국어나 그 밖의 근대적 교과의 공부를 위해서는 아무런 배려를 하지 않은 16세기의 문법학교가 그 입장

에 거의 아무런 수정을 가하지 않고 그것을 고수했다는 것은 전혀 이상한 일이 아니다. 전반적인 추세로 보면, 라틴어는 학자들이 모든 문제에 관하여 그들의 견해를 표현하는 유일한 언어로서의 지위를 이미 상실하였으며, 소수의 학자 집단을 제외하면, 고전 공부가 교육적 구원의 유일한 수단이라고 믿는 옛날 르네상스의 사고방식을 여전히 가지고 있는 사람은 소수에 지나지 않았다. 그러나 문법학교는 여전히 그 판도를 장악하고 있었으며, 교육에 대한 그 당시 사회의 일반적 무관심 때문에 장차에도 계속하여 그 자리를 확보할 수 있었다. 이 현상은 가톨릭이나 개신교 중의 어느 하나가 이론의 여지없는 우위를 차지하고 있던 나라에서는 특히 두드러지게 나타났다. 그런 나라에서 인문주의 학교는 심지어 쇠퇴한 때에도, 결코 심각한 도전을 받는 일이 없이 독보적인 지위를 누릴 수 있었고, 이 사태는 불란서 혁명이 또 다시 유럽 전체를 기초부터 흔들어 놓을 때까지 계속되었다.

¶3_ 그러나 영국, 독일, 불란서와 같이, 종교개혁이 불안정한 균형 상태로 마무리된 나라에서는 사정이 약간 복잡하였다. 이런 나라에서는 한편으로, 언제나 기존의 체제를 편드는 보수적 세력이 여전히 강하게 남아 있어서 하등의 실질적인 변화도 일어날 수 없었고 문법학교 또한 그전의 다른 나라에서와 마찬가지로 그 근거를 확보할 수가 있었다. 그러나 또 한편으로, 문법학교의 약점을 지적하고 거기서 시행되는 것과는 다른 종류의 교육이 필요하다는 것을 역설하는 비판 세력이 없었던 것은 아니다. 그리고 그 중의 몇몇은 16세기 선구자들의 발자취를 따라 실제적 실험이나 이론적 방안을 통하여 보다 나은 교육 체제에 이르는 길을 보여주려고 하였다. 이런 노력이 그다지 대단한 성공을 거두었다고 말할 수는 없지만, 그렇다고 하여 그 비판자와 개혁가들의 견해를 실제에 어두운 사람들의 공허한 사변이라고 하여 가볍게 일축해서는 안 된다. 이들의 견해는, 그 당대에는 대체로 실효를 거둘 수 없었다 하더라도, 그 속에 이후 몇 세기 동안의 위대한 교육 운동에 대한 약속과 활력을 간직하고 있었다.

¶4_ 우리는 먼저 독일 지역에서 일어난, 교육의 새로운 방법을 모색하기 위한 노력, 더 구체적으로 말하면, 개신교의 교육자로서 마지막 사람이요 또 가장 위대한 사람이었던 존 아모스 코메니우스*의 굉장한 업적을 고찰하지 않으면 안 된다. 독일이 그 획기적인 시기를 지나 나약하고 한미한 상태로 다시 떨어질 때, 우리는 눈을 돌려, 이탈리아를 대신하여 유럽 문화의 지도자로서 급속도로 부상하는 불

란서의 교육을 고찰한다. 거기서 우리는 교육에 관한 새로운 아이디어가 여전히 비등하고 있음을 보게 된다. 그러나 교육의 실제나 이론에 그다지 큰 성과는 없었으며, 있다고 해야 파리를 그 세계적 모범으로 만든 정중한 신사 또는 '멋쟁이'* 의 교육 정도였다. 불란서를 떠나서 마지막으로 영국으로 가면, 한 세기 동안의 활발한 교육적 삶이 존 로크에서 최고조에 달하다가 불란서 사상과 영국 사상이 결합하여 계몽주의 시대의 개막이라는 뜻밖의 놀라운 결과를 낳으려고 하는 그 결정적 순간에 갑작스럽게 끝난다.

---

* John Amos Comenius   * galant homme

2 코메니우스와 독일 교육

¶5_ 독일에서 종교개혁의 자극을 받아 일어난 위대한 교육 활동은 처음에는 여러 개신교 국가에 널리 학교와 대학이 설립되는 결과를 낳고 뒤이어 예수회 편에 그와 비슷한 방향의 강한 반작용을 일으켰지만, 17세기가 시작되는 것과 더불어 모든 것이 거의 종결되었다. 기원 1555년의 아우크스부르크 조약* 은 종교적인 문제의 해결을 각 공국의 군주들에게 일임함으로써 일시적인 평화를 가져왔으며 그와 동시에 이미 진행 중이던 교육 개선 작업이 중단 없이 진행될 수 있도록 해주었다. 그러나 그것은 불운의 날을 뒤로 늦춘 결과밖에 되지 않았다. 수많은 논쟁점이 미해결의 상태로 남아 있었고 동일한 공국 안의 종파들 사이의 분쟁과 종파를 달리하는 공국 사이의 적대감정은 시간이 갈수록 점점 악화되어 마침내 30년 전쟁으로 그 처절한 절정에 도달하였다. 이러한 난세에 사람들의 정력은 도저히 교육에 많은 주의를 기울일 수 없을 정도로 완전히 박탈당하였으며, 17세기가 다 지나고 독일의 여러 공국이 동족상잔의 전쟁으로 입은 폐허에서 회복되기 시작할 때까지는 어떤 종류의 진보도 거의 불가능하였다.

---

* Treaty of Augsburg

¶6_ 심지어 이러한 생활 하에서도 개신교의 지도자들과 그 반대파들을 일깨운 교육의 열성이 완전히 소멸된 것은 아니었다. 그러나 대체로 말하여 17세기의 개혁가들의 사고 수준은 그 전시대인들만큼 고매하지 않았다. 그들은 일반적으로

교육과 삶에 관한 근본적인 문제는 건드리지 않고 교육 방법에 관한 피상적인 세부사항만을 다루는 것으로 만족하였다. 코메니우스의 다음과 같은 말은 자신도 모르는 사이에 그 당시의 정신을 드러내고 있다. '근래 새롭게 동트는 시대의 아침 햇살 속에서 하나님의 영감을 받은 독일의 몇몇 훌륭한 사람들이 학교에서 사용되는 혼란된 수업 방법에 진절머리가 나서 언어와 문학을 가르치는 보다 쉽고 빠른 교수 방법을 생각해 내기 시작한 것을 보신 하나님은 기뻐하셨을 것이다.'[1] 훌륭한 교육 방법은, 물론, 대단히 중요하며, 교육 방법의 개선과 발전은 튜톤족의 천재들이 많은 괄목할 만한 공헌을 하여 이룩한 교육적 진보의 핵심 부분이다. 그러나 만약 교육자들이 이것을 주된 관심사로 삼는다면 그것은 바로 자신이 곧 망각 속에 묻힐 용렬한 마음의 소유자임을 인정하는 것이다. 사실상, 코메니우스가 이런 맥락에서 보다 나은 수업 방법을 추구한 사람으로 든 아홉 명은 그 대부분이 우리에게 '이름'에 지나지 않는다. 그 중에서 유일하게 교육사에서 기억될 만한 것으로 일반적인 인정을 받는 사람은 불프강 라트케*(1571-1635)이며, 그가 명성을 얻은 주된 근거는 그의 연구가 코메니우스의 연구에 출발점을 제공해 주었다는 사실에 있다. 또한, '방법론자들' 중의 가장 위대한 사람이었던 코메니우스 자신을 두고 말하더라도, 그가 오늘날까지 생생한 힘을 가지고 있는 것은 그의 방법 때문이 아니라 — 물론, 그의 방법에 참으로 가치있는 요소들이 들어 있는 것은 사실이다 — 그 방법을 추구하는 과정에서 많은 폭넓은 질문을 제기했기 때문이며 그 결과로 항구적인 가치를 가진 교육철학을 만들어 내었기 때문이다. 이 점에서 코메니우스는 군소 교육자들의 시대에 홀로 위대하게 우뚝 선 존재로 남아있다.

---

1) Keatinge, *The Great Didactic* (second ed.), p. 7.

* Wolfgang Ratke

¶7_ 존 아모스 코메니우스*(1592-1670)는 모라비아의 니브니츠*에서 태어났다. 그에게 교육에 대한 관심을 일으킨 것은 그가 받은 열악한 교육이었다. 꼬박 4년 동안 형편없는 마을 학교에 다닌 뒤에 그는 열다섯 살의 늦은 나이에 모라비아 형제 교단*의 목사가 될 생각으로 프레라우*에 있는 문법학교에서 라틴어를 공부하기 시작했다. 이 학교는 그런 종류의 학교로서는 아마 대부분의 다른 학교보다 더 나빴던 것은 아니겠지만, 코메니우스는 보통 학생들보다 나이가 많았고, 그렇기 때문에 수업 방법의 결함에 대하여 더 반발을 느꼈을 것이다. 코메니우스가 보기에 그 방법은 한창 나이의 소년들에게 제대로 된 교과서도 없이 죽으라고 말

을 배우도록, 그리고 뜻도 모르는 문법 규칙을 암기하면서 시간을 허비하도록 형벌을 내리고 있었다. 열여덟 살에 헤르보른* 대학에 진학했을 때 코메니우스는 그 당시 여기저기서 들리던 언어 교육의 개선 방안에 열심히 귀를 기울였으며, 1612년 독일제국의 의회에서 학교 교육방법의 개혁을 주장한 라트케의 연설은 그에게 큰 감명을 주었다. 그는 하이델베르크* 대학에서 1년을 더 공부한 뒤 스물두 살에 고국인 모라비아에 돌아왔다. 그러나 스물 네 살이 되기 전에는 목사 안수를 받을 수 없었기 때문에 그는 프레라우에 있는 모라비아 형제 교단의 학교에 교사로 취임을 하여, 라트케의 방법에 따라 조그마한 문법 교과서를 씀으로써 교육 혁신의 모험을 개시하였다. 그가 목사직에 들어간 이후 몇 년 동안은 그 자신에게나 그가 속하고 있었던 교회에게나 고난의 연속이었다. 기원 1618년에 발발한 30년 대전쟁은 보헤미아 지방에서의 개신교의 지위를 급속한 파멸로 이끌었으며, 수많은 우여곡절 끝에 형제 교단의 남은 세력은 1628년 폴란드로 영원히 추방당하였다. 그러나 이 와중에서도 코메니우스는 그의 교육 연구에서 완전히 손을 떼지 않았다. 폴란드로 떠나기 1년 전에 그는 교회가 복원되고 그 학교가 다시 설립되리라는 희망 섞인 예상 속에서 교육에 관한 책을 쓸 준비에 착수하였다. 그가 폴란드에서 보낸 12년간은 이 목적을 위해서는 천우신조였다. 빈곤의 압박 하에서 그는 교직에 종사하는 것밖에 달리 방법이 없었으며, 리사*의 김나지움을 재정비하는 동안에 그는 자신의 아이디어를 실천에 옮길 기회를 가질 수 있었다. 이 경험의 문헌상의 성과는 두 가지 형태를 취하였다. 한편으로 그는 교육자에게 길잡이가 될 수 있는 원리를 「대교수학」*이라는 고귀한 논술로 천명하였으며, 또 한편으로 그는 등급에 따라 배열된 일련의 학교용 교과서를 통하여 이들 원리의 실제적 적용을 보였다. 「대교수학」은 1632년경에 완성되었지만, 1657년 체코어 원본의 라틴어 번역판이 출판되기까지는 세상의 빛을 보지 못하였다. 코메니우스가 쓴 교육용 도서로는 생후 6년 동안의 가정교육에 관한 책(「유아기의 학교」*), 여섯 살에서 열두 살까지 모국어 학교에서 시행될 교육에 관한 6권의 책, 그리고 「언어입문」* 등을 들 수 있다. 이 마지막 책은 단어장, 문법, 사전의 포괄적 체제의 한 부분으로 계획된 라틴어 공부의 입문서이다. 초등 수준의 모국어 교육에 관한 책은 전연 주목을 받지 못하였다. 그 당시에는 아직 모국어 교육에 대한 관심이 널리 퍼져 있지 못하였으며 그 책들은 원래 쓰인 체코어 이외의 다른 말로 번역되지 않았다. 그러나 「언어입문」은 놀랄 만한 성공을 거두었다. 아주 짧은 기간에 그 책은 12개의 유럽어와 4개의 아시아어로 번역되었으며, 유럽 전역에 걸쳐 라틴어 공부의 초보자들이 즐겨 사용하는 교과서가 되었다. 사실상, 그것은 라틴어 공부에 도움이 되는 보조 수단으로서만 아니라 교육에 관한 새로운 관점을 실제적인 면에서 구현하고 있다는 점에서도 주목할 만한 책이었다. 그 책을 쓸 때 코메니우스는 먼저 가장 흔히 사용되는 라틴어 단어 8천개를 선정하였다. 그 다음에 그는 각각의 단어를 그 근본의미로, 오직 한 번만 나오도록 하여서 점점 어려운 문법구조로 된 천 개의 문장을 만들었다. 그러나 그 책은 단순히 단어와 성구를 세밀하게 배열하여 모아 놓은 것에 불과한 것이 아니었다. 언어는 오직 사실을 표현하는 수단이라는 원리에 입각하여 그는 모든 문장을 백 개의 절로 구분하면서 각각의 절은 단일한 주제를 다루되 전체적으로는 모든 지식의 백과전서적 요약이 되도록 하였다. 「언어입문」의 출간 이후 몇 년 동안 그는 교육을 위한 그의 지칠 줄 모르는 노력을 계속하였지만, 이제 그의 관심의 중심은 교육 방법에서 교육 내용으로 바뀌었다. 「언어입문」에 상응하는, 그것에 대한 보안으로서, 그는 「사물입문」*을 준비하기 시작하였다. 언어가 아니라 사물이 그의 주된 관심사가 된 것이다. 이 새로운 작업의 주된 원리는 「대교수학」과 「언어입문」의 주제 배열에 이미 예고되어 있었다. 그것은 신과 자연과 인간에 관한 근본적인 개념들을 백과전서의 형식에 맞게 체계적으로 제시하되, 각각의 주제는 다음 주제에 연결되도록 하고 또 모든 주제는 사고의 법칙에 입각한 합리적 전체를 이루도록 한다는 것이었다. 그의 교육관에 의하면, 지식의 총체를 획득하는 것, 또는 그의 용어로 '일체지'*라고 하는 것은 교육 목적의 핵심적 부분이다. 그러나 대교수학에서 그는 다음과 같이 말한다. '그렇다고 해서 저자가 모든 사람에게 모든 문학과 과학에 관한 엄밀하고 철저한 지식을 요구한다고는 생각하지 말기 바란다. 이것은 유용하지도 않을 뿐더러 짧은 인생에 누구도 그것을 달성할 수 없다. 저자가 모든 사람에게 배우기를 바라는 것은 세계에 관한 모든 중요한 사실의 원리와 원인과 목적이다. 우리는 누구도 그 삶의 여정에서 완전히 생소한 사물이나 사태를 당하는 일이 없도록 우리의 능력이 미치는 한 모든 노력을 기울여야 한다. 그렇게 할 때 비로소 모든 사람은 사물이나 사태에 대하여 건전한 판단을 내릴 수 있게 되고 심각한 오류없이 그 사물을 올바르게 활용할 수 있게 될 것이다.'[1] 이 「사물입문」은 끝내 완성을 보지 못하였지만, 그의 '일체지'의 이상에 대해서만은 코메니우스는 삶의 마지막까지 신념을 바꾸지 않았다.

---

1) Keatinge, *The Great Didactic*, p. 70.

* John Amos Comenius, 체코어 본명 Jan Amos Komensky

* Nivnitz in Moravia　　* Moravian Brethren　　* Prerau

* Herborn * Heidelberg * Lissa * *Great Didactic*
* *The School of Infancy* * *Janua Linguarum Reserata* [*The Door of the Languages Unlocked*]
* *Janua Rerum* [*The Door of the Things*] * pansophia

¶8_ 코메니우스가 마침내 폴란드와의 관계를 단절한 것은 그 이상을 실현시킬 가능성이 폴란드가 아닌 다른 곳에 있었기 때문이다. 그전에 그는 이미 스웨덴으로부터 그곳의 교육 개혁을 지도해 달라는 초청을 받고 그것을 거절한 적이 있었다. 그러나 사뮤엘 하틀리브*를 통하여 영국 의회로부터 온 초청에는 마음이 끌려서, 코메니우스는 '일체지 대학'*을 설립할 수 있으리라는 기대를 안고 1641년에 런던으로 건너 갔다. 그러나 때는 그 기대를 용납하지 않았다. 문학과 과학에 종사하는 상당히 많은 사람들이 베이콘의 「신 아틀란티스」에 개략적으로 제시된 '솔로몬의 집'과 비슷한, 과학의 진보를 위한 대학이 설립되기를 열렬히 바랐고, 코메니우스를 학장으로 하여 이 대학을 설립하는 데에 필요한 기금이 의회에서 승인될 기미가 보이는 듯하였지만, 내란의 급속한 도래는 이 모든 훌륭한 계획에 종지부를 찍었고, 그 계획은 왕정복고가 되어서야 비로소 '왕립 학술협회'*(1662)라는 매우 다른 형태로 실현되었다. 코메니우스는 그 이상 아무런 일도 할 희망이 없다고 보고 그 다음 해 일찍 영국을 떠나 스웨덴 봉사의 길에 나섰다.

* Samuel Hartilb * pansophic college * Royal Society

¶9_ 이제 그에게 위임된 과제는 스웨덴의 학교를 위한 일련의 교과서를 만드는 것이었다. 이때쯤 그는 교과서를 쓰는 일에 진력이 나서, 차라리 그의 일체지 연구를 더하고 싶었다. 그러나 그는 스웨덴이 그에게 베푸는 후의 속에서 그의 국민을 조국인 모라비아에 돌려 보낼 가능성을 보고, 그의 주의를 흐트리는 수많은 외적 요인에도 불구하고 6년이라는 지루한 시간을 그 마음 내키지 않는 일에 매달렸다. 웨스트팔리아 조약*이 있었던 1648년에 그는 폴란드로 돌아와서 모라비아 교회의 원로 주교가 되었다. 그러나 평화가 찾아 왔음에도 형제 교단에서는 편안한 날이 없었고, 코메니우스는 매우 지독한 어려움을 겪고서야 교단이 완전히 해체되는 것을 막을 수 있었다. 교회의 사정으로 인하여, 1650년에 코메니우스는 일시 교회의 보직에서 풀려나서 항가리아의 라코치 백작*의 초대로 사로스 파토크*에 학교를 설립하러 갔다. 그는 즉시 자신이 그 학교에서 시행하려고 하는 교육의 방향을 제시한, 7개의 학년으로 편성된 「일체지 학교 개요」*를 만들어 그의 대가

다운 면모를 보여 주었다. 그러나 실지로 설립되었을 때 그 학교는 3개 학년뿐이었으며 교사들도 전적으로 그의 방안에 따라 움직여 주지는 않았다. 그러나 그가 사로스 파토크에서 보낸 4년이 완전히 무위로 끝난 것은 아니었다. 그가 그 학교를 위하여 만든 교과서 중에는 「언어입문」보다 더 명성을 얻은 교과서가 들어 있었던 것이다. 그것은 「세계도회」* 즉 '세계에 있는 모든 기본적인 사물과 인간의 모든 기본적인 활동에 관한 단어 목록을 눈으로 볼 수 있게 나타낸 책'이다. 「세계도회」는 말하자면 「언어입문」을 단순화하여 거기에 삽화의 매력을 가미한 것이라고 말할 수 있으며, 「언어입문」이나 심지어 코메니우스가 「언어입문」에 들어가는 예비 단계로 쓴 「언어입문 초보」*를 공부하기에는 너무 어린 아이들을 위한 책이다. 이 책은 학교용 도서로서 그림이 들어간 최초의, 그리고 상당히 오랫동안 유일한 책이었으며, 19세기로 내려오기까지 온 세계의 수많은 어린이들은 이 책의 그 이상야릇한 페이지를 통하여 '공부하는 것'이 어떤 것인지에 관한 최초의 경험을 가졌다.

---

* Treaty of Wesphalia 또는 베스트팔렌 조약 * Count Rakoczy * Saros Patok
* *Sketch of a Pansophic School* * *Orbis Sensualium Pictus* [*The World in Pictures*] * *Vestibulum*

¶10_ 사로스 파토크에서 코메니우스는 다시 한번 리사로 돌아왔지만, 그의 체재는 길지 않았다. 폴란드와 스웨덴 사이의 전쟁으로 리사는 잿더미가 되었다. 그가 소중히 여기던 「일체지」의 원고를 위시하여 수년 동안 땀흘려 쓴 글을 불길에 날리고 그는 목숨을 부지하려고 도망치지 않으면 안 되었다. 그의 생애의 마지막 수년 동안 코메니우스는 암스테르담*에서 그의 일체지의 취지에 동조하는 한 돈 많은 사람의 후의로 비교적 안락하게 보냈다. 그는 형제 교단의 일을 돌보는 중에도 시간을 내어 얼마간 교단에 섰다. 또한 그는 교육에 관한 자신의 저작을 모아 1657년에 「코메니우스 교육론 전집」*이라는 제목으로 출판하였다. 그는 1670년에 일체지에 관한 그의 마지막 저작을 둘러싸고 논쟁이 벌어지는 속에서 세상을 떠났다.

---

* Amsterdam * *The Complete Didactic Works of J. A. Comenius*

¶11_ 교육자로서 코메니우스는 마르틴 루터의 직계에 서 있다. 물론, 한 사람은 위대한 개혁가로서 높은 이상을 부르짖으면서 세부적인 문제는 돌보지 않았고, 또 한 사람은 모라비아의 주교로서 교과서를 쓰는 일과 보편적 교육 방법을 고안

하는 일에 몸을 바쳤던 만큼, 양자 사이에 상당한 차이가 있는 것은 사실이지만, 이 차이가 그 두 사람의 정신적 공통성을 흐리게 해서는 안 된다. 사실상, 코메니우스는 여러 점으로 보아 개신교의 교육체제를 창안해 내는 것을 과업으로 삼았던 그 누구보다도 더 루터의 관점에 접근하였다. 멜랑크톤이나 슈투름 같은 학자는 인문주의 교육에 대한 그들의 열성에 문법학교를 그들의 주된 관심으로 삼았으며, 그들의 이러한 열성과 관심은 결과적으로 고전 공부에 필요한 여가를 가지지 못한 사회 계층이 교육에서 도외시되는 사태를 초래하였다. 코메니우스는 고전에 나타난 이교도적 도덕성에 대한 혐오와 그 자신 고전 공부를 깊이 있게 하지 못했다는 학문적인 결함에 의하여 그와 같이 교육의 대상을 특정 계층에 한정하는 편협한 교육적 안목에서 구제될 수 있었다. 그는 라틴어가 지식을 얻는 도구로서 중요하다는 것을 인정하고 '빠르게, 즐겁게, 철저하게' 라틴어를 배울 방안을 모색하였지만, 그러면서도 고전의 학습을 교육자의 핵심적 관심으로 삼는 데에는 찬성하지 않았다. 그에 의하면 교육은 현세에서나 내세에서나 가능한 한 완전하게 삶을 위한 준비를 갖추는 일이며, 그것은 언어를 통해서가 아니라, 언어가 열어주는 문 저쪽에 있는, 세계에 관한 모든 사실을 통하여 이루어져야 한다. 이러한 사고의 결론에 따라 코메니우스는 루터에 의하여 언명되고 난 뒤에 그 바로 다음의 후계자들에 의하여 망각된 그 근본 입장으로 되돌아 갔다. 그는, 교육은 인간이면 누구나 가지고 있는 권리요, 교회나 국가에서 지배자가 될 운명을 타고난 한정된 계층의 특권이 아님을 알았다. 코메니우스는 다음과 같이 역설한다. '부유하고 권력 있는 사람의 자녀들만이 아니라, 모든 도시와 마을, 촌락과 오막살이에서 사는, 소년과 소녀, 고귀한 사람과 비천한 사람, 부자와 빈자 가릴 것 없이 모든 사람이 똑같이 학교에 가도록 해야 한다.'[1] 또한 그는, 학습자의 천성*을 고려할 때에만 교육은 그 본래의 효과를 나타낼 수 있다는 것을 알았다. '교사는 천성의 하인일 뿐, 그 주인이 아니다.' 수업은 아동에게 맞추어져야 하며 아동을 수업에 맞추려고 해서는 안 된다.

---

1) Keatinge, *The Great Didactic*, p. 66.

* nature

¶12_ 그러나 그의 교육 방안을 구상하는 데 있어서 코메니우스에게는 루터 이외의 다른 선조도 있었다. 그의 교육 방법에 특이한 성격을 부여하고 있는 삶의 철학에는 개신교 신학과 유사한 요소가 있기는 하지만, 그것이 직접 신학에서 도출된 것은 아니다. 그것은 오히려 개신교의 정신을 과학과 철학에 투입하여 새로

운 진리를 찾으려고 한 다양한 사상가들의 견해에서 도출된 것이다. 코메니우스가 그런 사상의 위대한 영국 대표자인 프란시스 베이콘에 의존하고 있다는 것은 그가 경험을 중시하여, 특수적 사실과의 접촉이 언제나 일반적 규칙에 관한 지식에 선행한다는 것을 역설한 점이라든지, 확실한 근거에 입각한 보편적 지식의 이상을 학문의 목적으로 삼은 점으로 보아 명백하다. 그러나 코메니우스 자신이 때로 시사하는 것과는 달리, 그가 가장 큰 빚을 진 것은 베이콘에게서가 아니다. 베이콘의 관심은 주로 자연적 사실에 있었던 반면에, 코메니우스는 자연적, 초자연적 지식을 망라하는 전반적 지식의 체계를 수립하고자 하였다. 이러한 보다 포괄적인 체계의 기초를 찾기 위하여 코메니우스는 지오르다노 브루노,* 토마소 캄파넬라* 등, 신비주의적 관념론과 과학적 실재론을 결합한 몇몇 이탈리아 사상가 쪽으로 눈을 돌렸다. 그리하여, 세계에 관한 견해에 나타난 그의 사상의 객관적 측면에 있어서나 인간 영혼의 발달에 관한 견해에 나타난 그의 사상의 주관적 측면에 있어서나, 그의 교육사상의 기저를 이루는 철학은 바로 그 이탈리아 철학이다.

* Giordano Bruno * Tomasso Campanella

¶13_ 그 이탈리아 사상의 신비주의적 특징에 따라 코메니우스는 인간의 영혼과 가시적 세계를 신성의 이중적 표현으로 보았으며, 그 두 가지 사이에는 매우 긴밀한 관련이 있다고 보았다. 인간은 신의 모습으로 만들어졌으며, 그런 만큼 그 자신 속에 신에 의하여 창조된 세계 전체를 포괄하고 있다. 즉, 그는 우주의 축소판 또는 '소우주'이다. 여기서 따라 나오는 논리적 귀결로서, 학습은 내부로부터의 발달과정이며 외부로부터의 지식획득 과정이 아니다. 영혼이 성장하는 데에는 독촉이나 강압이 필요하지 않다. 신적 존재의 표현이라는 그 자체의 본성으로 말미암아 영혼은 세계에 관한 지식을 찾아서 뻗어 나가며, 그와 마찬가지로 자아에 관한 지식과 신에 관한 지식의 원천으로서의 덕과 경건을 갈망한다. 그리하여 처음에 인간에 적대하는 것으로 생각되던 우주는 인간과 떨어진 별개의 존재 양상을 나타내는 것이 아니라 인간의 동종이 된다. '만물은 하나님에 의하여 조화롭게 배열되어 존재의 위계상 높은 것은 낮은 것에 의하여 표현되고 비가시적인 것은 가시적인 것에 의하여 표현되므로'[1] 비록 영혼이 처음에는 물질적인 사실을 다루기는 하지만 심지어 그때에도 영혼은 신적 세계와 접하게 된다.

1) Keatinge, p. 187

¶14_ 인간의 본성에 관한 이 견해를 심리학의 원리로 번역할 때 코메니우스는 이탈리아 철학자들을 따라 소박한 감각주의에 빠진다. 아리스토텔레스까지 거슬러 올라가는, 널리 알려진 주장을 인용하면서 그는 다음과 같이 말한다. '이해 속에 들어있는 것치고 원래 감각 속에 들어 있지 않았던 것은 하나도 없는 만큼, 마음은 모든 사고의 원료를 감각에서 가져온다.'[1] 즉, 감각은 이해보다 먼저 작용하며, 이것은 곧, 마음의 발달은 상이한 정신 능력들*이 서로 이어지는 계열적 활동의 형식을 취한다는 것을 뜻한다. 사실상, 코메니우스는 「대교수학」에서 학습과 교수를 좀 더 쉽게 하는 방법을 보여주는 대목에서 이 주장을 명시적으로 표명하고 있다. '만약 아동에게 먼저(또한 가장 쉬운 것으로서) 감각을 연습하도록 하고 그 다음에 기억, 이해, 그리고 마지막으로 판단을 연습하도록 하면 이것은 수업의 올바른 순서를 따른 것이다. 지식은 먼저 감각에서 시작하여 상상을 통하여 기억으로 나아간다. 그 다음에 특수적인 것은 귀납에 의하여 보편적인 것의 이해에 다다르며, 마지막으로 그 이해된 사실에 대한 판단이 내려짐으로써 지식이 확립된다.'[2]

1) Keatinge, p. 106.　　2) p. 135.
* different faculties of mind

¶15_ 코메니우스에게 그것을 간파한 정도의 철학적 통찰을 기대하는 것이 무리일지는 모르지만, 그가 이탈리아 사상가들로부터 받아들인 신비주의적 경향과 감각주의적 경향은 서로 양립불가능한 두 가지 요소를 나타내고 있었다. 그 한 가지 요소에 의하면 우주의 정신적 실재는 처음부터 영혼에 의하여 파악가능한 것이며, 우리가 해야 할 일은 오직 경험이 그 실재의 진면목을 드러내주기를 기다리는 것뿐이다. 또 한 가지 요소에 의하면 영혼은 물질적인 것에서 시작하여 점차 정신적인 것으로 상승한다. 그러나 코메니우스에서와 같이, 이 두 개의 이질적인 원리가 교육의 실제에 적용될 때에는 그 사이의 모순이 그다지 심각한 문제로 되지 않는다. 물론, 교육 방법에 관한 그의 실제적 지침에 이따금 일관성이 결여된 부분이 없는 것은 아니다. 그는 한 구절에서는, 수업은 보편적인 것에서 특수적인 것으로, 또는 분화되지 않은 전체에서 그 구성요소들로 나아가야 한다고 역설하다가, 또 한 구절에서는 완전히 그것에 반대되는 입장을 취하여, 수업은 특수적인 것에서 시작되어야 한다는 뜻으로, '가능한 한 수업은 감각을 통하도록 해야 한다'[1]고 말한다. 그러나 이런 종류의 비일관성은 흔하지 않다. 근본적으로 종교적인 그의

기질은 코메니우스로 하여금 마음의 발달을 내부로부터의 진화로 보는 관념주의적 견해를 강조하도록 이끌었다. 그리고 이것 때문에 감각주의적 견해는 그의 사고에서 오직 부차적인 역할을 수행한다. 코메니우스는 실지 사물로든지 아니면 그림으로든지, 감각에 주어진 사실들을 마음의 출발점으로 삼는 것이 얼마나 중요한지 알고 있다. 그렇지만 또한 그는, 그 감각적 사실들은, 심지어 첫 출발에 있어서도, 그야말로 그냥 사실이 아닌 그 이상이라는 것, 말하자면 그것은 어느 날 마음이 완전한 발달을 이룩했을 때 그 원래의 가치 그대로 파악할 수 있게 될 보편적인 것, 정신적인 것의 표현이라는 것을 알고 있다. 코메니우스가 한편으로, 언어는 사실보다 먼저 와서는 안 된다고 역설하면서, 또 한편으로 (그에 못지않게 중요한 것으로서), 사실은 언어보다 먼저 와서는 안 된다고 역설하는 것은 이 때문이다. '사물은 본체이며 언어는 우연이다' — 이 코메니우스의 말은 그의 감각주의적 주장을 나타내고 있다. 그러나 이 말을 한 바로 다음 순간에 그는 그것을 정면으로 수정하면서 비논리적인 결론을 끌어내고 있다. '그러므로 이 두 가지는 인간의 이해에 동시에 제시되어야 한다.'[2] 결국, 진정한 교육은 순전한 사실이냐 아니면 순전한 언어냐, 순전한 특수자냐 아니면 순전한 보편자냐의 문제가 아니라, 사실과 동시에 언어, 특수자와 동시에 보편자의 문제이며, 이 두 가지는 처음부터 학습의 과정 속에서 불가분의 관계로 연결되어 있다.

1) Keatinge, p. 139.   2) p. 115.

¶16_ 코메니우스에서 관념주의적 견해가 주종을 이루고 있다는 것은 그가 주창한 수업의 일반적 방법에 가장 명백히 나타나 있다. 그가 출발점으로 삼는 아이디어는 모든 자연 현상과 모든 인간 활동은 우주의 근본적 동일성을 나타내고 있다는 것이다. 여기서부터 그는 이중의 연역을 끌어낸다. 즉, (가) 수업의 정확한 순서는 자연에서 빌어 오지 않으면 안 된다는 것, 그리고 (나) 자연은 그 작용에서 획일성을 나타내므로 모든 과학에 동일한 수업 방법이 사용되지 않으면 안 되며, 모든 문학과 모든 언어에도 동일한 방법이 사용되지 않으면 안 된다는 것이다. 이 부분에서 코메니우스는 일상적 사고의 모든 구분을 뭉개 버리는 신비주의적 세계관에 사로잡혀 있다. 만약 그가 그 원리를 적용하는 데에 논리적 엄밀성을 기했더라면 그는 그것을 실제로 번역하는 순간 즉시 난관에 봉착하였을 것이다. 아동의 발달 과정에 자연적 요소가 있다는 것은 분명하며, 이 부분에 관한 한, 자연으로부

터의 유추는 도움이 될 수 있다. 그러나 영혼의 성장은 예컨대 새의 성장 — 코메니우스는 새의 비유를 가장 빈번히 사용한다 — 보다 한층 더 높은 차원에 있으며, 따라서 양자의 비유는 가장 중요한 대목에서 붕괴될 수밖에 없다. 또한, 모든 종류의 학습에 근본적인 유사성이 있다는 생각에도 일면의 진리가 있지만, 그 유사성과 함께 과학과 문학과 언어에는 성격상 차이가 있으며 이 성격의 차이로 말미암아 그것에 상응하는 수업 방법의 차이가 필연적으로 요청된다. 만약 코메니우스가 자연적 과정을 인위적 교육의 모형으로 무리 없이 사용하면서 다양한 교과에 공통된 방법을 적용하는 데에 반드시 필요한 적절한 수정을 가할 수 있었다면 그것은 그가 그의 이론을 해석하는 데에 교사로서의 그의 경험을 포함시켰기 때문일 것이다. 사실상, 최종적으로 나타나는, 또는 실지로 사용되는 그의 교육 방법은 그의 이론에 못지않게 그의 실제적 통찰에 의거하고 있다. 그리하여 그의 교육 방법은 실제와 철학이 행복하게 결합된 산물로서, 거기서는 철학이 실제를 밝혀 주고 안내하며 실제는 철학을 수정하고 바로잡아 준다.

¶ **17_** 코메니우스의 전반적 교육 방안을 살펴보기 위해서는 「대교수학」[1]에 규정된 교육의 네 단계를 간략하게 설명할 필요가 있을 것이다. 그는 논의의 출발점으로서, 일생 중에서 교육에 바쳐야 할 기간을 각각 6년간 계속되는 유아기, 아동기, 소년기, 청년기의 네 단계로 구분한다. 그는 이 각각에 상응하는 것으로서 네 가지 교육 기관을 설립할 것을 제창한다. 즉, 가정마다 어머니 학교, 마을마다 모국어 학교, 도시마다 김나지움, 그리고 왕국 또는 주에는 대학을 둔다는 것이다. 예비적으로 대략 기술할 때에는 코메니우스는 이들 학교의 목적을 심리학적인 관점에서 규정한다. 즉, 어머니 학교에서는 외적 감각이 개발되어야 하며, 모국어 학교에서는 상상과 기억의 내적 감각, 김나지움에서는 이해와 판단, 그리고 대학에서는 이 모든 것을 조화하는 의지가 개발되어야 한다는 것이다. 그러나 세부적인 설명으로 들어가는 순간, 코메니우스는 적어도 위의 규정 자체에 나타나 있는 것과 같은, 단순한 부소능력의 훈련과는 상당히 다른 것을 염두에 두고 있다.

1) *Great Didactic*, Chapters xxvii-xxxi.

¶ **18_** 어머니 학교가 하는 일은 '감각의 훈련'보다 훨씬 더 방대하다. 그것은 아동에게 '삶의 필요를 위하여 우리가 한 인간에게 주고 싶은 모든 지식의 초보 단

계'를 심어 주는 것이다. 어머니의 무릎 위에서도 아이는 모든 과학과 문학의 공부를 시작한다. 보는 것, 듣는 것, 맛보는 것, 만지는 것, 이 모든 것은 이것, 저것, 없다, 있다, 이다, 아니다, 그리하여, 그렇지 않으면, 어디, 언제, 같다, 같지 않다 등등, 일반적 용어의 사용을 필요로 하며, 이 점에서 그 모든 경험은 형이상학의 기초를 놓는다. 물, 땅, 공기, 불, 비, 돌, 쇠, 식물, 동물 등등에 관한 직접적인 인식은 자연과학의 길을 예비한다. 이와 마찬가지로, 이 단계에서 단어의 뜻을 알고 그것을 적절하게 사용하는 것은 모든 분야의 지식을 얻는 데에 관건이 된다. 이 포괄적인 시작에 도움이 되는 책으로 코메니우스는 두 가지를 든다. 하나는 자신이 쓴 「유아의 학교」와 같이 어머니에게 무엇을 가르쳐야 하는가를 보여 주는 책이요, 또 하나는 「세계도회」과 같이 아동을 위하여 감각을 수업의 매체로 사용하는 책이다.

¶19_ 코메니우스의 교육 방안에서 어머니 학교 다음에 오는 모국어 학교는 '여섯 살에서 열두 살(또는 열세 살) 사이에 있는 모든 어린이들에게 생애 전체를 통하여 유용하게 쓰일 것들을 가르치는' 데에 목적을 둔다. 그 교육과정에는 읽기(모국어), 쓰기, 산수, 측정, 노래, 역사, 기술의 원리, 그리고 무엇보다도 도덕과 종교의 교과목이 포함된다. 오직 가난한 사람의 자녀들만 모국어 수업을 받고 부유한 계층의 아이들은 라틴어 학교에서 초등교육을 받도록 하는 그 당시의 일반적 관례에 반대하면서, 코메니우스는 모든 아이들이 모국어에 관한 교육, 그리고 모국어를 통한 교육을 철저하게 받아야 한다는 것을 굳게 믿었다. 그는 이것이 사회적인 면과 교육적인 면에서 다 같이 더 나은 길이 된다고 생각하였다. 그것은 사회의 상이한 계층을 조기에 두 가지 종류의 학교로 갈라놓는 것을 방지할 뿐만 아니라, 학생들로 하여금 먼저 사실적인 지식을 획득하도록 하며(처음부터 라틴어를 배울 경우에는 이런 지식을 획득할 수 없다), 그와 동시에 나중에 어려운 외국어를 배울 준비를 갖추도록 한다. 교과를 등급에 따라 계열화해야 한다는 중요한 원리에 따라 그는 모국어 학교에서 공부할 내용을 6개 학년으로 배열하여 점진적으로 공부해 나가도록 했으며 각 학년마다 그것에 적합한 교과서를 마련하였다.

¶20_ 김나지움(또는, 라틴어 학교)에서도 동일한 계열화의 방법이 적용된다. 그러나 여기서의 공부 내용은 훨씬 더 방대하여, 사실상 '일체지' 또는 '우주적 지혜'* 바로 그것이라고 말해도 좋다. 학생은 네 가지 언어에 관한 지식을 습득하고 모든 과학과 문학의 기초를 다져야 한다. 코메니우스 자신이 바랐던 완전한 일체

지 학교의 설립이 무산되었던 만큼, 이 단계의 교육에 관한 그의 계획은 다소간 모호한 상태로 남아 있을 수밖에 없었다. 대체로 말하여 그것은, 한편으로는, 익숙한 자료를 읽으면서 언어를 해독하고 뒤이어 문법의 규칙을 공부하는 것과 — 코메니우스는 이것이 매우 능률적인 방법이라고 생각하여, 한 가지 현대어를 배우는 데 1년, 라틴어에 2년, 희랍어에 1년, 히브리어에는 6개월 밖에 배정하지 않았다 — 또 한편으로, 그것과 동시에, 문법, 자연철학, 수학, 윤리학, 논리학, 수사학을 6년 동안 연달아 공부하는 것으로 되어 있다. 이 계획은 코메니우스가 그의 일체지의 이상을 실현하기 위하여 따르고자 했던 교수요목이 어떤 것인가를 보여 준다는 점에서 주로 이론적인 관심의 대상이 된다.

---

* Pansophia, universal wisdom

¶21_ 코메니우스의 의견에 의하면 대학은 인간 지식의 모든 분야를 공부할 수 있도록 학과가 구비되어 있어야 하며, 김나지움의 마지막 단계에서 부과되는 공개 시험을 통하여 대학 교육에서 성과를 거두는 데에 합당한 자질을 갖춘 것으로 판명된 '선발된 지성인'을 대상으로 하여야 한다. 대학에서의 수준 높은 공부는 엄밀하고 집중적인 노력을 요구하기 때문에 대부분의 학생들은 자신의 천부적 재능에 가장 적합한 특정 교과에 국한하여 공부할 수밖에 없을 것이다. 매우 예외적인 능력을 가진 학생들만 모든 학문 분야를 공부할 수 있도록 허용되어야 한다.

¶22_ 교육에 관한 문헌에서 거의 그 유례를 찾아볼 수 없을 정도로 철학적 통찰과 실제적 지혜를 결합시킨 코메니우스의 교육적 저작이 대부분 그 작가의 사망과 함께 거의 완전한 망각 속에 묻혀 버렸다는 것은 이후 세기를 산 사람들에게 참으로 큰 불행이었다. 몇 세대를 두고 어린 학생들은 「세계도회」와 「언어입문」을 또박또박 읽었지만, 그것을 예시하는 위대한 원리는, 19세기에 와서 코메니우스와는 무관하게 프뢰벨에 의하여 재발견되기 전에는, 교육자들의 관심과 주의에서 벗어나 있었다. 이 불행한 사태가 벌어진 이유는 부분적으로는 그의 견해를 표명한 대가적인 설명들이 낱낱의 별권으로 출판되지 못하고 방대한 전집 속에 묻혀 보이지 않게 되었다는 점에서 찾아 볼 수 있다. 그러나 아마 그보다 더 심층적인 이유는 그의 저작과 활동이 불안정한 시대에 막 쓰러져 가는 교회를 등에 업고 이루어졌다는 점, 그리하여 그의 원리와 방법을 후세대에 전달할 수 있는 상당

히 항구적인 교육제도를 창안하는 일이 그로서는 불가능했다는 점에 있었을 것이다.

¶23_ 사실상, 코메니우스는 그 유명한 두 권의 교과서를 쓴 것 이외에는 그 이후의 교육에 별로 직접적인 영향을 행사하지 못하였다고 말할 수 있다. 그러나 그가 17세기에 참으로 중요한 결과를 가져온 한 가지 교육 사업에 간접적으로 관여했다는 사실은 특기할 만하다. 그 교육 사업이라는 것은 에른스트 공작*(1601-1675)이 30년 전쟁의 피폐를 복구하려는 노력으로 작은 공국 고타*에 시행한 획기적인 대중교육 개혁 사업을 가리킨다. 공작은 라트케와 코메니우스에 의하여 제창된 새로운 교육 방법에 전폭적으로 공감하였으며 그의 관할 내에 있는 학교에 몸소 지대한 관심을 가지고 있었다. 그가 바라는 개혁을 시행하기 위하여 그는 그와 동일한 생각을 가지고 있는 고타의 김나지움 교장인 안드레아스 라이헤르*를 임명하여, 그로 하여금 김나지움과 보통 학교에 다니는 하류 계층 학생들을 염두에 두고 교육방법에 관한 회람을 작성하도록 제시하였다. 이 회람은 1642년에 출판되었는데, 그 제목은 '학교교육의 방법 : 고타 지역 내에 있는 촌락의 소년과 소녀, 그리고 하류 계층 주민의 자녀들이 영주의 보호 하에서 평이하게 성공적으로 교육받을 수 있는 방법을 제시하는 특별 보고서'였다. 여기에 규정된 교수요목과 수업 방법은 코메니우스의 모국어 학교를 거의 그대로 따르고 있다. 학생들에게 가르쳐야 할 과목은 종교, 읽기, 쓰기, 산수, 노래, 초보적인 자연과학(측량과 지리 포함)과 같은 유용한 교과, 그리고 공민이며, 가능한 한, 학생들이 배우는 내용에 관련되는 실물을 보여 주면서 가르치게 되어 있다. 또한, 이 제안에는 교육이 공국(즉, 국가)의 통제 하에 있어야 한다는 주장이 명시적으로 나타나 있으며, 이 점에서 그것은 종래에 비하여 새로운 측면을 보여주고 있다. 즉, 교사들에게 자세한 수업시간표가 강제로 부과되고 학생들에 대한 연례 시험 계획이 마련되어 있으며 모든 학령 아동의 취학이 벌금형에 의한 의무로 규정되어 있는 것이다. 그 이외에도, 여러 개의 시범학교가 개설되고, 새로운 교과서가 제작되었으며, 교사의 지위를 개선하기 위한 여러 가지 조치가 취해졌다. 장장 30년에 걸친 공작과 라이헤르의 공동 노력의 결과로 그 지역 전체의 교육 수준이 상당히 높아져서 '에른스트 공작의 농부는 다른 곳의 귀족보다 교육을 더 잘 받았다'는 속담이 나올 정도였다. 그러나 공작의 서거와 함께 이 '국가교육'의 흥미 있는 실험은 막을 내리고 고타에서 교육이 다시 꽃을 피우게 된 것은 18세기 말엽에 제2의 에른스트 공작이

나타났을 때였다. 그러나 그때까지, 이 조그만 공국이 보여준 국가교육의 잠재력은 프로이센과 그 밖의 여러 독일 공국들이 본 딴 모범이 되었으며, 이로써 교회에서 국가로 교육의 권위가 이관되는, 독일이 그 선구자가 된 획기적인 전환이 이미 그 발걸음을 내어 딛게 되었다.

* Duke Ernest [Ernst] the Pious   * Gotha   * Andreas Reyher

3 불란서의 교회교육협회

¶24_ 종교개혁과 함께 일어난 불란서의 교육 확산 운동은 단명으로 끝났다. 기원 1560년, 오를레앙 의회*의 개신교 귀족들은 국왕에게, 모든 아동을 의무로 취학시키고 모국어로 종교 교육을 실시할 수 있는 초등학교 체제를 설립할 것을 골자로 하는 진정서를 올렸다. 그러나 개신교의 쇠퇴와 더불어 이 진정서에 나타난 것과 같은 대중교육에 대한 열망은 거의 완전히 자취를 감추고 이후 두 세기 동안 국민 대중의 교육적 필요는 거의 주의의 대상이 되지 않았다. 물론, 가톨릭교회가 빈곤한 가정의 자녀들을 완전히 도외시한 것은 아니지만, 소수의 학생들을 데려다가 읽기와 쓰기를 가르친 자선학교*의 경우를 제외하면, 그런 아동들을 대상으로 하여 비교적 본격적인 교육을 실시한 것은 1682년 렝*에서 聖성 상 바티스트 들라 살르*가 '기독교 학교 형제단'*을 설립하고 난 이후부터였다. 그러나 가장 유리하게 평가한다 하더라도 기독교 학교 형제단이 교육의 발전에 이룩한 공헌은 별로 내세울 것이 없다. 일제수업과 명확한 교사 훈련의 도입에도 불구하고 그들의 일반적인 교육 방법은 퇴보를 면하지 못하였다. 교사들은 예수회의 경우에 못지않게 엄격하고 보수적인 규칙에 얽매어 있었으며, 그러면서도 그들의 훈육은 예수회 학교에서는 찾아볼 수 없을 정도로 혹독하고 억압적인 금욕주의 정신에 입각해 있었다. 그들이 일을 한 지 한 세기 후인 불란서 혁명 당시에 그들의 산하에는 불과 920명의 형제단 교사와 3만 6천 명의 학생이 있었을 뿐이다.

* States General of Orleans   * charity schools   * Rheims
* St. John Baptist de la Salle   * Brethren of the Christian Schools

¶ 25_ 기원 16세기에 고등교육*의 개선을 위하여 기울인 노력 또한 그 성과에 있어서 이것보다 별로 나을 것이 없었다. 그래도 1600년 앙리 4세*가 파리 대학에 강요한 개혁에는 라무스의 이상*이 어느 정도 반영되었다. 만약 사정이 순조로웠더라면, 국가의 이러한 개입이 종교적인 권위에서 세속적인 권위로 교육의 통제가 이관되는 점진적인 과정에 한 전례를 만들 수도 있었을 것이다. 그러나 군주정치가 점점 독재정치로 변해 감에 따라 예수회는 점점 그 영향력이 강대해져서 그 산하 학교의 이익에 역행하는 어떠한 교육적 변화도 방지할 수 있을 정도로 충분한 힘을 갖추고 있었다. 그 결과로 17세기 불란서에서 귀족과 중류계층의 교육은 중세의 어느 때에 조금도 못지않게 완전히 교회에 의하여 장악되어 있었다. 학교는 거의 전부가 교회교육협회*의 손 안에 들어 있었으며, 그 회원은 모두 신과 교회에 헌신하면서 공동의 교회 규칙을 따르는 것을 의무로 삼고 있었다. 그러한 협회 중에서 예수회는 가장 강력한 세력을 가지고 있었다. 어느 곳에나 예수회의 대학들*이 번창하고 있었고, 그 대학의 학생 수는 심지어 파리 대학의 명성과 교세에 위협이 될 정도였다. 기원 17세기 중엽에 와서 예수회 산하의 학생 수는 파리시의 행정 구역 안에만 하더라도 1만 4천명에 달하였으며, 17세기 말에는 대학*을 제외하고 독립된 고등학교*만 헤아려서 612개교에 다다랐다. 어느 면으로 보든지 예수회는 불란서 교육에서 최고의 권력을 누리고 있었다.

* higher education　* Henry [Henri] IV　* 라무스의 이상-8 : 21 참조
* Teaching Congregations of Societies　* colleges and universities　* university　* college

¶ 26_ 심지어 이런 상황 하에서도 자유의 정신은 오랫동안 수호자 없는 상태에 방치되어 있지 않았다. 삶과 교육에 관한 보다 넓은 시야로 나아가고 있다는 첫 조짐은 르네 데카르트*(1596-1650)의 철학에서 나타났다. 데카르트는 그 자신 교육자는 아니었지만, 교육 사상에 자유의 정신을 불어넣은 위대한 힘이었다. 그는 라 플레쉬*의 예수회 대학에서 교육을 받았지만, 그의 「방법론 서설」(1637) — 그 완전한 제목은 '이성의 올바른 구사와 과학에서의 진리 방안을 위한 방법론 서설'*이며, 이 제목은 그 자체가 현대 사상의 요소를 담고 있다 — 중 자신의 청년 시절의 공부를 회상하는 대목에서 그는 그의 공부가 하등의 확실한 신념을 심어주지 못했다고 말하고 있다. 예수회 선생들의 권위적인 가르침이 그에게 심어주지 못한 그 확신을 스스로 쟁취하기 위하여 그는 과학과 철학의 문제에서 권위와 완전히 결별하고, '올바르게 판단하고 진리와 오류를 구분하는 능력, 엄밀한 의미

에서의 양식 또는 이성'이라는, 모든 인간에게 동일하게 천부적으로 주어진 재능에 의존하기로 결심하였다. 그의 '방법론'은 이성에 대한 이 원초적 신념에서 도출된 것이다. 그것은 곧 마음에 명료하고 분명한 것*으로 와 닿지 않는 어떤 것도 진리로서 받아들이지 않는 것, 모든 문제를 그 가장 단순한 요소들로 분해하여, 단순한 것에 대한 확실한 지식에서 복잡한 것에 대한 확실한 지식으로 한 단계 한 단계 나아가면서, 종합적 개관으로 모든 사실을 망라하는 것을 뜻한다. 한 마디로 말하여 그의 방법은 수학의 방법이며, 데카르트 자신이 말한 바에 의하면, 그 결과는 수학에서와 동일한 확실성을 나타낸다.

---

* René Descartes * La Flèche

* *Discourse on the Method of rightly conducting the Reason and seeking truth in the Sciences.*

* clearness and distinctness, 明澄性명징성

¶27_ 데카르트가 그의 「敍說서설」을 쓰고 있던 그 무렵에, 후일에 그를 스승이라고 부를 정도로 그의 정신을 따르는 두 개의 '교회교육협회'가 결성되어 예수회의 최고 권력에 도전하였다. 그 중에서 먼저 생긴 것은 '예수변론 교단'*으로서, 이것은 1611년에 사제의 교육을 위하여 설립되었다가 그 후 귀족 청년의 교육을 위하여 여러 개의 대학과 신학교를 설립하였다. '변론 교단'은 그 자체가 사제들로 구성되어 있었으며 그 중에는 넓은 교양과 자유 사상에 동조하는 사제들이 많이 있었다. 그들의 교육과정에는 인문학이 중요한 위치를 차지하고 있었지만, 그렇다고 하여 역사(특히 불란서 역사), 수학, 자연과학 등의 현대 교과가 배제되었던 것은 아니다. 수업에 사용된 언어는 여전히 라틴어였지만, 데카르트가 그의 「서설」을 불란서어로 쓰고 리슐리우 추기경*이 아카데미를 설립할 정도로(1637), 불란서 사람들이 그들의 모국어에 새로운 긍지를 가지게 되면서, 첫 4년 동안의 수업은 불란서어로 하게 되었으며 몇몇 학교에서는 그 윗 학년에서도 불란서어를 사용하였다. 인기에 있어서나 권력에 있어서나 예수회에 비길 수는 없었지만, 변론 교단은 진리의 기초를 이성에 두어야 한다는 데카르트의 신념을 충실하게 따르면서 불란서 혁명 때까지 그 일을 계속하였다. 기원 1764년에 불란서에서 예수회가 추방당하였을 때, 예수회의 자리를 메운 것은 주로 변론 교단의 학교에서 차출된 교사들이었다.

---

* Order of the Oratory of Jesus

* Armand Jean du Plessis de Richelieu (1585-1642), 루이 13세의 재상

¶28_ 두 개의 협회 중에서 나머지 하나는 포르 루아이알 협회*로서, 이것은 변론 교단보다 훨씬 수명은 짧았지만 명성이나 영향력에 있어서는 그것을 훨씬 능가하였다. 이 협회의 발단은 성스러운 聖성 시랑 대수도원*의 주위에 모여 든 소수의 저명 인사들에 의하여 마련되었다. 그 인사들 중에는 '속세와의 인연을 끊은 고독자로서 명상과 공부와 노동에 몸을 바치기 위하여, 모든 것을 떠난 아르노*가의 두 사람이 들어 있었다. 기원 1637년 경에 그들은 몇 명의 소년을 교육하기 시작하였고 1646년에는 그들의 손으로 파리에 '포르 루아이알의 작은 학교'를 설립하였다. 개교 벽두부터 그들은 예수회의 적의에 시달렸다. 성 시랑 자신부터, 주로 홀란드의 신학자 얀센*의 이교도적 교리를 신봉한다는 것이 주된 이유가 되어 감옥에 갇혔다가 1643년 석방 이후 얼마 안 있어 세상을 떠났다. 바로 같은 해에 얀센파의 교리를 지지한 아르노 박사의 저서로 말미암아 예수회와의 분쟁이 다시 불이 붙었고, 결국 포르 루아이알 협회는 그 학교를 파리에서 비교적 안전한 시골로 옮길 수밖에 없었다. 여기서 그들은 짧은 기간 동안 번영을 누렸지만, 파스칼*의 「시골의 편지」*의 출판으로 다시 사태가 험악해졌다. 파스칼(그 당시 그는 포르 루아이알의 회원이었다)은 그 책에서 아르노 박사를 변호하고 그에 대한 예수회의 단죄를 참을 수 없는 독설로 공격하였다. 대중의 신망은 잃었지만 법정에서의 그들의 영향력은 여전히 유지하고 있었던 만큼, 예수회는 포르 루아이알에 대한 보복으로서 그 산하의 학교들을 파멸시키려고 획책하였다. 그리하여 큰 학교들은 1656년에 문을 닫았고 나머지 작은 학교들도 1660년에 같은 운명을 당하였다. 표면상으로 보면, 이것이 포르 루아이알 학교의 짧은 생애의 종말이었다. 그러나 그것이 진정한 종말은 아니었다. 사실상, 학교 그 자체만으로 보면 그것은 결코 대단한 것이 아니었으며, 가장 번창할 때에도 학생 수는 50명을 넘지 않았다. 그러나 포르 루아이알은 죽음과 함께 새 생명을 얻었다. 교실 수업의 업무에서 벗어나 자유롭게 된 교사들이 그들의 학교에 활기를 불어넣은 교육의 원리를 발전시켜 수많은 저서를 써냄으로써, 오늘날 콩페이레 씨*의 판단으로, '불란서 교육의 가장 권위 있는 해설자들'이 된 것이다. 그 중에서 가장 유능한 교사인 랑슬로*는 그 전에 이미 라틴어, 희랍어, 이태리어, 스페인어를 쉽게 학습하도록 하는 「새로운 방법」*에 관한 일련의 저서를 내었다. 아르노는 「포르 루아이알 논리」*지의 편집을 담당한 것 이외에도 「인문학 공부의 규칙」*을 썼으며, 그와 「포르 루아이알 논리」지에서 함께 일했던 니콜*은 「군주의 교육」*이라는 책을 썼다. 그 중 가장 중요한 것으로서, 쿠스텔*은 「아동교육의 규칙」*(1687)이라는 책에서 포르 루아이알

학교의 교육 원리와 방법을 포괄적으로 설명하였다. 이리하여, 단기적인 안목으로 보면 돌이킬 수 없는 재앙으로 보였던 것이 도리어 포르 루아이알의 사상을 교육의 영원한 세력으로 만드는 전화위복의 결과를 낳았다.

---

* Port Royal * Abbot of St. Cyran * Arnauld * Jansen * Blaise Pascal (1623-1662)
* *Provincial Letters* * M. Compayré * Lancelot * *New Method* * *Port Royal Logic*
* *Rules for Humanistic Studies* * Nicole * *The Education of a Prince* * Coustel
* *Rules for the Education of Children*

¶ **29**_ 그 사상이 어떤 것인지를 이해하기 위해서는 聖성 시랑으로 되돌아갈 필요가 있다. 비록 포르 루아이알 학교가 본궤도에 올라서기 전에 그의 삶이 끝나기는 했지만, 그의 인간됨은 마지막까지 학교와 교사 모두에게 지배적인 영향을 미쳤다. 성 시랑이 교육에 발을 들여 놓게 된 것은 그의 신학적 관심과 개인적 관심 때문이었다. 신학적 측면에서 볼 때, 그는 교육에서 '인간에게 필요한 오직 한 가지 일'을 발견하였다. 그렇다고 하여 그가 교육이 그 자체로서 인간을 선하게 만들 수 있다고 생각한 것은 아니다. 그의 친구 얀센과 마찬가지로 아우구스티누스를 따라서, 그는 '예정설'* 을 극단적인 형태로 신봉하면서 인간은 그 본성 속에 영원한 악의 경향성을 가지고 있다고 믿었다. '악마는 아직 태어나지 않은 아이의 영혼까지도 사로잡고 있다.' 그는 세례가 낙원추방 이전의 인간에게 있었던 원초적 선을 일시적으로 회복하도록 해 주지만 그것만으로는 인간을 선의 상태에 머무르게 할 수 없다고 믿었다. 선으로부터의 추락을 방지하는 유일한 길은 기독교 교사들이 아동기 전체를 통하여 끊임없이 아동을 주시하고 감독하는 데에 있었다. 개인적 측면에서, 그는 아동에 대하여 깊은 애정을 가지고 있었으며, 따라서 아동을 올바르게 양육하는 것이야말로 한 인간이 신에게 바칠 수 있는 최선의 봉사가 된다고 생각하였다. 만약 그가 오로지 그의 신학적 신념에 입각하여 아동을 대하였더라면 그는 틀림없이 냉엄한 교사가 될 수밖에 없었겠지만, 아동에 대한 그의 사랑은 이 냉엄한 자세를 완화하는 데에 크게 도움이 되었다.

---

* doctrine of predestination

¶ **30**_ 학교의 전체적 조직을 결정한 것은 그의 신학적 신념이었다. 악한 영향이 세례를 통한 은총과 갈등을 일으키고 그것을 무너뜨린다는 데 대한 공포는 그로 하여금 자신에게 맡겨진 소년들의 생활 전체를 철저하게 통제하려고 하도록

만들었다. 학생들은 부모가 그들에 관한 모든 것을 학교에 일임한다는 조건으로, 그리고 바깥 사회와 일체 접촉이 허용되지 않는다는 조건으로 입학이 허가되었으며, 학생들을 완전히 감독하기 위하여 한 교사에게 대여섯 명 밖에는 학생을 배정하지 않았다. (이 대여섯 명이라는 숫자는 교사와 한 침실에서 잘 수 있는 숫자였다.) 교육의 주된 강조점은 종교 교육에 있었으며, 학생의 능력이 특별히 뛰어나서 지적인 면의 공부가 그 학생의 영혼의 삶을 위태롭게 할 우려가 있다고 판단된 경우에는 지적인 교육을 금지할 정도였다. 교수요목의 한 부분을 이루고 있는 문학은 그것이 미치는 도덕적, 종교적 영향력을 감안하여 용의주도하게 선정되었으며, 의혹의 여지가 있는 구절은 모두 삭제되었다.

¶31_ 이것은 분명히 교육에 관한 견해로서 대단히 협소한 것이었으며, 성 시랑이 살아 있는 한, 포르 루아이알 학교가 그 협소한 교육관을 탈피할 가능성은 매우 희박하였다. 그러나 그의 죽음과 더불어 학교의 일은, 신앙에 관한 근본적인 문제에 있어서는 그를 따르면서도 또한 그 당시 불란서에 널리 퍼져 있던 새로운 정신에 접한, 젊은 사람들의 손으로 넘어갔다. 그 결과로, 데카르트의 원리와 불란서인의 애국적 감정에 의하여 종래의 엄격한 요소들이 상당히 수정되기에 이르렀다.

¶32_ 성 시랑의 사후 얀센파의 '고독자들'* 이 내건 목표도 기독교적인 인격형성에 있다는 점에서는 종래와 다름이 없었지만, 그들의 교육과정에서는 지적인 면의 공부가 훨씬 확고한 위치를 차지하게 되었다. 수학과 과학과 역사는 '변론 교단'에서만큼 중요시된 것은 아니라 하더라도, 종래의 학교에 비하면 크게 중요시되었다. 그러나 종래의 학교에 비하여 가장 큰 차이는 언어 공부에 있었다. 성 시랑이 고전에 대하여 가지고 있었던 회의와 불신이 고전의 교육적 가치를 진심으로 인정하는 쪽으로 그 방향이 전환되어, 고전을 가르치는 데에 훨씬 더 주의를 기울이게 되었다. 이 점에서 보면 포르 루아이알 학교는 당시의 일반적인 학교에 더 가까이 간 것으로 볼 수도 있겠지만, 한 가지 중요한 점에서 일반적인 교육 실제와 차이를 나타내었다. 그것은, 그들의 학교에서는 처음부터 끝까지 라틴어가 아닌 불란서어로 수업을 하였다는 것이다. 또한, 이로 말미암아 그들이 고전을 가르칠 때에는 고전 공부를 통하여 모국어를 더 잘 파악하는 데에 도움이 되도록 하는 면에 더 강조를 두었다. 고전을 불란서어로 번역하는 것이 불란서어를 라틴어나 희랍어로 번역하는 것보다 더 중요한 것으로 생각되었다. 한 마디로 말하여, 포르 루

아이알 학교의 교사들은 불란서어가 그 자체로서 공부할 가치가 있다는 위대한 발견을 한 것이다. 훨씬 뒤에 그 학교의 교육 방법에 관하여 설명하면서 쿠스텔* 은 다음과 같이 말한다. '우리의 불란서어가 다다른 완벽의 절정을 생각할 때 우리가 그것을 약간 열심히 연마해야 한다는 것은 지극히 당연하다. 사실상, 불란서어가 현재와 같이 그 표현이 풍부하고 그 구절이 고귀하고 그 형용이 정확 심오하고, 그 전환과 우회가 미묘하고 그 동작이 활달하고 그 비유가 찬란하고, 그리고 마지막으로 그 시어가 완벽하게 장엄하고 고상한 적은 일찍이 없었다. 온 세계의 여러 나라 국민들이 서로 다투어 이 언어의 모든 아름다움을 배우려고 기를 쓰는 이때에 정작 그 나라의 아이들은 야만인이 된다면 이것은 참으로 수치스러운 일이다.'[1)]

---

1) Barnard, *The Little Schools of Port Royal*, p. 119.
* solitaries　* Coustel

¶33_ 학교 설립자인 성 시랑의 아동에 대한 사랑은, 데카르트를 공부한 결과로 사고의 '명징성'* 을 추구하게 된 그 제자들로 이어지면서, 한편으로는, 교육의 기초로서 아동의 본성에 관한 좀 더 면밀한 지식을 언으려는 열망으로, 그리고 또 한편으로는, 학생들이 공부해나가는 동안에 당면할 모든 불필요한 어려움을 덜어줄 수 있는 수업 방법을 찾기 위한 끊임없는 노력으로 나타났다. 이 두 가지 방향 중에서 앞의 것은 아동 연구의 시작을 나타내며, 그런 점에서 아마 더 중요하다고 볼 수 있을 것이다. 예컨대 쿠스텔은, 교사는 학생이 나타내는 정신 유형의 차이를 고려해야 한다는 원리를 표명하고 있다. '만약 의사가 몸의 여러 가지 기질을 알지 못하고는 몸을 낫게 하는 적절한 치료를 처방할 수 없다면, 만약 농부가 밭의 토질을 알지 못하고 씨를 뿌려서는 안 된다면, 학교 선생 또한 그가 개발해야 할 학생의 지력이 어떤 유형에 속하는지 알아야 한다는 것은 의심할 여지가 없다.'[1)] 퀸틸리아누스 이래로 교육자의 상식적인 생각을 표현한 것에 불과한 이 일반적 원리에 만족하지 않고 쿠스텔은 더 나아가서 매우 현대적인 논조로 아동에서 나타나는 여러 가지 정신 유형과 각 유형에 적절한 교육적 조치를 논의하고 있다.

---

1) Barnard, p. 90.
* clearness and distinctness

¶34_ 그 밖의 다른 교사들은 아마 이런 식으로 아동의 마음을 분석하는 데에 그다지 관심이 없었겠지만, 수업을 아동에게 적응시키려고 노력한 점에서는 모든 교사가 한 마음이었다. 쉬운 학습 방법을 고안하는 데에 누구나 관심이 쏠려 있었다는 것을 보여 주는 한 가지 놀라운 보기는 파스칼이, 자신은 학교 선생이 아니었으면서도, 포르 루아이알의 학생들을 위하여 읽기를 가르치는 '綴音法철음법'*—글자의 음성가를 사용하여 읽기를 가르치는 방법 — 을 발명했다는 사실에서 찾아볼 수 있다. 학교 공부의 공통적인 원리는, 학습은 잘 알고 있는 것에서 출발해야 한다는 것이었다. 학교의 교사들이 라틴어를 가르치기 전에 먼저 모국어를 가르친 것도 이 원리를 따른 것이다. 그러나 그들은 코메니우스와는 달리 지식 그 자체를 위한 지식에는 별로 관심이 없었으며, 따라서 그들은 지식의 획득보다는 표현에 더 강조를 두었다. 그들의 첫째 목적은 아동들로 하여금 훌륭한 라틴어 문장을 쓰는 준비로서 훌륭한 불란서어 문장을 쓸 수 있도록 하는 것이었다. 그러나 여기에 목적을 두면서도 그들은 또한 아동의 마음을 구체적인 사물로 향하도록 하여, 아동 자신의 경험에 관하여 글을 쓰게 하거나 아니면 아동이 읽은 책에 나온 주제에 관하여 글을 쓰게 하였다. 일단 학생의 불란서어 공부가 충분히 진척되면 그 다음에 라틴어 공부를 하도록 하되, 여기서도 학생들이 잘 알고 있는 것에서 흥미를 찾도록 하였다. 물론, 학생은 문법의 규칙을 배웠지만, 흔히 하던대로 직접 라틴어의 문법을 배우지 않고 불란서어로 된 랑슬로*의 요약판 문법 교과서를 사용하면서, 그와 동시에 특별히 준비된 번역문을 통하여 나중에 공부하게 될 고전 작가에 관한 예비 지식을 습득하였다. 문법 지식을 어느 정도 갖춘 뒤에 학생들은 라틴어의 작품을 읽고 번역하였다. 다시 여기서도 주된 고려는 문학적 雅趣아취에 있었다. 번역에서 따른 주요한 규칙은 그들의 이 고려를 잘 나타내어 주고 있다. '(가) 원문의 정신과 문체가 가능한 한 그대로 보존되도록 할 것, (나) 산문과 운문의 미적 차이가 번역에 충분히 반영되도록 할 것, (다) 번역은 노예적인 직역이어서는 안 되며 불란서 작가가 쓴 글과 똑같이 우아하고 자연스러울 것, (라) 번역은 뜻이 분명하도록 할 것, 필요하면 원문을 길게 풀어쓰며 원문이 너무 길 때는 여러 개의 문장으로 분할할 것, (마) 충분한 이유가 제시될 수 있는 경우 이외에는, 원문에 나와 있지 않은 것은 결코 번역에 나오지 않도록 할 것, (바) 귀에 거슬리는 압운*은 피할 것.'[1] 다른 학교에서 문법 공부 직후에 하는 라틴어 작문은, 이 학교에서는 라틴 작가에 대한 이와 같은 세밀한 번역으로 그 기초가 충분히 다져질 때까지 연기되었다. 심지어 그때에 가서도, 흔히 하듯이 주어진 구절을 라틴어로 옮기는 것보

다는 라틴어 작가에서 읽은 내용을 직접 라틴어로 재생하는 것을 더 중요시하였다.

---

1) Barnard, p. 134.
* phonetic method * Lancelot * jingles

ㄲ 35_ 포르 루아이알 학교와 그 학교로 대표된 삶의 태도는 불란서 교육에 새로운 정신을 불어 넣었다. 심지어, 데카르트의 철학과 같은 혁신적인 사상을 금지함으로써 현대적 사고를 의도적으로 배제했던 파리 대학조차도 17세기가 저물어 갈 무렵에는 그 幽暗유암에서 빠져 나오기 시작하였다. 그 대학에서도 불란서어와 불란서 문학이 약간의 인정을 받았으며, 데카르트의 원리에 입각한 포르 루아이알의 방법이 시사하는 바를 따라, 중세부터 이 대학에서 머뭇거리고 있던 형식적인 논리 연습 대신에 더 나은 교육 방법이 사용되기 시작하였다. 대학의 역사학 교수로서 세 차례나 파리대학의 총장을 지낸 샤를르 롤렝*(1661-1741)은 이 개혁 운동에 상당히 중요한 역할을 담당한 사람으로서, 그의 경험을 요약한 「교과론」*(1726-1728)은 그가 얀센 신학의 영향을 받았다는 명백한 증거를 보여주고 있다.

---

* Charles Rollin * *Treatise on Studies*

4 궁정교육

ㄲ 36_ 기원 16세기에 거의 모든 부유 계층은 자녀를 문법학교나 이와 유사한 종류의 학교에 보냈다. 그러나 종교개혁과 종교전쟁에 뒤따른 큰 사회 변화는 이때까지 그런 학교들이 주로 배출해낸 성직자 계층과 중류 계층으로부터 귀족과 지주 계층을 더욱 분리시키는 결과를 가져 왔다. 여기에 따라서 서부 유럽 전역에 걸쳐, 청년 귀족들에게 궁정과 국가의 임무를 위한 준비를 갖추도록 하는 새로운 종류의 교육에 대한 요구가 일어났다. 이 새로운 교육의 대본은 르네상스의 황금시대에 이탈리아에서 놀랄 만한 성공을 거두면서 발전된 궁정교육에서 당장 빌어올 수 있었다. 비토리노와 구아리노의 학교에서 보는 것과 같은 교육 사례와 카스틸리오네의 「廷臣정신의 書서」에 제시된 것과 같은 교육의 귀족적 이상을 이제 막 문화가 새로 정착하려고 하는 그 곳의 실정에 맞게 적응시키기만 하면 그것으로 충분하였다. 이탈리아에 있어서와 마찬가지로 여기서도 젊은 신사의 교육은

두 가지 형태를 취하였다. 대다수의 젊은이들은 집에서 개인교사로부터 교육을 받았으며, 그 개인교사는 모두 그런 것은 아니지만 대체로 교회 인사들이었다. 높은 계층에 속하는 가정에서는 대체로 특별히 뛰어난 사람이나 훌륭한 학자를 자녀의 개인교사로 채용하였다. 예컨대 영국의 경우에, 로저 아스캄* 은 공주 시절의 엘리자베스 여왕을 가르쳤으며 그로부터 한 세기 후에 존 로크는 샤프츠베리 백작* 아들의 개인교사를 지냈다. 독일에서는 위대한 수학자요 철학자인 라이프니츠*가 보이네부르크 남작*의 열여섯 살된 아들의 공부를 돌보아 주었고, 불란서에서는 보쉬에*와 페널롱*이 루이 14세의 두 아들의 개인교사로 있었다. 그 밖의 소년들은 험프리 길버트 경*의 「엘리자베스 여왕의 아카데미」*(1572)에 묘사된 것과 같은, 귀족 자제를 위한 특별 학교에서 교육을 받았다. 독일에도 이와 유사한 것으로서, 웨스트팔리아 조약 이후 한 세기 동안 내내 수적으로 상당히 번성한 '기사의 아카데미'가 있었으며, 불란서의 경우에는 리슐리우 재상과 국왕의 후원 하에, 투르*에 있었던 것과 같은 아카데미가 여기저기에 생겼다.

---

* Roger Ascham * Earl of Shaftesbury * Leibnitz * Baron von Boyneburg * Bossuet
* Fénelon * Sir Humphrey Gilbert * *Queen Elizabeth's Academy* * Tours

¶ **37**_ 불란서 궁정의 영화와 권력이 커짐에 따라 파리와 베르사이유는 이런 종류의 특별 교육의 중심지가 되었다. 영국의 시민전쟁은 귀족의 발흥을 억제하고 그 교육기관인 아카데미의 발달에 불리한 여건을 조성하였다. 또한, 독일의 귀족은 그들 자신의 행동 양식과 문화의 후진성을 의식하고 어느 나라의 것이든지 본받을 만한 것이 있으면 기꺼이 그것을 받아들일 태세가 되어 있었다. 이런 상황에서 루이 14세의 궁정은 의심의 여지없이 출중하게 두각을 나타내었으며, 사회적인 면에서나 지적인 면에서 유럽 전체에 유행의 모범이 되었다. 모든 나라의 문벌 높은 청년들이 그 개인 교사와 후견인들을 거느리고 그곳에 와서, 학예와 품위의 공인된 표본인 불란서 귀족들과 직접 접촉하면서 삶에 관한 지식과 예법을 습득하였고 불란서에서 체득한 완벽한 신사의 이상을 자기 나라로 가지고 돌아갔다.

¶ **38**_ 이 理想이상의 영향 하에서, 개인 교사의 형태를 취하는 것이든 아카데미의 형태를 취하는 것이든 할 것 없이, 귀족을 위한 교육은 종래의 교육과는 근본적으로 다른 양상을 띠게 되었다. 젊은이를 르네상스의 이상에 맞는 학자로 만드는 훈련은 군대나 관직에서 조국을 위하여 봉사하도록 부름을 받을 지상의 인간

을 위해서는 그 범위가 너무 제한되어 있다는 느낌을 주었다. 그 훈련은 행동보다는 지식에 더 강조를 두었고 그것을 통하여 전수되는 지식 또한 공적 생활을 위한 준비로서는 적절하지 못하였다. 이러한 결함을 시정하기 위해서는 교육과정에 근본적인 변화를 가하지 않으면 안 되었다. 라틴어는 신사라면 누구나 알아야 하는 교과로서 여전히 가르쳐지기는 했지만, 그것이 누리던 영예는 이제 사라졌다. 이제 라틴어는 다소간 형식적, 피상적으로 배우는 교과가 되었으며 산문이나 운문의 라틴어 작문은 장차 라틴어로 글을 쓰지 않을 사람에게는 불필요하다고 하여 대개 생략되었다. 고전의 쇠퇴에 비례하여 현대어와 현대 문학은 새로운 영예의 자리로 부상하였다. 범세계적인 언어로서의 불란서어에 관한 완벽한 지식이 필요불가결한 것은 말할 것도 없고, 이태리어를 숙지하는 것도 그에 못지않게 중요하였으며, 때로는 영어와 스페인어도 여기에 포함되었다. 대학에서 여전히 큰 비중을 차지하고 있는 논리학, 수사학과 변증법은 대강 훑어 보듯이 공부하지만, 스콜라 철학은 데카르트와 그 후계자들의 철학에 완전히 밀려났다. 뿐만 아니라, 옛날의 4과*를 대신하여 새로운 과학이 그 실제적 적용과의 직접적인 관련 속에서 다루어졌으며 통치술의 보조 수단으로서 역사, 지리, 법률, 정치학이 특별히 중요시되었다. 전체적으로 보아, 젊은 '신사'의 교과목은, 만약 철저하게 학습된다면 — 십중팔구 그렇게 되지 못했지만 — 적어도 젊은 '학자'의 교과목에 못지않게 포괄적인 내용을 담고 있고 집중과 노력을 요구하는 것이었다고 말할 수 있다. 그러나 또한, 젊은 학자의 경우와는 달리, 젊은 신사의 경우에는 그 교과목의 성격상 거기서 배운 내용을 정중한 예법의 세밀한 훈련을 통하여 보완할 수 있다는 이점이 있었다. 그 모든 교과목에서 지식을 전수받는다 하더라도, 젊은 신사가 결코 잊어버려서는 안 될 중요한 사실은, 그가 장차 되어야 할 것은 實務人실무인*이요 書冊人서책인*이 아니라는 것이었으며, 이 점에서 그는 마음뿐만 아니라 몸에도 상당한 배려를 해야 한다는 것이었다. 어떤 상황에서도 그를 돋보이게 할 예절과 처신은 세밀한 수업을 필요로 하는 교육 내용이 되었으며, 전시나 평화시를 막론하고 활동에 적합한 신체적 조건을 갖추어 줄 모든 게임 — 검술, 승마, 사냥, 정구, 무도 등등 — 은 그의 훈련의 일상적 부분으로 들어왔다. 그것은 여러 면에서 이상적인 교육이었으며, 적절한 수정을 가하면 다른 계층의 젊은이에게로 확대해도 좋은 교육이었다. 그러나 그 교육이 17세기와 18세기를 통하여 내내 번창하였음에도 불구하고 — 그 교육은 산업혁명과 불란서 혁명이 가져온 사회적 변화로 말미암아 그것을 떠받쳐 주던 체제 전체가 무너질 때 비로소 사라졌다 — 그것이 교육의 전반적 진로에 미친 영향은 놀랄 만큼 미미하였다. 귀족 아카데미에 다닌 젊은이들과 동일한 사회 계층의 젊은이들이 다닌, 영국의 퍼블릭 스쿨*에서 그랬듯이, 여기저기서 게임과 스포츠가 학교생활의 귀중한 부분으로 인정되기는 했지만, 아카데미 교육체제의 가장 훌륭한 특징인 교과의 현대화는 보통 학교의 교육 실제에 거의 아무런 영향을 미치지 못하였다.

---

* quadrivium * man of affair * man of book
* public school, 영국, 독일, 불란서의 중등 학교인 public school, grammar school(영), Gymnasium(독), lycée(불)는 모두 그 명칭에 있어서 희랍, 로마의 학교에 기원을 두고 있다. 즉, 영국의 경우에는 앞에서 '공공학교'와 '문법학교'로 번역된 public school과 grammar school, 독일의 경우에는 '체육관'(체육학교)에 해당하는 희랍어 gumnasion(gymnasium, 라틴어), 그리고 불란서의 경우에는 희랍 체육관의 이름이었던 lukeion(lyceum, 라틴어)이 학교의 일반 명칭으로 채택되었다.

¶ 39_ 궁정 교육의 영향이 이와 같이 미미하였던 데는 여러 가지 이유가 있었겠지만, 그 중의 한 가지는 분명히 그 교육의 이상과 방법이 적절한 문헌의 형태로 표현되지 않았다는 데서 찾아볼 수 있을 것이다. 어떤 면에서든지 그 교육을 대표한다고 볼 수 있는 사람으로서 글을 쓸 만한 사람은 모두 왕실이나 귀족 자제의 개인교사 일을 보았다. 곧 살펴보게 될 존 로크의 경우는 다소간 예외이지만, 일반적으로 그들의 견해는 너무 해당 개인에 국한된 것이어서 그것을 궁정 교육의 일반적 설명으로 간주할 수는 없다. 이 점은 이 관점에서 글을 쓴 가장 저명한 불란서 교육자인 페널롱의 경우에 특히 잘 드러난다.

¶ 40_ 프랑수아 드 살리냐끄 들라 모트 페널롱*(1651-1715)은 교회와 국가의 공직에 많은 인재를 배출한 불란서 귀족 가문 출신이었다. 사제로서의 그의 생애의 시작부터 그는 열성이 뛰어났다. 그 열성 때문에 그는 新신가톨릭 수녀회*의 회장직에 임명되었다. 신가톨릭 수녀회는 위그노파의 소녀들을 가톨릭 신앙으로 이끌어 들이기 위하여 파리에 설립된 단체였다. 그가 수녀들의 교육에서 뛰어난 성과를 거두게 되자 그의 후견인인 보빌리에 공작부인*은 그녀의 여덟 딸의 교육을 위한 조언을 요청하였고 페널롱은 그 요청에 응하여 서른의 나이에 「소녀교육론」* 이라는 조그만 논술을 썼다. 몇 년 뒤 이 논술이 출판되었을 때 루이 14세*는 페널롱에게 그의 손자이며 결국 그의 후계자가 된 부르군디 공작*의 교육을 맡겼다. 이 왕실의 제자는 조금만 그의 뜻을 거슬리면 격분을 터뜨리는, 성미가 고약한 소년이었지만, 그를 통하여 불란서 왕국을 개혁할 가능성을 본 페널롱의 요령 있는 취

급 하에서 그는 완전히 딴 사람이 되었다. 그 소년은 이제 유쾌하고 상냥하고 겸손하고 검소하며, 거의 종교적인 편집광처럼 되어 궁중 생활에는 전혀 관심이 없는 사람으로 변화하였다. 페널롱이 그를 교육하는 데에 사용한 방법은 「소녀교육론」에 나타난 그대로였으며, 그는 이것을 특히 그 왕실 소년의 교육을 염두에 둔 세 권의 유명한 책에서 더 자세히 설명하였다. 그것은 「우화」*, 「사자의 대화」*, 그리고 「텔레마코스」*였다. 페널롱의 노력에 대한 보답으로 루이 14세는 그를 캉브라이 대주교*로 임명하였다. 그러나 국가에 대한 혁명의 견해를 담고 있는 「텔레마코스」의 출판으로 신랄한 신학적 논쟁에서 그가 취한 입장은 그에 대한 왕실의 총애를 빼앗아갔다. 그전에 그에게 내려진 '불란서 아동의 지도자'*라는 칭호는 몰수되고 그는 나머지 생애를 오로지 대주교직에 국한하다시피 하여 보내었다.

---

* François de Salignac de la Mothe Fénelon * sisterhood of New Catholics
* Duchess of Beauvilliers * *On the Education of Girls* * Louis XIV * Duke of Burgundy
* *Fables* * *Dialogues of the Dead* * *Telemachus* [*Telemachos*] * Archbishop of Cambrai
* preceptor of the children of France

¶41_ 「소녀교육론」은 어느 면으로 보나 위대한 책이라고는 할 수 없다. 그 조직은 산만하고 그것을 뒷받침하고 있는 심리학은 조잡하며, 종교 교육에 관계되는 내용을 제외하고는 그것에 제시된 교과의 수업방법의 처방은 극도로 모호하다. 그렇지만 그것은 교육에 관한 책 중에서 진정으로 위대한 것으로 인정되고 있는 대부분의 책들보다도 훨씬 더 교육의 발전에 중요한 의미를 가진다. 그것이 특별히 관심을 가지는 여성교육에 있어서나 교육 일반에 있어서나 그것은 교육사상사에 있어서 새로운 출발점을 마련하였다. 도대체 그것이 여자의 교육을 문제 삼았다는 사실 자체가, 여성에 대한 문예부흥기의 허용적인 견해가 이미 망각되고 부유한 계층의 소녀들이 교육을 받지 않거나 수녀원에서 좁은 문맹적 경건을 훈련받던 그 당시로서는 대단히 큰 의의를 가지고 있었다. 페널롱 자신은 여성에 관하여 그다지 높은 이상을 가지고 있지 않았다. 예컨대 그는 '학식있는 여자'*의 가능성을 믿지 않았다. 그의 의견으로는, 여자에게는 남자가 가지고 있는 대부분의 지식이 필요하지 않았다. 여자는 나라를 다스릴 수도, 전쟁을 할 수도, 성직에 들어갈 수도 없으며, 따라서 정치학, 법률, 철학, 신학을 공부하지 않고도 충분히 잘 살아갈 수가 있다. '여자들은 장차 언젠가 가정을 잘 다스릴 줄 알게 되고 가정 일로 남편과 말다툼을 하는 일 없이 남편에게 복종할 수 있게 된다면 그것으로 충분하

다.'[1] 그렇기는 해도 그는 여자가 전적으로 무지한 상태에 방치되는 것을 바라지는 않았다. 무지한 여자는 자신의 몸을 청결하게 건사할 줄 모르며 정신적 태만으로 심신에 다같이 해를 입는다. '여자들은 남이 무슨 말을 하고 무슨 행동을 하는지 알고 싶어 안달을 한다. 그들은 모든 것을 전해 듣기를 바라고 그것을 다른 사람에게 전해 주고 싶어 한다. 그들은 허영심이 많고 그 때문에 수다스럽다. 그들은 경박하고 그 때문에 잠자코 생각할 줄 모른다.'[2] 페넬롱은 이런 결함의 치료법을 여성에게 적합한 문제에 관한 '견실한 공부'에서 찾는다. 종교적 지식에 관한 광범한 훈련에 추가하여, 그는 여자들에게 읽기, 쓰기, 산수, 음악, 그림을 가르쳐야 한다고 생각하며, 또한 가사를 돌보는 능력을 길러 주어야 한다고 생각한다. 이것은 그다지 개화된 교육 프로그램은 아니지만, 그 당시의 일반적인 교육 실제에 비하면 크게 진보한 것이며, 또한 그 속에는 그 이상의 진보를 위한 싹이 들어있다. 그것은 그 나름으로, 사람들에게 각자의 삶의 처지에 맞는 준비를 갖추도록 한다는 새로운 아이디어에 해당하는 것으로서, 이것은 궁정교육이 후세에 전해 준 가장 중요한 원리였다. 또한 여기에 덧붙여서, 그것은 불란서 상류 계층 사이에 보다 적절한 여성 교육의 운동을 일으킨 계기가 되었다.

---

1) Fénelon, *On the Education of Girls*, chapter i. 2) chapter i.
* learned woman

¶42_ 페넬롱의 교육적 견해로서 소녀의 교육에 관한 것보다 더 중요한 것은 그의 논의 전체에 깔려 있는, 교육의 시작 — 교육을 언제 시작하는가 — 에 관한 견해이다. 그가 논의의 출발점으로 삼는 아이디어는 매우 어린 나이에 교육을 시작할 필요가 있다는 것이다. 그가 지적하는 바에 의하면, 아동은 심지어 제대로 말을 할 수 있기 전부터 교육을 받을 수 있다. 아동의 두뇌는 유연하여 어떤 인상이든지 아주 쉽게 받아들일 수 있다. 말을 배울 때 아동은 단순히 수많은 단어를 기억 속에 저장하는 것이 아니라 그 의미에 관한 그 나름의 관념을 형성한다. 또한, 주위에 있는 사람들의 행동은 그에게 좋게든 나쁘게든 간에 강력한 영향을 미친다. 그러므로 교육자는 이 초기 몇 년 동안을 결코 소홀히 보내서는 안 된다. 물론, 이 단계에서 교육자가 하는 일은 주로 소극적인 성격을 띨 것이다. 교육자는 '자연을 따르고 자연을 도와주는 것에 만족하지 않으면 안 된다.' 그는 마음보다는 몸에 더 주의를 기울여야 한다. 그는 억지로 수업을 강요하거나 격렬한 감정을 일으켜서 아동의 건강을 해치는 일이 없도록 주의하여야 한다. 정신적인 측면에서 주로 해야

할 일은 아동이 자기 자신의 힘에 관하여 그릇된 판단을 내리는 일이 없도록 하는 것이다. 아동으로 하여금, 성인의 도움은 그의 무력 때문에 필요하다는 것을 깨닫도록 해 주어야 하며, 그의 연약한 힘을 무작정 찬양함으로써 아동이 허영이나 교만에 빠지는 일이 없도록 하여야 한다. 예컨대 아동이 질문을 하면 평이하고 정확한 대답을 해 주되 그와 동시에 새로운 질문을 하여 그가 알고 있는 것이 얼마나 보잘 것 없는 것인가를 암시해 주어야 하며, 그의 이상이 발달해 감에 따라 그 전의 그의 무지를 끊임없이 상기시킴으로써 언제나 겸손한 태도를 지니도록 해 주어야 한다.

¶43_ 페넬롱은 아동기에 나쁜 영향을 받지 않도록 하는 소극적인 면에 주로 관심을 가졌지만, 또한 그는 어린 나이에 적극적인 의미에서의 교육 — 비록 보통의 '교육'과 종류가 다른 것일 망정 — 을 시작할 가능성이 있다는 것을 인정한다. 그러나 그는 보통의 학교 교육이 저지르는 잘못, 즉 아동의 의사에 반하여 억지로 라틴어를 배우도록 하는 잘못을 저질러서는 안 된다고 생각한다. 그는 가능한 한 간접적인 수업 방법을 쓰도록 지시한다. 아동의 마음은 연약하다는 것이다. 아동의 이성에 호소하는 것이 별로 소용이 없는 이유는 '흔히 생각하듯이, 모든 관념과 이성의 일반적 원리는 나중에 가서야 획득되며 이 단계의 아동에게는 그런 것이 아직 생기지 않았다는 데에 있는 것이 아니라, 아동은 이미 이성을 가지고 있되 다만 그 이성을 적용하는 데 필요한 많은 사실을 아직 모르고 있다는 데에 있으며 두뇌의 불안정성으로 말미암아 사물들을 서로 관련지어 생각할 수 없다는 데에 있다.'[1] 아동의 유일한 욕망은 쾌락에 있다. 그런데, 불행하게도 보통의 교육에서는 쾌락과 노력을 분리하여, 공부는 노력과, 그리고 오락은 쾌락과 관련된다고 생각한다. 이 사태는 공부를 즐거운 것으로 만드는 방향으로, 그리고 노력을 자유와 쾌락으로 위장하는 방법으로 바뀌어야 한다. 외부적인 형식을 갖춘 수업은 적게 할수록 더 좋다. 정식 공부보다 더 유용한 무한한 양의 공부가 유쾌한 대화 속으로 슬그머니 끼어들 수 있다. '나는 다양한 배경과 능력을 가진 아이들이 놀이를 하는 동안에 읽기를 배우는 것을 보아왔다. 그 경우에 가르치는 사람이 하는 일은 아이들의 눈 앞에 놓여 있는 책에서 끌어낸 재미있는 이야기를 해 주면서 아이들이 자신도 모르는 사이에 글자를 익히도록 하는 것이다. 그렇게 하고 나면 아이들은 이 즐거움의 원천을 스스로 찾아갈 열성을 가지게 된다.'[2] 쓰기 또한 이와 유사한 방법으로 가르칠 수 있다.

1) Fénelon, chapter vii. 2) chapter v.

¶44_ 이 '간접적 수업'*에서 교사는 아동기의 자연적 성향을 잘 활용하지 않으면 안 된다. 호기심은 이 목적을 위하여 특별한 가치를 가진다. '예컨대 아동이 시골에서 물방아를 보고 그것이 무엇인지 알려고 한다면, 사람이 먹는 음식이 어떻게 만들어지는가를 가르쳐 주어야 한다. 아동이 들에서 추수하는 농부에게 주의가 끌리면 그 농부들이 무슨 일을 하는지, 밀 씨앗을 어떻게 뿌리며 그것이 땅에서 어떻게 불어나는지를 설명해 주어야 한다. 마을에서 아동은 여러 가지 기술로 물건을 만들고 여러 가지 종류의 상품을 파는 가게를 보게 된다. 아동이 이런 것들에 관하여 질문을 할 때에는 그것에 대하여 기쁨과 만족을 표시하여야 한다. 이런 식으로 하여 우리는 인간에게 쓰이는 모든 것들이 어떻게 하여 만들어지는가를 하나씩 하나씩 가르칠 수 있을 것이다. 점차적으로, 특별히 공부를 하지 않고, 아동은 그들에게 필요한 모든 물건들을 만드는 올바른 방법과 각각의 정당한 가격을 배우게 될 것이다. 이런 식으로 그의 호기심이 북돋아지면, 그의 마음에는 좋은 자료의 덩어리가 축적되고, 적당한 시기가 오면 그는 그것을 스스로 잘 정리하고 체계적으로 추리하게 될 것이다. 이 시기가 오기까지는 아동이 저지르는 추리의 오류를 바로 잡아주고 적당한 기회를 보아 이따금 올바른 결론을 이끌어 낸다는 것이 어떤 것인지 느끼도록 하는 것으로 충분하다.'[1] 간접적 수업이 활용될 수 있는 또 한 가지 중요한 성향은 모방이다. 아동이 모방을 할 때에는 오직 최선의 모범만 따르도록 하는 것이 대단히 중요하다. 그에게 나쁜 본을 보여 줄 가능성이 있는 사람은 아무도 그 근방에 있도록 하지 말아야 한다. 어쩌다가 아동이 좋지 못한 사물이나 행동을 목격하게 되면, 교사는 즉시 그것에 대하여 논평을 해 줌으로써 나쁜 영향을 완화시켜야 한다.

1) Fénelon, chapter iii.
* indirect instruction

¶45_ 이상 여러 아이디어를 종합적으로 적용하여, 페널롱은 이야기가 학습의 보조 수단으로서 큰 가치를 가지고 있다는 것을 강조한다. 아닌게 아니라, 이것이 수업기술에 대한 그의 한 가지 결정적인 공헌이라고 말할 수 있다. 그는 그 특유의 위풍당당한 논조로 다음과 같이 말한다. '아동은 바보 같은 이야기를 열렬히 좋아한다. 아이들이 그들에게 해 주는 이야기를 들으면서 기뻐서 어쩔 줄 모르거나 눈물을 흘리는 것을 우리는 날마다 보게 된다. 아동의 이 성향을 놓치지 말고 활용하라. 아이에게 해주는 이야기에 정신을 불어 넣으라. 이야기 속의 등장인물이 직접

말하도록 하라. 예컨대 성경의 요셉 이야기를 해줄 때, 요셉의 형제들은 악질처럼 말하도록 하고 야곱은 부드러운 아버지, 상심한 아버지처럼 말하도록 하라. 요셉의 말도 요셉 자신의 말처럼, 이집트의 재상으로서 그 형제들에게 겁을 주고 난 뒤에 그들 앞에 자신의 정체를 드러낼 때는 기쁨에 넘치는 어조로 말하도록 하라. 이 꾸밈없는 드라마는 그 이야기의 경이와 함께 아동을 매혹시킬 수 있을 것이다.'[1] 말재주가 뛰어난 아동은 그 이야기를 다른 사람에게 다시 들려주고 싶어 할 것이며, 아동이 그것에 익숙하게 된 뒤에는 그의 기분을 상하게 하지 않으면서 이야기를 잘 하는 방법을 일러 줄 수 있을 것이다. 아동이 여러 명 있을 경우에는 단계적으로, 그들이 들은 이야기 속의 등장인물의 배역을 담당하도록 유도할 수도 있다. 「소녀교육론」에서 이야기는 오직 종교 수업의 방법으로 제안되어 있지만, 어린 부르군디 공작을 가르칠 때 페넬롱은 그것을 여러 상황에서 자유롭게 사용하고 있다. 그의 「우화」는 좋은 것이든 나쁜 것이든 그 왕실 제자의 행동을 겨냥하여 하루에 하나씩 쓴 것이다. 「사자의 대화」는 보편적 역사에 관심을 불러일으킬 목적으로 역사상 모든 시대의 사람들을 등장시킨 역사 개설이다. 「텔레마코스」는 그 왕실 제자를 통하여 언젠가 불란서 정치가 개혁되리라는 희망을 가지고 이상적 사회를 그린 왕손용 정치 교육서이다. '교육적 놀이'의 이론이 이 세 권의 책에서보다 더 완벽하게 실제적인 형태로 나타난 예는 찾아보기 어렵다.

---

1) Fénelon, chapter v.

5 청교도의 교육 개혁

¶46_ 영국의 제임스 1세*와 찰스 1세*의 치하에서 청교도*의 정치적 세력이 꾸준히 성장한 것은 베이컨 사상의 영향이 크게 확장되는 결과를 가져 왔다. 사실상, 베이컨 자신은 청교도가 아니었지만, 그의 사상 속에 지적 자유의 필요성에 대한 강조와 함께, 마음의 잠재적인 능력에 있어서는 모든 사람이 평등하다는 신념이 들어 있었기 때문에 그의 철학은 청교도에 의하여 그들 자신의 민주주의적 견해와 잘 부합되는 것으로 받아들여졌다. 기원 1640년에서 1660년 사이, 청교도 주의가 상승 일로에 있던 그 역사적인 시기에 교육을 논하는 영국 사람은 거의 누구나 — 또 그 숫자도 많았다 — 다소간은 베이컨주의자였다는 사실은 다른 어떤 것

보다도 여기에 그 원인이 있었다고 볼 수 있다. 사실상, 몇몇 경우에 있어서는 주된 영향이 베이콘에서 온 것이 아니라 코메니우스에서 온 것이라는 사실 때문에 이것이 잘 드러나지 않았다. 그러나 대체로 보아 양자 사이의 차이는 대수로운 것이 아니었다. 교육에 관련된 베이콘의 견해는 대부분 어떤 방식으로든지 코메니우스의 손에 의하여 실제적인 지침으로 번역되었으며, 그 뿐만 아니라 코메니우스의 도덕적, 종교적 기질 때문에 더욱 청교도주의에 가깝게 수정되었다. 그러므로 직접적으로든 간접적으로든, 교육의 문제에 관한 청교도 사상을 이끈 원리는 베이콘에서 나왔다고 말할 수 있다.

---

* James I　* Charles I　* English Puritans

¶47_ 그러나 몇 가지 근본적인 문제를 예외로 치면, 그 당시 교육이 베이콘의 영향 일색으로 되었다고는 말할 수 없다. 우선 베이콘의 주장 자체가 미완결된 형태로 남아 있는 부분이 많아서 개인에 따라 상이한 해석을 불러일으킬 여지가 있는데다가, 베이콘파에 속하는 것으로 볼 수 있는 교육자들은 모두 개성이 뚜렷하고 서로 상당히 다른 관점을 가지고 있어서 그들이 모든 문제에서 의견이 일치될 가능성은 대단히 희박하였다. 이 집단의 중심인물은 사뮤엘 하틀리브*(약 1600-1670)로서, 그는 폴란드 상인의 아들로 태어나서 1628년에 독일에서 영국으로 이주해 온 뒤에 그의 평생과 재산을, 주로 교육적 성격을 띤 여러 가지 자선사업을 추진하는 데에 바쳤다. 하틀리브 뿐만 아니라 코메니우스 — 코메니우스를 런던에 오도록 설득한 사람은 하틀리브였다 — 와도 면밀한 유대를 가졌던 사람으로 존 듀리*(1596-1680)가 있다. 그는 사해동포적인 관심을 가진 목사로서 그의 삶의 주된 목적은 유럽에 있는 개신교 집단을 하나로 결속시키는 데에 있었지만, 이따금 틈을 내어 한두 권 업적으로 손꼽을 만한 교육 저작을 썼다. 그 중에서 가장 잘 알려진 것은 「학교의 개혁」*이다. 그 밖에 하틀리브의 동료들로는, 처음에는 자신이 세운 사립학교에서, 그리고 나중에는 문법학교의 교사였고 「아동의 몫」* (1640)과 「문법의 빛과 과학의 문」*(1641)을 쓴 헤제키아 우드워드*(1590-1675), 공화정 당시의 라틴어 담당 장관이며 시인으로 1640년 이래 7년 동안 사립 아카데미를 운영하였고 1644년에 하틀리브의 요청에 의하여 「교육론」*이라는 논설을 쓴 존 밀톤*(1608-1674), 학자, 해양가, 발명가, 외과 의사, 측량 기사, 경제학자, 왕립과학협회의 공동 창립자이며 「특정한 분야의 학문적 발전을 위하여 사

뮤엘 하틀리브씨에게 드리는 나의 충고」*(1623-1687) 이외에 여러 글을 쓴 만능의 윌리암 페티*(1623-1987) 등을 들 수 있다. 여기서는 이들 여러 사람의 특징적 견해와 교육적 제안에 관하여 간략하게 언급하는 것으로 충분하다.

---

* Samuel Hartlib * John Dury * *The Reformed School* * *The Child's Portion*
* *A Light to Grammar and a Gate to Science* * Hezekiah Woodward
* *Of Education* * John Milton
* *Advice of W. P. to Mr. Samuel Hartlib for the Advancement of some Particular Parts of Learning*
* Sir William Petty

¶48_ 하틀리브가 한 가장 훌륭한 일은 그의 친구들을 고무하여 교육에 관한 글을 쓰도록 한 것과 그들의 견해를 자신이 직접 주장함으로써 그것을 정부와 일반 국민에게 알린 것이다. 하틀리브 자신의 교육적 저작은 베이콘과 코메니우스에 크게 의존하고 있다. 그의 가장 독창적인 제안은 1650년에 「런던의 자선사업 확대방안」*이라는 논술을 통하여 의회에서 발의한, 빈민 자녀의 교육을 위한 교부금을 지급하라는 내용의 제안일 것이다. 그는, 국가는 그것이 가지고 있는 권력을 행사함으로써 교육을 사회 개선의 수단으로 사용할 수 있다는 데 대하여 강한 신념을 가지고 있었다. 듀리는 많은 점에서 하틀리브와 생각을 같이하였다. 「학교의 개혁」에서 그는 영국에 불란서의 교회교육협회와 같은 교육협회를 설립하기 위한 그의 한 친구의 방안을 자세히 설명하고 있다. 그의 일반적 관점은 명시적으로 베이콘을 따르고 있다. 예컨대 그는 위의 책에서 다음과 같은 형태의 보편적 학교체제를 역설하고 있다. 즉, 여덟 살이나 아홉 살에서 열세 살이나 열네 살 사이의 아동은 '세계에 존재하는 모든 자연물과 인공물에 특별한 방법으로 상상력을 작용함으로써 그것에 관하여 체계적으로 사고하고 그것이 가지고 있는 여러 가지 성질과 그것이 여러 가지 기술에 의하여 인간에게 유용하게 사용되는 방식을 관찰하며', 그 후 열아홉 살이나 스무 살까지는 교회와 국가의 어떤 직위에도 적합한 인물이 될 수 있도록 모든 유용한 과학과 예술을 학습하고 연마한다는 것이다. 윌리암 페티경은 이 아이디어를 더욱 발전시켰다. 그는 단순히 구체적인 경험을 강조하고 교사에게 '감각에 주어진 사실'에서 출발하라고 하는 것에 만족하지 않고, 보통의 학교를 모든 계층의 아동들이 어떤 종류의 것이든지 수공기술을 배우는 직업학교로 전환해야 한다고 주장한다. 그뿐만 아니라 더 나아가서, 그는 '기술대학'*을 세워서, 구체적인 사물과 행위를 주된 관심으로 삼고 그것을 기초로 하여

모든 직업에 관련되는 지식을, 특별히 마련된 교과서를 통하여, 배울 수 있도록 할 것을 제안한다. 존 밀톤은, 얼른 보기에는, 페티나 그 밖의 하틀리브의 동료들과 거의 공통점이 없는 것처럼 보인다. 그가 관심을 가지는 교육은 일반 대중의 교육이 아니라 '우리의 고귀한 신사 청년'을 위한, 아카데미에서 시행되는 교육이다. 그것은 고전어에 수학, 의학, 현대어 등 여러 가지 현대 교과를 곁들인 포괄적인 교육이지만, 거기서 모국어는 완전히 제외되어 있다. 밀톤은, 자신은 '수많은 현대판 언어입문과 대교수학 따위'는 거들떠보기도 싫다는 식의 경멸조의 말로 그 당시 교육의 지배적인 경향에 대한 반대 의사를 거의 공공연하게 표명하고 있지만, 사실상 그가 이런 식으로 빗대어 비난하는 코메니우스에 대하여, 자신이 인정하는 것보다 훨씬 더 동조하고 있다. 우선 그의 문제부터가 바로 코메니우스의 문제였다. 그는 '순전히 그 시시한 라틴어와 희랍어를 많이 긁어모으느라고 칠팔 년씩을 낭비하는 것'을 방지하고자 하였다. 그 문제의 해결 방향 또한 코메니우스의 경우와 거의 동일하였다. '우리의 이해는 이 몸을 가지고 하는 만큼, 그것은 감각적인 사물에 기초를 둘 수밖에 없으며 신이나 비가시적인 것에 관한 분명한 지식에 도달하는 것도 가시적이고 열등한 피조물을 차근차근 질서정연하게 조사하는 것 이외에 달리 방법이 없다. 그러므로 모든 분별 있는 교육은 이와 동일한 방법을 반드시 따라야 한다.' 여기서 따라오는 실제적 귀결은 언어가 아닌 사물이 공부의 일차적인 대상이 되어야 한다는 것이다. 학생이 라틴어와 희랍어를 읽는 것은 언어를 배우기 위해서가 아니라 전쟁이건 농사건 과학이건 그 밖에 또 무엇이건 간에 옛날의 저자가 제공하는 정보를 배우기 위해서이다. 밀톤에 관한 한, 그것이 무슨 언어로 되어 있는가 하는 것은 중요한 문제가 아니다.

---

* *London's Charity Enlarged* * gymnasium mechanicum

¶49_ 베이콘과 코메니우스의 원리를 교실의 실제에 적용한 가장 흥미 있는 보기는 헤제키아 우드워드의 저작에서 찾아볼 수 있다. 그가 실시하기를 바라는 교육은 아동이 어떤 삶의 처지에 있든지 간에 그가 하는 일을 '좋은 이해의 바탕 위에서' 할 수 있도록 해 주는 교육이다. 그는 다음과 같이 말한다. '나의 경우를 말하면, 가령 나에게 자식이 있어서 그를 농사 일이나 뱃사람 일, 아니면 그것보다 덜 힘드는 일을 시키고자 한다면, 나는 다른 부모가 그 자식을 대학에 보내려고 할 때와 조금도 다름없는 선의를 가지고 기꺼이, 먼저 그의 마음의 밭을 갈고 비료를

주는 그런 공부를 충실히 시키겠다.' 그로서 이런 견해를 가지기가 그다지 어렵지 않았던 것은, 그는 모든 사람이 습득할 수 있는 자연에 관한 지식에 단순히 과학뿐만 아니라 도덕과 종교로 가는 문이 있다고 보았기 때문이다. '감각을 통하지 않고 자연적으로 이해에 들어오는 것은 아무 것도 없기 때문에', 모든 아동에게 있어서 지혜의 첫 단계는 주위에 있는 물체에서 오지 않으면 안 된다. 그러나 순전히 보고 듣는 것만으로는 충분하지 않다. 동물도 보고 듣지만, 둔하고 지능이 없다. 아동은 자연을 공부하되 인간의 지식에 비추어서 해야 하며, 그의 이해는 '권한부여'*를 받고 그의 심정은 '조명'*을 받아야 한다. 온 세상은 지적인 의미와 도덕적인 의미로 충만해 있으며, 교사가 하는 일은 아동으로 하여금 스스로 그것을 발견할 수 있도록 도와주는 것이다. 이런 맥락에서 언어 공부의 필요성은 자명해진다. 감각경험에서 이해로 이행하는 데에는 언어의 사용이 불가피한 것이다. '아동이 쉽게 또 즐겁게 공부해 나가는 경우를 눈여겨보면, 그것은 이해와 언어가 한 치의 앞뒤도 없이 나란히 나아가는 경우임을 알 수 있다.' 우드워드가 강하게 주장하는 바와 같이, 여기서 언어라는 것은, 말할 필요도 없이, 아동의 모국어를 가리킨다. '모국어는 모든 것의 기초이다.' 언어 공부의 방법도 원리에 있어서는 자연 공부와 비슷하게, 아동 자신의 경험에 직접 기초를 두어야 한다. '벌써 1년 전부터 아이는 어머니, 하인과 하녀, 존과 조안 모두를 부를 줄 알게 되었다. 그는 어머니에게 의자나 그 밖의 물건을 놓고 어머니의 무릎이나 호주머니에서 사과, 호두, 앵두 등등을 꺼냈다. 그리고 나서 그는 어머니에게 이 말의 품사가 무엇인지, 고유명사는 이런 이런 것들이고 보통 명사는 이런 이런 것들이며, "그 사람"은 남성이고 "그 여자"는 여성이며 "의자"는 그 중의 어느 것도 아니라는 식의 말을 하였다. 날카롭다든가 달콤하다는 말을 하면 그는 포도나, 식초, 사과, 꿀, 설탕 등등, 그 말이 나타내는 것이 무엇인지 말하지 않고는 직성이 풀리지 않았다. 이제 그는 그 누구에 못지않게 형용사를 잘 안다. 마치 그는 혀끝으로 그것을 즐기는 것 같다.' 이런 식으로 하여 아동은 문법과 통사를 배워 나간다. 이 설명에서 끌어낸 우드워드의 결론은, '만약 문법이 이런 식으로 감각의 문에 들어갈 수 있다면, 모든 과학은 그와 동일한 빛에 의하여, 그와 동일한 문에서 따라나온다'[1]는 것이다.

---

1) Foster Watson, *English Grammar Schools to 1660*, pp. 291-2.

* enfranchised * enlightened

¶50_ 공화정*기간 동안에 학교에 특별한 배려가 주어졌다는 사실은 교육에 관한 청교도의 논의에 교육의 중요성에 관한 깊은 믿음이 깔려 있었다는 명백한 증거가 된다. 기존의 학교가 격렬한 교회 체제의 변화 속에서도 주도면밀하게 보존된 것은 물론이요, 두개의 '복음전파령'*에 의하여 웨일즈와 북부 잉글란드의 상당수의 학교가 신설되었다. (한 가지 주목할 만한 사실로서, 복음전파령에 의하여 선덜란드*에 설립된 한 학교는 그 설립의 목적을 '선원직이나 그 밖에 필요한 직종에 요구되는 읽기와 산수를 가르치는 것'으로 규정하고 있다.) 만약 청교도가 이끈 공화정이 그 정권을 계속 유지하였더라면 하틀리브와 그의 동료들이 제안한 교육 프로그램의 상당 부분이 실지로 실현되었을 가능성이 있다. 그러나 왕정복고(1660)로 말미암아 그 가능성은 무위로 끝났다. 새로 들어선 정부는 모든 학교 교사를 영국국교* 일색으로 동화시키는 것 이외에는 교육에 아무런 관심을 보이지 않았다. 그 새 정부가 교육에 관하여 도대체 어떤 것이라도 이상을 가지고 있었다면 그것은 국왕 찰스와 불란서 출신의 그의 정신들에서 나온 것이었으며 그 이상은 대체로 말하여 일반 대중의 삶의 조건과는 너무나 멀리 떨어져 있는 것이어서 학교 교육에는 전혀 영향을 미칠 수 없었다. 그러나 비록 청교도주의가 쇠퇴의 비운을 겪기는 했지만, 특히 '국교 통일령'* 이후 대거 설립된 사립 학교에는 여전히 생생한 힘을 발휘하였다. 그 학교 중의 몇몇은 베이콘의 정신을 이어받아 수학학교, 항해학교, 상업학교 등으로 전문화하였다. 그뿐만이 아니다. 청교도 정신은 17세기의 마지막 10년 동안에 다시 한번, 청교도 교육철학의 본질을 장차 새로운 세기에 전해 줄 중요한 교육적 저작 속에서 새 생명을 얻었다. 그 저작은 존 로크의 「교육론」*이다.

---

* Commonwealth (1649-1660) * *Act for the Propagation of the Gospel* * Sunderland
* Church of England * Act of Uniformity * *Thoughts Concerning Education*

¶51_ 존 로크*(1632-1704)는 소머세트*라는 작은 마을에서 태어나서 청교도인 아버지의 보호 아래에서 어린 시절을 보내었다. 웨스트민스터 학교에서 위대한 리차드 버즈비*의 가르침을 받고 난 뒤에 그는 옥스포드 대학의 크라이스트 처치 칼레지*로 옮아와서 거기서 얼마 동안 희랍어, 수사학, 도덕철학의 강의를 하였다. 그러나 데카르트를 읽은 결과, 그의 마음 속에는 옥스포드 대학의 스콜라 철학에 대해서만 아니라 좁은 청교도 신학에 대해서도 반발이 일어나서, 그의 아버지의 부동산을 유산으로 물려받은 것을 기회로 하여 실험삼아 의업에 전념하였다. 그는 일이 년 동안 아마추어로서 의사 일을 보았지만, 의사로서의 자격 요

건을 완전히 갖추지는 못하였다. 이러한 상태에서 그는 아슐리공*(훗날의 샤프츠베리 백작)과 친교를 맺게 되어 그의 개인 비서가 되었다. 그 후 몇 년 동안 사업과 정치로 바쁜 나날 속에서 그는 틈을 내어 과학과 철학을 공부하였으며, 1690년, 17년의 노력 끝에 유명한 「인간오성론」*을 출판하였다. 그의 부차적인 저작 중에서 주로 사회적, 사상적 자유를 주창하기 위하여 쓴 것이 그의 「교육론」(1693)이다. 이 책의 원제('교육에 관한 몇 가지 생각'*)에 나타나 있듯이, 그것은 약간의 破寂파적거리로 썼다는 느낌을 준다. 그 원래의 글은 소머세트 마을의 어떤 친구에게 그의 아들의 훈련을 위하여 조언을 하는 일련의 편지 형식으로 되어 있었으며 출판을 염두에 두고 쓴 것이 아니었다. 물론, 현재와 같이, 출판된 상태로서도 그 글에는 다소간 비공식적인 편지의 성격이 여전히 남아 있다. 그러나 그렇기는 해도, 그것은 그 이면에, 그것에 통일성을 부여하는 것으로서, 로크가 그의 후견인의 아들과 나중에 가서는 그 손자의 교육을 돌보는 동안에 얻은 모든 경험, 그리고 폭넓은 철학사상에서 우러난 모든 실제적 통찰을 담고 있다. 「교육론」에 대한 보완적인 저작으로서, 유작으로 출판된 「悟性오성의 驅使구사」*가 있다. 이 책은 젊은이가 그의 마음을 가장 잘 개발하려면 어떻게 해야 하는가를 보여 주고 있으며, 로크의 계획으로는 「인간오성론」의 주장을 실제적인 측면에서 부연한 일종의 부록에 해당한다.

---

* John Locke * Somerset * Richard Busby * Christ Church * Lord Ashley
* *Essay concerning Human Understanding* * *Some Thoughts concerning Education*
* *Of the Conduct of the Understanding*

¶52_ 「교육론」에서 교육에 관한 그의 견해를 피력할 때 로크는 고의적으로 그 당시 문법학교 교육 실제의 대부분에 대하여 반대하는 입장에 선다. 그러나 사실상 그의 반대는 어떤 종류의 학교에든지 모두 해당된다. 그는 학교의 모범생이 되는 것에도 무엇인가 이득이 있다는 것을 인정하지만, 학교 교육에서 오는 불리점은 그 이점을 상쇄하고도 남는다고 생각한다. 학교 교육에 대한 그의 첫째 반론은 청교도적 편견의 일단을 보여주고 있다. '학교에서 선생이 학생의 예절을 바로잡아 주는 일을 할 수 있게 되고, 학생의 혀를 학식 있는 언어에 길들이는 것만큼 학생의 마음을 덕에 길들이는 것에 큰 성과를 낼 수 있게 되기 전에는, 학교가 언어에 그토록 높은 가치를 부여하는 오늘날의 사태는 참으로 기이하다고 말할 수 밖에 없다. 말하자면 학교는 고대 희랍인과 로마인의 언어를, 그들을 그토록 용감

한 사람으로 만든 것 그것보다 더 중요시하면서, 약간의 희랍어와 라틴어를 위하여 귀한 자녀의 순진성과 덕을 위태롭게 해도 좋다고 생각하는 것이다.'[1] 여기서 로크가 말하고자 하는 것은, 학교는 학문을 위하여 덕을 희생시키고 있다는 것이다. 그러나 명백히 이 비판의 이면에는 학교에서 공부하는 보통의 교과목에 대한 그에 못지 않게 강한 반론이 깔려 있다. 사실상, 그는 나중에 이 반론을 명시적으로 제기한다. '현재 유럽의 학교에서 유행하고 있는 학문, 그리고 통상적으로 교육의 판도 안에 들어가는 학문의 대부분은 신사가 능히 갖추지 않아도 좋은 것들이며, 그것을 갖추지 않았다고 하여 그 자신이 경멸을 받을 필요도 없을뿐더러 그가 하는 일이 편견을 받을 필요도 없는 그런 것들이다.'[2] 그것보다는 소년의 아버지가 그에게 사람들에 관한 올바른 지식을 갖추도록 해 주는 것이 훨씬 좋은 교육이 된다고 로크는 생각한다. '아들에게 언어나 유식한 학문보다도 이런 것을 가르쳐 주는 것이 더 중요하다고 생각하지 않는 아버지는 사람들을 올바르게 판단하고 그들을 상대로 현명하게 처신하는 것이 희랍어와 라틴어를 말한다든지 미사여구로 논변하는 것보다 얼마나 유용한지를 망각한다. 아니, 그것은 희랍 로마의 저자들을 無不通知무불통지하는 것보다 더 중요하다. 물론, 그 희랍 로마의 저자들은 인간을 잘 그려내었으며 이 방면의 지식에 가장 큰 빛을 던져주는 것이 사실이다. 그렇기 때문에 신사가 되는 데에는 그들의 저작에 통달하는 것이 소요학파나 데카르트의 철학을 잘 아는 것보다는 그래도 낫다.'[3] 그러나 학교에 대한 로크의 반론은 여기에 그치지 않는다. 그는 학교 교육에 대한 또 하나의 반론, 이번에는 방법에 관한 반론을 제기한다. 이 문제와 관련하여 먼저, 로크가 문법학교의 전통이 되다시피 한 심한 체벌을 매도하는 구절을 살펴볼 필요가 있다. 로크의 주장은, '매질은 아동의 잘못을 바로잡아 주는 데에 사용되는 최악의 수단이며, 따라서 최후로 사용되어야 할 수단이다.'[4] '채찍질을 하지 않으면 결코 책을 들지 않는 아이들이 많이 있다'는 주장에 대하여 로크는 반박하기 어려운 대답을 한다. '이것은 내가 보기에는 보통의 학교에서 유행하는 언어, 다른 것과 그 타당성이 비교된 일이 없는 그 언어 때문이다. 그렇지 않다면 어째서 라틴어와 희랍어 공부에는 몽둥이가 필요하며 불란서어와 이태리어 공부에는 몽둥이가 필요하지 않은가? 아이들은 춤과 검술은 채찍질을 하지 않아도 잘 배운다. 아니 산수, 그림 등등도 매질 없이 잘 배운다. 이것으로 미루어 보면, 그 나이 또래의 아이에게 문법학교에서 가르치려고 하는 내용이나 그것에 사용되는 방법에 무엇인가 이상한 것, 자연스럽지 않고 비위에 거슬리는 것이 있음에 틀림없다. 심한 회초리질을 하지 않고, 또는 심한 회초리질을 하면서도, 아이들에게 그것을 배우도록 할 수 없는 것은 당연한 일이다.'[5] 이 이후의 구절에 나타나 있는 바와 같이, 교육방법의 결함은 언어를 가르치는 데에 분석적 방법을 사용한다는 데에 있다. 교사는 한 구절을 번역하는 도중에 불쑥 한 명사의 주격형을 말하라고 하거나 '제거하다'라는 동사를 그 구성요소로 분해하여 가르친다. 로크가 생각하기에 이것은 보통 학생들에게는 크게 잘못된 방법이다. 학자에게는 언어의 문법을 잘 아는 것이 중요할지 모르지만, 아동의 경우에는 그렇지 않다. '언어는 처음에는 기계적 반복과 습관과 암기로 학습되며, 나중에 문법의 규칙이 완전히 망각되었을 때 가장 완벽한 상태로 나타난다.' '문헌 비평가가 된다든지 라틴어로 연설을 하거나 편지를 쓸 생각도 없는 사람들이 어째서 라틴어 문법을 배우느라고 시간을 낭비하며 골머리를 앓는지 나는 알 수 없다.'[6]

---

1) Locke, *Thoughts Concerning Education*, §70.　2) §94.　3)§94.
4) §84.　5) §86.　6)§167.

¶53_ 결과적으로 말하여, 로크는 학교에서 이루어지는 학습을 교육으로 간주하지 않는다. 그가 보는 교육은 소년을 하나의 개인으로 취급할 때 비로소 올바르게 이루어질 수 있다. '각 개인의 마음은 그 얼굴이 그렇듯이 각각 특이성을 가지고 있으며',[1] 이 점을 고려하지 않고서는 교육이 있을 수 없다. '선생의 근면과 기술을 과대평가해서는 안 된다. 선생이 50명 또는 100명의 학생을 감독하는 것은 불가능하며, 학교에 같이 모아 놓는다고 해서 달라질 것은 없다. 그 많은 학생들을 데리고는 선생이 책을 가르치는 것 이외에 무엇인가를 잘 가르칠 수 있으리라고 기대해서는 안 된다. 마음과 예절을 형성해 주는 데는 끊임없는 주의와 아이 한 사람 한 사람에 대한 특별한 지도가 필요한 것이다.'[2]

---

1) Locke, §216.　2) §70.

¶54_ 그렇다면 로크가 '아이 한 사람 한 사람'이 받아야 한다고 한 그 교육은 어떤 것인가? '건전한 신체 안의 건전한 정신'* 이라는 격언에 나타나 있는 바와 같이, 로크가 '진흙 집'이라는 기괴한 비유로 표현하는 몸에 대해서는 적절한 보살핌이 필요하다. 로크는 '몸이 마음의 명령에 복종하고 그것을 실행하도록 몸을 튼튼하고 힘차게'[1] 하는 데에 필요한 강인한 조치에 대하여 장황한 처방을 내리고 있다. 그 다음에 그는 교육의 핵심적 부분을 고찰한다. 그의 청교도적 경향을 보여주

는 구절에서 로크는 다음과 같이 말한다. '신사가 그의 아들에게 물려주는 부동산 이외에, 그 아들이 가지기를 바라는 것은 이 네 가지에 모두 들어 있다. 그것은 덕과 지혜와 품위와 학식이다.'[2] 여기서 흥미 있는 것은 이 네 가지의 분류와 배열이다. 첫째로 꼽힌 덕은 '사람이 자신의 욕망을 부정하고 본능적 경향을 억제하며, 생리적 욕구와는 반대된다고 하더라도 이성이 지시하는 방향을 최선의 것으로 믿고 그것을 따를 수 있다'[3]는 사실에 나타나는 마음의 완성을 뜻한다. 이것은 개인적 측면에서 본 교육의 목적이다. 그 다음, 로크가 지혜와 품위라고 부른 것은 두 가지 사회적 자질이다. 지혜는 삶에서의 자신의 일을 올바르게 처리하는 능력을 뜻하며, 품위는 사회적 관계에서의 처신을 잘 하는 능력을 뜻한다. 학식이 마지막에 온 것은, 학식은 필요하기는 하지만 나머지 세 가지에 비하여 부차적인 중요성을 가진다는 뜻을 나타낸다.

---

1) Locke, §31. 2) §134. 3) §33.
* a sound mind in a sound body [Mens sana in corpore sano 라틴어]

¶55_ 그러나 참으로 기이한 것은, 소년의 교육에 관한 세부적인 방안을 다루는 부분에 가서 로크는 올바른 처신 문제에 관해서는 거의 말하지 않는 자가당착에 빠진다는 것이다. 그에 의하면 도덕교육은 신을 올바르게 아는 것, 거짓말하지 않는 것, 명랑하고 활발한 것 등으로 귀착된다. 실제적 지혜의 훈련에 있어서도, 예컨대 소년의 마음은 위대하고 고귀한 생각으로 고양되어 허위와 교활에서 벗어나야 한다는 식의 몇 가지 상투적인 말을 할 뿐, 별로 이렇다할 방안은 없다. 여기에 덧붙여서 로크는, 그 밖에도 도덕에는 시간과 경험과 관찰, 그리고 사람과의 접촉을 통하여 학습되어야 할 것이 있으며, 이것은 '무지하고 부주의한 아동기나 무절제한 열정과 경솔한 판단에 사로잡힌 청년기에는 기대할 수 없다'[1]고 말한다. 그리하여 로크는, 학식이 다른 것에 비하여 중요하지 않다고 말하면서도, 덕이나 지혜보다는 학식에 관하여 더 말을 많이 하고 있다. 여기서 우리의 주된 관심사는 그의 종합적인 교과 프로그램에 있다. 그 프로그램은 여섯 개의 교과군으로 되어 있다. (가) 읽기(이것은 소년이 말을 하자마자 시작된다), 그 다음에 쓰기, 그 다음에 그리기, 혹은 속기, (나) 불란서어(이것은 아이가 영어를 말할 수 있게 되는 즉시 회화를 통하여 학습된다), 그리고 일이 년 후에 라틴어, 그리고 영어는 내내 공부한다, (다) 지리(천체로서의 지구) — 이것은 대수, 천문학, 기하로 연결되며 연대기와 함께 역사, 특히 로마사로 완결된다, (라) 윤리학, 그 자료는 성경에서

뽑아내며, 소년이 라틴어를 읽을 때에는 키케로의 「의무론」*에서 뽑아낸다, 나중에는 국제법과 국내법, (마) 영어의 화술과 저작술, (바) 무도, 검술, 승마, 주로 재배와 목공 등의 한두 가지 수공 작업, 부기. 여기에서 의도적으로 삭제된 교과는 희랍어, 수사학과 논리학, 음악과 그림, 자연철학과 관련 과학이다. (자연철학이 삭제된 것은 '자연의 일은 우리의 발견 능력과 파악 능력을 훨씬 능가하는 지혜에 의하여 고안된 것이며, 우리의 과학으로 그것을 요약한다는 것은 전혀 불가능하기'[2] 때문이다.)

1) Locke, §140. 2) §190.
* *De Officiis*

¶ **56**_ 이것은 넓은 동시에 좁기도 한 교육과정이다. 그것을 넓다고 말하는 것은, 그 당시의 궁정교육이 그러했듯이, 그것이 젊은 신사를 궁정이나 공직에서의 그의 의무에 적합한 인물로 만드는 데에 필요한 모든 교과를 포함하고 있기 때문이다. 그것을 좁다고 말하는 것은, 일반적인 문화를 기준으로 하여 판단할 때 거기에는 문학과 그 밖의 위대한 예술적 관심사가 배제되어 있기 때문이다. 그렇지만 거기에는 또한 그것이 나타내는 다분히 파렴치한 공리주의에 대한 보상이라고 할 만한 것이 들어 있다. 즉, 그 교육과정은 그것의 제약 그 자체로 말미암아 이전의 교육자들이 정당하게 취급하지 못했던 몇 가지 교과목들을 두드러지게 부가시켰다는 것이다. 예컨대 영어를 자유자재로 구사할 수 있도록 철저하게 학습시켜야 한다는 로크의 탄원에는 훌륭한 점이 있으며, 그러한 탄원은 그 이전의 다른 사람들도 그와 동일한 주장을 했다는 사실과 무관하게 타당성을 가진다. '영국의 신사가 끊임없이 사용해야 할 언어는 영어인 만큼, 그가 주로 함양해야 할 언어는 영어이며, 그가 가장 세밀히 그 문체를 갈고 다듬어야 할 언어도 영어이다… 나는 여기서 희랍어와 라틴어가 나쁘다고 말하는 것이 아니다. 나는 그것도 공부해야 한다고 생각하며, 적어도 라틴어는 신사라면 누구나 잘 이해해야 한다고 생각한다. 그러나 젊은이가 무슨 외국어에 손을 대든지 간에 (물론, 그것도 많이 알수록 더 좋다), 그가 비판적으로 연구하고 자신의 생각을 자유롭게, 분명하게, 우아하게 표현할 수 있도록 힘을 쏟아야 하는 언어, 그리고 이런 경지에 이르도록 매일 매일 연습해야 할 언어는 그의 모국어이다.'[1] 이후의 교육 발전을 위하여 이보다 더욱 중요한 것은 신사의 교과목에 수공을 포함시켜야 한다는 로크의 주장이다. '아동의 부산한 성향을 언제나 그에게 유용한 것으로 향하도록 이끌어야 하는 만큼, 아

동에게 시키는 일이 그에게 이익이 된다고 볼 수 있는 경우는 두 가지이다. (가) 연습을 통하여 습득되는 기술 그 자체가 가질 가치가 있는 경우. 언어와 과학의 기술뿐만 아니라, 그림, 선반, 재배, 담금질, 철공, 그리고 그 밖의 모든 유용한 기술이 그것이다. (나) 연습이, 그 밖의 다른 고려 없이, 건강에 필요하거나 유용한 경우.'[2] 물론, 이것이 수공훈련의 근거 전부는 아니지만 그 중요한 부분임에는 틀림이 없으며, 그것이 이후의 교육자들에게 미친 영향 또한 무시할 수 없다.

1) §189. 2) §202.

¶57_ 로크의 교육적 주장에 관한 설명을 완결하자면, 그의 「오성의 구사」를 고찰할 필요가 있다. 이 책의 핵심적 아이디어는 하나의 문장으로 제시될 수 있다. '우리는 태어날 때 거의 아무 것이나 할 수 있는 힘과 능력을 가지고 태어난다. 적어도 그것은 우리가 쉽게 상상할 수 있는 수준을 훨씬 능가한다. 그러나 우리가 실지로 무슨 일인가를 할 능력과 기술을 가지게 되는 것은 오직 연습을 통해서이다… 몸의 경우가 그렇듯이 마음에 있어서도 우리는 연습과 실행이 만들어 주는 그대로의 모습이 된다.'[1] 여기서 한 가지 주목할 점은, 이 관점은 「교육론」의 관점과는 완전히 다르다는 것이다. 「교육론」에서 고찰된 교육은 특정한 종류의 삶을 위한 준비로서의 교육이며 그것은 매우 특수적인 의미를 가지는 반면에, 「오성의 구사」에서 논의되는 교육은 삶의 종류와는 관계없는 지력의 준비로서의 교육이며 이 점에서 그것은 매우 일반적인 의미를 가진다. 이 양자의 대비를 다른 방식으로 표현하자면, 「교육론」은 교육의 목적을 특정한 형식의 지식과 기술의 획득이라는 객관적인 용어로 규정하는 반면에 「오성의 구사」는 지적 능력의 도야라는 주관적인 용어로 교육의 목적을 규정한다고 말할 수 있다. 아마 이 두 관점 사이의 차이를 전연 의식하지 못했기 때문이겠지만, 로크는 이 두 가지 사이의 관련을 거론조차 하지 않는다. 일반적인 형식적 도야의 대상으로서의 정신적 부소능력이라는 것은 실지로 존재하지 않는 허구일지도 모른다는 사실에 대해서는 로크는 전혀 생각이 미치지 못한 것이 분명하다. 사실상, 이 점에 있어서는, 그의 전시대나 후세를 막론하고, 부소능력의 훈련과 사회적 기능을 위한 준비는 동일한 사실의 대안적 표현이라는 것을 단순하게 무비판적으로 가정한 수많은 교육자들도 그와 다름이 없다.

1) Locke, *Of the Conduct of the Understanding*, §4.

참고문헌

ANDREAE, J.H. : *Christianopolis*, translated by F.E. Held, Oxford.

BRINSLEY, J. : *Ludus Literarius*, edited by E.T. Campagnac, Liverpool, 1917.

COMENIUS, J.A. : *The Great Didactic*, translated by M.W. Keatinge, London, 1910 (second edition) ; *The School of Infancy*, translated by W.S. Monroe, Boston, 1896 ; *The Way of Light*, translated by E.T. Campagnac, London, 1938.

J. Kvacsala, *Die pädagogische Reform des Comenius*, Berlin, 1892 ; S.S. Laurie, *John Amos Comenius*, London, 1881 ; W.H. Maxwell, *The Text Books of Comenius* ; W.S. Monroe, *Comenius and the Beginnings of Educational Reform*, New York, 1920 ; *The Teacher of Nations* (Essays and Addresses commemorating his visit to England), Cambridge, 1942.

FENELON, F. : K. Lupton, *Fénelon's Education of Girls*, Boston, 1890.

HARTIB, S. : J.H. Turnbull, *Hartlib : Life and Relations to Comenius*, Oxford, 1920.

HOOLE, C. : *A New Discovery of the Old Art of Teaching School*, edited by E.T. Campagnac, Liverpool, 1913.

LOCKE, J. : *Some Thoughts Concerning Education*, edited by E. Daniel, London, 1880, and R. H. Ouick, Cambridge, 1880 ; *Conduct of the Understanding*, edited by T. Fowler, Oxford, 1880 ; *The Educational Writings of John Locke*, edited by J. W. Adamson, London, 1992.

MILTON, J. : *Tractate of Education*, edited by O. Browning, Cambridge, 1883 ; A.F. Leach, *Milton as Schoolboy and Schoolmaster, Proc. Brit. Acad.*, 1909 ; O.M. Ainsworth, *Milton on Education*, Yale University Press, 1928.

PEACHAM, H. : *The Complete Gentleman*, edited by G.S. Gordon, Oxford, 1906.

PORT ROYAL : Barnard, *The Little Schools of Port Royal*, Cambridge, 1913. *The Port Royalists on Education,* Cambridge, 1918 ; C. Beard, *Port Royal*, London, 1861 ; F. Cadet, *Port Royal Education*, English Translation, London, 1898 ; J. Carr'é, *Les P'édagogues de Port Royal*, Paris, 1887.

제 10 장

18세기의 교육

1 학교와 대학

¶1_ 활발한 사변과 무기력한 실제의 대조라는, 17세기 유럽 교육 전반의 두드러진 특징은 그 다음 18세기에 와서 더욱 두드러지게 나타났다. 조그만 마을 학교에서 대학에 이르기까지 종류 여하를 불문하고 거의 모든 교육기관이 쇠퇴와 타락을 나타내고 있었다. 스코틀란드와 독일의 일부 지역을 제외한 유럽 전역에서 대부분의 일반시민은 전연 교육을 받지 못하였으며, 비교적 운이 좋은 사람들도 대다수는 최악의 조건 하에서 교육을 받았다. 그 사람들을 가르친 교사들은 남자건 여자건 할 것 없이 거의 대부분 무식하였으며, 교사로서 그들이 내세울 만한 자격이라고는 교직 이외의 다른 어떤 직업도 가질 수 없다는 것 정도였다. 학교를 운영하는 일은 대부분의 경우, 다른 장사에서 벌어들이는 빠듯한 생활비를 보충하는 수단으로 여겨졌으며, 학과 공부는 교사의 살림집이나 가게에서, 일상적인 집안 일이나 장사 일과 함께, 그 틈을 타서 이루어졌다. 심지어 별도의 교실에서 공부하는 경우에도, 학생들은 진도에 따라 등급별로 반을 나눈다든지 하는 특별한 조치가 없이 한꺼번에 무더기로 배웠다. 학교에서 가르친 교과목은 대체로 3R — 읽기와 쓰기와 종교*— 이었으며, 보통의 3R에 들어가는 산수*는 교사에게 너무 어렵다는 이유에서 제외되는 경우가 보통이었다. 뿐만 아니라, 이런 부실한 교육도 불과 몇 년밖에 기회가 주어지지 않았으며 보통 아이의 교육은 길어야 열 살이나 열한 살이 되면 끝이 났다. 문법학교의 교육도 대부분의 경우에 이것보다 별로 나을 것이 없었다. 여기저기에 능력이 뛰어난 교사들이 더러 있어서 학문의 수준을 유지하고 있었지만, 그 당시 어디서나 교사의 일에 대한 보수는 극도로 인색하

였으며 이로 말미암아 교사의 질과 교육의 질은 날이 갈수록 저하되어 갔다. 그것은 그렇다치고, 이미 틀이 잡힌 학교들이 정관에 의하여, 또는 전통에 의하여 부득이 가르치고 있던 고전적 교육과정은 라틴어가 구어나 문어로 살아 있었던 당시에 그것이 가지고 있었던 매력과 위세를 잃어버리고 당대의 현실적 필요와는 어이없이 동떨어져 있었다. 예컨대 1762년에 불란서 방방곡곡에서 올라온, 예수회 학교의 불모성에 대한 불평이나, 1795년에 영국의 대법원 판사 케니온*이 문법학교에 대해서 퍼부은 비난 — '네 벽을 둘러보아도 공부하는 사람은 없고, 봉급이나 기부금을 받는 것 말고는 아무 것도 제대로 할 수 없는 학교' — 중의 어느 것을 들어 보더라도 우리는 옛날의 그 좋았던 학교가 빠진 처참한 지경을 뼈아프게 목격할 수 있다. 마치 이 모든 참상의 대미를 장식하기라도 하듯이, 유럽 전역에 걸쳐 대학은 거의 예외 없이 지성의 센터로서의 높은 자리로부터 밑바닥으로 굴러 떨어졌다. 기원 18세기가 지나가는 동안에 파리나 옥스포드와 같이 오랜 전통을 가진 대학은 그 긴 역사에서 일찍이 볼 수 없었던 침체의 늪에 빠졌으며, 심지어 새로 생긴 대학들조차도 대다수가 허약하고 무기력하여, 예컨대 라이프니츠와 같이 뛰어난 능력을 가진 사람들은 그런 대학과 관련을 맺기를 꺼렸다.

---

* reading, writing, and religion * arithmetic * Lord Chief Justice Kenyon

¶2_ 이것은 분명히 암담한 그림이다. 그러나 그렇다고 하여, 배경에서 새어나오는 희미한 약속의 불빛마저 보이지 않을 정도로 어두운 색깔을 칠한다면 그것은 잘못이다. 이 상황에서 가장 고무적인 조짐은, 말할 필요도 없이, 대부분의 사람들은 학교와 대학의 열악상을 너무나 잘 알고 있었다는 사실, 그리하여 그들은 그 개혁을 열렬히 바라고 있었다는 사실에 있었다. 이것이 있었기 때문에 이상주의적 성향을 가진 사람들은 교육을 보는 전체적인 안목을 근본적으로 바꾸어 놓은 웅대한 방안을 설계할 수 있었고 실제적인 면에 관심을 가진 사람들은 기존의 교육 현실을 보다 나은 것으로 개선할 수 있었다. 그리고 이와 같이 이론과 실제 면에서 이루어진 많은 성과는 19세기에 가서 교육이 곧장 전진의 발걸음을 내어디딜 수 있도록 길을 닦아 주었다.

¶3_ 그 당시의 형편으로 보아 당장 눈에 띄는 가장 큰 진전은 이때까지 소홀히 취급되었던 대중교육의 분야에서 이루어졌다. 앞에서 살펴 본 바와 같이, 이 방

면으로의 첫 걸음은 1682년에 불란서에서 라 살르*가 기독교 학교를 설립한 것에서 시작되었다. 루이 14세의 칙령에 나와 있는 바와 같이, 그 설립의 목적은 '모든 아동들, 특히 개신교의 신앙을 명시적으로 표방한 부모의 자녀들에게 신앙에 필요한 교리문답과 기도문을 가르치는 한편, 읽기와 쓰기를 배우고자 하는 사람들에게 이 면의 교육도 아울러 시켜 주는' 데에 있었다. 거의 동일한 시기에 영국에서는 이와 유사한 목적을 가진 '자선학교'*가 영국 국교 교회와 비국교파 교회에 의하여 설립되었다. 그 중에서 먼저 생긴 것은 비국교파 교회의 학교로서, 비국교파 교인들은 제임스 2세 치하에서 비국교파 교인들도 그들의 자녀를 위하여 학교를 세워도 좋다는 허락이 내리자 즉시 그 기회를 활용하였다. 그러나 그들의 노력은 1698년에 '런던과 그 주변의 각 교구에 교리문답학교를 세우려는 숭고한 계획을 추진 발전시키는 것'을 목적으로 '기독교 학문진흥협회'*가 설립되어 아이들을 영국 국교의 신자로 끌어들이려는 사업을 본격적으로 추진하게 됨에 따라 빛을 잃어 버렸다. 이후 40년 동안 이 협회는 잉글란드와 웨일즈 전역에 2천 개의 학교를 세웠고 재적 학생 수도 4만 명에 달한 데 비하여, 비국교파 학교는 그 수에 있어서 국교파 학교의 고작 10분의 1에 불과하였다. 기원 18세기의 후반에 가서는 자선학교의 보조기관으로 '주일학교'*가 생겨나서, 1785년 글루스터*의 로버트 레이크스*가 조직한 '영국 각 군 주일학교 지원 및 장려 협회'의 주도하에 영국 전역으로 확산되어 갔다. 불란서와 영국에 이러한 운동이 전개되던 것과 때를 같이하여 독일의 개신교 지역에서는 기원에 있어서는 그것과 유사하면서도 그 이후의 발전 양상에 있어서는 매우 다른 교육 운동이 전개되고 있었다. 이 운동을 시작한 사람은 경건파의 교육지도자인 아우구스트 헤르만 프랑케*(1663-1727)였다. 프랑케는 고타의 김나지움에 다닐 때에 라이헤르의 영향을 받았으며 이것이 그로 하여금 교육 사업에 관심을 가지도록 한 것이 분명하다. 새로 설립된 할레*대학의 동양어 교수로 임명되고 나서 그는 가난한 사람들을 위한 조그마한 학교를 시작하였으며(1695), 그 후 일반 시민들로부터 받은 기부금으로 여기에다가 보통의 초등학교, 고아원, 기숙학교(페다고기움*), 교사 양성소 등을 포함하는 온갖 종류의 거대한 교육조직을 덧붙였다. 프랑케의 사업에 지대한 관심을 가지고 있었던 프로이센왕 빌헬름 1세*는 일반 대중의 교육이 중요하다는 프랑케의 견해를 받아들여서 1716-1717년에 프로이센 내에서의 초등학교 취학을 의무화하였다. 그의 아들 프리드리히 대제는 종교교육에 관해서는 그의 아버지만큼 관심을 가지지 않았지만, 보편교육의 필요성에 관해서는 전적으로 그의 아버지와 의견이 일치하였다. 심지어 그의 재위 기간 동안 그가 불러들인 여러 전쟁의 와중에서도 프리드리히 대제*는 틈을 내어 성직자들의 책임하에 있는 마을 학교를 지원하도록 주선하였으며, 그로부터 약 20년이 지난 1763년에는 '일반학교 규정'을 반포하여 5세에서 14세에 이르는 모든 아이들의 마을 학교 취학을 벌금형으로 의무화하고 지주와 소작인에게 그 재정적 책임을 부과하였으며, 교사들을 배치하고 성직자에게 끊임없는 감독과 지도의 의무를 지웠다. 이하에서 보게 될 바와 같이, 후대에 가서 이 학교규정은 프로이센과 독일의 여타 개신교 공국(이들도 프로이센과 마찬가지로 초등교육을 공국의 통제하에 두었다)에서 뿐만 아니라 유럽의 모든 나라에 광범하고 지속적인 영향을 미쳤다.

---

* La Salle * charity school * Society for Promoting Christian Knowledge * Sunday school
* Gloucester * Robert Raikes * August Hermann Franke * Halle * Paedagogium
* Frederick William [Friedrich Wilhelm] I (1688-1740, 1713-1740 재위)
* Frederick [Friedrich] the Great

¶4_ 중등 이상 수준에서의 교육개혁을 위한 노력은 초등학교의 경우만큼 다양하고 광범하지 않았다. 영국의 사립 문법학교와 비국교파 아카데미의 경우를 제외하면, 이 방면에서 유일하게 중요한 운동은 독일에서 1694년에 할레 대학이 설립됨으로써 시작된 운동이다. 이 대학에서는 크리스찬 토마시우스*를 대표로 하는 스콜라주의와 크리스찬 볼프*를 대표로 하는 합리주의와 프랑케를 대표로 하는 경건주의의 3자 제휴에 의하여 대학교육의 내용과 방법을 완전히 바꾸어 놓았으며 근대 대학 교육의 초석이라고 할 수 있는 '학문의 자유'의 원리를 처음으로 확립하였다. 일단 시작되자마자 이 운동은 빠른 속도로 진전되었다. 기원 1737년에 괴팅겐에는 할레 대학보다 더 폭넓은 학문적 경향을 포괄하는 새로운 대학이 설립되었으며, 18세기 말경에는 개신교, 가톨릭 할 것 없이 독일의 모든 대학이 할레와 괴팅겐*의 두 선구 대학의 대열에 끼게 되었다. 파울젠 교수*가 요약한 바에 의하면, 이러한 혁신 운동의 결과는 다음과 같다. '(가) 근대 철학과 과학의 정신이 모든 학부에 침투하였다. (나) 연구와 교수에 있어서의 학문의 자유가 널리 받아들여지고 국가에 의하여 대학의 기본법으로 인정되었다. (다) 학문적 내용을 가르치는 방법에 본질적인 변화가 일어났다. 옛날의 "강독"*(표준적 교과서의 해석)은 근대적인 "강의"*(학문적 지식의 체계적인 제시)로 대치되었다. 전통적인 "논변"* 또한 점점 사라지고 "세미나르"*가 점점 그 자리를 차지하게 되었다. 세미

나르는 논변처럼 이미 확립된 진리의 법규를 더욱 공고히 하는 데에 목적이 있는 것이 아니라, 학문적으로 깊이 있는 내용을 독자적으로 탐구하도록 이끌어 주는 데에 목적이 있었다. (라) 대학 강의에 일반적으로 독일어가 사용되었다. (마) 고전공부의 목적을 고전어로 글을 쓸 수 있도록 하는 데에 두는 경향이 일체의 학교에서 사라졌다. 신라틴 문학은 죽고 신인문주의라는 이름으로 불릴수 있는 고대 연구가 그 자리를 차지하면서, 인간적인 정신의 고양과 증진을 목적으로 고대의 정신을 파고드는 경향이 나타났다.[1)]

---

1) Paulsen, *German Education, Past and Present*, English translation, pp. 122-3.
* Christan Thomasius　* Christian Wolff (1679-1754)
* Göttingen　* Paulsen　* lectio　* lecture　* disputation　* seminar

¶5_ 할레 대학에서의 변화로 말미암아 나타난 한 가지 대단히 중요한 결과로서, 그것을 모태로 하여 파생적으로 발전된 새로운 유형의 학교가 있다. 그것은 소년들에게 전통적인 전문직* 이외의 다양한 직업에 종사할 준비를 갖추어 줄 목적으로 설립된 '실과학교'*이다. 그전에 프랑케는 그가 세운 라틴어 학교의 교육과정에 '여가활동'이라는 항목으로 여러 가지 근대적 교과를 포함시킨 일이 있었다. 프랑케의 제자이며 6년 동안 할레의 페다고기움의 교사로 일했던 요한 율리우스 헤케르*는 프랑케의 생각을 한층 더 발전시켜서, 1747년 베를린에 여러 가지 실제적 교과를 핵심적 관심사로 하는 학교를 세웠다. 그 후 독일에서 실과 학교와 보습학교*를 주축으로 별도의 거대한 교육체제가 발전한 것은 이 학교에서 비롯되었다.

---

* profession, 주로 의사, 법관, 성직자를 가리킨다.
* Realschule　* recreations　* Johann Julius Hecker　* continuation school

2 블란서의 삶과 교육의 새로운 이상

¶6_ 기원 18세기 유럽의 여러 교육기관을 새로 가다듬는 데에 불란서가 기여한 부분은 아주 미미하다. 그러나 실제적 개혁의 면에서 불란서가 보여 준 이 약점은 이론 면에서 불란서가 이룩한 문자 그대로 획기적인 공헌에 의하여 보충되고도 남는다. 금세기의 모든 교육 발전을 주도해온 근본적인 아이디어는 18세기 내내 인간의 마음속에 민주주의 이상을 심어준 불란서인의 삶의 그 뜨거운 불길 속

에서 제련되어 나온 것이라고 말하는 것은 별로 지나친 과장이 아니다. 여기에 한 가지 예외가 있다면 그것은 불란서인이 아닌 독일인의 머리에서 나온, 교육에 있어서의 국가지상의 원리이다. 아니, 이것마저도 진정한 예외라고 볼 수 없는 것이, 그 원리는 먼저 불란서에서 정립되고 일반화된 뒤에야 비로소 독일과 현대 세계에서 그 의의가 완전히 살아날 수 있었던 것이다.

¶7_ 기원 18세기가 시작될 때만 하더라도 불란서의 토양에서 삶과 교육의 새로운 이상이 싹트리라는 것은 상상도 할 수 없었다. 그 당시 나라는 루이 14세의 절대 왕권에 철두철미 지배되고 있었다. 루이 14세는 그 오랜 재위 기간을 통틀어 국가 전체를 국왕과 그 막료의 통제 하에 두는 데 성공하였으며, 정치에서는 물론이요 종교와 문학에서도 사고와 행동의 자율을 철저하게 말살하였다. 심지어 그 전대의 몇몇 국왕의 치하에서 소규모로나마 국왕과 다름없는 폭군적인 통치를 감행하였던 대귀족과 교회 인사들조차도 루이 14세의 치하에서는 권력을 상실하였다. 그러나 그 중에서도 가장 시달림을 받은 사람들은 왕가와 귀족과 교회 인사들에게 동시에 예속되어 있었던 중류와 하류 계층 사람들이었다. 대부분 상인과 지식인들로 구성된 중류계층은 여러 가지 면에서 자유를 억압당하였으며 그 중에서도 언론의 자유는 특히 심하게 억압당하였다. 그 세기의 전반기에 활약했던 두드러진 문필가로서 한때 감옥에 갇히거나 박해를 받지 않은 사람은 거의 한 명도 없었다. 하류계층은 하류계층대로 세리의 가렴주구에 의하여, 또는 일체의 의무를 회피하면서 신분상의 특권만 누리고 있던 부재지주의 착취에 의하여 절망적인 빈곤 상태에 묶여 있었다.

¶8_ 이 사악한 체제에 대한 항거는 볼테르*(1694-1778)의 지도 하에 뭉친 일군의 자유문필가에 의하여 시작되었다. 영국에 추방되어 있었던 3년 동안 볼테르는 뉴톤*의 과학적 발견, 로크의 개인주의 철학, 포우프*의 인간론*에 나타난 반교회주의적 理神論이신론* 등, 다방면으로 표현된 혁명사상에 강한 영향을 받았으며, 그 후 50년 동안, 3년 동안에 배운 교훈을 연극, 역사, 신학에 걸친 방대한 양의 저서로 계속해서 발표하였다. 그 영국의 사상은 디드로*와, 백과전서의 출간을 통하여 그와 친교를 맺게 된 문필가들에 의하여 더욱 발전되었고, 그들을 통하여 그 사상은 계몽주의 운동에 나타난 그 시대의 공통 사상으로 넘어갔다. 당시의 형편으로 보아 그럴 수밖에 없었겠지만, 이 시대의 특징을 나타내는 '계몽'*이라는 것

은 매우 다양한 형태를 취하였다. 이른바 '계몽된' 사람들을 하나로 묶는 공통점이 있다면 그것은 그들이 동일한 신념이나 의견을 가지고 있었다는 것이 아니라 그 당시의 문제를 보는 그들의 태도 또는 정신적 자세가 공통성을 나타내고 있었다는 것이다. 그들은 정도의 차이는 있지만 모두 기존의 질서에 대하여 반항적인 태도를 취하였으며, 이 점에서 그들은 그 운동에 최초의 동력을 준 영국 사람들과 마찬가지로 개인주의자들이었다. 그들을 이끈 신조는 — 만약 이것도 신조라고 부를 수 있다면 — 하늘과 땅에 있는 모든 사물을 차가운 이성의 등불로 비추어 볼 것을 역설하면서, 종교적인 것이든 정치적인 것이든 간에, 사고하는 개인의 건전한 상식에 의하여 정당화될 수 없는 것이면 일체의 권위를 부정하는 '비판적 합리주의'*였다.

---

* Farnçiscois Marie Arouet Voltaire　* Sir Issac Newton
* Alexander Pope (1688-1744), 영국의 시인　* *Essay on Man*　* anti-clerical deism
* Denis Diderot (1713-1984)　* Enlightenment　* critical rationalism, 또는 '비판적 이성주의'

¶9_ 이 운동의 발생 초기에는 그것에 대한 박해의 위험 때문에 그 사상에 담겨 있는 무정부주의적 영향력이 좁은 범위에 국한되어 있었다. 그러나 국가를 공격하는 것은 위험할지 몰라도 교회를 공격하는 것은 그보다 덜 위험하다는 것이 밝혀지자마자 성직을 둘러싼 악폐와 교회에서 빚어지는 온갖 어리석은 믿음에 대하여 일대 맹공격이 시작되었으며, 여기서 비판자들은 놀랄 만한 성공을 거두었다. 비판자들은 종교와 관련된 것이면 무엇이든지 철저하게 수치스러운 것으로 만들어 버렸으며, 그 결과로 이때까지 교회 편을 들었던 귀족 계층조차도 교회의 반대 세력에 가담하였다. 기원 18세기 초에 불란서에서 국왕 다음으로 막강한 세력을 행사하던 예수회가 1764년에 굴욕적인 추방을 당한 것은 그 원인이 주로 여기에 있었다. 이때부터 기존 세력의 붕괴 과정이 일사천리로 진행되어, 결국 그 25년 후에는 왕실과 귀족도 교회와 동일한 운명을 겪었다.

¶10_ 그러나 비록 계몽주의가 주로 파괴적인 성격을 띤 운동이기는 했지만, 거기서는 또한 위대한 건설적 이상이 싹터 나와서 지금 막 무너져 가고 있는 구체제를 대신할 새로운 체제를 약속하고 있었다. 이 이상의 주된 창조자는 그 유명한 奇才기재 장 자크 루소*였다. 애당초 루소는 백과전서파와 친밀한 관계를 맺고 있었지만, 그의 특이한 기질 때문에 그들과의 교우는 일시적인 것에 그쳤다. 실지로 그들과 결별하기 전에도 루소는 그의 문필가로서의 생애를 열어준 「학문예술론」*

에서 백과전서파와의 관점의 차이를 드러내었다. 「학문예술론」은 문명 생활의 모든 제도를 강렬한 수사학적 필치로 공격한 저작이며, 이 점에 있어서는 당시의 시대정신과 부합하지만, 백과전서파들이 문명 생활에 대하여 표명하고 있었던 그 회의를 한층 더 깊은 차원으로 몰고 들어가서 그들이 영광을 돌린 이성 그 자체를 공격하였다. 루소에 의하면 모든 사회악의 근원은 안달복달하는 호기심에 있으며 학문과 예술은 그 마지막 산물이다. 결국, 만약 인간이 감정의 동물로서 원시상태에 머물러 있을 수 있다면, 그리하여 이성적 인간이 된다는 괴로운 짐을 자초하지 않을 수 있다면, 현재보다 훨씬 나을 것이다. 이성을 매도하는 데에도 이성에 의존해야 한다는 파라독스를 내포하고 있지만, 루소의 그 글은 기성 체제에 대한 항거의 영역을 넓혔다는 중요한 결과를 낳았다. 인간은 자유를 누려야 한다는 주장이 오직 교양 있는 지식 계층에만 해당된다고 보는 한, 대부분의 사람들에게는 그 자유의 혜택에 동참할 가능성이 막혀 버린다. 그러나 인간의 진정한 본성* 은 소수에게 국한된 이성에 있는 것이 아니라 만인에게 공통된 감정* 에 있다는 생각을 받아들이면, 인간의 개성을 짓밟는 권위에 대한 저항은 이때까지 교양이나 지식에서 소외되어 있던 말 못하는 대중들을 포함하는 것으로 그 범위가 확대된다. 결과적으로 루소는 '인간의 인간으로서의 가치'라는, 루터가 종교 면에서 재발견한 위대한 진리를 정치면에서 재발견하였다. 그의 「학문예술론」에 나타나 있는 것과 같은 설익은 부정이 상당히 완화된 후기 저작에서 루소는 그의 생각을 건설적인 방향으로 해설하면서, 근대 민주주의의 근본 원리에 해당하는 새로운 정치적, 교육적 이상을 제시하고 있다. 루소의 다음과 같은 말은 이 점에서 주목할 만하다. '인간은 단순히 다른 사람을 위한 도구로 사용되도록 강요당하기에는 너무 고귀한 존재이다. 인간을 기용할 때, 오로지 인간이 무슨 일에 적합한가만을 문제삼으면서 무슨 일이 인간에게 적합한가를 고려하지 않는다면, 이것은 잘못이다. 인간이 직분을 위해서 만들어진 것이 아니라 직분이 인간을 위해서 만들어진 것이다'[1] 이것은 칸트의 그 유명한 격률 — '너 자신이건 다른 사람이건 인간을 사용할 때에는 언제나 목적으로 사용할 뿐, 결코 수단으로 사용하지 말라' — 에서 더 일반적으로, 더 적극적으로 제시된 생각을 표현한 최초의 언명이며, 그 만큼 인류 역사에 새로운 장을 연 획기적인 발언이다.

---

1) Rousseau, *New Héloïse*, v. 2.

* Jean Jacques Rousseau   * *Discourse on the Science and the Arts*   * nature   * sentiment

¶11_ 말할 필요도 없이, 시대를 개혁하려는 정신은 루소의 독점물이 아니었다. 심지어 가장 부정적인 비판자들조차도 그들이 매도하고 부정하는 사회를 대신할 바람직한 사회의 모습에 관하여 그들 나름의 견해를 가지고 있었으며 보다 나은 사회를 건설하는 수단을 논의하는 데에 무엇인가 기여할 것을 가지고 있었다. 보다 구체적으로 교육의 경우에, 교육은 조금이라도 개혁의 열의를 가지고 있었던 사람은 누구나 개혁의 근본에 해당한다고 생각하였으며, 따라서 여기에는 여러 가지 의견과 계획이 분분하였다. 그 당시의 형편으로 보면, 교육 재건의 방안에 관한 이론적 논의에는 크게 보아 루소와 백과전서파의 관점에 각각 상응하는 두 개의 대립되는 경향이 점점 뚜렷이 나타나기 시작하였다. 이 두 경향은 모두 인간의 마음*에 관한 로크의 견해를 철학적 출발점으로 삼고 있었다. 「인간오성론」* 에서 로크는 지식의 기원을 두 가지 원천으로 설명하고 있다. 하나는 감각을 통하여 수동적으로 받아들여진 자료이며, 또 하나는 몇 가지 정신적 조작 — 이것을 로크는 '사고'*라는 용어로 뭉뚱그려 표현한다 — 으로 그 자료를 처리하는 마음 자체의 능동적 활동이다. 이와 같이 마음에는 수동적 요소와 능동적 요소가 있다는 생각에는 표면상 별로 문제될 것이 없는 것처럼 보일지 모르지만, 그 후 로크를 스승으로 받든 철학 학파들 사이의 의견 차이에서 당장 드러난 바와 같이, 거기에는 상이한 해석을 불러일으킬 여지가 매우 넓게 열려 있었다. 그 중의 어떤 학파는 경험과의 관계에서 마음이 수동적 위치에 있다는 점을 강조하면서 마음에 인식되는 모든 것은 감각에 절대적으로 의존한다는 사실로부터 유물론적 견해를 연역해 내었다. 또 어떤 학파는 마음이 수행하는 능동적 기능에 강조를 두고 마음은 단순히 감각적 자극을 받아들이는 것만으로는 설명될 수 없는 그 이상의 가치를 가지고 있다고 주장하면서 유물론에서 벗어나려고 하였다. 교육에 관심을 가졌던 계몽주의 사상가들 또한 이 두 개의 노선을 따라 의견이 갈라졌다. 마음은 감각으로부터 받아들인 내용에 의하여 결정된다는 감각주의*의 관점을 취한 사람들은, 개인은, 전적으로는 아니더라도 주로, 교육에 의하여 형성되는 그대로의 존재라고 주장하였으며, 이러한 견해를 가진 사람들 중의 일부는, 국가의 성격은 그 시민이 받는 교육에 의하여 결정되는 만큼, 교육을 국가에 맡기는 것은 사회가 그 자체를 철저하게 개혁하려고 하면 당연히 받아들여야 할 필수적인 조건이라는, 매우 타당한 결론을 이끌어 내었다.* 또 한편, 감각적 경험에 대한 마음의 능동적 작용이 모든 것을 결정한다고 생각한 사람들은, 교육이 사회에 미치는 영향을 완전히 도외시하지는 않았지만, 교육이 개인의 본성에 미치는 영향을 주로 강조하면서

교육의 일차적 목적을 완전한 '시민'의 양성이 아닌 완전한 인간의 양성에 두었다.

* nature of mind * *Essay on Human Understanding* * reflection * sensationalism
* 이 문장에서는 사회(society)와 국가(state)가 구분되어 있다.

¶ 12_ 그 이후에 곧 드러난 바와 같이, 이 두 가지 관점을 교육 실제에서 조화롭게 양립시키는 일은 그다지 쉬운 일이 아니었다. 그러나 설사 그 사이의 갈등을 심각한 것으로 받아들였다 하더라도 그 당시 불란서의 상황으로서는 그 중의 어느 것도 무시할 수 없었다. 기원 18세기 동안, 불란서의 통치는 계속 그릇된 방향으로 치닫고 있었으며, 이에 따라 자유에 대한 열망은 점점 고조되고 사회계층 여하를 막론하고 개인의 가치에 대한 인식은 점점 새로운 힘을 얻게 되었다. 이 열망과 인식은 대부분 루소의 불붙는 열변에 의하여 창조된 것이었다. 그리하여 사람은, 가난하건 부자건 간에 누구나 개인이 가지고 있는 힘을 최대한으로 활용할 수 있도록 교육을 받아야 한다는 확신은 루소 자신의 사상적 발전이 따라갈 수 없을 만큼 빠른 속도로 꾸준히 뻗어나갔다. 이러한 개인주의적 사상과 병행하여, 사회를 구원하는 길은 모든 사람을 국가의 이익에 봉사하도록 준비시키는 국가교육에 있다는 확고한 신념이 생겨났다. 인간을 위한 교육과 시민을 위한 교육이라는 이 두 가지 날카롭게 대립되는 교육의 이상은 나중에 불란서 혁명의 교육 방안에서 양자를 종합하려는 시도가 이루어질 때까지 각각 독자적인 노선을 따라 계속 발전되었다.

3 감각주의와 교육

¶ 13_ 불란서 교육사상의 이 두 가지 경향을 자세하게 추적하기에 앞서서, 설명의 편의상, 계몽주의의 특징인 감각주의 철학*을 교육에 적용한 초기의 사례 몇 가지를 고찰하는 것이 좋을 것이다. 여기서 먼저 주목해야 할 것은, 이 방면에 특별히 중요한 공헌을 한 철학자인 콩디야크와 엘베티우스는 동일한 사상 경향을 가진 다른 사람들과 함께 오래 전부터 교육에 대한 관심을 발전시켜 왔다는 사실이다. 그들이 당시의 사상적 동향에 영향을 준 것은 주로 그들의 철학적 저작을 통해서였고, 이 면에서의 그들의 저작이 나온 것은 루소의 「에밀」이 출판되기 10년

전이었다. 여기에 비하여 그들의 교육적 저작은 「에밀」보다 수년 뒤에야 출판되었으며, 따라서 엄밀하게 말하자면, 그들을 루소와 그 이후 교육자들의 선두에 내세울 때에는 그들의 초기 저작들만을 문제삼아야 마땅할 것이다. 그러나 나중의 교육적 저작이 그 전의 철학적 저작에 빛을 던져주고 그 정신을 직접 이어받고 있기 때문에, 그들의 교육이론을 이해하는 데에는 전후기 저작을 함께 묶어서 취급하더라도 별 무리가 없을 것이다.

---

* sensationalist philosophy

¶14_ 에티엔느 보노 드 콩디야크*(1715-1780)가 명성을 얻은 것은 주로 그의 「감각론」*에 의해서였다. 이 책에서 그는 처음에는 한 가지 감각에서 시작하여 점차로 그 밖의 모든 감각과 정신능력을 획득해 나가는 기이한 彫像조상의 비유를 써서, 아무리 복잡한 관념도 결국은 감각들의 조합에 불과하며 따라서 그것을 설명하는 데에는 감각 이외의 다른 것을 끌어들일 필요가 없다는 것을 주장하고 있다. 이러한 견해에 따라 감각의 의미와 작용을 고찰하는 과정에서 콩디야크는 로크의 「인간오성론」에서 나온 시사에 힘입어 중요한 사실을 알아낸다. 즉, 감각을 사용하는 방법은 천부적으로 가지고 태어나는 것이 아니며 보고 듣고 맛보고 느끼는 방법은 배우지 않으면 안 된다는 것이다. 이것으로 보면 감각에는 특별한 훈련이 필요하다는 결론을 내려야 할지 모르지만, 콩디야크는 이 결론을 내리지 않는다. 논리적 추론과정상의 결함을 건전한 상식으로 보완하면서 콩디야크는 감각을 悟性오성*과 분리된 별도의 정신능력으로 간주하는 견해를 받아들이지 않으며, 감각에 필요한 일체의 훈련은 오성의 작용을 통하여 저절로 이루어진다고 주장한다. 이러한 그의 주장은 루소의 생각과 일치한다. 그의 다음과 같은 구절은 나중에 나올 루소의 주장을 앞질러 미리 말하고 있다. '우리가 촉각에 의하여 사물을 판단하는 것은 오로지 우리가 "판단"을 배웠기 때문이다. 사실상, 한 물체의 크기는 그것과 다른 물체와의 관계에 달려있는 만큼, 물체의 크기에 관한 관념을 형성하려고 하면 우리는 그것을 다른 물체와 비교하면서 크고 작은 차이가 있는지를 판단해야 한다. 거리, 모양, 무게에 관한 관념의 경우도 이와 마찬가지이다. 한 마디로 말하여, 촉각을 통하여 관념이 우리에게 들어오기 위해서는, 논리적으로 말하여, 그 이전에 비교와 판단이 있어야 한다.'[1] 이 점은 촉각보다 나중에 발달하는 시각이나 그 밖의 감각에 관해서도 마찬가지로 성립한다. 그리하여 콩디야크는

다음과 같은 결론을 내린다. '이상의 고찰로 다음과 같은 점이 입증된 셈이다. 즉, 우리의 추리 능력은 우리의 감각능력이 생기기 시작하는 것과 동시에 나타난다는 것, 그리고 우리가 아주 어린 나이에 우리의 감각을 사용하는 것은 오직 그 어린 나이에 추리를 하기 때문이라는 것이다.' 그러므로 교사의 입장에서 보면 아이에게 실시해야 할 최초의 훈련은 관찰과 추리이다. '이해*의 능력은 어른에 있어서나 아이에 있어서나 동일하며', 따라서 어른에게 적합한 공부는 무엇이든지 아이에게 적절한 수준으로 표현하기만 하면 아이의 능력 범위 안에 들어오도록 할 수 있다. 이것은 감각주의 이론에서 도출되는 결론으로서는 예상하기 어려운 것이지만, 콩디야크는 그 후 이 결론을 더욱 구체화하여, 그의 제자인 파르마 공*(루이 15세의 손자)을 가르치기 위한, 13권으로 된 자세한 「교수요목」*(1775)으로 그것을 예시하였다.

---

1) Condillac, *Treatise on the Sensations*, i, 47-49.
* Etienne Bonnot de Condillac * *Treatise on the Sensations* * understanding, 또는 이해
* understanding * Prince of Parma * *Course of Instruction*

¶ **15**_ 클로드 아드리엥 엘베티우스*(1715-1771)는 콩디야크와 거의 동일한 철학을 표방하면서도 그것을 교육에 적용하는 방식에 있어서는 상당한 차이를 나타내고 있다. 그의 유명한 책 「정신론」*(1757)에서 엘베티우스는, 일체의 정신능력은 감각에 그 기원을 두고 있다는 것을 증명하려고 하면서, 여기서부터, 현재의 문명된 인간들 사이에서 그토록 두드러지게 나타나는 정신능력의 불평등은 그 이유가 본래의 타고난 정신구조에 있는 것이 아니라는 결론을 내린다. 그의 유작인 「인간 : 그의 지적 능력과 교육」* 또한 동일한 주장을 피력하고 있다. 이 책에서 그는 다음과 같이 말한다. '마음이라는 것은 관념의 총화 이외의 아무 것도 아니다. 로크에 의하면 우리의 관념은 감각에서 온다. 로크의 이 원리에 비추어 보거나 나의 주장에 비추어 보거나 간에, 마음은 우리에게 획득된 것이라는 결론이 불가피하게 따라 나온다. 마음을 순전히 천부적인 것*으로, 특정한 정신구조*에서 나타나는 결과로 보는 것은 — 그러면서 그 정신구조를 만들어낸 신체적 원인*을 지적하기라도 한다면 그나마 다행이다 — 철학을 옛날의 원시적인 秘敎的비교적 상태로 되돌려 놓는 것이다. 마음에 관한 이러한 견해는 증명되지 않은 가정에 불과하다. 개인의 경험과 인류의 역사는 하나같이, 마음은 감각이 예민하냐 아니냐와는 아무 관계가 없으며 신체적 조건이 상이한 사람들도 동일한 열정과 관념을 가

질 수 있다는 것을 보여주고 있다.' 그러나 만약 사람들이 누구나 똑같이 태어날 때 아무런 천부적 능력을 가지고 있지 않다면, 나중에 사람들이 가지게 되는 능력과 그 차이는 어디서 오는가? 여기에 대한 엘베티우스의 대답은 '우연과 교육'이라는 것이다. 만약 두 사람이 완전히 동일한 조건 하에서 양육되고 완전히 동일한 교육을 받는다면 두 사람은 완전히 동일한 마음을 가지게 될 것이다. 여기서 따라 나오는 귀결은, 교육자는 학생의 생활 조건을 통제하고 그에게 적절한 교육을 제공함으로써 학생을 자기가 바라는 대로 길러낼 수 있다는 것이다. 인간이 가지고 있는 모든 결함은 나쁜 교육에 그 원인이 있다. 교육을 당장 교회의 손아귀에서 해방시키고 법률과 정부 형태를 개혁하라. 그러면 신체적인 면에서나 정신적인 면에서, 모든 시민을 최선의 상태로 만드는 훌륭한 교육체제를 만드는 일은 어렵지 않다.

---

* Claude Adrien Helvetius * *De l' Esprit*
* *On man, His Intellectual Faculties and His Education*
* gift of nature * mental organization * organ

¶16 그런데, 엘베티우스가 주장한 바와 같이 인간이 본래 타고난 능력에 본질적인 차이가 없다고 말하는 것은 잘못일 가능성도 있다. 디드로*가 그의 책 「엘베티우스의 인간론에 대한 체계적 논의」(1773)에서 엘베티우스의 전제를 단호하게 부정한 것은 바로 그러한 천부적인 차이가 있다는 보통 사람들의 신념을 표현한 것이다. 그러나 엘베티우스의 견해에 약간의 과장이 섞여 있다는 것을 감안한다면, 분명히 거기에는 교육에 대하여 진정한 가치를 가지고 있는 두 가지 아이디어가 들어 있다고 말할 수 있다. 하나는, 지력과 인격은 일반적으로 생각되는 것보다 훨씬 큰 정도로 사회 환경에 의하여 좌우되며 인간에게는 보통의 조건하에서는 충분히 개발될 수 없는 공통된 능력이 있다는 것이요, 또 하나는, 사회는 자라나는 세대를 위한 교육을 통하여 그 자체의 운명을 크게 바꾸어 놓을 수 있다는 것이다. 그럼에도 불구하고 엘베티우스의 이론적 논의가 단지 일시적인 관심거리에 그칠 수밖에 없었던 것은 그가 자신의 생각을 논리적으로 체계 있게 전개하지 못했다는 것, 말하자면 인간의 마음을 마음대로 형성하는 데에 필요한 구체적인 수업방법을 제시하지 못했다는 약점 때문이다. 교육을 내적인 힘의 발현이라고 보는 사람의 경우에는 교육의 일을 본래 타고난 마음의 본성에 맡겨 버리고 외적인 상황에 관해서는 관심을 기울이지 않아도 무방하지만, 마음이라는 것은 외부의 경험을 수동적으로 받아들이는 그릇이라고 믿는 사람의 경우에는 그렇지 않다.

그런데도 엘베티우스는 사실상 교육의 방법에 관해서는 거의 언급을 하지 않는다. 그는 다만 공공의 복지가 최상의 법이라는 신념을 주입하기 위한 도덕적 교의를 개략적으로 제시하고 학교를 일종의 자치단체로 만들어서 학생들을 판사로 하는 법정을 운영함으로써 사회에서의 인간관계를 알도록 하는 간략하지만 매우 흥미있는 주석을 붙이고 있다. 그러나 그는 체육과 윤리를 가르쳐야 한다고 말하는 것 이외에, 교과목에 관해서는 거의 언급하지 않으며 교과를 가르치는 방법에 관해서는 아무 것도 말하지 않는다. 이 모든 문제는 경험 있는 교사에게 맡겨 두어야 한다고 엘베티우스는 생각한 모양이다.

---

* Diderot * *Systematic Refutation of the Book of Helvetius*

4 루소

¶17_ 장 자크 루소*(1712-1778)는 1712년에 조그마한 자치도시* 제네바에서 태어났다. 출생과 더불어 어머니를 여읜 그는 열 살이 될 때까지 아버지의 손에서 자랐다. 어린 루소에게는 불행하게도, 그의 아버지는 성격이 불안정한 사람이었으며, 루소가 아버지에게서 받은 교육은 그의 아버지의 기분에 좌우되어 전혀 체계가 없었다. 그의 장래를 위하여 가장 중요한 영향을 미친 것은 자기 손에 들어온 여러 가지 책을 닥치는 대로 읽은 것이었으며, 그 중에는 그에게 한 평생을 두고 사라지지 않은 감명을 준 플루타르코스의 고대 희랍과 로마의 영웅전이 들어 있었다. 열 살이 되었을 때 장 자크는 그의 사촌과 함께 2년 동안 가정교사 밑에서 공부를 하였는데, 그 가정교사는 '라틴어나 그런 따위의 온갖 쓸모없는 것들'을 가르쳤지만 그 밖의 다른 문제에 관해서는 마음대로 하도록 내버려 두었다. 그로부터 2년이 지난 뒤에 루소는 금속 조각공의 도제로 들어갔지만, 남의 일에 얽매이는 것을 견딜 수 없어서 선생에게서 도망쳐 제네바를 떠났다. 이때부터 시작하여 문필가로서 명성을 얻게 될 때까지 그는 몹시 불안정한 생활을 하면서 이 직업, 저 직업을 전전하였으나 어느 것도 제대로 해내지 못했다. 그의 인생의 轉機전기는 스물 다섯 살 때, 중병을 앓는 동안에 문학과 학문 연구에 손을 대었다는 것이다. 루소가 몽테뉴, 포르 루아이알의 학자들, 페널롱 등 16-17세기의 불란서 작가들뿐만 아니라 아디슨*, 포우프, 로크 등 영국 작가들과 친교를 맺게 된 것은 이때였다.

나중에 그의 재능이 불란서적 기질과 영국적 기질의 특이한 혼합을 보여주는 것은 이 때문이다. 그들과의 친교가 가져온 더 직접적인 결과는 — 이것은 아마 페널롱과 로크를 읽었기 때문일 것이다 — 교육에 종사할 의욕을 가지게 되었다는 것이다. 이로 말미암아 루소는 리용*의 목사인 드 마블리*씨의 두 아들의 교육을 맡게 되었다. 이 일에 보낸 1년은 그에게 자신이 가르치는 일에 적합하지 않다는 확신을 가져다 주었지만, 그것은 또한 그로부터 20년 뒤에 「에밀」*이라는 책으로 나타난, 교육문제에 관한 지속적인 관심을 안겨주었다. 그의 첫 성공은 1750년, 「학문예술론」*의 수상으로 시작되어, 4년 후 사회적 불평등을 주제로 한 또 하나의 논술로 이어졌다. 이 두 편을 습작으로 하여 루소는 세 편의 대작을 내어 놓았다. 즉, 리차드슨* 식의, 연애와 가정생활을 그린 소설 「신엘로이즈」(1761), 「불평등 기원론」과 함께, 불란서 혁명의 지도자들에게 국가통치에 관한 아이디어를 제공한 「사회계약론」, 그리고 교육에 관한 그의 주저이며 그의 모든 저작 중에서 대표작이라고 할 수 있는 「에밀」이 그것이다. 「에밀」은 출판되자마자 곧, 그 속에 理神論이신론*을 지지하는 글 — '사부아 사제의 신앙고백'* — 이 담겨 있다는 이유에서 가톨릭의 파리 교회와 개신교의 제네바 교회 양쪽으로부터 瀆神독신의 선고를 받았고, 그리하여 루소는 언제나 그의 마음을 사로잡고 있던 박해망상까지 겹친 이중고에 시달리면서 망명의 길을 나섰다. 기원 1762년 이후에 그는 여러 권의 자서전적 작품을 썼지만, 그 중에서 가장 잘 알려져 있는 것은 「懺悔錄참회록」*이다. 이것으로 보면, 그의 저작 중에서 역사적으로 길이 남을 만한 중요한 저작은 모두 10년이라는 열병의 기간에 완성되었다고 말할 수 있다. 루소는 그가 한 말의 힘으로 다른 누구보다도 불란서 혁명에 큰 공을 세웠으면서도 그 혁명을 보기 11년 전에 세상을 떠났다.

---

* Jean Jacques Rousseau * City State * Joseph Addison (1672-1719), 영국의 수필가, 시인
* Fénelon, 9 : 40 참조 * Lyon * de Mably * *Discourse on the Sciences and the Arts*
* Samuel Richardson(1689-1761), 영국의 소설가 * *New Héloïse* * *Discourse on Inequality*
* *Social Contract* * deism * The Savoyard Vicars Confession of Faith * *Confessions*

¶ **18**_ 교육에 관한 초기의 사상에서 루소는 로크와 그 이전 17세기의 진보적인 불란서 교육자들의 견해를 따르는 것으로 만족하였지만, 백과전서파 학자들과 긴밀한 관계를 맺게 되면서부터 얼마 동안은 백과전서파와 견해를 같이 하였다. 「불평등 기원론」이나 1755년경에 「백과전서」*의 「정치경제」*항목에 기고한 논

문에서 루소가 주장한 교육론은 그 3년 뒤어 출판된 엘베티우스의 「정신론」에 나타난 교육론과 대체로 동일하다. 「불평등 기원론」에서 루소는 인간의 불평등의 기원을 주로 환경과 교육에서 찾고 있으며, 「정치경제」— 이것은 국가통치의 원리를 다루고 있다 — 에 실린 논문에서는 훌륭한 시민을 양성하는 데에 필요한 수단으로서 '국가교육'*의 체제를 주창하고 있다. 그러나 루소는 결코 백과전서파 학자들과 뜻이 맞지 않았다. 제도화된 권위에 대하여 백과전서파의 어느 누구에 못지않게 반항적인 태도를 취하면서도 루소는 시종일관 파괴적 비판을 일삼는 그들의 자세가 못마땅하였다. 심지어 가장 비판적인 경향을 나타낼 때에도 루소는 파괴보다는 건설 쪽으로 더 마음이 기울어져 있었다. 뿐만 아니라 루소는 인간의 영혼을 감각 경험의 산물로 전락시키는 백과전서파의 그 유물론적 철학도 참을 수 없었다. 루소가 보기에 그 철학은 인간을 외적 환경의 희생으로 만드는 것이며 하나하나의 개인에게 특이한 인격을 부여하는, 태어날 때 영혼 속에 붙박혀 있는 자유로운 능동적 원리를 부정하는 것이었다. 루소와 백과전서파 사이의 이러한 근본적인 차이로 말미암아 양자 사이의 일대 접전은 불가피하였으며, 그것은 개인적인 감정문제로 격렬하게 뒤엉켜 마침내 루소를 백과전서파에서 몰아내고 말았다. 이것은 루소 개인으로 보아서는 불행한 일이었지만, 그것은 결국 루소로 하여금 자신의 사상을 더욱 철저하게 정립할 계기가 되었다.

---

* *Encyclopédie* * *Political Economy* * national education

¶19_ 우선, 백과전서파와의 결별은 루소로 하여금 그가 「학문예술론」에서 나타낸 것과 같은 철저한 반사회적 입장으로 다시 돌아가도록 만들었다. 데피네부인*의 「회고록」*에는 루소가 「에밀」을 쓸 계획을 하고 있던 당시에 교육문제에 관하여 부인이 루소와 주고받은 매우 중요한 대화가 기록되어 있다. 부인의 아들을 교육하는 문제에 관하여 이야기를 하는 중에 부인은 아이를 교육하는 것이 매우 어려운 일이라고 말하였다. 이 말에 대하여 루소는 '부인, 저도 동감입니다. 자연은 아버지와 어머니가 교육을 하도록 하지 않았으며, 그와 마찬가지로 자녀도 교육을 받도록 하지 않았습니다.'라고 대꾸하였다. 그는 계속해서, 자연 상태에서 살고 있는 야만인들 사이에서는 아무도 가르치는 사람이 없이 교육이 저절로 이루어진다고 말하였다. 야만인이 살아남을 수 있는 길은 오직, 어떻게 하면 자신을 둘러싸고 있는 삶의 조건에 가장 잘 적응할 수 있는가를, 경험을 통하여 알아내는 것

뿐이라는 것이다. 여기에 대하여 데피네 부인은, 우리는 이미 야만인이 아니기 때문에 그런 것은 문제가 되지 않는다는 식의, 충분히 일리가 있는 대답을 하였다. 좋게건 나쁘게건 간에 아이는 교육을 받아야 한다. 어떻게 교육을 해야 하는가? 여기에 대한 루소의 대답은 당연히, 교육의 일을 쉽게 만들기 위해서는 먼저 사회를 재구성해야 한다는 것이었다.

---

* Madame d'Epinay [d'Epigné]　* *Memories of Madame d'Epinay*

¶ **20**_ 이 대화가 우리에게 흥미를 끄는 것은 무엇보다도 그것이 루소의 교육사상 전체를 꿰뚫고 있는 하나의 근본적 모순을 압축해서 보여준다는 사실에 있다. 루소는 먼저 교육은 일체의 사회 제도와 마찬가지로 자연에 역행한다고 말하다가 그 바로 다음 순간에, 만약 사회를 좋은 것으로 만들 수만 있다면 좋은 교육을 할 수 있다는 것을 인정한다. 쉽게 짐작할 수 있듯이, 만약 루소가 위의 두 입장 중에서 앞의 것에만 머물러 있었다면, 그로서는 그 이상 교육에 관하여 할 말이 없었을 것이다. 그러나 사실상 루소는, 교육이 자연에 역행한다는 그 우려를 완전히 버리지 않으면서도, 점차적으로, 사회는 자연에 합치되는 방향으로 개선될 수 있으며 이러한 상황에서는 이상적 교육이 이루어질 수 있다는 견해를 표명하게 되었다. 이 점과 관련하여 한 가지 주목할 만한 사실은, 「에밀」이 출판된지 10년 후에 루소는 교육이 근대 국가의 개혁에 어떤 역할을 할 수 있는가를 상당히 사세하게 설명할 기회를 가지게 되었다는 것이다. 폴란드가 분할되기 바로 전인 1772년에 한 폴란드 귀족이 그에게 폴란드 정부의 개혁에 관한 조언을 청하는 편지를 보내 왔고, 여기에 대하여 루소는 「폴란드 정부에 관한 고찰」*이라는 제목의 긴 논문을 회답으로 보냈다. 이 논문에서 그는, 폴란드의 존속에 필요한 제반 제도를 창안하는 것은 오직 폴란드 사람들 손에 달려있다는 것을 강조한 뒤에, 이어서 국가교육 체제의 필요성을 다음과 같이 역설하고 있다. '한 국민의 재능과 성격과 취향과 도덕을 형성하며 그 국민을 다른 나라의 국민과는 구분되는 특이한 국민으로 만드는 것은 그 나라의 제도입니다 … 폴란드 사람이 어떤 일이 있어도 러시아 사람이 될 수 없도록 하시오. 그러면 러시아가 결코 폴란드를 합병할 수 없으리라는 것을 보장합니다.'[1] 그리고 이어서 루소는, 이 일이 이루어질 수 있는 유일한 길은 폴란드의 어린이들을 그들에게 맞는 방법으로 교육하는 데에 있다고 말한다. 루소는 이 면에서의 교육이 대단히 중요하다고 보고, 플라톤의 전례를 따라 최고위의

통치위원회를 구성하여 그 위원회로 하여금 국가교육의 방향을 결정하도록 하는 방안을 제시하고 있다. 이 통치위원회는 폴란드의 청소년들로 하여금 애국심 있는 국민으로 자라나는 데에 필요한, 그 나라에 관한 모든 지식을 습득하도록 하고 체육 훈련과 운동경기를 통하여 공동의 목적을 위하여 함께 일하는 능력과 태도를 배울 수 있도록 하는 임무를 띤다.

1) Boyd, *Minor Educational Writings of Rousseau*, p.139.
* *Considerations on the Government of Poland*

¶21_ 물론, 이 방안은 루소의 보다 큰 구상의 일부에 지나지 않는다. 루소의 의도는 교육방법의 개혁이 그 자체로서, 그리고 그 자체만으로, 국가의 개혁을 가져다 준다든지, 훌륭한 시민을 기르는 교육이 반드시 '자연적 교육'* 임을 주장하는 데에 있지 않았다. 오히려 루소는 조심스럽게 최선의 교육은 이상적 국가에서만 가능하다는 것, 그리고 그 이상적 국가라는 것은 개인이 자연적 욕망과 사회적 의무 사이의 끊임없는 갈등을 겪을 필요가 없고 시민으로서의 삶이 자아실현으로서의 삶과 일치하는 그런 상태를 가리킨다고 주장한다.

* natural education

¶22_ 그러나 「에밀」을 집필할 당시에 와서 루소는 그러한 이상적 국가는 어느 곳에서도 찾거나 세울 수 없다는 쪽으로 생각을 굳혔다. 「에밀」 제1권에서는 그는, '공공 교육'은 이미 존재하지도 않고 존재할 수도 없다고 말한다. 그 이유는 당시에 존재하는 국가 중에서 진정으로 시민의 조국이라고 할 만한 국가는 없다는 것이다. '국가적 교육'이 곧 '자연적 교육'이 되기 위해서는 — 다시 말하면 국가 교육이 시민 개개인의 '본성'과 조화를 이루기 위해서는 — 시민이 국가를 개인으로서의 자신의 삶의 전체라고 생각할 수 있어야 한다. 이것은 고대 희랍의 작은 도시국가* 에서는 가능했을지 모르지만, 현대의 거대한 민족국가* 에서처럼 개성이 말살되고 누구나 동일한 틀에 억지로 맞추어지고 있는 상황에서는 자연적 교육이라는 것은 전혀 상상할 수도 없는 것인가? 아닌게 아니라 「에밀」의 첫 결론은 거의 이런 식으로 내려져 있다. 그러나 그 다음에 루소는, 약간 앞뒤가 맞지 않게, 아주 예외적인 상황에서는 아이를 사회에 맞게 교육하면서도 자연에 어긋나지 않도록 하는 것, 다시 말하면 '인간'과 '시민'을 동시에 기르는 것이 가능하지 않겠는가 하고 묻는다.

* nature   * city-State   * nation-State

¶23_ 그런데, 루소 자신은 의식하지 못했겠지만, 그런 교육이 가능한가 아닌가 하는 것은 루소의 일관된 가정을 이루고 있는, 인간의 본성과 사회적 제도 사이의 대립이 근본적으로 무엇을 의미하는가에 전적으로 달려있다. 만약 사회가 완전히 자연에 위배된다면, 다시 말하여 사회라는 것이 오직 인간 본성의 생득적 경향을 완전히 억압함으로써만 존재할 수 있는 것이라면, 소년 에밀에게 자연에 따르는 교육을 실시하는 유일한 방법은 에밀을 완전히 사회 밖으로 떼내는 것뿐이다. 아니면, 루소 자신이 보기에도 그렇겠지만, 만약 에밀을 사회 밖으로 떼내는 것이 불가능하다면, 그 차선책으로서, 에밀에게 최소한의 문명의 겉옷을 입혀서, 진심으로는 당대의 사람들의 관습과 습관을 받아들이지 않으면서도 사람들 사이에서 원만하게 살아가도록 할 수 있을 것이다. 그러나 이와 같이 사회가 인간의 진정한 본성*과 맞지 않는다는 견해가 「에밀」에 의심할 여지가 없이 나타나 있기는 하지만, 이것이 루소의 최종적인 결론을 표현한다고 보아서는 안 된다. 루소에게는, 있는 그대로의 사실을 더 충실히 표현하면서 그와 동시에 「에밀」의 교육론 전체와 더 잘 부합되는 또 하나의 견해가 있는 것이다. 이 견해에 의하면, 사회 제도는 본질상 자연에 어긋나는 것이 아니라 인간의 자연적 본성*의 타락으로 인하여 자연에 어긋나는 것으로 될 가능성이 있다. 각각의 제도는 모두 모종의 자연적 본능 또는 관계를 핵심으로 하여 성립되어 있다. 예컨대 결혼이라는 제도는 이성 사이의 자연적 친화력을 기초로 하고 있다. 이 제도가 자연에 어긋나게 되는 것은 인위적 관례*로 말미암아 그런 친화력이 없는 상태에서 결혼이 이루어지기 때문이다. 그와 마찬가지로, 국가는 근본적으로 하나의 거대한 가족이며 통치자와 백성의 관계는 아버지와 아들의 관계가 더욱 발전된 것에 지나지 않는다. 국가가 자연에 어긋나는 것은 군주가 백성에게 복종을 강요하면서 군주 자신이 백성에 대하여 수행해야 할 임무를 수행하지 못할 때 빚어지는 현상이다. 이 관점에서 보면, 아동 교육의 문제에 관한 한, 사회 제도의 해악은 사회제도에 자연적 기초가 사실상 결여되어 있기 때문이 아니라, 마치 사회제도에 하등의 자연적 기초가 없는 듯이, 아동에게 사회제도를 억지로 강요하기 때문에 생긴다.

* nature   * human nature   * covention

¶24_ 이제 이것을 교육에 적용하는 일은 간단하다. 아동은 사회의 한 구성원이 되고서도 자연 상태에 그대로 머무를 수 있다. 그렇게 되는 데는 오직 사회의 구성원이 되기 위하여 아동이 배워야 하는 사회적 관념이 아동 자신의 것이 되고, 그리하여 아동은 그 관념을 외적인 부과물로서가 아니라 자신의 본성*의 표현으로 지각해야 한다는 조건이 필요하다. 루소는 다음과 같이 말한다. '아동을 자연인*으로 기르려고 한다고 해서 그를 야만인으로 만들어 숲속으로 내쫓아야 한다고 생각할 필요는 없다. 설사 아동이 사회적 삶의 소용돌이 속에 있다 하더라도, 자기 자신의 정념에 의해서든지 타인의 의견에 의해서든지 아동이 그 속으로 말려 들어가는 일이 없도록 하기만 하면 그것으로 충분하다. 중요한 것은 아동이 자신의 눈으로 보고 자신의 가슴으로 느끼며 자신의 이성이 아닌 어떤 권위에 의해서도 지배당하지 말아야 한다는 것이다.'[1] 이러한 상황에서는, '마음의 자연적 발달은 사회적 삶에 의하여 가속화될 뿐, 그 진로를 바꾸는 것은 아니다'라고 루소는 덧붙인다. 진정한 교육은 한 마디로, 아동이 원래 가지고 있는 본성의 발달을 의미한다.

1) *Emile*, iv, 162.

* nature　　* man of nature

¶25_ 그러나 교육에 의하여 발달되어야 하는 그 '원래 가지고 있는 본성'이라는 것은 어떤 것인가? 이것이 「에밀」에서, 그리고 그것과 동일한 시기에 쓴, 「신엘로이즈」의 '교육에 관한 서신'에서 루소가 씨름하고 있는 근본적인 질문이다. 이 질문에 대한 루소 자신의 대답은 불완전하며, 그 완전한 대답은 여러 자료에서 나온 말을 맞추어 보아야 알 수 있는 것이지만, 하여간 루소의 대답은 새롭고도 타당한 것이다. 그 대답은 결국, 교육자는 먼저 아동을 연구해야 한다는 것이다. 교육자는 무엇보다도 먼저 인간을 다른 동물과 구별 짓는, 인간의 類的유적 특징 — 인간의 성향과 기질로 다양하게 표현되는 인간다운 점 — 을 고려하여야 한다. 그 다음으로, 성별 차이가 있다. '남자와 여자는 성격이나 기질이 동일하지도 않고 동일해서도 안 된다는 것이 밝혀지고 나면, 남녀가 동일한 교육을 받아서는 안 된다는 것은 필연적으로 따라 나온다.'[1] 그 다음으로 연령별 차이가 있다. '각각의 연령과 삶의 조건에는 각각 그 나름의 완성과 성숙이 있다.'[2] 그리고 마지막으로, 개인별 차이가 있다. '각각의 마음은 그 발달의 방향을 지시하는 그 자체의 고유한 형식이 있다. 교사의 노력이 성과를 거두는 데에 중요한 것은, 아동 개개인의 마음은 그 밖의 어느 것도 아닌 바로 그 형식에 따라 지도되어야 한다는 것이다.[3]

1) *Emile*, v. 25. 2) ii, 304. 3) ii, 69.

¶26_ 위의 세 가지 차이 중에서 '개인별 차이'는 가장 간략하게 취급되어 있지만, 그것이 제기하는 문제는 언제나 루소의 마음 속에 있었다. 「신엘로이즈」에서 루소는 다음과 같이 말하고 있다. '한 사람의 본성은 날개가 필요하며 또 한 사람의 본성은 족쇄가 필요하다. 한 사람은 기분을 돋워야 하며 또 한 사람은 억눌러야 한다. 한 사람은 인간의 지식을 가장 멀리 짊어지고 가야 하며 또 한 사람은 글 읽는 능력을 위험한 힘으로 삼는다.'[1] 이러한 차이에서 생기는 문제에 대하여 루소가 제시하는 대답은 두 가지이다. 하나는 「에밀」에서, 소년 에밀의 교육이 인생의 황금기를 그 일에 바치는 한 가정교사의 특별한 관심과 배려에 맡겨진다는 사실에 암시되어 있다. 이 가정교사는 에밀을 완전히 떠맡아서 에밀의 지력과 인격을 형성하는 데에 필요한 일체의 상황을 완전히 통제하는 것을 자신의 임무로 삼는다. 그러나 이러한 예외적인 조치가 개별성을 충분히 고려하는 방안임에는 틀림이 없지만, 그것이 개별성에 따르는 실제적 문제에 대한 진정한 해결책이 된다고 보기는 어려우며, 루소 자신도 그것을 인정하고 있다. 「신엘로이즈」에는 그것보다는 좀 더 나은, 루소의 둘째 대답이 제시되어 있다. 거기서 루소는 한 이상적 가정의 절도 있는 자유 분위기 속에서 자라나는 두 소년과 한 소녀를 그리고 있다. 이 아이들의 부모는 개명된 눈으로 자녀를 지켜보면서 자녀들이 받는 경험의 가르침에 방해가 되지 않도록 조심한다. 「에밀」에도 명백히 나타나 있는 바와 같이, '올바른 보모는 어머니이며 올바른 교사는 아버지이다'라는 루소의 말이 의미하는 것은, 최선의 교육은 가정교육이라는 것이다. 가정은 자연과 사회의 중간 지점에 위치하고 있으며, 다른 어떤 곳에서보다도 거기서 아동은 최소한의 제지 속에서 그의 개인적 능력을 발달시키면서 그와 동시에 넓은 인간 세계 속에서 자신의 자리를 찾을 준비를 갖출 수 있다.

1) *New Heloïse*, v. 3.

¶27_ 교육에서 '연령별 차이'에 대한 고려가 차지하는 비중은 「에밀」의 중심 주제를 이루고 있다. 이 문제에 관한 루소의 논의는 많은 미비점을 나타내고 있음에도 불구하고 교육이론의 발전에 대한 루소의 공헌 중에서 가장 가치 있는 것에 해당한다. 각각의 연령은 그 자체의 고유한 특징을 가지고 있다는 원리에서 출발하여, 루소는 전 교육기간을 네 시기로 구분하고 각 시기에 맞는 교육방안을 처방

하기 위한 기초로서 그 각각의 주요 특징들을 규정하고 있다. 아동기에서 청년기에 이르는 연속적인 단계를 서로 구분하는 데 있어서 루소는 두 가지 원칙을 따르고 있다. 즉, 한편으로 루소는 개체로서의 인간의 성장과 루소 자신이 보는 종족의 역사 사이에 일종의 대응관계가 있다고 생각하며, 또 한편으로 루소는, 아동에서 성인에 이르는 정신적 발달은 아동기의 지적 수동성이 정신 능력의 연속적인 성숙에 의하여 성인의 지적 능동성으로 나아가는 과정이라고 생각한다. 루소가 구분한 네 시기 중에서 첫째 시기는 출생시부터 2세에 이르는 유아기이다. 이 단계의 아동은 모든 면에서 동물과 다름없다. 아동은 미분화된 감정의 상태에 있으며 출생 이전과 거의 다름없이 자아를 의식하지 못한다. 둘째 시기는 2세에서 12세에 이르는 아동기이다. 이제 아동은 야만인의 수준에 다다랐다. 아동의 마음은 감각에 지배되어 있으며 본격적인 추리력은 완전히 결여되어 있다. 아동은 도덕에는 전혀 관심이 없으며, 그가 따르는 법은 오직 신체적 필요라는 법이다. 셋째 시기는 12세에서 15세에 이르는 청년 전기이다. 소년은 이제 성인의 삶의 문턱에 가까워지고 있으며, 로빈슨 크루소와 같이 자급자족 생활을 영위할 수 있다. 체력이 왕성해짐과 더불어 지력이 출현하게 되고, 이에 따라 아동은 자신의 행위를 장차의 결과에 비추어 조정할 수 있게 된다. 그러나 양심은 아직 발달되지 않은 상태에 있으며 그의 행동을 유발하는 유일한 동기는 개인적 유용성이다. 넷째 시기는 15세에서 결혼 적령기인 25세에 이르는 청년기이다. 성 기능이 눈을 뜨면서 이제 청년은 제2의 탄생을 겪고 그에게 진정한 사회적 삶이 시작된다. 지력과 감각 이외에 영혼이 덧붙여지고 미와 선과 진이 바로 청년 자신의 가치로 들어앉는다. 양심이 삶을 지배하며 덕이라는 것이 의미를 가지게 된다.

예 28_ 루소의 교육방안은 그의 연령단계 구분의 원리로부터 직접 도출되는 것으로, 그것과 동일한 장점과 단점을 가지고 있다. 그것이 나타내고 있는 가장 심오한 진리는 청년기의 변화가 교육에서 차지하는 근본적인 중요성을 인식했다는 점에 있으며 그것에 들어있는 가장 심각한 오류는 이 변화의 영향을 지나치게 과장했다는 점, 그리하여 아동기를 그 이후의 단계와 엄격하게 분리하면서 아동의 도덕적, 지적 능력을 과소평가했다는 점에 있다. 루소의 교육방안을 개략적으로 제시하면 다음과 같다. (가) 교육은 태어날 때부터 아동의 신체적 활동으로 말미암아 생기는 신체적, 사회적 반응으로 시작된다. 이 단계에서 교육자가 따라야 할 으뜸가는 규칙은 너무 방치하거나 너무 보호함으로써 경험에서 오는 가르침을 훼손하지 말아야 한다는 것이다. 이 최초의 2년 동안, 먹고 말하고 걷는 것 등의 초보적인 기술을 습득하기 위해서는 무의식적 모방과 아동 자신의 노력 이상의 다른 것이 필요하지 않다. (나) 열 두 살까지의 아동기에 있어서 교육은 주로 소극적인* 성격을 띤 것이어야 한다. 즉, 이 시기의 교육은 '덕이나 진리를 가르쳐 주는 것이 아니라 심성을 악덕으로부터, 지력을 오류로부터 보존하는 것'[1]이어야 한다. 이 시기의 소년은 도덕적 사실을 이해하기에는 아직 충분히 성숙하지 못하였으며, 따라서 도덕적 관념을 신체적 현상으로 설명해 줄 수 있는 경우(예컨대 '분노'를 '열병'으로 설명하는 것), 또는 잘못을 저질렀을 때 그 결과를 직접 당하도록 함으로써 도덕적 관념을 알려 줄 수 있는 경우를 제외하고는 도덕성을 가르치려는 시도를 하지 말아야한다. 마찬가지 이유에서 학교의 교과를 가르치는 것은 무익하다. 언어, 지리, 역사는 물론, 심지어 우화조차도 이 단계의 아동으로서는 미칠 수 없는 삶의 사실에 대한 이해를 요구한다. 만약 이런 것들을 가르친다면 아동은 그것을 공허한 언어로만 배울 뿐이며, 이것은 외양만의 지식이 되어 아동의 마음에 혼란과 왜곡을 가져다준다. 이 시기의 아동에게 알맞은 직접적, 적극적 교육이 있다면 그것은 오직 신체적 활동을 통한 마음의 훈련이다. '사고하는 것을 배우기 위해서는 지력의 도구인 팔다리와 감각과 그 밖의 신체 기관을 움직여보지 않으면 안 된다.'[2] 그 중에서도 이 시기에는 감각 훈련이 특히 중요하다. '감각은 정신능력 중에서 가장 먼저 형성되고 완성되는 것이며 따라서 가장 먼저 개발되지 않으면 안 된다.'[3] 그러나 감각을 훈련하는 것은 단순히 감각을 사용하는 것이 아니라 그 이상으로, 감각을 사용하여 판단하는 것을 배우는 것이다. 예컨대 시각은 거리를 측정하고 추측하는 연습을 해 보고 실물을 그려보고 측량을 하고 공놀이를 해 봄으로써 완성된다. 그러나 이 시기의 아동이 하는 일체의 학습은 놀이를 통하여 저절로 이루어지도록 하여야 하며 아동 자신의 열의 이외에는 어떤 강제도 있어서는 안 된다. (다) 아동기에서 청년기로 넘어가는 과도기에는 호기심과 함께 결과에 대한 예견 능력이 발달하며 아동은 처음으로 과학 공부를 시작할 준비를 갖추고 있다. 과학 공부를 시작하는 데는 두 개의 출발점이 있다. 하나는 아동의 주위에 있는 세계에 대한 그의 관심이요(지리), 또 하나는 태양에 대한 그의 관심이며(천문학), 이 두 가지 출발점에서 시작된 과학 공부는 나중에 물리학의 기본 원리로 수렴된다. 과학 공부의 목적은 지식을 제공하는 데에 있는 것이 아니라 지식을 획득하는 취미와 능력을 길러 주는 데에 있으며 그 방법은 아동 자신이 직접 발견하도록 하는 것이다. '아동은 과학을 배워야 하는 것이 아니라 과학을 스스로 발견해야 한다.' 이와 병행하여 아동은 사회성 훈련의 일환으로 목공술을 배우면서 수공 능력으로 마음의 발달을 위한 자극을 받고 장차의 역경을 혼자서 처리해 나갈 준비를 갖춘다. (라) 진정한 교육은 보통의 교육체제에서 교육이 끝나는 시기인 청년기에 시작된다. 이 시기에 청년이 학습해야 할 최초의 과목은 이제 막 영혼에 용솟음치기 시작한 정념을 사회적 정조에 의하여 통제하는 것이다. 열여덟 살에 청년은 역사에 나타난 인간의 모습을 공부하며 종교에 관한 추상적 관념을 처음 접하게 된다. 스무 살에 그는 사회에 들어가서, 위대한 문학(특히 고전)과 연극을 통하여 원만한 사회적 관계를 맺는 데에 필요한 처신 방법을 배운다. 그러다가 이상적인 여성을 만나고 여행으로 정치를 배우고 세상 견문을 넓히며 마침내 결혼을 한다. 이것으로 그의 교육은 끝난다.

---

1) *Emile*, ii, 67.　2) ii, 187.　3) ii, 215.
* negative

예 29_ 남자 아이와 여자 아이를 기르는 데에 있어서 '성별 차이'를 고려해야 한다는 것은 루소가 말하는 '자연적 교육'의 제1원리이다. 루소에 의하면, 남자와 여자의 본성* 은 처음부터 근본적으로 다르며, 따라서 그들의 교육에 있어서도 반드시 거기에 상응하는 차이가 있어야한다. 성별 차이에 관한 루소의 견해는, 남자의 경우에 자신이 남성으로 태어났다는 사실은 별로 중요할 것이 없는 삶의 우연적, 부수적인 요소에 불과한 반면에, 여자는 언제나 여자이며 여자로서 태어났다는 사실은 여자에게 특별한 의미를 가진다는 것이다. 이런 이유에서 루소는, 남자 아이는 가장 넓은 관심을 가진 완전한 인간으로 교육되어야 한다고 보는 반면에, 여자는 오직 아내와 어머니로서 훈련되어야 한다고 본다. 소녀의 교육에 관한 루소의 유일한 언급이 「에밀」의 끝부분에 등장하는 것은 그의 그러한 관점을 보여주는 예로서 중요한 의의를 가지고 있다. 이 부분에서 루소는 그의 교육소설의 주인공을 결혼 적령기까지 데리고 와서, 그 모범적 남성의 적합한 결혼 상대자인 소피* 의 양육에 관하여 무엇인가 말할 수 밖에 없다고 생각한 것이다. 이 점에 비추어 볼 때, 루소가 '여자의 교육은 일체가 남자를 위한 것이어야 한다'라고 말하는 것은 전혀 놀라운 일이 아니다.

---

* nature　* Sophia

¶ 30_ 이따금 역설과 과장으로 일그러져 있기는 하지만, 「에밀」은 18세기의 교육적 저작 중에서 비길 만한 것이 없을 정도로 중요한 것이며, 그것이 교육의 이론과 실제에 끼친 영향으로 판단한다면, 인류 역사 전체를 통틀어 가장 중요한 교육적 저작이라고 말해도 좋을 것이다. 「에밀」은 나오는 즉시 여러 나라의 언어로 번역되었으며, 사소한 면에 있어서나 근본적인 면에 있어서나 할 것 없이 어디서나 아동과 청년 문제에 관한 깊은 관심을 불러 일으켰다. 상류사회의 사교계 여성들은 어린 아이를 자기 손으로 기르기 시작하였고, 아버지와 어머니는 자녀를 에밀과 소피로 기르려고 하였으며, 부모들 중에서 남보다 열성이 뛰어난 사람들은 갓난 아이 때부터 자녀에 관한 관찰기록을 일기로 써 나갔다. 귀족들 중의 상당수는 (특히 독일에서) 자기 집에다가 작업장을 설치하여 아들에게 기능 훈련을 시켰으며, 작가들은 젊은이를 위한 새로운 문학 작품을 내어 놓았다. 그러나 다른 어떤 것보다도 중요한 것은 정치가나 교육자와 같이, 교육에 심각한 관심을 가진 사람들에게 끼친 영향이었다. 심지어 루소의 원리에 대하여 전적으로 찬성하지 않은 사람들조차도, 이때까지의 그들의 태도와는 달리, 사회의 철저한 개혁을 위하여 교육이 근본적으로 중요한 역할을 해야 한다는 것을 인식하고 교육의 개선을 가져올 가능성을 보이는 새로운 방안에 대하여 진지하게 고려하려는 태세를 갖추게 되었다. 그리고 이 모든 것과 더불어, 아동의 본성을 고려하지 않는 어떤 형태의 교육도 만족스러운 것으로 볼 수 없다는 점에 관하여 일반적인 합의가 이루어졌다.

5 라 샬로테

¶ 31_ 우연치고는 기이하게도, 「에밀」이 출판된 지 1년 후인 1763년에, 비록 문학적인 관점에서 훨씬 열등하고 또 사람들의 뇌리에서 오래 전에 사라졌지만, 당대에는 「에밀」의 영향력에 조금도 뒤지지 않았던 또 한 권의 책이 나왔다. 그것은 브르타뉴 의회 소속의 검찰 총장인 루이 르네 들라 샬로테*(1701-1785)가 쓴 「국가교육론」*이다. 사람됨으로 말하자면 라 샬로테는 엄격하고 오만하고 무뚝뚝한 성격의 소유자였지만, 바로 이 점 때문에 정치적, 종교적 특권에 대항하는 투쟁의 선봉장으로 활약하는 데에는 더욱 알맞은 인물이었다. 예수회 교단에 대한 반감이 고조되어 있던 시기에 그가 브르타뉴 의회에 제출한 「예수회 교단의 성격」*(1761-1762)에 관한 두 편의 보고서는 1764년 불란서에서 예수회를 추방하는 데

에 결정적인 역할을 하였다. 다방면에서 수집된 자료를 기초로 하여 이 두 편의 보고서를 작성하는 과정에서 라 샬로테는 예수회의 교육체제를 대신할 세속적인 교육체제가 필요하다는 사실에 생각이 미치게 되었다. 「국가교육론」은 바로 그러한 교육체제의 필요성에 대한 주장이면서 동시에 그 교육체제에서 가르쳐야 할 교과목에 관한 계획이다. 그 책의 첫 부분에 나와 있는 예수회 교육에 대한 고발은 온건한 어조로 표현되어 있기는 하지만, 볼테르*의 말대로, 그 온건한 어조 때문에 더욱 삼엄한 것으로 되었다. 먼저 그는 예수회 교육의 비효율성을 비판한다. 학생들은 라틴어 이외에는 거의 아무것도 배우는 것이 없으며, 이 라틴어마저도 형편없이 배우기 때문에 학생들이 어쩌다가 라틴어를 실지로 사용할 필요가 있을 경우에는 완전히 새로 배우지 않으면 안 된다. '이른바 인문학과 철학의 전 과정을 마친 학생 천명 중에서 종교의 기본 요소를 명료하고 조리 있게 설명할 수 있다든지, 편지를 쓴다든지, 논리정연한 주장과 지리멸렬한 주장은 말할 필요도 없이 당연히 다르다고 생각한다든지, 증명이 된 것과 되지 않은 것을 분간하는 등등을 할 수 있는 사람은 겨우 열 명이 될까 말까하다.'[1] 그 다음에 그는 좀더 심각한 반론으로서, 예수회는 학생들에게 시민으로서의 일상생활의 일을 처리하도록 준비를 시켜주는 데에 적합하지 않다는 점을 지적한다. '수도원식 교육'의 악폐가 불란서 교육 전체를 물들이고 있다고 라 샬로테는 주장한다. 그는 묻는다. 국가가 어떻게 되든 아랑곳하지 않는 사람들, 교단에 헌신서약을 한 사람들을 국가의 통치자보다, 교단을 조국보다, 교단의 규정이나 헌장을 국가의 법률보다 높은 자리에 올려 놓는 데에 젖어있는 사람들이 한 나라의 젊은이들을 교육할 수 있다는 것을 과연 상상할 수 있는가? 이 사악한 사태를 시정하는 길은 성직자와 일반인을 다 같이 교사로 채용하는 국가교육체제를 설립하는 것이다. '나는 성직자를 완전히 제외하는 불공정한 처사를 제안하는 것이 아니다. 나는 대학이나 아카데미에 있는 성직자 중에 학식 있는 학자와 유능한 교사가 많이 있다는 것을 기꺼이 인정한다. 또한 나는 오라토리오회* 사제들이 학교와 수도원의 어디로부터도 편견을 받지 않으면서 훌륭한 시민으로 살아가고 있다는 것을 잘 알고 있다. 그러나 나는 일반인을 교직에서 제외하는 것에는 반대한다. 나는 감히 불란서를 위하여, 오직 국가에만 의존하는 교육체제를 확립할 것을 주장한다. 그 이유는, 교육은 본질상 국가의 일이라는 데에 있으며, 모든 국가는 각각 그 구성원을 가르칠 신성불가침의 권리를 가지고 있다는 데에 있으며, 한 마디로 말하여, 국가의 어린이는 국가의 구성원에 의하여 양육되어야 한다는 데에 있다.'[2] 그러나 여기서 당장 제기되는 질문은, 이 국가교육 체제에서의 학생은 누구이며 그들이 배울 내용은 무엇인가 하는 것이다. 라 샬로테에 의하면, 이 질문에 대한 대답은 국가의 성격과 필요에 따라 다르다는 것이다. 전체적으로 말하여, 그의 생각은 불란서에는 학생의 수가 너무 많으며, 만약 교육의 질만 개선된다면 중등학교*의 수를 줄여도 좋다는 쪽으로 기울어져 있다. 그에 의하면(그는 중상주의의 입장을 취하였다), 중요한 것은 사회에 비생산직의 인구가 너무 많아서는 안 된다는 것이다. 교회 관계자들은 적을수록, 또 근로자들은 많을수록 좋다. 이러한 이유에서 예컨대 '기독교 학교 형제단'에서 실시하고 있는 것과 같은, 노동 계층을 위한 교육은 잘못된 것이다. 형제단은 도면 그리는 법이나 대패와 줄을 다루는 법만 배워도 좋을 사람들에게 읽기와 쓰기를 가르치고 그 결과로 학생들은 교육을 받은 뒤에는 이런 육체적인 일을 하려고 하지 않는다. 사회의 복지를 위한 필수조건은, 일반 대중의 지식은 그 직업에 필요한 범위를 넘지 말아야 한다는 것이다.

---

1) La Chalotais, *Essay on National Education,* p. 12. 2) p. 17.
* Louis-Rene de la Chalotais * *Essay on National Education* * *The Constitution of the Jesuits*
* Voltaire * Oratory [Oratorio] * college * Brethren of the Christian Schools

¶32_ 이런 식으로, 국가는 교육을 상류계층에 한정해야 한다는 전제에 입각하여 라 샬로테는 훌륭한 시민을 기르는 데에 필요한 일반적인 교육과정을 제안한다. 이 주제는 라 샬로테 자신도 인정하듯이, 그가 직접 전문적인 지식을 가지고 있지 않은 분야에 속하다. 그러나 그는 법률가로서의 자질을 발휘하여, 그 분야의 권위자들의 저작을 면밀히 조사함으로써 자신의 그 결함을 보완하였다. 한편으로, 그는 베이콘, 밀톤, 로크의 저작은 물론, 몽테뉴에서 시작하여 자신의 시대에 이르기까지 저명한 불란서 교육자의 저작을 섭렵하였다. 그가 독자에게 읽어보기를 권한 작가의 목록에 빠져있는 오직 하나의 중요한 인물은 루소였으며, 그것은 그가 루소를 몰랐기 때문이 아니라 사전에 충분히 계산된 악의에서 빚어진 것이 분명하다. 또 한편으로, 그는 그 당시 유행하던 감각주의 철학을 기초로 하여, 루소가 한 것과 비슷하게, 학생의 연령별 능력 차이에 관한 자신의 견해를 연역해 내었다. 위의 두 가지를 근거로 하여 그는 교육의 과정을 세 단계로 구분하였다. 첫째 단계는 5세에서 10세, 둘째 단계는 10세에서 16세, 그리고 셋째 단계는 16세 이후이다. 그에 의하면, 첫째 단계의 아동은 높은 수준의 지적 능력이 요구되는 공부에는 적합하지 않으며, 이 단계에서의 교육은 '보고 외우는 것'을 요구하는 교과에

국한되어야 한다. 아동은 읽기와 쓰기와 그리기를 배워야 하며 역사, 지리, 박물학, 수학에 관한 약간의 지식과 체육과 보건에 관한 상식을 습득하여야 한다. 이 모든 것들은 '감각에 관계되는 것이기 때문에 아동의 능력 범위 안에 들며, 또한 그것은 아동이 즐겁게 배울 수 있는 것이므로 아동기의 교과로서 가장 적합하다.'[1] 둘째 단계에서는 라틴어와 불란서어의 공부로 본격적인 교육이 시작된다. 라 샬로테의 견해에 의하면 이 두 개의 언어는, 로마인들이 희랍어와 라틴어를 함께 배웠듯이, 함께 배우지 않으면 안 된다. 이 언어 공부는 이삼 년이면 충분하며, 그 다음 1년 동안은 수사학을, 2년 동안은 철학을 공부한다. 이 둘째 단계의 교육이 진행되는 동안에도 첫째 단계의 공부는 내내 계속되면서 보다 높은 수준에서 완성되도록 한다. 열여섯 살부터, 이상의 일반교육을 받은 학생들은 각각 자신의 진로를 향하여 나아간다. 귀족, 군인, 관리, 상인, 성직자 등등이 되고자 하는 사람은 각각 그 일에 맞는 전문적인 공부를 한다.

---

1) La Chalotais, p. 47.

¶33_ 라 샬로테는 말한다. '내가 제안하는 교육은 다음과 같은 두 가지 점에서 실현 불가능하다는 반론이 있을 수 있다. 첫째로, 그런 교육을 실시하는 데 필요한 교사도 없고 책도 없다는 것과, 둘째로, 젊은이들은 그 교육 방안에 포함되어 있는 모든 내용을 그 나이에 다 배울 수 없다는 것이다.'[1] 후자의 반론에 대하여 그는 로크나 니콜*이 그 방안의 진정한 창안자라고 말하면서 그들의 권위에 힘입어 그것을 가볍게 일축한다. 전자에 반론에 대해서는 그도 그 심각성을 인정한다. 교사는 하루 아침에 양성될 수 있는 것이 아니며, 교과서 또한 어떤 과목에는 있지만 교과서가 아직 나와 있지 않은 과목도 있다. 그러나 적절한 교과서가 없다는 이 문제는 두 가지 문제 중에서 비교적 난관이 적은 것이었으며, 라 샬로테는 난관이 적은 이 교과서 문제에서 돌파구를 찾는다. 좋은 교육계획을 실천에 옮기기 위해서는 6, 7세에서 17, 18세에 이르기까지 모든 연령의 학생들에게 수업의 내용을 가르쳐 주면서 그와 동시에 수업의 내용을 공부하는 방법을 가르쳐 주는 교과서를 공급해 주기만 하면 그것으로 충분하다. 바라건대 국왕은 오륙 명의 일반인, 정치가, 학자들로 위원회를 구성하여 교육의 전반적 문제를 검토하도록 하라. 공부의 목적이 무엇인가가 결정되고 나면 가장 기본적인 교육용 도서를 편찬하도록 주선하는 일은 어렵지 않을 것이다. '이 도서는 교사들이 할 수 있는 최선의 수업이며 다

른 모든 수업방법을 대치할 수 있는 것이어야 한다. 일단 제작되고 나면 이 도서는 훈련된 교사의 부족 문제를 해결할 수 있고, 교사가 사제여야 하는가, 결혼한 남자여야 하는가 아니면 독신이어야 하는가 하는 문제는 더 이상 논의할 필요가 없게 된다. 교사들이 종교와 인격을 가지고 있고 또 책을 잘 읽을 수 있다면 그것으로 충분하다. 그들은 아이들을 훈련하는 과정에서 머잖아 스스로 훈련된 교사가 될 것이다.'[2)]

1) La Chalotais, p. 147. 2) p. 152.
* Nicole

6 국가교육체제

¶34_ 라 샬로테의 「국가교육론」은 때를 잘 맞추어 세상에 나왔다. 불란서에서는 그 책에서 다루었던 문제들이 예수회 학교가 폐쇄되면서 즉시 시급한 과제로 되었다. 그러한 문제가 표면에 부각되지 않았던 다른 나라에서는 「에밀」에 제시된 루소의 견해가 교육개혁을 위한 광범위한 열의를 불러 일으켰고 이로 인하여 사람들은 교육에 관한 심각한 논의라면 어떤 것에든지 귀를 기울일 태세가 되어 있었다. 이러한 상황에서 「국가교육론」은 「에밀」에 비하여 결정적인 이점을 가질 수 있었다. 그 책의 주장이 교회와 인문주의자들의 반대를 불러일으킨 것은 사실이지만, 「에밀」의 경우보다 더 심하지는 않았다. 그 반면에, 「국가교육론」은 교회의 세력에 대하여 시민의 세력을 드높이려는 정치가나 실용적인 교육체제를 환영할 태세를 갖추고 있는 정치가에게 확실한 매력을 가지고 있었다. 게다가 그 책은 두드러지게 실제를 겨냥했다는 커다란 장점을 가지고 있었다. 거기서는 루소의 저작에서처럼 평범하고 무딘 사람들에게 거부감을 자아내는 복잡한 생각이나 역설 같은 것은 전혀 찾아볼 수 없었다. 그 책은 행정적 통제에 관한 것 이외에는 혁명적 변화라고 할 만한 것이 아무 것도 없는 구체적인 제안을 상세하게 잘 제시하였다. 그리하여, 적어도 단기적인 결과만을 두고 말하자면, 개혁 운동에 불을 당긴 것은 루소였지만, 그 운동의 방향을 지시한 것은 주로 라 샬로테였다는 결과가 나타났다.

¶35_ 국가가 교육에 대한 포괄적인 책임을 진다는 아이디어는 처음에 독일에서, 그리고 그 후에는 불란서에서 쉽게 받아들여졌으며, 그 아이디어의 가장 중요한 발전도 이 두 나라에서 이루어졌다. 영국은 원래 정치적, 상업적인 면에서 극히 제한된 범위 이외에는 어떠한 국가적 개입도 용납하지 않는 전통을 가진 나라였지만, 심지어 이 영국에서도 라 샬로테의 주장은 그런대로 영향을 미쳤다. 근대 정치 경제학의 창시자인 아담 스미드*(1723-1790)는 한 젊은 스코틀란드 귀족의 개인 교사로서 1763년에서 1766년까지 대륙을 여행하던 중, 국가교육 문제가 열렬한 논의의 대상이 되던 바로 그때에 1년간 파리에 머물면서 백과전서파 인사들과 긴밀한 관계를 가졌다. 그 결과는 「국부론」*(1776)의 한두 중요한 구절에 나타나 있다. 물론, 그의 견해는 라 샬로테의 그것과 다르다. 어떤 면에서 보면 그의 견해는, 경제적, 사회적 문제에 관한 논의 전체에 '천부적 자유'의 주장을 깔고 있는 루소의 견해에 더 가깝다. 스미드는 교육이 공공의 관심사가 되어야 한다는 점에서는 라 샬로테와 의견을 같이하지만, 상류계층과 중류계층의 교육은 그들 자신에게 안심하고 맡겨도 좋다고 주장하면서 중, 상류 계층의 교육에 대한 어떠한 간섭도 용납하려고 하지 않는다. 스미드의 견해에 의하면, 교육에 관하여 도움이 필요한 사람들은 일반 대중들이다. 이들은 그 직업의 성격으로 보아 인간으로서의 필수 요건인 지력을 훼손당할 우려가 있는 것이다. 스미드는, 일반 대중의 경우에는 최소한의 읽기, 쓰기, 셈하기와 아울러 기하와 기계 기술을 가르칠 것을 역설한다. '아주 작은 비용으로, 공공기관은 일반대중 전체에게 교육의 이 가장 필수적인 부분을 습득하도록 촉진하고 격려하고 심지어 강제로 부과할 수도 있을 것이다.' '공공기관은 — 스미드는 이 용어를 의도적으로 되풀이하면서, 공공기관이라는 것은 국가를 배제하지는 않지만 그 이외에도 교육을 담당하는 주무기관을 지칭할 수도 있다는 가능성을 남겨 놓는다 — 모든 교구나 지구에, 보통의 노동자도 부담할 수 있을 정도의 보수로 아이들을 가르치는 소규모의 학교를 세움으로써 그들에게 필요한 교육을 받도록 주선할 수 있다.' 이 학교의 학생들에 대하여 그가 염두에 두고 있는 유일한 강제 조항은 '마을이나 도시에서 인가하는 직종'에 들어가기 위한 조건으로서 공공 시험을 치르도록 하는, 간접적인 방식으로 부과되는 강제 조항이다.

---

* Adam Smith * *The Wealth of Nations* * natural liberty

¶36_ 이러한 주장을 할 때 스미드는 그의 고향인 스코틀란드의 교구학교를 머리 속에 그리고 있었던 것이 분명하다. 양자 사이의 중요한 차이는 교육을 통제하는 주무기관을 교회에서 '공공기관'으로 바꾼 것에 암시적으로 표현되어 있다. 일반적으로 영국 사람들은 대중교육의 필요성을 인정하는 경우에도 국가나 공공기관이 교육을 통제한다는 것까지는 받아들이려고 하지 않았다. 초등교육의 경우에 국가가 교육을 제공하는 것에 그나마 가장 가까운 사례는 랑카스터와 벨의 학교였다. 기원 1789년, 스무 살의 청년인 조제프 랑카스터*(1778-1838)는 런던에서 백 명의 빈민 아동들을 모아 빈민을 위한 학교를 세웠다. 조금이라도 배운 학생들을 내세워 그보다 못한 학생들을 가르치도록 함으로써 랑카스터는 머잖아 학생 수를 천 명으로 늘일 수 있었다. 이러한 상호교수체제는 일반 시민들에게 매우 호의적으로 받아들여졌으며, 그와 유사한 학교를 세워달라는 기부금이 왕실과 귀족과 명문대가로부터 쇄도해 왔다. 그러나 이 방안은 시행 초기부터 종파 문제로 난관에 부딪쳤다. 영국 국교의 열성적인 신도들이 랑카스터 학교의 종교 수업에서는 특수하게 종파나 교파에 관계되는 것을 모조리 배제한다는 점을 들어 이의를 제기하였다. 그리하여 얼마 되지 않아 랑카스터의 이 운동은 한편으로, '분리파'* 의 신도들을 주로 가르치는 랑카스터 주도의 '영국인 및 외국인 학교협회'*와 또 한편으로, 랑카스터와는 무관하게 '급장제도'*를 생각해낸 스코틀란드 사람인 벨 박사*(1753-1832)가 이끄는 '빈민을 위한 국교원리교육 진흥협회'*의 두 부류으로 갈라졌다. 이 두 사람이 채택한 체제는 아무 체제도 없는 것보다는 낫다고 할 정도로 아주 보잘 것 없는 것이었지만, 그래도 그것은, 근대 사회에서의 국민 교육의 과제는 교회나 그 밖의 자발적인 민간 조직이 감당하기에는 너무 엄청난 것임을 보여줌으로써 보다 적절한 국가교육체제를 위한 길을 열어주었다는 소극적인 의미를 가지고 있다.

---

* Joseph Lancaster * dissenter * The British and Foreign School Society
* monitorial method * Dr. Bell
* The National Society for Promoting the Education of the Poor in the Principles of the Established Church

¶37_ 국가가 교육을 떠맡을 필요가 있다는 것을 깨닫는 데에 영국 사람들이 늑장을 부린 것과는 현격한 대조를 이루면서 독일 사람들은 이 방면에서 급속한 진전을 보았다. 앞에서 말한 바와 같이, 독일에서는 이 원리가 전혀 새로운 것이

아니었다. 바이마르 대공국* 에서는 1619년에 이미 남자아이와 여자아이의 취학이 강제적인 것으로 되었으며, 그 한 세기 후에 프리드리히 빌헬름* 과 그의 아들 프리드리히 대제는 프로이센에서 그와 동일한 부류의 아동들을 위한 의무교육 체제를 도입하였다. 그러나 국가교육체제가 그 가능성을 완전하게 실현하게 된 것은 요한 베르나르트 바제도브*(1724-1790)가, 결과적으로 루소의 자연적 교육과 라 샬로테의 국가적 교육에서 가장 좋은 점만 뽑아 모아놓은 것이라고 할 수 있는, 새로운 교육방법을 제시했을 때였다. 다소 무식한 가발공의 아들로 태어난 바제도브는 함부르크 김나지움을 거쳐 라이프찌히 대학에서의 재기발랄하면서도 방만한 학창시절을 보내던 마지막 무렵에, 3년 동안 어린소년의 가정교사를 한 것이 계기가 되어 교육에 관한 첫 생각을 하게 되었다. 그는 이 경험에서 얻은 결론을 그의 석사학위* 논문인 「異色이색 교육방법론」* 으로 써내었다. 그 논문의 기저를 이루는 철학이라고 할 만한 것이 있다면 그것은 그가 가정교사를 할 때 교과서로 사용한 「세계도회」의 저자 코메니우스로부터 빌어온 것이었다. 그 철학은 '우리의 모든 지식은 감각에서 시작되며 사물에 대한 경험은 지식의 대명사이다'라는 한 문장으로 요약될 수 있다. 그의 이른바 '이색' 교육방법이라고 하는 것은 요컨대 일체의 학습이 놀이를 통하여 이루어지도록 하며, 다른 교과의 경우에도 그렇지만 특히 언어를 가르치는 경우에는 형식적 수업 대신에 대화를 사용하는 것을 가리킨다. 그의 학위 논문을 쓴 이후 16년 동안 바제도브는 철학과 신학 공부에 몰두하면서 교육에 관해서는 거의 아무 것도 쓰지 않았고 아마 생각하지도 않았을 것이다. 그러나 그의 이단적인 견해로 인한 박해 때문에 학계 진출의 길이 막혀 있다는 것을 알게 되면서 그는 다시 교육 문제로 관심을 돌렸다. 그리하여 1768년, 「에밀」이 불러일으킨 열광과 흥분이 최고조에 달했던 때에 「학교와 학문, 그리고 그것이 공공복지에 미치는 영향에 관하여 자선가와 재산가에게 보내는 글」* 이라는 책으로 즉각적인 성공을 얻고 그것을 계기로 하여 교육개혁에 평생을 바치기로 결심하였다. 이 책과 그 이후에 그가 쓴 모든 책에는 두 갈래의 생각이 얽혀있다. 한편으로, 바제도브는 놀이를 통한 교육이라는 이전의 그의 생각을 다시 살려 내었으며, 이 점에서 그는 루소의 견해에 대한 보통 사람들의 해석을 따르고 있다. 또 한편으로, 바제도브는 라 샬로테의 핵심적인 아이디어를 그 원저자에 대한 인정 없이 자유롭게 차용하였으며, 그 결과로 자신도 모르게 프로이센의 교육적 전통을 대변하게 되었다. 그는 자신이 제안한 교육계획에서, 학교, 도서, 연극 등, 청소년에 관련되는 모든 사항을 관장할 '공공교육에 관한 최고감독협의회'* 의 설치를 맨 앞에 내세우고 있다. 이 협의회의 주관 하에 그는 두 가지 종류의 학교를 설립할 것을 제안한다. 하나는 몸을 움직이는 활동으로 학교 일과의 절반을 채우는, 보통 사람들을 위한 특수학교이며, 또 하나는 10세에서 15세까지의 부유한 계층의 자녀들을 위한 일반학교로서, 이 후자의 학교는 15세에서 20세까지의 김나지움으로 연결된다. 학교는 종교에 구애됨이 없이 모든 아동에게 개방되어 있어야 하며, 그 교육내용에는 특정 종파에 관계되는 것은 일체 배제되어야 한다. 바제도브는 그러한 계획이 실현되기에는 여러 가지 어려움이 있다는 것을 알고 있었고 스스로도 그것이 '일장 춘몽'에 불과할지도 모른다고 말했지만, 그러면서도 언젠가는 그러한 학교가 반드시 생길 것이라고 믿었다. 그에 의하면, 그것이 실현될 가능성은 적절한 교사와 적절한 교과서의 확보 여부에 달려 있으며, 그 중에서도 특히 후자에 달려 있었다. 만약 학교에서 가르칠 교과에 관한 교과서를 교사의 손에 쥐어 줄 수 있다면 그 밖에는 어려움이 없으리라는 것이었다. 그렇게만 된다면 교사에게 별도로 특별한 교육을 시킬 필요가 없었다. 교사들이 열심히 교육에 임하고, 또 가르치기 전에 교과서에 나와 있는 내용을 완전히 이해할 태세만 갖추고 있다면 그것으로 충분하였다. 바제도브의 이러한 생각은 라 샬로테의 생각을 부분적으로 수정하면서 그대로 따른 것이다. 그러나 그가 15세까지의 교육의 기본으로 삼으려고 한 '초등독본'*— 그의 용어로 '사물과 언어에 관한 인간의 지식 A B C'*—을 논의하는 부분에 와서 바제도브는 훨씬 독자적인 견해를 표명하고 있다. 그의 견해에 의하면 이 초등독본은, 코메니우스의 「세계도회」와 마찬가지로, 삶에 관한 중요한 사실들을 백과사전식으로, 또 풍부한 그림을 곁들여서 제시하여야 하며, 거기에는 첫째로, 모든 계층의 사람들이 알 필요가 있는 것, 둘째로, 중류계층의 사람들이 알 필요가 있는 것, 그리고 마지막으로, 특별히 학문의 길로 나아갈 학생들에게 가치가 있는 지식이 포함되어 있어야 한다. 「자선가와 재산가에게 드리는 글」의 마지막 결론에서 바제도브는 그 자선가와 재산가들에게 초등 독본과 상급과정 학생용 교과서를 제작하는 데에 필요한 재정 지원을 호소하고, 만약 그 지원을 해준다면 그는 그 책을 제작할 뿐만 아니라 자신의 교육 원리를 실지로 실천에 옮기겠다고 약속하고 있다.

---

* Grand Duchy of Weimar　* Fredrick Williama [Friedrich Wilhelm]　* Johann Bernard Basedow
* master, 또는 '교사자격 취득'을 위한 논문, 5 : 49 참조　* *De Methodo inusitato*
* *Representations to philanthropists and men of wealth regarding schools and studies and their influence on public well-being*

* Supreme Supervisory Concil of Public Instruction * Elementary Book
* A B C of human knowledge, both real and verbal

예38_ 바제도브가 자신의 그 제안을 열심히 설명하고 선전한 덕택이기도 했겠지만, 그의 호소는 놀랄 만한 반응을 일으켰다. 기부금이 갖가지 다양한 출처로부터 쏟아져 들어와서 마침내 총액 1만 5천 탈레르*로 기부자 명부를 마감하지 않으면 안 될 정도였다. 여기에 고무되어 바제도브는 즉시 일을 시작하였고, 1770년에는 학부모와 일반인들을 위한 교육방법에 관한 책을 낸 뒤에 그 같은 해에 최초의 초등독본을 잠정적인 형태로 내어 놓았다. 그는 이 두 권의 책 전체를 수정하고 확대하여 1774년에 100개의 그림으로 된 도감을 곁들인 네 권의 책으로 발간하면서 거기에 「초등공부」*라는 새로운 제목을 달았다. 이 책은 교육방법에 관한 이론적 해설에다가 아동에게 유용할 듯한 모든 인문학과 자연과학에 관한 내용을 뒤죽박죽으로 섞어 놓은 이상한 형태의 책이었지만, 그러한 잡동사니 같은 모양에도 불구하고 널리 호응을 얻었다. 이것으로 바제도브는 그의 임무의 한 부분을 완수하였지만, 아직 더 어려운 일이 남아 있었다. 이제 그는 자신이 초등독본에서 제시한 원리에 따라 아동을 가르치는 시범학교를 세우지 않으면 안 되었다. 또 다시 그는 대중의 자금 지원을 호소하였다. 그러나 교육에 대한 열광의 물결이 쓸고 지나가 버렸기 때문인지, 아니면 책을 만들겠다는 그의 약속이 너무 오래 걸린 나머지 이전의 후견인들의 지지가 그에게서 떠나버렸기 때문인지는 알 수 없지만, 그의 이 둘째 호소는 냉담한 반응을 받았다. 이에 굴하지 않고 바제도브는 1774년 말경에 소수의 학생으로 데사우*에 학교를 세우고 그것에 '박애학교'*라는 이름을 붙였다. 그의 계획에 의하면 그 학교에는 세 부류의 학생이 들어오게 되어 있었다. 즉, 학비를 부담할 수 있는 부유한 양친을 가진 아동들과, 가난하지만 능력이 뛰어난 아동들로서 교사가 된다는 특별한 조건으로 입학이 허가된 학생들과, 열등한 능력을 가진 가난한 아동들로서 육체노동이나 가사 작업을 위한 훈련을 받을 학생들이 그것이다. 이 마지막 부류의 학생들은 오직 하루의 두 시간만 학과 공부를 하고 주로 실제적인 작업을 하게 되어 있지만, 이 부류를 제외한 나머지 학생들은 초등독본에 들어 있는 내용을 공부하고 그 밖에 여러 가지 수공예와 체육을 배우게 되어 있었다. 결과적으로 이 계획은 상당한 정도로 수정되지 않으면 안 되었다. 바제도브의 계획이 가장 큰 성과를 거둔 것은 게임과 그림과 대화에 의한 학습 방법이 가장 유효적절하게 사용될 수 있는 나이 어린 아동들에게서였다. 여기에 비하여 나이든 학생의 경우에는 결과가 그다지 만족스럽지 않았다. 그러나 이 실험은 바제도브 자신의 인간적 약점으로 말미암아 처음부터 실패할 수밖에 없게 되어 있었다. 그는 불안정하고 종잡을 수 없는 성격의 소유자로서, 거창한 계획을 구상하는 데는 적합할지 모르나 그것을 실행에 옮기는 데는 적합한 인물이 아니었다. 그는 한 가지 일에 꾸준히 매달릴 수도 없었으며, 박애학교의 고귀한 이상에 끌려 그곳으로 온 훌륭한 조력자들을 올바르게 활용하는 데에 필요한 자제력을 행사할 수도 없었다. 결과적으로 사태는 악화 일로를 거듭하여 마침내 1784년 바제도브는 박애학교에서 완전히 손을 떼고 학교는 다른 사람의 손으로 넘어갔다. 그러나 그때는 이미 학교를 다시 일으켜 세우기에는 너무 늦어서, 1793년 박애학교는 처음의 그 모든 훌륭한 약속을 이행하지 못한 채 조용히 사라졌다.

---

* thaler [Taler], 15-19세기의 독일의 은화
* *The Elementary Work* * Dessau * Philanthropinum

¶39_ 참으로 알 수 없는 일은 바제도브 자신의 이러한 실패가 그후 박애학교 운동의 진전을 방해하는 데에 아무런 효력을 가지지 못했다는 것이다. 크고 작은 수많은 박애학교가 데사우에서 바제도브를 도왔던 사람들과 새로운 교육에 열성을 가졌던 다른 사람들의 지도 하에 독일과 스위스 여기저기에 우후죽순처럼 생겨났다. 이들 학교 중의 대다수는 바제도브의 원판 박애학교와 동일한 결함을 가지고 동일한 운명을 겪었지만, 여기에서도 실패는 성공의 어머니였다. 그 대표적인 보기는 한 박애학교의 교장직에서 브룬스비크의 교육장으로 초빙된 요아힘 하인리히 캄페*(1746-1818)의 경우였다. 교회로부터 독립된 학교체제를 설립하는 일에 실패하자 그는 교육의 실무에서 은퇴하여 다른 박애학교 운동가들과 함께 그 운동의 원리를 해설하는 데에 전념하였으며, 그 결과 16권으로 된 「학교와 교육체계의 전반적 수정」*이라는 제목의 기념비적인 작품을 내어 놓았다. 캄페는 분별력과 판단력이 뛰어난 사람으로서 이론과 실제의 상호관련에 관한 명확한 인식을 가지고 있었으며, 그의 저작은 박애학교 운동의 진정한 가치를 그 동안 그것이 일으킨 비실제적이고 졸렬한 견해의 무더기로부터 가려내는 데에 큰 공헌을 하였다. 어쨌든, 캄페의 저작과 같은 여러 저작과 바제도브의 훌륭한 후계자들의 헌신적인 열성에 의하여 박애학교의 새로운 이상은 그것을 시범하기 위하여 창설된 기관들의 쇠퇴에도 불구하고 점점 더 영향력을 가지게 되었다. 박애학교의 이상은 학교교육의 실제, 특히 그 중에서도 초등학교 교육에 상당한 변화를 가져왔다.

학교의 수업은 아동의 수준에 더 가깝게 내려 왔고 그로 말미암아 학생들은 더 편안한 마음으로 공부를 할 수 있게 되었다. 언어가 아닌 실물에 관한 지식이 더 강조되었고 게임과 운동과 수공 등 실제적 활동들이 학교 교과에 자유롭게 도입되었다. 모국어가 중요시되고 그 밖의 언어는 가능한 한 회화의 방법으로 가르쳐졌다. 그리고 교과를 선정하는 데에 유용성이 점점 더 중요한 고려사항으로 되었다. 물론, 이러한 변화에는 때로 부작용이 따랐지만, 전체적으로 보아 그것은 올바른 방향을 따르고 있었으며 그 이후의 보다 근본적인 변화의 바탕을 마련하였다.

---

* Joachim Heinrich Campe
* *General Revision of the Whole System of Schools and of Education*

¶40_ 이 모든 개혁의 중심지는 프로이센 왕국이었다. 이곳에서 바제도브와 그의 후계자들은 프리드리히 대제의 유능한 장관인 폰 쩨들리츠 남작*의 지속적인 지원을 얻는 특별한 행운을 누렸다. 남작은 1771년에서 1789년까지 공공교육 분야의 우두머리로 있었던 만큼, 박애학교의 정신 중에서 무엇보다도 국가교육의 이념에 마음이 끌렸다고 해서 이상할 것은 없다. 그러나 그는 박애학교 운동에 대한 전반적인 호의를 가지고 자신의 책임하에 있는 모든 학교에 그 장점을 도입하는 일에 놀랄 만한 끈기를 보였다. 그가 가장 큰 성공을 거둔 것은 옛날의 전통적 학교를 재조직하고 교육학을 대학의 전공 분야로 승격시킨 것에서였다. 이 후자의 일을 위하여 그는 1799년 할레 대학에, 바제도브의 조력자였던 프라프*를 교수로 초빙하여 최초의 교육학부를 설립하는 동시에 그 대학에 박애학교의 교육방법에 따라 교사를 훈련하는 교사교육 기관을 설치하였다. 그러나 그의 가장 빛나는 업적은 프리드리히를 계승한 왕*에 의하여 면직되기 직전에 이루어진, 1787년의 '공공교육 최고협의회'의 설치였다. 그러나 바제도브의 계획의 맨 앞에 두드러지게 들어 있었던 이 협의회의 설치로도 아직 박애학교 운동 — 그리고 라 샬로테 — 의 승리는 완전한 것이 아니었다. 몇 년 동안은 폰 쩨들리츠를 권력의 자리에서 몰아낸 반동파들이 박애학교 운동의 진전을 억누를 수 있었지만 그것은 오래가지 않았다. 최고협의회의 설치를 위한 칙령은 그 7년 후에 모든 대학과 학교를 국가기관으로 하는 교육법으로 이어졌다. 기원 1797년 프리드리히 빌헬름 3세*의 즉위와 더불어 국가교육체제 운동은 폰 쩨들리츠가 시작했던 원래의 지점으로 다시 되돌아갔다. 아직 미해결로 남아있는 주요 개혁과제는 학교를 종교적 신앙의 강요라는 속박에서 해방시키는 일이었다. 이 일은 1803년 프로이센 법전에서 '학교

와 대학은 국가기관'임을 못박는 것으로서 이루어졌다. 이 법전에서는 '국가의 법률에 따라 현재의 공공 학교에서 교육되는 것 이외의 다른 종교를 교육받아야 하는 아동은 그 공공학교에서 실시되는 종교 수업에 참가할 의무를 지지 않는다'[1]라고 언명하고 있다.

---

1) Prussian law code, p. 530.
* Baron von Zedlitz * Frapp * Friedrich Wilhelm II
* Supreme Council of Public Instruction [Oberschulcollegium]
* Fredrick William [Friedrich Wilhelm] III (1797-1840 재위)

¶41_ 불란서가 국가교육체제를 확립하는 데에 있어서 독일에 뒤떨어진 것은 부류와 계층을 막론하고 모든 불란서 사람들에게 그 필요성에 대한 신념이 결여되어 있었기 때문은 아니다. 라 샬로테가 국가교육의 중요성을 부르짖은 이후 저명한 문필가들이 줄줄이 그 뒤를 따랐다. 롤랑*은 자신이 의장이었던 파리 의회에 제출한 「보고서」*(1798)에서, 루소는 「폴란드 정부에 관한 고찰」(1772)에서, 엘티비우스는 유작으로 출판된 논문 「인간론」*(1772)에서, 경제학자요 정치가인 튀르고는 국왕에게 제출한 그의 「회고록」*(1775)에서, 디드로는 러시아 황후를 위하여 쓴 「대학계획」*(1776)에서 모두 국가 교육을 지지하였다. 이들 저작은 그 사이에 상당한 차이를 나타내는 가운데에서도 국가가, 또 국가만이 미래 시민의 교육을 담당해야 한다는 것, 그리고 교사는, 그 전부는 아니라 하더라도 대다수는, 성직자가 아닌 일반인이어야 한다는 것에 의견의 일치를 보이고 있다. 뿐만 아니라, 이들 저작에는 국가교육체제의 조직과 심지어 가르쳐야 할 교과에 관해서도 상당히 명확한 견해가 제시되어 있다. 예컨대 롤랑(1734-1794)은 원래 교사가 아닌 법률가였지만, 교육에 관하여 광범한 견문과 식견을 가지고 있었으며 앞에서 언급한 「보고서」에서의 그의 제안은 철두철미 실제적인 것이었다. 그의 교과목 계획은 롤렝*의 「논술」*에 기초를 두고 있지만, 그 당시의 현실적 필요를 감안하여, 훌륭한 시민의 양성을 위하여 불란서 역사와 불란서어를 가르치는 데에 특별히 주의를 기울일 것과 과학을 가르칠 교사를 별도로 두어야 한다는 것을 덧붙였다. 라 샬로테와는 달리, 그는 보편교육을 신봉하였다. '사람은 누구나 그에게 가장 적합한 교육을 받을 기회를 가져야 한다'는 것이 그의 주장이었다. 이러한 교육을 제공하기 위한 방안으로 그는 전국을 통틀어 학교와 콜레쥬*를 단계적으로 위계화할 것을 구상하였다. 첫째로, 시골에는 아동들이 최소한도 읽기와 쓰기를 배

울 수 있는 마을학교가 있고, 그 위의 소도시에는 학생들이 불란서어와 초보 라틴어와 역사를 공부하고 종교와 도덕의 기초를 습득하는 '半반콜레쥬'*가 있고, 그 위에는 반콜레쥬에서 올라온 가장 우수한 학생들을 가르치는 고등 콜레쥬가 있으며, 맨 위에는 여러 개의 학부로 구성된 대학*이 있어야 한다는 것이다. 그의 구상에 의하면, 이 네 단계의 교육기관은 예수회 학교와 대학이 그러했듯이 하나로 묶여야 한다. 교육 체제 전체의 중심에는 파리 대학이 있고, 그 밖의 모든 대학, 그리고 궁극적으로 모든 콜레쥬와 학교는 파리대학에 의존하며 그것에 의하여 전국의 교육 수준이 결정된다. 교육체제 전체의 통일성을 보장하고 어느 한 지역이 국가 전체의 수준에 미달되는 것을 방지하기 위하여 국가 수준의 중앙 위원회 — 롤랑은 그것을 '조정위원회'*라고 부른다 — 를 설치하며, 교육 문제의 총 책임자로 파리에 최고 교육지도자를 두고 국왕의 어전회의의 일원으로서 司法府사법부 장관의 감독을 받도록 한다.

---

* Rolland * *Report* * *On Man* * Turgot * *Memoirs* * *Plan for a University* * Rollin
* *Treatise* * college * semi-college * university * correlating committee

¶ **42**_ 성직자가 아닌 일반 시민을 양성하는 교육을 국가 통제 하에서 시행하라는 요구가 빗발치는 속에서도 1771년에서 시작하여 그 이후로 보수파는 점점 그 기반을 구축하여, 한때에는 사태가 성직자의 천하로 완전히 되돌아가는 느낌이 들었다. 그러나 1789년 불란서 혁명의 발발로 국가교육의 이상은 다시 한번, 전보다 더 강력하게 출현하였다. 이제 국가가 국민의 교육을 담당한다는 것은 의심의 여지가 없었고, 그 이외에는 다른 길이 없다는 것이 누구에게나 분명하였다. 그러나 일단 이 문제가 이론적 논의의 영역을 넘어서서 입법의 영역으로 들어가는 순간 전혀 예기치 못했던 난점들이 하나씩 둘씩 드러나기 시작했다. 교육과 관련된 계획, 결의, 법률들이 하나 같이 아무 효과도 내지 못한 채 꼬리에 꼬리를 물고 세계사상 그 유례를 찾아볼 수 없을 정도로 혼란 속에 범람하였다. 미라보,* 탈레이랑*, 콩도르세*, 라카날*, 르펠르티에*, 로베스피에르*, 롬므*, 부키에* 등 — 이들은 그 일부분에 불과하다 — 모든 사람들이 문제 해결에 나섰고, 또 모두 실패하였다. 제안된 방안들 중에는 훌륭한 것들이 많이 있었지만, 전반적인 혼란이 일체의 입법화 기도를 마비시키는 바람에 옥석을 가리기 어려웠다. 게다가 사태를 더욱 복잡하게 한 것은, 교육의 문제와 관련하여 불가피하게 대두되는, 국가와 개인의 상대적 권한에 관한 논쟁이 어느 때보다도 날카롭게 대두되었다는 것이다. 개

인의 자유를 진심으로 믿은 사람들은, 한편으로는 자신의 이익과 국가의 이익 모두를 위하여 장차의 시민을 훈련할 필요가 있다는 것을 인정하면서도, 부모로 하여금 그 자녀를 획일적인 훈육을 받게 하도록 강요하는 것에 대해서는 좋게 생각하지 않고 국가 당국의 지나친 간섭이 없이 교육의 기회를 제공할 방안을 모색하였다. 그 반면에, 혁명을 계기로 마음 속에 독재적인 정신이 싹튼 사람들은, 아동은 부모에 속하는 것이 아니라 국가에 속한다고 역설하고, 국가에 대한 충성을 주된 관심사로 하지 않는 교육은 일체 용납하려고 하지 않았다. 교육은 모든 사람에게 필요하다는 깨달음을 별도로 치면, 그 당시에 어느 정도 일반적 합의에 도달했다고 말할 수 있는 사항들은 기껏해야 애국심의 고취를 위하여 전국적인 규모의 축제를 거행하는 것, 국가 책임 하에 초등학교 교과서를 제작하는 것, 그리고 각 지방의 방언을 억제하고 불란서 표준어를 사용하도록 하는 것 등이다. 결국, 1795년에 혁명의회는 궁여지책으로, 각 주의 한 개 또는 그 이상의 학교에서, 읽기, 쓰기, 산수와 '공화국 도덕'을 가르치는 것을 골자로 하는 전혀 보잘것 없는 방안을 받아들였다. 이 방안에서도 교사의 봉급은 여전히 학생들의 수업료에 의존하도록 되어 있었다.

---

* Mirabeau * Talleyrand * Condorcet * Lakanal * Lepelletier
* Robespierre * Romme * Bouquier

¶43_ 그러나 비록 혁명의 위대한 이상이 이와 같이 보잘 것 없는 결과를 가져오기는 했지만, 미래의 꿈과 전망은 결코 헛된 것이 아니었다. 그 중의 일부는 나폴레옹 치하의 재건에 의하여 실제적인 형태로 살아났으며 그 나머지 부분은 그 이후의 노력을 위한 자극제로 계속 살아 있었다. 질풍노도와 같은 이 세대의 생각이 그 이후 불란서 교육의 발전에 얼마나 중요한 일을 했는가 하는 것은 불란서 혁명이 낳은 가장 저명한 교육사상가인 콩도르세와 같은 인물의 교육원리와 제안만 고찰해 보더라도 충분히 알 수 있다. 마르키 드 콩도르세*(1743-1794)는 정치에 발을 들여 놓기 전에 이미 수학자로서 명성을 얻었으며 교육문제에 관한 그의 논의에는 몽상가로서의 열성과 과학자로서의 정확성이 결합되어 있다. 이 점은 그가 혁명의 초창기에 공공 교육에 관하여 쓴 「회고록」*, 그리고 1792년 의회의 요청에 의하여 의회 제출용으로 준비한 「보고서」*의 두드러진 특징을 이루고 있다. 그는 국가교육체제를 위한 명확한 계획을 가지고 있었으며, 이 계획은 롤랑의 그것과 크게 다른 것은 아니지만, 그는 자신이 제안하는 세부적인 사항을 계획 전체

가 기초하고 있는 중요한 원리에 비추어 설명하고 있다. 당시의 형편으로 보아 그는, 라 샬로테나 그의 후계자들이 한 것과 같이, 국가교육은 필연적으로 좋은 것이라는 것을 당연한 것으로 받아들일 수 없었다. 불란서 혁명은 루소가 분명히 깨우쳐 준 국가와 개인 사이의 대립을 부활시켰으며, 따라서 콩도르세는, 국가교육은 자유나 평등과 어긋나는 것이 아님을 보임으로써 국가교육을 정당화하는 일부터 시작하지 않으면 안 되었다. 그로서 이 일을 하기가 더욱 어려웠던 것은, 그는 인간이 원래의 타고난 능력에 있어서 불평등할 뿐만 아니라 교육은 이 불평등을 더욱 확대한다는 것을 인정할 수밖에 없었기 때문이다. 그러면서도 그는 당당히, 올바른 교육은 진정으로 자유와 평등을 증진시킨다는 것을 주장한다. 사회는 무엇 때문에 그 구성원을 교육해야 하는가? 그에 의하면 그 이유는 세 가지이다. 첫째로, 모든 시민은 누구나 그 자신보다 더 많은 지식을 가지고 있는 사람에게 노예처럼 의존함이 없이 자신과 이웃에 대한 의무를 수행하지 않으면 안 되며, 이를 위해서는 모든 시민이 반드시 소유해야 하는 최소한의 지식이 있다. 이 면에서의 기회의 균등이 진정한 평등이다. 둘째로, 교육은 시민들의 다양한 재능을 발전시키고, 그렇게 함으로써 모든 시민이 평등하게 누리는 사회의 복지에 각자의 능력으로 최대한의 기여를 할 수 있도록 보장하는 데에 필요하다. 셋째로, 인류의 완성 가능성은 교육에 달려 있다. 혁명이 가져다 준 진보를 계속 유지하고 확장하는 것은 오직 국민의 어떤 부류도 필요한 교육을 받지 못함으로써 국민 전체의 대열에서 낙오되는 일이 없을 때 비로소 가능하다. 이 모든 것을 받아들인다면 문제는 결국 국가가 올바른 종류의 교육을 실시하는가의 여부로 귀착된다. 여기서 콩도르세는 한 가지 중요한 구분을 지적한다. '교육은, 그것이 망라하는 범위 전체를 두고 보면, 사실에 관한 지식이나 수에 관한 지식을 가르치는 "적극적 수업"* 에 국한되는 것이 아니라, 정치, 도덕, 종교에 관한 일체의 의견도 그 범위에 포함된다.'[1] 국가가 관심을 가져야 하는 교육은 그러한 넓은 의미에서의 교육이 아니다. 국가는 오직 '적극적 수업'을 실시하는 일에만 관심을 가져야 하며, 국가가 '의견'의 문제에 개입하는 것은 자유의 부정을 의미한다. 정치나 도덕이나 종교에 관한 한, 어떤 공공기관도 그 문제와 관련하여 자녀를 양육하는 부모나 그 문제와 관련된 진리를 탐구하는 사상가의 자유를 간섭할 권리를 가질 수 없다.

1) *Report*, p. 47.

* Marquis de Condorcet * *Memoirs* * *Report* * positive instruction

¶44_ 교육에 대한 국가의 관심이 적극적 지식의 전수에 국한되어야 한다는 이 견해는 콩도르세의 교육계획 전체에 스며들어 있다. 그의 제안에 의하면, 학문과 교육에 관한 기관은 다섯 가지로 뚜렷이 구분되어야 한다. (가) 초등학교*— 이 학교는 전국의 각지에 퍼져있으며, 그의 계산으로는 3만 천 개가 있어야 한다. 여기서는 여섯 살에서 열 살에 이르는 아동이 읽기, 쓰기, 철자법, 도덕, 그리고 지역의 실정에 따라 농업이나 상업의 초보 지식을 배운다. (나) 중등학교*— 인구 4천 명 이상의 모든 도시에 두며, 여기서는 보다 나이든 아동이 정확하게 말하고 글을 쓰는 데에 필요한 문법, 불란서의 역사와 지리, 공예와 농업과 상업과 관련된 수학, 물리학, 박물학의 초보지식, 그리고 그 지역에 가장 유용한 외국어를 배운다. (다) 학원*— 그 수는 110개이며 여기서는 중등학교 수준 이상의 학생들이 수학과 물리학, 도덕과 정치 이론, 응용과학, 문학과 예술의 여러 과정 중에서 두 개 이상을 이수할 수 있도록 한다. (라) 리세*— 불란서 각 지역에 한 개씩 9개를 두며, 학원과 유사한 과정을 설치 운영하지만 좀 더 수준 높은 학생의 요구에 맞게 고도로 전문화되고 분화된다. (마) 국립 학문예술협회*— 파리에 본부를 두고 전국 각 지역에서 회원을 뽑아 들인다. 여기서 하는 일은 교육이 아니라 연구이며 그와 아울러 전 교육체제의 감독도 겸한다. 순전히 겉으로 드러난 테두리만 가지고 보면, 물론 이 방안은, 교육기관이 아닌 국립 학문예술협회에 총 감독권을 부여하는 것을 제외하고는 새로울 것이 별로 없다. 콩도르세의 독창성은 오히려 그 방안을 실천하기 위한 구체적인 제안 속에 나타나 있다. 과학과 그 실제적 응용을 학교와 대학 교육과정의 첫 머리에 내세운 것, 모든 단계의 교육을 무상으로 하여 필요한 능력을 갖춘 모든 사람에게 기회가 주어지도록 한 것, 남녀가 동일한 교육을 받도록 한 것, 다양한 지능 정도에 따라 성인들이 교육받을 수 있도록 특별한 조치를 마련한 것 — 이런 아이디어들이 모두 그의 계획 속에 들어 있다. 그러나 이 중의 어느 것보다도 놀라운 아이디어 — 그리고 그가 제안한 그 당시로서는 그 밖의 그의 아이디어와 마찬가지로 유토피아적인 아이디어 — 는 각급 학교의 교직자들로 하여금 그 하급 학교의 교직자를 임명하고 그 업무를 지도하도록 함으로써 교직을 사실상의 자율적 직업으로 만들려는 아이디어였다. 그의 목적은 교육을 정치적 권위의 최후 보루인 국가의 권위 그 자체를 제외한 일체의 정치적 권위에서 독립시키며, 그렇게 함으로써 사상의 자유와 학문의 자율적인 발전을 보장하는 데에 있었다. 그것은 민주적 교육의 한 가지 최대의 난제를 해결하기 위한 참으로 독창적인 시도였다.

* primary school * secondary school * institute * lycée, 9 : 38 주 참조
* The National Society of the Sciences and Arts

7 칸트와 페스탈로찌

¶45_ 사태를 피상적으로만 보면, 18세기 후반의 「에밀」이 미친 그 굉장한 영향에도 불구하고, 교육을 국가적 기능으로 보는 관점, 그리고 그에 따라서 교육의 목적을 주로 충량한 시민의 양성에 두는 견해는 그것과 상보적인, 교육을 개인적 발달의 과정으로 보는 관점을 완전히 무색하게 만든 것처럼 보일 수도 있다. 그러나 사실은 전혀 그렇지 않다. 다만, 이 후자의 관점이 이론에서 실제로 넘어가는 데에는 더 오랜 시간이 필요하였으며, 이것은 오히려 당연한 것이었다고 말할 수 있다. 그 후자의 교육관이 요구하는 바에 따라 교육체제를 아동의 본성*에 맞추기 위해서는 교육에 관한 모든 관행과 보통 사람들의 편견을 완전히 뒤집어 놓지 않으면 안 되었으며, 이것은 그 교육관을 가장 열렬히 지지하는 사람들에게서도 일어나기 어려운 변화였다. 이 문제가 아니더라도, 그 교육관 자체 속에 그것의 핵심적 의미를 모호하게 하고 실지 교육사태에서의 효과적인 적용을 어렵게 하는 미비점들이 있어서 그것을 제거하는 데에도 시간이 필요하였다. 그러나 어쨌든, 이 모든 문제에도 불구하고 개인주의적 교육관은, 특히 독일어권의 여러 나라에서 더욱, 교육지도 이념으로서 꾸준히 그 기반을 다져나갔다. 그중에서도 특히 칸트의 이론에서 우리는 그 이념이 분명한 형태로 드러나는 것을 볼 수 있으며, 나중에 가서는 페스탈로찌가 올바른 교육방법을 경험적으로 모색하는 과정에서 아동의 본성에 상당히 합치하는 학교를 세움으로써 실제적인 명확성을 띠게 되었다.

* nature

¶46_ 이마누엘 칸트*(1724-1804)는 루소의 가장 위대한 제자로 일컬어지고 있다. 이 칭호가 사상 일반에서 칸트가 루소에게서 받은 영향을 과장하는 것이 아닌가 하는 점에는 의심의 여지가 있을지 몰라도, 교육문제에 관한 한, 거기에는 추호도 의심의 여지가 없다. 칸트에게 「에밀」은 신의 계시처럼 다가왔다. 루소의 다른 저작과 함께 에밀은 칸트에게 인간의 인간으로서의 존엄성과 가치에 관한 새

로운 견해를 불어넣어 주었으며 '비판철학'으로 향한 사상의 여정에 오르도록 그를 부축해 주었다. 기원 1776년, 칸트가 쾨니히스베르크* 대학에서 교수에게 부과된 의무의 일환으로 교육학 강의를 했을 때 그는 여전히 루소의 마법에 사로잡혀 있었다. (칸트가 사용한 최초의 교재는, 흥미롭게도, 바제도브의 「교육방법론」*이었다. 그는 박애학교의 열렬한 찬양자였으며, 1777년에는 그것을 무조건적으로 칭찬하는 짧은 논문을 썼다.) 그러나, 비록 칸트가 그의 강의의 여기저기에서 「에밀」의 견해를 자유롭게 빌어오고 있지만 — 다소 산만한 느낌을 주는 그 강의 초록은 칸트가 세상을 떠나기 1년 전에 「교육론」* 이라는 제목으로 출판되었다 — 그의 관점과 루소의 관점 사이에는 몇 가지 중요한 차이가 있다. 칸트는 '자연*을 따른 교육'이라는 아이디어를 받아들이며, 심지어 아동의 원초적 성향은 선을 지향한다고 보고 생후 첫 몇 년 동안의 신체적, 정신적 성장을 위해서는 아동에게 자유를 주어야 한다고 주장한다. 그러나 그는 그의 스승과는 달리, 최초의 동물적 본성과 교육을 통하여 형성해야 하는 인간적 본성*을 명백히 구분한다. 이 구분에서 따라오는 필연적 귀결로서 칸트는 아동의 충동에 대하여 제재를 가할 필요가 있다는 것, 심지어 더 적극적으로, 아동에게 명확한 행위 준칙을 가르침으로써 그를 도덕적 존재로 만들 필요가 있다는 것을 강력하게 주장한다. 루소로부터의 이 이탈이 정당하다는 근거로서 칸트는, 자유와 구속은 필연적으로 대립되는 것이 아니라는 주장을 내세운다. 그에 의하면, 교육의 목적은 아동으로 하여금 자신의 삶을 규율하는 법칙을 자신의 내부에서 찾을 수 있도록 해 주는 데에 있으며, 외적인 제약도 이 내적 법칙으로 전환될 수 있는 한, 진정한 자유를 가져다 줄 수 있다. 그러나 여기서 '전환될 수 있는 한'이라는 단서는 결코 놓쳐서는 안 된다. 구속 그 자체가 선이 아니라, 자기결정의 능력을 가진 존재에게 그 궁극적 정당성이 입증될 수 있는 그런 구속만이 선이라는 것이다. 칸트는 당대의 사회가 악하다는 점, 그리고 그 사회를 영속시키고 조장하는 교육이 악하다는 점에 있어서는 루소와 상당히 의견이 일치한다. 자유와 법칙을 조화시키는 교육은 보통의 교육과는 아주 다른 것이어야 한다. 그것은 완전한 인간성의 실현이라는 이상을 지향하는 교육이어야 한다. '아동은 현재의 사태에 비추어 교육될 것이 아니라 인류가 이룩할 수 있는 가장 개선된 상태를 기준으로 하여 교육되어야 한다. 다시 말하면 교육은 인간성이 최종적인 완성 단계로 발달했을 때의 그 이상적 상태를 목적으로 삼아야 한다.' 교육의 실제 문제를 논의하는 부분에서 칸트는 기이하다고 할 정도로, 교육과정이나 교육방법 등, 교육의 모든 일상적인 문제에 관해서는 고답적인 자세를 취하면서 전연 언급하지 않는다. 그의 주된 관심은 교육의 여러 단계를 밟아 나가는 동안에 학생 개개인의 경험에 어떤 일이 일어나는가에 있다. 교육의 실제 문제에 관하여 칸트가 비교적 명확한 의견을 표명하는 한 가지 경우는, 공교육은, 친구들과의 교제로 인하여 학생이 경험하는 제약이 도덕적 효과를 나타낸다는 점에서, 사교육보다 낫다는 것을 말하는 대목이다. 그러나 그와 동시에 칸트는 국왕과 제후들의 통제하에 있는 국가교육 체제에 대해서는 의구심을 가지고 있다. '경험이 우리에게 가르쳐 주는 바에 의하면 국왕과 제후의 궁극적인 목적은 인류의 공동선을 증진시키는 데에 있는 것이 아니라 자기 자신이 통치하는 국가의 복지와 자기 자신의 목적 달성에 있다. 교육사업에 돈을 댈 때 그들은 반드시 교육계획을 통제할 자신의 권리를 확보해 둔다.' 그리하여 칸트는 '학교제도의 운영은 가장 현명한 전문가의 판단에 전적으로 일임되어야 한다'[2] 고 말한다.

---

1) Kant, *On Pedagogy*, p. 15.　2) p. 17.
* Immanuel Kant　* Königsberg　* *Method Book*　* *On Pedagogy*
* 자연-nature　* 본성-nature

¶47_ 교육문제에 관한 한, 하인리히 페스탈로찌*(1746-1827)는 칸트 자신보다 더 훌륭한 칸트주의자였다. 물론, 페스탈로찌는 보통의 의미에서의 철학자 — 철학을 공부하는 학자 — 는 아니었으며, 아마 칸트의 책은 한 줄도 읽지 않았을 것이다. 그러나 칸트와 마찬가지로 그는 「에밀」에서 깊은 감동을 받았으며, 자신보다 훨씬 학문적인 면에서 칸트의 영향을 받은 사람들과 많은 이야기를 주고 받은 나머지, 그의 사회적 이상이나 인간의 정신작용에 관한 일반적 관념은 — 만약 그에게도 이러한 사상이 있다고 볼 수 있다면 — 그 위대한 철학자의 견해와 매우 유사한 것이 되었다. 어쨌든, 페스탈로찌의 교육원리와 교육방법은, 만약 칸트가 페스탈로찌와 같은 교육의 '현명한 전문가'였다면, 칸트 자신이 능히 개발해 내었을 법한 그런 것이었다. 그러나 이렇게 말한다고 하여 페스탈로찌가 먼저 칸트건 누구건 간에 다른 사람의 아이디어를 빌어와서 그것에 따라 교육체제를 만들었다고 생각한다면 그것은 잘못이다. 칸트라면 그런 식으로 일을 했을지 모르지만, 페스탈로찌의 재능은 본질상 실제적인 면에서 발휘되었다. 그를 제외한 대부분의 교육자들의 경우보다 훨씬 더, 페스탈로찌의 교육이론은 그의 교육실제에서 자라났으며, 사실상 그의 교육이론이라는 것은 가장 이론다운 면모를 갖추고 있는 부분조차도 교육실제의 기저에 들어 있는 원리를 불완전하게 언어화한 것에 지나지

않는다. 그러므로 페스탈로찌를 이해하려고 하면 우리는 먼저 그의 인간과 업적을 고찰하지 않으면 안 된다.

---

* Johann Heinrich Pestalozzi

¶48_ 페스탈로찌는 1746년에 스위스의 쮜리히*에서 태어났다. 외과의사였던 그의 아버지는 그가 다섯 살 되던 해에 그의 양육을 어머니와 헌신적인 하녀의 손에 맡기고 세상을 떠났다. 이 사실은 그의 성격과 인생관에 결정적인 영향을 미쳤다. 구체적으로 말하여, 페스탈로찌가 그 이전의 어느 교육자보다도 아동의 초기 교육에서 어머니와 가정생활이 수행하는 역할을 중요시한 것은 이 때문이었다. 페스탈로찌에게 다음으로 큰 영향을 미친 것은 그가 열아홉 살이 될 때까지 공부한 고향 대학에서의 경험이다. 그 감수성이 예민한 사춘기에 혁명가적 기질을 가진 선생 밑에서 루소의 저작을 하나도 빠뜨리지 않고 읽었을 때, 방금 출판된 「에밀」은 그에게 큰 감명을 주었다. 그는 「백조의 노래」*에서 다음과 같이 말하고 있다. '루소의 그 환상적인 책을 읽었을 때 나는 내 속에 들어있는 이상주의적 경향이 참을 수 없는 열망으로 용솟음치는 것을 느꼈다. 집에서, 학교에서 내가 받은 교육을 루소가 에밀에게 시키려고 한 교육과 비교해 볼 때, 나는 내가 받은 그 모든 교육이 비참할 정도로 보잘것 없는 것이었음을 뼈저리게 느꼈다.'[1] 루소를 읽은 데서 나타난 직접적인 결과는 그것이 그의 일생의 계획을 뒤흔들어 놓았다는 것이다. 그는 원래 목사가 되려는 생각을 가지고 있었지만, 첫 설교를 망치고는 그 생각을 완전히 버렸다. 그 다음에는 법률로 눈을 돌렸지만, 곧 자신의 정치적 의견이 법률가로서 출세하는 데에 장애가 된다는 것을 알고 그 길 또한 포기하였다. 그리고 나서 그는 루소의 가르침을 그대로 따라 농부가 되었다. 결국 그는 농사일에도 맞지 않았다. 그러나 천행이라고 해야 할지, 농부로서의 실패는 그를 자신에게 맞는 필생의 사업으로 이끌었다. 페스탈로찌는 그 이전에 이미 그의 아들 자크—이것은 루소의 이름 장 자크에서 따온 것이다—를 기르면서 교육의 일을 시작하였으며, 루소의 정신에 따라 그의 아들을 대상으로 관찰과 실험을 하고 그 결과를 기록하였다. 모르기는 해도 페스탈로찌가 그의 최초의 교육적 모험을 할 생각을 품게 된 것은 아마 이 일을 하는 동안에 생긴 관심과 흥미 때문이었을 것이다. 그 당시 그의 주위의 농부들 사이에는 고아들을 데려다가 농사일을 시키는 것이 관행으로 되어 있었는데, 페스탈로찌는 그 방식을 약간 개선하여 스무 명 정도의 부

랑아들을 데리고 말하자면 '자급자족 기술학교'라고 할 만한 것을 열었다. 페스탈로찌의 생각은, 그 아이들이 여름에는 들에 나가 농사일을 하고 겨울에는 물레와 베틀 일을 하면서 일하는 틈틈이, 또는 심지어 일을 하는 동안에도, 읽기, 쓰기, 셈하기 공부를 하도록 하는 것이었다. 이 계획을 수행하기 위하여 그는, 자신의 말로, '몇 해고 몇 해고 거지들 틈에서 거지처럼 살면서 그들을 인간으로 살 수 있도록 가르치려고' 했지만, 결국 그의 계획은 파산으로 끝났다.

---

1) *Werke* (Seyffarth), xiv, 200.
* Zürich * *Swan Song*

¶49_ 그 후 20년 동안 페스탈로찌는 오로지 여러 가지 사회 문제, 그 중에서도 특히 교육에 관한 크고 작은 책을 쓰는 데에 전념하였다. 그의 가장 중요한 저작인 교육소설 「린하르트와 게르트루트」*는 그 첫째 권이 1781년에 나왔다. 이야기는 페스탈로찌가 너무나 잘 알고 있는 시골 생활에 관한 것이다. 이야기 속의 지혜로운 어머니 게르트루트는 아이들이 쓸데없이 빈둥거리는 일이 없도록 물레질을 시키면서 현재 그들이 살고 있는 상황이나 사태에 관하여 어머니로서의 자애로운 대화를 나눔으로써 아이들의 지력과 인격을 훈련한다. 교사로서 그 어머니가 갖추고 있는 지식은 매우 보잘것 없지만, 그래도 그것은, 그 소설에 나타난 바와 같이, 충분하고도 남음이 있다. 예컨대 어머니는 산수를 가르칠 때 방을 왔다 갔다 하면서 발걸음 수를 세도록 하거나 유리창에 끼워 놓은 유리가 몇 장인가를 세어 보도록 한다. 마찬가지 방식으로 어머니는 긴 것과 짧은 것, 좁은 것과 넓은 것, 둥근 것과 모난 것을 구분하게 하면서 물, 불, 공기, 연기 등, 주위에 있는 모든 것들을 세밀하게 관찰하도록 자극한다. 게르트루트의 보기를 따라 마을에 학교가 세워졌을 때 거기에서도 동일한 방법이 사용된다. 물레가 학교의 번듯한 곳에 정중하게 진열되어 있고 아이들은 게르트루트의 아이들이 배운 것과 똑같은 방법으로 재미있게 공부한다. 페스탈로찌는 게르트루트의 입을 빌어, 진정한 학교에서의 교육은 가정에서의 교육과 다르지 않다고 말한다. 차이는 오직 관심과 흥미의 범위가 넓다는 것뿐이다.

---

* *Leonard and Gertrude* [*Lienhard und Gertrud*]

¶50_ 「린하르트와 게르트루트」 출판으로 페스탈로찌는 농촌 문제에 심각한 관심을 가진 모든 사람들의 주목을 받게 되었으며, 독일과 오스트리아와 이탈리아로부터 제후와 귀족들이 교육과 사회의 개혁에 관한 상의를 하러 그를 찾아왔다. 뿐만 아니라 그 책으로 말미암아 페스탈로찌는 몇몇 저명 인사들과 친교를 맺게 되었는데, 그 중에는 나중에 독일의 재건에 중요한 역할을 담당하면서 페스탈로찌의 생각을 독일 교육자들에게 소개한 피히테도 들어 있다. 피히테가 페스탈로찌의 견해에 특히 마음이 끌린 것은 아마 페스탈로찌의 견해가 칸트 철학을 실제적인 면에서 구체화하고 있다고 보았기 때문일 것이다.

¶51_ 오로지 글을 통하여 자신의 생각을 표현했던 이 긴 세월 동안에도 페스탈로찌는 교육에 관한 자신의 생각을 어떤 형태로든지 실천에 옮기려는 열망을 잠시도 버린 적이 없었다. 그러다가 마침내 50세가 지나서 그 기회가 왔다. 기원 1798년 스위스에 혁명정부가 수립되었을 때 페스탈로찌는 공직을 맡아달라는 요청을 받았다. 페스탈로찌는 그 요청을 사절하면서, 그 대신 자신은 교사가 되고 싶다고 말하였다. 이에 따라 그는 정부에 대한 폭동 때 아버지를 잃고 고아가 된 아이들을 돌보는 일로 슈탄쯔*에 파견되었다. 페스탈로찌가 이 일을 한 것은 불과 5개월이었지만, 이 짧은 기간은 그에게 교사로서의 자기 자신에 대한 확신, 그리고 그의 교육방법의 타당성에 대한 확신을 안겨주었다. 나이가 일정하지 않은 80명의 아이들을 혼자서 보살피지 않으면 안 되었고, 또 그러자니 그다지 체계적인 교육은 할 수 없었지만, 그럼에도 불구하고 페스탈로찌는 가정을 본딴 학교를 만들어 여러 가지 아이디어를 실험적으로 시행해 볼 수 있었다. 그 실험의 가장 놀라운 성과는 인격 발달의 측면에 있었다. 페스탈로찌가 알아낸 것은, 일단 아이들과 일종의 부자관계가 형성되고 나면 직접 경험을 기초로 하여 덕을 기르는 일은 그다지 어렵지 않는다는 것이었다. 이전에 고아들을 데리고 농사일을 하던 때와는 달리, 이곳 슈탄쯔에서 손으로 하는 일, 즉 노작은 제한된 범위 내에서 교육에 대한 수단으로 사용되었지만, 노작이 교육적인 면에서 가치를 가진다는 그의 믿음에는 변함이 없었다. 뿐만 아니라, 이때 페스탈로찌는, 노작의 가치는 그 경제적인 수익에 있는 것이 아니라 노작 그 자체에 있다는 것을 깨닫게 되었다. 지적 교육의 측면에서, 그의 주된 목적은 나중에 어른이 되었을 때 올바른 판단을 하는 데 필요한 준비로서 주의, 관찰, 기억 등의 기본 능력을 길러 주는 데에 있었다. 그러나 페스탈로찌가 얻은 것 중에서 가장 중요한 것은 수많은 아이들을 한 자리에 모

아 놓고 동시에 가르치면서도 그의 교육 원리에 위배되지 않도록 할 수 있다는 확신이었다. 이 귀중한 확신을 가지고 이제 페스탈로찌는 부르크도르프*로 전근되어 거기서 보다 정상적인 조건 하에서 새로운 출발을 한다.

---

* Stantz * Burgdorf

¶52_ 몇 달 동안 25명의 아동을 가르치는 한 유아학교에 머물면서 장차 교사가 될 사람들에게 교수방법의 기본 요소를 가르칠 방안을 구상한 뒤에, 페스탈로찌는 부르크도르프 성에 있는 한 사범학교의 교장에 임명되었다. 여기서 페스탈로찌는 몇몇 유능한 교사들의 도움으로, 자신의 힘으로는 해 내기 어려웠던, 그의 아이디어를 확실하게 실천 가능한 형태로 구체화시키는 일을 할 수 있게 되고, 그들과 함께 주간제 초등학교, 기숙학교, 사범학교를 하나로 합친 복합적인 교육기관을 운영하는 데에 대단한 성공을 거두었다. 이 일의 구체적 결과는 1801년에 출판된 그의 가장 중요한 책, 「게르트루트의 자녀육아방법」* 그리고 그 2년 후, 일부는 페스탈로찌 자신에 의하여, 또 일부는 동료교사들에 의하여 집필된 일련의 부모와 교사용 도서들의 출판으로 나타났다. 기원 1805년의 정권교체로 말미암아 페스탈로찌는 부르크도르프의 그 자리를 떠날 수밖에 없었으며, 그 후 이페르돈*에 가서 거기서 새로운 이페르돈 학교를 세웠다. 처음 일이 년 동안은 모든 일이 놀라울 정도로 순조로웠다. 유럽 전역에서 학생과 교사들이 모여들었으며 학교의 명성은 하늘을 찌를 듯하였다. 그러다가 그를 도와주던 교사들 사이에서 반목과 불화가 터져나와 그후 수년 동안 어려움을 겪던 끝에 1825년에 학교는 문을 닫았다. 페스탈로찌는 「백조의 노래」에서 그의 교육이론을 계속 재천명하였다. 이 책은 문자 그대로 '백조의 노래'가 되었고 그 후 얼마 되지 않아 페스탈로찌는 마음의 상처를 안고 세상을 떠났다.

---

* *How Gertrude Teaches her Children* * Yverdon

¶53_ 교육의 목적과 본질에 관한 일반적인 견해를 두고 말하면 페스탈로찌는 틀림없는 루소의 제자였다. 페스탈로찌는 루소의 모든 중요한 확신을 그대로 받아들였다. 그 확신이라는 것은 곧, 현재의 사회적 상황 하에서 교육은 일차적으로 아동 개개인에 관심을 가져야 한다는 것, 올바른 교육방법은 정신 발달의 일반적 과정에 관한 지식에 기초를 두어야 한다는 것, 교사의 임무는 아동의 자연적 성장

의 과정을 이끌어주고 아동으로 하여금 사회 안에서 그의 신분과 능력에 알맞은 자리를 차지할 수 있도록 준비를 갖추어 주는 데에 있다는 것, 이상적 학교는 학생의 개인적 특성과 인간으로서의 보편적 특성이 다같이 올바르게 존중되는 그런 곳이어야 하며 그 모범적인 본은 가정에서 찾을 수 있다는 것 등이다. 그러나 이들 원리는 페스탈로찌에게서는 몇 가지 중요한 수정을 거쳐서 나타났으며, 이 수정으로 말미암아 루소의 원리는 좀 더 널리 받아들여질 수 있는 형태로 바뀔 수 있었다. 첫째로, 진정한 교육은 언제나 학생 개인의 직접적 경험의 결과라는 점에 있어서는 루소와 의견을 같이 하면서도, 페스탈로찌는 루소보다는 더, 일상의 삶이 가지는 교육적 가능성에 대하여 깊은 신념을 가지고 있었다. 루소는, 최선의 교육을 위해서는 예외적으로 탁월한 능력과 인격을 갖춘 부모를 둔 이상적인 가정이 반드시 필요하다고 보았다. 여기에 비하여 페스탈로찌는 평범한 농부의 가정도 인간적인 유대와 일거리가 있는 한, 훌륭한 교육의 장이 될 수 있으며, 그 기회를 적절하게 활용하기만 하면 최선의 결과를 만들어 낼 수 있다는 신념을 가지고 있었다. 그리고 이 생각을 한 걸음 더 발전시켜서 그는, 보통 사람들이 다니는 학교가 일반적으로 좋은 여건에 있지 않지만, 그것을 좋은 가정의 본을 따라 개조하면 가정에서 자연스럽게 시작된 교육을 계속 윗 단계로 이어나갈 수도 있을 것이라고 믿었다. 둘째로, 교육은 식물의 성장에서 볼 수 있는 것과 같은 일련의 진화적 발달단계를 따라 일어난다고 본 점에 있어서는 루소와 의견을 같이하면서도, 페스탈로찌는 인류 전체의 발달과 개체로서의 인간의 발달 사이에 긴밀한 관계가 있다고 보고 여기에 입각하여 루소가 주장한 '개인중심 교육'에 새로운 의미와 가치를 부여할 수 있었다. 이 점에서 페스탈로찌는 루소의 개인주의를 넘어서서, 아동은 그 자신의 지적, 정신적 성장의 자극을 위하여 사회에 의존해야 한다는 보다 타당한 견해를 가지게 되었다. 그러므로 페스탈로찌의 교육 방안에서는 교사가 훨씬 중요한 위치를 차지하며, 그와 함께 아동과 사회를 연결하고 아동을 성인의 수준으로 이끌어 올리기 위한 인간 행위로서의 '교육의 대기술'* 에 대한 필요가 더 분명히 인식된다.

* Art of Education

¶54_ 그러나 페스탈로찌에 의하여 이룩된 교육의 발전이 위에서 말한 것과 같은 이론적인 면에 국한된 것은 결코 아니다. 누가 무엇이라고 하든지 페스탈로

찌는 언제나 교육 실제의 개혁에 관심을 둔 실천가였으며, 후세에 가장 영향을 끼친 그의 교육적 공헌은 대부분이 그가 루소에서 가장 멀리 떨어져서 독자적으로 개척한 교육방법 면에서 이루어졌다. 이런 관점에서 그가 아동교육의 초기 몇 단계를 다룬 방식은 특별한 가치를 지닌다. 지식의 측면이나 행위의 측면에 있어서 그가 출발점으로 삼은 질문은 수업의 기본 요소가 무엇인가 하는 것이었다. 지식의 측면에 있어서 — 이 측면은 주로 「게르트루트의 자녀교육방법」에 취급되어 있다 — 페스탈로찌는 처음에는 그 당시의 상식적인 견해에 따라 수업의 기본 요소를 읽기, 쓰기, 셈하기로 보았지만, 이 문제에 관하여 좀 더 깊이 생각해본 결과 읽기, 쓰기, 셈하기는 모두 그 이전에 그것보다 더 단순한 그 무엇인가를 전제로 하고 있다는 점에 생각이 미쳤다. 말하자면 아이는 읽기 전에 말을 하며, 글씨를 쓰기 전에 줄을 그으며, 등등과 같다. 최종적으로 페스탈로찌는, 어떤 분야의 지식을 가르치든지 간에 그 출발점은 마음이 성장해 나가는 일반적인 과정에 비추어 결정되지 않으면 안 된다는 결론에 다다랐다. 그리고 그가 보기에 마음의 성장 과정은 세 개의 단계로 뚜렷이 구분되었다. 먼저, 마음은 막연한 감각인상에서 시작된다. '우리 눈 앞에 놓여있는 최초의 세계는 서로 뒤엉켜 흐르는 어지러운 감각인상의 바다이다.' 마음의 첫째 단계는 이 감각인상이 '식별'* 되는 단계이다. 이 단계에서는 막연한 감각의 덩어리에서 물체가 뚜렷이 드러나고 그것이 경험의 단위로서 개별적인 사물의 형태를 띤다. 마음의 성장이 거치는 둘째 단계는 이 식별된 인상이 '명료화'* 되는 단계이다. 이 단계에서는 사물의 형태와 그 밖의 감각적 성질이 마음에 표상되거나 상상된다. 이것을 '기술'* 의 단계라고 부를 수 있을 것이다. 이 단계에서도 사물의 진정한 특성은 여전히 파악되지 않는다. 지적 성장 과정의 완성은 명료화된 영상이 '명확한 관념'* 으로 변형되는 마지막 단계, 즉 사물이 '정의'* 되는 단계에서 이루어진다. 이때까지 개별적인 물체로만 알려지던 사물이 이제는 다른 사물과의 관련에서 파악되며 그것에 관한 지식은 정의의 형태로 표현되는 완전한 지식이 된다.

---

* distinct (distinction) * clear (clarification) * description * definite ideas * definition

¶55_ 그렇다면 여기서 제기되는 한 가지 의문은, 이와 같이 막연한 감각인상에서 명확한 관념으로 전환되는 과정에서 '교육의 대기술'이라는 인위적 활동은 어떤 역할을 하는가 하는 것이다. 이 의문에 대한 대답은 정신적 성장의 과정을 이

쪽 끝에서 저쪽 끝까지 — 다시 말하면, 아동의 경험이라는 출발점에서부터, 아동이 교사의 도움을 받아 획득하게 될 성인의 명확한 관념이라는 종결점까지 — 고찰함으로써 얻을 수 있다. 아동의 입장에서 보면 그에게 주어지는 기본적인 사실은 페스탈로찌의 용어로 '직관'*이라고 하는 것 — 아동 자신의 경험 — 이다. 이 '직관'은 모든 지적 습득물의 기초가 되는 '감각인상', 종교의 근원으로서의 신에 관한 '직접적 인식' 등등을 가리킨다. 직관적 수업*이라고 하는 것은 바로 아동이 눈으로 보고 손으로 만지고 그 밖의 다른 방법으로 사물과 직접 대면하여 그것에 친숙해지도록 하는 수업 방법이다. 예컨대 지리 수업에서 학생이 단순히 자연현상이나 장소에 관하여 말을 듣는다든지 그림을 보고 그것을 알도록 하는 대신에 아동 자신이 직접 그것을 보도록 하면 아동은 틀림없이 그의 직관을 활용한다. 교사의 입장에서는 지금 아동에게 일어나고 있는 이 과정을 마지막 완성된 지점에서 볼 필요가 있다. 교사 자신도 현재 아동이 가지고 있는, 또 장차 그의 도움을 받아 거치게 될 과정과 동일한 과정을 거쳐 현재의 아동의 경험에 의미를 부여하는 명확한 관념에 도달하였으며, 따라서 그의 임무는 그 명확한 관념을 향하여 아동의 경험을 선정하고 방향지어 주는 데에 있다. '만약 우리의 발달이 오로지 자연에만 의존한다면 그 속도는 충분히 빠르지 않고 또 거기에는 여러 가지 장애가 개입된다. 그러므로 교사의 수업은 최초의 감각인상에 들어 있는 혼란을 제거하는 데에 그 목적이 있다. 즉, (가) 사물을 서로 분리하여 뚜렷이 드러내는 것, (나) 서로 유사한 것, 또는 관련된 것을 상상 속에서 한데 묶음으로써 그것들을 명료하게 만드는 것, (다) 이것이 완전하게 명료해졌을 때 마음 속에 명확한 관념을 떠올리는 것이 그것이다. 이것을 수업 활동과 관련하여 다시 진술하자면, (가) 희미하고 혼란된 감각인상을 각각 단위로서 제시함으로써 그것을 개별적으로 열거할 수 있도록 하는 것, (나) 그리고 난 뒤에, 그 변화하는 감각인상을 우리 눈 앞의 상이한 위치에 고정시킴으로써 그 형상을 직접 인식할 수 있도록 하는 것, (다) 마지막으로, 그것을 기존의 모든 지식과 관련짓고 그것에 이름을 붙이는 것으로 된다.'[1] 간단하게 말하여, 학습이라는 것은 직접적인 경험을 통하여 관념에 내용을 부여하는 과정으로 기술될 수도 있고, 관념에 의하여 개별적인 인상에 의미를 부여하는 과정으로 기술될 수도 있다. 앞의 것은 주로 아동의 입장에서, 그리고 뒤의 것은 교사의 입장에서 학습을 기술하는 것이지만, 결국 그 두 가지는 동일한 사실의 상이한 두 측면을 가리킨다.

1) Pestalozzi, *How Gertrunde Teaches Her Children*, vi.
* Anschauung　* Anschauung lesson

¶56_ 페스탈로찌의 교육 방안은 전적으로 다음의 두 가지 상호보완적인 관점에 기초를 두고 있다. 첫째로, 수업의 내용은 관념을 발전시켜 나가야 한다는 아동의 필요를 기준으로 하여 결정된다. 페스탈로찌는 성인의 경험을 분석해 본 결과, 가령 한 어른이 현재 그가 막연한 인상 밖에 가지고 있지 않은 물체에 관하여 명확한 관념을 가지고자 한다면, 그는 (가) 그의 앞에 놓여 있는 물체의 '수', (나) 그 물체가 가지고 있는 '형태', (다) 그리고 그 물체를 지칭하는 '이름'을 알아내지 않으면 안 된다고 말한다. 아동이 거치는 학습의 과정도 본질상 이와 다름이 없다. 아동이 사물에 관하여 진정한 의미에서의 지식을 가지고 있다고 말하기 위해서는 그의 그 지식은 바로 그 세 가지 요소를 포함하지 않으면 안 된다. 즉, 아동은 사물의 수, 사물의 형상, 사물의 이름을 알아야 한다. 그러므로 아동이 받는 수업에는 세 가지 종류가 포함되어야 한다. 즉, (가) 수의 요소에 관한 수업(산수), (나) 형태의 요소에 관한 수업(그리기와 쓰기), 그리고 (다) 이름과 그 이름에 담겨 있는 관념에 관한 수업(언어)이 그것이다. 둘째로, 수업의 방법은 '직관'(즉, 아동의 직접적 통찰)의 필요를 기준으로 하여 결정된다. 사물에 대한 아동 자신의 경험과 생생한 관련을 맺을 수 없는 어떠한 수업도 가치를 가질 수 없다. 이 점에서 페스탈로찌는 루소의 주장 — 즉, 교육자에게 가장 중요한 것은 어른들의 틀에 맞추기 위하여 아동이 무엇을 '알아야 하는가'가 아니라 아동이 무엇을 '알 수 있는가'에 있다는 주장 — 과 일치된 의견을 보인다. 페스탈로찌는, 우리가 아동에게 가르쳐 주는 것은 그것이 아동의 양심과 지력이 닿는 곳에 있을 때에만 아동 자신의 한 부분이 될 수 있다고 본다. 이 원리에 의하면, 한 수업의 적절성 여부를 가리는 가장 중요한 기준은 그것이 아동의 자발적 활동을 일으키는 힘을 가지고 있는가 아닌가에 있다. 그가 슈탄쯔에서, 학습의 초기 단계에서 철저를 기하는 데에 얼마나 세심한 주의를 기울였는가를 말하는 대목에서 페스탈로찌는 다음과 같이 말하고 있다. '그 방법은 즉시 아동으로 하여금 그의 내부에 이때까지 그가 알지 못했던 능력이 들어 있다는 것을 깨닫도록 해 주었다. 아동이 자신의 능력을 깨닫는 순간, 보통의 학교 공부가 자아내는 지겨운 느낌은 유령처럼 사라졌다. 아동은 배우고 싶어했고, 또 배울 수 있다는 것을 알게 되었다. 아동은 인내하였고, 성공하였고, 그리고 웃었다. 그들의 어조와 태도는 배우는 사람의 그것이 아니라 잠에서 깨어

난 미지의 능력에서 우러나오는 어조와 태도였다.' 페스탈로찌에 의하면, 자발적 활동에서 드러나는 이 강렬한 홍미는 수업을 마음의 성장 순서와 일치시키는 데서 나온다. 이것은 읽기에 앞서서 말하기를 가르친다든지, 쓰기에 앞서서 그리기를 가르치는 데에 명백히 드러난다. 페스탈로찌는 이것을 모든 수업의 일반적 규칙으로 삼아야 한다고 생각했을 것이다. 즉, 학습의 올바른 순서는 가까운 것에서 먼 것으로, 단순한 것에서 복잡한 것으로 점진적인 단계를 따라 나아가는 '심리적 순서'라는 것이다.

¶57_ 페스탈로찌는 이와 같이 학습을 자연스럽게 시작하여 자연스러운 계열을 따라 진행시키는 것을 그의 책 제목으로 나와 있는 '직관의 A B C'*라는 개념으로 구체화한다. 그것은 다음과 같다. 만약 아동이 지적인 면에서 성인의 상태에 도달하려고 하면 아동은 몇 가지 일반적 관념 — 특히, 수, 형태, 이름의 관념 — 을 자기 자신의 것으로 소유하지 않으면 안 된다. 이 관념은 성인의 경험에 들어있는 상태로는 아동의 수준을 훨씬 능가한다. 교사는 그 관념을, 마치 언어가 단어로, 또 단어가 다시 A B C와 같은 글자로 분석되듯이, 감각경험(직관)의 요소로 끌어내리지 않으면 안 된다. 교사는 이들 기본적인 사실을, 처음에는 따로 따로 그리고 그 다음에는 서로 관련지어 가르침으로써 점차로 아동의 마음을 형성해 주어야 한다. 먼저 '수'의 공부를 생각해 보면, 교사는 아동으로 하여금 셈에 관한 기본적 관계를 확실히 알도록 함으로써 공부의 기초를 다진다. '산수는 전적으로 몇 개의 단위를 서로 붙이고 떼내는 것으로 이루어진다. 그 기초는 본질상 "하나에 하나를 더하면 둘이 된다. 둘에서 하나를 빼면 하나가 된다"는 아이디어에 있다. 수라는 것은 어떤 것이든지 우리가 수를 더하고 뺄 때 거치는 기본적인 과정을 어느 한 시점에서 요약한 것에 지나지 않는다.'[1] 산수 공부의 올바른 시작은 아동이 주위에 있는 사물을 셀 수 있게 되고 — 방의 길이는 발걸음으로 몇 걸음인가, 뜨개질 하는 실은 몇 번 접혀 있는가, 등등 — 그것을 통하여 각각의 수가 무엇을 의미하는지 알게 될 때 이루어진다. 여기서부터 덧셈이 생겨나며, 그 동일한 과정을 다음 단계로 연장하기만 하면 곱셈, 뺄셈, 나눗셈이 나온다. 이와 같이 직접 사물을 통하여 이들 기본적인 조작을 이해하고 나면 아동은 실물 대신에 막대 부호를 사용하는, 페스탈로찌 자신이 고안한 '셈 표'를 공부한다. 둘째로 '형태'의 공부에 있어서 기본적인 요소는 선과 각이다. 아무리 복잡한 모양도 결국 이런 것들로 구성되어 있는 것이다. 마지막으로, '이름'의 공부에 있어서 근본적인 요소는 말을 이루

고 있는 기본적인 소리이다. 각각의 소리를 명확하게 구별함으로써 아동은 점차 단계적으로 음절, 단어, 문장을 읽을 수 있게 된다. 페스탈로찌의 교육 방안에서는 각각의 단계에서, 이름 붙여진 사물에 관하여 먼저 '명료한'* 관념과, 그 다음에는 '명확한'* 관념을 획득하도록 하기 위한, 여러 가지 종류의 언어 연습을 하게 되어 있다. 관념의 '명료성'은 물체의 성질, 특히 수와 형상을 아는 것을 가리킨다. 여기서는 실체와 속성의 관계가 주목의 대상이 된다. 관념의 '명확성'은 물체 상호간의 관련을 아는 것을 가리킨다. 이것을 위해서는 많은 문장을 만들어 해당 언어에 포함된 모든 일반적인 사고 관계를 표현해 보도록 하는 방법이 사용된다.

---

1) Pestalozzi, *How Gertrude Teaches Her Children*, viii.
* A B C of Anschauung　　* clear　　* definite

¶58_ 수, 형태, 언어의 기본요소에 관한 수업을 통하여 아동에게 지식을 가르쳐 주는 것이 중요하기는 하지만, 이것은 삶을 살아가는 데에 갖추어야 할 준비의 한 부분에 불과하다. 지식의 훈련은 기술의 훈련으로 보완되어, 수업의 결과로 얻어진 명확한 관념이 행동의 형태로 적절하게 표현되도록 하지 않으면 안 된다. 페스탈로찌는 이 면에서의 그의 방안을 자세하게 제시할 수 없었음을 스스로 인정하면서도 '기술의 A B C'가 대체로 어떤 방향으로 전개될 수 있는가는 시사하고 있다. 대체로 말하여, 인간의 가장 복잡한 활동 능력도 예컨대 치는 것, 나르는 것, 미는 것, 던지는 것, 긋는 것, 돌리는 것, 누르는 것, 흔드는 것 등등, 기본적인 요소로 이루어져 있으며, 기술의 훈련은 이 요소를 담고 있는 가장 단순한 신체적 힘의 표현에서 시작되어야 한다는 것이다. 페스탈로찌는 그 모든 종류의 활동을 철저하게 훈련하는 데 필요한, 신체적 운동의 점진적 계열을 마련하지는 못하였다. 그러나 설사 이 일을 할 수 있었다 하더라도 그것은 오직 시작에 불과하다. 아동이 장차 언젠가 성인사회의 일원으로서 종사하게 될 다양한 직업에서 자신의 직분을 수행하도록 적절한 준비를 갖추어 주는, 보다 어려운 문제가 여전히 해결되어야 하는 것이다. 이 기술교육의 문제도 초기 단계에서 사용된 바로 그 방법으로 해결될 수 있다는 것을 주장할 뿐, 페스탈로찌는 그 이상의 해결책은 제시하지 않는다.

¶59_ 페스탈로찌 교육이론의 상당한 부분, 특히 초등학교의 실제적 방법에 관련되는 부분에 대해서는 모든 현대 교육자들이 대체로 그 타당성을 인정하고

있다. 그러나 그의 이론에는, 앞으로 고찰하게 될 바와 같이, 그의 바로 다음 후계자들의 손으로 바로잡히게 될 두 가지 두드러진 결함이 있다. 첫째로, 수업은 경험의 기본 요소에서 시작되어야 한다는 그의 주장은 옳았지만, 그 기본요소가 무엇인가에 관해서는 그는 그릇된 생각을 가지고 있었다. 예컨대 '언어'와 관련하여 그는 '소리와 음절에서 시작하라'고 말하고 있다. 그러나 언어를 분석하여 얻게 되는 이 '소리와 음절'은, 성인에게는 단순할지 모르지만, 아동에게는 단순한 것이 아니다. 실지로 아동이 시작하는 것은 소리가 아니라 문장, 음절이 아니라 전체에서부터이다. 둘째로, 그는 보다 높은 단계의 학습을 적절하게 다루지 못하였다. 이 단계와 관련하여 그는 어떤 내용을 가르쳐야 하며 그것을 어떤 순서로 가르쳐야 하는가를 결정할 생각은 하지 않고, 오직 목하 문제되는 사실에 관한 학생 자신의 직접적인 경험이 중요하다는 것을 지적함으로써 기존의 학교 교과를 수정하는 정도에 그쳤다. 페스탈로찌에게, 높은 수준의 교육에서 요구되는 것과 같은, 체계에 관한 안목이 결여되어 있었던 것은, 定義정의는 지적 완성의 최정상이라는 그의 기본 입장과 관련되어 있다. 이 입장에 따라, 페스탈로찌는 자신이 하는 수업 또한 여러 개의 산발적인 주제에 관한 지식을 전달하고 마지막으로 각각 따로 떨어진 정의를 말하도록 하는 것으로 이끌었다. 그의 창작품의 하나인 '실물교수법'* 은 이 약점을 잘 보여주고 있다. 이 방법이 어린 아이에게 별 무리 없이 적용된다는 것에는 의심의 여지가 없지만, 높은 단계에서 요구되는 것은 어디까지나 서로 관련된 지식이다. 다소간 발달된 마음은 개별적인 사실과 관련된 정의를 마치 그것이 그 자체로서 독립적인 지위를 가지는 것처럼 받아들이는 데에 만족하지 않고 그러한 개별적인 사실과 정의들을 사실과 정의의 체계 전체와 관련지으려고 한다. 일단 이것을 인정하고 나면, 교육자에게 여러 가지 새로운 문제가 대두된다. 페스탈로찌의 머리에는 결코 떠오르지 않았지만, 이제 교육자는 '학생이 수업의 기본 요소들을 모두 터득했다고 할 때 그의 마음을 훈련하는 데에 가장 적합한 사실들은 어떤 것이며 거기에는 어떤 종류가 있는가'라는 질문을 하지 않으면 안 된다. 이 질문에 따라 오는 교육방법에 관한 질문은 페스탈로찌의 시야를 벗어나 있다.

---

* object lesson

참고문헌

BASEDOW, J.H. : *Pädagogische Schriften*, edited by H. Goring, Langensalza, 1880 ; O. H. Lang, *Basedow, His Life and Work*, New York, 1891

BELL, A. : J.M.D. Meiklejohn, *An old Educational Reformer*, Edinburgh, 1881.

KANT, I. : *The Educational Theory of Immanuel Kant*, translated by E.F. Buchner, Philadelphia, 1904 ; A. Churton, *Kant on Education*, London, 1899 ; F. Standinger, *Kant's Bedeutung für die Pädagogik in Kantstudien*, ix.

LA CHALOTAIS, L. : *Essay on National Education*, translated by H.R. Clark, Lon-don, 1939.

J. Delvaille, *La Chalotais, Educator*, Paris, 1910 ; A. Pinloche, *La Chaloais als Verkampfer der weltlichen Schule*, Leipzig, 1891.

LANCASTER, J. : *Improvements in Education*, London, 1805. D. Salmon, *Joseph Lancaster*, London, 1904.

PESTALOZZI, H. : *How Gertrude Teaches her Children*, translated by L.E. Holland and F.C. Turner, London, 1894 ; *Leonard and Gertrude*, translated by Eva Channing, Cambridge, Mass., 1885 ; *Pestalozzi's Educational Writings*, translated by J.A. Green, London, 1912.

L.F. Anderson, *Pestalozzi*, NewYork, 1931 ; G. Compayré, *Pestalozzi and Elementary Education*, London 1907 : R. de Guimmps, *Pestalozzi, His Life and Work*, English translation, London, 1890 ; J.A. Green, *Life and Work of Pestalozzi*. London, 1890 ; J.A. Green, *Life and Work of Pestalozzi*, London, 1908 ; P. Natorp, *Johann Heinrich Pestalozzi*, Langensalza, 1905 ; A. Pinloche, *Pestalozzi and the Foundation of the Modern Elementary School*, London, 1902 ; E. v. Sallwürk, *Pestaloozi*, Leipzig, 1897.

ROUSSEAU, J.J. : *Emile*, translated by B. Foxley (Everyman Library), London ; *The Minor Educational Writings of Rousseau*, translated by W. Boyd, London, 1911 ; *Rousseau on Education*, translated by R L. Archer, London, 1912.

W. Boyd, *The Educational Theory of Jean-jacques Rousseau*, London. 1912 ; G. Compayré, *Rousseau and Education from Nature*, London, 1908 ; T. Davison. *Rousseau and Education according to Nature*, London, 1908 ; C.W. Kenddel, *Jean Jacques Rousseau* ; *Moralist*, Oxford, 1934 ; E. V. Sallwürk, *Rousseau's Emil*, fourth edition, Langensalza, 1907 ; E.H. Wright, *The Meaning of Rousseau*, Oxford, 1929.

제 11 장

19세기 전반기의 교육

1 새 시대의 개막

¶1_ 기원 18세기 중엽에 인류는 새로운 시대를 맞이한다. 이 새로운 시대는 그것을 보는 측면에 따라 다양한 이름으로 불릴 수 있다. 말하자면 그것은 경제적 측면에서는 기계 시대, 정치적 측면에서는 민주주의 시대, 그리고 사상적, 정신적 측면에서는 자유사상의 시대 등 여러 가지 이름으로 불릴 수 있다. 경제적 측면에서 볼 때 이 시대의 특징을 이룬 결정적인 사건은 증기기관의 발명이었다. 증기기관을 중심으로 공장이 생겨났고, 공장을 둘러싸고 제조업 중심의 도시가 생겨났으며, 도시를 기점으로 하여 전 세계의 모든 나라를 하나의 경제 단위로 만드는 국제 무역망이 이미 형성되었거나 계속 형성되는 과정에 있었다. 정치적 측면에서 볼 때 이 시대를 움직인 원동력은 재산, 계급, 국적에 관계없이 인간은 인간으로서 가치를 가진다는 생각 — '인간은 어쨌든 인간'이라는 생각 — 이었다. 이 생각은 다른 무엇보다도 우선, 모든 개인은 누구나 그가 몸담고 있는 정치적 상황을 만들어 나가는 데에 한 몫을 담당해야 한다는 요구, 그리고 궁극적으로는 하나의 단일한 세계국가를 형성하려는 원대한 사해동포적 포부로 연결되었다. 정신적 측면에서 볼 때 이성에 대한 믿음은 이전의 계몽주의에서는 전통에 대한 항거라는 소극적인 형태를 취했던 것이 이제는 더 적극적으로, 인간은 확실한 과학적 지식에 의하여 스스로의 운명을 창조해 나갈 수 있다는 확신, 그리고 그 확실한 지식은 개개인이 사고의 주체로서 일체의 권위에서 벗어나서 독자적으로 그 타당성을 검증함으로써 획득될 수 있다는 확신으로 나타났다.

예 2_ 이 새로운 이상은 불란서 혁명에서 과격하고 파괴적인 형태로 표현되었다. 그리하여 그 후 짧은 기간 동안, 불란서 혁명의 주동 세력과 그들에게 동조하는 유럽의 모든 귀 여린 사람들이 보기에는 이제 과거의 질곡이 풀리고 인류는 드디어 자유의 세계를 눈 앞에 보고 있는 듯하였다. 초기의 승리로 득의에 찬 데다가 미국의 독립이라는 선례에 더욱 힘을 얻어서, 그들은 자연과 이성이라는 기초 위에 '자유 평등 박애'의 정신이 실현될 새로운 사회 질서를 의도적으로 건설하고자 하였다. 그러나 재건은 파괴보다는 엄청나게 어려웠다. 혁명이 진행됨에 따라 그것이 약속한 황금시대의 도래라는 희망은 그 빛이 점점 어두워졌다. 우선, 안으로는 무정부 상태가 벌어지고 밖으로는 전쟁이 닥쳤으며, 그 다음으로는 나폴레옹과 그의 군사독재가 유럽 전체를 뒤덮으려고 위협하였다. 혁명에 뒤이은 투쟁 과정에서 혁명 반대세력은 곳곳에서 세력을 확장하였으며, 혼란이 가라앉고 평온이 회복될 즈음에 와서 구체제는, 약간 약화되기는 했지만, 옛날의 모습을 거의 그대로 되찾았다. (가) 지난 18세기의 말기에 유럽 모든 나라의 지식인 사이에 널리 받아들여지고 있던 감상적인 사해동포주의*는 거의 완전히 기가 꺾이었다. 나폴레옹의 군대에게 정복 당한 나라는 물론이요, 단순히 정복의 위협 하에 있었던 나라에 있어서도 그 군대의 의기양양한 진군은 열렬한 애국심을 고취하였으며, 이로 말미암아 국가와 국가를 가르던 해묵은 벽이 새로운 생명으로 다시 살아났다. 유럽의 전쟁 마당에서 다시 태어난 이 국가주의*는 19세기의 국제 정치적 현실을 지배하는 가장 중요한 요인이 되었다. (나) 절대군주들의 이른바 '신성동맹'*은 혁명전 유럽 대륙의 모든 나라를 석권하던 그들의 자의적이고 무책임한 통치를 복원시켰으며, 국가의 혼란기에 그들이 국민에게 해준 국가체제 개혁의 약속은 재빨리 망각되었다. 심지어 제한군주제 하의 영국에서도 귀족들은 그들의 특권이 하류계층에 균점되는 것을 바라지 않았으며 국가의 권력은 여전히 이들 소수 집단의 손아귀에 들어 있었다. 적어도 당분간 민주 정치는 이전과 조금도 다름없이 요원한 것으로 보였다. (다) 절대주의*의 부활로 말미암아, 교회를 위시하여 그 밖에도, 그 권위의 근거를 전통에 두고 있는 모든 기관이나 제도는 18세기 동안에 조금씩 조금씩 잃어버렸던 그들의 힘을 상당한 정도로 되찾았다. 불란서 혁명은 그 쓰라린 결말로 이성이 인간 행위를 이끄는 유일하고 절대적인 지침이 될 수 없다는 것을 보여 주었으며, 예컨대 종교에 기초를 둔 비이성적인 규제가 혁명의 실패로 말미암아 그 정당성을 소극적으로 입증받은 셈이 되었다.

---

* cosmopolitanism * nationalism * Holy Alliance (1815) * absolutism

¶3_ 그러나 이 복고적 운동이 거둔 성공은 완전한 것이 아니었다. 물론, 그것은 혁명의 주동 세력에게 맹공의 대상이 되었던 교회와 국가의 옛날 전통에도 그 이전에는 의식되지 못했던 일면의 가치가 있다는 것을 드러내었지만, 그렇다고 하여 그 반대편 견해를 완전히 몰아낸 것은 아니었다. 그 반대편인 혁명의 정신에도 역시 일면의 가치가 있었던 것이다. 예컨대 국가주의는 국가를 단위로 하는 사회적인 정책을 펴나가는 데에 그것이 발휘한 놀랄 만한 힘 때문에, 그것에 대한 비판적인 세력에 대항하여 그 정당성을 입증하였지만, 그 반면에 초국가적 기구가 나타내는 사해동포주의의 이상 또한, 국가의 이익을 도외시하고 과소평가한다는 명백한 결함이 있음에도 불구하고, 여전히 많은 사람들의 마음 속에 생생한 신조로 살아 있었다. 또한, 종교는 결코 무가치하거나 무기력한 것이 아닌 것으로 입증되었지만, 그 반면에, 흔히 종교와 양립불가능한 것으로 생각되는 과학과 세속적 정신 또한 여전히 사회생활에 없어서는 안 될 강력한 힘으로 남아 있었다. 한 마디로 말하여 불란서 혁명은 유럽을 불안정한 균형 상태로 내동댕이친 셈이 되었다. 옛날의 이상과 새로운 이상은 서로 적대적인 태도를 가지고 팽팽하게 맞서서, 그 사이에 쉽사리 화해가 이루어질 가능성이 전연 보이지 않으면서 그 중의 어느 한 쪽도 완전히 버릴 수 없을 정도로 각각 일면의 진리를 갖추고 있는 그런 형편에 있었다. 이러한 상태는 19세기 초와 동일하게 그 세기가 끝날 때까지 계속되었다. 어느 나라나 할 것 없이 사람들의 내면 생활은 사회와 개인, 귀족주의와 민주주의, 교회와 국가, 종교와 과학, 국가와 초국가 등등, 수많은 대립적 주장들로 혼란을 겪고 있었다. 양자의 화해와 종합을 위한 끊임없는 시도에도 불구하고 투쟁과 대립은 그 종식의 기미가 보이지 않았다.

¶4_ 모든 영역에 걸쳐 분열과 파당을 19세기 삶의 정상적인 특징으로 만든 이 이상의 갈등은 다른 어떤 영역보다도 교육계에 더욱 두드러지게 나타났다. 따지고 보면 이것은 지극히 당연한 것이었다. 한 나라의 교육체제는, 정도의 차이를 불문하고, 언제나 보다 넓은 사회체제의 축소판이며, 사회체제 내의 대립적 견해는 곧바로 교육체제에 반영되기 마련이다. 뿐만 아니라, 그 당시 온갖 의견 차이 속에서도 교육이 미래를 형성하는 데에 강력한 힘을 가질 수 있다는 일반적 확신이 종

교개혁 이래 어느 때보다도 모든 사람들의 마음을 사로잡고 있었다는 사실을 두고 볼 때, 서로 다른 이념을 가진 사람들의 투쟁이 학교로 비화되는 것은 불가피하였다. 물론, 19세기 초의 몇십 년 동안에는 여러 이상 사이의 대립이 완전히 극단적인 형태로 표면에 나타나지 않았다. 그것은 다소간은 그 이상 자체가 아직 확실한 형태로 정립되지 않았기 때문이지만, 또 다소간은 20년 동안의 전란으로 인한 사회적 불안과 혼란이 사람들 사이에 일종의 의견 결집을 가져다 주었고 그것이 당분간 의견의 차이를 억누르는 효과를 나타내었기 때문이다. 구체적으로 말하여, 그 당시 대부분의 유럽 국가들, 그 중에서도 특히 북부 개신교 국가에서는, 국가의 이익을 위해서나 국민 개개인의 복지를 위해서나, 국가는 마땅히 교육의 책임을 떠맡아야 한다는 점, 그리고 더 나아가서, 국가는 일반 대중의 교육을 위하여 국가만이 베풀 수 있는 특별한 배려를 해야 한다는 점에 상당히 광범한 합의가 이루어져 있었다. 말할 필요도 없이 이것은 교육의 최고 권위가 교회에서 국가로 넘어가야 한다는 것을 의미하였다. 그러나 교육권을 둘러싼 교회와 국가 사이의 대립은, 당시의 중요한 교육적 저작에 거의 예외 없이 나타나 있는, 교육의 가장 중요한 부분은 도덕교육이라는 확신에 의하여 훨씬 누그러졌다. 이 확신은, 때로는 반교회적 경향을 띠기도 했지만, 교회와 국가 모두에게 만족스러운 방식으로 젊은이들을 교육하는 데에 양자가 협력할 가능성을 열어 주었다.

¶5_ 지금 우리가 다루고 있는 이 시기의 교육을 주도한 중요한 사상을 고찰하기에 앞서서 한 가지 지적해야 할 것은, 나폴레옹 전쟁이 몰고 온 국가적 조건의 다양성에 상응하여 유럽 여러 지역에서의 교육 발전이 심한 다양성을 나타내었다는 사실이다. 불란서 혁명 이전의 수 세기 동안 유럽 전체에 걸쳐 시행된 교육은 그 성격이 대체로 동일하였으며, 국가 간의 차이는 주로 한 나라의 교육이 다른 나라에 비하여 더 앞서 있다든지 뒤처져 있다는 정도였다. 그러나 19세기 전반기 동안 각국은 그 이웃 나라와는 거의 무관하게 그 고유의 교육 사상과 교육 실제를 추구하였다. 시간으로 보나 중요성으로 보나 첫째 가는 것은 독일에서 일어난 국가교육체제의 대실험이었다. 독일의 국가교육체제는 헤르바르트와 프뢰벨 등 대사상가의 굉장한 이론적 활동과 함께 유럽 교육의 선도적 역할을 담당하였다. 그 다음으로, 19세기가 30년이 지났을 무렵에 불란서에는 바로 전 18세기의 교육사상을 계승하려는 흥미로운 운동이 일어났다. 불란서 자체에 국한해서 말하자면, 이 운동은 스갱의 활동을 통하여 적어도 한 가지, 교육의 일반적 발전을 위하여 중요

한 성과를 가져 왔다. 마지막으로, 시기상 나중이기는 하지만, 영국의 토마스 아놀드와 허버트 스펜서는 영국 특유의 개인주의적 이상을 매우 상이한 방식으로 천명하였다. 이 모든 것들은 우리가 오늘날 우리 시대의 교육을 이해하려고 할 때 반드시 고찰해야 할 것들이다.

2 독일의 교육 재건

¶6_ 기원 1806년 프로이센은 예나*에서 1개월 간의 접전 끝에 나폴레옹에게 무참한 패배를 당하였고 그들이 받은 굴욕은 그 1년 뒤의 틸지트 조약*의 조문에 명문화되어 나타났다. 그 당시의 형편으로서는, 그 가장 강한 공국이었던 프로이센의 몰락과 더불어 독일은 성장일로에 있는 프랑스 제국에 병합되는 운명을 피할 수 없는 듯하였다. 그러다가 마치 기적과도 같은 짧은 기간에 독일은, 기사회생 새로운 생명으로 우뚝 선 프로이센의 영도 하에 위대한 국가로 발돋움하였다. 독일의 국가적 지도자들은 사태의 긴박성에 걸맞는 천재성을 발휘하여 새로운 정부, 새로운 군대조직, 그리고 새로운 교육을 창안하는 데에 집요한 노력을 기울였다.

* Jena * Treaty of Tilsit

¶7_ 그들이 맨 처음으로 착수한 것은 교육이었다. 여기에 철학자 요한 고틀리프 피히테*(1762-1814)는 아직 불란서군의 점령하에 있었던 베를린에서 「독일 국민에게 고함」*이라는 강연을 함으로써 그 앞장을 섰다. 나폴레옹의 프로이센 점령 이전만 하더라도 피히테는 그 당시의 많은 사람들과 마찬가지로 사해동포주의에 동조하였으며 유럽의 여러 개별 국가들이 하나의 거대한 통일 국가로 통합되기를 바랐다. 그러나 이제 그는 그의 사해동포주의를 완전히 버렸다. 그는, 독일은 그 종족의 순수성과 전통의 단일성으로 말미암아 문명세계의 지도자적인 역할을 담당하기에 합당하다고 믿고 그 역할을 담당할 유럽 유일의 국가로서 독일을 재창조할 것을 독일 국민에게 호소하였다. 이 목적을 위하여 그는 교육의 힘에 주의를 환기시켰다. 말하자면 교육은 독일의 이상을 실현하는 데에 필요한 도덕적 갱생의 수단이 된다는 것이었다. 피히테는 말하였다 — 교육은 불란서인들이 우리 독일인에게 자유를 허용한 유일한 분야이다. 이 자유를 최대한으로 활용하여 우

리의 선조들보다 더 독창적이고 더 지적이고 더 애국적인 남녀의 세대를 길러내자. 우리에게 필요한 교육은 실생활에 적합한 인간을 길러 내는 교육이다. 도덕적인 측면에서 보면 이 교육은 누구나 옳은 것을 자신의 당연한 의무로 행할 수 있도록 절대적으로 확고부동한 인격을 형성해 주는 일이며, 그러기 위해서는 행위가 강제나 사욕이 아닌, 義의에 대한 사랑에서 우러나도록 하여야 한다. 지적인 면의 교육은 2차적인 중요성을 가질 뿐이다. 지적 교육에서 강조해야 할 것은 지력을 올바른 활동에 사용할 수 있도록 하는 일과 독자적으로 사고할 수 있도록 자극하는 일이다. 옛날의 교육은 기억과 수동적 흡수에 의존하였지만, 새로운 교육은 학생 자신의 자발적 활동을 유발함으로써 학습이 어김없이 이루어지도록 해야 한다. 뿐만 아니라, 새로운 교육은 처음부터 시민 정신의 훈련이어야 하며, 그것을 보장하는 최선의 방법은 아동들을 장차 그들이 개혁해야 할 부패한 사회로부터 완전히 격리하여, 그들만의 특별한 공동체 속에서 합리적 법체제하의 '견습 시민'으로 양육하는 것이다. 이 공동체 내에는 수동적인 복종도 없고 상이나 벌도 없다. 각자는 집단 전체의 이익을 위하여 전심전력으로 일한다. 그 결과로, 아동들이 장차 어른이 될 때 그들은 개인생활과 사회생활에서 부딪치는 어떠한 사태에도 대처할 수 있는 만반의 준비를 갖추게 되며 그들의 새로운 과업에 '교육입국'* 의 정신을 살릴 수 있게 된다. 모든 아동은 계층과 사회적 지위에 관계없이 누구나 이 공동체에 속해야 한다. 옛날의 교육과는 달리, 새로운 교육은 이른바 '유식층'에 국한되어서는 안 된다. 일반 대중은 국가의 가장 방대하고 가장 중요한 부문을 차지하는 만큼, 더 이상 그들을 교육받지 않은 상태로 방치해서는 안 된다. 그뿐만이 아니다. 이때까지 일반 대중이 받은 유일한 형태의 교육인 노작 훈련* 은 모든 아동을 위한 교육의 한 부분으로 확대되어야 하며, 그렇게 함으로써 모든 사람들이 직업에 종사하면서 공동의 이익에 기여할 수 있도록 해야 한다. 마지막으로 남녀 아동은 함께 양육되어야 하며, 각각의 性성에 특이한 부분을 제외하고는 동일한 교육을 받아야 한다. 위의 조건에 부합하는 것 이외의 다른 어떤 방식으로도, 청년 공동체는 사회에서의 실생활을 위한 훈련장이 되어서는 안 된다. 이상이 피히테의 구상의 대체적인 요지이다. 강연의 마지막 무렵에 가서 피히테는 자신의 교육 방안의 실천 가능성에 관하여 스스로 의문을 제기한다. 그 방안에 대하여 비판적인 견해를 가질 만한 사람들에 대한 그의 대답은, 그 방안의 모든 중요한 골자는 이미 페스탈로찌에 의하여 실천되었다는 것이다. 그는 다음과 같이 말한다. '내가 그 계획을 구상하게 된 것은 페스탈로찌의 저작을 읽고 그의 아이디어에 관하여 끊임없이 사색한 결과입니다. 페스탈로찌는 온갖 장애에도 불구하고, 가난하고 소외된 자에 대한 사랑이라는, 강력하고 불가항력적인 정조에 이끌려 온 세계를 뒤엎을 만한 위대한 지적 발견을 이룩하였습니다. 그는 일반 대중에 맞는 교육을 찾아내려고 하였으며, 그의 천재와 그의 사랑에 힘입어, 모든 국가와 인류 전체를 오늘날의 이 비참한 지경으로부터 구원해 낼 수 있는 진정한 국민 교육*을 창안해 내었습니다.'(제 9 강연)

* Johann Gottlieb Fichte * *Addresses to the German People*
* educational state * manual training * national education

예8_ 만약 평상시였더라도, 교육개혁에 관한 피히테의 생각이 그토록 큰 감명을 줄 수 있었을 것인가 하는 데에는 의문의 여지가 있다. 공산주의적 집단 훈련이라는 약간 허황한 제안을 빼놓고는 그의 주장에 새롭다고 할 만한 것은 거의 없으며, 혹시 새로운 것이 있다하더라도 대체로 애매모호한 것들이다. 그러나 그 당시 독일은 국가적 결속에 도움이 될 만한 어떤 제안도 받아들일 수밖에 없는 위기에 처해 있었던 만큼, 피히테의 강연을 들은 독일 정치가들은 훌륭한 시민을 양성하는 데에 더 효력을 가지도록 하려면 교육을 어떤 방향으로 바꾸어야 하는가 하는 문제를 생각해 보게 되었고, 마침내 교육재건의 과업을 프리드리히 빌헬름 폰 훔볼트*(1767-1835)의 손에 맡기게 되었다. 그들이 폰 훔볼트를 택한 것은 모든 면에서 다행한 일이었다. 위대한 학자이면서 동시에 위대한 인격자로서 폰 훔볼트는 칸트 철학에 관한 그의 지식과 고대 희랍의 문물 제도에 관한 그의 열정과 찬탄을 기초로 하여 자신이 맡은 교육재건의 과업에 신선한 사상과 높은 삶의 이상을 불어 넣었다. 그는 1808년에 독일 공공교육의 책임자로 임명되었으며, 그 후 18개월이라는 짧은 재직 기간 동안 교육의 모든 부문에 그의 흔적을 남겨 놓았다.

* Friedrich Wilhelm von Humboldt

예9_ 폰 훔볼트의 최초의 업적으로서 가장 중요한 것은 피히테와 슐라이에르마헤르*의 도움으로 베를린에 새로운 대학을 설립한 것이었다. '프로이센이 가장 큰 궁핍을 겪고 있던 그때에 이와 같은 대학을 설립한다는 것…더구나 전비보상을 위한 세금이 전국을 짓누르고 생필품의 가격이 천정부지로 치솟고 있던 그때에 연간 22,500 파운드를 쾌척하여 새로운 대학과 학술원을 설립하기로 결정한 것은 전쟁터에서의 전사의 행위에 못지 않은 영웅적 행위였다.'[1] 베를린 대학은 단순히 기존의 대학에 숫자 하나를 덧붙이는 데에 목적이 있었던 것이 아니라 대학 교육의 새로운 개념을 구현할 새로운 사례를 창출하는 데에 목적이 있었다. 그 주된 강조점은 가르치고 시험 보는 것이 아닌 학문 연구에 있었으며, 이 목적에 따라 교수의 충원 또한, 학문의 발전을 위하여 독창적인 공헌을 할 능력이 있는 사람들로 이루어졌다. 뿐만 아니라, 이 대학은 교육과 운영 면에서 대학의 문제를 스스로 처리해 나갈 수 있는 완전한 자유를 보장 받았다. 폰 훔볼트는 다음과 같이 말하였다. '국가는 국가 자체의 이익에 직접 관계되는 어떤 것도 대학에 기대해서는 안 된다. 오히려 국가는, 대학은 그 고유의 기능을 수행할 때 국가의 목적에 이바지할 뿐만 아니라…국가가 가동할 수 있는 것보다 훨씬 더 효율적인 동력과 자원을 가동할 여유를 가지고 국가의 목적을 무한히 높은 차원에서 달성할 수 있다는 믿음을 가져야 한다.'[2]

---

1) J. T. Merz, *European Thought on the Nineteenth Century*, i, 38.

2) Paulsen, *German Education*, English translation, p. 186.

* Friedrich Ernst Daniel Schleiermacher (1768-1834)

¶10_ 중등교육은 폰 훔볼트와 그 바로 다음의 후계자들에 의하여 베를린 대학의 경우와 동일한 자유롭고 고귀한 정신에 따라 개혁되었다. 옛날 문법학교 중의 상당수는 특별히 김나지움으로 지정되어 대학에 입학할 학생들을 위한 준비교육을 담당하였고 학교 체제에도 여러 가지 변화가 있었다. 교육의 질을 높이기 위한 한 가지 방법으로 김나지움의 교사에게는 특별시험*을 실시하였으며, 이에 따라 중등학교의 교직은, 성직자들의 부업으로 여겨지던 종래의 관례에서 벗어나서, 다른 전문직과 동일한 독자적인 직업으로 되었다. 전인교육*을 실시하려는 목적으로, 라틴어, 희랍어, 독일어, 수학, 과학 등을 포함하는 새로운 교육과정이 제정되었다. 이 교육과정에서는 고전 공부가 핵심을 이루고 있었지만, 형식적인 라틴어 작문이 학교의 교육 프로그램을 독차지하다시피 하던 종래의 경향과는 달리, 고대의 위대한 작가들을 이해하는 데에 더 역점을 두었다. 그 새로운 교육과정은 대학에 들어갈 사람이 이수해야 할 오직 하나의 필수적 과정이었으며, 그것은 결국 이때까지 대학의 문학부에서 하던 공부의 상당 부분이 중등학교로 이관되는 결과를 가져온 만큼, 중등학교 교육이 20세 근방까지 연장되고 새로운 중등학교 졸업장을 받는 데에 9년의 과정을 이수하지 않으면 안 되었다. 정규 중등학교가

재조직되는 것과 동시에 중류계층의 자녀들을 위하여 6년 과정의 특별 중등학교가 신설되었다. 이 학교 중의 일부는 '프로김나지움'* 이라고 불렸는데, 여기서는 김나지움에서와 동일한 과목을 가르치되 희랍어를 제외하였으며, 그 밖의 다른 학교에서는 고전을 완전히 제외하고 그 대신에 불란서어와 과학을 가르쳤다. 그러나 이 단기 중등학교가 사회적으로 인정을 받게된 것은 1832년 이후였다. 그때 가서야 비로소 그 학교를 마친 학생에게 중등학교 졸업시험의 기회가 주어지고 거기에 합격한 사람들에게 1년 군복무의 특혜와 하급 관리직에 채용될 자격이 주어졌다.

---

* examen pro facultate docendi * all-round education * progymnasium

¶ 11_ 초등학교의 개편은 대학이나 중등학교에 비하여 그다지 큰 성과가 없었다. 폰 훔볼트는 피히테를 위시한 프로이센의 진보적 사상가들과 마찬가지로 일반 대중의 지적 수준을 높이기 위한 교육체제를 확립하는 데에 열의를 가지고 있었지만, 그의 이러한 열의와 노력은 국왕과 그 밖의 다수의 귀족들이 가지고 있던 대중교육에 대한 불신으로 난관에 부딪쳤다. 그럼에도 불구하고 초등교육에도 상당한 개혁이 이루어졌으며, 페스탈로찌의 방법에 나타난 정신을 초등학교에 불어넣으려는 진지한 노력이 이루어졌다. 많은 젊은이들이 페스탈로찌의 교육 원리와 방법을 공부하기 위하여 이페르돈*에 파견되었으며, 이들은 귀국 후에 초등학교 체제의 재건을 위한 적절한 부서에 배치되었다. 이 정책의 일환으로, 페스탈로찌의 제자들의 주관 하에 몇몇 사범대학이 설립되고 거기서 초등학교 교사 지망생들을 위한 3년간의 교사 양성 과정이 시행되었다. 여기서 생겨난 한 가지 대단히 귀중한 성과는 주로, 그리고 그 당시로서는 전적으로 헤르바르트의 교육 원리를 중심으로한 교육이론의 획기적인 발전이었다.

---

* Yverdon, 10 : 52 참조.

3 헤르바르트

¶ 12_ 요한 프리드리히 헤르바르트*(1776-1841)는 교육자이면서 동시에 철학자였다는 점에서 교육철학자로서 거의 유일하다고 할 만큼 특이한 위치를 차지

하고 있다. 교육 문제에 대한 그의 견해는 단순히 그의 철학으로부터 이론적으로 연역해 낸 결과가 아니라 그의 철학 이론과 실제적 경험이 결합된 그의 사상 전체에 기초를 두고 거기서 우러나온 것이라고 보아야 한다. 교육에 관한 그의 주저인 「일반교육학」*에 관하여 헤르바르트는 '이 책이 현재와 같은 모양으로 빛을 보게 된 데는 나의 철학이 있었기 때문이지만, 그에 못지않게 이 책은 내가 여러 기회에 조금씩 수집한 관찰과 실험을 주도면밀하게 정리한 결과이기도 하다'[1]라고 말하고 있다. 이와 같이, 헤르바르트의 철학 이론과 교육 이론은 그의 삶의 경험에서 배태된 것이며, 따라서 여기서는 그의 삶에 관한 몇 가지 중요한 사실을 알아볼 필요가 있다.

---

1) Felkins, *Herbart's Science of Education*, p. 251.
* Johann Friedrich Hebart * *General Pedagogy*

¶13_ 헤르바르트는 1776년에 올덴부르크*에서 태어났다. 고전과 철학에서 발군의 조숙한 능력을 발휘하면서 훌륭한 교육을 받은 뒤에 그는 18세에 예나 대학에 입학하였다. 거기서 헤르바르트는 피히테의 마력과도 같은 영향을 받아 관념주의 철학에 심취하였다. 그러나 헤르바르트는 관념주의에서 그다지 오래 만족을 느끼지 못하였고, 21세에 예나 대학을 졸업하기 전부터 이미 그것에 명확한 반대 입장을 취하였다. 기원 1797년에서 1809년에 이르기까지 헤르바르트의 삶은 그 당시 독일과 유럽을 뒤흔든 큰 사건들과는 아무 상관없는 듯이 그 자체의 진로를 따라 나아가고 있었다. 그는 3년에 걸쳐 여덟 살, 열 살, 열세 살짜리 세 아이의 가정교사로 있으면서 그들과의 경험을 세밀히 분석하여 그의 교육이론의 기초를 닦았다. 이 가정교사 일이 끝나던 해에 헤르바르트는 부르크도르프에 있는 페스탈로찌를 방문하여 그의 교육목적과 교육방법을 존경에 찬 마음으로 연구하였다. 이 연구의 결과로 나온 것이 헤르바르트의 최초의 교육학 저작으로 1802년에 발간된 「직관의 A B C에 관한 페스탈로찌의 견해」*와 1804년 이 책의 제2판에 증보 자료로 수록된 「교육의 주과업으로서의 세계의 감성적 표상」*이다. 이 두 개의 저작은 모두 '고귀한 페스탈로찌의 위대한 사상'을 논의의 출발로 삼고 있으며, 거기서 헤르바르트는 페스탈로찌의 교육이론이 단순히 초등교육에만 아니라 모든 교육에 적용될 수 있음을 보이고자 하였다. 「세계의 심미적 표상」 에서 헤르바르트는 다음과 같이 말하고 있다. '교수 활동을 담당하는 사람으로서의 교사의 의무는 두 개의 따로 떨어진, 그러나 언제나 병렬적으로 동시에 나아가는 노선을 낮은 수

준에서 높은 수준으로 이끌어 올림으로써 맨 마지막 불변의 정점에서 그 두 노선이 다시 만나도록 하는 것이다. 이 두 노선을 구별하자면 각각 "인지"* 와 "공감"* 이라고 부를 수 있을 것이다. 인지의 노선은 감각인상을 날카롭게 하는 것, 감각인상을 여러 각도로 검토하는 것, 즉 아동들에게 가장 가까운 경험에서 시작된다. 이것이 페스탈로찌의 "직관(또는 감각인상)의 A B C"이다. 공감의 노선의 경우에, 그 출발점을 결정하고 그 결정 근거를 제시하는 것은 그다지 용이하지 않다. 그러나 약간만 세밀하게 생각해 본다면, 그 출발점이 당장 눈앞의 "현재"에 있지 않다는 것은 짐작할 수 있다. 아동기의 "사고의 세계"(또는 "사고권"*)는 너무 협소하며 짧은 기간 동안에 섭렵된다. 여기에 비하여 성인의 삶이 나타내는 사고의 세계는, 적어도 문화민족에 있어서는, 너무 높고 어린아이들에게 설명해 주기에는 너무 복잡한 여러 가지 관계들로 이루어져 있다. 그러나 역사라는 시간적 노선을 두고 보면, 현재는 그 노선의 끝이며 서구 문화의 경우에 그 시작은 희랍시대였다. 희랍이라는 그 찬란한 출발점은 호메로스의 시라는 이상적인 소년기를 통하여 그 후 모든 후세대가 우러러 볼 고전적 모범을 제시한 것이다. 오늘날 교육계의 통용어인 모국어보다도 고대 희랍의 고귀한 언어를 먼저 가르쳐야 한다는 데에는 어색한 점이 없지 않지만, 이 어색한 점을 무릅쓰고라도 희랍어를 먼저 가르친다면 우리는, 한편으로, 문학, 인간의 역사, 가치와 예술의 이해에 관련되는 온갖 倒錯도착과 歪曲왜곡을 피할 수 있을 것이며, 또 한편으로, 아동의 능력과 관심에 완전히 부합하는 역사적 사건과 인물을 제시할 수 있고 그렇게 함으로써 그로 하여금 인간과 사회의 문제, 그리고 양자의 상호의존 관계에 관한 다양한 성찰을 높은 수준에서 무한히 발전시켜 나갈 수 있도록 해 줄 수 있을 것이다.'[1] 이 구절에 나타난 견해는 헤르바르트가 괴팅겐 대학에서 한 교육학 강의에 상세하게 부연되었으며 그것은 또한 그의 교육학 주저인 「교육의 목적에서 연역된 교육학의 일반원리」* (세칭 「일반교육학」 1806)의 기초가 되었다. 기원 1809년에 헤르바르트는 이마누엘 칸트의 재직으로 유명해진 쾨니히스베르크 대학의 철학과 교육학의 주임교수로 임명되었다. 그는 거의 25년간 이 자리에 머물면서 철학의 모든 분야에 걸쳐 자신의 사상을 발전시켰지만, 그 중에서도 그는 특히 새로 대두된 수리 심리학 분야를 정립하는 데에 몰두하였다. 헤르바르트가 이 주임교수 자리에 임명된 것은 주로 그의 사상이 페스탈로찌의 교육방법 이론과 일치되는 것으로 알려져 있었기 때문이며 따라서 그는 주임교수로서의 두 임무 중에서 교육학 분야에서의 임무에 언제나 특별한 관심을 기울였다. 헤르바르트는 교육학 강의를 했을 뿐만 아니라 그 강의를 보충할 목적으로 시범학교를 설립하였다. (이 학교는 나중에 사범대학으로 승격되었다.) 이 시범학교에서 헤르바르트는 앞에서 말한 두 개의 노선에 관한 그의 견해를 수학과 고전이라는 두 개의 코스로 구체화하여 실천에 옮겼다. 그 두 개의 코스 중 앞의 것은 자연현상의 관찰을 훈련하기 위한 것이며, 뒤의 것은 호메로스의 오뒤세이아에서 시작하여 여러 고전을 공부함으로써 인간적 공감을 개발하기 위한 것이었다. 헤르바르트는 몸소 사범대학 학생들 앞에서 수학의 시범수업을 해 보였고 매주 학생들과 만나 학교교육에 관한 협의를 하였다. 기원 1833년에 헤르바르트는 괴팅겐으로 돌아와서 그 곳에서 생의 마지막 몇 년을 보냈다. 이 기간 동안에 쓰인 몇 안되는 저작 중에는 「일반교육학」에 제시되어 있는 교육의 원리를 그의 심리학 이론과 직접 관련시켜 다시 천명한 「교육학 강의개요」* 가 포함되어 있다. 헤르바르트는 1841년, 열심히 일하는 도중에 숨을 거두었다.

---

1) Eckoff, *Herbart's A B C of Sense Perception*, p. 111.

* Oldenburg

* *Pestalozzi's Idea of A B C of Sense-Impression (Anshauung)*

* *The Aesthetic Presentation of the World as the Chief Business of Education*

* cognition * sympathy * sphere of thought, 11 : 15 참조 (circle of thought)

* *General Principles of Pedagogy deduced from the Aim of Education*

* *Outlines of Pedagogical Lectures*

¶14_ 헤르바르트의 철학을 흔히 '실재론'*이라고 규정하고 있지만, 이 용어는 오해를 불러일으킬 가능성이 있다. 헤르바르트의 철학을 실재론이라고 할 때의 실재론은 보통 사용하는 의미로서의 실재론이 아니다. 헤르바르트는 우리가 알고 있는 사물들이 '실지로 있다'든가 우리가 그 성질을 '있는 그대로' 알 수 있다고 생각하지 않았다. 헤르바르트의 철학을 실재론이라고 부른다면 이때의 실재론은 엄밀한 철학적 이론으로서의 실재론이다. 말하자면 '실재'*는 사물의 외양의 이면에 숨어 있다는 것, 우리는 경험적 사실을 해석하고자 할 때 그 해석의 수단으로서 단순하고 순수한 실체, 즉 '진실재'*를 가정할 수 있다는 것, 그리고 그 진실재에 관하여 우리가 말할 수 있는 것은 오직 그것이 존재한다는 것과 무수하게 다양하다는 것이다. 이 진실재는 공간적인 위치를 차지하고 있지도 않고 실지로 힘을 발휘하지도 않지만, 그럼에도 불구하고 우리는 '관념상으로' 마치 그 수많은 진실재들이 일종의 '이상적'* 또는 '가지적'* 공간 속에서 실지로 상호작용하는 것처럼 취급할 수는 있다. 헤르바르트에 의하면, 그렇게 하는 것이 '실재'를 우리 자신

에게 납득할 수 있는 형태로 설명하는 가장 적절한 방법이다. 실재에 관한 이 가정은 외계의 사물에 대한 경험과 우리 자신의 정신 상태에 대한 경험에 다같이 적용된다. '영혼이 가지고 있는 단순, 순수한 성질은 그 누구에게도 알려져 있지 않으며 앞으로도 영원히 그러할 것이다.'[1] 우리가 보통 영혼이라고 부르는 것, 시간 속에 그 모습을 드러내는 영혼은 실재하는 영혼이 아니라 우리 개개인의 경험의 결과로 생긴 정신상태 또는 '현실적인 표상*의 총화'에 불과하다. 이들 표상의 기원에 관해서는 아무것도 말할 수 없으며, 말할 수 있다면 오직, 표상은 불가지의 실재하는 영혼이 불가지의 실재하는 사물에 반응한 결과라는 것뿐이다. 여기서 따라 나오는 한 가지 논리적 귀결은, 사물은 표상 또는 관념을 통하여 우리에게 알려지며, 이 표상 또는 관념은 영혼의 본성에 의하여 결정되는 것이 아니라는 것이다. '영혼은 원래 문자 그대로 절대적인 백지*이며, 거기에는 어떤 형식의 생명이나 표상도 존재하지 않는다. 따라서 거기에는 원초적인 형태의 관념도 없으며 관념을 형성하는 성향도 없다. 일체의 관념은 예외 없이 시간과 경험의 사물이다.'[2] 그렇기 때문에 우리는 마음을 내부에서 형성 발전되는 것으로 보아서는 안 되며, 사람과 사물의 세계와의 접촉을 통하여 외부에서 형성되는 것으로 보아야 한다. 교육은 경험의 제공과 지도에 의한 마음의 형성과정이며, 따라서 교육을 위해서는 마음이 실지로 어떻게 되어 있는가를 아는 일이 대단히 중요한 것으로 된다. 마음의 작용을 파악하는 데는 표상을 물리학적인 힘과 동일한 것으로 생각하는 것이 도움이 된다. 가장 단순한 예로서, 소리나 냄새의 경우를 생각해 보면, 소리나 냄새는 그 자체의 질적 특징을 가지고 있지만, 소리나 냄새를 표상으로 취급할 경우에는 그것이 가지고 있는 이 질적 특성은 무시해도 좋다. 중요한 것은 표상에 아무리 여러 가지 성질이 있다 하더라도, 그것은, 나타나고 점점 강해지거나 약해지며 점차 사라진다는 점에서 힘과 다를 바 없다는 것이다. 표상이 사라지는 것은 그 에너지가 완전히 소모되는 것과 동일한 것으로 이해될 수 있는 것이다. 이 비유에 의하면 하나하나의 표상 또는 관념은 활동의 일종으로 간주될 수 있다. 표상이 영혼 속에 들어오면, 그것은 '스스로를 드러내려는 몸부림'으로 변형되며, 이것은 그것과 경쟁하는 다른 표상이 없는 한, 즉시 의식역(의식의 문턱) 위로 떠올라 온다. 그러나 대체로 우리의 마음속에는 동일한 시점에 여러 개의 표상이 서로 주의를 끌려고 하고 있으며, 그 중의 어느 것이 의식의 표면으로 뚫고 올라오는가 하는 것은 서로 경쟁하는 표상들이 어떤 관계에 있는가에 달려 있다. 표상 중에는 서로 '반대되는'* 것, 따라서 서로 용납할 수 없는 것들이 있다. 예컨대 붉은 색과 푸른

색은 동시에 표상될 때에는 서로 '갈등'* 한다. 그 중의 어느 하나는 반드시 의식에서 사라져서 적절한 조건이 갖추어져서 다시 나타날 때까지 잠재적 경향성으로 남아 있게 된다. 또한 표상 중에는 '유사한'* 것들도 있다. 하나의 표상이 의식 속에 이미 있는 것들과 유사할 때에는 그 사이에 '융합'* 이 일어나서 그 전에 각각 따로 있을 때보다 더 힘이 센 새로운 표상으로 된다. 또한 표상 중에는 유사하지도 반대되지도 않고 그냥 '상이한'* 것들도 있다. 예컨대 색깔의 표상, 모양의 표상, 냄새의 표상 등은 융합될 수도 없고 갈등하지도 않는다. 그것은 우리의 마음이 붉고 둥글고 냄새나는 물건을 대면했을 경우에서와 같이 하나의 '복합체'* 또는 '괴'* (덩어리)를 이룬다. 이런 식으로, 영혼의 기제는 표상들 사이의 다양한 관계라는 형태로 나타나며 영혼의 기제를 통하여 관념의 체계가 형성된다. 우리 개개인의 마음은 바로 이 관념의 체계로 이루어져 있다. 헤르바르트는 이 모든 것을 수학적인 용어로 설명한다. 그 세부적인 것은 여기서 자세하게 고찰할 수 없지만, 어쨌든 헤르바르트에 의하면 이상과 같은 기제에 의하여 공간과 시간의 형식, 자아의 관념, 그리고 '가장 비근한 것에서부터 보편적이고 필연적인 관념에 이르기까지' 모든 관념이 관념의 복합체 또는 괴에 어떤 형태로든지 통합되어 들어간다는 것, 그리고 이와 같이 통합된 관념의 복합체 또는 '觀念塊관념괴'* 가 모든 상황에 있어서의 해당 개인의 행동을 결정한다는 것이 일관성 있게 설명된다.

---

1) Herbart, *Lehrbuch sur Psychologie*, iii, 153. English translation by Smith, p. 120.
2) *Psychologie als Wissenschaft*, §120.
* realism * reality * reals * ideal, 또는 관념적
* inteligible * presentation * tabula rasa * contrary
* conflict * similar * fusion * disparate
* complex * mass * masses or complexes of ideas

¶ **15**_ 이러한 심리학적 설명은 교육자에게 교육의 과정과 수단을 이해하도록 하는 데에 도움이 된다. 그러나 교육의 수단에 관한 심리학적 질문의 이면에는 교육의 목적에 관한 보다 근본적인 윤리학적 질문이 들어 있다. 교육이 달성해야 할 목적은 무엇인가? 「세계의 감성적 표상」의 첫 문장에서 헤르바르트는 다음과 같이 대답하고 있다. '교육의 한 가지 과업, 그 과업 전체라고 해도 좋을 한 가지 과업은 도덕성의 개념으로 요약될 수 있다.' 한 마디로 말하여, 교육의 모든 세부적인 목적들을 포괄하는 하나의 목적은 선량한 인간을 만들어내는 데에 있다. 학생들이 지식이나 기술을 습득하는 것은 중요한 일이지만 그것만으로는 충분하지 않다.

'인간의 가치는 지력에 의하여 측정되는 것이 아니라 의지에 의하여 측정된다'[1] 고 헤르바르트는 말한다. 만약 아동이 교육을 받고서도 선량하게 되지 않았다면 교육자는 할 일을 다했다고 말할 수 없다. 의지는 '사고권'* 에서 솟아나오며 감정 또한 마찬가지이다. 선의지의 결여, 넓은 공감의 부재는 올바른 행동의 원천이 되는 관념을 불어넣어주지 못한 데서 생긴다. 그러나 이러한 헤르바르트의 주장을 원래의 뜻으로 이해하기 위해서는 교육의 목적을 규정하는 데에 사용된 '선량한 인간'이라든가 '도덕성'이라는 용어가 매우 넓은 의미를 담고 있다는 점에 유의할 필요가 있다. 헤르바르트에게 있어서 도덕성은 영혼 전체에서 떨어져 나온 한 부분으로서의 특수한 태도를 가리키는 것이 아니라 마음과 인격이 전면적인 또는 원만한* 발달을 이룩한 상태를 뜻한다. 칸트는 선의지를 도덕적 경험의 핵심으로 삼으면서, 이 세상에서 절대적 선이라고 할 수 있는 것은 선의지 이외에는 아무 것도 없다고 말하였다. 그러나 헤르바르트에게 있어서 도덕성은 그렇게 간단하게 요약될 수 있는 것이 아니다. 헤르바르트에 의하면 도덕적 행위는 다섯 개의 측면으로 이루어져 있으며 그 중의 어느 하나가 결여되더라도 그것은 완전한 도덕성이 될 수 없다. 그는 이것을 '다섯 가지 도덕적 관념'으로 설명하고 있다. 첫째는 '내적 자유의 관념'* 으로서, 이것은 통찰과 의지의 결합, 다시 말하면, 어떻게 행동해야 하는가에 관한 지식과 그것을 실천에 옮기는 데에 필요한 훈련된 의지의 결합이다. 둘째는 '완전성 또는 완벽성의 관념'* 으로서, 이것은 특히 교사의 관심사이다. 셋째는, '선의지의 관념'* 으로서, 이것은 다른 사람에 대한 태도로 표현된다. 넷째는 '권리의 관념'* 으로서, 이것은 재산과 그 밖의 사회제도 문제와 관련된다. 다섯째는 '형평의 관념'* 으로서, 이것은 모든 사람은 자신이 행한 선과 악에 대하여 응분의 보상을 받아야 한다는 요구를 나타낸다. 전체적으로 볼 때 이 다섯 가지 관념은 도덕성의 개인적 측면과 사회적 측면을 모두 포함하고 있다. 그 중의 어느 한 가지도 그 자체만으로는 충분하지 않으며, 심지어 악을 초래할 수도 있다. 자신의 권리만을 주장하면서 선의지에 의하여 정의를 적절하게 완화시킬 줄 모르는 사람은 도덕적 인간이 아니다. 선을 이룩하기 위해서는 그 다섯 가지가 모두 갖추어져 있어야 한다.

---

1) Lange, *Herbart's Outlines of Educational Doctrine*, p. 40.

* circle of thought * all-round * Idea of Inner Freedom

* Idea of Perfection or Completeness * Idea of Good Will

* Idea of Rights * Idea of Equity

¶16_ 그러나 이렇게 말하는 순간, 여기에 대하여 당장 대두되는 한 가지 의문은 아동의 경우에 그러한 포괄적인 의미에서의 도덕성을 과연 교육의 목적으로 삼을 수 있는가 하는 것이다. 미성숙한 사람에게 '내적 자유의 관념'이 나타내는 것과 같은 지력과 의지의 조화와 균형을 기대한다는 것은 무리일 것이다. 헤르바르트 자신도 여기에 동의한다. 위에서 말한 것과 같은 '원만한 선'은 교육의 최종적, 궁극적인 목적이다. 당장의 단기적인 목적 — 따라서 교사에게 직접 관심의 대상이 되는 유일한 목적 — 은 둘째의 관념, '완전성 또는 완벽성의 관념'에 있다. '한 인간이 그의 능력으로 보아 충분히 도달할 수 있는 상태보다 옹졸하고 왜소하고 연약하고 제한되어 있는 것으로 보일 때 가장 시급한 최초의 과업은 양적인 면에서의 완벽을 이룩하는 것이다.'[1] 이런 뜻으로 해석할 때 완전성의 관념은 나중에 덕을 갖추기 위한 전제 조건으로서 몸과 마음을 기르는 것을 의미한다. 사실상, 아동기에 그것 이상을 기대하기는 불가능하다. 도덕적 행위를 습관과 원리의 두 측면으로 구분하여 생각해 본다면, 습관의 측면에서 볼 때, 사고가 충분히 성숙하기 이전에 습관의 훈련을 지나치게 강조함으로써 인격을 너무 일찍 고착시키는 것은 현명한 일이 못된다. 틀에 잡힌 습관은 성인에게는 필요 불가결하지만, 어린 나이에 습관이 굳어져서 그것이 청년기의 인격 형성에 방해가 된다면 이것은 참으로 심각한 폐단이 아닐 수 없다. 또한, 원리의 측면에서 볼 때, 원리의 훈련은 대체로 지력이 성숙될 때까지 연기하지 않으면 안 된다. '인격의 주관적 측면은 연령적으로 성숙한 단계에 이르러서야 비로소 완전한 발달을 이룰 수 있다. 그러나 그 시작은 아동기로 거슬러 올라가며, 청년기 동안에는 그 정상적인 성장의 속도가 현저하게 빨라진다.'[2] 아동기에는 도덕적 훈련을 연기하거나 적어도 최소한으로 해야 한다는 점에 비추어, 교육자가 해야 할 일의 가장 중요한 부분은 '교수'*에 있다는 사실이 자명해진다. 헤르바르트에 의하면, '인간에 접근하는 데는 도덕적 정조나 성향 쪽보다는 지식 쪽이 훨씬 더 용이하다는 것'[3]이 경험에 의하여 확인된 바 있다. 그러나 여기서 주의해야 할 것은 헤르바르트가 말하는 '교수'가 무엇을 의미하는가 하는 것이다. '순전히 정보를 전달하는 것만으로는 교수의 의미가 충분히 규정되지 않는다. 정보라는 것은 단순한 사실의 무더기로서, 그것을 가지고 있든지 가지고 있지 않든지 간에 인간 그 자체에는 아무런 차이가 없는 것이다.'[4] 교사가 해야 할 교수는 인격의 형성을 궁극적인 목적으로 삼는 교수이며, 헤르바르트는 이것을 특별히 '교육적 교수'*라고 부른다. 이것이 바로, 의지는 사고권에서 솟아나온다는 원리의 실제적 적용이다. 이 원리에 의하면 결국 도덕성은 지식

에 기초를 두고 있다고 보지 않으면 안 된다. 흔히 말하는 바와 같이, 무엇이 올바른 행동인가를 아는 사람이라고 하더라도 적절한 훈련이 결여되었기 때문에 그 행동을 실천하지 못하는 경우는 충분히 있을 수 있다. 그러나 지식이 없이는 선한 인간이 될 수 없다는 것도 그에 못지않게 자명하다. '無知者 無慾무지자 무욕*—사고권에 저장되어 있는 내용은 점차적으로 흥미*의 단계를 거쳐 욕망으로 격상되며, 이것은 다시 행위를 수단으로 하여 의지로 승화된다…만약 내적 확신과 개인적 관심이 결여되어 있고, 사고권의 저장물이 빈약하다면, 인간은 동물적 욕망으로 치달을 수밖에 없다.'[5] 또한, 헤르바르트가 자신의 교육학 원리를 한 마디로 요약하여 말하고 있는 바와 같이, '교수는 사고권을 형성하며 교육은 인격을 형성한다. 인격에서 사고권을 빼면 남는 것은 아무 것도 없다. 여기에 나의 교육학의 총화가 담겨 있다.'[6]

---

1) Lange, *Outlines*, p. 13. 2) p. 147. 3) p. 41. 4) p. 44.
5) Felkins, *Herbart's Science of Education*, p. 213. 6) p. 93n.
* instruction * educative instruction * Ignoti nulla cupido * interest, 또는 관심

¶**17**_ 헤르바르트의 교육 체계는 전적으로 이 '교육적 교수'의 개념에 의존하고 있다. 헤르바르트는 교육적 교수와 관련하여 '지적 노력의 강도, 범위, 그리고 통일성이라는 세 개의 요소를 고려해야 한다'[1]고 말하고 있다. 이 세 개의 요소를 풀이하자면 다음과 같다. (가) 어떤 형식의 지식이든지 인격에 영향을 미치려고 하면 거기에는 반드시 흥미가 수반되어야 한다. 다시 말하면 마음은 그것이 다루는 '사실'에 깊이 몰두하여 당사자 자신의 활동에 의하여 그것을 자기자신의 것으로 만들어야 한다. (나) 흥미는 특정한 몇 가지 주제에 국한되어서는 안 되며 광범한 주제에 걸치는, 이른바 '다면적 흥미'*여야 한다. (다) 흥미는 아무리 많은 주제에 널리 퍼져 있을지라도 하나의 전체로서 서로 면밀하게 응집된 정신 능력을 이루어야 한다. 이것이 곧 '조화로운 다면적 흥미'이다.

---

1) Lange, *Herbart's Outlines of Educational Doctrine*, p. 49.
* many-sided interest

¶**18**_ 헤르바르트가 그토록 중요시하는 '흥미'라는 것은 무엇을 가리키는가? 그것이 예컨대 놀이에 수반되는 피상적 흥분을 뜻하지 않는다는 것은 분명하다. 물론, 헤르바르트는 학습이 일어나는 데 필요한 조건으로서 흥미가 중요하다는

점을 들고 교육에서 아동의 즉각적인 흥미를 소홀히 하는 것을 비판하고 있다. '지루하고 따분한 것은 교수의 으뜸가는 대죄이다'라는 헤르바르트의 경구는 이 점을 말해 주고 있다. 그렇지만 헤르바르트는 공부와 놀이는 결코 혼동되어서는 안 된다고 주장한다. 헤르바르트가 중요시하는 흥미는 순간적으로 사라지는, 그리하여 영혼에 아무런 감동을 주지 못하는 그런 외적인 흥미가 아니라, 모든 심각한 활동에는 언제나 수반되는 깊은 흥미, 살아있는 흥미이다. '흥미는 자기활동이다.' '한 사물이 흥미의 대상이 될 때 그 사물은 마음에 특별한 견인력을 가지며 일종의 물리적 힘에 의하여 다른 표상들 중에서 두드러지게 드러난다.' 말하자면 그 사물은 우리에게 주의를 강요한다. 그러므로 흥미는 자발적 활동의 징표이며 당사자 개인의 직접적 체험의 증거이다. 흥미는 우리가 특정한 사실에 주의를 기울일 때 그것에 수반되는 특별한 정신상태를 뜻한다. 주의를 기울인다든가, 흥미를 가진다든가, 자발적으로 활동한다든가 하는 것은 모두 동일한 사태를 나타내는 상이한 표현들이다. 이제, 교육의 상황에서 흥미는 무엇에 의하여 결정되는가 하는 질문을 대답할 단계에 와서, 헤르바르트는 그 질문을, 어떤 것에 대해서든지 우리가 주의를 기울인다면 그것은 무엇 때문인가 하는 것으로 바꾸어서 대답한다. 여기서 헤르바르트는 두 가지 종류의 주의를 구분할 필요를 느낀다. 하나는 '원초적 또는 근원적 주의'* 로서, 이것은 교사에게는 그다지 중요하지 않지만, 나중에 성인 생활에서의 복잡한 정신 작용에 궁극적인 기초가 되는 것이다. 예를 들면, 아주 어린 아이들이 밝은 색깔이나 요란한 소리와 같은 강한 감각인상에 주의를 기울이는 것이 여기에 해당한다. 사실상, 이런 종류의 주의는 유아기 이외의 다른 단계에서는 특별히 중요한 의미를 가지지 않는다. 페스탈로찌는 이런 종류의 주의를 지나치게 강조했다는 점에서 잘못을 저질렀다. 이 첫째 종류의 주의는 헤르바르트의 용어로 '통각적 또는 동화적 주의'* 라고 불리는 둘째 종류의 주의에 의하여 점차로 대치된다. 성장 과정의 어느 단계에 가서는 흥미의 대상이 될 수 있는 물체의 수가 한 사람이 한때에 그 모든 것에 주의를 기울이는 일이 불가능할 정도로 증가하게 되며, 이 경우에는 주의를 기울일 이유가 있는 대상에만 주의를 기울이게 된다. 예컨대 소음은, 특별히 놀랄 만한 것이 아니면 주의의 대상이 되지 않으며, 특별히 놀랄 만한 소음도 그것이 우리의 경험 속에 한 자리를 차지할 수 있을 때, 우리의 과거의 지식에 비추어 설명될 수 있을 때에 한하여 지속적인 흥미의 대상이 된다. 그러므로 적어도 유아기 이후만을 생각한다면, 학습에 필수조건으로서의 흥미는 전적으로 '통각'* 또는 지적 내면화* — 즉, 새로운 경험이 그것과 관련된 이전의 경험에 의하여 의미와 성격을 부여받는 과정 — 에 의존한다. 이 점에서 모든 학습은 곧 통각이다.

---

* primitive or original attention * appereceptive or asslimilating attention
* apperception * mental appropriation

¶19_ 한 가지 명심해야 할 것은, 정신 작용의 강도(또는 흥미)는 그 자체로서 바람직한 것은 아니라는 점이다. 흥미없이 진정한 교육이 있을 수 없는 것은 사실이지만 한 가지 주제나 행동 노선에 지나치게 흥미를 가지는 것은 어느 것에도 흥미가 전연 없는 것과 마찬가지로 교육자의 목적을 좌절시킨다. 단 하나의 흥미에 마음이 집중되어 있는 상태는 일면적인 또는 편파적인 마음이며, 이것은 '완전성 또는 완벽성의 관념'에 위배된다. 따라서 '교육의 단기적 또는 즉각적 목적은 흥미에 있다'라는 말에는 '단, 그 흥미는 다면적 흥미여야 한다'는 단서가 붙어야 한다. 그러나 '다면적'이라고 할 때의 '다면'이라는 말은 측면이 얼마나 많아야 한다는 뜻인가? 헤르바르트의 대답은, '삶의 측면만큼 많아야 한다'는 것이다. 그렇지만, 실제적인 교육 사태에서는 흥미의 '다면성'이 제약될 수밖에 없다. 헤르바르트에 의하면 정상적인 생활의 과정에서 아동이 획득하는 흥미는 두 가지로 대별된다. 그 하나는 자연에 관한 지식과 관련된 흥미, 즉 물리적 세계와의 접촉에서 생기는 흥미이며, 또 하나는 인간에 대한 공감에 기초를 둔 것이다. 이 두 가지 흥미는 각각 세 가지로 다시 세분되어 결국 흥미의 대상은 여섯 가지로 구분된다. 그것은 다음과 같다. (Ⅰ) 지적 흥미 — (가) 경험적 흥미(골동품 수집가, 식물학자, 역사가, 또는 그 밖에 여러 가지 세부사항을 다루는 사람들에게서 볼 수 있는, 사실에 관한 흥미), (나) 사변적 흥미(수학이나 논리학을 공부하는 사람에게서 볼 수 있는, 사실을 일반적 법칙과의 관련 하에서 파악하는 흥미), (다) 심미적 흥미(조각가나 시인에게서 볼 수 있는, 미적 관조에서 생기는 흥미). (Ⅱ) 윤리적 흥미 — (가) 공감적 흥미(개인으로서의 동료 인간에 관한 흥미), (나) 사회적 흥미(시민생활, 국가 생활 등, 조직된 형태의 사회생활에 관한 흥미), (다) 종교적 흥미(신적 존재에 관한 흥미).

¶20_ 흥미의 대상에 관한 이상의 분류를 교육과정 문제에 적용하여, 헤르바르트는 학교의 교과를 두 개의 주요 영역으로 구분한다. 하나는 역사 영역으로서, 여기에는 역사와 언어가 포함되며, 다른 하나는 과학 영역으로서 여기에는 자연

공부, 지리, 수학이 포함된다. 헤르바르트는 이 두 영역 중에서 역사 영역이 더 중요하다고 본다. 이기심은 극복되어야 한다는 점에 비추어, 전인*의 교육을 담당하는 모든 학교는 인간의 조건과 인간 관계를 교수의 전면에 내세우지 않으면 안 된다. 이 인간주의적 목적은 역사 영역 교과의 핵심을 이루어야 하며, 그러한 교과가 우위를 차지하는 것도 바로 이 인간주의적 목적과의 관련 때문이다. 그러나 그와 동시에, 헤르바르트는 과학 영역의 교과를 과소평가하지도 않는다. 현대에 와서 헤르바르트의 사상을 이어받은 학자들 중에는 명백하게 도덕적 영향을 줄 만한 교과만을 무조건 내세우면서, 과학도 역사나 문학과 관련을 맺을 수 있는 것이 아니면 중요하지 않은 것으로 생각하는 경향이 있다. 그러나 이것은 헤르바르트의 견해가 아니다. 무모하고 성급하게 도덕적 결과를 얻으려고 안간힘을 쓰는 것이 아니라, 다만 동일한 방향으로 달리는 다면적 흥미를 일으킴으로써 언젠가 마음이 성숙한 경지에 도달하여 진정으로 도덕적인 상태를 이룰 수 있으리라는 것이 헤르바르트의 희망이었다. 「세계의 감성적 표상」에서 헤르바르트는 다음과 같이 말하고 있다. '도덕적 관념만으로 도덕적 행위를 가르칠 수 있다고 생각하는가? 인간은 자연의 한 가운데에 서 있는, 그 자신 자연의 한 부분인 존재이며, 그의 힘은 영혼의 가장 깊은 곳에서 흘러 나온다…인간은 그 자신을 알아야 하며, 그의 내부에 들어 있는 자신의 힘, 그리고 그의 주위에서 그에게 도움을 줄 수 있는 외부의 세력을 알아야 한다.'[1] 헤르바르트는 역사 영역 및 과학 영역과 병행하여, 그것과 관련을 맺고 있는 실제적 활동도 교육과정에 포함시키고 있다. 여기에는 수공 훈련이 포함된다. 헤르바르트가 특히 강조하는 것은, 이 수공 훈련은 단순한 직업 준비가 되어서는 안 되며, 과학과 밀접한 관련을 맺으면서, 자연적 사실의 이해와 인간의 목적 사이의 연결점을 제공하는 교과로서 중요시되어야 한다는 것이다.

1) Eckoff, *Herbart's A B C of Sense Perception*, p. 114.
* whole man

¶21_ 이상의 교육과정은 다면적 흥미를 보장한다고 볼 수 있을 것이다. 그러나 그것만으로는 충분하지 않다. 수많은 흥미가 산발적으로 흩어져 있는 상태는 흥미가 한 곳에 집중되어 있는 '일면적인' 상태와 다름없이 다면적 흥미의 원리에 위배된다. 다면적 흥미는 덕의 기초가 되지만, 이 덕이라는 것이 전체적인 인간됨의 특징인 만큼 개개인의 자기의식의 통일성이 손상되어서는 안 된다. '다면적 흥

미라는 용어에 들어 있는 "여러 측면"은, 마치 동일한 신체의 상이한 표면과도 같이, 동일한 사람의 여러 측면이다'라고 헤르바르트는 말한다. 이 흥미의 통일성을 이룩하는 길은 교수의 방법을 적절하게 배열하는 데에 있다. 헤르바르트에 의하면, 지적인 영역에서 그러한 통일성이 성립하기 위해서는 이중의 정신 과정을 가정하지 않으면 안 된다. 즉, 마음에는 한편으로, 하나하나의 개별적인 관념에 초점을 맞추어 계속적인 노력으로 그것을 명확하게 파악하는 과정이 있어야 하며, 또 한편으로, 이 과정과 번갈아 가면서, 이 개별적인 관념들을 점차 하나의 통일된 무더기로 통합 또는 동화하는 과정이 있어야 한다. 첫째 과정을 헤르바르트는 '사물에 깊이 들어가는 것' 또는 '專心전심'*이라고 부른다. 이 단계에서는 마음이 오로지 하나의 대상에 집중되어 있고 그 밖의 모든 다른 대상은 여기에 방해가 되는 것으로 간주되어 관심에서 제외된다. 둘째 과정인 '致思치사'는 앞의 전심을 통하여 파악된 대상이 마음 속에 들어 있는 다른 관념들과 관계를 맺으면서 비교, 조정되는 과정이다. '전심과 치사는, 마치 정신적인 호흡처럼, 언제나 서로 번갈아 일어나지 않으면 안 된다.' 이 생각을 연장하여, 헤르바르트는 교수의 과정이 따라야 할 네 개의 연속적 단계를 제시하고 있다. 그에 의하면 이 네 개의 단계는 '보편적인 것이며, 모든 교수에서 예외 없이 준수되어야 한다.' 첫째 단계의 목적은 '명료'*이다. 여기서는 공부해야 할 대상이 그 세부 요소들로 쪼개어지고 학습자는 그 각각의 사실이나 세부사항을 다른 것들로부터 분리해 내어서 그것에 집중적으로 관심을 기울인다. 명백히 이것은 '전심'에 해당한다. 둘째 단계는 '연합'*이다. 공부할 대상이 마음 속에 얼마 동안 머물러 있어서 그것을 어느 정도 정확하게 이해할 수 있게 되었을 때, 그 대상은 그것과 관련된 旣知기지의 대상들과 연합되어야 한다. 헤르바르트에 의하며, 이 목적은 교사와 학생의 자유로운 대화를 통하여 학생들의 목하의 대상과 관련하여 마음 속에 떠오르는 생각이 무엇인가를 말함으로써 쉽게 달성된다. 이제 마음은 하나의 대상에 집중되어 있는 것이 아니라 그 대상과 다른 대상을 관련짓는다. 그러나 이 단계에서는 아직 그 관련이 일반적인 수준에 머물러 있어서, 있을 수 있는 모든 우연적 관련이 관심의 대상이 된다. 이것은 '치사'가 막 시작되려고 하는 단계이다. 셋째 단계인 '체계'*에 와서 세부적인 사실들은 올바른 또는 의미있는 관련에 비추어 파악된다. 앞의 연합에서와는 달리, 이 단계에서는 중요한 관련과 중요하지 않은 관련이 명백히 구분되고 사실들은 하나의 통일된 전체로 배열된다. 둘째 단계에서 시작된 '통각'의 과정은 이 셋째 단계에서 완성된다. 마지막 단계는 헤르바르트의 용어로 '방법'*이며 후세의 헤르바르트 학자들이 '적용'이라고 부른 단계이다. 이 단계에서는 앞의 체계에 포함되어 있는 사실들을 하나씩 그 체계에 비추어 점검하는 일이 이루어진다. 예를 들어서, 산수의 규칙이 확인되고 나면(체계), 아동은 새로운 연습문제를 가지고 그 지식을 실지로 연습해 본다(방법). 이런 연습을 통하여 치사에 의한 통합 조정이 완성에 다다른다. 말하자면 새로운 경험이 하나의 통일된 정신 능력의 한 부분으로 통합되는 것이다. (현대의 헤르바르트 학자들은 첫째 단계를 두 개로 분할하고 나머지 단계를 새롭게 명명하였다. 레인 교수*에 의하면 그 다섯 단계의 이름은 준비, 제시, 연합, 개괄, 적용*이다.)

---

* absorption, 여기서 '전심'은 이하의 '치사'와 함께 헤르바르트의 'Vertiefung'과 'Besinnung'의 관례적 번역을 따른 것이다. 보통의 영어 번역은 concentration과 reflection(집중과 성찰)이며, 이 책에서는 앞의 것을 absorption으로 번역하고 있다.
* Clearness * Association * System * Method * Professor Rein
* Preparation, Presentation, Association, Condensation, Application

¶22_ 헤르바르트 자신의 설명만 가지고 보면 이 이른바 교수의 형식적 단계 이론에는 여러 가지 불분명한 점이 있으며, 그 후계자들은 여러 가지 방식으로 그것을 수정 보완해 왔다. 그 이론에 대하여 여기서 할 수 있는 비판이 있다면 그것은 오직 한 가지, 그의 교수 단계 이론은, 헤르바르트가 생각한 것과는 달리, 삶의 여러 가지 위대한 흥미들을 통합하는 문제에 대한 진정한 해결 방안을 제시하지 못한다는 것이다. 헤르바르트의 방법은 학습자 개개인으로 하여금 학교 교육과정에 포함되어 있는 여러 교과에 관하여 자신에게 의미 있는 지식을 획득하도록 하는 데는 성공을 거둘 수 있을지 모르지만, 그렇다고 하더라도 여전히 그 교과들은 서로 관련되지 않은 상태로 남아 있을 수 있는 것이다. 헤르바르트의 다음과 같은 말을 들어 보면 그 자신도 이 가능성을 인식하고 있었던 것이 분명하다. '관념의 덩어리에 상응하는 사물 자체는 긴밀하게 또 필연적으로 관련되어 있음에도 불구하고, 관념의 덩어리들은 서로 고립된 상태로 존재하는 경우를 우리는 너무나 자주 목격한다.'[1] 이러한 사태가 가장 빈번히 벌어지는 교과로서 헤르바르트는 수학을 들고 있다. 헤르바르트의 이론이 가지고 있는 이 난점은, 이하에서 그 이론의 발전을 고찰할 때 다시 언급할 바와 같이, 학교의 여러 교과를 서로 관련짓는 방법을 모색하는 계기가 되었다.

---

1) Lange, *Outlines*, p. 211.

4 관념론과 교육

¶23_ 헤르바르트가 국가의 후원을 등에 업고 개인주의에 입각한 교육 체제를 발전시켰다는 것은 일종의 수수께끼이다. 헤르바르트가 개인주의 교육을 발전시키고 있는 동안 내내, 그와 철학적으로 적대 관계에 있는 몇몇 관념론자*들은 그와 정반대의, 그러나 상보적인 관점에서 교육의 문제를 생각하고 있었다. 양자 사이의 주된 논쟁점은 과연 개인에 어느 정도의 가치를 두어야 하는가에 있었다. 헤르바르트에게 있어서 개인은 최고의 기준이었다. 그가 교육의 목적으로 삼은 도덕성은 개인 인격의 완성을 의미하였으며, 따라서 그는 로크나 루소, 그리고 칸트와 마찬가지로 개별적인 학생의 성장을 도와주는 사적 교육이 다수의 학생을 한꺼번에 다루는 공공교육보다 우수하다고 생각하였다. 여기에 비하여 관념론자들은 개인을 특별히 중요시하지 않고 개인의 존재는 오직 보다 높은 정신적 목적, 특히 국가의 목적에 종속됨으로써 실현될 수 있는 것으로 보았다. 따라서 그들의 관점에 의하면 학교 교육을 통하여 시민을 길러내는 것은 교육의 우연적 기능 또는 부산물이 아니라 바로 교육의 본질에 해당하는 것이었다.

* idealist 또는 관념주의자

¶24_ 이러한 관념론의 관점을 극단적으로 표현하는 것은 피히테의 공동체 교육 방안, 즉 아동을 가정 생활에서 떼내어 그로 하여금 국가에 봉사하는 교육을 받도록 하는 방안이었다. 그러나 이 방안은 피히테가 틀림없이 참고하였다고 볼 수 있는 플라톤의 '이상국가'가 가지고 있는 것과 동일한 문제점을 가지고 있다. 즉, 피히테의 구상은 삶의 현실적 조건을 무시한 이상을 창조하려고 한 것이다. 피히테의 뒤를 이은 사람들은 관념론의 원래 정신을 따라 피히테가 제안한 것과 같은 극단적 구상에는 동조하지 않고 어디까지나 사회의 정상적인 관계 속에서 교육의 사회적 목적을 찾으려고 하였다. 이하에서 고찰하게 될 헤겔과 프뢰벨은 관념론적 교육이라는, 교육사상사의 중요한 한 측면을 각각 상이한 방식으로 표현하였지만, 그럼에도 불구하고 피히테와는 달리 사회적 현실을 중요시했다는 점에서 공통성을 나타내고 있다.

¶25_ 게오르크 빌헬름 프리드리히 헤겔*(1770-1831)은 6년 동안 개인 가정

교사로 일했고 그 후 8년 동안 누렘베르크의 신설 김나지움의 교장으로 있었음에도 불구하고 직접 교육 문제를 다룬 저작은 거의 남기지 않았다. 그러나 누렘베르크의 학교에서 그가 한 연설을 그의 철학적 저작 중의 몇몇 구절과 관련지어 해석해 볼 때, 우리는 그의 굉장한 철학체계에 못지 않게 심오한 지혜가 담긴 그의 교육철학을 엿볼 수 있다. 그는 다음과 같이 말한다. '교육은 인간을 도덕적 존재로 만드는 예술*이다. 교육은 인간을 자연*과 하나로 보고 인간이 다시 태어날 수 있도록 길을 보여주며 제1의 천성*을 제2의 정신적 천성으로 바꾸어 그 정신적 천성이 몸에 배도록 한다.'[1] 아동은 자연에 예속된 상태에서, 다시 말하면 사고하는 존재가 아닌 감각의 피조물로서 삶을 시작한다. 그러나 그는 잠재적으로는 그 내면에 정신적 존재로서의 인간의 본질적 특성인 자유를 구비하고 있다. 아동이 가정에서 또 학교에서 받는 수업으로 말미암아 그의 내부에 잠재해 있던 힘은 점점 외부로 표현되고 그에 따라 그는 새로운 정신적 탄생의 준비를 갖추게 된다. 그러나 아동이 자연에서 벗어나 정신의 세계로 들어가기 위해서는 청년기 동안에 그의 자연적 흥미와의 결연한 단절을 거치지 않으면 안 된다. 그는 자기소외의 쓰라린 고통을 감내해야 하며 그것을 통하여 그때까지 자신이 가지고 있었던, 순전히 개인적인 경험이 전적으로 쓸데없다는 것을 깨닫지 않으면 안 된다. 그는 상상과 사고의 삶 속에서 보편자를 찾으려고 손을 뻗지 않으면 안 된다. 여기에 학교가 그에게 큰 도움을 줄 수 있다. 그리고 이 도움은 특히 고대의 문학을 공부함으로써 더 확실히 보장된다. 희랍의 도시국가는 그 짧은 영광의 순간을 통하여 개인적 의지를 보편적 목적과 조화시킨 좋은 사례를 보여 주었다. 희랍 문화의 진수를 공부함으로써 청년은 자기 자신의 삶이 나타내는 좁은 개별성에서 벗어나서 문화와 도덕의 기초를 이루는 완전한 다면적인 삶을 맛보게 된다. 그러나 이것도 성인으로 가는 한 단계에 지나지 않는다. 권위에 대한 복종, 과거의 정신적 업적에 대한 존경, 그리고 그것을 통한 자기부정*은 필요한 단계이기는 하지만, 그것은 다시 새로운 정신적 자아의 발견으로 이어지며 — 차라리, 만약 인격의 발달이 조기에 정지되지 않으려면, 이어져야 하며 — 이 새로운 정신적 자아는 어른이 되어 국가*의 정신에 참여할 때 비로소 그 자유를 실현한다. 자연적 개인을 정신적 개인으로 재창조하는 데서 시작하여, 국가라는 형태로 구현된 절대자, 영원자와 일체가 되는 시민상태에서 완성되는 이 '자아의 천로역정'은 하나에서 열까지 사회적 과정이다. 공동의 삶에 외현적으로 드러난 것은 각 개인의 삶에 내재적으로 들어있으며, 개인의 삶은 사회의 삶에서 오는 충격과 영향을 받아들임으로써 완성의 경지에 다다른다. 가정, 학교, 사회 계층, 국가, 교회, 이 모든 것이 교육의 도구로서의 역할을 수행하지만, 교육의 궁극적인 책임은 '가정과 공동 사회의 법과 이익이 복종하고 의존하는 상위의 권위'로서의 국가*에 있다. 국가는, 첫째로, 아동을 위하여 교육제도를 마련하고 그를 강제로 취학시킴으로써 아동의 이익을 보장해야 하며, 둘째로, 학교를 국가*의 공공적, 정치적 과업수행에 필요한 사람들의 훈련 장소로 만듦으로써 국가 자체의 이익을 보장해야 한다는 이중의 의무를 지고 있다. 이것이 프로이센 국가체제의 철학을 담고 있는 일반적 교육 원리이다.

---

1) Mackenzie, *Hegel's Educational Theory and Practice*, p. 63.
* Georg Wilhelm Friedrich Hegel * art * 자연-nature
* 천성-nature * self-renunciation * nation * State * nation

¶26_ 헤겔은 철학자로서 어쩌다가 교사의 일을 맡게 된 경우에 속한다. 교육은 그의 수많은 관심사 중의 한 가지에 지나지 않는다. 여기에 비하여 프리드리히 프뢰벨*(1782-1852)에게 있어서 교육은 한 평생을 불태운 열정의 대상이었다. 프뢰벨은 흔히 말하는 '타고난 교사'였다. 스물세 살의 나이에 프랑크푸르트의 페스탈로찌 학교에서 삼사십 명의 소년들을 대상으로 첫 수업을 하였을 때, 그는 즉시 자신이 평생을 바쳐 해야 할 일이 무엇인가를 알았다. '나는 마치 이때까지 내가 알지 못했던, 그렇지만 언제나 갈망했던 그 무엇을 찾았다는 느낌, 나의 삶이 마침내 그 천부적 요소를 발견했다는 느낌을 받았다. 나는 물 속을 헤엄치는 물고기처럼, 공중을 나는 새처럼 행복하였다.'[1] 그러나 그 이전의 삶이 전적으로 낭비되었던 것은 아니다. 그 전에 그는 여러 가지 직업을 시도해 보았다. 그는 2년 동안 산림기사의 도제로 일하였고 그 후 예나 대학에서 학업을 시작하였지만 너무 가난하여 중도에 포기하지 않을 수 없었으며 다시 그 후에는 공증인과 건축기사로서 얼마간 일한 적도 있다. 열여섯 살과 열일곱 살의 나이에 숲에서 일한 경험은 그에게 식물학에 관한 직접적인 지식과 함께 자연에 관한 경건한 사랑을 심어 주었으며, 이 자연에 대한 신비주의적 사랑은 그로부터 일이년 후 셸링*의 철학사상 중의 특정한 부분에 대하여 열성적인 관심을 보이게 되는 바탕을 마련해 주었다. 교사로서 일한지 2년이 지났을 때 그는 자신이 교사로서 일할 준비를 충분히 갖추고 있지 못하다고 느끼고 다시 배움의 길에 들어섰다. 그 후 약 2년 동안 그는 이페르돈에 있는 페스탈로찌의 학교에 다니는 세 명의 남자 아이의 가정교사로 지내다가 다시 대학으로, 처음에는 괴팅겐 대학으로, 그리고 나중에는 베를린 대학으로

돌아갔다. 대학에서의 그의 전공 분야는 광물학이었다. 기원 1813년에 그는 그 당시 나폴레옹을 물리치기 위하여 모집된 독일군에 자원 입대하여 1년간 복무하였다. 프뢰벨 자신의 말에 의하면, 그 이유는 '총칼을 들 힘이 있는 젊은이가 아이들을 가르칠 교육자가 될 생각을 하면서 그 아이들의 조국을 지키기 위하여 피와 목숨을 바치려고 하지 않는다는 것은 상상조차 할 수 없기'[2] 때문이었다. 마침내 그는 자신이 태어난 공국인 튀링겐*의 카일하우*에 있는 한 농부의 오두막 집에서 자신이 생각하는 방향을 따라 학교를 세웠다. 이 학교에 그는 '보편적 독일 교육기관'*이라는, 그의 야심만만한 국가주의적 경향을 드러내는 거창한 이름을 붙였다. 이 학교에서 그는 '종교, 읽기, 쓰기, 셈하기, 그리기, 독일어, 노래, 수학, 자연 공부, 지리, 희랍어, 피아노, 체육'을 포함하는 종합 교육과정으로 아동을 교육하였다. 기원 1826년에 프뢰벨은 자신의 교육사상을 공식적으로 천명한 미완성의 책을 「인간의 교육」*이라는 제목으로 발간하였고, 2년 뒤에는 설립의 운을 타고 나지 못한 국가적 교육기관의 청사진을 그려 그 속에서 자신의 생각을 실제적인 면에서 보다 상세하게 설명하였다. 프뢰벨이라는 이름을 교육사상 영원히 빛나게 할 취학 전 아동의 교육에 그가 확고하게 발을 들여 놓은 것은 1836년부터였다. 기원 1846년에 그는 최초의 '유치원'*— 프뢰벨 자신이 붙인 명칭은 '보편적 독일 유치원'이었다 — 을 열었고, 그때 이후 그의 삶은 유치원 교육의 원리와 방법을 정련하는 데에 바쳐졌다. 이 일에서의 그의 경험에서 맺어진 결실 중의 하나는 유치원 설립의 3년 후에 발간된 「엄마와 아가의 노래」*라는 제목의 훌륭한 가정용 도서이다. 유치원 운동은 한동안 독일에서 활발하게 전개되었지만, 1851년에 과격한 복고적 교육 장관이 유치원을 금지함으로써 중도 정지되었고 그 이듬해인 1852년에는 프뢰벨 자신도 세상을 떠났다.

---

1) Froebel, *Autobiography*, English translation, p. 58.　　2) p.9 0.
* Friedrich Froebel　* Schelling　* Thuringia [Thüringen]
* Kelihau　* Universal German Educational Institute　* *The Education of Man*
* Kindergarten　* *Mother and Nursery Songs*

¶ **27**_ 프뢰벨의 모든 교육 활동과 저작에 깔려 있는 철학의 중심 사상은, 만물은 신 속에서 합일을 이루고 있다는 것이다. 「인간의 교육」의 첫 문장은 다음과 같이 되어 있다. '모든 사물 속에는 영원한 법칙이 왕좌에 군림하여 살고 있다. 모든 사물은 신 속에서 신을 통하여 존재하며 살아가고 있다. 신은 곧 합일성이다. 모든

사물은 오직 그 속에서 뿜어 나오는 신적 영기를 통해서만 존재할 수 있다.' 차이라든가 구별이라는 것은 결코 절대적인 것일 수 없으며 만약 우리에게 눈만 있다면 어딘가에서 반드시 관련을 찾아낼 수 있다. 프뢰벨이 모든 결정체의 형태를 정육면체로 환원할 수 있다고 생각했을 때 (이것은 오늘날의 지식으로 보면 그릇되다), 또는 새와 사람이 근본적으로 동일한 유형을 나타낸다고 생각했을 때, 그가 얼마나 기뻐했던가는 짐작하고도 남음이 있다. 또한 그가 유기체건 무기물이건 간에 자연의 현상은 우주의 가장 높은 정신적 법칙을 상징하고 있다는 확신을 가졌다는 것도 놀라운 일이 아니다. 프뢰벨은 비유적인 의미가 아닌 문자 그대로의 의미로 '돌에는 설교가, 흐르는 시내에는 책이' 있다고 믿었다. 그렇기 때문에 프뢰벨은 보통의 학교 공부에 '相關상관'* 이 결여되어 있음을 한탄하고 '학교의 본질적 과업은 잡다한 사실들을 전달하는 데에 있는 것이 아니라 모든 사물 속에 들어 있는 영원 불멸의 합일성을 드러내는 데에 있다'[1]는 것을 역설하였다. 그러나 비록 프뢰벨이 '상호관련성'을 강조하기는 했지만, 그는 모든 개별적인 사물들을 신 속에 하나로 용해해 버리는 극단적인 범신론으로 치닫지는 않았다. 그는 범신론자였지만, 그가 교육이나 삶에서 끊임없이 추구한 내적 합일성은 사실 세계의 다양성을 묵살하는 그런 합일성이 아니라, 마치 예술가의 인품이 그의 예술 작품 속에 드러나는 것과 같이, 개별적인 사물들 속에서 발현되는 합일성이다. 프뢰벨에게 있어서 신은 본질상 정신 또는 영적 존재이며, 따라서 신은 그의 피조물인 유한한 사물들 속에서 자신의 존재를 표현할 수 밖에 없다. 신은 순전한 관념도 아니며 멀찌감치 떨어져서 수동적인 자세로 삼라만상을 바라보는 관조자도 아니다. 신은 언제나 활동하는 능동적 정신이다. '신이 하는 생각은 하나 하나가 모두 작업이며 행위이며 산물이다.' 이 세계는 신의 영원한 창조활동의 결과이다. 자연(외부)과 인간의 정신(내면)은 신의 상이한, 그러나 서로 관련되어 있는, 표현이다. 그러므로 만약 우리가 신을 오직 합일성과 관련의 원리로서만 이해한다면, 우리는 신을 올바르게 이해했다고 할 수 없다. 신은 또한 정신의 단일성에 대하여 반대쪽 극단인 자연현상의 다양성을 통해서도 이해되어야 하며, 정신과 자연의 중간 지점에서 양자를 서로 연결시켜 주는 인간의 개별성을 통해서도 이해되어야 한다. 신은 단순한 합일성이 아니라 '삼자합일'* 또는 '삼위일체'* 이다. 삼자합일로서 신이 사물의 다양성과 인간의 개별성 속에서 그의 보편성을 실현함으로써 자신을 완성하는 것과 마찬가지로, 신에 의하여 창조된 모든 사물들 — 돌, 식물, 동물, 인간 — 도 그와 동일한 삼중의 본성을 가지고 있다. 모든 사물은 하나하나가 보다 큰 전체, 즉 신의 부분이며, 이 점에서 그것은 '보편적인* 존재'이다. 모든 사물은 하나하나가 '개별적인* 존재'로서 그 자체의 특이한 삶을 살고 있다. 모든 사물은 그것에 종속되는 실체들을 그 속에 포함하고 있으며, 이 점에서 그것은 '다면적인* 존재'이다.

---

1) Froebel, *Education of Man*, Hailmann's translation, p. 134.
* correlation * trinity * triunity * universal * individual * diverse

¶28_ 프뢰벨의 교육관은 모두 이 삼자합일의 아이디어에서 흘러나온다. 교육의 의미에 관한 프뢰벨의 생각은, 인간의 본성은 신의 활동의 외적 표현이라는 그의 견해에서 직접 도출된다. 인간은, 신에 의하여 창조된 모든 다른 사물과 마찬가지로, 불완전한 상태에서 출발하지만, 그는 창조주의 활동과 동일한 활동을 부여받았으며, 이 활동이 그를 완전한 상태로 나아가도록 만든다. 인간을 인간답게 하는 본성은 처음에는 잠재적 능력의 형태로 주어져 있으며 그것이 뚜렷한 형태로 나타나는 것은 오직 성장을 통해서이다. 이것이 발달의 법칙이다. 인간은 광물이나 식물이나 동물과 마찬가지로 이 법칙에 지배를 받는다. 인간과 다른 사물 사이의 차이는 주로, 인간은 신의 법칙에 정해진 순서를 수동적으로 따라가지 않는다는 데에 있다. 낮은 형태의 사물에서는 무의식적 변화나 맹목적 충동으로 나타나는 그것이 인간에서는 의식적 진화로 나타나며, 이 과정에 대하여 인간은 다소간의 통제나 방향 조절을 할 수 있다. 지각과 이성의 능력이 부여된 존재로서의 인간이 나타내는 특이성은 자기 자신의 본질을 분명히 의식할 수 있다는 데에 있으며, 이것은 바로 그 자신의 속에 있는 신을 의식할 수 있다는 것과 동일하다. 여기에 교육의 의의가 있다. 아동의 입장에서 보면, 교육은 내부로부터 결정된 진화의 과정이다. 아동을 자유롭게 놓아두기만 하면, 그의 마음 속에 들어있는 정신 — 이것은 곧 신의 정신이다 — 이 아동의 활동을 통하여 저절로 드러난다. 이 정신은 처음에는 막연한 부정형의 힘으로 나타나지만, 점차로 확실한 형태를 띤 정형의 충동으로 나타나서 그것이 발휘될 기회가 주어지기만 하면 정신적 또는 영적 존재로서의 아동의 본성을 외부적으로 발현시킨다. 그러나 이러한 정신의 진화가 순전히 내적 기원에 의하여 일어나는 것은 아니다. 자신의 개별적 삶을 사는 동안 아동은 종족으로서의 인류가 이미 거쳐 온 여러 단계를 거치게 되며 — 이 종족의 진화도 개체의 진화와 동일한 신적 충동에 의하여 이루어진다 — 이 과정에서 아동은 종족의 경험을 집약적으로 구현하고 있는 성인의 지혜로부터 최대한의 도움을

받을 필요가 있다. 자유로운 자기활동과 자기결정 중에서도 아동은 그가 한 구성원으로 속하고 있는 인간 집단 전체의 관례 속으로 성장하지 않으면 안 된다. 그러나 이것은 오직 그 인간 집단을 대표하는 교사가 자연을 임의로 좌우하거나 강압적으로 지배하지 않고 그것을 수동적으로 따를 태세가 되어 있을 때, 성장을 억지로 강요하지 않고 그것을 순조롭게 이끌 태세가 되어 있을 때 비로소 가능하다. 교사가 불가피하게 아동의 자발적인 활동에 간섭을 해야 하는 경우에도 그 간섭은 한 개인으로서의 교사 자신의 자의적인 행위여서는 안 된다. 교사는 자신과 학생이 다 같이 인정하는 이상적인 정의의 이름으로 말하고 행동해야 한다. 이런 원칙에 입각하여 강요되는 법은 결코 내부로부터의 발달에 대한 외부적인 제약이 아니다. 그것은 미성숙한 존재를 위한 안내이며, 이 안내는 바로 그 미성숙한 존재의 삶이 합치하고자 하는 이상 그 자체에 의하여 주어지는 것이다.

¶29_ 교육이 본질상 성장의 과정이라는 사실은, 프뢰벨에 의하면, 교육은 다른 모든 성장과 마찬가지로 '대립의 법칙'* 과 '관련의 법칙'* 이라는 두 개의 상보적 법칙에 따라 이루어진다는 것을 뜻한다. '대립의 법칙' 또는 '양극성의 법칙'* 은 모든 현상의 제1법칙이다. 심지어 신조차도, 신으로 존재하기 위해서는, 세계라는 대립 개념을 가지지 않으면 안 된다. 그리고 모든 유한한 존재는 그의 창조주와 마찬가지로 각각의 대립을 가지고 있다. 정신과 물질, 남자와 여자, 동물과 식물, 수직과 수평 등은 세계에서 찾아볼 수 있는 몇 가지 대립의 보기이다. 교육이 그 한 예로 속하고 있는 성장의 경우를 생각해 보면, 성장에 있어서의 근본적인 대립은 '안'과 '밖' — 다시 말하면 성장을 하는 존재의 본성과 그 환경 — 이다. 식물이건 동물이건 아이건 할 것 없이 모든 성장하는 존재는 밖의 것을 안의 것으로, 또 안의 것을 밖의 것으로 만드는 이중의 과정 — 다시 말하면 그 자체의 삶의 형식을 외부적인 물질에 각인하며, 또한 그렇게 함으로써 그 자체의 본성을 발달시키는 과정 — 에 의하여 성장해 나간다. 말하자면 성장이라는 것은 원래 대립을 이루고 있던 두 사물 사이의 관련을 발견함으로써 그 차이를 극복해 나가는 과정이다. 그러므로 '대립의 법칙'은 '관련의 법칙'과 상보적인 관계에 있다. 관련의 법칙은 두 개의 대립적인 사물을 제3의 중개 사물에 의하여 결합하는 것을 가리키며, 이 점에서 그것은 '삼자합일 또는 삼위일체의 법칙'* 이라고 부를 수 있다.

---

* law of Opposites * law of Connection * law of Polarity * law of Trinity

¶30_ 교육의 실제에 관한 프뢰벨의 논의는 이와 같이 발달을, 대립을 통하여 궁극적인 조화로 나아가는 과정으로 보는 그의 견해에 기초를 두고 있다. 아동의 교육을 위하여 프뢰벨이 사용하는 모든 특별한 방안은 이 점을 반영하고 있다. 예컨대 유치원의 둘째 恩物은물*의 경우를 보면, 여기서는 먼저 아동에게 구와 육면체를 나란히 보여 주고 그 형태를 대조하도록 한다. 즉, 면이 하나인 것과 여러 개인 것, 곡선과 직선, 움직이는 것과 정지해 있는 것의 대조가 그것이다. 그 다음에 아동에게 원통 모양을 보여 주고 그것이 1면과 다면, 곡선과 직선, 움직이는 것과 정지해 있는 것 등의 두 가지 대립을 관련짓고 있다는 것을 알게 한다. 물론, 그 원리는 이러한 세부적인 면에만 적용되는 것이 아니라 교육의 과정 전체에도 적용된다. 교육자가 할 일은 먼저 안과 밖의 대립에서 시작하여 그것이 궁극적으로 합일을 이루도록 보장하는 것이다.

* Gift [Gabe], 이것은 어의적으로는 (신의) '선물'을 뜻한다. 프뢰벨의 유치원에는 이런 종류의 은물이 여러 개 있고 거기에는 단계별 순서가 매겨져 있다. 이하 11 : 33 참조

¶31_ 아동기에 있어서 교육은 주로 아동으로 하여금 인간과 사물로 이루어진 외부 세계에 작용하도록 함으로써 그의 본성을 발현할 기회를 주는 것이며, 이것은 안의 것을 밖의 것으로 만드는 것에 해당한다. '일단 신체적 필요가 충족될 때 아동이 자신의 의지를 가지고 하는 최초의 활동은 (가) 주위의 관찰, 즉 외부 세계의 자발적 수용과, (나) 놀이, 즉 아동 내부의 활동과 삶을 외부로 표현하는 독자적 행위이다'[1] 다시 말하면, 아동은 먼저 자발적으로 획득된 직접 경험 — 이 '자발적으로 획득된 직접 경험'이 곧 '직관'*이다 — 을 통하여 물질세계와 정신세계에 접하며, 그 다음에 이 외부 세계의 사물에 반응하면서 자신의 본성에 합치되도록 그것을 조형하려고 한다. 아동의 최초의 행위는 사물을 만지고 가지고 놀고 그러다가 깨트리기도 하는 행위이다. 이것이 사물을 자기 자신의 것으로 만드는 아동 특유의 방식이다. 어른에게 보이는 것과는 달리, 그것은 결코 파괴로 끝나는 것이 아니라 건설적인 노력이며, 다만 그 건설적 노력이 아동의 미성숙한 상상의 명령을 따라 이루어질 뿐이다. 그것은 밖의 것을 안의 것으로 만드는 아동 특유의 방식이다. 좀더 자라서 아동은 즉각적인 환경의 사물을 다른 사물의 상징으로 변형시키는 더 높은 형태의 그러나 본질상 앞의 것과 동일한, 창조적 활동을 한다. 막대기를 타고 달리는 어린 남자아이는 말을 타고 달린다고 생각하며, 두 별이 나란히 반짝이는 것을 보는 어린 여자아이는 그것을 엄마 별과 아빠 별이라고 부른다.

이와 같이, 아동의 삶에 들어 있는 모든 사실은 그 즉각적인 형태보다 더 깊은 의미를 가지게 된다. 자연물, 그 중에서도 특히 아동이 가까이 즐기는 동물은 아동이 자신의 본성을 사물에 투사하는 상징 활동을 통하여 도덕적 가치를 표현하는 것으로 의인화된다. 게임에서 아동은 성인의 사회생활의 중요한 특징을 모방하며, 이 점에서 게임은 놀이 활동의 가장 높은 형태를 나타낸다.

---

1) Froeble, *Pedagogics of the Kindergaten*, Jarvis' translation, p. 29.
* Anschauung, 또는 감각 경험

¶32_ 소년기(프뢰벨은 여기에 청년기를 포함시킨다)에서 교육은 그 성격이 달라진다. 감정은 사고로, 그리고 놀이는 수업으로 대치된다. 이 단계에서 교육의 주된 과업은 삶의 사실들을 이해함으로써 밖의 것을 안의 것으로 만드는 데에 있으며, 따라서 여기서는 무엇을 수업의 내용으로 삼아야 할지를 결정할 필요가 생긴다. 프뢰벨에 의하면, 수업의 내용은 인간의 본성이 삼중인 것에서 시사된다. 그 첫째는 '종교'이며, 이것은 기독교에서 최고의 형태로 나타난다. 그러므로 기독교는 모든 교육의 기초이다. 기독교의 정신 바깥에서는 어떠한 지식도 성립할 수 없다. '인간이 자연에 관하여 참된 지식을 얻는 것은 오직 그가 의식적으로 또는 무의식적으로 기독교인일 때이며 또한 기독교인인 정도에 국한된다. 여기서 "기독교인"이라는 것은 모든 사물 속에서 살고 일하는 유일한 신적 능력의 진리에 젖어 있는 상태를 의미한다.'[1] 둘째는 '자연과학'이다. 자연은 신의 외적 표현이며, 외부 사실에 대한 관조로서의 자연 공부는 내면에 대한 관조를 요구하는 종교와 상보적인 관계에 놓여 있다. 자연에 대한 통찰은 인간의 삶을 규제하는 법칙을 가장 단순한 형태로 드러내어 주며 인간의 마음을 법칙에 대한 외경으로 이끌어 준다. 광물 결정 연구와 식물 연구는 이 점에서 특별한 가치를 지닌다. 결정과 식물에 관한 현상은 어디서나 단일한 힘의 작용을 드러내며, 그 공부를 통하여 영혼은 다양성의 이면에 들어 있는 합일성을 경험하게 된다. '자연의 사물과 삶의 사실 하나하나에 신으로 가는 길이 있다.' 이와 관련하여 프뢰벨은 인간의 마음과 자연 세계를 연결하는 고리로서 수학이 대단히 중요하다는 것을 빠트리지 않고 강조한다. 그에 의하면, 마음과 수학은 마치 영혼과 종교가 불가분의 관계를 맺고 있듯이 불가분의 관계를 맺고 있다. 수업의 내용으로서 셋째 부류에 속하는 것은 언어이다. 언어는 사물들의 다양성 사이의 살아있는 관련을 파악하는 '안'의 도구이며, 이 점에서 언어는 교육의 과업을 완결한다. 이런 식으로 하여 수업의 내용에는 합일성*과

개별성과 다양성이 모두 포함된다. '종교에서는 영혼의 열망이 으뜸가는 관심사가 되며 여기서 영혼은 그 희망의 결실을 추구한다. 영혼은 인간의 합일성을 지향한다. 자연 공부와 수학에서는 지력의 열망이 으뜸가는 관심사가 되며, 여기서 지력은 확실성을 추구한다. 지력은 인간의 개별성을 다룬다. 언어에서는 이성의 요구가 으뜸가는 관심사가 되며 여기서 이성은 내적 만족을 추구한다. 이성은 인간의 다양성을 다루며 모든 다양성을 하나로 통합한다.'[2] 그러나 이 세 가지 수업의 내용은 각각 독립되거나 서로 분리되어 있는 것이 아니다. 그 세 가지는 온전한 합일을 이루고 있으며 따라서 그 중의 어느 하나도 빠짐없이 모두 수업에서 취급되어야 한다. 위의 세 가지 부류에 덧붙여서 프뢰벨은, 영혼은 언어를 통한 이성적 표현 이외의 다른 방식으로도 외부로 표현될 필요가 있다는 근거에서 예술을 수업의 내용으로 들고, 이를 위하여 노래, 그리기, 회화, 조소를 학교 교육과정에 포함시키고 있다.

1) Frobel, *Education of Man*, Hailmann's translation, p. 152.

2) p. 208

* unity, 11 : 27의 마지막 부분에 의하면 이 '합일성'은 '보편성'과 동일한 의미를 가지고 있음이 분명하다.

¶33_ 「인간의 교육」에 제시된 여러 원리들을 적용한 가장 괄목할 만한 보기는 프뢰벨이 15년 동안 공들여 이룩한 유치원에서의 초기 교육 방안에 있다. 프뢰벨이 특별히 관심을 가졌던 아동기는 출생 이후 대략 여섯 살까지, 즉 아동의 마음이 명확한 사고보다는 충동이나 정서에 좌우되는 기간이다. 이 기간은 또한 페스탈로찌가 가장 세심한 관심과 배려를 기울인 기간이기도 하다. 그러나 비록 프뢰벨이 그의 스승인 페스탈로찌에서 많은 것을 배웠고 또 많은 부분에서 그와 의견을 같이한 것은 사실이지만, 실지로 어린 아이들을 다루는 방법에 있어서는 프뢰벨은 페스탈로찌와 상당한 차이를 나타낸다. 그 가장 중요한 것은, 프뢰벨은 페스탈로찌와는 달리, 경험을 그 구성 요소들로 분석하여 그 구성 요소들로 경험을 대치하려고 하지 않았다는 점, 교육은 그 첫 단계에서부터 단편이 아닌 총체적 흥미 또는 관심을 대상으로 하여야 한다고 생각했다는 점이다. 프뢰벨의 교육 방안의 핵심적 특징은 아동에게 자발적으로 나타나는 체계적인 활동으로서의 놀이를 중시했다는 데에 있다. 물론, 아동의 놀이가 나타내는 '체계'라는 것은 견고하고 엄밀한 것이 아니다. 프뢰벨은 아동의 발달에 도움이 될 만한 것이면 어떤 활동이든지 아동이 자유롭게 할 수 있도록 해야 한다고 생각했지만, 또한 그는 교육이 계속

적인 단계를 따라 진행되도록 하기 위해서는 아동의 연령별로 점점 복잡해지는 게임과 일거리를 유치원 생활의 핵심 내용으로 삼아야 한다고 생각했다. 여기에는 세 가지 종류가 있다. (가) 은물과 일거리 — 이것은 아동으로 하여금 생명이 없는 자연물에 익숙해지도록 하기 위한 것이다. (나) 정원 가꾸기와 동물 돌보기 — 이것은 식물과 동물에 대한 애정과 공감을 불러 일으키기 위한 것이다. (다) 게임과 노래 — 이것은 주로 아동으로 하여금 동물과 인간의 내면의 삶을 알 수 있도록 하기 위한 것이며, 그의 「엄마와 아가의 노래」는 대부분이 여기에 활용된다. 이 중에서 '게임과 노래'는 아마도 유치원의 정신을 가장 훌륭하게 표현하는 활동이라고 볼 수 있을 것이다. 여기에는 겨우 팔다리를 움직일 때부터 시작하여 엄마와 함께 가게에 물건을 사러갈 수 있을 때까지 어린 아동이 관심을 가질 만한 모든 내용이 포함되어 있다. 그러나 프뢰벨 자신이 계속성을 강조한 것과는 맞지 않게, 이런 내용은 다소간 무질서하게 배열되어 있다. 여기에 비하여 논리적인 개념을 다루는 은물은 아동의 발달 단계별로 계열화되어 있으며, 이 점에서 그것은 프뢰벨의 기본 원리를 더 잘 예시한다고 볼 수 있다. 맨 처음의 것은 털실로 된 공이며, 둘째는 나무로 만든 구, 육면체, 원통이며, 셋째는 8개의 작은 육면체로 된 나무 육면체, 그리고 넷째, 다섯째, 여섯째의 것은 육면체를 더욱 여러 개로 나누어 나이가 든 아동들이 그 형태를 여러 가지로 바꾸어 비교할 수 있게 되어 있다. 그보다 더 자란 아이들에게는 사각형과 삼각형의 판, 막대기, 고리 등의 은물이 제시된다. 은물이 어떻게 사용되었으며 그것이 아동에게 어떤 교육적 의의를 가졌는가를 알아보는 데에는 프뢰벨 자신의 설명을 따라, 생후 3개월 된 아이의 손에 첫째 은물이 쥐어질 때부터 시작되는 '공놀이'의 경우를 대략적으로 살펴보는 것이 도움이 될 것이다.[1)]

1) *Pedagogics of Kindergarten*, Jarvis' translation, p. 32-60.

¶34_ 프뢰벨은 공을 놀이감 중에서 가장 가치 있는 것으로 간주하고, 아이들이 놀이를 할 때 제일 먼저 공을 가지고 논다는 사실에서 심각한 의미를 발견한다. 공의 둥근 모양은 모든 사물의 합일성과 함께 아동 본성의 합일성을 상징한다. '공은 모든 것의 그림이다.'* 아동이 공을 손에 잡을 때, 아동에게 공은 아동 자신 이외의 사물의 세계 전체를 표현한다. 공은 아동과 세계를 이어 주는 매개물이며, 아동에게 '자아'와 '非我비아'의 구분에 관한 최초의 희미한 생각을 일깨워 준다. 그

러나 비록 프뢰벨이 공의 상징적 가치에 주로 관심을 가지는 것은 사실이지만, 그렇다고 하여 공놀이가 신체와 마음의 발달에 나타내는 보다 표면적인 효과를 전적으로 도외시하는 것은 아니다. 그는 아동이 공을 잡을 때, 또는 공을 실에 매달아 이리저리 흔들어 볼 때 아동의 근육이 어떻게 운동하는가, 감각과 팔다리가 어떻게 훈련되며 주의력과 자발적 활동이 어떻게 개발되는가 등을 지적한다. 그는 이와 같은 단순한 활동 속에 막대한 가능성이 있다는 점을 역설한다. 가령 어머니가 아이에게 공을 건네주면서 그것을 잡도록 한 뒤에 아이의 손에서 공을 천천히 꺼내 바닥에 떨어트리는 경우를 생각해 보자. 프뢰벨에 의하면 공을 잡고 놓치고 하는 이러한 동작에서 아동은 '있는 것', '가지는 것', '되는 것'에 관한 최초의 희미한 지각을 가지게 되며, 이 지각은 다시 그 이후에 물체와 공간과 시간이라는 세 가지 본질적 지각과 과거와 현재와 미래의 감각을 불러일으킨다. 그 다음에 아동은 최초의 언어 학습을 하게 된다. 공을 앞뒤로 흔들면서 어머니는 '똑딱, 똑딱, 이리저리, 이리저리'를 노래한다. 그리고 어머니는 공을 아래 위로 튀도록 하면서 '뛰어라, 공아, 이봐 공이 뛰지'와 같은 간단한 말을 해 준다. 아동은 어머니를 따라 하면서 여러 가지 소리를 낼 수 있을 뿐만 아니라 '위, 아래, 안, 밖, 둥근···' 등의 말의 의미를 알게 된다. 좀더 나이가 들어서 아동이 새와 짐승을 알게 되었을 때, 공의 운동은 살아있는 생명체를 상징한다. 공이 이리저리 흔들릴 때 어머니는 '날으는 새'를 노래하며, 작은 나무토막에 공을 올려놓으면서 '개가 울타리를 넘는다'를 노래한다. 이와 같이 공으로 할 수 있는 교육적 놀이는 무제한이며, 프뢰벨의 관점에서 특히 중요한 것으로서, 그 놀이는 아동이 도달한 발달의 단계에 맞게 계열화될 수 있다는 것이다. 아동이 더욱 성장하여 다른 은물들로 놀이를 할 수 있게 되었을 때에도, 아동은 아직 공을 가지고 놀이를 하는 어린 아이들과 섞여서 자신의 발달에 맞는 복잡하고 새로운 방식으로 공을 다룰 수 있다.

* Der Ball ist ein B(ild des) All, 괄호 안의 글자를 빼고 읽으면 'Der Ball ist ein Ball'이 된다.

¶35_ 이러한 간단한 놀이가 그토록 심오한 의미를 가질 수 있다는 것은 참으로 놀라운 일이다. 어머니와 교사들은 프뢰벨의 유치원과 그 교육방법 뒤에 들어있는 난해한 철학 같은 것은 몰라도 무방할 것이다. 그러나 그들은 교육용 놀이와 게임을 창안한 그 위대한 발명가의 통찰과 지혜는 영원토록 찬양하지 않을 수 없을 것이다.

5 불란서의 대학

¶36_ 독일이 넓은 인문주의에 입각하여 국가 위주의 교육체제를 구축하면서 시민들에게 자유교육의 정신에 바탕을 둔 공공 교육을 제공함으로써 시민 각자의 자질을 국력의 원천으로 삼으려고 하던 바로 그 당시에, 불란서에서는 그것과 정반대되는 방향을 따르는 교육이 새로운 기운으로 다시 살아났다. 교육에 있어서 개인이 먼저냐 국가가 먼저냐에 관한 투쟁은, 불란서 혁명 이후 10년 동안은 꾸준히 개인의 자유를 강조하는 방향으로 결론이 내려지다가, 나폴레옹이 나라의 주인으로 군림하고 난 뒤에는 절대주의의 완전한 승리로 끝났다. 기원 1806년에 제정된 법과 그 2년 후에 내려진 보완적 칙령에 의하여 교육의 통제권은 완전히 국가의 손에 들어갔다. 불란서의 대학들은 혁명의 와중에서 자취를 감추고 그 이후 사장과 기술 교과를 결합한 국가 통제의 학교가 부분적으로 그 기능을 대신해 왔다. 이제 나폴레옹은 여러 형태의 고등교육기관을 새로운 '프랑스 대학'* 으로 통합하여 집행부로 하여금 그 간부들을 임명하고 감독하게 하면서 그 대학에 국가교육에 관한 완전한 통제권을 부여하였다. 당시의 칙령에 의하면, '왕립대학의 일원 또는 그 학부*의 졸업생을 제외한 그 누구도 학교를 설립하거나 공적인 교육 행위를 할 수 없다… 대학의 밖에서, 대학의 장의 허가 없이는 학교를 세울 수 없다.'

---

* University of France * faculties

¶37_ 나폴레옹이 이와 같이 교육 재건의 극적인 방안을 강구한 의도는 천하가 알 만한 것이었다. 그는 불란서의 학교와 대학을, 마치 그의 군대를 그렇게 했듯이, 자기 자신과 그 왕조의 종복으로 만들고 싶었다. 이 의도는 그의 칙령에 명시적으로 진술되어 있다. '왕립대학의 산하에 있는 모든 학교는 그 교육의 기초를 (가) 가톨릭교의 지침과 (나) 국민 복지의 수임자로서의 황제에 대한 충성, 통일 불란서의 수호자요 국체에 표명된 모든 이념의 수호자인 나폴레옹 왕조에 대한 충성에 두어야 한다.' 국가교육의 기능을 여기에 두었던 만큼 그것에 따라 모든 교육체제는 그 설립자인 황제의 군대 체제를 본따서 조직되었다. '대학은 명실공히 군대처럼 조직되었다. 훈육은 엄격하였으며, 학생에게 적용되는 훈육은 그대로 교사에게도 적용되었다. 교사가 규칙을 어겨 그에게 제재를 가할 필요

가 생겼을 경우에는 체포령을 내렸다. 대학의 모든 구성원은 푸른 어깨 걸이를 한 검은 겉옷을 제복으로 입었다. 학생들이 소속하는 학생 숙사*는 군대의 축소판이었다. 각각의 기구는 중사와 하사가 있는 중대로 분할 조직되고 모든 활동은 북소리에 맞추어 이루어졌다. 이것은 군인을 양성하는 곳일 뿐 인간을 기르는 곳이 아니었다'[1)]

1) Compayré, *Historie critique des doctrines de l'éducation en France*, ii, p. 378.
* college

¶38_ 나폴레옹의 교육체제에서는 초등교육을 위해서는 아무런 배려도 주어지지 않았다. 물론, 나폴레옹이 초등교육에 전연 관심이 없었던 것은 아니다. 기원 1802년에 페스탈로찌가 파리를 방문했을 때 나폴레옹은 'A B C 문제'보다도 더 시급하게 생각해 보아야 할 문제가 많이 있다고 말하면서* 페스탈로찌의 접견을 거부하기는 했지만, 그 후 나폴레옹은 파리에 있는 페스탈로찌의 제자가 세운 학교를 시찰하고 만족을 표시하면서, 대학과 리세*에 교사 양성을 위한 특별반을 개설하라는 명령을 내렸다. 그러나 나폴레옹의 체제가 대중교육을 위한 본격적 관심을 나타내었다고 할 만한 것은 아무것도 없으며, '기독교 학교 형제단'*으로 하여금 국가의 재가 하에서 그 일을 계속하도록 격려한 것 이상으로 초등교육의 발전을 위하여 한 것은 아무것도 없다. 그 후의 왕정복고*는 이 면에서 하등 개선을 가져오지 않았다. 심지어 학교의 확산조차도, '초등교육협회'*라는 사설 단체의 후원에 의하여 '교회교육협회'*가 추진한 것을 예외로 치면, 당시의 필요에 비하여 만족스러운 것이 아니었다. 영국으로부터, 주로 비용이 절감된다는 이유에서 빌어 온 급장제도*에 의한 상호교수체제는 그 발상지인 영국에서와 마찬가지로 별다른 효과를 거두지 못하였다. 그리하여 1833년에 초등교육의 국가체제가 시작되기 직전에 실시된 교육실태 조사는 일반 국민은 물론이요 교사들 조차도 끔찍한 무지상태에 있다는 것을 보여 주었다.

* A B C 운운 — 이것으로 미루어 누군가가 나폴레옹에게 페스탈로찌를 소개할 때 「직관의 A B C」를 언급한 것이 분명하다.
* lycée, 고등학교 수준의 대학입학 예비학교 * Brethren of the Christian Schools
* 왕정복고 — 나폴레옹의 퇴위 후 루이 18세가 즉위한 것(1814)을 가리킨다.
* Society for Elementary Instruction
* Teaching Congregations * monitorial method, 10 : 36 참조

6 불란서의 교육이론

¶39_ 일체의 공공 교육이 국가의 직접적 통제 하에 들어간 것과 더불어, 16세기에서 시작하여 18세기 마지막까지 불란서에서 끊임없이 흘러나오던 교육이론의 물줄기는 거의 완전히 고갈되었다. 교육에 관한 논의가 있었다면 그것은 보통의 의미에서의 교육자 집단 내에서가 아니라 그 바깥에서 이루어졌다. 한편에는 주로 가정교육 문제에 관심을 기울인 일련의 여성 작가들이 연달아 나타났으며, 또 한편에는 전대미문의 이상사회를 꿈꾸며 그 사회를 창조하는 수단으로 교육의 변화를 열망하는 일단의 사상가들이 나타났다.

¶40_ 불란서에서 '大母대모'*들이 교육에 관심을 가진 것은 이 당시에 처음 시작된 것이 아니다. 루이 14세가 생 시르*에 설립한 명문 여학교의 교장인 멩뜨농 부인*, 「아들에게 주는 충고」와 「딸에게 주는 충고」 등의 저작으로 페널롱의 뒤를 이은 랑베르 부인*, 루소의 후견자이며 제자로서 「아들에게 주는 편지」의 저자인 데피네 부인*, 「교육에 관한 서간」에서 루소를 비판하면서 동시에 그를 추종한 쟝리 부인* 등은 영국을 제외한 유럽 어디서도 유례를 찾아볼 수 없는 전통을 확립하였다. 영국에서는 18세기 마지막에 에즈워드 양*(「실제적 교육」, 1798)과 히밀톤 양*(「교육의 기초원리」, 1801)이 스코틀랜드 학파의 철학이론을 교육에 적용하려고 하였다. 기원 19세기에 들어와서 불란서에서는 위에 열거한 여러 사람들의 뒤를 이어 상당히 많은 여성들이 교육에 관심을 가졌다. 그 원인은 주로 나폴레옹의 체제 하에서 '교회교육협회'가 공공 교육에 대한 교회의 지나친 영향에 불만을 품은 사람들에게 가정교육의 중요성을 새롭게 환기시켰다는 데에 있다. 이 19세기의 처음 50년 동안에 스타엘 부인*(「독일론」, 1810), 캉팡 부인*(「교육론」, 1824), 르뮈사 부인*(「여성교육론」, 1824), 기조 부인*(「가정교육론」, 1826) 네케르 드 소슈르 부인*(「진보적 교육」, 1836-38) 등 여러 여성 작가들 손끝에서, 특별히 두드러진다고는 할 수 없지만 상당히 훌륭한 저작들이 흘러 나왔다.

---

* grandes dames * St. Cyr * Madame de Maintenon
* Madame de Lambert, *Advice to her Son and to her Doughter*
* Madame d'Epinay, *Letters to My Son* * Madame de Genlis, *Letters on Education*
* Miss Edgeworth, *Practical Education* * Miss Hamilton, *Elementary Principles of Education*
* Madame de Staël, *On Germany* * Madame Campan, *On Education*

* Madame de Remusat, *The Education of Women* * Madame Guizot, *Domestic Education*
* Madame Necker de Saussure, *Progressive Education*

¶41_ 이 중에서 네케르 드 소슈르 부인(1765-1841)은 가장 두드러진 인물로서, 부인의 주장은, 몇 가지 점을 제외하면, 위의 여러 여성 작가들의 견해를 대변하였다고 볼 수 있다. 이 당시 교육에 관한 글을 쓴 대부분의 불란서 저자들이 그러하였듯이 부인도 루소의 제자이면서 동시에 비판자였다. (부인은 루소와 같은 도시에 살았다.) 부인의 모든 저작은 확고하게 아동 연구에 근거를 두고 있었다. 그 스승인 루소의 정신을 따라, 부인은 자신의 자녀들에 대한 경험을 일기로 기록하였으며 — 부인은 아이를 기르는 사람은 누구나 그렇게 하라고 권고한다 — 교육 문제를 논의하는 과정에서 끊임없이 그 내용을 언급한다. 또한, 교육은 정신 능력의 개발이며 그 정신 능력은 감각에서 시작한다고 생각한 것이라든지, 교육자는 학생으로 하여금 스스로 결정하고 그 결정한 바를 따르도록 최대한의 자립 능력을 부여해야 한다고 생각한 점에 있어서도 부인은 루소를 따른다. 이 두 사람 사이의 차이는, 루소는 아동의 최초의 충동이 본질상 선하다고 본 반면에, 부인은 그것이 본질상 악하다고 보았다는 데에 있다. 그 당연한 귀결로서 부인은 '소극적 교육'* 의 주장을 받아들이지 않는다. 아동은 악으로 흐르는 성향을 가지고 있기 때문에, 아동은 하고 싶은 대로 하도록 허용될 것이 아니라 해야 할 것을 하도록 강요되어야 한다. 사춘기가 될 때까지 기다려서 도덕교육, 종교교육을 시작한다는 것은 어불성설이다. 루소가 구분한 인생의 단계는 루소가 말하는 것과 같은 명확한 차이를 나타내지 않는다. 다섯 살 정도만 되면 아동의 지적 본성은 충분히 발달되어 법에 대한 복종을 강요함으로써 의지를 올바르게 훈련할 수 있고 상상력을 올바른 방향으로 개발할 수 있다. 루소와의 결별이 가장 결정적인 형태로 나타나는 것은 「진보적 교육」의 제3권, 여성교육의 문제를 다루는 부분에서이다. 루소는 여성교육을 단순히 아내와 어머니의 역할에 대한 준비로 좁게 한정시킨 반면에, 부인은 매우 타당한 근거에서 이를 부정하면서, 심지어 여성에 관계되는 세부적인 의무를 완수하는 데에도 여성은 자신의 인격을 최대한으로 발전시키는 폭넓은 교육을 받아야 한다고 역설한다. 말하자면 여성은 한 가정의 우두머리로서만 아니라 한 사회의 현명한 구성원으로서 훈련되어야 한다는 것이다.

---

* negative education

¶42_ 불란서 혁명이 실패로 끝나고 그 혁명의 이념에 대한 반작용으로서 불란서뿐만 아니라 유럽 여러 나라에 독재 정부가 다시 들어섰음에도 불구하고 혁명의 정신은 결코 완전히 사라진 것이 아니었다. 혁명에 열성을 가지는 사람의 숫자는 아마 줄어들었겠지만, 여전히 혁명을 신봉하는 사람들이 그것에 기울인 열성은 그 정도가 전보다 훨씬 더하였다. 보다 나은 사회를 건설하려는 희망은 정치적 분야에서 좌절되었지만, 그 희망은, 전통의 연속성은 돌보지 않은 채 사회를 재창조하려는 방대한 유토피아적 방안으로 19세기의 처음 40년 동안 줄기차게 표출되었다. 생 시몽*(1760-1825)은 사랑을 삶의 으뜸가는 동기로 하는 '새로운 기독교적 공동사회'를 꿈꾸면서, 봉건적, 군사적 사회체제를, 산업의 우두머리에 의하여 통제되고 과학적인 정신에 의하여 지도되는 산업적인 사회체제로 대치할 계획을 세웠다. 푸리에르*(1772-1837)는 국가를 각각 천팔백 명으로 구성된 수많은 '梯隊제대'*로 분할하고 각 제대에 속한 그 천팔백 명에 모든 종류의 인간 능력이 빠짐없이 분포되도록 하며 그들을 다시 여러 개의 작은 집단으로 구분하여 각자 개인의 취향을 자유롭게 추구하도록 할 것을 제안하였다.

* St. Simon * François Marie Charles Fourier * phalanx

¶43_ 과거를 돌보지 않는 경향은 이 당시에 자유롭게 표방된 새로운 교육 이념에도 그대로 나타났다. 소위 교육의 '보편적 방법'**을 창안한 장 조제프 자코토†(1770-1840)와 같은 교육자는 그 대표적인 보기이다. 앞에서 언급한 정치 이론가들이 보다 포괄적인 개혁의 한 부분으로서 교육의 개혁을 생각하였다면, 자코트는 바로 이 정치 이론가들의 이념을 교육에 직접 적용했다고 말할 수 있다. 교육에 관한 그의 견해는 주로 자기 자신의 경험을 일반화하여 형성된 것이다. 군인으로서, 정치가로서, 또 교사로서 기이하게 다양한 생애를 거치면서 그는 라틴문학과 희랍문학, 수학, 로마법, 불어와 불문학의 교수를 차례로 역임하였다. 늘 자신의 경우를 염두에 두면서 그는 「보편교육론」*(1822)에서 다음과 같이 주장한다. 즉, 모든 사람은 잠재적으로 동일한 능력을 가지고 있으며 누구나 모든 교과를 배울 능력을 가지고 있다. 사람들 사이에 나타나는 차이는 지력의 결함에 기인하는 것이 아니라 의지의 부족에 기인한다. 출발만 제대로 한다면 누구든지 어떤 교과든지 혼자서 배울 수 있다. 뿐만 아니라, 만약 올바른 방법만 알고 있다면 교사는 자신이 모르는 교과까지도 가르칠 수 있다. 자코토 자신의 교육방법은 '모든 것은 모든 것

속에 있다'는 원리에 기초를 둔 것이었다. 말하자면, 하나의 사실은 그밖의 모든 사실과 관련되어 있다는 것이다. 구체적으로 교과 공부의 실제적 방법과 관련지어 말하자면, 교과를 공부할 때 먼저 한 부분을 세밀히 외워서 그것이 마음에 완전히 정착되도록 하고난 뒤에 그것을 교과 전체와 연결되도록 해야 한다는 것이다. 그리하여 국어(불란서어)를 가르칠 때 자코트는 학생들로 하여금 페널롱의 「텔레마코스」* 여섯 권을 외우도록 하고난 뒤에 여러 가지 연습문제를 만들어서 처음에는 단어, 그 다음에는 문장, 그 다음에는 문법, 그리고 맨 마지막에는 이야기 전체에 주의를 집중하도록 하였다.

---

* universal method * Jean Joseph Jacotot * *Universal Education* * *Telemaque* [*Telemachos*]

¶44_ 자코토의 경우, 파라독스가 판을 치는 그의 이론이 허황한 환상으로 떨어지지 않은 것은 그가 자신의 아이디어를 늘 실지 수업사태와 관련지으면서 그것에 적용하려고 노력했기 때문이다. 푸리에르의 경우에는 이러한 노력이 없었다. 그 결과는 「자연적 교육」*이라는 그의 저작이 허장성세로 일관되어 있다는 사실에 잘 나타나 있다. 이 책에 의하면, 아이들은 부모로부터 격리되어 공공기관의 양모의 손에 맡겨져야 하며 이 양모는 친부모보다 더 '자연'에 충실하다는 것이다. 아이들이 가지고 있는 모든 유치한 충동과 기벽은 그대로 존중되고 더욱 개발되어야 하는 것으로 되어 있다. 그에 의하면, 심지어 재산의 경시와 파괴 등의 유해한 성향까지도, 그것을 억압할 것이 아니라, 그런 성향을 출중하게 나타내는 아이들을 뱀이나 그 밖의 위험한 동물을 잡는 일 또는 하수구를 청소하는 일에 종사하도록 함으로써 유용한 방향으로 발전시켜야 한다. 기율이나 복종은 아이들에게 요구할 것이 못된다. 실제적 업무에 접하는 것만으로도 그들에게 필요한 훈육의 대부분을 거부감 없이 제공해 줄 수 있다. 예컨대 네 살짜리 아이들을 공장에 데리고 가서 여기저기 구경시키면서 거기서 사용되는 공구를 보게 하면 아이들은 그것에 대한 자신의 소명을 느끼게 될 것이다. 또한 요리와 같은 일은 최대의 교육적 가치를 가지고 있다. '아이들의 동학회에서 요리를 담당한 회원은 바로 일류의 학자가 된다. 왜냐하면 그가 하는 일은 토지 경작, 식품 보관, 화학, 의학, 위생 등 모든 학문과 관련을 맺고 있기 때문이다.'

---

* *Natural Education*

¶45_ 그 당시 교육적 몽상에는 이런 종류의 기기묘묘한 아이디어가 수없이 들어 있다. 그러나 만약 우리가 그러한 넌센스 속에 섞여 있는 지혜를 보지 못한다면 그것 또한 잘못일 것이다. 이 점은 생 시몽의 후계자들의 경우에 특히 잘 들어맞는다. 기존의 사회체제에 대하여 강한 적대감을 가지고 있었다는 점으로 보나, 새로운 사회체제를 건설하기 위한 제안에 약간의 비정상적인 요소가 포함되어 있다는 점으로 보나, 생 시몽의 후계자들도 그 밖의 다른 사람들과 별 차이가 없었지만, 그들은 예컨대 푸리에르의 추종자들이 나타낸 것과 같은 과격하게 공격적인 개인주의에 빠지지는 않았다. 그들이 꿈꾼 새로운 사회는 기독교의 초자연적 신앙과는 다른 새로운 현세적 기독교 신앙에 기초를 둔 것이었으며 그러면서도 산업 조직면에 있어서는 중세 사회의 모형을 딴 것이었다. 그러므로 그들의 교육목적은 개인주의적인 것이 아니라 사회주의적인 것이었다. 그들의 견해에 의하면 교육은 '그때그때 새로운 세대로 하여금, 인류의 진보에 의하여 장차 그들이 부름을 받을 사회 질서에 적응하도록 하기 위하여 경주되는 노력의 총화' — 다시 말하면 현실적 사회를 위한 준비이다. 이러한 견해에 따라 그들은 아이들 개개인이 '개인으로서' 가지고 있는 원시적 감정과 충동을 중요시한 것이 아니라 개개인을 그의 동료들과 연결해 주는 공감의 정조를 중요시하였다. 그러므로 그들의 교육체제에서는 '가슴'의 교육인 도덕교육이 왕관적인 지위를 차지하였다. 이러한 생 시몽 계통의 교육 원리는, 결점을 수없이 막연히였음에도 불구하고, 교육에 관한 그 당시 사람들의 견해에 상당한 영향을 미쳤다. 그들의 원리 속에 들어 있는 기독교적 요소는 계급의 구분 없이 모든 사람들에게 교육의 기회를 주어 그들을 깨우쳐야 한다는 주장에 근거를 제공해 주었으며, 그들이 산업 방면에 기울인 관심은 직업을 위한 전문 훈련의 필요성과 열의를 일깨워 주었다.

¶46_ 생 시몽과 그 후계자들이 교육에 대하여 가지고 있었던 믿음을 실지로 적용한 가장 괄목할 만한 인물은 에두아르 스겡*(1812-1880)이다. 스겡은 바보들의 훈련에 찬란한 선구적 업적을 이룩하였기 때문에 '바보들의 사도'라는 칭호를 받고 있다. 물론, 그는 자신의 교육 원리를 그러한 비정상적인 아동들에게 적용하였지만, 사실상 그의 교육 원리는, 스스로도 그렇게 믿었고 현대에 와서 몬테소리* 박사에 의하여 증명된 바와 같이, 모든 아동들에게 적용될 수 있다. 생 시몽 자신의 삶의 철학은 일종의 감각주의에 속하는 것이었지만, 스겡이 그의 문하에 있을 때쯤에는 그의 제자들이 독일의 관념론 철학을 받아들였기 때문에 그 제자들의

마음에 심어진 생 시몽의 철학은 원래의 것에 상당히 근본적인 수정이 가해져 있었다. 스겡은 루소를 교육사상가 중의 가장 위대한 사람으로 손꼽았으며, 초기 교육, 그 중에서도 특히 개인의 특이성을 적절하게 존중하는 교육에서는 감각과 동작의 훈련이 근본적으로 중요하다는 루소의 의견을 받아들일 만큼 감각주의의 입장을 계속 견지하였다. 그러나 그는 루소와는 달리, 또는 루소 이상으로, 근육과 감각기관은 반드시 전인격체의 부분일 수 밖에 없다는 것을 분명히 인식하였다. 그 밖의 다른 점에서와 마찬가지로, 이 점에서 그는 프뢰벨에 가까이 접근하고 있다. 스겡이 보기에 인간은 살아 있는 삼자합일로서, 스스로 하나의 단일체임과 동시에 생존의 모든 순간에서 감정과 이해와 의지를 활용하는 삼중의 존재임을 의식하고 있다. 물론, 전인격체로서의 인간의 존재는 그 세 측면 중의 어느 것에도 완전한 모습을 나타내고 있지만, 교육자는 아동의 성장 과정에서 그것이 나타나는 순서에 따라 한 때에 한 측면밖에 다룰 수 없다. 스겡은 그의 명저 「백치론」* 의 마지막 부분에서 다음과 같이 말한다. '아이들은 촉각 기관의 누르는 느낌에서 물건 잡는 법을 배우며 우리가 그들에게 보여 주는 의무감에서 사랑의 감정을 배운다. 물건 잡는 법을 배우는 것에서 사랑의 감정을 배우는 것에 이르기까지, 원과 사각형의 구분을 배우는 것에서 옳고 그른 것의 구분을 배우는 것에 이르기까지, 우리가 아이들을 가르친 과정은 하나의 연속된 길이었다. 이 길은 기능이 단순 관념의 지각에 눈뜨는 곳에서 시작하여 능력이 관념론의 허공 이상으로 비상하기를 거부하는 곳에서 끝난다.'[1] 이러한 견해에 의하면 교육자가 첫째로 보살펴야 할 것은 순전한 유기체적 기능을 확립하고 유지하는 일이다. 왜냐하면 '산만한 기능으로 장애를 받는 경작지에서 지적 능력의 곡식은 여물지 않기' 때문이다. 그 다음에 할 일은 신체의 교육 또는 스겡의 용어로 활동의 교육이다. 이것은 외부 세계의 사실에 관한 정확한 지식을 얻는 데에 필요한 감각 훈련과 행동을 통하여 내적 충동을 외부로 표현하는 데에 필요한 운동 훈련을 포함하는, 신체적 과정과 정신적 과정을 동시에 다루는 교육이다. 신체의 교육 다음에 마음의 교육이 온다. 즉, 활동 다음에 지식이 오는 것이다. 그리고 마지막으로, 일반적 관념의 형태로 지식이 획득되고 나서 교육은 의지의 훈련으로 종결된다. 이것은 행위와 관념의 도덕적 의지에 눈뜨게 함으로써 학생을 사회의 구성원으로 전향시키며 우주의 목적에 동참하도록 만든다. 스겡의 교육방법은 한 마디로 말하여 유기체의 건전성에서 시작하여 도덕적 건전성에 이르는 정연한 과정을 거침으로써 바보를 인간으로 만들기 위한 것이다. 그러나 우리는 이 면에서의 그의 방안을 세부적인 사항에 이르기까지 그대로 따를 필요는 없을 것이다. 우리에게 중요한 점은, 스겡은 교육을 일련의 능력의 발달과정으로 보면서도 이와 동일한 교육관을 가지고 있는 다른 교육사상가들과는 달리, 전체는 하나하나의 부분 속에 들어 있으며 마지막은 시작에 이미 나타나 있다는 특이한 견해를 강하게 내세웠다는 것이다. 스겡은 다음과 같이 말한다. '근육 조직을 움직이려면 신경, 골격 등이 움직이게 마련이며, 이와 마찬가지로 신경이나 골격 등과 같은 활동의 수단을 동원하려면 지력과 의지에 반사작용이 일어나게 마련이다.'[2] 다시 그는 자신이 한 일을 돌이켜 보면서 말한다. '우리는 바보라는 이름으로 불리는, 무기력하고 움직임이 둔한 살덩이를 보면서 다음과 같은 신념을 가졌다. 즉, 겉으로 보면 그것은 단지 조직이 잘못된 물질처럼 보이지만 사실상 그것은 환경을 잘못 만난 영혼 이외의 아무 것도 아니라는 것이다. 마치 이 신념에 응답하기라도 하듯이 우리가 근육을 겨냥하여 교육하였을 때, 근육의 수축작용은 우리의 명령에 의지의 불꽃으로 반응하였다. 우리는 여러 감각을 겨냥하여 교육하였지만, 어느 경우에나 겉으로 보기에 물질에 지나지 않는 감각기관에 인상을 남기는 일은 그 인상이 관념의 축적과 동일한 지위에 오르지 않고서는 불가능하였다. 우리가 가슴을 넓혀 주었을 때, 거기서는 새로운 목소리가 나오면서 새로운 관념과 정조를 표현하였다. 우리가 손의 힘을 강하게 해 주었을 때, 그 손은 노동을 통한 이상적 창조의 실현에 적합한 수단이 되었다. 우리가 피부에 쾌락과 고통의 감각을 일으켰을 때, 바보는 그것에 대한 응답으로 그의 새로운 도덕적 자질을 보여 줌으로써 우리를 기쁘게 하려고 애를 썼다. 정말이지, 그의 전 영혼의 악기가 자아내는 진동을 되돌려 받지 않고는 우리는 그의 근육의 섬유 한 가닥도 건드릴 수가 없었다.'[3]

1) Seguin, *Idiocy*, p. 199. 2) p. 98. 3) p. 203.
* Edouard Seguin * Montessori * *Idiocy*

7 영국 교육의 새로운 성장

¶47_ 나폴레옹의 패망에 영국이 큰 몫을 담당했음에도 불구하고 20년 동안 유럽 전체를 뒤흔든 대 사건들은 유럽의 다른 나라에 비하여 영국의 국내 정세에 그다지 큰 영향을 미치지 않았다. 독일과 불란서가 교육을 국가의 사업으로 만드

는 방향으로 교육체제에 근본적인 변경을 가하는 동안에 영국은 랑카스타와 벨의 방법*을 도입하는 정도의 사소한 개선 방안을 강구하는 것 이외에는 학교가 자발적으로 운영되도록 내버려 두었다. 이것은 영국과 다른 나라 사이의 보다 근본적인 차이를 반영한다. 물론, 영국에 교육 개혁을 요구하는 부르짖음이 없었던 것은 아니다. 사실상, 많은 과격분자들, 특히 그중에서도 노동계층의 과격분자들은 정부의 주관 하에 교육의 특혜를 넓은 범위로 확대해야 한다는 것을 열렬히 주장하였다. 그러나 여기에 대한 반대세력으로 상류계층에서는 대중교육이 사회적 소요의 원천이 될 수 있다는 이유에서 대중교육을 적대시하는 경향이 있었으며, 이 보수파의 의견이 전체적인 분위기를 강하게 압도하여 진보의 길을 가로막았다. 교육의 분야에 국한하여 말하자면, 불란서 혁명의 충격이나 독일과 불란서에서의 국가교육의 선례보다 더 중요한 것은 산업혁명의 영향이었다. 증기기관의 발명 이후 반 세기 동안, 제조업의 진보에 의하여 영국에서의 삶의 모습은 크게 달라졌다. 대폭적인 인구의 증가와 인구 이동의 증가는 옛날식의 지역 단위의 통치에 붕괴를 가져 왔으며, 이와 같이 적절한 통제가 결여된 상황에서 수많은 노동자들이 득실거리는 새 공장 도시는 무지와 빈곤의 중심지가 되었다. 박애주의적인 성향을 가진 사람들이 이 사태에 대한 시정책으로서, 교육적, 사회적 복지를 위한 집단행동의 가능성을 모색한 것은 당연한 일이었다. 또한, 노동자들 자신이 도시에서의 밀집생활의 결과로 점점 뚜렷한 목소리를 가지게 되면서 국가 수준에서의 정책으로 그들의 생활 조건을 개선해 보려는 의도에서 의회로 눈을 돌리게 된 것도 전혀 이상한 일이 아니었다. 그러나 여기에도 이러한 움직임을 저지하는 반대세력이 있었다. 신흥 중류계층, 즉 공장의 기계 설비로 막대한 이윤과 부를 축적한 공장 소유주와 지배인들은, 노동계층의 생활 조건의 향상은 그만큼 그들의 '일손'에 대한 자신의 통제력이 약화되는 결과를 가져온다는 생각에서 노동계층의 생활 조건을 향상시키려는 노력에 찬성하지 않았다. 어느 편인가 하면 그들은 그들 자신을 사회의 정상에 올려놓은 경쟁체제에 만족하고 있었다. 만약 그들이 누리고 있는 번영이 그들 자신의 노력에 의한 것이라면, 다른 사람들도 당연히 그와 유사한 수단에 의하여 스스로를 도와야 할 것이었다. 그들의 주장에 의하면 국가의 개입이나 간섭은 '自助자조'의 유인을 없앰으로써 개인의 노력을 마비시키고 인격을 파괴한다. '저절로 이루어지게, 저절로 굴러 가게'*— 이것이 그들의 방침이었다. 그리하여 그들은 대중을 위한 국가교육 체제를 도입하려는 일체의 노력에 반대하는 지주계층과 교회에 가세하였다. 그리고 그들의 시도는 당분간 효력을 발휘하였다.

* methods of Lancaster and Bell, 10 : 36 참조 * Laissez faire, laissez aller

¶48_ 그러나 이들의 반대에도 불구하고 정부는 공장체제가 안고 있는 두드러진 악폐를 다소간이나마 완화하는 수단으로서 교육에 관심을 가지지 않을 수 없었다. 최초의 공장법안인, 1802년의 '도제건강과 士氣사기에 관한 법령'* 은 면사와 모사를 포함한 제사 공장 도제의 근로 시간을 1일 12시간으로 제한하고 야간 작업을 금지하면서 거기에 덧붙여 다음과 같이 규정하였다. 즉, '위와 같은 공장의 도제는 적어도 도제 기간의 첫 4년 동안, 매 작업일에 1회씩 정규 작업 시간 중의 일정한 시간을 할애하여, 해당 도제의 연령과 능력에 따라, 분별력과 학식을 갖춘 적절한 인물에 의하여 읽기, 쓰기, 셈하기의 전부 또는 그 일부에 관하여 수업을 받도록 하되, 그 비용은 해당 도제를 맡아 있는 고용주*가 지불하며 공장은 이 목적을 위하여 별도의 장소를 마련하여야 한다'는 것이다. 이 법령은 비교적 소수의 아이들에게만 해당되었으며, 이 소수의 아이들조차도 감독의 부실로 거의 혜택을 받지 못하였다. 그러나 이 법령은 시작으로서는 충분히 의미가 있었다. 말하자면 그것은 교육에 대한 국가의 개입에 새로운 선례를 남긴 것이다. 사실상, 그 후 얼마 동안에는 국가가 그 이상으로 특별한 조치를 취할 기미가 보이지 않았다. 공공교육을 실시해야 한다는 제안은 말할 것도 없고 심지어 사립학교를 지원하기 위하여 국고보조를 해야 한다는 제안조차도 모두 종교 간의 갈등으로 말미암아 백지로 돌아갔다. 그 이상의 조치가 취해진 것은 선거법 개정 법안*이 통과된 이듬해인 1833년에 와서였다. 그 해에 9세 미만 아동의 고용을 금지하는 새로운 공장법안이 제정되면서 9세에서 13세 사이의 모든 아동에게 하루 2시간씩 학교에 다니는 것을 의무로 정하고 2만 파운드의 근소한 금액을 '대영제국의 빈민층 자녀들의 교육을 위하여 학교 건물을 설립할 공공 기부금에 대한 보조'로 지불할 것을 결의하였다. 그 후 1835년에는 교사 양성을 위한 국립 사범대학의 건물을 위하여 1만 파운드가 교부되었고, 그 4년 뒤에는 '국민의 교육에 관한 모든 사항을 논의할 목적으로' 추밀원에 특별 위원회가 임명되었다. 그리하여, 매우 느린 속도로 또 마지못한 듯이, 국가는 초등교육의 국가체제를 향하여 첫 발을 내어디뎠지만 국가의 모든 아이들이 그 체제 속에 들어온 것은 1870년이 되어서였으며, 그때에도 중등교육을 위해서는 아무런 조치도 취해지지 않았다.

* Health and Morals of Apprentices Act * master * Reform Act

예49_ 기원 19세기 초에 대중교육을 부르짖은 사람들 중에서 가장 두드러진 인물은 로버트 오웬*(1771-1858)이었다. 웨일즈의 한 가게 주인의 아들로 태어난 오웬은 어렸을 때부터 사업에 뛰어난 재능을 보였다. 1799년에 글라스고우 근방의 뉴 라나크*에 있는 몇몇 면사공장의 동업 경영자가 되었을 때, 그는 주민 중의 5백명(전체 주민의 약 4분의 1)이 거지 아이들인 참혹한 공장촌을 꾸려 나가야 할 문제를 안게 되었다. 다섯 살에서 열 살에 이르는 모든 아이들을 위한 무상교육기관을 설립하는 일을 위시하여 그 밖의 여러 가지 방법으로 그는 그 지역 일대의 면모를 완전히 일신하였다. 천성으로 타고난 성급한 기질로 그는 자신의 시도가 성공한 것을 기초로 하여, 사회의 모든 악폐는 뉴 라나크의 주벽이나 비도덕성만큼 쉽게 사라지도록 할 수 있다는 결론을 내렸다. 그는 자신의 이 견해를 일련의 소책자(1813-1816)로 발간하였고 그것에 「새로운 사회관 : 인격 형성에 관한 에세이」* 라는 제목을 붙였다. 이 책에서의 그의 논지는, 인격은 개인 자신에게 달려 있는 것이 아니라, 개인의 의지와는 별도로 외부적 상황에 의하여 전적으로 형성된다는 것, 따라서 선한 사람과 악한 사람의 차이는 교육의 차이로 귀착된다는 것이다. 그러므로 국가는 그 운명을 자신의 손에 쥐고 있는 셈이다. '규모가 크고 작고에 관계없이 한 사회의 통치기구는 그 사회의 개인들을 최선의 인격체로 형성할 수도 있고 최악의 인격체로 형성할 수도 있다.' 그의 제1 에세이에는 다음과 같은 말이 모두 대문자로 인쇄되어 있다. '어떤 한 사회가, 또는 심지어 전 세계가, 가장 선한 사람에서 가장 악한 사람에 이르기까지, 가장 몽매한 사람에서 가장 개명된 사람에 이르기까지, 그 중의 어떤 인격체를 주문하더라도, 만약 적절한 수단을 강구하면, 그 주문에 응할 수 있다. 그 수단은 대체로 해당 사회나 국가의 통치권을 소유한 사람에 의하여 구사, 통제될 수 있으며, 현재 그렇지 못한 경우에도 쉽게 그렇게 만들 수 있다.' 이것으로 미루어, 가장 잘 통치되는 국가는 최선의 국가교육체제를 갖추고 있는 국가라는 결론이 나온다. 그리하여 오웬은 영국 전역에 걸쳐서 초종교적인 획일적 교육체제가 정부의 주도하에 설립되어야 한다고 주장하였다. 그는 이 획일적인 교육체제가 어떤 것이어야 하는가 하는 문제에 관해서는 분명히 말하지 않는다. 뉴 라나크에 있는 오웬 자신의 학교에서 그는 벨과 랑카스터 체제*를 도입했지만 — 오웬은 벨과 랑카스터를 가리켜 '지금부터 인류의 가장 중요한 은인으로 추앙되어야 할 사람'이라고 말하였다 — 그 당시 일반적으로 시행되던 교육에 대해서는 만족하지 않았다. '현재의 체제 하에서 아이들은 읽기, 쓰기, 셈하기, 재봉 등을 배울 수는 있지만 그와 동시에 가장 나쁜 습관을 기르게 되고 삶에 방해가 되는 불합리한 정신 자세를 가지게 된다.' 만약 어른의 사회가 선량하고 지성을 갖추고 있다면 아이들을 그와 똑같이 기르는 데에 어려움이 없을 것이다. 어른의 사회가 그렇지 못하기 때문에 아이들을 되도록 어린 나이에 — 오웬이 제안하는 나이는 두 살이다 — 학교나 아니면 적어도 놀이터로라도 보내어, '자신이 행복해지기를 바란다면 다른 동료들을 행복하게 만들려고 노력해야 한다'는 관념을 마음 속에 심어주는 것이 대단히 중요한 일로 된다. '위에서 말한 계율을 알고 실천하는 것 이외에 소년과 소녀들은 학교에서 잘 읽고 그 읽은 내용을 이해하는 것, 보기 좋고 읽기 쉬운 필치로 신속하게 글씨를 쓰는 것, 산수의 기본 규칙을 정확하게 이해하고 능숙하게 사용하는 것 등을 배워야 한다. 소녀들은 또한 재봉과 재단과 유용한 가정 의류를 만드는 법을 배워야 하며, 이런 것들에 관한 충분한 지식을 습득한 뒤에는 공공 식당에 윤번제로 근무하면서 건강하고 경제적인 음식을 만드는 법과 집안을 깨끗하게 잘 정돈하는 법을 배워야 한다.' 오웬의 보다 혁명적인 방안은 그의 「새로운 도덕세계」*에 제시되어 있다. 이 책에서 그는 출생에서부터 20세에 이르는 아동의 교육을 네 단계로 구분하여 '신체적으로, 지적으로, 도덕적으로 새로운 인종의 남녀'를 기르는 방안을 제시하고 있다. 출생 이후 5세에 이르기까지 아동은 건강한 환경 속에서 살면서 무사욕과 관용의 미덕을 습득하며 일상의 사물을 배운다. 이어 5세에서 10세에 이르기까지 아동은 오로지 '재미있는 놀이와 운동'을 하는 과정에서 사물을 다루고 연장자와 대화함으로써 교육받는다. 그 후 10세에서 15세에 이르기까지 아동은 자신보다 어린 아동들을 가르치면서 수공예와 기계에 관한 공부를 한다. 마지막으로, 15세에서 20세에 이르기까지, 이제 청년이 된 아동은 바로 아래 단계의 아동들을 가르치면서 '한 사람의 의젓한 활동적 생산자'가 된다. 영국에서 오웬의 교육계획이 낳은 직접적인 성과는 오직, 잉글란드의 사뮤엘 윌더스핀*과 스코틀란드의 데이비드 스토우*의 노력에 의하여 유아학교가 널리 받아들여지게 되었다는 것뿐이지만, 오웬의 아이디어는 마르크스주의와 '폴리테크니크 교육'*의 이론으로 강하게 다시 등장하였다.

---

* Robert Owen * New Lanark

* *A New View of Society, or Essays of the Formation of Human Character*

* methods of Bell and Lancaster, 10 : 36 참조 * *The New Moral World* * Samuel Wilderspin

* David Stow * polytechnical education, 과학 기술 전문 교육

¶50_ 정치가들과 종교주의자 이외에, 중앙 정부에 의한 국가교육체제의 도입에 가장 집요하게 반대한 사람은 허버트 스펜서*(1820-1903)였다. 그의 할아버지나 백숙부들과 마찬가지로 교사였던 그의 아버지로부터 스펜서는 공격적인 반골 기질을 습득하였고, 그 결과로 최소한으로 제한된 범위를 넘어서는 국가의 조치에 대해서는 분야와 형식을 가리지 않고 반대하였다. 그가, 교육은 본질상 개인의 관심사라든가, 교육을 통제하고 지도하려는 국가의 시도는 불가피하게 해로운 영향을 끼친다는 견해를 가지게 된 것은 이 때문이다. 이러한 그의 견해는 「사회정태론」*(1851)에서의 국가교육에 관한 그의 논의와 네 개의 에세이로 된 그의 유명한 「교육론」*(1961)의 기저에 일관되게 흐르고 있다. 네 개의 에세이 중에서 첫째 것에 제기되어 있는 '어떤 지식이 가장 가치 있는 지식인가'라는 질문은 '어떤 지식이 개인을 위하여 가장 가치 있는 지식인가'로 늘여서 해석할 때 비로소 올바르게 이해된다. 스펜서는 교육의 목적을 완전한 삶을 위한 준비에 둔다. 개인의 이해와 사회의 이해는 어떠한 의미에서는 대립되며, 가장 개인적인 이해가 최우선적인 고려 사항이 되어야 한다는 가정에서 출발하여, 그는 개인의 건강과 복지에 관계되는 학문을 지식의 가치 위계의 최상위에 놓고 교육의 사회적 측면을 나타내는 문학과 예술을 최하위에 놓는다. 그러나 그의 논의가 가지고 있는 진정한 의의는 지식의 상이한 형식들 사이의 상대적 가치에 관한 그의 일반적 대답 속에 다소간 위장된 형태로 들어 있다. 그는 학교 교육의 사장적 전통에 대하여 반대하였으며, 그의 이러한 생각이 그로 하여금 자신이 받은 것과 같은 과학 교육을 보통의 사장 교육과 비교하면서 어느 면으로 보나 가장 가치있는 지식은 과학적 지식이라는 판단을 내리게 만들었다. 그가 진정으로 주장하려고 하는 것은, 한편으로 개인이 스스로 검증할 수 있고 자기 자신의 삶의 문제를 해결하는 데에 사용할 수 있는 지식과 또 한편으로 전통에 기초를 둔, 개인의 독자적 판단을 직접 필요로 하지 않는 지식을 비교할 때, 후자에 비하여 전자가 절대적인 우월성을 가진다는 것이다.

* Herbert Spencer * *Social Statics* * *Education*

¶51_ 첫째 에세이에 은근하게 비치는, 전통적 지식에 대한 스펜서의 불신은 뒤이어 '지적 교육'에 내재해 있는 일반적 원리를 논의하는 둘째 에세이에서 표면에 두드러지게 나타난다. 이 문제에 관한 스펜서의 논의는, 교육이론에 관한 한 그

의 유일한 스승이었던 페스탈로찌의 '직관' 또는 감각경험의 원리를 한쪽 면으로 부연한 것에 지나지 않는다. 스펜서는, 예컨대 교육은 단순한 것에서 복잡한 것으로 나아가야 한다는 것과 같은 교육의 형식적 원리들을 제시하고 있지만, 그 원리들을 통틀어 볼 때 중요한 요점은 결국, 교육은 개인적 과정이라는 것이다. 말하자면 교육은 학생의 구체적 경험에서 시작된다는 것, 교육은 학습자 자신의 발견에 의한 학습을 필요로 한다는 것, 그리고 교육은 유쾌한 흥분을 일으킴으로써 만족스러운 결과를 거둘 수 있다는 것이다. 이러한 스펜서의 견해는 명시적으로는 페스탈로찌의 것을 따르고 있지만 사실상 그것은 「에밀」에 훨씬 더 가까운 것이다. (스펜서는 「에밀」을 한 번도 읽은 적이 없었다.)

¶ 52_ 스펜서의 견해와 루소의 견해 사이의 우연적 일치는 '도덕교육'에 관한 에세이에서 더욱 완벽하게 나타난다. '아이가 넘어지거나 책상 모서리에 머리를 부딪치면 아이는 고통을 당한다. 이런 경우가 되풀이되면 아이는 더 조심하게 되고 이런 경험을 되풀이함으로써 아이는 마침내 그 동작을 적절하게 통제하도록 훈육된다.' 뒤이어 스펜서는, 이와 같은 경우에 '자연은 우리에게 도덕적 훈육의 진정한 이론과 실제를 예시해 준다'고 말한다. 부모 자신의 임의적인 판단에 따라 고통을 가함으로써 인위적인 벌을 내리는 대신에, 현명한 부모는 아이의 그릇된 행동이 그 자체의 벌을 초래하도록 내버려 둔다. 여기서 스펜서는, 물리적 법칙과 도덕적 법칙은 근본적으로 다르지 않다는 가정을 받아들인다. '행동을 판단하는 데에 모든 사람이 사용하는 궁극적 기준은 그 행동에서 따라오는 행복과 불행이다'라고 스펜서는 말한다. 손가락을 데는 것이거나 도둑질하는 것이거나를 막론하고 고통을 가져다주는 행위는 악이며, 그것이 개인에게 불쾌한 결과를 가져다 준다는 것 그 자체가 그것이 악이라는 증거인 것과 동시에 장차 그것을 하지 말아야 할 이유가 된다. 개인주의도 이 정도가 되면 극치에 다다랐다고 말할 수 있다. 도덕교육이건 지적인 교육이건 할 것 없이 일체의 교육은 아동 자신의 경험에서 나와야 한다는 일념에서 스펜서는 '자연적인 것'과 '도덕적인 것'의 구분을 지워 버렸다. 벌의 본질은 그것이 어떤 형태로 주어지는가에 있는 것이 아니라 그것이 사회적 힐책의 표현이라는 점에 있다는 사실은 스펜서의 눈에는 전혀 보이지 않았다. 그것은 그가, 개인의 삶은 그 자체로서는 아무 것도 아니며 오직 사회의 이상과 법칙에 참여함으로써 그 성격을 부여 받았다는 점을 인정하려고 하지 않았기 때문이다.

¶53_ 오웬과 스펜서에 의하여 각각 대표되는 사회주의적 교육관과 개인주의적 교육관이 그 두 사람의 말에 나타난 것과 동일한 정도로 날카롭게 대비된다고 생각해서는 안 된다. 특히 교육에 있어서의 과학의 위치 문제에 있어서는 더욱 그러하다. 스펜서는 교육이 사장이 아닌 과학에 기초를 두어야 한다는 주장을 개인주의의 입장에서 상당히 정연한 논리로 전개하였다. 그러나 반 세기 이전에 불란서 혁명의 교육사상가들은 그들이 건설하고자 하는 국가교육은 과학을 주된 교과로 삼아야 한다고 주장하였다. 이것은 결국 과학이 국가주의적 교육과 개인주의적 교육이라는 두 가지 상반된 이념에 기여할 수 있다는 것을 보여준 것이다. 또한, 영국에서 조지 콤브*(1788-1858)는 그의 「대중교육강의」*(1833)라는 책에서 바로 그 불란서 교육사상가들의 견해를 채택하였을 뿐 아니라, 과학에 기초를 둔 국가교육을 시행해야 한다는 자신의 주장을 더욱 확고히 하기 위하여 실지로 에딘버러에 과학(생리학과 골상학 포함)을 주된 교과로 하는 특별학교를 세웠다. 스펜서와 동시대에 살았던 과학자들 중에도 이와 같이 과학 중심의 국가교육을 지지한 사람들이 상당수 있었다. 그중의 일부는 기존의 사장 교과에다가 현대 문화의 근본이 되는 요소인 자연과학을 추가할 것을 강력히 주장하였다. 존 틴달*(1820-1893)은 '우리는 한편으로 옛날의 유산을 고마운 마음으로 받아들여야 하지만 또 한편으로는, 오늘의 시대는 그 자체의 사고의 형식과 문화의 방법을 누릴 권리가 있다는 것을 잊어버려서는 안 된다. 그것은 이전의 시대가 그 시대의 것을 누렸던 것과 마찬가지이다'[1]라고 말하였다. 또 다른 사람들은 토마스 헉슬리*(1825-1895)와 마찬가지로, '진정한 교양을 쌓는다는 목적으로서는 순전히 과학적인 교육은 적어도 순전히 사장적인 교육에 못지 않은 효과를 나타낸다'[2]는 식으로 교육에서의 과학의 중요성을 더욱 강하게 내세웠다. 이들의 주장은 과학이 개인의 지적 도야에 필요불가결하다는 개인주의적인 근거에 입각해 있었던 것이 아니라 — 물론, 이 근거는 중기 빅토리아 시대*의 과학자들 사이에서 받아들여지고 있었다 — 오늘날의 세계에서 삶을 위한 준비를 갖추는 데는 과학의 원리와 방법에 관한 지식을 습득해야 한다는 사회적 근거에 입각해 있었다. 교육에서의 과학의 중요성이 이런 방식으로 규정되면서부터 과학과 인문학 사이의 대립적인 주장은 화해의 가능성이 열리게 되었다. 두 가지 종류의 지식 중에서 어느 쪽이 학교의 교과로서 더 중요한가 하는 문제에 대해서는 이론의 여지가 있지만, 교육이 완전한 삶을 준비시켜 주려고 하면 두 가지가 모두 필요하다는 점에 대해서는 이론의 여지가 없었다.

1) Tyndall, *On the Importance of the Study of Physics.*
2) Huxley, *Science and Education,* p. 141.
* George Combe * *Lectures on Popular Education* * John Tyndall * Thomas Henry Huxley
* 빅토리아 시대-Victoria 여왕 재위 기간(1837-1901), 그 중기는 1857년에서 1877년 사이.

¶54_ 사실상, 양자 사이의 화해는 느린 속도로 진행되었고 현재에도 완전히 이루어졌다고 보기 어렵다. 스펜서와 그 후계자들이 나서서, 사장 교과를 영광의 지위에 올려놓은 지난 십 수 세기 동안의 교육을 비판한 것은 그 화해가 하나의 가능성으로 비치기 전에 반드시 거쳐야 할 준비 단계였다고 말할 수 있다. 그들의 비판은 당연하고도 타당한 것이었다. 순전히 사장적인 훈련은, 그것이 아무리 장점을 가지고 있다고 하더라도, 점점 더 과학적 지식과 발명에 의존해 가는 사회에서 생활하는 사람들에게 합당한 자격을 갖추도록 하는 데는 충분하지 못하였다. 뿐만 아니라, 단순히 도야적 가치를 두고 말하더라도, 과학적 훈련은 사장적 훈련이 도저히 미치지 못할 정도의 관찰과 판단의 능력을 개발할 수 있는 것으로 생각되었다. 만약 과학이 이런 식으로 그 스스로의 가치를 입증하고서야 비로소 학문적 전통의 한 부분으로 인정받게 된다면, 그와 마찬가지로 생각하여 옛날의 사장 문화 또한, 과학에 의하여 대표되는 당시의 새로운 시대 정신을 상대로 하여 스스로의 가치를 인정받지 않으면 안 된다. 사실상, 스펜서가 과학교육을 고전교육과 비교했을 때, 당시의 문법학교는 대부분 스펜서가 비판한 그대로 형편없는 상태에 있었다. 조슈아 피치 경*은 '기부금학교 조사단'*(1864-1868)의 조사 결과를 요약하면서 다음과 같이 말하고 있다. '이들 학교의 설립자들이 바랐던 것과 같은 우수한 라틴어와 희랍어의 교육을 받은 학생들은 아주 소수였고 그 수는 점차 감소되고 있었다. 그 밖의 다른 교과의 교육수준은 일반적으로 보잘 것 없었으며, 학교의 설립 규정에 고전교육이 언급되어 있다는 그 사실이 현대적 교과의 교육을 전적으로 하지 않는 구실로 사용되는 경우가 비일비재하였다. 몇몇 예외적인 경우가 있기는 하지만, 기부금에 의하여 운영되는 학교들은 전체적으로 학교운영 담당자들의 부실한 감독, 그리고 교사와 학생의 무기력과 태만으로 특징지어질 수 있었다'.[1] 이것으로 미루어 보면, 과학 교육의 가치가 있건 없건, 또는 그 가치를 어떤 식으로 설명하건 간에, 그 당시 학교에서 시행되던 사장교육에 문제가 있었던 것은 분명하며, 또한 사장교육이 그 당시 국가 교육을 현대 생활의 조건과 관련지을 생각을 하던 사람들에게 호응을 얻지 못할 것은 당연한 일이었다.

1) Foster Waston, *The Old Grammar Schools*, p. 139.
* Sir Joshua Fitch * Endowed Schools Commission

¶55_ 다행한 일은 문법학교가 그 내부에서부터 개혁의 기운을 보이기 시작했다는 것이다. 개혁의 시작은 18세기 말엽에 비세시무스 녹스*와 토마스 제임스* 등에 의하여 이루어졌다. 녹스는 톤브리지 문법학교*의 교장으로서 1781년에 「자유교육」*이라는 책을 써서 고전교육을 설명하고 변호했으며, 제임스는 1778년에서 1794년까지 럭비 스쿨*의 교장으로 재직하면서 그것을 명문 학교로 만들었다. 이들이 이룩한 시작에 뒤이어 토마스 아놀드*(1795-1842)는 그 당시 팽배했던 개혁의 열망에 힘입어 16년*의 럭비 스쿨 교장 재임 기간 동안 전통적인 퍼블릭 스쿨*과 문법학교에 새로운 정신을 불어넣을 수 있었다. 아놀드는 특별히 독창적인 인물은 아니었다. 그의 강점은 인격과 통찰에 있었다. 그는 자신이 윈체스터 스쿨*과 옥스포드 대학에서 교육받았으며, 대체로 말하여 자신이 받은 교육의 체제를 그대로 승인하는 편이었다. 그러나 그는 그 체제의 결함을 간과하거나 도외시하지는 않았다. 그는 소년들을 모든 유혹에 쉽사리 마음이 끌릴 만한 나이에 가정에서 떼내어 기숙학교에 수용하는 데서 생길 수 있는 해로운 결과를 잘 알고 있었다. 그러나 당시의 교육체제가 그러했던 만큼, 그의 할 일은 그 체제를 가장 잘 활용하는 데에 있었다. 그는 그 전통적인 체제를 적절하게 운영하면 인격 형성에 위대한 힘을 발휘할 수 있다는 깊은 확신을 가지고 있었으며, 이 목적을 위하여 그는 일차적으로 교사의 인품에 관심을 기울였다. 그가 무엇보다도 역점을 둔 것은, 교장과 교사는 그들에게 부여된 임무의 범위 내에서 설립자나 이사의 간섭 없이 자유롭게 일할 수 있도록 해 주어야 한다는 것이다. 또한 그는, 교사의 영향에 못지않게 학교 사회의 풍토가 중요하다고 생각하고, 이것을 위해서는 학교의 기율을 될 수 있는 한 나이 많은 학생들에게 위임하고 그 학생들로 하여금 이 문제와 관련하여 매일 교장과 직접 접촉하도록 하며 품행이 좋지 않은 학생을 적기에 퇴학시킴으로써 다른 학생들에게 나쁜 영향을 미치지 못하도록 해야 한다고 생각하였다. 학생들의 지적 자극에 관한 한, 그는 그 원천을 주로 고전에서 찾았다. 그는 1834년에 한 교육전문지*에서 자신이 맡고 있는 학교에 관하여 설명하면서 다음과 같이 말하고 있다. '학교에서 희랍어와 라틴어를 추방하는 것은 필경 지금 이 세대의 안목을 그들 자신과 바로 앞 세대의 그것에 국한시키는 결과를 가져온다. 그것은 수많은 세기를 두고 축적된 세계의 경험을 단절시키며 우리를 마치 1500년에 인류

가 처음 출현한 것과 같은 상태에 놓아둔다. 아리스토텔레스와 플라톤, 투키디데스와 키케로와 타키투스를 고대의 작가라고 부르는 것은 참으로 당치 않다. 그들은 지금 이 날 이 시대에 살고 있는 우리의 동류이며, 다만 현명한 여행자들의 그것에 해당하는 이점을 가지고 있어서 그들의 견문이 우리들 보통 사람들이 닿을 수 없는 영역을 망라하고 있다는 것뿐이다. 그들의 눈은 우리 자신의 눈이다. 그들과 우리 사이에 차이가 있다면 그것은 우리 자신이 볼 수 없는 것을 그들은 보았다는 데에 있으며, 따라서 그들이 내린 결론은 오늘날 우리의 상황에도 그대로 들어맞는다.'[1] 그리하여 아놀드는 고전어의 언어적 측면에 면밀한 주의를 기울이는 한편(이 측면은 그의 후계자들에 의하여 더욱 강조되었다), 자신의 기독교적 목적에다가, 새롭게 되살려낸 르네상스의 이상 — 즉, 초시간적 원리와 세속적 문화의 격률로부터 보편타당한 예지를 이끌어내는 '완전한 신사'*의 모습 — 을 접목시키려고 노력하였다.

---

1) Fitch, *Thomas and Matthew Arnold*, p. 35.
* Vicesimus Knox　* Thomas James　* Tonbridge Grammar School　* *Liberal Education*
* Rugby School　* Thomas Arnold　* 1778-1794　* Public School　* Winchester School
* *Journal of Education*　* complete gentleman

¶56_ 이런 종류의 낭만적 교육관은 자신의 아들들을 귀족 청년으로 키우고 싶었던 천민 출신 신흥 상공업 지도자들의 관심을 끌었다. 기원 19세기의 부의 축적과 철도 교통의 성장은 아놀드 식의 기숙학교가 전국적 교육기관으로 성장할 수 있게 하였으며, 그런 학교가 소기의 성과를 거두는 곳에서는 개인적 인격과 집단적 충성심과 남성적 의무에 투철한 새로운 종류의 세계적 신사가 배출되었다. 확장일로에 있는 대영제국과 국내의 상업 또는 관직의 인력 수요는 새로운 퍼블릭 스쿨 출신들을 대량으로 흡수하였다. 그러나 물론, 아놀드가 염두에 두었던 상류계층을 위한 사립학교들*은 — 하류와 중류계층을 위한 교육은 국가가 제공하는 것으로 되어 있었다 — 그들 이외의 다른 사람들, 그들의 생애 이외의 다른 생애로부터 떨어져 고립되는 폐단도 없지 않았다. 그리하여 그 이전에 '비국교파 학원' 또는 미국의 '프랑클린 아카데미'*에서 가르쳐진 교과들 — 현대어, 과학, 단순한 기술 등 — 은 상당히 시간이 경과한 뒷날에 이르기까지 퍼블릭 스쿨에서는 소홀히 취급당하는 편이었다. 현재*의 형편으로 보면 퍼블릭 스쿨의 지적인 면에서의 교육 수준은 상당히 높지만, 1920년대만 하더라도 어디서나 그런 것은 아니

다. 상당히 많은 학교에서는 지적인 면보다는 위에서 말한, 기독교 정신과 플라톤 주의의 현대식 접목에 훨씬 더 많은 노력을 기울이고 있었다. 이 양자의 접목은 언제나 무리없이 이루어지는 것은 아니며, 그것이 추구하는 '초시간성' 또한 강한 비판의 대상이 되었다.

* 사립학교들-예컨대 그라마 스쿨과 퍼블릭 스쿨 * Franklin's Academy * 1950년대

¶57_ 오래된 대학들은 이 당시까지 불운에 허덕이다가 럭비에서의 아놀드의 개혁 기간 동안에 크게 되살아났다. 그 대학들도 아놀드의 방안과 매우 유사한 방향으로 발전하였지만, 양자 사이에 직접적인 관련이 있다고 생각하는 것은 아마 잘못일 것이다. 눈부시게 팽창한 퍼블릭 스쿨에서 배출된 학생들은 대다수가 대학에 진학하지 않았다.

¶58_ 아놀드 이후의 세대들은 아놀드가 공장에서의 '工程線공정선'을 설계하는 경영자로서 천재적 수완을 가지고 있었다는 것을 인식하였다. 그 '공정선'은 그 당시 영국의 특수한 상황, 즉 19세기 후반의 사회적 야망과 행정부의 필요에 의하여 대량으로 요구되는 인력을 배출하기 위한 것이었다. 인격 훈련과 헌신적 정신에 대한 아놀드의 강조는 광범한 찬탄을 불러 일으켰다. 보다 최근에 와서 소련의 교육자들은 아놀드의 아이디어를 그들의 기숙학교 체제의 모범으로 삼고 있다. 학교 기율에의 참여를 통한 인격 발달과 전원 기숙교육(부분적인 기숙사 수용이 아닌)이라는 양대 원리가 그 후 계속적인 관심과 주목의 대상이 된 것은 아놀드의 개혁이 본질상 보수적 성격을 띰에도 불구하고 미래를 위하여 건설적 의의를 가지고 있었다는 것을 보여 준다.

¶59_ 그와 마찬가지로, 이후의 여러 장에서 우리는 19세기 초기에 냉담과 경멸의 대상이 되었던 몇 가지 교육혁신 방안들 — 가난한 사람들 사이의 통신교육 협회, 기계공 학원, 협동교육 운동 등 — 이 그 이후에, 그 당시로서는 상상할 수 없었던 엄청난 교육적 중요성을 띠게 된다는 것을 보게 될 것이다.

참고문헌

ARNOLD, THOMAS : J.J. Findlay, *Arnold of Rugby*, Cambridge, 1897 ; Sir Joshua Fitch, *Thomas and Mattew Arnold*, London, 1897 ; A.P. Stanley, *Life and Correspondence* (twelfth edition), London, 1881.

FICHTE, J.C. : *Addresses to the German Nation*, translated by R.H. Jones and G.H. Turnbull, Liverpool, 1992 ; G.H. Turnbull, *The Educational Theory of Fichte*, London, 1926.

Paul Duproix, *Kant et Fichte et le Problème de l'Education*, Paris, 1897.

FROEBEL, F. : *Autobiography* (London, 1886) and *Letters on the Kindergarten* (London, 1890), translated by E. Michaelis and H.K. Moore ; *The Education of Man* (New York, 1894), translated by W.N. Hailmann ; *Pedagogics of the Kindergarten* (New York, 1895) and *Education by Development* (New York, 1899), translated by J. Jarvis ; *Mother's Songs, Games and Stories* (London, 1855), translated by F. and E. Lord

H.C. Bowen, *Froebel and Education by Self-Activity*, London, 1893 ; E. Shirreff, *Short Life of Froebel*, London ; Josse White, *Educational Ideas of Froebel*, London, 1905.

HEGEL, G.W.R. : F L. Luqueer, *Hegel as Educator*, New York : 1896 ; Millicent Mackenzie, *Hegel's Educational Theory and Practice*, London, 1909 ; J.K.F. Rosenkranz, *The Philosophy of Education* (translated), New York, 1890.

HERBART, J.F. : *A B C of Sense Perception* (New York, 1896), translated by W.J. Eckoff ; *The Science of Education* (London, 1892) and *Letters and Lectures on Education* (London, 1894), translated by H.M. and E. Felkin ; *Outlines of Educational Doctrine* (New York, 1901), translated by A.F. Lange ; *Textbook in Psychology* (New York, 1891), translated by N. K. Smith.

J. Adams, *The Herbartian Psychology*, London, 1901 ; A. Darroch, *Herbart*, London, 1903 ; J. Davidson, *A New Interpretation of Herbart's Psychology and Educational Theory*, Edinburgh, 1906 ; C. de Garmo, *Herbart and the Herbartians*, London, 1895 ; L. Göckler, *La Pédagogie de Herbart*, Paris, 1905 ; M. Mauxion, *L'Education Par l'instruction et les théories pédagogiques de Herbart.*

NAPOLEON : A. Delfau, *Napoléon Ier et l' Instruction Publique*, Paris, 1902.

OWEN, R. : F. Podmore, *Robert Owen*, London, 1906 ; G.D.H. Cole, *Life of Robert Owen*, London, 1925.

SEGUIN, E. : H. Holman, *Seguin and His Physiological Method of Education*, London, 1914.

SPENCER, H. : *Social Statics* (revised), 1892 ; *Education, Intellectual, Moral and Physical*, 1861.

G. Compayré, *Herbert Spencer*, London, 1907.

제 12 장

19세기 후반기의 교육

1 경제적 및 정치적 요인

¶1_ 기원 19세기 중엽은 산업혁명이 일어난 후 거의 백 년이 되는 때이다. 오늘날 우리의 눈으로 볼 때, 산업혁명이, 적어도 간접적으로는, 그 이후 모든 시대 모든 사람들 사이의 상호관계를 완전히 변형시켜 놓았다는 것은 의심의 여지가 없이 명백하다. 그러나 1850년대의 형편으로 보면 그 역사적 변화는 사회적 몽상가들의 유토피아적 전망에 지나지 않았다. 그 당시로서는 산업체와 정부 — 이 양자는 아직도 명백히 구분되어 있었다 — 가 경제적인 실속을 차리는 것이 더 중요한 관심사였다. 영국은 산업의 기계화를 선도하였으며 수십 년 간 공업 수출국으로서 사실상 독점적 지위를 누리고 있었다. 이 상승의 기운을 타고 영국은 1851년에 런던의 하이드 파크*에 있는 크리스탈 궁*에서 대박람회를 개최하였다. 그것은 명실공히 영국 국내뿐만 아니라 전 세계의 상품 진열대였다. 영국이 제조업에서 괄목할 만한 성공을 과시했다면 프로이센은 화학 염료를 전시하였고 불란서는 비단과 벨베트와 비트 설탕으로 상을 탔으며 독일의 크루프 회사*는 최상의 주조 강철로 메달을 받았다. 때는 명백히 철도교통의 시대였지만, 속도가 빠른 범선과 정시에 운행하는 기선은 이미 국제 간의 교류와 경쟁을 새로운 차원에 올려놓았다. 칼리포니아에 금광이 터지고 그로 말미암아 세계의 구매 습관에 변화가 왔다. 기원 1850년이 채 되기 전에 화학 비료와 과학적인 육종법의 발달은 전 세계의 식량 사정에 새로운 면모를 가져다주었다. 그것은 또한 밀과 양모의 중심 산지를 이동시켰고 (보호관세로 약간 완화되기는 했지만), 산업시대 이전의 방식으로 자급자족할 수 있었던 옛날의 영세한 농업 지역에 영원한 폐업의 낙인을 찍었다.

* Hyde Park * Crystal Palace * Krupps, 독일의 총포회사

¶2_ 오늘날의 시점에서 돌아보면, 이 모든 변화는 교육과의 관련 밖에서도 중요한 의미를 가지고 있었다. 그러나 교육이 그러한 변화의 영향 바깥에 머물러 있기는 이미 불가능하였다. 영국의 제조업자와 사업가들이 자신에 차 있었던 것은 사실이지만, 다른 나라들과의 불가피한 경쟁은 영국으로 하여금 여러 국가의 교육방법을 비교할 수밖에 없도록 만들었다. 대륙 여러 나라의 성공은 명백히 학교교육과 기술훈련의 효율성에 그 원인이 있었다. 영국 사람들은 그들 자신의 성공과 섬나라라는 안전한 입지조건으로 말미암아 유럽의 여러 나라들이 겪은 많은 혼란을 겪지 않고 살았으며 따라서 그 혼란에서 오는 자극도 받지 못하였다. 불란서에서는 불란서 혁명의 결과로 기술전문학교,* 수명은 짧았지만 의의는 지대한 국립학교들, 여러 형태의 기술대학, 그리고 (나폴레옹 이후에는) 국가 통제하의 철저한 중등교육체제를 가지게 되었다. 빈틈없는 독일 교육이 튼튼하게 성장하는 데에는 프리드리히 빌헬름 폰 훔볼트의 인문주의적 김나지움이 등뼈의 구실을 하였다. 김나지움은 대학과 연구기관으로 연결되고 이와 병행하여 가정 형편이 좋지 못한 학생들에게는 중간학교*와 기술학교와 직업훈련의 기회가 열려 있었다. 한 가지 주목해야 할 사실은, 불란서와 독일의 이들 학교, 그리고 대부분의 대륙국가에서의 초중등 교육은 비록 국가에 의하여 설립된 것은 아니라 하더라도 국가의 보조를 받았다는 점이다. 심지어 덴마크와 같은 작은 나라에도 이 시기 이전에 전국적으로 관립 초등학교가 있었으며 훌륭한 공립 중등학교가 그 체제를 굳혀가고 있었다. 영국에게 힘겨운 상대인 제정 러시아는 기초과학과 응용과학 분야에서 가공할 만한 교육조직을 가지고 있었다. 그 당시에는 어느 모로 보나 미개지인 미국에서도 사람들은 식민지 시대에만 9개의 대학(고등교육기관)을 설립하였으며, 독립 이후 19세기 중엽에 이르기까지 연달아 주립대학들과 그것을 뒷받쳐 주는 온갖 종류의 학교와 교육기관들을 설립하였다. (그리고, 물론, 미국의 경우에 1862년 이후의 '토지기부 대학'*은 고등교육의 면모를 전반적으로 변화시켰다.) 이상의 여러 사실로 보아 경제적인 면에서의 영국의 경쟁 상대국은 모두 그 경제적 실력이 학문과 교육사업에서 나온 것임이 명명백백하였다. 그것만이 아니라, 국제 경제 경쟁에 뒤늦게 참여한 나라들은 대체로 아무 것도 없는 상태에서 출발하지 않으면 안 되었으며, 그렇기 때문에 그런 나라들은 처음부터 산업의 발전을 체계적

인 계획에 의하여 추진하면서 그 계획의 일환으로 교육과 훈련을 조직해 나갔다. 그런 나라들은 국가의 번영이 각 분야의 상호지원에 달려 있다는 것을 알고 제도적인 면에서나 재정적인 면에 있어서 공공교육에 대한 국가의 지원을 조금도 주저하거나 아끼지 않았다. 이런 나라에 비하면 영국에서는 민간단체나 지역이 정부의 영향 바깥에서 그들의 이익을 도모하는 전통에 너무나 깊이 젖어 있었다.

* Ecole Polytechnique * middle school [Mittel Schule] * land-grant college

¶3_ 뿐만 아니라, 영국의 경우에는 국제무역에서 특권을 누리고 있었다는 점이나 '가난한 노동계층 대중'의 '기계적인' 노력을 지도한다는 식의 설익은 인도주의의 전통이 교육 발전의 저해 요인으로 작용한 데 비하여, 이러한 저해 요인이 없었던 다른 나라들은 앞 문단에서 언급한 중등교육이나 기술교육뿐만 아니라 초등교육을 효율화하는 데에도 철저한 국가적 관심을 기울였다. 불란서의 역사가인 엘리 알레비*는 이미 오래 전에, 다른 이유는 고사하고 우선 산업화의 발전을 위해서라도 산업에 종사할 일꾼들에게 초보적인 교육을 실시할 필요가 있다는 점을 지적하였다. 이 '초보적인 교육'이라는 것은 최소한 인쇄된 지시를 읽고 조보적인 계산을 하며 기술의 발달에 따른 공정의 변화에 맞추어 새로운 기술을 습득할 수 있는 수준을 가리킨다. 이하의 설명에서 밝혀지겠지만, 산업화의 과정이 진전됨에 따라 중등교육(사무원, 감독자, 기술자의 양성을 위한 교육) 또한 불가피하게 요청되며, 다시 그 뒤에는 고등교육 또한 요청된다. 그러나 19세기 중엽의 영국에는 효율적인 보편적 초등교육이 국가의 의무로서 뿐만 아니라 산업 발전의 적극적 수단으로서 절실히 요청된다는 사실에 대하여 아직 막연한 수준 이상의 인식이 없었다. 게다가 수많은 정치적 위협이 국력을 분산시키고 있었다.

* Elie Halévy(1799-1862)

¶4_ 회고적인 관점에서 볼 때, 1851년의 대박람회 이전에 많은 정치가와 군사전문가들이 런던에 너무나 많은 노동계층의 인구가 있어서 과격한 혁명이 발발할지도 모른다는 공포감을 가지고 있었다는 것은 기이한 일로 여겨진다. 사실상 이 위협에 대비하여 적절한 군사적 방비와 새로운 종류의 인간공학적 작업이 강구되었다. 그럴 수밖에 없었던 것이, 기아선상의 궁핍이 공장 지역 도처에 풍토병처럼 만연해 있었던 것이다. 불만과 절망은 군사적인 협박과 무자비한 형법에 의하여

억제되었으며, 치솟는 물가고 또한 여기에 한 몫을 하였다. '불평분자'로 낙인찍히면 그것은 곧 근무시간 단축이나 해고로 연결되어 온 가족이 기아에 허덕이게 되었다. 종교적인 신앙 또한 체념을 가르쳤다. 이러한 상황에서 노동계층의 자녀들을 위한 적절한 취학 연한이 어느 정도가 되어야 하는가 하는 문제에 대하여 대부분의 부유층은 그것을 극도로 제한해야 한다는 견해를 가지고 있었다. 이 경우에 초등교육의 목적은 어린 아이들을 구제하여 기독교적 생활방식으로 인도하는 것, 주벽에 빠지지 않고 고분고분 순종하도록 가르치는 것, 그리고 공장에 다니지 않는 아이들이 길거리를 방황하지 않도록 가두어 두는 것에 있었다. 영국에서 통치자나 성직자가 강구한 사회통제와 훈육의 방법은 예컨대 미국의 그것과는 종류가 달랐다. 미국에서는 17세기 이래로 학교가 시민의 준법정신을 기르고 그 지역에 유용한 기술을 가르치는 곳으로 되어 왔으며, 보다 근래에 와서는 이주민들을 새로운 개척지 상황에 집단적으로 적응시키는 데에 효과적인 수단으로 사용되었다. 또한, 스코틀란드와 스칸디나비아 여러 나라의 전통으로 되어 있었던 교구 공립학교*— 이 학교의 교육을 통하여 신앙심이 입증된 사람은 장래가 보장되었다— 도 영국과는 인연이 없었다. 사실상, 이 교구학교는 뉴질란드(1848)와 오스트랄리아와 카나다에서 활발하게 성장하였으며, 기이하게도 영국의 해외 선교사들은 세계의 모든 사람들을 자신의 규정에 의한 '서구식 생활방식'으로 개종하려는 열의에서 바로 그 교구학교의 전통을 전파하고 있었다.

* parish public school

¶5_ 서구의 여러 나라를 중심으로 생각해 보면 이때쯤 공공의 기금으로 운영되는 보편적 초등교육은, 비록 모든 나라에서 명시적인 국가 정책으로 표방되거나 실지로 달성되지는 않았다 하더라도, 국가정책의 내면적인 목표로 받아들여지고 있었다. 이와 관련하여 또 한 가지 중요한 사실은 이때쯤 미국을 위시한 여러 영국 식민지 국가들이 '서구'*의 정의 속에 들어오게 되었다는 것이다. 그뿐만이 아니다. 선교사들의 해외 선교활동과 장사 속이 밝은 인도제국*의 여러 영주들의 이해타산은 이미 유럽 이외의 지역에 대하여 이른바 서구식 교육이야말로 전 세계에 걸쳐서 또 전 시대에 걸쳐서 타당한 보편적 처방이라는 충격적인 주장을 제시하고 있었다.

* Western　　* Indian Empire, 영국 식민지 시대(1858-1947)의 인도

¶6_ 이와 같이 교육의 방향이 현저하게 변화함에 따라 종래의 교육사상가들과 교육실천가들이 한 제안은 그 가치가 새로운 관점에서 근본적으로 再査定재사정되지 않으면 안 되었다. 이때까지 그들은 자신의 세계관에 따라 지상에서의 삶과 영원의 안식을 당연한 것으로 받아들이고 그 세계관 안에서 어떤 사람에게는 조용한 오아시스의 특권을, 또 어떤 사람에게는 산업화 이전의 정태적인 교육을 주려고 하였지만, 이제 이것은 이미 지나간 날의 꿈이 되어 버렸다. 그들의 눈에 엄청난 가치를 지닌 것으로 보였던 노동의 분업(그리고 그와 함께, 관심과 통찰과 가치관의 분업)은 19세기 중반의 관찰자에게는 그 가치가 전혀 불분명하였다. 특히 교육과 같이, 권력의 비호에 의존하는 일에 종사하는 '미천한 교복'들에게는 더욱 그러하였다. 사실상, 교육은 20세기에 들어 와서도 교회의 면밀한 감독을 받았으며, 경우에 따라서는 지금도 마찬가지이다. 따지고 보면 우리 교육자들도 교육의 내부적 조정 문제를 본격적으로 거론하거나 해결했다고 자부할 수는 없다. 그러나 어쨌든, 비록 일방적인 요구에 의하여, 또 좁은 실용적 관점에 의하여 추진되기는 했어도, 모든 사람을 위한 (그리고 모든 목적을 위한) 공공적 초등교육이라는 교육적 조치는 인간의 역사상 종래의 사고방식에 대한 혁명적인 도약을 의미하였다. 그것은 다음과 같은 이유에서이다. (가) 그것은 계급의 구분 없이 사회 전체를 대상으로 한다. (나) 그것은 교육을 학문이라든가 종교와 같은 부분적인 요소로 분할하여 그 중의 어느 것에 국한시키는 것이 아니라 교육이라는 전체적 관심에 기초를 두고 있다. (다) 그것은 교육을 공학적, 사회적 변화에 적극적으로 관련짓는다. (라) 그것은 '사회'라는 이름의, 책임 소재가 불분명한 비정규적 집단의 활동이 아닌, '국가'의 조치에 크게 의존한다. 이 혁명적 도약이 실현된 뒤의 시점에서 돌아보면, 루터, 코메니우스, 로버트 오웬 등의 사상과 실천이 이 혁명과 관련하여 의의를 가지지 않는 것은 아니지만, 19세기 후반의 상황과 그 속에서의 교육의 목적은 그들의 시야나 의도와는 너무나 동떨어져 있었다고 말할 수 있다.

¶7_ 이 시기에 교육의 문제와 관련하여 국가가 어느 정도로 주동적인 위치에 있었는가를 보여주는 두개의 극단적인 사례가 있다. 이 두 가지는 그 심각한 영향이 오늘날에까지 계속되고 있다. 첫째는 잘 알려져 있는 불란서 혁명이다. 이 혁명은 '가르치는 국가'의 이념을 선포하였다. 불란서는 현재에도 모든 시험과 그것에 이르는 교육 프로그램을 국가가 관장하고 있다. 이 시험의 국가독점 체제 때문에

심지어 사학들도 직접 국가의 영향을 받는다. 그러나 불란서에 있어서의 교육의 국가 통제는 20세기의 전체주의 체제하의 국가 통제에 비하면 아무것도 아니다. 그런데 이 20세기의 전체주의적 통제는 19세기의 교육 처방 — 예컨대 헤겔과 프뢰벨에서 보는 바와 같이, 그 당시로서는 비교적 무해한 것으로 보였던 처방 — 에서 그 전초적인 형태를 나타내었다. 이론으로서의 마르크스주의가 아닌, 공산주의 국가에서 실천된 마르크스주의도 교육의 주도권과 통제력이 주로 국가에 의하여 행사되는 보기가 된다. 그렇지만 교육에 의하여 국가를 전적으로 변형시키는 데에 국가의 책임이 핵심적 위치를 차지한다는 것은 19세기의 둘째 사례인 1868년 명치유신* 이후의 일본에서 완전하게 예고되었다. 일본의 교육이 비서구적인 것이라고 말하는 것은 언어도단이다. 사실상, 일본의 교육은 서구의 개념과 제도와 방법을 국민의 총체적 방향 전환에 근본적으로 적용한 역사상 최초의 보기이다. 일본은 그것을 1868년 이후 불과 20년 안에 해 내었다. 심지어 최근 소련의 변혁도 이것만큼 급격하고 근본적인 변화는 아니었으며 또 이것만큼 완전히 학교교육에 의한 변화는 아니었다.

---

* Meiji Restoration

2 제도적 요인

¶8_ 이 장을 제외한 앞의 여러 장에서의 역사적 설명은 위대한 교육 이론가들의 혁신적 사상을 주로 다루었으며, 교육의 실제는 그 이론가들이 어쩌다가 성공적인 실천가이기도 한 경우에 국한하여 다루었다. 그러나 19세기 후반에 들어서면서 '본격적인' 교육이론(즉, 정치이론이나 사회이론과는 구분되는 교육이론)은 교육제도나 교육활동(즉, 교육의 실제)의 영향이 증가함에 따라 그 비중이 감소되었다. 이제 교육이라는 것은 주로 학교와 같이 공공적 지원을 받는 기관에서 일어나는 일로 간주되었으며, 따라서 그것은 국가의 투자나 법제와 불가분으로 연결되고 선거나 경제의 동향과 밀접한 관계를 맺게 되었다. 뿐만 아니라, 학교 체제를 개혁하거나 확장하고자 하는 사람들은 국내 또는 국외의 '교육실제'에 눈을 돌리게 되었고, 이 교육 실제는 이론에 못지않게 중요한 것을 그들에게 가르쳐 주었다. 그리하여 각국에는 교육의 실제를 조사하는 '조사단'들이 생겨났다. 영국의 경

우를 보면 초등학교의 경우에는 뉴카슬 경*이 이끄는 조사단(1858-1861)이 있었고, 퍼블릭 스쿨에는 클라렌든*(1861-1864), 그리고 중등학교 또는 이에 준하는 학교에는 톤튼*(1864-1868)이 이끄는 조사단 등등이 활동하였다. 그에 앞서서 마르크 앙투안느 줄리엥*의 「스케치」*(1817)는 국내, 국외의 사례를 비교적인 방법으로 분석함으로써 교육에 관련된 사실과 요인들을 과학적으로 연구하는 것이 어떤 것인가를 시범적으로 보여 주었다. 또한 뉴요크의 존 그리스콤*이 행한 해외교육 실태조사(1819)는 그 후 불란서의 빅토르 쿠젱*(1831), 미국의 호리스 만*(1865), 그리고 영국의 마튜 아놀드*(1859, 1865) 등의 조사 연구에 효시가 되었다. 런던의 교육국은 마이클 사들러 경*의 편집 책임하에 일련의 「교육적 주제에 관한 특별보고서」*(1898-1911)를 내었다. 이 때 이전에도 미국의 학자와 정치가는 유럽의 예와 국내 다른 곳의 예에서 교육 정책의 지침을 구하는 일을 습관으로 하고 있었다. 그들이 보기에는 최선의 현행 실례가 거창한 이론적 선언보다 훨씬 더 유용하였다.

* Lord Newcastle * Clarendon * Taunton
* Marc-Antoine Jullien * *Esquisse* * John Griscom
* Victor Cousin * Horace Mann * Matthew Arnold
* Sir Michael Sadler * *Special Reports on Educational Subjects*

¶9_ 우리가 잊지 말아야 할 것은, 이때쯤 또는 그 직후에 몇몇 나라에서는 — 예컨대 1862년의 모릴 법안* 이후 미국의 중앙 정부와 주정부 — 특정한 교육기관에 자금이나 토지를 기부하는 관례를 만들었다는 것이다. 이러한 조치는 원래 대단히 실험적인 성격을 띤 것이었지만, 장차의 과학과 기술의 발달에 큰 효과를 나타내었다. 영국의 경우에는 대박람회(1851)의 이익금으로 1853년 런던에 설립된 '과학예술부'*(이것은 통상성에 소속해 있었다)가 1856년에 새로 생긴 '교육부'*로 이관되었고, 이것이 그 후 영국교육에 있어서의 과학의 발전에 큰 영향을 끼치게 되었다.

* Morrill Act, 이 법안에 의하여 토지기부 대학(land-grant college)이 생겨나게 되었다.
* Science and Art Department
* Education Department

¶10_ 아마 위와 같은 요인들보다 더 중요한 것은 원래 낮은 차원에서 시작된 소규모의 교육 운동이 가져온 누적적인 효과일 것이다. 이러한 교육 운동은 때로 정치적 포부, 물질적인 면에서의 생활 향상을 위한 야망, 그리고 다른 사람들을 개종시키려는 종교적인 열의와 밀접하게 관련되어 있었다. 영국의 예로서는 미국과 불란서 혁명에 관련되는 문서를 연구하는 것을 주목적으로 하는 '통신교육 협회',* 1823년에서 1860년대까지 계속된 '기계공 학원'*(이들 학원은 1860년대에 대부분 '노동자의 대학'* 또는 정규 대학으로 개편되었다), 협동교육 운동의 일환으로 전개된 독서 서클과 나중에 큰 영향력을 발휘하였던 소비자 조직의 자조활동 등을 들 수 있다. 이 협동교육 운동은 덴마크로 건너가서 거기서 1844년 이후에 발전된 국민고등학교*와 함께 널리 교육적 기능을 수행하였다. 이 운동은 점차 새로운 양상으로 발전하여 20세기에 와서는 개발도상국의 지역사회 교육* 운동에 중요한 영향을 미쳤다. 감리교회는 빈민을 위한 종교 사업에 관심을 가지는 한편, 위와 같은 실제적 이유에서 대중교육의 새로운 방법과 포부를 드러낸 중요한 교육단체였다. 기독교 청년연합회*(YMCA)는 1844년에 설립된 단체로서 일련의 명예로운 청년 운동의 제1진에 해당하며 그 후 큰 영향을 미친 단체로 부상한다.

---

* Corresponding Societies * Mechanics' Institutes * Working Men's Colleges
* folk high school * community education * Young Men's Christian Association

¶11_ 기원 19세기 후반에 들어와서 드러난 또 하나의 중요한 사실은, 보통의 사람들도 이때까지 그들에게 주어진 것보다 훨씬 더 좋은 학문적 교육의 기회를 최대한으로 활용할 수 있다는 것이다. 그들은 그 증거를 의심할 여지없이 드러내어 보였다. 긴 작업시간의 앞과 뒤에 학교나 대학에 다니면서 그들은 강인한 의지로 自學자학의 길을 걸었다. 그들은 찰스 킹슬리 목사*나 무신론자인 헉슬리*와 같은 독지가들의 동정과 적극적 지지를 받았다. 그들은 1870년대에 대학의 성인교육 프로그램*을 설립한 사람들에게 지적 측면에서 그 설립의 의의를 보강해 주었다. 또한, 그러한 비정규교육이 지적 측면에서 의의가 있을 뿐 아니라 행정적으로도 실현 가능하다는 사실이 입증됨으로써 사람들의 '교육적 요구'가 이론적 논의의 주제로 등장하게 되었다. 그러나 그 사실은 다른 어떤 것보다도, 이 장의 뒷부분에서 다루게 될, 교육의 방법과 교육에 관한 과학적 연구에 더욱 강한 관심을 불러 일으켰다.

---

* Rev. Charles Kingsley * Thomas Henry Huxley * University Extension Movement

3 지적 요인

¶12_ 이상의 설명에서 분명히 드러나는 바와 같이, 헉슬리와 스펜서의 선언에 담겨있는 교육적 의미(앞 장)가 그 효력을 발휘한 것은 19세기 후반에 들어와서였다. 그 효력은 두 사람의 조국인 영국에서 최대의 영예를 누리던 정규 학교나 고매한 대학에서보다는 미천한 직업교육 분야에 더 강력하게 나타났지만, 궁극적으로 보아 영국 국내와 해외의 교육에 더 큰 영향을 끼친 것은 정규 교육의 분야에서였다. 이 점에서 20세기 교육은 이론가로서의 헤르바르트와 프뢰벨보다 스펜서와 헉슬리에게서 더 많은 것을 받았다고 말할 수 있다. 이제 중요한 것은 프뢰벨의 '이론'이 아니라 그의 '실제'에서 파생된 교육방법이며, 헤르바르트의 경우에도, 나중에 고찰할 바와 같이, 실제적인 면에서의 헤르바르트의 관심에서 나온 부산물이 대단히 중요시되고 있다. 영어권에서는 이론이 부차적인 지위로 내려앉았지만, 대륙에서는 오늘날까지 이론이 교육학적 논의의 원천으로 간주되고 있다.

¶13_ 그러나 19세기 후반에서 20세기에 걸쳐 인구의 상대적 비율로 보아 확대된 중류계층은 옛날 상류계층에 독점되다시피한 교육적 영광(그리고 그와 동시에, 교육적 시련)에 그들도 한 몫 끼고자 하는 도착된 낭만주의적 견해를 나타내었다. 그들은 자신의 자녀들도 신사의 수련을 받고 남들이 우러러 보는 학문 공부를 하고 전통 있는 명문대학에 다니기를 바랐다. 그리하여 19세기 후반 50년 동안 유럽 여러 나라에서 볼 수 있었던 중등교육의 팽창은 반드시 양립가능하다고만은 볼 수 없는 두 가지 특징을 나타내고 있었다. 하나는 현대어(자국어 포함)와 과학과 실용적 교과가 끊임없이 과소평가되었다는 것이며, 또 하나는 '현대적인' 요소와 함께 '인문적인'* 요소를 포함시키기 위하여 별별 보잘것없는 교과들로 교육과정이 계속적으로 또 누적적으로 팽창되었다는 것이다. 대학의 경우에는 현대적인 요소를 교육 내용에 포함시키려는 시도가 흔히 좌절되었으며 그런 시도가 적극적으로 환영받은 경우는 한 번도 없었다. 적어도 미국인들이 그 특이한 독창성으로 '선택과목'이라는 것을 창안해 내기까지는, 유럽의 대학에서는 '防水式방수식' 교육과정이 계속되었으며, 만약 불가피하게 선택을 해야 하는 경우에는 언제나 '실용적' 교과가 뒷전으로 밀려 났다. 미국 대학에서 선택과목이 개발 시행되는 동안 영국의 대학들은 유럽의 여러 다른 나라의 빈축을 사면서 점점 전공을 세분화하는 추세로 나아가고 있었다.

* liberalizing, 또는 '자유교육적인'

¶14_ 이때쯤 미국인들은 그들의 발달된 산업 기술과 함께 교육에 관한 아이디어로 유럽과 일본에 영향을 미치기 시작했다. 이 미국의 영향에 관해서는 나중에 다시 언급하기로 하고, 여기서는 다만 그 당시 북미 대륙에서 헤르바르트의 교육이론이 집요하게 추구되고 상세화되었다는 점을 말하겠다. 헤르바르트의 교육이론은 '전인적 조화',* 외부의 영향, 도덕성, 사회적 헌신 등을 강조하는 것으로 받아들여졌지만, 그 당시 헤르바르트 이론의 영향으로 나타난 가장 중요한 현상은 '적정 과정'*에 대한 광범한 관심이 대두되고 그것을 모색하기 위한 실험적 노력이 이루어졌다는 것이다. 헤르바르트 이론의 영향 때문이건 그 밖의 다른 원인에 의한 것이건 간에 북미 대륙에 있어서의 '과정'에 관한 맹신적 관심은 때로 고정된 기계적 방법론으로 화석화하는 결과를 가져왔다. 사실상 이것은 대가의 위대한 발견과 근본적인 아이디어가 군소제자들에 의하여 적용될 때에는 언제나 또 어디서나 일어나는 현상이다.

* all-roundness * appropriate process

¶15_ 미국 교육계에는 19세기 후반에서 20세기 초반에 이르기까지 각 부문에 걸쳐 학교교육의 획일적 공식화에 집중적인 노력을 기울인 지루한 기간이 있었다. 물론, 그 기간 동안에도 파커*(1837-1902)나 존 듀이*(1859-1952)와 같은 대가들은 오로지 '진보주의'*의 과정 그 자체에만 몰두하는, 그들의 수준 낮은 동시대인들 위에 군계일학으로 우뚝 서 있었다. 뿐만 아니라, 우리는 그 수많은 '얼치기 진보주의자들'이 점진적으로, 또는 누적적으로 이룩한 업적을 과소평가해서도 안 된다. 그들은 미국내에 있어서의 킬파트리크*의 '구안법'*과 헬렌 파커스트*의 '달톤 플랜',* 그리고 유럽에 있어서의 오비드 드크롤리*(1871-1932), 마리아 몬테소리*(1870-1952), 매크밀란 자매* 등의 활동교육법과 같은 새로운 방법의 출현에 기여하였다. 말할 필요도 없이, 이들 여러 개혁가의 방법상의 혁신은 그들의 위대한 이상에서 배태된 것이며 그것은 또한 그 이후의 새로운 통찰을 낳은 모태가 되었다. 이들 교육적 선지자의 뒤를 이어 20세기에는 수많은 실험학교가 생겨나고 그들의 아이디어를 주축으로 하여 여러 방향으로 발전시킨 수많은 교실실험이 이루어졌다. 오늘날 우리의 교육상황은 19세기 후반의 가장 혁신적인 개

혁가들에게조차 착안될 수 있었을까가 의심스러울 정도로 발전하였지만, 그와 동시에 만약 우리가 헤르바르트나 프뢰벨의 추종자들이 우리에게 물려준 유산을 과소평가한다면 우리는 사태를 완전히 잘못 파악하는 것이 된다.

* Francis W. Parker * John Dewey * Progressivism * W. H. Kilpatrick
* project method * Helen Parkhurst * Dalton Plan * Ovide Decroly
* Maria Montessori * McMillan sisters (Rachel and Magaret McMillan)

¶16_ 현재 우리 주위에서 일어나고 있는 중요한 변화 중에는 위에서 언급한, 19세기와 20세기에 있어서의 교육방법의 혁신이 그 직접적인 원인이 되었다고는 말할 수 없지만 그러면서도 그 영향과 불가분의 관련을 맺고 있는 것들도 있다. 그러한 변화의 하나로서 특히 교육과정 연구의 결과로 나타난 변화를 들 수 있다. 현재 우리의 시점에서 볼 때 종래 교육과정 면에서의 개혁은 단순히 사실적 지식의 발달이 원인이 되어 이루어졌다. 새로운 교과가 도입되고 옛날의 교과가 새로운 중요성을 띠게 되었다. 때로는 예컨대 물리학과 화학의 경우에서처럼 두 교과 사이의 구분이 불분명하게 되면서 교과의 내용에 변화가 오기도 하였다. 그러나 학교교육에 관한 한, 20세기 후반에 일어난 학교 교과의 가장 중요한 변화는 그 궁극적 원인이 체계적인 교육과정 연구에 있었다. 그 결과로, 수학의 개념체계가 전체적으로 재정리되고 있으며 언어의 학습도 그 성격이 새롭게 규정되고 새로운 목적으로 새롭게 접근되고 있다. 이런 것들을 헤르바르트와 관련지을 사람은 거의 아무도 없겠지만, 사실상 최근에 미국과 영국에서 이루어지고 있는 교육과정 연구는, 그 뒤를 이은 '프로그램 학습', 개별적 자기학습, '교수기계'* 등의 강조와 함께, 신 헤르바르트 학파의 최종 산물이라고 볼 수 있다.

* teaching machine
* 이십 세기 후반에 일어난 '교육과정 연구'를 말하는 이 대목은 King에 의하여 '손질된' 것이 분명하다. 권말 '역자 후기' 참조.

¶17_ 기원 19세기의 이야기로 다시 되돌아가서, 그 당시의 형편을 그 이후에 사용된 교육학의 전문 용어로 표현하자면, 헤르바르트의 후계자들은 교육의 외적 요인 또는 '양육'* 을 강조한 반면에 프뢰벨의 후계자들은 이른바 내적 요인 또는 '본성'* 을 강조하였다고 말할 수 있다. 이런 식의 양육과 본성(또는, 환경과 유전) 사이의 논쟁은 1930년대에 이르기까지 계속되었다. 이 논쟁에서 한 가지 기묘한

점은, 그 두 가지 교육이론은 그 자체의 靜態的정태적 가정에 의하여 이미 패배의 요인을 내부에 간직하고 있다는 것이다. 그 두 이론은 19세기 중엽에 대두된, 표면상 교육과 아무 관련 없는 두 가지 이론에 의하여 논리적으로 붕괴된 바 있다. 진화론과 마르크스 이론으로 말미암아, 이후 인간과 교육의 연구는 필연적으로 사회 연구의 성격을 띨 수밖에 없었으며, 최소한 사회 연구와 불가분의 관계를 맺어야 한다는 것은 의심의 여지가 없는 것으로 되었다.

---

* nurture * nature

4 진화론과 마르크스 이론

¶18_ 찰스 다윈*은, 자신의 조사 결과와 그 이전의 연구 결과에 관한 면밀한 검토를 기초로 하여, 1859년에 「종의 기원」*을 출판하였다. 칼 마르크스*의 경우에, 교육과 문화에 관한 핵심적인 주장은 그의 초기 저작에 담겨 있으며, 이것은 대체로 1844년에서 1848년 사이에 출판되었다고 볼 수 있다.[1)] 다윈의 주장은 즉각적으로 학계에 일대 소동을 불러 일으켰다. 그의 이론의 기저에는 유전과 환경이라는 두 가지 요인의 상호작용에 의하여 種종이 점진적인 진화와 자체분화를 이룩해 나간다는 주장 — 즉, 유기체와 환경 양자가 다같이 능동적 건설적 세력을 발휘한다는 주장 — 이 들어 있다. 고정된 창조, 고정된 본성, 고정된 목적 — 이런 것들은 진화론으로 개종한 사람들에게는 이미 받아들여질 수 없었다. 당대의 지성인들 사이에 만연된 종교적 회의론에 의하여 진화론은 반신학적 논쟁의 도구가 되었다. 인간의 됨됨이는 본성으로 심어져 있다든가 인간 사회의 규칙은 신성 불가침한 불변의 것이라는 생각은 심각한 타격을 받았다. 종교적 회의론자들은 신의 창조와 영혼을 연구하는 대신에 지질학과 골상학(심리학의 전신)을 연구하였다. 성급한 사상가들은, 스펜서가 그의 '종합적 철학'*에서 한 것과 같이, 진화론을 사회 문제에 적용하여 미래에 다가올 교육적, 사회적 천 년 왕국을 향한 불가피한 진보라는 설익은 신념을 정당화하려고 하였다.

---

1) 「자본론」(*Capital*)은 1865년에 대체적인 상태로 완결되었지만 그것을 편집하는 데에 오랜 시일이 걸려서, 1883년 마르크스가 사망했을 당시에도 아직 세 권이 편집 완료되지 않은 상태로 있었으며 제4권은 1910년에 나왔다.

* Charls Darwin * *The Origin of Species* * Karl Marx
* Synthetic Philosophy, 또는 합성철학

¶19_ 여기서 다윈의 견해를 개괄할 필요는 없을 것이다. 중요한 것은 그것이 낳은 부산물을 확인하는 것이다. 다윈의 견해에 의하면, 인간의 본성이나 환경의 영향 중의 어느 것도 영원불변의 것은 아니며, 진화가 양자 모두에 의존하는 만큼, 그 중의 어느 것도 절대적으로 중요한 것은 아니다. 종이 진화한다면 그와 마찬가지로 개체의 진화 — 특히, 원시적, 유아적 상태에서 완전한 인간성을 향하여 진보하는 과정 — 또한 생각해 볼 수 있을 것이다. (결과적으로 또 간접적으로, 이 개체의 진화에 관한 생각은 체계적인 아동발달 연구를 촉진하였으며, 그와 함께 개인심리와 사회조직에 작용하는 '원시적' 세력을 건설적으로 해석하는 계기를 마련하였다.) 영국과 같은 여건에서 다윈의 이론이 주로 그 외적 또는 이상적인 의미로 받아들여져서, 경쟁과 수월의 원리를 강조하는 이론으로 해석된 것은 별로 놀라운 일이 아니다. 그러나 그것이 가져온 장기적인 결과를 두고 볼 때, 다윈의 이론은 예컨대 과학과 같은 '지체가 낮은' 학문에 주의를 환기시켰고 영국 사회의 소외된 계층이나 영국 이외의 '미개국들'도 특별히 유리한 환경에서는 더 빨리 진화할 가능성이 있다는 사실을 일깨워 주었으며, '원시적인' 정서 표현이나 예술에서 새로운 가치를 발견하도록 하는 방향으로 나아갔다. 또한 당연한 귀결로서, 종래의 인간관계와 행위의 규범이나 방법이 영구불변의 가치를 가진다는 식의 정태적 사고방식은 폐기되고 모든 종류의 근본적인 독단주의는 이때부터 계속 비판을 받게 되었다.

¶20_ 서구 사회에서 마르크스는, 적어도 교육에 관한 한, 심한 냉대를 받았다. 그러나 그 후 세계의 많은 나라에서 마르크스주의적 교육체제가 중요성을 띠게 되었다는 점에 비추어, 그리고 마르크스주의의 통찰이 거의 모든 사회사상에 광범하게 침투되어 있다는 점에 비추어, 여기서 그의 기본적인 주장을 개략적으로 고찰할 필요가 있다. '물질적인 삶에서의 생산의 양식은 사회적, 정치적, 정신적 면에서의 삶의 과정의 일반적 성격을 결정한다. 인간의 의식이 그의 생존 방식을 결정하는 것이 아니라 (그 반대로) 인간의 생존 방식이 그의 의식을 결정한다. … 경제적 기초의 변화와 더불어 거대한 상부구조 전체가 상당히 빠른 속도로 변형된다.'[1) 뿐만 아니라, 장래의 진보가 어떤 단계를 밟아 이루어지는가 하는 것은

'과학적' 원리에 의하여 확인될 수 있으며, 또한 그 단계는 '불가피'하다. 인간은 그 과정을 '가속화할' 수 있으며, 이것은 특히 혁명, 사회적 재건, 그리고 교육에 의하여 가능하다. 교육을 위해서나 개인의 도덕성을 위해서나 절대적으로 중요한 결정은 그 과정에 적극적으로 협조할 것인가 아닌가에 있다.

---

1) K. Marx, *Critique of Political Economy*, preface : English translation by N. I. Stone, pp.11, foll. ; quoted by G. H. *Sabine in History of Political Theory*(London), 1951.

¶21_ 마르크스주의 교육의 실제에 관한 보다 상세한 내용은 다른 서적에 미루어야 하겠지만,[1] 교육사에서는 최소한, 마르크스의 저작에 기초를 둔 다음과 같은 이론적 발전은 반드시 지적되어야 할 것으로 생각된다. 즉, (가) 산업 기술의 변화에 기초를 둔 사회적 진보는 기회와 가치의 목적에 변화를 가져온다는 확고한 신념, (나) 교육에 있어서의 환경적 요인의 중요성과 그 개선의 필요성에 대한 강조(이것은 오웬에 의하여 역설된 것이지만, 그 처방에 있어서는 양자에 차이가 있다), (다) 이데올로기적 준거에 입각한 국가의 전면적 통제하의 계획 수립, (라) 교육과 사회경제적 계획의 불가분리성, 그리고 (마) 학습 내용이나 행동 규범의 適否적부를 사정하는 기준으로서의 사회적, 이데올로기적 적합성의 강조 등이 그것이다. 위의 여러 원리들은 단독으로 또는 복합적으로 — 또 때로는 마르크스주의 이외의 다른 이론들과 결부되어 — 전 세계에 걸쳐서 광범하게 채택, 실천되었으며 (듀이도 여기에 예외가 아니다[2]), 그 결과로 오늘날 우리는 사회와 교육에 관한 이론으로서 마르크스주의가 전적으로 배제된 경우를 상상하기가 거의 불가능하다.

---

1) E. J. King(ed.), *Communist Education*(London and Indianapolis), 1963 ; and E. J. King, *Other Schools and Ours*, 2nd edition(New York), 1963, Chapter 6.

2) 철학의 과제에 관하여 듀이는, 철학은 우리가 세계를 어떻게 아는가를 알아내는 것이 아니라 우리가 세계를 어떻게 통제하고 개선하는가를 알아내는 것이라고 말한다(Dewey, *Reconstruction in Philosophy*, p.122). 이것과 마르크스의 1845년의 명제를 비교해 보라. 그 밖의 다른 예로서는 본서 12 : 47, 61 참조.

¶22_ 다윈과 마르크스의 뒤를 이은 일체의 사상은 그 기저에, 문명은 — 그 기본 바탕은 영구적으로 타당성을 가진다 하더라도 — 개방된 마음과 개방된 기회라는 진화의 정신을 나타내지 않으면 안 된다는 확신을 깔고 있다. 교육은 문명이 이 정신을 나타내도록 도와주지 않으면 안 되며, 따라서 교육을 하고 교육을 받

는 것은 문명인의 의무이다. 교육체제의 내용과 가치는 사회적 목적에 비추어 판단되어야 하며 어떤 종류의 것이든지 판단을 내리는 데에는 과학적 자료와 방법이 필수적인 조건이 된다. 또한 이 모든 생각의 이면에는, 교육은 개인적인 면에서나 사회적인 면에서나 모든 연령의, 모든 시대의 인간에게 동일할 수 없다는 신념이 들어 있다. 사실상, 기회와 필요와 통찰을 달리하는 엄청나게 다양한 맥락은 학생의 편에서나 교사의 편에서나 교육의 전문화에 관한 모든 사고의 제1원리가 되어왔다. 차차 시일이 경과함에 따라, 이 모든 통찰과 노력을 통합하여 시대적 요청에 부응하는 교육체제를 창출해 내겠다는 것이 연달은 교육개혁위원회를 이끌어 온 강한 동기였다. 그러나 그러한 생각이 19세기 중엽부터 있었던 것이라고 생각하는 것은 일종의 시대착오일 것이다. 오늘 우리의 시점에서 과거를 규정하는 일은 뒤로 미루고, 그보다 우선 우리는 그 당시에 작용했던 몇 가지 영향과 그것에 의하여 이룩된 실험을 따로따로 고찰할 필요가 있다.

5 유럽의 신 헤르바르트 주의

¶23_ 헤르바르트의 교육이론이 초기에 성공을 거둔 것은 그것이 독일 사람들의 조직적인 두뇌에 특이하게 부합했다는 점에 그 원인이 있었다. 헤르바르트 당시의 독일 정치가들은 독일 국민을 국가적 목적에 맞는 방향으로 이끌어 갈 수 있는 교육체제를 필요로 하였으며, 헤르바르트는 그 필요를 충족시켜 주었다. 헤르바르트는 교육의 의미를 교육자의 통제에 의하여 학생의 마음을 형성하는 과정으로 규정하고, 교수의 자료를 선정하고 배열하는 명확한 원리를 제시하였으며 교육의 효과를 거둘 수 있는 지식 전수의 체계적 방법을 제안하였다.

¶24_ 그의 만년에 가서 헤르바르트의 영향력은 일시 쇠퇴하였지만, 바로 그 시기에 칼 포크마르 스토이*(1815-1885)라는 열렬한 제자가 나타나 유럽과 북미 대륙에서 헤르바르트의 이론을 확고한 지위로 복원하였다. 그는 예나 대학에서 강의를 하면서 헤르바르트 자신이 세운 것과 같은 시범학교를 세웠다. 그 후 튀스콘 질러*(1817-1882)는 이 기초 위에서 헤르바르트의 이론을 더욱 발전시켰다. 기원 1853년에서 시작하여 그 후 계속 라이프치히 대학에서 한 그의 강연은 「일반 교육학 입문」*(1856)과 「교육적 교수의 기초」*(1864)라는 중요한 저작의 기초

가 되었다. 그는 1862년에 '교육학 학원'* 을 세웠으며, 1869년에는 헤르바르트의 이론을 따르는 사람들을 규합하고 격려하기 위하여 '과학적 교육협회'*를 창립하였다.

---

* Karl Volkmar Stoy * Tuiskon Ziller * *An Introduction to General Pedagogy*
* *Foundation of Educative Instruction* * Pedagogical Seminary
* Association for Scientific Pedagogy

¶25_ 북아메리카의 진보주의자들 사이에는 이미 페스탈로찌가 열렬한 관심을 자아내고 있었지만, 19세기 후반 이후에 그들이 가장 큰 관심을 기울인 것은 찔러에 의하여 해설되고 방법화된 헤르바르트의 이론이었다. 찔러는, 교육의 주된 관심사는 도덕성에 있다는 확신을 가지고 때와 장소를 가리지 않고 이 복음을 전하였다. 교육은 신의 왕국의 기관이며 그 왕국에 의하여 세밀하게 통제되지 않으면 안 된다는 것이었다. 이런 이유에서 그는 학교의 교과 중에서 도덕적 영향이 그다지 분명하지 않은 모든 교과는 명백히 도덕적 영향을 끼치는 교과에 종속되어야 한다고 역설하였다. 교과 공부를 도덕적 목적에 적절하게 '전심' 또는 '집중'* 시키기 위해서는 모든 교과가 '사고의 통일성'* 또는 단일한 목적을 반영하지 않으면 안 된다. '우리는 인격형성을 위한 교재를 마련하고 그것을 핵으로 하여 그 밖의 모든 교재가 배열되도록, 그 핵에서부터 연결그물이 사방으로 뻗어나가도록 함으로써 아동의 "사고권"이 통합되고 서로 연결되도록 하지 않으면 안 된다. 이렇게 할 때 교육은 이미 따로따로 떨어진 여러 분야의 교수를 단순히 모아놓은 것이 될 수 없다.' 다시 말하면 몇 가지 특정한 중심 교과가 모든 교육의 중핵을 이루어야 하며, 이 중핵의 내용은 종교적, 세속적 역사로 구성되어야 한다. 그리하여, 예컨대 지구에 관한 공부는 救援구원의 役事역사를 담당한 탐험가와 선교사의 활동과 관련하여 공부하며, 그들이 사용한 나침반을 기하 공부에 도입하는 등등으로, 모든 교과를 그 중핵에 관련시켜야 한다는 것이다.

---

* concentration * unity of thought

¶26_ 일반 교과와 도덕 훈련 사이의 세부적인 상관을 설정하는 방안은 원래의 헤르바르트 이론과 일관되는 것으로서 그것을 더욱 정련시킨 결과이다. 찔러는 개인의 발달단계와 종족의 발달단계가 상응한다는 믿음을 가지고 있었고 —

이 믿음은 루소, 페스탈로찌, 프뢰벨에서도 다소간은 찾아볼 수 있다 — 이 믿음을 여덟 단계의 도덕적 발달을 촉진하기 위한 매우 자세한 처방의 기초를 삼았다. 그에 의하면 지적 발달은 도덕적 발달에 긴밀하게 종속된다.

¶27_ 일곱 살에서 열다섯 살에 이르는 8년 동안의 초등학교 취학기간 중에서 3학년에서 8학년까지 각 학년에서의 학교생활이 다루어야 할 핵심적 주제를 보면 찔러가 교육의 원리로서 얼마나 철저한 교조주의를 표방했는가를 충분히 짐작할 수 있다. 그 핵심적 주제는 (가) 권위에 복종하기, (나) 권위의 의미에 관하여 생각해 보기, (다) 자발적 판단에 의하여 권위에 자신을 종속시키기, (라) 권위에 대하여 애정을 가지기, (마) 자신의 노력으로 도덕적 종교적 향상을 도모하기, 그리고 (바) 지역사회에 봉사하기이다. 각각의 '문화적 단계'*의 도덕적, 종교적 주제와 관련하여 그것과 병렬적인 관심사로서, 예컨대 샤를르 대제와 초기 독일 제국의 창건주들을 이스라엘의 여러 왕과 동시대적으로 비교하는 것을 들 수 있다. 중등교육에서는 그 주제를 다시 고전과 관련짓는다.

* cultural epoch

¶28_ 역사상 현재 우리의 시점에서 보면, 찔러의 이러한 교육적 처방이 피히테의 국가주의 사상, 모든 것을 지배하는 '도덕적' 실체로서의 국가에 관한 헤겔의 견해, 비스마르크*의 권력욕, 히틀러*의 과대망상증 등과 잘 부합했다는 것을 짐작하기는 어렵지 않다. 그 당시의 형편으로 보면 찔러의 주장은 주로 교육적 제안을 위한 것이었지만, 헤르바르트주의자들 중에는 그 교육방안의 이면에 들어 있는 위와 같은 의미 때문에 찔러의 방안을 공격하는 사람들이 많이 있었다. 그러나 독일 이외의 지역에서의 찔러의 중요성은 특정한 연령에 가장 적합한 교수 주제와 가장 적절한 교수 방법, 그리고 다양한 교과를 이 목적에 맞게 조정하고 적응시키는 방법에 관하여 많은 연구를 촉진한 계기가 되었다는 데서 찾아볼 수 있다. 교육에 관한 사고는 실험과 시범에 의하여 확립되거나 부정되어야 한다는 생각은 궁극적으로는 체계적인 아동연구로 연결되었으며, 보다 직접적으로는 그 당시 세계에서 가장 훌륭한 것으로 인정되었던 독일의 여러 대학이 교육학에서 중요한 위치를 차지하도록 하는 데에 기여하였다.

* Bismarck * Hitler

6 프뢰벨의 영향

¶29_ 프뢰벨의 경우에, 그가 열렬한 애국심을 가지고 있었고 또 '보편적 독일 교육'을 진흥시키려는 강한 열의를 가지고 있었음에도 불구하고 그의 조국에서는 인정을 받지 못하고 주로 영어권에서 그 추종자를 가지게 되었다는 것은 기이한 일이다. 그 영어권의 추종자들은 프뢰벨 이론의 신비주의적 측면은 도외시하고, 예컨대 아동의 유희적 관심에 기초를 둔 자발적 활동의 발달과 같은, 아동에 대한 프뢰벨의 사랑에서 우러나온 교육방법상의 통찰에 관심을 집중하였다. 오늘날 이른바 '프뢰벨의' 교육방법과 통찰로 알려져 있는 것들은 그 원래의 창안자를 충실히 반영한다기보다는 주로 그 변형 또는 발전된 형태를 나타낸다.

¶30_ 뿐만 아니라, 프뢰벨의 정신은 오직 유아학교와 관련하여 한정적으로 발전되어 온 것이 아니다. 비록 시일이 걸리기는 했지만 확실하게, 나이든 학생에 있어서도 활동은 학습의 근본적인 요소가 된다는 사실이 호응을 얻게 되고 다양한 종류의 작업 활동이 학교의 교육과정에 도입되었다. 이 면에서 가장 주목할 만한 보기는 교육에서 수공훈련이 점점 중요성을 띠게 되었다는 사실에서 찾아볼 수 있다. 이 운동의 시작은 프뢰벨의 제자이면서 핀란드 초등교육의 선구자인 우노 시그나이우스*(1810-1888)의 업적에 의하여 마련되었다. 그는 1866년에 수공훈련을 '슬로이드'*라는 이름으로 핀란드 초등학교의 필수 교과로 편입시켰다. 핀란드에서 '슬로이드'가 성공을 거두자 이웃나라에서도 그것을 채택하였다. 스웨덴에서 '슬로이드'는 도시 생활의 폐단을 완화시키고 전통적인 농가 산업의 쇠퇴를 방지하는 방안으로서 열렬한 환영을 받았다. 기원 1875년, 오토 살로몬*(1849-1907)의 주도하에 네이스*에 설립된 수공학교는 그 교과의 이론과 실제를 정립하는 데에 큰 공헌을 하였으며, 그 하계학교에 참여한 외국 학생들은 전 유럽에 수공훈련 운동을 전파하는 데에 도움이 되었다. 크레민*은 그의 「학교의 변모」*(1961)에서 1876년 필라델피아에서의 러시아인의 시범이 미국의 수공교육에 영향을 미쳤다는 것과 그것은 궁극적으로 '진보주의' 교육운동을 촉진한 계기가 되었다는 것을 명쾌하고 설득력 있는 논조로 기술하고 있다.

---

* Uno Cygnaeus * sloyd[slöjd] * Otto Salomon * Naas[Neis]
* L. A. Cremin * *The Transformation of the School*

¶31_ '슬로이드'의 원래의 형태는 그 후 상당히 수정되었다. 보다 구체적으로 말하자면, 모든 종류의 목공과 수공예는 그 형식성이 덜 강조되고 기법에 대한 관심도 감소되었으며, 이런 것들보다는 정신적 자세와 감수성과 창의성을 훈련하는 기회로 더 중요시되었다. 이러한 정신적 요소는 원래의 네이스 방안에서 명시적으로 강조되었던 것이지만 그 후 수공이나 활동을 기본으로 하는 모든 교육방법에서 핵심적 위치를 차지하게 되었고, 나아가서는 수공 이외의 다른 교과와 관심에서도 동일한 원리가 적용되도록 하는 원동력이 되었다. 수공 기술과 결부된 도덕적 및 심미적 가치는 프뢰벨의 범신주의나 상징주의와는 거리가 멀지만, 그것이 프뢰벨의 의도 속에 태아적인 형태로 들어 있었던 것은 분명하다. 교육 실제와의 관련에서 보면, 그것은 활동과 실험을 기본으로 하는 교육방법이 지적인 면에서 가치를 가지는 인식과 병렬을 이루어 왔다.

7 스탄리 홀과 아동연구 운동

¶32_ 기원 19세기 후반에 와서 유럽의 교육자들은 대부분이 이웃나라의 교육 실제를 알아보거나 그렇지 않으면 헤르바르트와 프뢰벨의 이론에 의존하였다. 사실상 그들은 산업인력의 확보와 정치적 전략이라는 국내의 시급한 과제에 얽매어 그 이외의 다른 문제에는 관심을 가질 겨를이 없었다고 말하는 편이 더 정확하다. 그러나 대서양을 건너 미국에서는 교육의 가능성에 관한 관심이 여러 방면으로 점점 고조되어 표현되면서 그 가능성이 여러 가지 사회적 또는 개인적 상황에서 실증적인 검증의 대상이 되었다. 식민지 시대의 대학과 옛날의 라틴어 학교에 뒤이어 프랭클린*의 아카데미와 제퍼슨*이 새로 설립한 버지니아 대학,* 그리고 새로운 주립대학들이 설립되었으며, 1812년의 전쟁 후에는 중등교육에 대한 관심이 폭발적으로 증대하였다.

* Benjamin Franklin(1706-1790) * Thomas Jefferson(1743-1826) * University of Virginia

¶33_ 주정부들은 교육에 점점 열성을 보이면서 노력과 재정 지원을 교육에 집중하였다. 몇몇 주에서는 건설적 교육정책을 좀 더 효율적으로 수립하고 추진하기 위하여 교육위원회를 조직하였으며, 그 위원회는 때로 저명한 지도자에 의

하여 주도되었다. 그 중의 가장 유명한 사람은 1837년에 마사추세츠 주 교육위원회의 위원장으로 임명된 호리스 만*(1796-1859)이다. 그는 12년* 동안 교육개혁을 실시하였으며, 모든 교육적 가능성을 검토하고 실현하는 일을 웅변적인 어조로 장려하였다. 그의 교육사업은 효율적인 프로그램을 마련하는 것, 좋은 참고도서를 편찬하는 것, 교사를 위하여 좋은 기구와 충분한 봉급을 확보하는 것 등을 포함하였다. 호리스 만의 지도 하에서 마사추세츠 주의 교육은 가장 높은 수준의 공적, 비종교적 형태의 교육으로 변형되었다.

* Horace Mann　* 1837-1848

34_ 돌이켜 볼 때 마사추세츠주가 호리스 만의 재임기간 중에 공립 '사범학교'*를 설립하여 아동과 학교의 필요를 제도적으로 연구할 계기를 마련한 것은 매우 의의 깊은 일이라고 말할 수 있다. 남북전쟁* 후 미국에서 아동연구 운동과 그 연구의 결과를 체계적으로 활용하는 일은 여러 주에서 큰 중요성을 띠었다.

* normal school　* Civil War(1861-1865)

35_ 이 운동의 선구자는 나중에 클라크 대학*의 유명한 총장이 된 그란빌 스탄리 홀*(1846-1924)이었다. 그는 1883년에 보스톤 지역의 학교를 대상으로 하여 「취학기 아동의 심리」*라는 연구로 그의 필생의 과업을 시작하였다. (이 연구는 1869년 베를린에서 이루어진, 그와 유사한 헤르바르트 계통의 연구에서 시사받은 것이다.) 이 연구를 발단으로 하여 그는 그에게 모여든 일단의 제자들의 도움을 받아 일련의 긴 연속적 연구를 통하여 아동과 청소년의 마음을 탐색해 나갔으며, 그 결과를 수많은 전문지 논문으로 써내었고 그 논문들은 마침내 그의 대작인 「청소년기」*(1904)라는 책의 주요부로 활용되었다. 홀에서 이렇게 시작된 운동은 요원의 불길처럼 처음에는 미국 전역에, 그리고 나중에는 전 세계로 번져 나갔다. 그리하여 19세기의 마지막 10년에 와서는 이 방면에 관한 저서와 전문지가 쏟아져 나오면서 아동에 관한 과학적 연구가 현대 교육 활동의 공인된 분야라는 증거를 보여 주었다.

* Clark University　* Granville Stanley Hall
* *The Contents of Children's Minds on Entering School*　* *Adolescence*

¶36_ 미국에서 아동연구가 활발히 일어나던 시기를 이 운동의 '미국적 단계' 라고 부를 수 있다면, 이 단계에서 아동과 청년 연구에 사용된 방법은 여러 가지 였다. 그 가장 중요한 것은 세밀하게 준비된 '질문지'에 대하여 성인이 자신의 기억을 더듬어 응답하는 내용을 자료로 하여 호기심, 공포, 분노, 동정심, 사랑, 예술, 종교 등, 인간 본성의 기본 사실을 조사하는 것이었다. 이것은 그 당시에 홀 자신이 가장 즐겨 사용한 아동 연구 방법이었다. 또 한 가지 방향은 얼 반즈*의 「교육 연구」* (1891, 1902)에 예시된 것으로서, 이것은 특정한 질문에 대한 아동의 작문에 나타난 아동의 경험과 태도를 조사하는 것이었다. 그 중에서 최선의 것, 그리고 가장 잘 알려진 주제를 보기로 하여 설명하자면, 이 방법은 예컨대 아동에게 '네가 들은 이야기나 읽은 책에 나오는 인물 중에서 너는 누구와 비슷한 사람이 되고 싶은가'라는 질문을 주고 그 대답을 기초로 하여 아동의 이상을 알아보는 것이다.

---

* Earl Barnes * *Studies in Education*

¶37_ 이런 종류의 아동 연구에 대하여 이후에 대두된 비판은 통계적 불완전성을 근거로 하여 대부분의 연구 결과가 신빙성이 없다는 점을 들고 나왔다. 그러나 설사 그 연구에 사용된 방법이 때로는 유치하고 거기서 이끌어낸 결론이 연구자들에 의하여 이따금 가정되는 것과 같은 보편적 타당성을 가지지 않는다는 것을 받아들인다 하더라도, 또 한편으로 그런 연구들은, 특히 통찰력을 가진 연구자들의 손에 의하여, 미성숙한 인간의 모습에 관한 지식에 새로운 시야를 열어주고 진화의 이론이 인간의 영혼에 적용될 때 가질 수 있는 보다 풍부한 의미를 제시한 것도 사실이다. 사실상 홀의 교육이론이 이룩한 가장 중요한 공헌은 바로 여기에 있다. 홀은 다른 어떤 사람이기에 앞서 진화론자였다. 그의 일차적 관심은 생물학적 진화보다는 정신적 진화에 있었지만 그는 이 두 가지를 대립되는 것으로 보지 않았다. 그에게 있어서 '마음은, 적어도 동물계에 있어서는, 삶과 거의, 또는 어쩌면 전적으로, 동일한 의미를 가지는' 것이었다. 진화론적 사고를 인간의 영혼 문제에 도입함으로써 그는 다윈 이론의 필요하고도 불가피한 부분을 부연한다고 자처하였다.

¶38_ 「인간의 계보」*와 「정서의 표현」*에 관한 논의에서 다윈이 직접 제시한 실마리를 따라 가면서, 홀은 감정과 의지의 다양한 측면 — 홀에 의하면 이것은 '靈魂擔持物영혼담지물,* 즉 우리 내부에 있는 정신적 유전 담당자'이다 — 을 연구하였다. 이 연구를 기초로 하여 그는 영혼도 육체와 마찬가지로, 개체 성장의 역사는 종족 발달의 과정을 반복한다는, 이른바 '반복의 법칙'*에 지배된다는 확신을 가지게 되었다. 그는 다음과 같이 말한다. '영혼의 본질은 그 변화의 과정에 있다. 영혼은 정지된 상태로 고정되어 있는 것이 아니라, 현재의 형태와는 다른 이전의 영혼 상태에서 현재의 형태로 성장한다. 그것은 마치 다 자란 몸과는 다른 원형질에서 다 자란 몸이 성장하는 것과 같다. 하나하나의 모든 요소가 현재의 영혼을 형성하며 그것에 영향을 미친다. 그러므로 영혼은 유전의 산물이다. 영혼은 아직 조잡하고 모순에 가득 차 있다. 외부적으로 최대한으로 교육받고 세련된다 하더라도 영혼은 그 내면의 정맥 속에 야만인 또는 동물의 충동을 느끼고 있다.'[1)]

1) Hall, Adolescence, ii, 69.
* *Descent of Man* * *The Expression of the Emotions*
* psychophores * law of recapitulation

¶39_ 홀의 견해에 의하면, 교육자의 할 일은 이 병렬관계에 입각하여 인간의 마음의 역사적 전개과정에 관한 몇 가지 불확실한 단서를 기초로 하여 그 단서가 허용하는 범위 내에서 개체 발달의 각 단계를 정확하게 규정하는 것이다. 이것이 교육 문제에 관한 모든 논의에서의 그의 끊임없는 관심사였다. 그가 이 일에 어느 정도의 성공을 거두었는가를 알기 위해서는 하나의 예로서 여덟 살에서 열두 살 사이의 단계에 관하여 그가 말한 내용을 살펴보는 것이 최선의 방법일 것이다. 홀에 의하면, 이 단계는 일생의 특이한 기간을 나타낸다. 이 단계에서 아동의 두뇌는 성인과 거의 동일한 크기와 무게에 다다랐고, 신체적 활동은 그 전후의 어느 단계에서보다 더 활발하고 다양하며, 아동의 자연적 흥미는 성인의 영향에서 거의 완전히 벗어나 있다. 아동의 지각은 예민하지만, 이성, 도덕성, 종교, 동정심, 사랑, 심미적 감상력 등은 거의 발달하지 않은 상태에 있다. 이 단계의 모든 특징은, 마치 언젠가 먼 옛날 상당히 오랜 기간 동안, 인간의 진화 과정상 '난쟁이 단계'*가 있었고 그때에는 생존경쟁이 치열하지 않았기 때문에 여덟 살에서 열두 살의 아이들이 더 이상 부모의 도움을 받지 않고 독립적으로 생활했

다는 것을 연상시키기라도 하듯이, 삶의 한 단계가 완결되었다는 것을 나타내어 준다.

---

* Pygmoid

¶40_ 이 모든 것은 교육에 관한 루소의 생각, 즉 적절한 환경 하에서는 열두 살까지의 사춘기 이전 단계의 아이들은 자연 상태로 내버려 두어야 한다는 생각이 옳았다는 것을 시사한다. 아동은 야만 상태에 탐닉하며, 만약 아동으로 하여금 그 약탈하고 사냥하고 고기를 잡고 싸우고 여기저기 돌아다니고 게으름을 피우고 놀이를 하는 원시 부족의 성향을 마음껏 즐기도록 하면 그러한 성향은 아마 잘 조직되고 조정되어서, 가장 현대적인 학교가 제공할 수 있는 것보다 훨씬 더 진정으로 인간적인 자유교육*의 효과를 나타낼 것이다. 심지어 현재의 상황 하에서도 그러한 격세유전적 본능*은 형성되고 충족되어야 한다. 종족의 조상들이 가졌던 경험과 종사했던 활동을 다시 살려내려는, 개체의 마음 속 깊이 들어 있는 열망은 예컨대 아동이 알아들을 수 있는 영웅적 미덕에 관한 이야기를 통하여 간접적으로 충족될 수 있으며, 이러한 간접 경험은 그 강도에 있어서는 원래의 직접 경험에 미치지 못하지만, 그 다양성과 포괄성으로 이 면의 결함을 상쇄할 수 있는 것이다. 그것은 어디까지나 종족의 먼 과거에 있었던 더 광대하고 풍부한 삶의 메아리에 지나지 않지만, 그것은 또한 현대 생활의 노저에 나타나 있는 조숙의 위험으로부터 청년들을 구제할 수 있는 유일한 詩神시신*의 속삭임이다. 모든 것을 때 이르게 익혀 버리는 온실과도 같은 현대의 도시화된 삶에서, 우리는 시대를 불문하고 언제나 아동으로 하여금 들과 숲과 언덕과 바닷가와 물가 — 길들여지지 않은 야생의 아동기에 어울리는 아동의 진정한 집 — 에 가보도록 부추기면서 그에게 자연을 가르치지 않으면 안 된다. 이야기와 자연이라는, 가정과 주위 환경에서 비형식적인 방법으로 학습되는 이 두 가지 주성분은 교육의 근본을 이룬다.

---

* humanistic and liberal education * atavistic instincts * Muse

¶41_ 그러나 오늘날의 복잡한 문명에 들어 있는 수많은 지식과 기술은 또한 다른 종류의 교육을 필요로 한다. 여덟 살이 되면 — 그 이전이어서는 안 된다 — 아동은 학교 교실로 이식되어, 처음에는 거의 아무런 내적 반응을 일으키지 못하

는 낯선 영향 하에 놓이지 않으면 안 된다. 아동이 대부분 수동적인 자세를 취한다는 것, 또는 오히려 능동적인 저항과 기피를 나타낸다는 것은 확실하지만, 다행하게도 아동은 압력에 의하여 그다지 어렵지 않게 학습한다. 아동이 반복적 연습과 훈육을 그토록 기꺼이 받아들이는 것, 습관화에 그토록 놀라운 가소성을 보이는 것, 새로운 상황에 그토록 쉽게 적응하는 것은 이 시기가 아니고는 다시 찾아볼 수 없다. 이 시기는 외부적인 기계적 훈련, 읽고 쓰고 그리는 연습, 수공훈련, 음악의 기법, 외국어와 그 발음법, 수와 기하 도형의 조작이 이루어지는 시기이다. 수많은 종류의 기술이 여기서 그 황금시대를 만나지만, 만약 이 시기에 그것이 개발되지 않고 지나가면 나중에 가서는 불편과 손실의 무거운 대가를 치루지 않고는 결코 그것을 습득할 수 없다. 이 시기의 과업을 치루는 것은 도덕에는 물론이요 신체적 건강이나 감각이나 정신에 해를 끼치게 되겠지만, 교육의 기술은 아동으로 하여금 될 수 있는 한 집중적으로, 단기간에, 최소한의 곤란으로 그 과업을 돌파하도록 하면서, 그와 동시에 아동의 '자연적 흥미'에 영합하느라고 얼르고 아양떠는 것을 최소한으로 하는 데에 있다.[1)]

1) Hall, *Adolescence*, p. ix-xiii.

¶42_ 홀이 그의 아동연구를 기초로 하여 그려낸 이상적 학교의 모습을 살펴보는 것은 오늘날의 형편으로는 별로 도움이 되지 않는다. 역사가의 입장에서 볼 때 '반복이론'* 의 가장 중요한 측면은 그것이 가져온 결과에 있다. 그 결과라는 것은 곧 아동의 학습에는 연령에 따라 여러 단계가 있다는 코메니우스의 견해가 새로운 의미로 살아났다는 것이며, 그것이 이 경우에는 미국 여러 지역의 대학과 실험실의 체계적인 관찰과 실험에 의하여 지지되었다는 것이다. 이런 딱딱하고 때때로는 답답한 분위기를 벗어나 눈을 먼 곳으로 돌리면, 우리는 다시 한번 세계 여러 나라에서 아동연구에 대한 관심이 일으킨 '파장 효과'를 볼 수 있게 된다. 그것은 드크롤리, 몬테소리, 매크밀란 자매의 노력과 바덴 파우웰* 의 스카우트 운동으로 나타난다. 그러나 우리의 관심을 여전히 학교교육에 집중시키면서 우리는 이제 미국으로 돌아가 그 나라의 가장 유명한 교육적 선구자에 관하여 고찰하지 않으면 안 된다.

* Recapitulation Theory　　* Baden Powell

8 존 듀이와 실험학교

¶43_ 존 듀이*(1859-1952)는 스탄리 홀과 상당한 공통점을 가지고 있다. 두 사람은 모두 진화론을 출발점으로 하여 그것을 아동연구에 적용함으로써 교육적 사고를 시작하였다. 두 사람은 모두 지력이 실제적 목적에 종속되어야 한다고 역설하였으며, 이 점에서 두 사람의 철학은 넓게 보아서 실용주의에 속한다고 말할 수 있다. 그러나 양자 사이에는 여러 가지 차이가 있다. 듀이는 한때 헤겔과 영국 관념론자들을 신봉하였으며, 홀보다는 침착하고 세밀한 사고를 하였다. 말하자면 그는 과학자라기보다는 철학자였다. 그러나 교육의 실제에 관한 그의 견해는, 홀의 그것에 못지않게 혁명적인 것이었지만, 그러면서도 삶의 현실에 바탕을 두고 그것과 밀접한 관련을 맺고 있었다. 듀이와 홀 사이의 차이를 대조적으로 나타내자면, 홀의 이상적 학교는 그의 철학에서 나온 계획서였던 반면에, 듀이의 교육철학은 그 반대로 이상적 학교를 세운 그의 실험에서 나왔다고 말할 수 있다. 듀이의 경우에 그 이상적 학교는 시카고 대학에서의 그의 교육적 관심과 연구의 일환이었다.

* John Dewey, 존 듀이에 관한 이 부분은 Boyd에 의하여, *Democracy and Education*(1916)이 알려지기 전에 집필된 것이 분명하다.

¶44_ 듀이가 1896년에 설립한 '시카고대학 실험실 학교'*는 미래의 학교를 위한 길을 준비하려는 듀이의 의도를 반영한 것이다. 듀이가 보기에 보통의 학교는 산업혁명으로 말미암아 사회구조에 일어난 파격적인 변화에 부응하지 못했다. 그런 학교는 인구의 대부분이 농촌에 거주하던 당시의 세대를 위해서는 응분의 역할을 수행하였지만, 도시가 널리 퍼짐에 따라 아동에게 들이닥친 교육 기회의 심각한 손실을 만회하는 데에는 거의 아무런 대책이 없었다. 듀이에 의하면, 이 사태와 관련된 기본적인 사실은 전통적인 가정생활의 붕괴와 소박한 촌락 공동체의 소멸이었다.

* University Laboratory School

¶45_ 현대의 아동은 공장 제품의 세계에서 살고 있으며 그러면서도 그 제품이 어떻게 제조되는가에 관해서는 막연한 생각밖에 가지고 있지 않다고 듀이는 지적한다. 아동은 옷의 형태로 나타나기 이전의 옷감을 보는 일이 없으며 식탁에

올라오기 이전의 식품을 보는 일이 없다. 아동이 살고 있는 집은 성냥을 그어대면 불이 붙는 가스나 스위치를 누르기만 하면 불이 들어오는 전기로 조명된다. 한 세기 전의 농촌 아동의 경우에 그의 일상경험은 이것보다 훨씬 풍부하였다. 아동은 양털을 깎는 것에서 시작하여 물레로 실을 뽑는 것에 이르기까지 옷감을 만드는 모든 과정을 그의 집 바로 옆에서 볼 수 있었다. 또한, 스위치를 눌러서 온 집안에 전등 빛이 쏟아지게 하는 대신에 아동은 짐승을 죽여서 기름을 짜내는 것에서 시작하여 심지를 만들고 밀랍에 담그는 것에 이르기까지 불빛을 얻는 데에 필요한 길고 힘든 과정을 모두 따라가지 않으면 안 되었다. 그리하여 그 아동의 평범한 일상생활은 지적인 면에 있어서나 도덕적인 면에 있어서나 오늘날의 아동에 비하여 훨씬 큰 교육적 가치를 가지고 있었다. 집안일을 거들어 주고 그것에 참여함으로써 옛날의 아동은 특별히 의식적인 노력 없이 지력과 인격을 연마할 수 있었다. 오늘날의 상황에서는 대단히 중요한 문제로 생각되고 있는 학습의 동기는 그 당시에는 일상의 평범한 일에 넘치도록 보장되어 있었다.

¶46_ 세계 모든 나라의 전통적 학교는 교육적 환경의 이러한 변화에 적절하게 대처하지 못하였다. 교육이 소수를 위한 사치품이었던 그 전시대의 영향이 아직도 그 학교에 머뭇머뭇 남아 있었다. 옛날 서적중심의 교과가 여전히 수업의 주요 자료로 되어 있었고 교실은 강의를 하고 강의를 듣는 장소로 되어 있었다. 천편일률로 고정된 책상 배치가 학교 교육의 전형적인 모습을 나타내고 있었다. 이것은 곧 교사가 미리 준비한 내용을 학생이 수동적으로 흡수하는 데에 급급하는 상황을 대변하는 것이나 다름없었다. 책상에 앉아 있는 아동은 교사의 말을 듣는 것밖에 달리 할일이 없었기 때문에 '행함으로써 배울' 가능성은 거의 없었다. 아닌게 아니라, 아동이 무엇인가를 '행하려고' 한다면 그것은 어김없이 방해를 초래하는 셈이 되었다. 그럴 수밖에 없는 것이, 행하려고 하는 순간 아동은 '개별적인 행동'을 하는 것이다.

¶47_ 전통적 학교의 모든 배열과 조치는 아동을 개인으로서가 아닌 무더기로 취급하려는 생각을 반영하였다. 이러한 학교가 자아내는 즉각적인 효과는 지적인 자발성을 마비시키는 것이지만, 그보다 더 심각한 것은 도덕적 실패이다. 도덕교육, 또는 더 정확하게 말하여 '사회적 교육'은 특정한 사회 안에서 그 공동의 목적과 필요에 참여함으로써 이루어지며, 학교의 학습에서는 학생을 하나의 사회적

단위로 조직하는 일이 거의 없다. '학교의 교실에는 사회적 조직의 동기와 접합제가 모두 결여되어 있다. 윤리학적 측면에서 볼 때, 현재의 학교가 안고 있는 비극적인 약점은 사회 체제의 장차의 구성원을 길러내는 일을 하면서 바로 그 일을 사회적 정신의 조건이 현저하게 결여된 상황에서 하려고 한다는 데에 있다.'[1] (이 말에 나타난 도덕적 정조는 마르크스 이론의 메아리이다.)

1) Dewey, *School and Society*, p. 28.

¶48_ 새로운 시대가 요구하는 것은 오늘날의 사회에서의 완전한 삶을 위하여 학생들을 훈련시킬 수 있는 학교였다. 듀이의 실험학교는 이 이상을 실현하는 데에 목적을 두었다. 듀이가 보기에 시급히 해결해야 할 문제는 구체적으로 네 가지였다. '(가) 학교를 가정과 이웃의 삶에 더 가까이 관련되도록 하려면 어떻게 해야 하는가? (나) 역사와 과학과 예술 등의 교과가 아동 자신의 삶에 적극적인 가치와 진정한 의의를 가지도록 하려면 어떻게 해야 하는가? (다) 읽기, 쓰기, 셈하기와 정규 교과의 교수가 일상생활의 경험과 작업을 그 배경으로 하여 전개되도록, 그리고 그것을 보다 내재적 의의*를 가진 다른 공부와 관련시킴으로써 아동들에게 흥미를 일으키도록 하려면 어떻게 해야 하는가? (라) 아동 개개인의 능력과 필요에 적절한 주의를 기울이려면 어떻게 해야 하는가?'[1]

1) Dewey, *School and Society*, p. 116.
* inherent content

¶49_ 페스탈로찌와 마찬가지로, 그러나 마르크스와는 달리, 듀이는 그의 이상적 학교의 모형을 이상적 가정에서 찾았다. 듀이가 보기에, 만약 부모가 아동을 위하여 무엇이 최선의 것인지를 알고 또 거기에 필요한 것을 제공해 줄 능력이 있다면 가정에서 아동은 사회적 교섭을 통하여, 또 가정의 생활 그 자체를 통하여 중요한 학습을 할 수 있다. 일상의 대화에 참여하고 가사에서 자신의 몫을 담당함으로써 아동은 상당한 양의 지식을 습득하고 근면과 질서의 습관, 다른 사람의 권리와 견해에 대한 존중, 그리고 자신의 활동을 가정의 전체적 이익*에 종속시키는 기본적인 습관을 획득한다. 그리하여 듀이가 말하는 이상적 학교라는 것은 바로 이 모든 것을 조직하고 일반화한 것을 가리킨다.

* interest, 또는 관심, 흥미

¶50_ 사실상, 듀이에 의하면 학교는 가정의 확대판이 되어야 한다. 아동이 가정에서 다소간 우연적으로 받는 도야는 학교로 이어지면서 보다 완벽한 형태로, 더 좋은 설비와 더 과학적인 방법에 의하여 진행된다. 학교는 학교생활 이외의 아동의 경험과 단절된 그 자체만의 고립된 생활 영역이 되어서는 안 된다. 만약 학교가 그 원래의 모습을 갖추게 된다면, 학교에서 아동은 가정에서와 동일한 태도와 관점을 가지게 될 것이다. 아동은 '가정이나 이웃의 삶에서 여념 없이 몰두하던 놀이나 작업에서 느끼던 것과 동일한 흥미를 가지고 학교에 가며 또 거기서 하는 일이 그 자체로서 가치 있다고 생각하게 될 것이다.' 이것을 다른 방식으로 표현하면, 학교는 가정과 마찬가지로 진정한 공동체가 되어야 한다는 말이 된다. 이 공동체에서 아동은 그에게 관심*을 일으키는 활동, 그로 하여금 자신은 공동체 전체의 성공이 그 노력 여하에 달려 있는 참여자로서 거기에 기여하고 있다는 것을 의식하도록 하는 공동의 활동에 종사한다. 학교가 이 이상을 실현하는 실제적 방안은 무엇인가? 그것은 가정의 예를 따르는 것이며 일상생활과의 관련이 명백한 신체적 작업에 주의를 집중하는 것이다.

* interest

¶51_ 듀이의 '실험실 학교'에서는 이 아이디어를 크게 세 가지 방향으로 발전시켰다. 그것은 (가) 목재와 연장으로 하는 '공작실'* 활동, (나) 요리 활동, 그리고 (다) 직물로 하는 활동(바느질과 베짜기)이다. (남자 아동과 여자 아동은 모두 이 세 가지에 다 같이 종사하였다.) 이 학교의 정신과 교육 방법을 보여주는 한 가지 예를 들어 보겠다. 열 살이나 열한 살쯤, 인류가 어떻게 옷감을 발명했는가 하는 문제를 생각할 나이가 된 아동에게 아마, 목화, 양털 등 옷감의 원료를 내어준다. 아동은 그것으로 여러 가지 천을 만들어 보게 되어 있다. 모직 섬유와 면직 섬유를 조사해 보는 동안에 아동은 어째서 양털이 목화보다 옷감의 원료로서 오랜 역사를 가지게 되었는가를 알아낸다. 목화 섬유는 목화씨에서 섬유를 분리해 내기가 어려우며 양털 섬유에 비하여 길이가 10분의 1밖에 되지 않는다. 그뿐만 아니라 양털 섬유는 목화보다 더 거칠어서 서로 쉽게 달라붙고 따라서 실로 잣기에 편리하다.

* shop

¶52_ 교사의 질문과 제안의 도움을 받아 이 모든 것을 알아낸 뒤에 아동은 실지로 옷감을 만들 궁리를 한다. 아동은 인류가 최초로 사용한 양털 가리개를 '재발명' 한다. 뾰족한 핀을 여러 개 꽂은 판자 두 개를 마주 붙여서 그 사이로 양털을 빗긴다. 아동은 양털을 자아서 실로 만드는 가장 단순한 물레를 '재발명' 한다. 구멍 뚫린 돌에 막대기를 꽂아 그것을 돌리면서 실을 뽑아낸다. 이런 실험과 발견을 통하여 아동은 오늘날 사용되고 있는 직조기의 기능을 이해한다. 이런 모든 일을 하는 동안에 아동은 상당한 양의 예술과 과학과 역사를 학습한다. 예술은 없던 것을 만들어내는 건설적 활동을 훌륭하게 할 때에는 어디에나 들어 있다. '건설 활동을 적절하게 할 경우, 그것을 충만하고 자유롭고 유연하게 할 경우, 그것에 사회적 동기를 부여하고 그것으로 하여금 무엇인가를 말해 주도록 할 경우, 우리는 예술 활동과 예술 작품을 가지게 된다.'

¶53_ 과학은 '섬유의 성질, 섬유의 원료가 성장하는 조건과 지리적 특징, 제조와 분배의 중심지, 생산 설비와 관련된 물리학적 측면'을 공부하는 데에 요구된다. 그리고 역사와 관련된 것으로서, 여러 가지 발명이 인간의 생활과 정신에 미친 영향을 들 수 있다. '우리는 인간의 역사 전체를 아마와 목화와 양털 섬유의 진화 과정을 중심으로 농축시킬 수 있다.' 물론, 섬유를 통하여 학생들이 한 활동과 공부는 모든 다른 직업과 관련된 재료와 과정을 통해서도 어느 정도는 할 수 있다. 이런 활동을 통하여 아동은 스스로 성취의 만족을 맛볼 수 있고 모든 방향으로 동시에 자유롭게 뻗어나갈 수 있다. 그것은 단순히 학습의 동기를 부여하는 것이 아니라 그 이상으로, 이후의 학습을 위한 배경을 제공해 준다. '아동은 요리에서 많은 화학적 지식을 습득하며, 목공에서 수와 기하학의 원리를, 그리고 실 뽑고 베 짜는 것과 관련된 이론적 활동에서 많은 지리학적 지식을 습득한다. 또한, 여러 가지 발명의 기원과 발전, 그리고 그것이 사회생활과 정치 조직에 미친 영향에서 역사가 다루어진다.'

¶54_ 이와 같이 듀이의 실험학교에서 작업 활동이 핵심적 위치를 차지한다고 말하면 그 밖의 보통 교과는 실제적 활동에 보조적인 것으로서 부차적으로 취급된다고 생각할지 모르지만, 그렇게 생각하는 것은 잘못이다. 오히려, 학교의 공부는 명확한 계획에 의하여 학생의 정신 발달의 단계별로 발달적 계열에 따라 모든 위대한 인간 관심사를 소개하는 방식으로 진행된다. 듀이는 심리학적 근거에 입

각하여 초등학교의 교육을 세 단계로 구분한다. 즉, 네 살에서 여덟 살까지의 '놀이 단계',* 여덟 살에서 열두 살까지의 '자발적 주의 단계',* 그리고 열두 살 이후의 '반성적 주의 단계'*가 그것이다.

---

* play period * period of spontaneous attention
* period of reflective attention

ㅐ55_ (가) 놀이 단계는 사회적 및 개인적 관계의 직접성을 특징으로 한다. 아동은 가정생활의 좁은 울타리를 벗어나서 가정 밖의 넓은 사회를 처음으로 대면하기 시작한다. 그는 아직 수단과 목적을 명백히 구분하지 못하며 따라서 문제에 봉착하더라도 그것을 문제로서 인식하지 않는다. 아동의 맨 처음 공부의 핵심 주제는 가정의 삶과 작업활동이다. 그 다음에 아동은 가정이 의존하고 있는 보다 넓은 사회적 활동, 그 중에서도 특히 농사 일로 나아가며 마지막 해에는 선사시대의 여러 측면을 실험적으로 재구성해 봄으로써 근본적인 발명과 작업활동의 발달에 관하여 학습한다. 이 마지막 해에 가서야 읽기와 쓰기가 도입되며 지리에 관한 체계적 공부가 시작된다.

ㅐ56_ (나) 자발적 주의의 단계는 기술을 배우는 단계이다. 이 단계의 아동은 보다 항구적이고 객관적인 결과의 가능성에 관하여 점점 명백히 인식하며 그 때문에 여러 가지 종류의 기술을 습득할 능력과 열의를 가지고 있다. 목적의 혼동은 더 이상 일어나지 않고, 이제 아동은 세부 사항들을 분석하는 능력과 실제적인 문제 해결에 필요한 일상의 규칙에 따라 행동하는 능력을 가지고 있다. 이 모든 것은 학교 공부의 내용과 방법에 상당한 변화가 필요하다는 것을 지시해 준다. '교육적인 관점에서 볼 때 문제는, 내용과의 관련에서는, 막연한 경험의 덩어리를 몇 가지 전형적인 측면으로 구분하도록 하는 데에 있다. 이를 위해서는, 인간이 그 가장 높은 목적을 달성하는 데에는 여러 가지 사회적 기관, 그리고 사고와 행동의 방법을 자유자재로 구사하는 일이 대단히 중요하다는 것을 예시할 수 있는 그런 측면을 선정할 필요가 있다.' 그러므로 특별한 문제를 다루는 교과들은 다소간은 상호 독립적으로 취급할 필요가 있다.

ㅐ57_ '방법과 관련된 문제는 내용의 문제에서 유추된다. 그것은 아동으로 하여금 자신의 내부에 (인류 전체의 발달과) 유사한 발달을 이룩할 필요가 있다는

것을 인식하도록 하는 데에 있다. 아동은 자신이 원하는 결과를 실현할 수 있는 활동과 탐구의 방법에 관하여 실제적 및 이론적 능력을 확보할 필요가 있다.' 이때까지 작업 활동과 그 진화를 일반적으로 취급하던 것 대신에 이제 미국을 주제로 한 본격적인 역사가 도입된다. 그 목적은 인간이 여러 가지 전형적 풍토와 지역의 조건 하에서 어떻게 그 목적을 달성해 왔는가를 보임으로써 '사회적 결과를 얻는 데에 사용되는 사회적 과정에 관한 지식'을 전달하는 데에 있다. 수단과 목적의 적응이라는 일반적 원리는 지리와 실험과학을 가르치는 데에도 동일하게 적용된다. 이 모든 공부는 직접 실제적인 내용을 다룬다.

¶58_ (다) 반성적 주의의 단계는 아동이 경험의 다양한 측면을 다루는 사고와 탐구와 활동의 방법을 충분히 습득하여 기술적, 이론적 목적을 위한 분화된 지식과 예술을 전문적으로 학습할 수 있게 된 단계를 가리킨다. 이 단계에서 아동은 보다 장기적인 목적에 착안할 수 있다. 그는 스스로 문제를 제기하고 그 해결을 모색할 수 있다. 이 단계에서의 교육에 관한 듀이의 설명은 그다지 적절하지 않으며, 따라서 그의 그 잠정적인 교육 프로그램을 자세하게 고찰할 필요는 없다.

¶59_ 듀이의 교육적 견해에 관한 이상의 고찰은 오직 그것이 띠고 있는 실제적 형식을 대상으로 한 것이다. 그러나 듀이의 교육 실험이 진행되고 있는 동안과 그 이후에 듀이가 천명한, 그 실제적 형식의 이면에 깔려 있는 심리학적 원리는 그보다 더 광범한 의의를 가지고 있다. 이 심리학적 원리는, 듀이 자신이 신중하게 지적하고 있는 바와 같이, 듀이 혼자만이 주장한 것이 아니다. 그것은, 그 본질에 있어서 진화론을 인간의 마음에 적용한 그 당시 심리학의 일반적 원리였다. 듀이가 한 것은 오직 이 심리학의 원리를 교육 실제와 관련지은 것이다.

¶60_ 듀이가 교육에 관한 논의의 출발점으로 삼은 아이디어는, 마음은 고정된 실체가 아니라 성장의 과정이라는 것이다. 이전의 견해에 의하면, 마음은 시종일관 동일하며 아동에 있어서나 성인에 있어서나 모두 동일한 종류의 '部所能力 부소능력'* 으로 이루어져 있다. 아동과 성인 사이에 차이가 있다면 그것은 오직 그러한 여러 가지 기성의 부소능력 중에서 예컨대 기억력과 같은 것은 일찍 나타나고 여기에 비하여 판단력이나 추리력과 같은 것은 늦게 나타난다는 정도였다. 이전의 견해에서 마음이 나타내는 유일하게 중요한 차이는 양적 차이였다. 아이

는 작은 어른이며 그 마음은 작은 마음이었다. 아이의 마음은 그 범위나 정도를 제외하고는 모든 점에서 어른의 마음과 다를 바 없었다. 듀이에 의하면, 이 견해는 더 이상 타당성을 가질 수 없다. 만약 우리가 마음에 관한 진화론적 함의를 받아들인다면 우리는 마음을 본질상 변화하는 것으로, 다시 말하면 성장의 계속성을 가지면서도 상이한 시기에 상이한 능력과 관심을 나타내는 변화의 과정으로 보지 않으면 안 된다.

---

* faculties

¶61_ 교과의 배열과 사용 문제를 다룸에 있어서 듀이는 발생적 심리학*의 또 한 가지 측면을 지적한다. 그것은 곧 마음은 본질상 사회적인 성격을 가지고 있다는 것이다. 마음은 사회에 의하여 형성되며 마음의 발달은 사회적 환경에 의존한다. '이전의 심리학에서는 마음을 순전히 개인의 차원에서 해석하여, 그 개인의 마음이 아무런 매개를 거치지 않고 직접 외부 세계와 접촉한다고 보았다. 현재의 추세에서는, 개인의 마음은 사회생활의 함수*로서 여러 사회적 기관으로부터 끊임없는 자극을 필요로 하며 사회적 자산에서 그 영양을 얻는다.'[1] 마음에 빛, 소리, 열 등등의 물리적 자극을 제공하는 것은 자연이지만, 이 자연적 자극은 인간의 사회적 필요와 목적에 따라 변형되며 그것을 해석하는 방법은 아동이 속하고 있는 사회가 그것에 대하여 어떻게 작용하며 반응하는가에 따라 달라진다. 사회적 경험을 통하여 아동은 그 자체로는 아무런 의미가 없는 물리적 자극의 의미를 학습하며 '불과 몇 년의 짧은 기간 동안에 인류가 수 세기 동안 느리게 이룩한 진보를 반복한다.'

---

1) Dewey, *School and Society*, p. 108.
* genetic psychology * function, 또는 '기능'

¶62_ 마음의 발생에 관한 이러한 견해는 당연히 교육에 영향을 미친다. 이전에, 마음이 외부 세계와의 접촉을 통하여 그 내용을 획득한다고 생각했던 때에는, 교수라는 것은 지리, 수학, 문법 등등으로 불리는 외부적 사실의 덩어리에 아동을 직접 대면시키는 것으로 충분히 이루어질 수 있다고 보았다. 그런 교과들이 사회적 상황에서 창출된 것이라든지 사회적 필요 때문에 발견된 해답이라든지 하는 데에는 생각이 미치지 못하였으며, 따라서 그것은, 그것을 아동 자신의 필요와 관

련지으려는 노력 없이, 그냥 단순한 정보로 아동에게 제시되었다. 듀이의 심리학을 교육의 사태로 번역하면, 교육의 과정에 관한 이 그릇된 생각은 사라진다. 역사, 과학, 예술 등의 교과는 이미 학생의 경험과 무관한 외적인 그 무엇이 아니다. 그러한 교과는 모든 개별적 아동의 마음을 시발점으로 하는 발달 과정의 종착적 단계에 불과한 것으로 된다. '만약 우리가 아동의 경향과 행동을, 장차 열매를 맺을 움트는 씨앗과 피어나는 봉오리로 보지 않는다면, 우리는 그 어느 것의 의미도 알지 못한다. 시각적 성질의 세계 전체도 빛과 형태에 관한 아동의 본능이 어떤 의미를 가지고 있는가에 대한 대답으로서는 어이없이 불충분하다. 물리학적 지식의 전체도 아동이 그에게 주의를 끄는 인과적 변화에 대하여 설명해 달라고 하는 그 소박한 요구가 무엇을 의미하는가를 적절하게 해석하는 데에는 오히려 부족하다.'[1]

1) Dewey, *The School and the Child*, p. 31.

¶ **63**_ 이와 같이 모든 과학과 예술을 개인의 경험과 관련하여 재규정하는 것은 결과적으로 교육자가 하는 일의 성격 전체를 변형시킨다. 원래의 형태대로의 교과는 아동의 마음의 성장을 올바르게 이끄는 데에는 전혀 적합하지 않다. 그러한 교과는 십중팔구 아동에게 아무런 의미가 없는 공허한 상징이요 판독표 없는 상형문자에 지나지 않는다. 그러나 학습의 내용이 학습자의 경험 바깥에 있는, 이미 완성된 상태로 존재하는 고정된 그 무엇이라는 생각을 버리고 그것을 학습자의 마음 그 자체의 요구를 충족시키는 필연적 수단이라고 생각하면, 교수는 '아동의 현재의 경험에서 시작하여 교과라는 이름으로 불리는 조직된 진리의 체계로 나아가는 계속적 재구성'으로 되며, 그와 마찬가지로 교과는 아동의 현재의 필요나 목적과 유기적으로 관련된 아동의 행위와 인격의 핵심을 이루는 그런 내용으로 된다. 이런 식으로 아동과 교과 사이의 올바른 관련이 확립되면, 학습의 동기가 없어서 걱정할 필요가 없으며 이성에 의하여 해야 할 일을 기억에 의하여 할 필요도 없다.

¶ **64**_ 듀이에 대한 영구적인 평가를 내리기에는 우리는 너무나 듀이와 가까이 있으며, 이미 오랫동안 미국에서 교육적 회의론이 발붙일 수 없게 만든, 대대적인 듀이 숭배와는 더욱 가까이 있다. 그러므로 현 단계에서 이른바 '진보주의 운동'의 공과를 정확하게 사정하기는 불가능하다. 사실상, 그 운동은 긍정적인 면에서 수

많은 괄목할 만한 업적을 이룩하였지만, 흔히 내용과 훈육을 희생시키면서 '과정'을 맹목적으로 떠받드는 것으로 끝난다는 느낌을 준다. 특히 1957년, 소련에서 최초의 인공위성이 발사된 이래로 최근에 와서는 진보주의 운동 일반에 대하여, 보다 구체적으로는 '미국판 진보주의'에 대하여 일대 반성과 비판이 일어나고 있다. 여기에 따라 진보주의 교육의 이면에 들어 있었던 심리학적 가정, 이른바 '학습'에 관한 가정 또한 의문의 대상이 되고 있다.

¶65_ 사실상, 진보주의 교육에서는 흔히 아동 자신이 자발성과 건설적 독창성이 과소평가되어 왔다. 명목상으로 '진보주의'를 표방하는 많은 학교의 교육실제에서 아동의 생기 있고 발랄한 반응은 사회적 규칙에 의하여 위축되어 왔다. 이 사회적 규칙은 아동 자신의 독자적 판단에서 나온 것이 아니라 사범대학의 처방이 아니면 미국적 풍요라는 매우 특별한 상황에서의 부모의 과잉보호에서 빚어진 것이다. 오늘날 사회적 관심이나 헌신은 그와 같은 좁은 의미에 국한되지 않고 아동 자신의 긴박한 필요와 능력에 더 많은 주의를 기울이면서 그와 동시에 환경의 도전에 의하여 아동의 문제의식을 자극하고 국부적 환경의 정당성 여부를 세계적 기준에 의하여 판단하도록 하는 방향으로 그 의미가 확대되고 있다. '아동다움'* 이나 '아동의 신선미'라는 것은 성인의 교조적 훈시나 과잉보호에 의하여 조작되는 '유치함'* 과 동일한 것이 아니다. 그럼에도 진보주의 운동은 이 후자의 경향을 부추기는 데에 한 몫을 한 것이 사실이다. 아동의 열의와 관련된 것으로서 무엇보다 중요한 것은 현대 아동의 시야가 얼마나 넓게 열려 있는가가 이전보다 더 잘 인식되고 있다는 것이다.

* childhood * childishness

¶66_ 회고적으로 말하여, 듀이의 구세주적 역할을 인정한다 하더라도, 또 한편 우리는 듀이가 이른바 '듀이식 견해'의 최초의 주창자도, 유일한 주창자도 아니라는 사실은 분명히 해 둘 필요가 있다. 크레민* 교수가 지적한 바와 같이,[1] 1892년에서 시작하여 「포럼 지」* 에 게재된 라이스* 의 기사는 '학교의 변모'를 초래한 거국적인 운동으로서의 진보주의 운동에 불을 당긴 최초의 신호탄이었다. 그러나 그에 앞서서, 1873년 세인트 루이스에 프뢰벨 식의 공립 유치원이 설립되었고, '슬로이드'로 시작된 수공훈련 프로그램이 모든 '활동교육'에 영향을 미쳤으며, 1830

년대부터 브론슨 올코트*가 '행함에 의한 학습'*을 부르짖었고, 스탄리 홀의 아동 관찰과 측정이 '아동중심 교육과정'*의 기초를 이루었으며, 1875년부터 그 이후 계속적으로 프란시스 파커가 학교와 사범대학에서 새로운 교육방법을 제창하면서 듀이 자신에게 영향을 미쳤다. 듀이 자신의 용어인 '문제해결'을 위한 프로젝트 교수법*이 체계화된 것은 파커의 시안에 의한 것이었다. 듀이는 때로 지독하게 불분명한 (경우에 따라서는 모순된) 글을 썼으며, 따라서 듀이의 사상이 대중에게 널리 호소력을 가지게 된 것은 1918년 이후 콜럼비아 대학의 교수였던 킬파트리크*에게 그 공로를 돌리지 않으면 안 된다. 킬파트리크는 듀이의 교설을 해설하면서 그것이 학교와 급변하는 사회 질서 속에서 현실적인 의미를 지닐 수 있도록 하였다.

---

1) L. A. Cremin, *The Transformation of the School*(1961).(또한 12 : 20-22, 12 : 30-31 참조)
* Cremin * *The forum* * J. M. Rice * Bronson Alcott
* learning by doing * child-centred curricula * Francis W. Parker
* Project Method, 또는 '구안법' * W. H. Kilpatrick

9 사회적 배경

¶67_ 분명히, 시대는 전면적인 아동 연구에 적합한 분위기를 제공해 주고 있었다. 앞에서 고찰한 바와 같이, 모든 응용과학의 체계적인 연구는 19세기 선제를 통틀어 점점 그 바탕을 확고하게 해 왔다. 그전 18세기 발명가들의 경험적 독창성을 기점으로 하여, 응용과학의 연구는 19세기 초반 '기계공'들의 보다 과학적인 실험으로 이어졌고 미국의 '토지기부 대학'과 영국의 기술대학에서 응용과학을 정규교육으로 채택하기에 이르렀으며 마침내 독일의 대학과 1876년 존즈 홉킨스 대학* 설립 이후의 미국 대학에서의 기초과학 연구에서 높은 차원에 도달하였다. 스탄리 홀이 존즈 홉킨스 대학에서 응용심리학의 연구소를 설립한 것은 1884년이었다. 카텔*은 라이프치히 대학에서 분트*의 심리학을 공부하다가 1890년대에는 그의 개척적인 「지능검사와 측정」*을 출판하였다. 카텔의 제자인 쏜다이크*는 칼리포니아 지역에 그 선생의 훌륭한 업적을 전파하였다.

---

* John's Hopkins University * J. M. Cattell
* Wilhelm (Max) Wundt(1832-1920) * *Mental Tests and Measurement*
* Edward Lee Thorndike(1874-1949)

¶68_ 이 모든 정밀한 연구와 그 방법이 중요한 것은 사실이지만, 그것은 여전히 (현재 우리의 기준으로 보면) 사회적 맥락에 대한 인간의 적극적 참여에 들어있는 강력한 역동을 과소평가하는 편이다. 물론, 그런 연구를 한 사람들도 관념상으로는 사회적 맥락의 중요성을 인정하였다고 볼 수 있다. 그렇게 보지 않으면 아동이 가지고 있는 통찰의 수준을 환경 또는 그것에 대한 아동의 접촉의 범위와 일치시키는 방향으로 교육의 양상을 재조정해야 한다는 그들의 주장이 의미를 가질 수 없는 것이다. 그러나 이 면에 있어서의 그들의 사고는 얄팍한 사회적 실재론에 기초를 두고 있으며 지나치게 중류계층 위주의 것으로서 교정적, 처방적 의미를 띤다는 결함을 나타내고 있다. 영국의 '박애주의자들'이 중류계층의 규범을 보편타당한 규범이라고 생각했던 것과 마찬가지로 (그것에서 벗어나는 것은 창세기의 아담처럼 '죄에 떨어지는' 것이었다), 미국의 진보주의 개척자들은 일체의 그들의 이론을 부유한 교외에서 사는 중류계층의 아동들과 관련지었다. 하나의 역사적 사실로서, 1930년대에 이르기까지 이 가정 — 또는 현실 — 이 얼마나 널리 받아들여지고 있었던가를 주목할 필요가 있다. 이런 종류의 무반성적인 자기만족은 그 당시 미국의 상황에서는 충분히 있을 수 있었다. 사회적 조건을 달리하는 별의별 사람들이 대거 동일한 유산의 약속을 받은 이민으로 기꺼이 받아들여지고 있었으며 미국 내의 활발한 사회적 계층이동은 대학교수들로 하여금 중류계층의 점잖은 문화가 비록 오늘은 아니더라도 내일의 보편적 규범이 될 수 있다는 환상에 사로잡히게 하였다. 아닌게 아니라, 20세기에 접어들면서 미국 전역에 걸쳐 수많은 사람들이 물질적인 면이나 교육적인 면에서 명백한 상승을 이룩하고 있었다는 사실에 비추어 볼 때 부유한 교외 거주자의 문화가 바로 미국의 '정상적 규범'이라는 진보주의 개척자들의 가정은 그다지 정곡을 벗어난 것이 아니었다.

¶69_ 그러나 오늘날 누구나 알고 있는 바와 같이, 19세기 말엽 미국에는 유럽의 여러 도시에서와 조금도 다름없는 혹심한 빈곤이 만연해 있었다. (그래도 '황금의 골짜기'*를 찾을 수 있다는 요원한 희망은 미국에서 더 실현가능한 것으로 보였다.) 이 빈곤한 지역의 아동들은 진보주의 학교에서 개척자 놀이를 한 것이 아니라 돈 많은 미국인이 되려고 열심히 일을 하였다. (그들이 불리한 여건에 의하여 방해를 받지 않았다면 그것은 참으로 운 좋은 경우였다.) 이와 마찬가지로, 유럽 여러 도시의 아동 인구는 대다수가 영양실조와 나쁜 건강, 그리고 그들이 자

신의 노동으로 일으켜 세운 문명의 모든 夢魔몽마로부터 시달림을 받고 있었다. 용감하고 진취적인 아동에게는 교육의 기회가 있었지만, 대부분의 아동이 그 기회를 붙잡을 정력과 지각을 가지기는 말라리아 환자가 힘든 육체노동을 할 힘을 가지는 것보다 더 어려웠다. 처음에는 동정에 의하여, 그리고 나중에는 객관적 관찰에 의하여, 사람들은 그런 아동은 대다수가 교육적으로 가망 없는 상태에 있다는 인식을 가지게 되었다. 이론가들 중에서 예컨대 오웬으로 눈길을 돌려 사회적 재건에 관한 그의 가르침을 받으려고 하는 사람들은 거의 찾아볼 수 없었다. 사람들은 무엇보다도 가장 불행한 아동들을 구제하기 위한 사회적 응급처치에 더 직접적인 주의를 기울였다. 그러나 이러한 관심의 이면에는 아동 연구와 진보주의 교육은 그 자체만으로는 아무 쓸모없다는 함의가 깔려 있다. 아동연구와 진보주의 교육은 학교 바깥에서 아동의 성장을 부추기는 충분한 격려와 지원이 있다는 것을 전제로 하며, 이 점에서 그것은 개인의 건강이 사회적 지원에 달려 있다는 가정을 나타내고 있다.

---

* El Dorado

¶70_ 사회 전체에 광범한 영향을 미치는 대운동이 전개될 때에는 언제나 그렇듯이, 그 운동에 직접 참여하는 사람 중에 현재 자신이 하고 있는 일이 궁극적으로 어떤 함의를 가지고 있는가를 약간이라도 정확하게 알 수 있는 사람은 극소수에 불과하다. 역사를 공부하는 사람이 누리는 행운은 회고적인 관점에서 그 함의를 보다 날카롭게 진단해 낼 수 있다는 것이다. 그리하여 우리는 가령 1895년 이래 파리에서 비네*에 의하여 이룩된 그의 초기 연구의 중요성을 비네 자신보다 훨씬 분명히 알 수 있다. 비네는 원래 아동에게 나타나는 지적 능력의 부족이 생득적인 결함 때문인가 아니면 교육적 태만이나 그 밖의 불행한 환경으로 인한 발달의 지체 때문인가를 판가름할 가능성 여부에 관심을 가졌다. 기원 1905년부터 시몽*의 협조를 얻어 개발된 검사는 (단일 유형의 질문을 열거한 것과는 다른) '다면적 검사'였다는 점에서 독창성을 보여 주었다. 그 검사는 또한 많은 수의 정상적(또는 규준적) 아동이 나타내는 '정신연령'*이라는 손쉬운 규준에 비추어 지능 정도를 사정하였다는 점에서 활용하기가 대단히 간편하였다. 사실상, 그 이후에 비네의 연구에 관심을 가진 사람들은 지능의 판별을 위한 비네 — 시몽 또는 스탠포드 — 비네*기법에 관심을 고정시켰을 뿐, 환경의 질곡과 기회의 결여

는 유전적인 결함과 다름없이 아동을 불구로 만든다는 그야말로 획기적인 인식에는 눈을 돌리지 않았다. '교육적 선발'에 관한 한, 이 획기적인 인식에 나타난 중요한 진리는 1950년대와 1960년대에 이르기까지 대부분의 서구 학교 체제에서는 크게 도외시되었다.[1] 그러나 굶주리는 아동을 위한 거액의 자선 기부금은 만연된 대중건강 문제와 누추한 가정환경에 대한 공공 관심을 다소간 증대시키는 효과를 가져왔다.

1) 영국의 경우 1963년의 뉴솜 보고서(Newsom Report)는 이 문제에 대한 적절한 인식을 표명한 최초의 공식적 문서이지만, 이 보고서는 그 이전에 수행된 많은 연구와 제기된 주장에 의하여 뒷받침되었다. 미국과 소련과 스웨덴의 예, 그리고 영국에서의 종합학교의 경험은 이 면에 관심을 촉구한 강력한 계기가 되었다.

* Binet * Simon * mental age * Stanford-Binet

¶71_ 실지 형편을 말하자면, 위의 통찰을 기초로 한 교육 개혁활동이나 입법 조치는 20세기의 처음 10년 동안에 이루어졌지만, 이러한 조치는 대체로 19세기가 끝나기 전에 대두된 주장이나 실험의 뒤를 이어받은 것이다. 번번이 되풀이되어 드러나는 것은, 지적 장애를 가진 아동에 대한 관심에서 생겨나는 교정적 기법과 동정적 통찰은 사회적으로 불리한 위치에 있는 아동뿐만 아니라 '정상적인' 아동에게도 다 같이 해당된다는 사실이다. 교육과 영양과 환경과 의료는 결국 불가분의 관계로 연결되어 있다는 점이 확인된 것이다. 마리아 몬테소리가 1890-1898년 동안에 장애자의 학교를 운영하기 전에 한 일은 정신병학적, 임상적인 성격을 띤 것이었다. 그 후 그녀의 「어린이의 집」*(1907-1911)은 거기에 수용된 어린이들에 대한 그녀의 통찰이 옳았음을 보여 주었다. 매크밀란 자매는 런던 빈민가의 한심한 상황에서 취학 전 아동들을 위하여 음식과 놀이 장소와 야외 공간을 제공하기 위하여 고생하였다. 그들의 노력은 1906년의 '교육(및 급식)령'*의 제정에 크게 기여하였다. (그 당시 많은 지방교육당국들은 이미 자발적으로 급식과 의료봉사를 실시하고 있었다.) 이 모든 조치는 결국, 학교에서 건강하게 발달하는 아동은 건강한 사회에 둘러싸여서 학교 밖의 어디서든지 전반적인 건강을 누리지 않으면 안 된다는 실제적 확신 — 비록 명시적인 형태로 진술되지는 않는다 하더라도 — 을 지지한다.

* *Casa dei Bambini* * Education (Provision of Meals) Act

¶72_ 물론, 설득력 있는 영향력이 오직 한 방향으로만 작용하는 경우는 거의 없다. 이 시점에서 우리는 보어 전쟁*에 징집된 신병 중에서 체격 나쁜 청년들이 그토록 많았다는, 흔히 인용되는 충격적 보도를 잊어서는 안 될 것이다. 또한 영국인들은 교육에 관한 입법을, 1906년에서 1911년 사이의 로이드 조지*의 입법으로 시작된 국민 건강 증진 사업과 분리시킬 수 없을 것이다. 이것과 거의 같은 시기에 유럽의 여러 나라들은 지적 장애의 원인이 되는 신체적 조건의 개선 방안을 모색하기 시작했다. 사실상, 1910년에 노르웨이는 최초의 시립 학교병원을 열었으며, 이러한 노력은 마침내 전 세계에 '오슬로 아침식사'*라는 유명한 신조어를 퍼뜨렸다.

---

* Boer War(1899-1902) * Lloyd George * Oslo breakfast

¶73_ 아동 양육의 사회적 맥락의 변화는 전적으로 위에서부터의 선의에 의하여 일어났다고 생각해서는 안 된다. 오히려 그것은 아래서부터의 끊임없는 투쟁으로 쟁취된 것이다. 그러나 높은 수준의 기술을 훈련받은 사람들(그리고 따라서 보다 높은 수준의 기대를 가지는 사람들)의 수가 많아야 한다는 인식이 널리 퍼짐에 따라 교육과 관련된 정치적, 경제적 요구가 쉽게 받아들여졌다. 유럽과 미국에서 공립 초등학교 체제가 확립되자 몇몇 나라에서는 바로 뒤이어 공립 중등학교가 설립되었으며, 1874년 미국의 그 획기적인 칼라마주 판결*과 영국의 코커톤 판결* 및 그 결과로서의 1902년 교육령으로 말미암아 더 이상의 지연은 불가능하였다. 이 단계에서 다시 한번, 젊은이의 능력이 '사장'(또는 심지어 '묵살')되고 있다는 풍부한 증거가 제시되었다. 노동자들은 종래의 '대학내 성인교육'*이라는 '은혜를 베푸는' 식의 교육에서 그들 자신의 필요와 방법에 입각한 본격적인 '대학교육'을 요구하는 쪽으로 그 운동의 방향을 전환하였다. 영국에서 이 요구는 결과적으로 1903년의 '노동자 교육협회'*의 설립과 1908년의 '개인교수'* 운동으로 그 결실을 이루었다.

---

* Kalamazoo decision * Cockerton Judgement * University Extension
* Workers' Educational Association * Tutorial Classes

¶74_ 기대와 자존심의 꾸준한 상승은 오직 지적 분야와 관련하여 해석되어서는 안 된다. 재봉틀과 타자기의 발명은, 여성은 기계 다루는 솜씨가 있고 배우는

일에 열성이 있으며 경제적 자립의 능력이 있다는 것을 (마치 별도로 보여줄 필요가 있기라도 한 듯이) 보여주었다. (존 골즈워디*의 소설을 읽은 사람은 그 여주인공들에게서 결코 이 점을 찾을 수 없을 것이다. 이것은 곧 문학과 상류사회의 통념이 얼마나 현실과 괴리를 일으키고 있는가를 보여 준다.) 뿐만 아니라, 비록 대부분의 사람들은 생계를 꾸려나가는 데에 어려움을 겪고 있었지만, 경제적, 사회적 개선의 전망은 해마다 조금씩 밝아지고 있었다. 이제 보통의 사람들도 교육적 정의의 혜택을 받아야 한다는 것이 불가피하게 되었지만, 이것을 인정하는 것은 바로 교육이 종래처럼 특권적 오아시스임을 부정하는 것이었다. 교육은 모든 사람의 생애적 관심과 논리적으로 불가분의 관계로 연결될 수밖에 없었다. 그 반면, 급속한 부의 축적은 특별한 의미에서의 사회적 거리를 벌려 놓았다. 또한, 이전에 저소득층에 속했던 사람의 손에 쥐어진 부는 흔히 외부적인 장식과, 앞에서 언급한 바와 같이, 전통적으로 특권층과 관련되어 왔던 그런 종류의 학교교육으로 둔갑하였다. 그리하여 그들의 그 야망에 영합하는 학교와 교과는 현대 사회의 논리를 배반하고 교육적 낭만주의로 치달았다. 그들이 보기에 교육은 생활과 아무 관련이 없다는 그 점 때문에 더 가치를 가지는 것이었다. 앞의 19세기 초반과 중반에서 이미 살펴 본 바와 같이, 이 현상은 20세기 중반에 와서 '두 개의 문화'*라는 문제로 나타나는 문화적 분리에 또 한 차례 생명을 불어 넣었다.

* John Galsworthy(1867-1933), 영국의 소설가
* two cultures — C. P. Snow의 *The Two Cultures and the Scientific Revolution*(1959)의 제목으로 널리 알려진 용어

참고문헌

CREMIN, L.A. : *The Transformation of the School*, New York, 1961.

DEWEY, J. : *School and Society*, 1900 ; *The School and the Child*, 1907 ; *Democracy and Education*, 1916 ; *Experience and Education*, 1938 ; *Reconstruction in Philosophy*, New York, 1920

HALL, G.S. : *Adolscence*, 1904 ; *Youth*, 1906 ; *Education problems*, 1911.

KILPATRICK, W.H. : *The Project Method*, 1918 ; *Education for a Changing Civilization*, 1926 ; (ed.) : *The Teacher and Society*, 1937 — the first handbook of the John Dewey Society.

MARX, K. : *Critique of Political Economy*, English translation by N.I. Ston.; G.H. Sabine, *History of Political Theory*, London, 1951 ; E.J. King, *Communist Education*, London and Indianapolis, 1963 ; E.J. King, *Other School and Ours*, 2nd edition, New York, 1963.

MONTESORI, M. : *The Montessori Method*, 1912 ; *The Advanced Montessori Method*, 1918.

제 13 장

20세기의 교육

1 서구식 교육

¶1_ 모든 정황으로 미루어, 이 글을 쓰는 현재의 시점에서 꼭 절반이 지나간 20세기는 인간 역사상 여러 결정적인 시대의 하나로 손꼽힐 만하다. 스머츠 장군* 이 언명한 바와 같이, 다시 한번 인간은 천막을 걷어치우고 미지의 목적지를 향하여 진군하고 있다. 그렇지만 심지어 온갖 불확실한 변화 속에서도 장차 인간이 나아갈 방향에 관한 몇 가지 암시는 분명히 나타나 있다. 그 중의 하나로서, 두 차례의 대전을 치를 만큼 큰 국가간 차이가 좁아질 줄 모르고 있고 이념적인 균열이 국가들을 적대적인 진영으로 갈라놓고 있음에도 불구하고, 이제 세계는 하나가 되었다는 사실을 들 수 있다. 문명된 민족이건 미개의 민족이건 할 것 없이 그들의 일은 이제 전례 없이 전 인류의 관심사가 되고 있다.

* General Smuts

¶2_ 현재 형성중인 인간의 대공동체는 약 2세기 전에 시작된 산업혁명, 기계혁명의 성과이다. 원료와 제품의 교환을 위한 자본주의 조직은 원래 영국에서 시작되었지만 점차 전 세계로 확장되어 마침내 지구상의 생활 전체를 지배하기에 이르렀다. 최초의 변화는 통상적으로 경제 분야에서 나타났다. 그러나 대서양 양 연안에 있는 여러 나라에서부터 바깥 세계로 뻗어나간 기술자, 무역가, 행정가의 발자취를 따라 서구의 사회적, 정치적, 종교적 관념 또한 바깥 세계로 퍼져 나갔다. 십구 세기가 끝날 무렵에 세계의 여러 나라 사람들은 서로 만날 공동의 장을 가지

게 되었다. 그들은 각각 고유한 풍속, 언어, 종교, 정부를 유지하면서도, 국제적인 의사전달의 수단으로 유럽의 언어를 가지고 있었고, 그들의 문화가 허용하는 범위 내에서 최대한 자유 민주주의 정치제도를 빌어 왔으며, 과학과 그 응용에 관한 지식을 가지고 서구의 생활 방식의 대부분을 받아들였다. 세계 인구 중에서 범세계화 계획에 마지막으로 들어온 중요한 부분은 수천년 동안 거의 변화 없이 그들 자신의 문명을 유지해 온, 광대한 중국대륙에 거주하는 대규모의 인구 집단이었다. 중국이 영국과 미국의 동맹국으로서 참가한 1914-1918년의 대전은 지구상의 모든 인간에게 영향을 미친 최초의 사건이었다는 점이 그 당시의 특기할 만한 사실로서 사람들의 주목을 받았다. 물론, 인류가 이룩한 단일성은 아직 결코 완전한 것이 아니며, 오히려 아슬아슬하게 미미하다고 말할 수 있다. 현재로서 안전하게 말할 수 있는 것은 최초의 발단이 마련되었다는 것과 그 발단이 효력을 발휘할 수 있도록 제도를 창출하려는 의지가 지속적으로 나타나고 있다는 것이다. 과학적인 발명은, 만약 인간이 그것을 유익한 용도로 돌릴 지혜만 가지고 있다면, 장차 무한히 확장된 범위에 걸친 혜택을 약속하고 있다. 라디오와 비행기는 국가의 경제를 뛰어 넘어서 국제적 의사소통과 사회적 교환을 용이하게 하고 있다. 여러 나라 사람들이 모여 생각과 관심을 공유하는 데에 거리는 이미 장애가 되지 않고, 지구상의 여러 지역에 거주하는 사람들이 만약 그들에게 주어진 기회를 활용하여 상호의 이익을 위한 모임에 가까이 다가오는 일에 실패한다면, 전 세계적인 식량난이나 핵전쟁의 재앙에 대한 공포 때문에 어쩔 수 없이 보다 큰 공동체 속으로 끌려 들어오는 사태가 불가피할 것이다.

¶3_ 전반적인 국제협력을 위한 첫째 요건인 국가 간의 사회적 동일성을 향한 진보가 이루어졌다는 증거는 유럽식 학교의 특이한 교육내용과 방법과 이상을 보편적으로 채택한 것에서 찾아볼 수 있다. 상이한 사회계층의 아이들에게 무엇을 가르칠 것인가, 교육을 통제하는 데에 있어서 가정과 교회와 국가는 각각 어떤 역할을 담당해야 하는가, 교사와 학생에게 어떤 자유를 어느 정도로 허용해야 하는가, 학문 교육과 기술 교육의 상대적 비중을 어떻게 해야 하는가, 그리고 그 밖에도 많은 문제에 대하여 여러 나라에서 논란이 계속되고 있는 중에도 학교의 기능에 관해서는 일반적인 합의가 이루어져 있다. 우선, 학교는 공동체 안에서 각각 알맞은 자리를 차지할 수 있도록 아이들을 훈련하는 데에 필수불가결하다는 것, 아이들은 누구나 최소한 읽고 쓰고 셈하는 것을 배워야 한다는 것, 모든 아이들, 아

니면 일부의 아이들은 청년기 동안에 문학과 과학과 예술 분야에서 보다 높은 수준의 수업을 받아야 한다는 것, 그리고 전문직과 공공 행정직에 종사할 사람들을 위해서는 한층 더 높은 수준에서 기술적 효율성과 일반교양을 겸비한 체계적인 대학 훈련이 필요하다는 것에 대해서는 합의가 이루어져 있다. 남자와 여자에게 지력과 포용력을 갖추어 줌으로써 자유민의 공동체에서의 삶을 준비시켜 주는 것을 목적으로 하는 이러한 자유교육의 일반 이념은 희랍시대로 거슬러 올라가지만, 그것은 또한 유태와 로마 교육의 실제와 그 이후 오늘에 이르기까지 유럽 여러 민족의 다양한 경험에 의하여 영향을 받았다. 이제 세계의 학교에서 그 이념은 새로운 발전의 시대로 돌입하였다.

¶4_ 유럽의 전통을 그들 자신의 전통과 결합한 마지막 민족인 중국의 경우는 교육이 폭넓은 변화에 얼마나 근본적인 역할을 하는가를 보여주는 좋은 예이다. 이십세기가 시작될 때 중국의 거대한 인구는 90퍼센트가 문맹이었다. 그 나머지 사람들도 천여년 동안 변함없이 맹목적인 방법으로 교육 받았으며, 그 동안 내내 자기 나라의 고전에 관한 시험이 정치 관료의 선발을 위한 기초가 되어 있었다. 중국이 일본에 패한 1895년 이후에 황제는 유럽식 학교와 대학을 설립하라는 칙령을 내렸다. 실지 변화는 1904년에 시작되어, 독일, 일본, 미국의 선례를 차례대로 도입한 일련의 교육 실험을 거친 후에 중국은 그 일반적인 형태에 있어서는 서구의 그것과 거의 구별되지 않는, 초등, 중등, 대학 단계로 된 교육 체제를 확립하였다.

¶5_ 국가 간의 다양성 속에서 공통의 문화가 출현함에 따라, 국가들이 인근 국가들과 평화롭게 협동하면서 각각 그들에게 최선이라고 생각되는 방식으로 그들 자신의 문제를 해결할 수 있도록, 세계가 일종의 정치적 연합 체제를 만들어 낼 것이 아닌가 하는 기대가 생길 법도 하였다. 아닌 게 아니라 이 세기의 첫 4분기 동안에 바로 이 일이 일어나는 듯했다. 참으로 놀라운 것은, 이 희망을 등에 업고 벌인 제1차 세계대전은 인간 단일성의 염원을 깊게 만들었고, 단순한 신념의 논리에 의하여 국제연맹을 탄생시켰다. 이 과정동안 내내 민주주의의 이상은 상승일로에 있었으며, 그것은 다른 어떤 분야보다도 교육에서 두드러졌다. 최초 10년 동안의 사회적 분위기는 최상이었을 때의 19세기와 별로 다를 것이 없었다. 루소의 사상 그리고 미국과 불란서 두 혁명에 기원을 둔 자유주의적 개인주의는 여전히 모든

종류의 인간관계에 지배적 영향력을 행사하고 있었다. 대부분의 사람들은, 최선의 정부는 참정권의 형태로 표현되는 臣民신민의 동의에 의하여 보장될 수 있다는 것, 그리고 개인의 자유는 박탈될 수 없는 인간의 권리라는 신념을 공공연히 표방하였다. 지적인 시민을 훈련하기 위한 보편교육을 확립하려는 노력이 지난 세기에는 초등교육을 전 유럽적인 현상으로 만들었던 것이, 이제는 중등교육으로 영역을 확장하였고, 학교는 일종의 사회복지 센터로 되어가고 있었다. 물론, 보통의 학교는 아동의 흥미나 개인차에는 거의 아랑곳하지 않고 그 지겨운 지식 교육을 계속 추구하고 있었다. 그러나 학교 밖에서는 교육에서의 창의적인 방법과 사상이 굉장한 활기로 활발하게 전개되고 있었다. 유럽과 미국을 막론하고 학생들의 풍부한 개인적 잠재력을 개발하기 위한 실험학교들이 듀이 교수와 몬테소리 박사*와 같은 아마추어 교육자들에 의하여 설립되고 있었다. 인간 본성에 깊이 뿌리박고 있는 본능적 충동을 강조하면서 개인의 잠재력을 분출시키는 수단으로서의 무한한 자유를 정당화한 심리학은 교육에 새로운 출발을 암시하였다. 물리학과 생물학의 영역에서 생겨난 과학적 방법은 학교에서의 진보적 실제에 중요한 공헌을 하고 있었으며, 알프레드 비네*의 지능검사를 그 최초의 위대한 성과로 하는 새로운 종류의 교육과학이 출현을 서두르고 있었다. 전체적으로 볼 때, 20세기의 초기 몇 년은 놀라운 시대였다. 그것은 보다 나은 교육에 의하여 변형된 세계의 모습을 예고하였다. 그러다가 1914년 전쟁이 발발하자 교육적 실험과 사상은 일시 정지 상태에 머물렀다. 그러나 얼마 지나지 않아, 아직 전쟁의 포화는 계속 중인데도, 전후 교육의 계획을 중심으로 하여 이상이 다시 살아났다. 그 계획은 그 정신에 있어서는 이상주의적 색채를 띠고 있었지만, 그 구상에 있어서는 대체로 말하여 훌륭한 실제적 감각을 나타내었다. 그 계획의 기저에 깔려있는 일반적 아이디어는 좋은 학교교육을 모든 계층의 아이들에게 확장할 것을 주안점으로 하는 교육 조직의 개선에 있었다. 사회 계층에 관계없이 초등 수준의 보통 학교를 설립해야 한다는 최초의 요구는 군대에서 나왔다. 독일에서는 그룬트슐레*, 불란서에서는 레꼴르 위니끄*, 그리고 영국에서는 노동계층의 자녀들에게 중등교육의 문을 넓게 개방해야 한다는 요구가 있었다. 전반적인 평화 속에서 교육받은 인간이 행복하게 살게 되리라는 예견이 꾸준히 점점 밝게 열리는 듯하였다.

---

* Professor Dewey and Dr. Montessori　* Alfred Binet
* Grundschule, 또는 기초학교　* l'ecole unique, 또는 단일학교

¶6_ 그러나 종전 직후 몇 년간의 혼란과 격분은 재빠른 환멸을 가져다 주었고 세계의 정신적 분위기는 놀랄 만큼 급속하게 변화하였다. 승전국이나 패전국이나를 막론하고 모든 나라에서는 일체의 이상에 대한 거부반응이 일어났다. 냉담과 비관이 사람들의 마음에 먹구름을 드리웠으며, 이러한 사태는 제2차 대전 때까지 그대로 계속되었다. 이 불행한 시기에 이때까지 당연지사로 받아들여졌던 민주주의에 대한 신념이 민주주의 국가에서조차 하락을 면치 못하였다. 이제 인간의 미래에 관심을 가지는 사람은 아무도 없는 듯하였다. 사회적 재건을 위한 전쟁 중의 계획은, 보다 나은 교육을 위한 계획도 포함하여, 대부분 잊혀지고 말았다. 그러나 이것보다도 사태를 더욱 악화시킨 것은 소련과 이탈리아, 그리고 나중에는 독일에 까지 대규모의 반민주적인 정부가 일어나서, 과거 수세기 동안 유럽과 미국이 쌓아올린 개인의 자유와 사회적 정의의 전통을 위협하고 있었다는 사실이다. 훌륭한 시민이 될 훌륭한 인간을 기르려고 한 서구 학교의 교육 대신에 그들은 전대미문의 대량교육, 모든 시민의 모든 능력을 완전하게 장악하기 위한 전체주의 교육을 창출하였다. 그들이 이 노력에서 거둔 성공으로 말미암아 그들은 2차 대전에서 그 효력을 드러낸 막강한 국력을 획득했을 뿐만 아니라 민주주의의 근본적 가치에 대한 심각한 도전을 나타내었다. 전쟁 발발 후 얼마 동안은 완전히 전쟁 준비 교육으로 무장한 몇몇 나라의 정복세력에 의하여 전세계가 강제적으로 통일될 듯한 기미가 보였다. 결국 침략자들은 패망하였고, 그에 따라 자유로운 국민들의 통일된 세계에 관한 꿈이 다시 일어났지만, 그 꿈은 승전국에 전체주의 국가인 소련이 끼어 있었기 때문에 좌절되고 말았다. 이십세기 중엽에 와서 세계 여러 나라는 양대 진영으로 갈라져 있고, 인류의 화합이 민주주의의 기초 위에 이루어져야 하는가 그렇지 않은가 하는 문제는 여전히 해결을 기다리고 있다.

¶7_ 여기서 한 가지 특기할 만한 사실은, 양차 대전 사이의 그 암울한 시기에, 제1차 대전 직후에 시작된 '새교육 연구단'*이 전 세계로 퍼져나가면서 모든 나라의 관심 있는 남녀들을 공통된 교육적 신념을 가진 하나의 집단으로 결속하였다는 것이다. 여러 국제기구 중에서 거의 이 집단만이 무신념의 시대에 자유의 대의를 활발하게 앙양하는 데에 성공하였다. 이 운동의 활기가 아직 모든 곳에 살아 있다는 사실은 미래를 위한 하나의 희망을 안겨주고 있다.

---

* New Education Fellowship

2 교육조직의 변화 (1900-1910)

(가) 국가 통제의 증대

¶8_ 십구 세기 말과 이십 세기 초에 나타난 한 가지 두드러진 특징은 대부분의 유럽 국가에서 국가가 교육을 조정하는 일에 개입하는 경향이 꾸준히 진행되었다는 점에 있다. 교육이 일차적으로 국가의 기능이라는 아이디어는 한 세기 전, 그러니까 독일이 학교교육을 국가적 사업으로 만드는 일에 앞장섰을 때로 거슬러 올라가지만, 교육이 국가의 의무라는 이 생각이 당연한 것으로 받아들여진 것은, 주로 공공의 지원이 없이는 학교가 거의 생겨날 수 없었던 미국이나 그 밖의 영국 통치하의 신생국에서였다. 오래된 나라에서는 일반적으로 사회내의 여러 기관들이 설립한 다양한 종류의 학교가 있었다. 기원 1902년의 발푸어슈령*이 통과되기 이전의 영국은 그 극단적인 보기이다. 그 당시 (그리고 지금도 여전히) 영국에는 私立사립으로 운영되는 학교가 1만개 이상 있었다. 영국에는 각각 독자적인 이사회에 의하여 운영되는 다수의 기부금 학교가 있었으며, 그 중에는 명문 퍼블릭 스쿨에서 보는 바와 같이 중세에 설립된 것들도 있다. 영국에는 근래에 생긴 상류사회 소녀를 위한 학교와 같이, 특별한 위탁기관에 의하여 창립된 학교가 있었다. 영국에는 다양한 종파들에 의하여 유지 운영되는 초등학교가 있었다. 그리고 1870년 이후 영국에는 국가가 설립한, 지방 교육국* 산하의 초등학교가 있었다. 기원 1902년에 이르기까지 영국에는 초등, 중등, 고등 교육 사이의 연계를 도모하려는 어떤 시도도 이루어지지 않았다. 물론, 국가에는 중앙 교육국*이 있었지만, 그 권력은 제한되어 있었으며 그것의 직접적인 통제는 종교단체에서 운영하는 초등학교에 지원금을 지불하는 것과 나중에 가서 지방 교육국을 감독하는 것에 국한되어 있었다. 영국처럼 교육을 아무에게나 맡겨두지 않는 다른 유럽의 나라에서는 통상 그 나라의 교회가 학교를 감독할 주된 책임을 맡고 있었다. 예컨대 독일에서는 종교와 교육이 동일한 국가 부처에 의하여 관장되었으며, 초등학교 체제는 教派교파단위로 조직되고 사제들이 지방 학교의 감독관 자리에 있었다.

---

* Balfour Act　* Local School Boards　* National Board of Education

¶9_ 대부분의 나라에서 국가를 교육의 우두머리로 만들게 된 것은 보편적인 초등교육에 대한 필요를 점차로 인식하게 되면서부터였다. 이전에 대다수의 국민이 농촌에 거주하였고 대부분의 일이 비전문적인 성격을 띠었던 것이, 이제 대규모의 산업 중심지가 생겨나고 잘 교육된 노동자들이 필요하게 됨에 따라 그런 학교는 점점 더 실효성을 잃게 되었다. 국가의 자녀들을 위하여 학교에 훈련된 교사와 적절한 설비를 갖추어 주는 일을 하는 데에는 국가 이외의 다른 어떤 기관의 능력도 미치지 못하는 조직력과 예산이 필요하였다. 얼마 동안은 국가가 기존의 학교를 보조해 주는 손쉬운 방법을 취할 수 있을지 모르지만, 조만간 국가는 교육에 돈을 대는 주인으로서 전체 공동체를 대신하여 교육을 통제할 위치에 설 수 밖에 없었다. 기원 1872년에 스코틀란드에서, 그리고 (실질적으로) 1902년 잉글란드에서 취한 조치는 그 대표적인 보기이다.

¶10_ 교육에 있어서의 국가 권력의 증대는 여러 가지 문제를 일으켰으며, 그 중에서도 가장 곤란한 것은 교회와 국가의 관계가 새롭게 조정되어야 한다는 것이었다. 스코틀란드의 경우, 문제의 주요 부분은 일찍이 1872년에, 새로 설립되는 공립학교에서 장로교의 노선을 따르는 종교교육을 그대로 계속하도록 하고 비교적 소수인 교파학교에 대해서는 국가가 재정지원을 하는 선에서 마무리되었다. 잉글란드에서는 1902년 법령에 뒤이어 공립학교와 교회학교의 2원 체제에 반대하는 非國教派비국교파의 소란이 일어났지만, 이것은 심각한 국제관계 문제가 발생함에 따라, 완전히 사라지지 않은 채 상당히 수그러들었다. 교파간 이해관계의 충돌은 양차 대전 사이 수년 동안에 의무교육 연한을 15세로 연장하는 결과를 가져 왔다. 스웨덴에서는 1904년에 국가가 중등학교의 통제권을 교회로부터 이양받았으며, 이탈리아에서는 종교교육을 정규 학교교육 시간 밖으로 밀어 내었다. 교회와 국가의 갈등이 한 번도 제대로 해결된 적이 없는 불란서와 같은 나라에서는 이 문제가 가장 심각하게 드러났다. 기원 1904년에 불란서 공화국의 정부는 공립과 사립을 막론하고 학교에서 가톨릭교회의 신도들을 대상으로 하는 종교교육을 금지하고 모든 교파 학교의 연한을 10년으로 제한하는 조치를 취하였다. 이 시기에 시작된 갈등과 투쟁은 전시와 평화시에 불란서의 가장 큰 약점인 국론분열의 형태로 현재까지 계속되고 있다.

(나) 중등학교의 재건

¶11_ 기원 16세기에 문예부흥과 종교개혁의 영향 하에서 생겨난 전통적인 중등학교는 고대의 언어와 문학에 능통한 학자를 길러내는 것을 주된 기능으로 삼았다. 상공업의 발달과 더불어 이 학자적 이상은 사람들의 일상생활에서 점점 멀리 떨어지게 되었고 19세기에 이르러서는 학교와 일반 사회의 간극이 도저히 묵과할 수 없을 만큼 넓어졌다. 새로운 산업의 주도 세력인 중류계층 사람들은 왕성한 지력을 가지고 있었으며, 그들은 기존의 학교가 주는 명망 때문에 그런 학교에 다니려고 하면서도 그 시대의 새로운 관심을 반영할 수 있도록 교육의 범위를 넓혀 주기를 바랐다. 이 요구는 학교가 한편으로 고대의 언어와 수학에 여전히 영광스러운 지위를 부여하면서 또 한편으로 과학과 自國語자국어와 자국 문학에 큰 비중을 두는 것으로 다소간 해결되었다. 그러나 심지어 이런 조치만으로도 현대생활을 위한 훈련장으로서의 중등학교에 대한 불만은 점점 커져 갔다. 이십 세기에 들어와서는 독일이나 불란서와 같이 고전위주의 교육과정에 강한 선호를 보였던 나라에서 조차도, 고전일변도의 교육에 대한 항거의 목소리가 증가하여 중등교육의 성격을 바꾸는 일이 불가피하게 되었다. 독일에서는 고전 학교, 현대어 학교, 과학 학교를 동등한 지위에 올려놓았다. 불란서에서는 리세*의 학생들에게 라틴어를 포함하는 과정과 포함하지 않는 과정 중에서 선택할 기회를 주었다. 기원 1889년에 제정된 스코틀란드 졸업자격 시험 제도*는 이 문제에 대한 전형적 절충안을 보여 준다. 이 자격시험에 통과하기 위해서는 모국어 이외에 고전어와 현대어 중에서 하나를 선택하여 공부하지 않으면 안 되었다. 모든 교과의 기초로서 과학을 필수적으로 부과한 스페인의 페레로 학교*는 기존의 전통적 교과에 대한 혁명적인 태도를 보여준 최초의 증거였다. 이러한 대청소 작업은 이후에 공산주의 소련의 학교에서 희랍과 라틴문학을 완전히 폐지한 결말을 가져 왔다.

---

* lycée　* Scotland School Leaving Certificate
* Ferrero's School

¶12_ 옛날의 중등학교를 개조하는 일과 병렬적으로 나타난 새로운 발전은 노동계층의 아이들을 위한 교육이었다. 이것은 처음에는 단순히 초등학교 교육을 '초등' 이상으로 청년기 초기까지 연장하는 것에 지나지 않는 것처럼 보였지만 사실상 이것은 그 안에 사회 계층이나 능력의 차이에 관계없이 모든 아이들에게 어

떤 형태의 것이든지 문화적 훈련을 제공해 주는 것과 같은, 보다 넓은 중등교육의 이상을 포함하고 있었다. 때로 그 본질적인 원리는 '모든 사람을 위한 중등교육'이라는 도전적인 표어로 표현되었다. 이것은 모든 아이들에게 전통적인 학문적 교과를 가르치자는 뜻이 아니라 학생들이 현대 세계에서의 생활에 지적으로 참여할 수 있도록 폭과 시야를 갖춘 교육을 제공하자는 뜻이었다. 모든 아이들에게 모종의 중등교육을 제공해야 한다는 이 생각은 민주주의 국가에서는 여러 가지 형태로 나타났다. 미국에서 그것은 모든 시민이 균등한 교육의 기회를 가져야 한다는 미국식 신념의 외적 표출에 지나지 않았다. 아이들은 그냥 학교에 계속 남아 있었으며, 수업은 나이 많은 학생들에게는 능력과 흥미 면에서 개인차가 있다는 것을 고려하여 이루어지지 않으면 안 되었다. 이런 식으로 하여 고등학교는 모든 사람을 위한 '종합학교'*가 되었다. 유럽의 다른 나라에 비하여 계층이 그다지 중요한 의미를 가지지 않던 스칸디나비아 여러 나라에서는 초등학교와 본격적인 중등학교 사이에 공통의 교과를 가르치는 '중학교'*가 생겨났다. 그리하여 중등학교는 4년에 걸친 이 중학교와 그 후 3년 동안 이어지는 '김나지움'이라는 단순한 논리적 체계를 갖추게 되었다. 이와 거의 동일한 시기에, 비슷한 사회적, 종교적 전통을 가진 스코틀란드는 학문적인 자질 면에서 우수한 집단과 열등한 집단을 구분하여, 고전어나 외국어 교과가 없이 직업교육적 성격을 강하게 띤 이른바 '보충 과정'*을 설치함으로써 학문적 중등과정으로 진학할 능력이 없는 학생들에게 제한된 문화적 기초를 제공하려고 하였다. 그 과정을 '보충과정'이라고 부른 것은 초등교육을 한 단계 더 연장했다는 뜻이다. 이 모든 것과는 대조적으로 1914년 이전의 독일은 초등학교와 중등학교 사이의 거의 완전한 분리를 유지해 왔다. 군대의 일반 사병과 하사관을 배출하는 하류 계층은 6세에서 14세까지 '국민학교'*에 들어갔으며, 전문직이나 행정직에 종사할 장교계층은 그들만의 학교를 가지고 6세에서 10세에 이르는 예비학교를 거쳐 10세에서 16세 또는 19세에 이르기까지 6년 또는 9년의 김나지움 교육을 받았다. 한 소년이 한 계층에서 다른 계층으로 옮아갈 가능성은 약 1만분의 1로 계산되었다.

---

* Comprehensive School * middle school * Supplementary Course * Folk School

(다) 성인교육

¶13_ 지난 19세기의 성인교육은 주로 두 가지 형태를 띠었다. 하나는 '기술대학'*에 의하여 대표되는 것으로서, 이것은 일찍이 1797년에 글라스고우에서 존 앤더슨 교수*가 대학을 설립하고 거기서 노동계층의 사람들에게 자연철학 강의를 한 것에 기원을 두고 있다. 또 하나는 19세기의 후반부에 학구열이 있는 모든 계층의 사람들, 특히 대학에 진학할 기회를 가지지 못한 머리 좋은 남녀를 위하여 개설된 '대학내 성인교육 과정'*에 의하여 대표된다. 이십 세기에 들어와서 이 운동은 '노동자교육 협회'* 또는 그와 유사한 단체에 의하여 새로운 형태를 갖추게 된다. 수동적으로 받아들이는 청중에게 서로 단절된 강좌들을 듣게 하는 대신에, 이들 단체는 수년에 걸쳐 대학 수준의 서로 연결된 강좌를 제공하였고 강사도 높은 학문적 자격과 토론식 수업의 기술에 뛰어난 개인교수*들로 충당되었다. 그 이름과는 맞지 않게, 이들 교육기관은 한편으로 노동 계층의 학생들과 또 한편으로 중류계층의 배경을 가진 '검은 외투를 걸친' 집단*이라는 두 집단의 사람들로부터 2원적인 매력을 가지고 있었다. 겉으로는 '정당으로부터의 독립'을 내세우면서도 노동자 교육 협회 산하의 학생들은 언제나 현실의 문제와 직접 관련된 경제학과 정치학의 과목에 특별한 관심을 가지고 있으면서 문학과 예술과 과학 분야에도 파고 들어갔다. 이들과 경쟁적인 조직으로서 계층 의식에 보다 깊이 젖어 있는 것으로는 마르크스주의의 이데올로기로 무장되어 있고 모든 공부를 혁명적 목적과 관련지은 '노동자 대학'*과 '평민 연맹'*등을 들 수 있다.

---

* Mechanic's Institutes * Professor John Anderson * University Extension Courses
* Workers' Educational Association * tutors * black-coated group
* Working-Men's College * Plebs League

(라) 새 학교와 새 방법

¶14_ 전쟁 전 시기의 두드러진 특징 중의 하나는 정규 학교체제 바깥에 다수의 다양한 실험학교들이 설립되었다는 데서 찾아볼 수 있다. 그 중의 첫째로 손꼽을 수 있는 것이 '새 학교'*라는 이름으로 불린 학교들이다. 이들은 사립의 기술학교로서, 질적으로 우수한 교육을 하기 위한 모종의 특별한 계획을 가지고 있다는 점에서 그 밖의 기숙학교와 달랐다. 그 중에서 최초의 학교는 1891년에 세실 레디

박사*가 새로운 종류의 퍼블릭 스쿨로 창설한 아보츠홈*이었다. 그 취지는 '10세에서 19세 사이의 소년을 위하여, 교육학의 원리에 입각한, 그리고 장차 국가 지도자의 자리에 나아갈 영국의 문화 계층의 필요에 적합한, 완전히 현대적인 합리적 성격의 학교'를 제공하는 데에 있었다. 학교 공동체는 밑바닥의 學僕학복에서부터 체벌의 권력을 가진 꼭대기의 급장에 이르기까지 몇 단계의 계급으로 조직되어 있었다. 설립 후 처음 몇 년 동안 주된 교과는 자연과학과 전원 활동이었지만, 나중에 가서는 삶의 문제를 다루는 인문학 교과와 핵심적인 문화적 관심사로서의 여러 나라의 문학, 그리고 실외 작업 중의 일부를 크리케트로 대치한, 보다 통상적인 교육과정으로 돌아왔다. 그 학교 보다 3년 늦게 비데일즈*에 남녀 공학으로 운영되는 또 하나의 실험학교가 문을 열었다. 이 학교의 특별한 점은 수학과 과학을 가사나 농사와 같은 일상적인 일과 면밀하게 관련지으려고 했다는 데에 있다.

* New Schools * Dr. Cecil Reddie * Abbotsholme * Bedales

¶ **15**_ 위의 두 학교는 영국 안에서는 물론이요, 어쩌면 영국 바깥에서 더 큰 영향을 미쳤다. 독일의 경우 1898년에 헤르만 리츠 박사*에 의하여 시작된 여러 개의 '독일 농촌 가정학교'*는 그 두 학교에서 본받은 것이 많지만, 그것을 그대로 답습하지 않고 독일 실정에 맞추기 위하여 그들 자신의 새로운 특징을 발전시켰다. 독일의 '농촌 가정학교'에서도 영국에서와 마찬가지로 국가 이익에 관한 생생한 배경 지식을 갖춘 학생 공동체를 형성하려고 했지만, 여기에 덧붙여서 각기 다른 사회적 지위를 가진 아이들을 받아들여 동일선상에서 교육하였다. 헤르바르트의 '문화단계'*개념에 기초를 둔 아이디어로서 한 가지 특별히 중요한 교육방침은, 소년들을 여자들로부터 떼내어 여성의 부드러움에 영향을 받지 않도록 하는 것과, 연령이 다른 학생들을 세 개의 학교에 따로따로 수용함으로써 같은 나이 또래 학생들 사이에서 자라도록 하는 것이었다. 불란서에서는, 영국이 전 세계에서 '앙글로 삭손적' 우위를 차지하게 된 것이 그 퍼블릭 스쿨 때문이라고 믿었던 에드몽 드몰랭*이 1899년에 아보츠홈의 본을 따서 노르망디에 레꼴 · 데 · 로슈*를 설립하였다. 드몰랭의 목적은 '자기 자신의 주인으로서 독립적인 인격을 갖춘 강한 소년들'을 길러내는 데에 있었다. 여기에도 다시, 영국의 선례에서와 동일하게, 실외작업과 신체 활동, 그리고 교사와 학생의 올바른 인간관계를 보장하기 위하여 학교를 가정처럼 조직하는 것이 강조되었다. 불란서 학교에서 그토록 중요시되던 고

전 공부는 상당히 완화되고 단기간의 해외 거주를 통하여 현대어를 직접 배우는 일이 권장되었다.

---

* German Country Home Schools (Deutsche Lands Erziehungs Heime)
* Dr. Hermann Lietz * culture epochs * Edmond Demolins * L'Ecole des Roches

¶16_ 이탈리아는 이렇다할 국가 교육체제를 확립하지 못했지만, 그럼에도 불구하고 다른 어떤 나라보다도 풍부한 교육 실험을 보여 주었다. 그 실험은 주로 어린 아이들과 초등 단계의 아이들의 교육에 관한 것이었다. 기원 1894년에 아가찌* 가문의 두 자매는 취학전 아동을 위한 어린이집을 설립하고 그들 자신이 창안한 새로운 방법에 따라 감각 지각과 노래와 모국어에 관한 훈련을 실시하였다. 이 최초의 교육에는 전원 상태에서의 놀이 활동이 기초로 되어있었다. 그들의 방법은 1910년에 트리에스테 市시 당국에 의하여 채택되었고 5년 후에는 이탈리아 전역에 걸쳐 취학전 교육의 모범이 되었다.

---

* Agazzi

¶17_ 대략 이 시기에 이탈리아에서 조직된 실험학교 중에서 가장 유명한 것은 1907년 로마에 개설된 것을 시작으로 하는 몬테소리 박사*의 '어린이의 집'*이었다. 몬테소리 박사는 처음에는 정신적으로 결함이 있는 아이들의 훈련에 특별히 관심을 가진 의사로서 일을 시작하였다. 그의 방법의 가장 중요한 특징은 정상적인 아이들로 하여금 어른의 통제가 없는 상태에서 자기 교육의 과정에 의하여 능력을 발전시킬 수 있도록 고안된 '교수 기구'*에 있었다. 그가 받은 의학 훈련의 영향은 이후의 모든 교육의 기초가 되는 취학전 교육에서 감각 훈련의 중요성을 강조한 데에 명백히 나타나 있다. 각각의 특수적 감각마다 아이들이 사용하는 기구가 있어서, 만약 아이가 그것에 흥미를 보이면 그것은 그 아이가 그 기구에 해당하는 지적 수준에 도달했다는 증거가 된다. 여기서부터 아이들은 단절 없이 쓰기와 읽기로 계속해서 나아간다. 촉각과 수공 연습은 글자 쓰는 동작의 준비가 되며, 때가 되면 아이는 자발적으로 의미 있는 단어를 쓰기 시작한다. 이것은 다시 산수와 문법의 초등학교 공부에 필요한 기초 능력을 길러준다. (몬테소리 박사는 그런 초등학교 공부에 도움이 되는 학습도구도 개발하였다.) 대부분의 다른 '새 학교'에서와는 달리, 여기에는 놀이 활동을 위한 별도의 배려도 없고 사회적 환경에 관

한 특별한 관심도 없다. 몬테소리의 방법은 교수 기구를 통하여 직접적으로, 그리고 적절하게 계열화된 활동에 의하여 다수의 아이들을 개별적으로 교육하는 것이 실제적으로 입증됨으로써 간접적으로, 널리 영향을 미쳤다. 이 후자의 간접적인 영향이야말로 교육의 이론과 실제에 있어서 몬테소리 박사가 이룩한 불멸의 공헌이라고 말할 수 있다. 그의 방법은 원래의 형태 그대로는 너무 형식적이고 기계적이어서 보통의 학교 수업을 대치하거나 심지어 그 한 부분으로 사용되기에는 어려움이 있다. 교육에서 자주 나타나는 현상이지만, 발명의 이면에 깔린 생각은 발명 그 자체보다 더 큰 가치를 발휘한다.

---

* Dr. Montessori　* Casa Bambini (Children's Houses)　* Didactic Apparatus

¶ **18_** 미국에 생긴 다수의 '새 학교' 중에서 가장 잘 알려진 것은 듀이 교수의 '실험실 학교'* 이지만, 그것의 으뜸가는 공헌은 특별한 체제에 있었던 것이 아니라 특별한 방법에 있었다. 이 방법 중의 일부는 미국적 상황에서 실천된 뒤에 전 세계의 진보적 학교*로 퍼져 나갔다. W. H. 킬패트리크 교수*의 '프로젝트법'*은 그 대표적인 보기로서, 여기에는 듀이의 교육철학이 강력하고 설득력 있게 표현되어 있다. 이 방법은 일을 통한 교육이라는 아이디어를 보통의 학교 사태에 적합한 형태로 바꾸어 놓는다. 교사의 지도하에서 교과서를 공부하는 대신에, 학생들은 달성해야 할 과제, 해결해야 할 문제를 받는다. 만약 이렇게 제시된 프로젝트가 아이들의 연령과 경험에 적합한 것이면, 그것이 일으키는 흥미는 학생들을 당장의 활동으로부터 다양한 분야의 학습으로 이끈다. 영국의 많은 농촌 지역에서 행해지고 있는 학교 원예는 이 방법의 구체적인 예이다. 학생들은 밭의 일부를 경작할 책임을 맡게 된다. 학생들은 일을 사전에 계획해야 하며 여러 가지 작물에 관하여 알아보고 시기와 계절을 생각하고 토양과 씨앗에 관하여 공부하지 않으면 안 된다. 그리하여 1년이 지나갈 때쯤이면 그들은 상당한 지식과 기술을 습득하게 된다. 이것은 프로젝트의 한 가지 종류이며 그 밖에도 여러 가지가 있다. 킬패트리크 교수는 프로젝트의 유형을 네 가지로 구분하고 있다. (1) 보트 만들기, 편지 쓰기, 연극하기 등과 같이, 아이디어나 계획을 외부적인 형태로 구현하는 데에 목적을 두는 것, (2) 이야기 듣기, 심포니 청취, 미술 감상 등과 같이, (예술적) 경험을 즐기는 데에 목적을 두는 것, (3) 이슬이 내릴지 아닐지를 알아내기, 뉴요크가 필라델피아보다 커진 이유를 확인하기 등과 같이, 지적인 곤란을 없애고 문제를 해결

하는 데에 목적을 두는 것, (4) 쏜다이크 習字습자 척도 14등급까지 글씨를 예쁘게 쓰기, 불규칙 동사 변화를 공부하기 등과 같이, 지식이나 기술의 특정 항목이나 수준에 도달하는 데에 목적을 두는 것이 그것이다. 이들 유형은 다소간 겹치기도 하지만, 전체적으로 보면 학교 공부의 모든 측면을 망라한다고 말할 수 있다.

---

1) *The Teacher's College Bulletin*, Oct. 12th, 1918.
* progressive schools, 또는 '진보주의적' 학교
* Professor W. H. Kilpatrick * Project Method, 구안법

¶19_ 또 하나의 중요한 방법은 헬렌 파커스트 양*이 발명한 달톤 플랜*으로서, 이것은 보통의 학교 사태에 개인별 수업 방법을 도입한다는 장점을 가지고 있다. 이 방법의 특이한 점은 다음과 같다. (1) 보통의 교실이 교과별 교실로 대치된다. 교과마다 따로 방이 있어서 거기에는 도서, 설비, 그리고 그 교과를 전문적으로 가르치는 교사가 배치된다. (2) 공부는 여러 개의 과제로 배열된다. 각 단계별로 교과마다 1년 동안 다루어야 할 내용이 평균 정도의 학생이 한 달에 마칠 수 있는 분량의 절로 구분되어 있고, 이것은 다시 주별로, 일별로 세분되어 있다. (3) 학생은 몇 개의 교과에서 월별 과제를 수행하겠다는 계약서에 서명을 하고, 그 후에 그 여러 개의 교과를 어떤 순서로, 또 어느 정도로 공부하는가는, 기한을 어기지 않고 전 과제를 수행하는 한, 학생의 자유에 맡겨진다. (4) 교과별 과제에서의 학생의 진도는 모든 교과에서 특정한 시점까지 끝낸 단원의 수를 표시하는 간단한 도표를 써서 학생과 교사가 다 같이 볼 수 있도록 한다. (5) 달톤 플랜의 원래 취지인 개별 교수에 충실하자면, 학교 수업 시간을 따로 정하는 일은 없다. 학생이 모이는 경우는 여러 명의 학생이 똑같이 어려움에 봉착할 때이다. 그러나 예컨대 언어 공부와 같이 집단으로 공부하는 것이 특별히 가치가 있는 경우에는 하루 중의 특정한 시간대를 수업 시간으로 정할 필요도 있을 것이다.

---

* Miss Helen Parkhurst * Dalton Plan

¶20_ 이십 세기의 첫 10년 동안에 이룩된 교육 실험 중에서 아마 가장 영향력이 있었다고 말해야 할 것은 1908년 바덴파우월*의 「소년단의 조직과 운영」*이라는 제목의 책으로 시작된 소년단 운동*이며, 이것은 1911년 '소녀단'*의 창립에 의하여 소녀에게까지 확장되었다. 이것은 학교 교육의 일종은 아니지만, 그럼에도 불구하고 당시의 '새 학교'와 동일한 발상에서 빚어진 것이다. 그것을 창안한 사람

의 말과 같이, 그 중심 활동은 '캠핑을 포함한 산림학, 자연 공부, 그리고 옥외 생활'이다. 이런 활동의 배경에는 원시인과 개척민이 사용한 기술이 있다. 이 운동의 목적은 공부와 훈육이 어른의 가르침과 안내가 아닌 소년 소녀들 자신의 경험에서 나오도록 하는 데 있으며, 따라서 전체 조직은 학생들을 자율적이면서도 실제적인 능력을 갖춘 사람이 될 수 있도록 고안되어 있다. 이 운동에 참여하는 동안에 단원은 자신이 속해 있는 개별 소년소녀단에 대해서나 전 세계의 소년소녀단에 대해서나 공동체 정신을 배양하게 된다. 소년단 훈련의 정신과 원리는 '단원 서약과 소년단 법'에 잘 나타나 있다. 각각의 단원은 '나는 신과 국왕에 대한 나의 의무를 다하고 언제나 다른 사람들을 도우며 소년단 법에 복종할 것을 나의 명예를 걸고 서약 합니다'라는 선서를 한다. 소년단 법은 이 서약이 의미하는 개인행동을 10개의 세부 항목으로 정의하고 있다.

---

* Baden Powell * Scouting For Boys * Scouting Movement * Girl Guides

(마) 복지센터로서의 학교

¶21_ 십구 세기의 교육자들이, 그들이 강제로 학교에 다니게 하는 소년소녀들은 마음만 아니라 몸도 가지고 있다는 것, 그리고 학교는 단순히 교과를 가르쳐 주는 것 이상으로 아이들의 복지를 위하여 더 중요한 일을 할 수 있다는 것을 깨닫는 데에는 오랜 시간이 걸렸다. 학교에서 일어나는 일이 공동체의 삶에 중요한 결과를 가지고 온다는 것을 깨닫게 되었을 때에도 그들의 생각은 막연한 수준에 머물러 있었다. '학교 문을 열고 감옥 문을 닫으라'라는 말은 19세기 초의 표어였지만, 학문의 도구를 전달해 주는 것 이외에 '감옥 문을 닫을' 결과를 보장하기 위하여 취해진 조치는 아무 것도 없었다. 참정권의 확장을 이룬 뒤에 정치가들은 '우리는 우리의 주민을 교육해야 한다'고 말하였지만, 현명한 시민을 기르기 위해서 필요한 교육이 어떤 것인가에 대해서는 심각한 사고를 하지 않았다. 공립학교 교육을 통하여 아이들에게 좋은 생활 방식을 누리는 데에 적합한 훈련을 시켜 주고 신체적인 건강의 수준을 높여야 한다는 생각이 본격적으로 대두된 것은 20세기의 처음 10년 동안의 일이었다. 영국의 경우, 생각의 변화는 주로 보어 전쟁* 동안 군대 신병들의 신체적 조건이 경악할 만한 수준임을 알게 된 데서 빚어졌다. 그리하여 1908년에 잉글란드와 스코틀란드에서는 학교의 신체검사를 필수적인 것으로 만들었다. 같은 해의 스코틀란드 교육령*은 복직센터로서의 학교라는 새로운 개

념을 시의 적절하게 표현하였다. 신체검사와 학교생활의 관리를 의무화하고 자격 있는 의사와 간호사의 임용을 인가하는 것 이외에도, 그 법령은 그럴 필요가 있는 아이들을 먹이고 입히는 것을 교육청*의 임무로 부과하였으며 학교 급식의 준비와 제공을 권장하였다. 이 혁명적인 법령에 포함된 그 밖의 새로운 아이디어로는 교육 당국에 학교 도서와 설비를 제공할 권한, 중등학교에서 멀리 떨어져 사는 학생들을 위한 하숙시설을 건립할 권한, 학교를 졸업한 뒤에 갈 수 있는 일자리에 관한 정보를 제공할 권한을 부여하였다는 것을 들 수 있다.

* Boer War * Scottish Education Act * School Boards

¶22_ 독일에서는 1904년 샬로텐부르크*에, 빈혈증이나 그 밖의 허약 체질로 지친 상태에 있는 아이들의 교육을 위하여 최초의 옥외 학교가 설립되었다. 아이들은 교과 공부 이외에도 의료진의 감독 하에 좋은 식사, 오락을 위한 운동과 적절한 휴식을 제공 받았다. 이 획기적인 조치가 즉각적으로 성공을 거두게 됨에 따라 독일 내의 다른 도시에도 이와 비슷한 학교가 생겨나고 나중에는 다른 나라에도 그 계획이 채택되었다.

* Charlottenburg

¶23_ 옥외학교와 비슷한 것으로 취학 전 아동들을 위한 유아학교를 들 수 있다. 이 운동의 선구자는 스코틀란드의 두 여성, 레이첼과 마가레트 맥밀란*으로서, 이들은 런던의 빈민가인 데프트포드*에 최초의 유아학교를 설립하였다. 학교 건물은 넓게 트인 공간에 세워졌고 그 중에는 정원 한 복판에 세워진 것도 있다. 설립자들의 생각에 의하면, 유아 학교의 주된 관심은 교과 공부가 아니라 아이들의 일상생활을 통하여 좋은 습관을 형성해 주고 놀이 활동을 통하여 약간의 사회적 훈련과 인간관계의 기초를 제공해 주는 데에 있었다. 그 밖의 다른 나라들도 각각 그 나름으로 이 아이디어를 받아들였다. 특별히 주목할 것은 이 분야에서의 미국의 실험이다. 거기서는 예컨대 디트로이트의 '메릴 파머 가사 학교'*에서 보는 것과 같이, 취학 전 아동을 위한 학교가 대학이나 연구기관과 제휴하여 어린 아이들에게 과학 공부를 시켜줄 목적으로 설립되었다.

* Rachel and Margaret McMillan * Deptford * Merrill-Palmer School of Home-Making

3 교육학의 발전

¶24_ 이십 세기의 처음 수년 동안 교육의 제도와 실제 면에서의 중요한 발달과 병행하여 교육의 이론에 관한 활발한 관심 또한 그에 못지않게 두드러지게 나타났다. 이 기간 동안, 지난 19세기의 교육자들이 시도는 했지만 별로 성과는 거두지 못한 교육학의 발전은 두 개의 경로를 따라 그 완성을 향하여 나아가고 있었다. 한편으로는, 공업 분야에서 그토록 놀라운 성과를 보여준 것과 같은, 정확한 측정에 기초를 둔 실험의 방법을 학교교육의 방법으로 연장하려는 노력이 점점 더 광범하게 성공적으로 이루어지고 있었다. 그리고 또 한편으로는, '충동 심리학'* 으로 불리는 심리학 이론들로부터 학습과 행동에 관한 새로운 아이디어가 나와서 통상적으로 받아들여지던 교육의 개념을 넓혀 주면서 동시에 개인별 가이단스라는 새로운 기법을 통하여 실제적으로 적용되었다. 이 교육학의 발전은 한 나라가 아닌 여러 나라에 기원을 두고 있다. 그 발단은 독일의 심리학 실험실, 영국의 프란시스 갈톤과 카알 피어슨*, 그리고 미국의 E. L. 쏜다이크*에 의하여 사회적 측정의 필요상 고안된 통계적 방법, 불란서의 일프레드 비네*에 의한 지능검사의 발명, 학교 시간을 효율적으로 사용하기 위한 방법과 방안을 찾으려는 미국 교육자들의 노력 등에 의하여 이루어졌다. 이런 노력의 배경이 된 심리학 이론은 그 근본을 따지자면 찰스 다윈*에서 영감을 받은 것이며, 심리학 이론으로 정립된 것은 불란서의 베르그송*, 영국의 맥두갈*, 그리고 비엔나의 프로이트*에 의해서였다.

* hormic psychologies * Francis Galton and Karl Pearson * E. L. Thorndike
* Alfred Binet * Charles Darwin * Bergson * McDougall * Freud

(가) 통계적 방법

¶25_ 교육에 관한 근본적인 사고의 오랜 전통을 가진 독일이 현대 교육학의 선구자로서 한 몫을 담당한 것은 당연한 일이었다. 분트*와 그 동료 학자들의 실험심리학은 일찍부터 이 분야에 적용되었다. 거의 필연적인 귀결로서, 학습과정에 관한 양적 연구는 그들의 용어로 '실험 교육학'으로 불린 새로운 학문 분야를 개척하였다. 학습에 관한 연구를 실험실에서 교실로 옮겨, 학교에서 실지로 일어나는 학습의 효율성과 기법을 연구한 것은 모이만*이었다. 그가 다룬 문제가 어떤 종류의 것이었던가를 보여주는 한 가지 예로서, 詩시학습에 관련되는 수많은 문제에

관한 그의 다음과 같은 발언을 들 수 있다. 그의 말에 의하면, 시를 외울 때 학생은 '느리게 힘든 과정을 거쳐 그의 주의를 목하 외우려고 하는 시에 맞출 수도 있고 처음부터 그의 주의를 강렬하게 집중시킬 수도 있다. 시를 반복해서 읽는 그의 노력은 기계적인 것이어서 아무런 결과를 내지 못할 수도 있고 매번 읽을 때마다 시를 기억하는 데에 조금씩 도움이 될 수도 있다. 학생은 시의 리듬을 잘 살릴 수도 있고 잘못 살릴 수도 있으며, 시의 의미를 잘 살릴 수도 있고 잘못 살릴 수도 있다. 학생은 단어의 발음을 분명히 할 수도 있고 반쯤 분명히 할 수도 있고 전혀 분명하지 못하게 할 수도 있다. 학생은 발음 속도를 빨리 할 수도 있고, 느리게 강세를 넣어서 할 수도 있다. 학생은 시를 작은 부분으로 나누어 각각을 따로 외울 수도 있고 매번 처음부터 끝까지 한꺼번에 읽으면서 하나의 전체로서 외울 수도 있다. 학생은 앉은 자리에서 단번에 외울 수도 있고, 여러 번 시간 간격을 두고 오랜 기간 동안에 나누어서 외울 수도 있다... 위의 방법 중의 어느 쪽이 가장 쉽게 또 가장 빠르게 시를 유창하게 틀리지 않고 외우게 할 수 있겠는가? 그 중의 어느 쪽이 가장 오랜 동안 또 가장 정확하게 시를 기억하도록 할 수 있겠는가?[1] 모이만 자신은 이 문제를 해결하는 데에 상당히 실질적인 기여를 하였다. 이런 관점에서 파악되는 교육학은 분명히 학교 교실에서의 교육 실제에 관련되는 헤아릴 수 없이 많은 세부사항들을 연구하는 데에 엄청난 과제를 안고 있으며, 장차 오랫동안 교사가 실지로 하는 일에 대해서는 제한된 효과를 나타낼 수밖에 없다.

---

1) Meumann, *The Psychology of Learning*, ch. Ⅶ.

* Wundt * Meumann

¶26_ 알프레드 비네가 발명한 지능 검사의 경우에는 사정이 달랐다. 거의 단번에 지능 검사는 교육과 그 밖의 사회 복지 분야에 과학적 측정을 몰고 들어왔으며, 아동과 청소년의 능력을 명확히 추정하는 것으로 환영을 받았다. 심리학자로서 비네는 드물게 보는 천재였으며, 심리학을 구체적으로 적용하는 데에 비상한 관심을 가졌고 간단한 수단으로 대단한 결과를 얻는 능력을 가지고 있었다. 교육에 대하여 우호적인 사회 분위기 속에서 그는 불란서의 교육장관으로부터 정신적으로 박약한 아이들의 교육문제를 다루는 책임을 맡아달라는 요청을 받고 정신적 지진의 과학적 기준을 알아내는 일에 착수하였다. 그가 따른 계획은 속도와 정확성을 요구하는 다양한 곤란도의 검사 문항을 많이 만들어 다수의 정상아들에게 실시한 후에, 특정 연령층의 아이들이 정답을 맞추는 문항들로 척도를 만드는 것

이었다. 이 조사의 결과로 제작된 것이 비네 지능검사이다. 머지 않아 이 검사는 일반적인 지적 능력을 알려주는 지표로서 가치를 가진다는 것이 명백해졌다. 또한, 아동 개개인에게 검사를 반복적으로 실시한 결과, 아동기 동안에 걸쳐 계속적으로 동일한 결과를 보여준다는 사실과, 검사에 의하여 얻어진 아동의 상대적 지능지수와 예컨대 교사와 같이 아동 개개인의 능력 차이를 검사 이외의 방법으로 관찰할 기회를 가지고 있는 사람들의 판단 사이에 대체적인 일치가 존재한다는 사실도 밝혀졌다. 그리하여 이제 정신 연령을 단위로 하는 측정 척도에 따라 능력을 사정하는 방법이 나타나게 되었다. 이 방법은, 지능의 작용에는 여러 가지 다른 요인들이 개입하기 때문에 완전히 정확한 것은 아니지만, 시험 점수나 직관적인 추정보다는 객관성에서 뛰어난 방법임에는 틀림이 없다.

¶27_ 오늘날 비네 지능검사는 수정된 형태로 전 세계에 걸쳐 사용되고 있으며, 그것이 아동 청소년을 다루는 사람들에게 개인차를 측정하는 유용한 방법을 제공해 준다는 것은 보편적으로 인정되고 있다. 그 검사는 원래 정신적 결함의 진단을 위하여 고안되었지만, 모든 종류의 비정상아에게도 마찬가지로 유용하게 쓰일 수 있는 것으로 판명되었다. 청소년 범죄자들, 정서적으로 불안정한 아이들, 학습 능력에 특별한 결함이 있는 아이들, 모든 종류의 이른바 문제아들을 다루는 최초의 접근은 이제 지능지수를 통하여 이루어지고 있다. 그러나 능력 검사가 문제아를 다루는 데에 대단히 유용한 것은 사실이지만, 정상적인 소년 소녀에 대해서는 더 큰 적용 가능성을 약속해 준다. 직업 가이단스는 이미 지능의 정확한 측정을 그 가장 확실한 도구로 삼고 있으며, 지능검사를 보통의 능력 평가 방법에 대한 보완으로, 또 때로는 그것에 대한 대안으로 활용함으로써 학생들의 학업 성적을 좀 더 과학적으로 매기려는 실험적 방안이 시작되고 있다. 사실상, 비네 지능검사는 모든 아동을 위한 개별화된 교육이라는 이상 실현을 향하여 좀 더 가까이 다가가도록 하고 있다.

¶28_ 지능검사의 기저에 깔려 있는 연령 수준의 개념은 그 밖의 다른 심리학자들에 의하여 학교의 학업 성적에도 확대 적용되었다. 시릴 버트*는 비네 지능검사를 영국의 상황에 맞게 번안하는 한편, 초등학교 교과에 관한 아이들의 학업 성적을 측정하는 척도를 제작하였다. 예컨대 철자법을 각각의 연령에 열 개의 단어로 검사하게 되어 있었는데, 이 열 개의 단어는 그 연령층에 있는 평균 정도의 아

이들이 철자법을 정확하게 알고 있는 것으로 판명된 것들이다. 이 검사에서 받는 점수가 그 학생의 '철자법 연령'이다. 이런 방식으로 여러 교과에서 나온 점수를 합치면 한 학생의 일반적인 '교육 연령'을 결정할 수 있다. 습자의 경우에도, 1909년 쏜다이크 교수가 제작한 연령 등급표를 보지 않고 글씨 쓰기의 등급을 측정하는 척도를 만들었다. 이것은 이런 종류의 척도로는 최초의 것이다. 그때 이후 오늘에 이르기까지 모든 수준의 학교 교과에 관하여 다양한 성격의 표준화 검사들이 꾸준히 제작되어 나왔다. 이 표준화 검사는, 만약 잘 제작되면, 학생 개개인과 학교 전체의 학업 성취도를 평가하는 데에 공인된 규준이 될 수 있는 것으로 드러났다.

---

* Cyril Burt

¶29_ 학교교육의 여러 가지 문제에 대한 접근 방법으로서의 이 통계적 방법은 미국의 교육자들로부터 즉각적인 환영을 받았다. 한 대륙을 정복하여 사람이 살 수 있도록 하는 동안에 발전된 개척자 정신은 미국인들이 그들의 사고를 구세계의 전통에서 벗어나도록 하는 데에 도움이 되었으며, 과학과 경험의 결합으로 새로운 방법을 만들어내는 공학자의 실제적 태도를 교육이라는 사회적 과업에 적용하는 일을 용이하게 하였다. 기원 1903년에 미국 교육학회*는 학교 시간을 보다 효율적으로 사용하는 것을 목적으로 하는 장기간 연구 계획의 첫 발걸음을 내딛었다. 미국의 몇몇 교육 전문가들에게는 초등교육의 연한을 이삼년 정도 단축할 필요가 있다는 생각이 들었고, 이 일을 어떻게 해야 할지를 알아내기 위한 연구가 시작되었다. 미국인다운 발상이지만, 시간을 절약하고 효율성을 증대시켜야 할 한 가지 이유는 그것이 납세자와 학생들에게 재정적인 이익을 가져다준다는 데에 있었다. 이 문제에 관하여 제출된 최초의 보고서(미국 교육학회 14차년도 연차 보고서*)에 적혀 있는 바에 의하면, 교육에서의 시간 절약은 (1) 비본질적인 교과나 교과내용을 삭제하고 초등교육의 목적을 달성하는 데에 결정적으로 중요하다는 것이 누구에게나 분명한 내용만을 포함시킴으로써, (2) 학습과 교수의 방법을 개선함으로써, 그리고 (3) 학교체제 전체와 교수요목을, 각각의 부분을 아동발달의 단계상 최적의 시기에 공부할 수 있도록 조직함으로써 달성될 수 있다는 것이다. 논리적으로 말하여 최초로 해결되어야 할 문제는 학교 교과 중에서 과연 어떤 것이 '최소 필수'에 포함되는가 하는 것이다. 이것이 결정되고 난 뒤에야 비로소 이상적인 교육과정을 마련하고 교수 방법과 조직을 결정하는 일을 할 수 있을 것이

다. 한 교과의 최소 필수를 결정하려고 하면 연구자는 먼저 목적을 명확히 규정하지 않으면 안 된다. 이 목적이 실효성을 가지기 위해서는 아이들이 실지로 무엇을 할 수 있는가에 관한 지식으로 그것을 보완하여야 하며, 아이들이 할 수 있는 것이 무엇인가 하는 것은 현재의 실제를 비판적으로 고찰함으로써 밝혀질 수 있다. 교사를 위한 지침을 마련하기 위한 객관적인 표준은 그 이후에 설정될 수 있다. 사실상, 미국 교육학회는, 아주 힘들게, 바로 이런 일을 하고자 하였다.[1]

---

1) National Council for the Study of Education : 14th, 16th, 17th and 18th Yearbooks.

* National Council for the Study of Education은 후에 National Society for the Study of Education (NSSE)으로 개칭되었다.

(나) 생물학적 접근

¶30_ 현대 교육을 이끌 지도이념으로서의 심리학과 철학에 대한 한 가지 가장 큰 영향력을 들자면 그것은 다윈*의 진화론에 기원을 둔 여러 논의들이었다. 한동안 진화론에 대한 찬반양론으로 말미암아 그것이 나타내는 진짜 문제가 불분명한 상태였지만, 20세기 초에 들어와서는 인간 본성에 관한 진화론적 견해가 광범한 의의를 가진다는 점이 일반적으로 인식되기에 이르렀다. 교육의 경우를 말하자면, 진화론에는 교육의 이론과 실제에 특별한 관련을 맺고 있는 두 가지 아이디어가 포함되어 있었다. 첫째는 인간과 고등동물이 생물학적 성격에 있어서 기본적인 동일성을 나타낸다는 것이요, 둘째는 종의 기원에 관한 다윈의 설명에 나타난 바와 같이 동물의 종이 명백한 유동성을 보여준다면, 그와 마찬가지로 인간 본성도 변화될 수 있다는 것이다.

---

* Charles Darwin (1809-1882)

¶31_ 인간이 동류의 포유류와 상당히 많은 공통점을 가지고 있다는 것은 의심의 여지가 없다. 출생 이후의 잠복기가 동일하며, 어미의 보호와 훈련을 필요로 한다는 점이 동일하며, 나중에 경험을 통하여 습관을 획득한다는 점이 동일하며, 이 모든 것의 이면에, 공포, 분노, 애정과 같은 근본적인 정서와 충동에 넓은 유사성이 있다. 이 모든 것이 인간 본성을 이해하는 데에 어떤 의미를 가지는가는 별도의 문제이며, 외관상 원숭이 같은 피조물이 가장 원시적인 상태에서도 사회적 인

간의 특징인 특이한 능력을 발달시키게 된 과정에 관해서는 매우 다른 설명들이 주어져 왔다. 그러나 그런 가운데에서도 인간의 마음에 동물적 기초가 있다는 사실을 인정함에 따라 사람들의 견해에 전반적인 변화가 일어난 것은 사실이다. 이제 삶과 교육에서의 지적 과정에 부여되는 중요성이 감소되고 그 반면 충동이나 투지와 같은 충동적 요소가 더 중요시된다. 주로 인지 능력에 관심을 둔 종래의 심리학을 대치하고 나타난 심리학에서는 이 충동 또는 추진력의 요인이 더 강조되고 있다. 윌리암 맥두갈 교수*의 「사회심리학」(1908)*이라는 중요한 저서는 행동의 과학으로서의 심리학의 성격을 강하게 부각시키면서 영국에서의 교육학적 사고를 이 방향으로 이끄는 데에 광범한 영향력을 행사하였다. 그에 의하면, 인간의 행위는 인간의 고유한 본능 또는 성향에 의하여 결정된다. 그의 분석에서 그러한 본능과 성향에는 대략 열네 가지가 있으며, 이것들은 자아, 性성, 그리고 종족에 속하는 기본적 충동과 관련되어 있다. 예컨대 공포나 분노를 유발하는 사태에 나타나는 본능은 행동하려는 맹목적인 충동이 아니라 거기에는 의지는 물론이요 인지나 감정도 한꺼번에 작용한다. 그 본능을 일으키는 특정한 대상에 대한 인지작용이 있어야 하며, 그 본능에는 특정한 정서적 흥분이 수반되며, 그 본능은 다소간 구체적인 행동으로 표출된다. 일상생활에서 그 본능은 동물에서 보는 것과 같이 억제할 수 없이 거칠게 나타나는 것이 아니라 인간다운 삶의 맥락에 맞게 온갖 방식으로 수정된다. 경험과 훈련이 축적됨에 따라 그 본능은 우리가 흔히 당면하는 사물이나 사태를 중심으로, 여러 요소들이 다양한 방식으로 결합된 복잡한 조직 또는 '情操정조'*를 이룬다. 사실상, 이와 같이 조직된 본능은 개인의 생활에 나타나는 다양한 요구에 대한 고정된 ('본능적') 반응 양식을 이룬다. 맥두갈은 여러 가지 본능적 성향이 동일한 사태에 작용할 때에는 그 사이에 갈등이 있을 수 있다는 것을 인정했지만 — 예컨대 자기주장 충동과 집단 충성심 사이의 대립, 모성애와 자기 자신의 利害이해사이의 대립 등 — 보통의 사태에서는 자기 존중이라는 조정 활동을 통하여 상당한 정도의 통합이 이루어질 수 있다고 생각하였다. 이 점에서 그의 심리학은 도덕교육 분야에 쉽게 적용될 가능성을 보여 준다. 이런 의미에서의 도덕교육은 그 본질에 있어서는 아동이 물려받은 단위 본능들을 수정하여 그로 하여금 사회적 존재로서 살아가기에 적합한 존재로 만들기 위한 것이며, 부모와 교사가 할 일은 이 목적을 위하여 공동의 정조를 형성해 주는 데에 있다.

---

* Professor William McDougall　* *Social Psychology*　* sentiments

¶32_ 맥두갈이 인정하기는 했지만 지나치게 강조하지는 않은, 인간 본성에 들어 있는 모순적인 충동은 20세기의 처음 10년 동안에 의학 분야에서 사회 분야와 교육 분야로 넘어온 지그문트 프로이트*의 정신분석학 이론에서 근본적으로 중요한 위치를 차지한다. 비엔나에서 정신병학자로 일하는 동안에 프로이트는 일상생활의 의식적인 마음과 대체로는 당사자 자신의 지식 바깥에 있는 무의식적 마음의 심층적 충동을 날카롭게 구분하게 되었다. 예컨대 히스테리증 환자의 마비 증세와 같은 병적인 상태는 그 두 마음의 갈등을 원인으로 하여 생긴 정서적인 부조화에서 빚어진 것이라고 프로이트는 생각하였다. 그런 상태에서 의식적인 욕망이나 의지에 따른 행동은 환자 자신이 의식하지 못하는 억압적인 세력에 의하여 억제된다는 것이 명백했던 것이다. 이것을 치료하기 위해서는 그 겉으로 드러나지 않은 억압의 원인을 대낮과 같은 의식 세계로 끌어 올려서 그것이 가지고 있는 해로운 힘을 없애 버리지 않으면 안 된다. 마음의 의식적 요소와 무의식적 요소가 서로 상반된 목적을 위하여 작용한다는 이 아이디어는 온갖 종류의 비정상적인 행동들 — 말더듬이, 반사회적 성향, 아무 근거 없는 적대감, 학습 능력의 결함 등 — 을 한편으로 부모의 훈육의 결과로 발달된 의식적 도덕성과 또 한편으로 비합리적, 무도덕적인 경향을 띤 원초적인 무의식적 마음의 갈등에서 빚어진 것으로 설명할 수 있게 하였다. 프로이트가 보기에, 어른에 의하여 아이에게 만들어지는 의식적인 성격은 언제나 모든 사람의 마음속에 검열관으로 작용하면서 이기적인 감정이나 잔인한 마음, 그리고 무엇보다도 성적 욕망을 억압하고 있다. 이들 원초적인 충동은 이런 식으로 하여 원래의 자리인 무의식 속으로 밀려들어 가서 그것을 억압한 바로 그 에너지에 의하여 또 그 에너지만큼 만성적인 혼란의 원천이 된다. 이것을 방지하기 위해서는 그것을 昇化승화하여 개인과 사회에 다 같이 만족스러운 분출구를 찾아주지 않으면 안 된다. 여러 가지 정서적인 무능력에 대하여 정신분석가가 알고 있는 치료는 오직 길고 힘들고 불확실한 정신분석의 절차뿐이기 때문에 위와 같은 사고를 교육에 직접 적용하기는 쉬운 일이 아니다. 그러나 정신적인 억압이 학습과 행동의 문제를 일으키는 원인이 되고 그것이 부모나 교사가 아이들을 다루는 데에 어려움을 가져다준다는 아이디어는 다대한 실제적 가치를 가진 것으로 입증되었다. 프로이트는 유아기의 성 문제가 이후의 삶에서 겪는 곤란의 대부분의 원인이 된다는 것을 알아내었다. 이로 말미암아 성적 충동의 禁忌금기가 해로운 결과를 가져온다는 사실에 대한 일반적 인식이 생겨났고 아이들 사이의 성적 倒錯도착을 치료하는 보다 나은 방법과 함께 보다 현명한 성

교육의 방법을 알아내게 되었다. 아들러*는 이전의 그의 스승인 프로이트만큼 위대하지는 않지만, 자기주장적 충동의 중요성을 강조하고 아이들이 겪는 어려움의 가장 흔한 원인은 좌절로 인한 열등감에 있다는 것을 지적함으로써 특별한 공헌을 하였다. 아동을 상대로 하는 현대의 임상 가이단스는 상당히 많은 문제아들을 정상적인 행동으로 회복시켜 놓는 데에 주로 프로이트에서 빌어온 아들러의 이 아이디어를 기초로 하고 있다.

* Sigmund Freud (1856-1939)　* Adler

¶33_ 이 시기에 진화론적 변화에 관한 성찰에서 불거져 나온 둘째 문제는 천성과 양육*의 관계 문제이다. 다윈은 동물의 종의 기원을 설명하려고 일을 시작했지만, 그가 실지로 밝힌 것은 종은 고정 불변의 것이 아니라는 사실이다. 철학적인 관점에서 볼 때 이 아이디어는 암암리에 우주에는 고정 불변의 것은 아무 것도 없다는 암시를 담고 있다는 점에서 매우 곤란한 문제를 던져 주었다. 실제적인 측면에서 볼 때 더 시급한 문제는 진화론에서 주장하는 대로 동물이 변화했다면 인류를 변화시키는 것이 가능할 것이 아닌가 하는 것이었다. 아닌게 아니라 인간은 가축을 변화시킨 것이다. 만약 그러한 노력을 하려고 한다면 그 과정에서 교육은 한 몫을 담당할 수 있겠지만, 그 몫이 크냐 작으냐는 훈련에 의하여 사람들에게 일어난 변화가 그 다음 세대에 유전적으로 전달될 수 있는가에 달려 있다. 플라톤은 과학적인 지식이 없이 순전히 직관에 의하여 그 일이 가능하다고 보고 적절한 교육적 지도에 의하여 인간이 세대를 거듭할수록 점점 더 개선될 수 있으리라는 꿈을 가졌다. 다윈과 스펜서*는 다같이 교육을 통하여 인간의 천성에 변화를 일으키는 것이 가능하다는 것을 인정하였다. 다윈은 그의 저서 중 교육을 언급하는 유일한 대목에서[1] 여성의 지적 수준을 남성의 것으로 끌어올리는 것이 가능하다는 것을 다음과 같이 말하고 있다. '여자가 남자의 수준에 도달하기 위해서는 성인기에 접어들 무렵에 정력과 인내심을 길러야 하며 이성과 상상력을 최고도로 발휘하도록 훈련을 받아야 한다. 그렇게 한다면 아마 여자는 그러한 자질을 성인이 된 딸에게 전해 줄 수 있을 것이다.' 그러나, 다윈은 계속해서, 여기에는 수많은 세대가 소요되며, 인류 전체에 영향을 줄 만큼 충분한 수의 여성이 그와 같이 개선되는 것은 불가능하지는 않다 하더라도 어려울 것이라는 말을 덧붙인다. 스펜서는 한 걸음 더 나아간다. 그의 저서 「사회정태론」*에서, 올바른 행동은 지금은 훈련에 의존하

고 있지만 앞으로는 점차 유전되어 마침내 사람들은 특별한 노력 없이도 저절로 선량하게 되리라는 것을 가능성으로서 꿈꾸고 있다.

1) *The Descent of Man*, ch. 19.
* nature and nurture * Spencer * *Social Statics*

¶34_ 이십 세기가 시작 될 무렵 유럽의 생물학자들은 거의 예외 없이 여러 인종들이 이때까지 보여준 것과는 다른 새로운 특징을 습관이나 훈련에 의하여 획득할 수 있다는 견해에 반대하는 쪽으로 판단이 굳어져 있었다. 이러한 판단의 영향으로 찰스 다윈의 사촌인 프란시스 갈톤卿경* 은 인간을 개선하는 문제를 다른 각도에서 접근하였다. 유전적인 천재에 관한 그의 연구에서 갈톤은 출신 가문에 따른 인간들 사이의 차이가 지속적으로 나타난다는 것을 발견하였다. 몇몇 가문은 그 구성원 중의 일부가 어떤 사회적 환경에서 자라는가에 관계없이 특정한 분야(예컨대 법관, 음악가, 범죄자 등) 에서 두각을 나타내도록 만드는 요소를 그 가문의 특징으로 가지고 있었다. 그렇다면 인류를 개선하는 방법은 무엇이겠는가―이것이 갈톤의 질문이었다. 그의 대답은 優生學우생학, 즉 올바른 번식의 과학이었다. 물론, 그는 인간의 경우에 이 과학의 적용에는 가축의 경우에 비하여 제약이 따른다는 것을 인정한다. 우생학자가 주로 해야 할 일은 종자가 좋은 것으로 입증된 개체들이 생존하고 번성하기에 유리한 조건을 만들어내고 유지하는 것이다. 이 일에서 교육의 역할은 애매한 것이 될 수밖에 없다. 물론, 우생학의 이상이 효과적으로 실현되도록 이 방면에 관한 올바른 생각을 널리 전파할 필요가 있다는 것은 의심의 여지가 없다. 그러나 한 가지 불행한 사실은, 더 잘 교육된 계층들이 우생학적 추정으로 보면 생물학적인 면에서 우수한데도 불구하고 사회 내의 다른 집단보다 자녀를 덜 가지며, 이것이 인구 전체에 역영향을 미친다는 것이다. 이 문제의 해결은 사회 전체의 교육 수준을 높이는 데에 있다고 볼 수 있지만, 여기에도 갈톤의 추종자들은 이것이 우수한 사회 집단을 희생시키면서 열등한 집단을 유리하게 한다는 이유에서 반대하고 있다.

* Sir Francis Galton

4 전쟁 기간의 교육

¶35_ 이십 세기의 둘째 10년 동안의 교육은 제1차 대전으로 말미암아 심각한 영향을 받았다. 1911년에서 1916년에 이르는 기간에는 교육활동에 전반적인 침체가 있었다. 전쟁 전의 활력을 그대로 계속하고 있는 영국과 아직 전쟁에 휘말리지 않은 미국은 체계적인 계획과 연구로 기존의 교육을 개선하기 위한 노력을 계속하였지만, 그 밖의 다른 나라들은 너무 골몰하여 학교 문제에 신경을 쓸 겨를이 없었다. 그러다가 1916년경, 마치 공통의 충동에 떠밀리기라도 한 듯이, 여러 나라들은 전쟁이 끝났을 때 좀 더 나은 교육이 필요하리라는 자각을 맞이하는 것처럼 보였다. 모든 호전적인 나라에서 매우 다양한 성격의 교육 방안이 제안되고 논의되었다. 평화가 찾아오기 직전과 직후인 1918년과 1919년에는 개혁 운동이 그 최초의 결실을 보았다. 그러나 머잖아 반작용이 일어나서 사태가 전반적으로 달라지고 침체기가 뒤따랐다. 교육의 개선을 위한 욕망은 여전히 살아 있었지만, 대부분의 경우에 그것을 가로 막는 장애로 말미암아 이렇다 할 성과는 거두지 못하였다. 한 가지 주목할 만한 예외는 국제적 이해와 협력을 확보하기 위한 계획들이 꾸준히 계속되었다는 것이다.

(가) 제 1단계(1911-1916) : 계몽기

¶36_ 영국과 미국이 교육의 개선을 위한 접근 방법에 그토록 놀라운 유사성을 보였다는 것은 흥미 있는 사실이다. 미국의 경우, 연방정부는 학교의 운영에 아무런 직접적인 관여를 하지 않았으며, 그 경계 안의 교육에 책임이 있는 주 정부 조차도 지방 행정에 끼어들려고 하지 않았다. 영국에서는 극히 최근인 1899년에 설치된 중앙 교육국*이 정부 지원금을 배정할 위치에 있었던 만큼 상당한 권력을 행사할 수 있었음에도 불구하고 그 나라의 강한 개인주의적 전통으로 말미암아 업무에 제약이 있었다. 두 경우 모두 중앙 당국으로서 더 편한 것은 명령보다는 자문이었다. 그리하여 양국은 교육에 관련된 모든 사람들을 계몽함으로써 점진적인 진보를 꾀하는 데에 역점을 두었다. 이를 위하여 양국은 국내와 해외의 교육 실제에 관한 사실을 알아내고 홍보하는 일과 행정가와 교사들에게 현재의 문제에 대한 가능한 해결책을 그 근거와 함께 제시하는 일을 하였다. 이것은 훌륭한 민주주의적 절차이며, 그 기초에는 올바른 행위는 올바른 사고에서 나온다는 신념이 깔려 있었다.

* Board of Education

¶37_ 기원 1911년, 영국의 중앙 교육국은 학교 교육과 관련된 다양한 측면을 고찰하기 위하여 구성된 자문위원회가 작성한 일련의 보고서 중의 첫 호를 발행하였다. 그 보고서의 첫째 주제는 '외부시험'* 이었으며, 여기서의 의도는 명백히 그 당시 영국 중등학교를 대상으로 하는 시험단들이 너무 난립해 있는 사태를 종식시키는 데에 있었다. 아직 전쟁이 계속되고 있는 1917년에 이 문제에 관한 검토는 그 시험단들을 조정하는 '시험 관리청'*을 설치함으로써 다시 계속되었다. 전쟁이 거의 끝날 무렵에 이 문제에 관한 유권적인 보고서의 발행이 즉시 재개되었고, 교육국은 '교사 등록청'*을 설치하여 대학, 중등학교, 초등학교 교사와 특수교사를 공동의 등록부에 등재하도록 함으로써 국가 교육을 통일된 체제로 묶는 방향으로 또 하나의 중요한 공헌을 하였다.

* external examination * Examination Council * Teachers' Registration Council

¶38_ 미국에는 영국의 중앙교육국에 해당하는 중앙정부의 기구가 없었던 만큼, '계몽 사업'은 다른 방식으로 이루어졌다. 기원 1911년경에 미국에서는 민간단체의 자반적인 '교육조사'라는 유용한 관례가 시작되었다. 이 방안에 따라, 한 마을이나 지역을 담당하는 책임자는 대학의 전문가 집단을 초청하여 관할 구역 내의 학교가 하는 일을 과학적으로 검토하게 되어 있었다. 전문가들은 표준화된 검사를 써서 그 지방의 교육 실태를 평가하고 유익한 변화를 제안하며, 그 채택 여부는 당사자인 학교의 판단에 일임하였다. 기원 1912년에 연방정부의 노동성*은 그 산하에 아동국*을 두고 청소년의 복지에 관계되는 모든 사항에 관한 연구와 조치를 담당하도록 하였다. 기원 1916년 교육연구청*의 설립은 과학적 연구를 교육의 모든 측면으로 확장하는 길을 열어 주었다.

* Department of Labour * Children's Bureau * Council for Educational Research

(나) 제 2단계(1916-1918) : 재건 계획기

¶39_ 국제간의 갈등이 오래 끌 기미가 역력해지자 영국, 불란서, 독일은 모두 그 교육체제의 재조직을 위한 계획에 착수하였다.

예40_ 영국에는 1902년 발푸어슈령*이 통과된 후에 상당한 진보가 있었음에도 불구하고 전국적 교육 조직에 아직 만족스럽지 못한 측면이 많이 있었다. 하류계층 아동이 다니는 초등학교와 상류계층 아동이 다니는 그라마 스쿨과 퍼블릭 스쿨* 사이의 해묵은 분리는 민주주의 원칙이 받아들여지는 중에도 전국의 대다수 지역에서 여전히 계속되고 있었다. 영국 국교의 교회에 속한 학교들은, 특히 학교가 하나 밖에 없는 농촌 지역에서는, 특권적인 지위를 누리고 있었다. 열네 살 이상의 청소년들을 위한 교육 시설은 너무나 빈약하여 해당 연령층의 약 10퍼센트만이 의무교육을 마친 뒤에 어떤 종류의 것이든 교육을 받을 수 있었다. 전쟁이 몰고 온 장차의 필요가 눈에 보이듯이 드러난 지금, 만약 영국이 전쟁 후에 인간 자원을 적절하게 활용하려고 하면 모종의 근본적인 변화가 절대적으로 필요하다는 것이 대부분의 사람들에게 명백하였다. 이러한 분위기 속에서 교사, 행정가, 사업가, 정치가, 그리고 일반 대중이 들고 일어나서 출판물이나 공청회를 통하여 현재의 사태를 비판적으로 검토하려는 움직임을 보였다. 다양한 집단의 견해를 표현하는 다수의 보고서와 회람이, 학교와 학교체제의 개혁을 위한 온갖 제안과 함께 대중에게 유포되고 그 판단을 기다렸다. 그 중의 가장 이상적인 견해로서 예컨대 H. G. 웰즈*의 예언자적인 개혁방안을 들 수 있다. 웰즈는 말한다. '이제 모든 것이 흐물거린다. 세계는 회반죽과 같아서, 사람은 그것으로 자기가 원하는 것은 무엇이든지 할 수 있다.' 그에 의하면, 학교와 대학을 완전히 재창조하는 데에 방해가 될 것은 아무 것도 없다. 마찬가지로 낙관적인 견해를 가지면서도 실제적인 어려움을 의식하는 사람들은 구체적인 계획을 위한 제안에 주의를 집중하였다. 그런 제안들 사이에는 세부적인 면에서 큰 차이가 있지만, 진보적인 성향을 가진 사람들 사이에는 영국이 필요로 하는 학교의 형태에 관한 광범한 합의가 이루어져 있었다. 즉, 유치원에서 대학에 이르기까지 교육에는 연속성이 있어야 한다. 취학 기간은 아래로 두세 살까지 연장되어서 아이들은 유치원에서 조기 사회성 훈련을 받으며, 위로 열여섯 살의 초등 이후 학교까지, 그리고 그 이상으로 열여섯 살에 졸업과 함께 교육을 그만두는 아이들을 위해서는 열여덟 살까지 晝間주간 계속 교육 프로그램에 다니도록 해야 한다. 계층 구분은 최소로 해야 하며, 재정적인 곤란 때문에 완전한 교육의 기회를 박탈당하는 아이들이 있어서는 안 된다. 교사는 더 잘 교육되고, 더 잘 훈련되고, 더 많은 봉급을 받아야 하며, 더 큰 자유를 허용받아야 한다.

---

* Balfour Act * grammar and public schools, 명문 사립 중등하교 * H. G. Wells

¶41_ 영국에 비하여 불란서에서는 개혁 운동이 더 느리게, 더 온건하게 진행되었다. 이것은 다소간은 불란서 사람들이 그 나라의 학교와 문화에 대하여 전체적으로 만족했기 때문이며, 다소간은 그 나라의 영토 안에서 벌어지고 있는 전쟁이 많은 정력을 전쟁에 쏟아 붓도록 했기 때문이다. 불란서 사람들이 변화의 열망을 가지게 된 것은 전쟁을 겪으면서 민주주의적 정신이 한층 고조되었기 때문이다. 초등학교에서 교육을 받은 노동자와 대학 예비학교나 리쎄*에서 교육받은 장교들이 평상시보다 더 가까운 관계를 맺게 되었고, 이 친밀감으로부터 사회계층별로 다른 학교를 가지는 것보다 모든 사람에게 공통된 학교를 가지는 것이 더 좋지 않겠는가 하는 질문이 제기되었다. 이 '단일학교'*의 이상은 작지만 두드러지는 청년 장교 집단이 내건 개혁 프로그램의 가장 중요한 특징이었다. 그 청년 장교 중의 한 사람인 M. 에리오뜨*는 나중에 유명한 수상이 되었다. 그들은 '새 대학 동호회'*라는 이름의 단체를 결성하고 공통 학교의 당위성을 주장하였으며 교사와 그 밖의 관심 있는 사람들은 누구나 그들과 동등한 지위로 그 단체에 받아들일 정도로 불란서 전역에 걸쳐 상당한 지지를 받았다. 그들의 개혁 방안에 포함된 중요한 사항은, 1) 여섯 살에서 열두 살까지의 아동은 공통 학교에 다녀야 한다는 것, 2) 이 공통 학교는 본질적인 면에 있어서는 어디나 동일하지만 지역별로 상이한 필요에 맞게 다양성을 띠어야 한다는 것, 3) 열두 살에 학구적인 학생들은 5년간의 리쎄에 진학하지만, 나머지는 2년간의 상급 초등학교*에 진학한다는 것, 4) 이 후자의 집단은 3년간의 기술 리쎄에 진학하거나 4년간의 사범학교의 진학한다는 것, 5) 리쎄, 기술 리쎄, 사범학교는 모두 대학과 고등교육 기관에 연결되도록 한다는 것 등이다.

---

* l'ecole unique * M. Herriot * The Companions of the New Universiry
* Higher Elementary Schools

¶42_ 독일에서 공통 학교 또는 단일학교*의 설립을 요구한 것은 노동자들이었으며, 이 요구는 불란서에서보다 더 심한 저항을 만났다. 그 요구에 대하여 언제나 주어진 대답은 그런 변화에서 얻을 수 있는 이득이 아무 것도 없다는 것이었다. 군사적인 면에서 독일 병사들이 이룩한 업적은 기존 학교의 교육적 우수성을 보여주는 증거였다. '독일 교사협회'*와 그 배후 세력인 사회민주당은 병사들에 대한 찬양을 도리어 공통 학교의 필요성을 위한 근거로 돌렸다. '초등학교'*에서 사람들이 그토록 잘 교육되었다면 그 출신이 김나지움으로, 그리고 나중에는 대학

과 공직으로 나아가서는 안 될 이유가 없다는 것이었다. 그러나 제국 전체에 동일한, 교파와 무관하게 자유로운 공통 학교를 설립하며, 능력이 있는 아이라면 어떤 계층에 속해 있든지 간에 거기서 김나지움으로 진학할 수 있도록 하자는 주장은 거부되었다. 정부가 한 단 한 가지 양보는 영재 아동의 교육에 관한 것이었다. 몇몇 도시에 실험학교가 설립되고 심리검사에 의하여 선발된 아이들이 일정한 교육과정을 이수하면 국내의 어떤 김나지움에라도 입학할 수 있도록 하는 방안이 시도되었다. 그러나 1919년의 혁명은 이 방안에 때 이른 종지부를 찍었다.

---

* Einheitschule * German Teachers' Association * Folk Schools

(다) 제 3단계(1918-1920) : 재건기

¶43_ 영국은 전쟁 동안의 계획이 부분적으로나마 성취된 유일한 나라였다. 불란서에서는 새 대학 동호회가 제안하는 방향으로 법률을 제정하려는 계획은 의회에 의하여 거부되고, 찬성을 얻은 유일한 계획은 직업 훈련의 개선 가능성을 보여 주는 계획이었다. 농업교육은 1918년의 법률에 따라 재조직되었으며, 1년 뒤에는 상업과 공업 교과를 가르치는 학교들이 기존의 교과를 더 효과적으로 조정하는 방향으로 개편되었다. 성과는 이것 뿐이었다. 영국이 아직 전쟁이 끝나지 않은 때에, 그리고 전쟁 중의 이상주의가 아직 시들지 않았을 때에 잉글란드와 스코틀란드에서 1918년의 교육령의 통과를 본 것은 참으로 다행한 일이었다. 이 법령의 핵심적인 아이디어는 사회의 모든 부문이나 계층에 걸쳐 18세가 될 때까지 어떤 종류의 것이든 교육을 연장하는 것이었다. 그 기본적인 원리는 두 교육령에 동일하였지만, 스코틀란드가 교육에서 전반적으로 앞서 있었고 또 교육이 심각한 종교적 논쟁에서 벗어나 있었기 때문에 스코틀란드의 교육령이 더 포괄적이고 논리적으로 완전한 것이었다. 법령집에 그만큼 이상주의적인 법령이 실린 적은 한 번도 없었으며, 그 만큼 정치적인 호의에 뒷받침을 받은 법령도 없었다. 참으로 그것은 유아기에서 성인기에 이르기까지 모든 사람에게 좋은 교육을 실시하려는 열망에서 빚어진 것이었다. 이전의 지방 교육국*은 '주 교육당국'*으로 대치되고 이 새로운 기구에, 한쪽 극단에는 유아학교를 설립할 권한을 주고 다른 쪽 극단에는 특히 도서관 시설을 중심으로한 성인교육을 증진할 권한을 주었다. 교육의 기회균등을 보장하고 적합한 능력을 갖춘 모든 사람에게 중등교육을 권장하기 위하여

교육 기간의 연장에 따른 비용을 충당할 수 있도록 상당히 많은 액수의 보조금을 지급할 수 있도록 하였다. 스코틀란드 교육성*이 지정하는 날로부터 의무교육 연한을 15세로 올리도록 제도적 방안이 마련되었고, 15세에 학교를 졸업하고 그 이상 학교에 다니지 않을 학생들을 위해서는 장차 적절한 시기에 주 평균 1일의 주간 계속교육반을 설치할 수 있게 하였다. 교육령 이외에, 교육에 대한 국가 지도자들의 활발한 관심은, 전쟁이 막바지에 들었을 때 중등학교의 여러 교과들을 검토하기 위한 정부 위원회가 설치되었다는 사실에도 나타나 있었다. 과학과 외국어 교육에 관한 보고서는 1918년에 발행되었고 3년 뒤에는 영어와 고전에 관한 비슷한 보고서가 나왔다. 과연, 전쟁에서 태어난 아이들은 일단 전쟁이 끝나고 나면 까맣게 잊혀진다는 말 그대로 이다!

---

* School Boards * County Authority * Scottish Education Department

¶44_ 교육에 대한 관심은 전쟁에 참가한 나라에만 국한된 것이 아니었다. 어디서나 학교와 대학에 관한 새로운 아이디어가 들끓고 있었다. 홀란드와 인도처럼 멀리 떨어진 나라에서도 초등교육의 확장을 위한 법령이 통과되었으며, 1919년 노르웨이에서는 공통 학교가 설립되고 그것과 연계된 중등학교에 빈약하나마 보조금이 지급되었다. 연령 척도상 반대쪽 극단인 대학교육 또한 새로운 관심의 대상이 되었다. 신생 터키의 출현을 알리는 최초의 신호는 이스탄불 대학의 현대화였다. 이러한 분위기에 이렇다 할 영향을 받지 않은 유일한 나라는 미국이었다. 유럽의 모든 국가들을 피폐시키고 그들로 하여금 그들을 곤경에서 건져줄 교육 쪽으로 눈길을 돌리게 한 전쟁이 그들을 더 부강하게 한 반면에 미국은 그 국민이 현재 받고 있는 교육이 과연 좋은가를 염려할 필요가 없이 이때까지 해 오던 방식을 따라 그대로 교육을 해 나갔다. 미국이 교육에서 이룩한 주된 진보는 교육이론과 교육실험 분야에서였다. 비네에서 시작된 검사 운동은 양적인 사실에 대한 미국적 관심에서 그 성장을 위한 알맞은 토양을 만났다. 이와 관련하여 가장 두드러지는 사건은 미국이 전쟁에 참여했을 때 그 필요에 따라 군대용으로 특별히 집단검사를 고안했다는 것이다. 백 25만 명의 장정들이 500명의 집단으로 특별히 고안된 두벌의 同型檢査동형검사에 의하여 검사를 받았다. 보통의 경험적 방법에 비하여 이 선발 방법이 보여준 利點이점은 직업 가이단스나 교육 가이단스에서의 심리검사의 위치를 새로운 차원으로 올려놓았다. 검사에 대한 미국의 관심이 가

져다 준 한 가지 중요한 부산물은 이후에 칼리포니아의 릴란드 스탠포드 대학*의 터만 교수*가 제작한 비네 검사의 개정판이었다. 터만 검사는 다시 개정되어 모든 영어권 나라에서 공통적으로 받아들여진 개인 검사가 되었다.

---

* Leland Stanford University　* Professor Terman

예45_ 교육 재건을 위한 모든 노력 중에서 가장 야심적인 것은 신생 독일 공화국이 보여준 것이었다. 공화국을 탄생시킨 1919년의 바이마르 헌법*은 사회주의 노선을 따른 학교체제의 기초를 다지기 위한 여러 가지 조항을 포함하고 있었다. 이때까지는 교육이 독일 제국내의 여러 公國공국의 소관사항이었다. 이제는 연방 정부가 교육에 관한 근본 원리를 법률로 정하고 모든 공국이 그것에 따르도록 하는 칙령이 반포되었다. 이때까지는 교회와 국가가 학교의 운영에 서로 협조해 왔다. 이제는 젊은이들의 교육이 국가기관에 의하여 시행되고 공립학교의 교사는 국가 공무원으로서의 권리와 특전을 가지며 교회의 통제에서 자유로워야 한다는 칙령이 반포되었다. 이때까지는 모든 농촌 학교와 6명 이하의 교사로 운영되는 학교가 지방 사제의 감독을 받았다. 이제는 교육체제 전체가 국가의 관리하에 놓이게 되며 학교의 감독은 이 일을 위하여 전문적인 훈련을 받은 專業전업 관리에게 맡겨야 한다는 칙령이 반포되었다. 이때까지는 공립학교의 의무교육이 14세에 끝이 났다. 이제는 8년간의 초등학교 이후에 18세까지 계속교육을 위한 학교에 취학할 의무를 져야 한다는 칙령이 반포되었다. 이때까지는 초등학교와 중등학교 사이에 아무런 연결이 없었다. 이제는 공립학교 체제가 유기적 전체로서 초등학교가 김나지움으로 연결되며 이를 위하여 모든 아동을 위한 '기초학교'*가 있어서 부모의 사회경제적 지위나 종교적 신앙에 관계없이 공공 자금의 도움을 받으면서 입학할 수 있어야 한다는 칙령이 반포되었다. 이때까지는 교육이 모든 면에서 국가주의적 성격을 강하게 띠었다. 이제는 책임 있는 시민의 정신과 아울러 다른 나라와의 유대를 공고히 하는 폭넓은 도덕 교육을 권장하도록 노력하여야 하며, 이를 위하여 모든 학생은 의무교육이 끝날 때 공화국 헌법 책자를 수여 받아야 한다는 칙령이 반포되었다. 이때까지는 종교 수업을 해야 한다는 것이 모든 교사에게 강제적인 의무로 되어 있었다. 이제는 그러한 종교 수업이 세속적인 학교를 제외한 학교의 정규 교육과정의 한 부분이 될 수도 있지만 교사는 오직 자신의 자발적인 의사 표시에 의해서만 종교 수업을 하도록 하며 학생은 보호자의 확실한 동의에 의해서만 종교 수업을 받을 수 있도록 해야 한다는 칙령이 반포되었다.

---

* Weinar constitution * Grundschule

5 제1차 대전의 여파

¶46_ 제1차 세계대전의 종언과 더불어 대부분의 나라들은 학교를 민주주의의 노선을 따라 개선하는 일에 마음이 쏠려 있었다. 인격의 자유로운 발달에 대한 신념에 기초를 둔 새 교육의 이상은 보통의 학교교육을 앞질러 가는 진보적 교육자들 사이에 상당히 일반적으로 받아들여지고 있었다. 그러나 그들의 좋은 의도와는 별도로 교육 개혁에는 심각한 난관이 가로놓여 있었다. 전쟁은 모든 사람을 허탈한 상태로 만들어 놓았다. 구세대의 교사들은 큰 변화에 거부감을 나타내었다. 더 좋은 학교를 만들고 더 좋은 방법을 쓰는 데에 필요한 자금은 확보하기가 쉽지 않았다.

¶47_ 영국의 경우, 1920년경에 시작된 공황은 그 첫째 결과로서 1918년의 교육령으로 법적 근거가 마련된 기본적인 개혁을 중단시키는 사태를 몰고 왔다. 의무교육의 연한을 15세로 높이도록 지방교육 당국에 부여된 권력은 행사되지 않았고, 이 중단 상태는 그 개혁이 축소된 형태로 1939년에 실시되도록 다시 거론된 1936년까지 계속되었다. 열여덟 살이 될 때까지 모든 아이들에게 종류야 어떻든지 간에 교육을 받도록 보장하는 晝間주간 계속교육 프로그램은 영국의 몇몇 주에서만 설치되었고, 그나마 한 곳을 제외하고는 그 이후에 폐쇄되었다. 그러다가 짧은 휴지기가 지난 뒤에 학교를 마치는 나이가 14세나 15세가 되도록 초등이후 교육을 연장하고 개선하는 노력으로 개혁 정신이 다시 불타올랐다. 이 시점(1926)에서 헨리 하도우卿경* 을 위원장으로 하는 중앙교육국 자문위원회의 탁월한 보고서('하도우 보고서'*)가 나왔다는 것은 참으로 다행한 일이었다. 이 위원회는 열다섯 살까지 중등학교 이외의 학교에 全日전일로 남아있는 아이들에게 적합한 교육의 조직, 목적, 교육과정을 검토하는 일을 맡았다. 그 보고서는 기존의 초등학교에 다니는 '11세 이상'*의 모든 아이들을 선발시험 없이 입학시키는 '상급학교'*의 설립을 권고하고, 다양한 부류의 학생들의 필요에 맞는 다양한 교육과정을 제

안하였다. 이 보고서는 거기서 제안하는 내용이 노동계층의 아이들을 그들만의 학교에 격리시키는 사태를 영속시킴으로써 영국의 교육 전통 속에 들어 있는 비민주적 요소를 그대로 답습한다고 하여 비판을 받았다. 그러나 이러한 분리는 상급 학교를, 모든 중등학교를 무겁게 내리누르는 시험의 몽마에서 벗어나게 하고 다양한 상황에 맞는 교육을 실험적으로 실시할 기회를 준다는 장점도 가지고 있었다.

---

* Sir Henry Hadow (xxxx-xxxx)
* Hadow Report * Senior Schools

¶48_ 전쟁 후에 서구 여러 나라들이 교육의 개선을 향하여 발길을 내딛은 민주주의의 길은 영국보다 불란서에서 더 어려운 것으로 나타났다. 불란서 사람들에게 자유 민주주의 정신이 의문시되었던 적은 한 번도 없지만, 그들의 생활 방식은 제도의 군국주의적 성향과 오랜 동안의 종교적 갈등으로 말미암아 복잡한 양상을 띤다. 그뿐만 아니라, 교육의 문제에 있어서 그들은 자신의 위대한 문화에 자부심을 가지고 있는 만큼 보수주의의 경향을 나타내고 있다. 그 결과로 개혁가들은, 심지어 변화의 필요에 대한 상당한 합의가 이루어져 있었던 때에도, 변화를 이끌어 내기가 어려웠다. 새 대학 동호회가 끊임없이 '단일학교'의 설립을 부르짖었음에도 불구하고 상류계층과 하류계층이 상이한 학교로 갈라져 있는 현상은 오늘날까지 계속되고 있다. 물론, 1925년 이래로 공립 초등학교, 그리고 중등학교에 부속된 대학 예비반에는 단일 공통의 표준이 요구된 것이 사실이다. 교육과정은 동일하였으며 교사도 마찬가지로 동일하게 훌륭한 자격을 갖추고 동일한 감독을 받았다. 그러나 일반 서민을 위한 무상의 학교와 부유층을 위한 유상의 학교 사이의, 오래전부터 고착되어 온 구분은 여전히 남아 있었다. 기원 1933년에는 중등학교에 수업료가 철폐되고 상급 초등학교, 기술학교, 리쎄에 공통의 입학시험이 설치되었다. 그러나 상이한 유형의 학교들은 여전히 별도의 정부 기관에 속해 있었으며, 그들 학교의 성격에는 거의 변화가 없었다. 교육에서의 평등을 위한 드높은 열망에도 불구하고, 초등학교나 기술학교에서 리쎄로 진학하는 길은 노동계층의 부모를 둔 아이로서는 예외적으로 머리가 좋지 않고서는 여전히 막혀 있었다.

¶49_ 독일 정부가 공화국 헌법에 천명된 대담한 교육적 이상을 실천에 옮기려고 했을 때 그 발걸음은 천근만근으로 무거웠다. 구체적인 계획을 진행하는 데

에 필요한 돈을 구하기 어려웠을 뿐만 아니라 서민 대중에게 중등학교와 대학의 문호를 개방하려는 시도는 번번이 이때까지 거기에 자녀를 보내던 상류계층의 방해로 좌절되었다. 고전, 현대어와 현대문학, 수학과 과학을 각각 강조하는 세 유형의 김나지움은 이름만 바꾸면서 그대로 계속되었으며, 주로 독일 문화에 기초를 둔, '독일 상위학교'*라는 이름의 새로운 유형은 시작할 때부터 비틀거렸다. 전체적으로 말하여, 체육과 게임의 시간 배당을 늘이고 불어 대신에 영어를 선호하는 것을 제외하고는 모든 것이 이전과 다를 바 없었다. 변화가 없기는 대학이 더 하였고, 귀족적 요소가 강한 몇몇 경우에는 대학이 황제 복위를 위한 음모의 온상이 되기도 하였다. 학교 이외의 분야로 눈을 돌리면, 민주적인 조직을 향한 진보는 어디서나 종교교육의 문제와 교육에 대한 교회의 통제 문제에 관한 의견의 차이 때문에 중단되고 차단되었다. 사회당은 학교를 국가의 통제 하에 두고 종파주의를 축출하기를 바랐지만, 정치적인 필요상 중앙당 또는 가톨릭당과 손을 잡을 수밖에 없었고 경제 분야에 관한 그들의 정책을 위하여 교육적 이상을 포기할 수밖에 없었다. 그나마 천행으로, 몇몇 지역에서는 세속학교가 설립되었고 그런 학교에서는 어디서나 부모는 만약 종교교육에 반대한다면 자녀에게 그 수업을 듣지 않도록 할 권리를 가지고 있었다. 교회가 가장 뚜렷한 성공을 거둔 것은 바바리아에서였다. 거기서는 독일내의 모든 지역의 항의에도 불구하고 1925년 바티칸과의 협약에 의하여 모든 종교 수업의 감독과 지도는 교회의 기능으로 되고 특히 역사와 자연 교과를 위시한 일체의 교과 교육은 사제의 승인을 받아야 하는 것으로 되었다. 나머지 지역에서도 공화국 헌법의 교육원리를 구체적인 방안으로 만드는 데에는 오랫동안의 입법 절차를 거치지 않으면 안 되었다. 실지로 제국 의회가 통과시킨 유일한 법안은 1920년의 기초학교법*으로서, 이 법안에 의하면 모든 아이들은 열 살 때까지 공통학교에 다닐 의무가 있었다. 같은 해에 연방교육회의*는 시간표와 교육과정상의 교과 구분을 없애는 통합수업*체제를 권고하였다. 그 목적은 일반적 교육의 기초를 제공함으로써 아이들로 하여금 점진적으로 자신의 주변에 관한 철저한 지식을 가지도록 하고 각각의 발달 단계에 알맞게 언어, 산수, 노래, 그림, 운동과 수공 연습을 하도록 하는 데에 있었다. 많은 학교에서 교육적 실험이 활발하게 전개되었다. 몇몇 학교에서는 학생들에게 자유를 대폭 허용하고 조직과 훈육에서 자율적 방법을 도입하였다. 상급학교에서는 학교 운영에 학생 대표로 참여할 권한을 가진 학생회가 설치되었다. 몇몇 경우에는 부모도 거기에 참여할 수 있었으며, 때로는 교사들이 학생회의 의견을 참작하기 위하여 그들을 불러들였다. 한 가지 특별히 흥미 있는 사실은, 삭소니아의 몇몇 학교에서는 교장 대신에 교사들로 구성된 위원회가 학교를 관리 운영하였다는 것이다. 이 이외에도, 노동 학교, 지역사회학교 등등과 같은 다양한 유형의 학교들이 생겨났다. 한 동안, 공화정 하의 독일 학교에는 온갖 새로운 시도들이 놀랄 만큼 번성하는 듯했다. 그러나 그것은 한때의 소란으로 끝나고, 곧 냉담과 침체의 늪에 빠지고 말았다.

---

* German Oberschule * Grundschule Law * Federal Education Conference
* Gesamtunterricht

¶50_ 전쟁 후의 기간이 나타내는 한 가지 주목할 만한 특징은 다양한 성격을 띤 국제단위의 교육 단체들이 생겨났다는 데서 찾아볼 수 있다. 세계 성인교육학회* 와 같은 단체들은 공동 관심사를 가진 사람이나 집단을 한 자리에 모으기 위한 것이었다. 새 교육 연구회* 와 같은 단체들은 선교사적 정신을 가지고 출판과 회의를 통하여 삶과 교육에 관한 그들의 생각을 널리 알리고자 하였다. 그밖에도 삶의 공통 문제에 관한 연구를 통하여 인류에 봉사하기 위한 단체들도 있었다. 이들 단체들은 대부분이 직접 간접으로 국제 이해와 세계 평화를 증진하기 위하여 노력을 기울였다. 이 운동의 바탕이 되는 정신은, 구세계에서는 스위스, 그리고 신세계에서는 미국을 위시한 여러 나라에서 흘러나왔다. 미국은 범세계적인 인구와 풍부한 자원으로 이들 기구의 대부분에서 후원자 역할을 하였다. 그 중에서도 콜럼비아 대학교 사범대학의 국제연구소*는 세계 각국의 교육을 연구하고 세계 여러 나라의 학생들을 뉴욕으로 불러들였고, 로크 펠러 재단의 국제부*는 전 세계의 의학 연구를 보조하였으며, 카네기재단의 국제평화 기금*, 세계 교육 협의회*, 그리고 그밖에도 여러 단체들이 있다. 국제 연맹*은 당연히 교육의 이 측면에 관심을 가지고 있었다. 이 기구는 '인류는 종족, 국적, 신앙에 관한 일체의 고려 없이, 그 자녀에게 자신이 가진 최선의 것을 주어야 한다'는 제네바 선언을 지지하였으며 국가적 적대감을 최소화하기 위하여 젊은이들에게 올바른 인간관계 교육을 실시할 필요가 있다고 내다보았다.

---

* World Institute of Adult Education * New Education Fellowship
* International Institute of Teachers College, Columbia University
* International Board of the Rockefeller Fund * Carnegie Endowment for International Peace
* World Federation of Education Associations * League of Nations

6 전체주의 교육

¶51_ 기원 1918년에 전쟁이 막을 내렸을 때, 사람들의 마음속에는 민주주의 정신이 강하게 자리 잡고 있었다. 자유주의 전통을 가진 국가들이 전쟁에서 승리했다는 사실은 적국에게만 아니라 아마 그들 자신에게도 놀라운 일이었을 것이다. 심지어 그 적국조차도, 모든 나라가 그러했듯이, 이 단계에서는 평화가 보장되고 보통의 국민들이 보다 자유로운 상황에서 더 좋은 삶을 누릴 기회를 가지게 될 새로운 유럽을 기대하였다. 그러나 모든 사람이 바라는 좋은 시절은 빨리 와 주지 않았다. 전쟁 중에 수립된 교육의 계획을 포함한 사회 개선의 계획은 경제적인 어려움으로 말미암아 좌절되었다. 오래 전부터 민주주의를 확립한 나라에서조차 시야는 불투명해졌다. 패전이 혁명을 부른 나라들 — 즉, 러시아, 이탈리아, 독일은 그 중에서도 최악의 상황에 놓여 있었다. 잠깐 동안 불안한 명목상의 사회 질서를 겨우 유지한 독일의 경우를 예외로 치면, 그런 나라들은 정치적으로나 경제적으로 심각한 혼란을 겪었고, 이 혼란은 실권을 쥐고 있는 집단이 무력으로 국가의 주인 행세를 하면서 한 명의 독재자를 통치자로 앉힘으로써 정당 정치의 부질없는 갈등을 말끔히 잠재웠을 때에 가서야 비로소 종식되었다. 이와 같이 하나의 단일 정당이 권력을 잡고 그 밖의 정당들을 모두 억압하는 상태는 새로운 '폭군'이라는 말로서는 충분히 나타낼 수 없는 엄청난 결과를 가져왔다. 그 사태는 유럽의 대부분을 필연적으로 반민주적이고 공격적으로 국가주의적인 몇몇 정부의 손아귀에 들어가게 하였다. 자신의 주권을 보전하려고 안간힘을 쓰는 국가에게는 언제나 위태로운 조짐을 보이는 '대륙의 통일'은 처참할 만큼 깨어진 꼴이 되었다. 자유주의 국가들의 위에 그 적대 세력으로 기독교 국가의 이상과는 완전히 배치되는 문화를 가진 국가들이 군림하고 있었다.

¶52_ 두 진영의 차이는 다른 어떤 분야보다도 교육에서 명백히 드러났다. 구세계의 학교는 대체로 말하여 중립적 비정치적 교육을 실시하였으며, 거기에 편파적인 측면이 있었다면 그것은 오직 교사들이 부모나 사회 일반과 견해나 가치를 공유했다는 사실에서 따라오는 것 정도이다. 그 학교의 강조점은 주로 지적인 교과 공부에 있었으며, 이 면에서의 목적은 학생들이 일상의 문제를 스스로 결정할 능력을 가진 지적인 인간으로 성장할 수 있도록 자연과 인간에 관한 지식을 가르쳐 주는 데에 있었다. 학교교육의 성격을 이와 같이 파악한 이면에는 학생들이

학교에서 배우지 않는 것은 연장자들의 안내를 받으면서 일상생활의 경험으로부터 배울 수 있으리라는 것, 그러나 그런 공부는 학교가 아닌 학생 자신의 소관 사항이라는 가정이 깔려 있었다. 이 자유롭고 편안한 체제와는 대조적으로, 독재 국가의 학교는 본질상 의견과 태도를 맹목적으로 주입하고 반동적인 견해를 제거하는 선전 캠프였다. 각자 자신의 견해에 따라 판단한다는 뜻에서의 사고는 보통의 시민들에게는 필요하지도 않고 바람직하지도 않은 것이며, 따라서 장려될 것이 아니었다. 사회적인 측면에서 아동과 청소년에게 보다 중요한 교육은 학교 바깥의 특별한 조직에서 믿을 만한 연장자들의 지도에 의하여 국가와 그 통제자들에게 맹목적이고 즉각적인 충성심을 길러주는 교육이었다. 학교와 청년단체에서 받은 교육적 영향은 나중에 작업실, 박물관, 미술관, 도서관과 오락 시설에서 계속되고 확장되었다. 건축, 미술, 문학, 음악, 과학 등, 모든 관심과 활동은 체제가 승인하는 틀에 들어맞지 않으면 안 되었다. 젊은이들의 마음을 거꾸로 뒤집어 놓을 가능성이 있는 반항적인 어른들, 국가의 근본정신에 위배되는 사고와 행동을 하는 예술가와 과학자들은 나쁜 시민으로 간주되며 그들의 발언창구는 봉쇄되지 않으면 안 되었다. 이것은 문자 그대로 전체주의 교육, 다시 말하여, 삶의 모든 측면을 통한, 삶의 모든 측면을 위한 교육, 국가의 지도자들이 바라는 모습 그대로 국가를 유지하는 것을 일사불란하게 또 확실하게 추구하는 교육이다.

(가) 러시아

¶53_ 이런 방식의 교육은 1917년 러시아 혁명에서부터 시작되었다. 약 1억 7천만에 달하는 국민들, 구 러시아 제국의 방대한 지역에 흩어져 사는, 대부분이 문맹인 사람들을 데리고 몇 개의 새로운 국가들을 만들어야 하는 엄청난 과제를 앞에 둔 소비에트 공화국의 창조자들은 그들이 성공할 유일한 희망은 전통적인 교육과는 매우 다른, 중앙집권적으로 계획되고 통제되는 교육에 있다는 것을 깨달았다. 레닌*은 플라톤의 「국가론」에 나오는 공산주의 체제를 잘 알고 있었고 그런 만큼 거기서 '교육 국가'의 기본 아이디어 — 학교 교육 뿐만 아니라 삶의 조직 전체가 국가의 필요에 맞는 시민을 만드는 데에 초점이 맞추어진 교육을 빌어왔을 가능성이 있다. 그러나 철학자의 꿈을 대규모적인 현실로 바꾸려는 시도는 정치적 혁명 안의 교육적 혁명을 의미하는 것으로서 인류 역사상 전대미문의 것이었다. 레닌 자신은 교육의 이 측면에 그다지 중점을 두지 않았다. 그는 과거와의

단절을 꾀하기 보다는 미래를 향한 발걸음을 내딛는 일이 더 중요하다고 생각하였다. 그는 새로운 공산주의의 문화가 인류의 모든 위대한 업적을 물려받는다고 생각하였고 러시아에서 그가 하고 있는 실험이 19세기 유럽 사상의 논리적 귀결이라고 생각하였다. 물론, 그는 인간 본성을 변화시키고 미래의 사회에 적합한 새로운 인간을 만들어 낼 수 있는 그런 종류의 교육을 바랐다. 그러나 이 목적을 위하여 그가 계획한 교육은 기존의 교육과 너무나 닮아 있었다. 첫째로, 그 교육은 사람의 됨됨이에 으뜸가는 중요성을 부여하였다. 각각 특이한 모습으로 발달할 개인의 권리는 사회주의적 삶과 교육의 필요 불가결한 요소로 인정되었다. 여기서부터, 둘째로, 그 교육은 일반 교양교육*의 성격을 띤 것이어야 했다. 다만, 그것은 과학을 가장 중요한 교과로 간주하고 이론적 관심과 실제적 관심을 하나로 결합하는 '다면 공학적 이상'에 부합한다는 점에서 종래의 일반 교양교육과 달랐다.

---

* Lenin (1870-1924) * general education * polytechnical ideal

¶54_ 제1대 공교육 장관*이었던 루나차르스키*는 자연, 노동, 사회를 3대 구심점으로 하는 교육 이후에 모든 시민에게 작업 훈련을 요구하는 교육 체제를 수립함으로써 위와 같은 원리를 실천에 옮기기 위하여 열심히 노력하였다. 그러나 소비에트 공화국 초기의 어려운 시기에 그 일을 하는 데는 심각한 장애가 있었다. 다른 어떤 것보다도 직업교육의 필요가 시급하였고 노동계층이 인구의 중추부라는 당시의 지배적인 견해로 말미암아 특별한 문화를 발전시켜야 한다는 생각을 조금도 용납하지 않았다. 우크라이나 지방의 교육자들은 일반 교양교육을 부르주아적 편견이라고 하여 반대하였으며, 1927년의 제1차 5개년 계획과 더불어 소비에트 체제에서는 '노동'이 지배적인 개념으로 되었다. 그 당시 모든 교육의 핵심 주제는 사회에서의 노동의 역할과 중요성에 관한 이론적, 실제적 탐구로 이루어져야 하는 것으로 되어 있었다. 여기서는 그 한 가지 예시로서, 열두 살 때쯤 초등학교 교육이 끝날 무렵에 학생들이 갖추고 있어야 할 최소한의 노동 지식과 능력을 살펴보겠다. (가) 생활공간 능력 — 거주지의 지리적 배치를 파악하는 능력, 수를 세고 측정하는 능력, 전차와 전화를 사용하는 능력, (나) 표현 능력 — 그리는 능력, 사건을 보고하는 능력, (다) 건강 능력 — 개인 건강을 돌보는 능력, 옷을 수선하는 능력, 요리하는 능력, (라) 기계 조작 능력 — 전기 기구를 사용하는 능력,

간단한 기계를 다루고 수리하는 능력, (마) 농사 능력 — 가축을 돌보고 정원을 손질하는 능력, 사전과 도서관을 사용하는 능력, (사) 공동체 능력 — 회의에 참석하고 회의를 주재하는 능력, 클럽과 오락 프로그램을 조직하는 능력.[1] 이들 여러 가지 능력을 획득하도록 할 때 따라야 할 방법은 독일 사람들이 사용한 '통합 교육'* 에서 빌어오는 것으로 되어 있었다. 이것은 결국 읽기, 쓰기, 셈하기와 같은 별도의 교과도 없고 배워야 할 내용을 교과로 구분하는 것도 없으며, 일체의 공부는 특정한 노동 분야에서의 실제적 활동을 중심으로 하여 그 밖의 모든 내용이 그것에 연결되어야 한다는 것을 의미하였다. 그리고 이것은 곧 교육이 거의 전적으로 기술 교육이 되었다는 뜻이다.

---

1) A. P. Pinkevitch, *The New Education in the Soviet Republic*
* Commissar of Public Instruction　　* Lunacharsky

¶ 55_ 모든 사람을 위한 공통의 학교라는 일반적인 체제 이외에, 그 당시 러시아에는 소비에트 당원으로 구성된 소규모의 엘리트 집단을 훈련하기 위한 도당 교육 조직이 있었다. 즉 정규 당원들 뿐만 아니라 장차 당원이 될 포부를 가지고 있는 사람들에게 '정치적 문법'을 가르치기 위한 학교, 정치 교육을 담당할 선전원과 직원을 양성하기 위한 특별 학교들이 그것이다. 이 후자의 학교는 공산당 대학으로, 그리고 전체적인 당 교육 계획의 초석인 레닌 대학* 으로 연결되었다.

---

* Lenin Institute

¶ 56_ 그러나 러시아 교육의 가장 두드러진 특이성은 그와 같이 새로운 종류의 학교 교육이나 도당훈련이 아니었다. 제일 먼저 주목해야 할 것은 처음부터 학교의 정규 교육과 사회적 경험을 통한 비정규 교육 사이에 하등의 날카로운 구분이 없었다는 사실이다. 교육은 삶 전체에서 오는 것으로 간주되었다. 성인 공동체의 관심이 그대로 학교에 흘러 들어오고, 박물관이나 극장과 같은 특별한 기관을 통해서만 아니라 공장이나 작업실의 조직 그 자체를 통하여 성인의 삶이 교육적 영향력을 행사하도록 되어 있었다. 사실상, 모든 사람은 한 사람 한 사람의 노동자의 삶이 최고의 잠재력을 발휘할 수 있도록 하는 국가의 발전을 내다보면서 한 평생 내내 교육을 받게 되어 있었다.

¶57_ 둘째로 주목해야 할 것은 보통의 학교 안과 밖에 다 같이 아이들을 위한 조직된 사회적 훈련이 이루어지고 있었다는 사실이다. 어린 아이들은 순번대로 학급 당번 일을 해야 하며, 나이든 아이들은 위원회를 만들어 학교 운영에 참여하고 온갖 종류의 교외 활동을 주선하지 않으면 안 되었다. 학생들이 해야 하는 한 가지 중요한 활동은 그들이 자치적으로 운영하는 과학, 정치, 문학, 예술 써클에 참여하는 것이었다. 학교 바깥에는 아동 청소년을 위한 특별한 공산주의 조직이 있어서 학교와 긴밀한 관련을 맺고 있었다. 열다섯 살에서 스물 살에 이르는 남녀들이 회원으로 참여할 수 있는 '공산주의 청년 연맹'* 은 미래의 당원을 위한 훈련장으로서, 열 살에서 열다섯 살에 이르는 '어린이 선구자'* 와 일곱 살에서 열 살에 이르는 '꼬마 10월당'* 의 두 집단을 돌보게 되어 있었다. 연맹의 단원들을 하급생들의 다양한 활동을 조직하고 캠프, 클럽, 게임, 연극을 위한 설비를 제공하는 것뿐만 아니라 신문과 잡지를 출판해 주는 일을 맡았다.

---

* Young Communist League * Young Pioneers * Little Octobrists

¶58_ 기원 1917년에서 1931에 이르기까지 러시아의 여러 지역에서는 끊임없는 실험이 일어나고 있었다. 전체적으로 말하자면 전반적인 형태는 상당히 일정하였지만, 세부적인 조직과 방법은 빈번한 변화를 겪었다. 원래 미국과 독일에서 빌어온 달톤 플랜과 프로젝트법은 점점 더 배격을 받았다. 그 이유는 다소간은 러시아인들이 교육의 모든 것을 자기네의 창안으로 채우고자 했다는 데에 있지만, 그 보다 더 중요한 이유는 그러한 방법이 사회주의 생활방식에 필요한 일반적인 문자 해독 능력을 길러주지 못했다는 데에 있다. 기원 1927년에는, 당에서 미리 정해준 주제와 관련된 사실만을 다루던 '복합교과'* 대신에(종교와 역사를 제외한) 교과들이 학교 프로그램에 등장하고, 명확한 수업 시간 수가 배정된 읽기, 쓰기, 셈하기가 시간표에 표시되었다. 일 년 뒤에는 5년간 러시아의 공업화를 위한 대장정에 학교가 도움이 될 수 있도록 '문화사업'에 더 큰 변화가 가해졌다. 교육은 이제 더 노골적으로 직업 교육의 성격을 띠었다. 중등학교와 대학에서의 훈련은 학생들이 공학과 농업의 전문가 지위에서 일익을 담당할 수 있도록 기술 분야의 지식과 기술을 강조하였다. 그와 동시에, 노동 계층의 자녀들이 쉽게 들어 올 수 있도록 하여 학생 수를 늘이는 방안이 강구되었다. 그러나 다시, 결과는 실망스러웠고, 그리하여 1931년에 공산당 중앙위원회는 수습에 나섰다. 사태를 조사한 뒤에

위원회는 학교가 학생들에게 수학, 과학, 러시아어, 그리고 그밖에 그들에게 필요한 교과에 관한 올바른 지식을 전달하지 못하고 있다는 결론에 도달하고, 프로젝트법이라든가 그 밖의 정곡을 벗어난 방법으로 가르치는 '반 레닌적 시도'를 열렬히 비난하였다. 위원회는 모든 교수요목을 철저하게 수정할 것을 명령하였다. 지금부터 수업은 교실에서 체계적으로 실시되어야 하며, 국가 출판국에서 제작된 단일 표준 교과서에 의하여 소비에트 공화국 전체에 획일적으로 부과되는 교육과정을 따라야 한다는 것이었다. 러시아 공화국의 판도 전체에 걸쳐 모든 아이는 공교육 장관이 결정해 주는 교육을 받지 않으면 안 되었다.

---

* complexes

¶ **59**_ 이런 식으로 하여 교육은 최고도로 정치적 지도하에 놓이게 되었고 이 사태는 오늘날까지 계속되고 있다. 결과는 체제의 경직이며, 현재의 형편으로 판단하자면, 능률의 증대를 향한 꾸준한 진보가, 한때 전쟁으로 주춤거렸다가, 그 후 다시 회복되어 오늘에 이르고 있다. 때때로 이전에 받아들여진 원리와 표면상 모순되는 방향으로 변화가 일어나기도 했지만, 그러한 변화는 소비에트 공화국과 같이 새로운 나라에서는 불가피하다고 말할 수 있다. 그 가장 두드러지는 보기로는 1940년에 중등학교, 기술대학과 고등교육기관에서 수업료를 징수하기 시작한 것과 1943년에 중등학교 수준에서 남녀 공학제도를 폐지한 것을 들 수 있다. 이와 같은 중앙통제 체제에 의하여 시도된 보다 중요한 조치는 학교와 문화 단체에 대하여 의견이나 행동 면에서 소비에트 정통의 표준을 강압적으로 요구했다는 것이다. 플라톤의 「국가론」을 연상시키는 듯한 방식으로, 특정한 형식의 문학과 음악은 국민의 심성에 해를 끼치고 국가를 위태롭게 한다고 하여 금지되고, 그런 작품을 쓴 작가와 작곡가들은 범법자로 취급되었다. 일찍이 1936년부터, '아동학자'* 라는 이름으로 불린, 학교 교육에 지능검사를 사용한 심리학 전문가들은 그 직위에서 해제되고 그런 검사는 사용이 금지되었다. 그들의 '아동학'은 '부르주아적' 편견에 기초를 두고 있다는 것이었다. 지능검사의 이면에 암암리에 깔려 있는, 능력의 차이는 주로 유전에 의한 것이라는 가정은 공산주의 생물학과 맞지 않는 것으로 선포되었다. 러시아의 교육이론은 여전히 레닌에 대한 거의 종교적인 신앙에 따라 사람 됨됨이의 근본적 중요성을 역설하고 있지만, 실지 형편에 있어서는 꼭대기로는 학문적 예술적 창조에서부터 밑바닥으로는 학교와 대학의 학생에 이

르기까지 개성은 거의 자취도 없이 사라졌다. 사람들이 농담처럼 하는 말로, '러시아인과 이야기할 때에는 한 사람을 상대로 하면서도 러시아 사람 전체에게 말한다는 느낌을 받는다.' 국가의 본이 모든 사람의 마음속에 믿을 수 없을 만큼 그대로 판찍히는 것 — 이것이 바로 전체주의 교육이 바라는 성공이다.

* pedologists, paidologists

(나) 이탈리아

¶60_ 전쟁에서 승리하기는 했지만 그 때문에 국가의 자원을 탕진하다시피 한 이탈리아를 비능률의 마비로부터 구해 내려고 한 무솔리니*는 극적인 조치의 선례를 러시아 혁명에서 찾았다. 마르크스 경제학의 영감을 받은 러시아의 공산주의 대가들은 노동자의 이익을 위하여 계급 철폐의 기초 위에 국가를 세우려고 했던 것이다. 무솔리니는 그의 배후에 헤겔 철학이라는 또 하나의 사상을 가지고 있었다. 이 철학은, 국가는 그 제도를 통하여 시민의 삶을 석고를 빚듯이 빚어내는 초인간이며 따라서 시민들에게 절대적 충성을 요구할 수 있다는 교설을 내세웠다. 실제적인 면에 있어서 두 견해 사이에는 상당한 유사성이 나타나 있었다. 두 사상은 다 같이 강한 반민주주의적 특징을 나타내었으며, 시민 개개인이 국가체제 밖에서 사람으로서의 권리를 가지고 있다는 주장을 결코 용납하려 들지 않았다. 두 사상은 다 같이 정치의 도구로서의 교육에 신념을 두고, 가족이나 교회, 또는 그 밖의 모든 단체와 맞서서 이 분야의 독점권을 주장하였다. 두 사상은 다 같이 젊은이들을 국가의 지배적인 문화로 교화하고 집권당의 당원이 될 엘리트를 양성하는 데에 청년 단체가 막강한 힘을 가지고 있다고 보고 그것에 의지하였다.

* Mussolini

¶61_ 그러나 몇 가지 중요한 차이점도 있었다. 무솔리니와 그의 파쇼당원*들은, 러시아의 골수 볼셰비크파*들의 대다수가 그러했듯이, 국민 위에 강제로 군림하는 외부 집단이 아니라, 그들 자신이 위대한 이탈리아 전통의 계승자였다. 파쇼당원의 대부분은 공산주의자들의 분노와 적대감의 대상인 중상류 계층에 속하였으며, 그들의 운동은 귀족과 군주와 가톨릭교회의 비호를 받았다. 파쇼당이 반기를 든 것은 과거에 대해서가 아니라 현재와 그것이 나타내는 부질없는 자유주의

였다. 그들은 한때 로마 제국이 보여 준 것과 같이 강력하고 위대한 신생 이탈리아를 만들고자 하였다. 공산주의의 이상이 기율이 선 노동자의 국가라면, 파쇼당의 그것은 군인정신으로 무장한 시민의 국가였다. 이러한 차이는 두 체제의 명백한 공통 특징의 한 가지인 청년집단의 성격에 잘 나타나 있다. 이탈리아의 청년집단은 확실한 군대 기질을 나타내었으며, 나이 어린 구성원의 삶은 더 철저히 규격에 맞게 통제되었다. '네 살이 되면 이탈리아의 소년은 "암 늑대의 아들"로서 검정색의 작은 셔츠를 걸치고, 그의 몸집만큼이나 큰 북을 치고 가사는 한 마디도 이해하지 못하는 전쟁 노래를 부르면서 거리를 행군한다. 여덟 살이 되면 그 아이는 銃砲隊총포대에, 처음에는 "척후병"으로, 나중에는 "소총수"로서 장난감 소총을 어깨에 메고 그와 그의 "전우들"이 배치될 부대가 군대 조직표에서 어디에 속하는가를 배운다. 그의 "전쟁 준비교육"은 그가 열세 살에서 열일곱 살 까지 머무르는 "전위대"의 병사가 될 때 한 단계 더 높아진다. 그 다음에 그는 "싸우는 파쇼 청년단"에서 그를 기다리는 집중 훈련을 받으러 들어가서 마침내 성인기의 문지방에서 "완전한 파쇼당원"으로 출현한다.'[1] 러시아에서는 소년과 소녀가 같은 조직에 속해 있었던 반면에, 이탈리아에서는 국가적 전통과 군사적 목적에 맞게 남녀유별이었다. 그러나 소녀들에게도 그들 나름의 집단이 있었다. 그들은 '암 늑대의 딸'에서 시작하여 '작은 이탈리아 소녀', '이탈리아 처녀'를 거쳐 '젊은 파쇼 여성'으로 나아가면서 언제나 전투 요원의 아내와 어머니로서 훈련을 받았다.

---

1) D. A. Binchy, *Church and State in Fascist Italy*, p. 450.

* Fascists, 이탈리아 국수주의자   * Bolscheviks, 러시아 과격파

¶62_ 기원 1922년에 무솔리니가 권력을 장악하고 난 이후에 뒤따르는 국가 교육의 개혁은 그 정신에 있어서 예상했던 것 보다 덜 파쇼주의적인 성격을 띠었다. 이탈리아의 교육체제를 개조하는 과제는 로마대학의 철학교수인 지오바니 젠틸레*에게 맡겨졌다. 그는 파쇼당원이었지만, 그의 파쇼주의는 개인의 삶에 중심을 둔 철학에 의하여 절제된 것이었다. 기원 1923년의 젠틸레 법안은 그 이전의 반가톨리적인 규제를 반대 방향으로 돌려, 모든 학교에서 가톨릭 수업을 필수로 하고 사립의 교회 학교를 인정함과 동시에, 중등학교에 들어갈 때의 입학시험과 그 과정을 다 마친 뒤의 졸업시험을 치르도록 함으로써 공 · 사립을 막론하고 학교에 대한 정부의 통제를 더욱 강화하였다. 이와는 별도로, 그 법안은 학교 그 자체에 대해서는 자유를 대폭 허용하였다. 젠틸레는 학교를 그 자체의 영적 삶을 사는 실

체로 보고 그것의 미덕은 하등의 외적 간섭이 없이 교사와 학생이 친밀한 관계를 맺는다는 데에 있다고 생각하였다. 더 나아가서, 젠틸레가 포용력 있는 마음의 소유자인 롬바르도 라디체*를 감독관으로 임명하였고 이 감독관이 개별화된 수업 방법의 실험을 적극적으로 지도한 데 힘입어 학교 교육은 괄목할 만한 발전을 이룩하였다. 젠틸레는 높은 수준의 교육은 귀족주의적 성격을 띠어야 한다는 믿음을 가지고 있었기 때문에 중등학교와 대학의 학생 수를 줄이려고 했지만, 그 밖의 문제에 대해서는 자연적인 추세를 따르도록 방임하였다. 그러나 파쇼 정권이 본궤도에 오르고 정치적인 편견이 점점 고조됨에 따라 이 교육적 중립이라는 행복한 상태는 오래 지속될 수가 없었다. 국민 파쇼당* 은 학교가 파쇼주의자들을 길러내기를 바랐고, 점차 학교안과 밖에서의 아이들의 삶에 강압을 가해왔다. 그 정당은 1926년에 총포대 제도*를 창설하여 아이들의 도덕적, 신체적 훈련을 감독하였다. 삼년 뒤에 공교육부*는 국가교육부*로 이름을 바꾸면서 그 통제의 범위를 넓혔고 그 결과로 학교와 청년 단체는 공동 관리 하에 들어가게 되었다. 바로 그 해에 교육의 '국가화'는 한 단계 더 전진하였다. 즉, 교육의 건전성을 보장하기 위하여 초등학교에서는 파쇼 정권이 제작한 표준 교과서를 사용하고 중등학교에서는 인정 교과서를 사용하기로 결정한 것이다. 획일적으로 고정된 교과서와 함께 모든 다양성, 모든 실험은 끝장이 나고 학교는 당의 정책을 펴는 도구로 전락하였다. 그러나 이것이 최악은 아니었다. 기원 1935년에 데 베키*라는 이름의 저열하고 난폭한 파쇼주의자가 교육부 장관이 된 것이다. 자신에게 주어진 권력을 마음 놓고 발휘하면서 그는 교육에 관한 모든 권한을 혼자 거머쥐고 자문기관을 위시하여 일체의 외부 통제를 철폐함으로써 젠틸레 개혁에서 살아남은 자유의 마지막 자취를 파괴하였다. 그 결과는 학교와 대학 내부의 대혼란이었으며, 이탈리아는 제2차 대전이 일어났을 때에도 그 후유증에서 회복하지 못하였다.

---

* Giovanni Gentile   * Lombardo Radice
* National Fascist Party   * Balilla Institution
* Ministry of Public Instruction
* Ministry of National Education   * De Vecchi

¶63_ 파쇼 정권의 계획된 도착 방안에 대한 유일한 반대는 가톨릭교회에서 왔다. 최초의 심각한 갈등은 국가 총포대의 확산으로 교회의 청년 단체가 붕괴되기 시작했을 때 나타났다. 무솔리니는 원래 반가톨릭이었지만, 1922년에 파쇼 국

가를 설립했을 때, 그는 이탈리아가 가톨릭 국가라는 사실, 그리고 바티칸과 우호적인 관련을 맺는 것이 여러 모로 이익이 된다는 사실을 중요시할 정도의 분별을 가지고 있었다. 무솔리니의 승인 하에 젠틸레는 초등학교 교육 내용에 가톨릭 교리를 포함시킴으로써 융화정책을 폈다. 그 자신이나 그와 생각을 같이하는 다른 사람들에 대하여 젠틸레는 이러한 조치의 정당성으로서, 종교는 '아이의 철학'* 으로서 이후의 교육단계에서 철학적 사고를 배우는 첫 단계라는 것을 내세웠다. 교회와 파쇼 정권 사이에 맺어진 1929년의 협약은 양진영의 합의를 한층 더 공고히 하였다. 그 협약에 의하면, 이탈리아는 기독교의 교리를 교회에서 이어져 내려온 형태대로 가르치는 것을 공교육의 기초요 완성으로 간주한다는 것이었다. 또한, 그렇기 때문에 공립 초등학교에서 시작된 종교 수업은 중등학교에도 그대로 이어진다는 합의가 이루어졌다. 그러나 무솔리니는 여기에 동의하면서도 한 가지 점에 있어서는 결코 흔들림이 없었다. 즉, 오직 국가만이 젊은이들의 통제에 전권을 행사해야 한다는 것이었다. 심지어 종교 교육도 국가의 지도하에 이루어져야 한다. 교회는 교사의 자격이나 교과서에 관한 사항을 결정할 수는 있겠지만 학교의 주인은 국가가 되어야 한다.

---

* *philosophia infantium*

¶ 64_ 이 주장에 대하여 1930년에 교황 비오 11세* 는 '젊은이의 교육'에 관한 주목할 만한 회람으로 답하였다. 거기서 교황은, 교육의 主宗주종은 가정과 교회에 있다는 것, 가정은 자연적인 권리에 의하여, 그리고 교회는 신의 명령에 의하여 교육을 관장해야 한다는 주장을 재천명하였다. 교황은, 국가는 교육을 제공하는 데에는 한 몫을 담당하지만, 그 몫은 가정과 교회의 일을 지원하는 부차적인 것에 지나지 않는다는 것을 분명히 하였다. 교황의 항거에도 불구하고, 무솔리니는 이탈리아 안에 있는 교회 청년 단체와, 특히 그 국제적인 성격 때문에 파쇼 정권에는 눈에 가시와 같은 소년단* 을 강제 해산시켰다. 이때 해산되지 않고 남은 청년단체들은 순전히 도덕적, 종교적 관심사로 그들의 활동을 제한할 수밖에 없었다. 무솔리니가 교회에 대하여 해준 유일한 양보는 파쇼 청년 단체들이 가톨릭 사제를 '기관 신부'* 로 부속시키고 한정된 종교 교육을 실시할 수 있도록 한 것이다.

---

* Pope Pius XI　* Scouts (*esplorati*)　* chaplains

(다) 독일

¶65_ 기원 1933년에 독일에서 히틀러*와 국민사회주의당*이 실권을 잡았을 때, 그들은 러시아와 이탈리아가 이룩한 업적에서 그들을 이끌어 줄 산더미 같은 선례를 찾을 수 있었고, 대체로 말하여 히틀러의 제 3제국은 그 선례와 동일한 노선을 따라 조직되었다. 다시 한 번, 친밀하게 조직된 작은 소수집단이 강한 확신과 명확한 계획을 가지고 크고 이질적인 다수에게 그들이 바라는 바를 강압적으로 시행하면서, 성인 인구의 반대와 의견 차이를 분쇄하고 젊은이들의 무조건적인 합의를 배양하였다. 그 전의 선례에서와 마찬가지로, 원래의 소수집단은 나이든 구성원과 젊은 신참들을 엄밀한 기준에 의하여 선발함으로써 그 자체를 유지하고 강화하였으며, 그들이 장악한 권력을 오로지 그들 자신이 바라는 방향으로만 행사 하였다. 그 전의 선례에서와 마찬 가지로, 치밀하게 통제된 수업이라는 직접적인 형태의 교육이나 사회적 압력과 조직된 선전이라는 간접적인 형태의 교육이나를 막론하고, 교육은 새로운 통치를 자발적으로, 즉각적으로 받아들이도록 보장하는 근본적인 기관이었으며, 젊은이들의 경우에는 학교보다 청년 단체의 역할에 더 큰 비중을 두었다. 그러나 이 모든 것은 독일식으로 이루어졌으며, 다 같은 폭군적 교육이라도 실지로 운영되는 방식에는 여러 가지 차이가 있었다.

* Hitler (1889-1945)　* National Socialist Party

¶66_ 이러한 차이가 생긴 이유는, 독일인 자신이 인정하는 바와 같이, 그들의 '세계관'*이 다르다는 데에 있었다. 독일인의 세계관은 언제나 그 속에 무엇인가 본질상 이교도적인 것, 그것도 공격적으로 이교도적인 것을 품고 있었다. 나치 독일에서 반유태주의가 그토록 강했던 것은 우연한 일이 아니었다. 독일인의 생활철학은 유대교나 기독교와는 반대쪽 극단으로 기울어져 있었던 것이다. 독일인이 접하는 세계에서는 '온유한 자가 땅을 기업으로 받는' 것이 아니라, 그 뜻을 다른 사람에게 강요할 수 있는 戰士전사들이 그러하였다. 기독교적 윤리를 받아들이는 사람의 눈에는, 모든 인간은 신의 아이들로서 개인적 가치를 가지고 있으며, 이 견해가 민주주의의 기초를 이루고 있다. 민주주의라는 것은 다른 것이 아니라 개인적인 측면에서의 인간의 평등이 정치적인 상황으로 번역된 것을 가리킨다. 여기에 비하여 독일은 한 번도 올바른 의미에서의 민주주의를 실천한 일이 없다. 독일

의 평민은 언제나 군사적 首長수장의 지배하에 있었다. 이 점에서 히틀러의 신생 독일은 그 근본 성격에 있어서 카이저(황제)시대의 독일과 다르지 않았다. 제 1차 대전 후 잠깐 동안은 자유로운 제도를 설립할 시도가 있었지만, 사회민주당은 나라의 이전 주인의 반대에 맞서서 오래 견디기에는 너무나 힘이 약하였다. 패전이 빚어낸 쓰라린 감정, 통화 팽창으로 인한 사회적 궁핍, 정당과 분파의 투쟁, 경제적 침체 — 이 모든 것이 합하여 나치 정권에 길을 열어 주었고 안팎의 무력 행사에 의하여 국가를 재창조하려는 그들의 정책을 환영하도록 만들었다. 사실상, 고등교육 기관은 히틀러의 득세에 상당히 큰 역할을 담당하였다. 경제적으로 곤궁했던 시기에 정상적인 일자리를 찾지 못한 수많은 중류계층 청년들은 중등학교와 대학에 몰려들었고, 졸업 후에 전문적인 직업 생활의 통로를 찾는 데 실패한 사람들이 국가 갱생의 희망을 주는 듯이 보이는 유일한 사람에게 무더기로 헌신적인 제자가 되어 들어갔다. 그들은, 노동계층 사람들은 본질상 머리가 둔하다는 사실, 그리고 독일 국민은 세계의 주인이 될 권리를 가지고 있다는 사실에 대하여 그들의 지도자와 의견을 같이하였다. 그들이 받은 훈련은 그가 요구하는 복종을 바치고 그의 폭풍부대의 일원으로 봉사할 준비를 갖추어 주었다.

* Weltanschauung

¶67_ 히틀러에서 독일 국민은 그들 자신이 오랜 역사를 가진 위대한 민족이라는 새로운 신념을 가지게 되었다. 이제 그들은 저 가증스러운 유태인과 같은 열등한 혈통보다 우월한, 심지어 그런 열등한 혈통들과 섞인 나머지 연약해진 다른 아리아족 보다도 우월한, 아리아의 宗主族종주족이었다. 이것은 독일 민족을 하나로 묶는 강력한 아이디어였으며, 독일인들에게서 독일 국가를 소생시키는 데에 필요한 노력을 짜내어서 독일을 다시 한 번 위대한 세력으로 만들 수 있는 아이디어였다. 여기에 사용된 '열등과 우월'의 구분은 나치 정책과 나치 교육 전체를 일관되게 흐르는 근본적 反立반립이었다. 독일인이 그 내재적인 우월성으로 말미암아 지배 종족인 점과 꼭 마찬가지로, 이 종족 안에도 천성적으로 다른 사람들은 통치할 수 있는 우월한 집단이 있었다. 나치국가에서 교육이 수행해야 할 가장 중요한 과업은 이 통치 집단이 정치적, 경제적 분야에서 두각을 나타내도록 훈련하는 것이었다. 그리하여 한편으로는 충성심이 입증되고 능력이 뛰어난 젊은 남자들을 조심스럽게 지도자로 선발하고 그들을 약 20개의 城砦성채에 격리하여 특별한 훈

련을 시키는 일이, 그리고 또 한편으로는 인구의 나머지 부분에 대하여 그들이 자신의 의견과 판단을 가지거나 내세우지 못하도록 억압하는 일이 동시에 진행되었다. 사실상, 지식을 무엇보다도 중히 여긴 옛날 학교의 지적 훈련이 나치 교육자들에게는 성품에 영향을 주고 신체적 적합성을 길러내는 훈련에 비하여 비교도 되지 않을 만큼 사소한 가치를 가진 것으로 보였으며, 이 점에 있어서는 지배하는 집단과 지배 받는 집단 사이에 하등의 차이가 있을 수 없었다. 학교에서 아이들이 지식을 습득하고 독립적으로 사고하도록 배워야 한다는 19세기의 아이디어는, 히틀러가 판단하기에는, 전적으로 그릇된 것이었다. 사람들이 사고를 하면 그들은 개인이 되며, 그 개인 속에 사회적 불복종의 뿌리가 있다. 결국, 사람은 누구나 최고 지도자인 '총통'의 의지를 따라야 한다. 왜 그래야 하는가를 따지는 것은 그들의 몫이 아니다.

¶68_ 지도자의 통치 원리에 관한 이러한 생각으로부터 당연히 따라 나온 것은 종교와 과학에 대한 나치의 적대감이었다. 종교는 초자연적인 권위를 통치자의 의지 위에 올려놓는다는 이유에서, 그리고 과학은 통치자가 내리는 칙령과는 무관하게 그 자체로서 객관적인 진리에 호소한다는 이유에서 다 같이 적대감의 대상이 되었다. 종교의 경우에 나치는 가톨릭이건 개신교건 간에 오직 교회가 새로운 통치와 생활 방식에 반대하지 않을 때에만 종교를 용납하였다. 학교에 대한 교회의 통제는 국가 최우선의 원리에 맞지 않는 것으로 간주되었다. 과학에도 이와 비슷한 제약이 가해졌다. 객관적 과학, 진리 그 자체를 위한 진리라는 것은 나치에게는 허황된 부조리였다. 모든 자유로운 사상가들이 자리에서 쫓겨나고 국외로 추방당하고 난 뒤에 여전히 대학에 남아 있었던 교수들에 의하면, 과학이라는 이름에 부끄럽지 않은 과학은 오직 독일식 과학, 나치 국가의 목적에 봉사하는 과학이었다. 과학은 그 밖의 모든 문화의 형식이 그러하듯이 민중의 삶의 표현이며, 따라서 그 자체로서 독자적인 권위를 가질 수 있는 것이 아니었다. 나치 철학의 핵심 아이디어인 宗主族종주족의 신화를 과학적인 근거가 거의 또는 전혀 없다는 이유로 비판하는 사람들은 과학의 기능을 모르기 때문에 그렇게 하는 것이었다. 그 아이디어는 독일 국민의 정신과 완전히 부합하는 것으로서 거기에는 하등의 외부적 근거가 필요하지 않았다.

¶69_ 모든 사람이 한 사람의 지도자를 따른다는 아이디어는 분명히 그 자체로는 국가 정책을 결정하는 데는 충분하지 않겠지만, 그것은 정책을 실현하는 정치적, 교육적 방법을 결정할 수는 있을 것이다. 만약 사람들이 독자적으로 사고할 것이 아니라 상관이 내리는 명령을 의심없이 받아들여야 한다면, 그리고 이 상관 또한 사고를 하지 않고 한 사람의 지도자로부터 명령을 받아야 한다면, 이때 필요한 훈련은 강한 확신과 열정적 신념의 뒷받침을 받는 사회적 습관의 형성일 것이다. 사실상, 바로 이것이 학교에서 일어나는 것이건 청년 단체에서 일어나는 것이건, 아니면 일반 민중의 마음을 조건화하기 위하여 조직된 집중적인 선전의 형태를 띤 것이건 할 것 없이, 나치 교육의 주된 개념이었다. 사회의 모든 영역에서 '신과 조국', '독일 문화', '피와 흙' 등의 표어적 표현이 강한 맹목적 신념을 자아내는 데 큰 역할을 하였다. 게다가 히틀러의 「나의 투쟁」* 에 나와 있는 노골적인 허풍을 그토록 솔깃하게 만든 바로 그 심리적 묘수와 더불어 의도적인 교육과 성대한 儀式의식에 의하여 半神반신의 인물로 만들어진 지도자는 이제 독일 사람의 마음속에 신에 대해서나 품을 법한 신앙심과 연결되어 있었다. 그의 이름은 아이들의 노래와 기도 속에 등장하였다. 예컨대 교사 임용 시에 반드시 낭송해야 하는 다음과 같은 선서는 직접 그 지도자를 향한 것이었다. '아돌프 히틀러 각하, 우리는 독일의 젊은이들이 당신의 견해 속에서 자라도록, 당신의 의지가 정해준 목적을 따르도록 그들을 훈련시킬 것을 맹세합니다. 이것은 초등학교에서 대학에 이르기까지 독일 교육체제 전체가 당신께 바치는 서약입니다.'[1)]

1) *Education in Nazi Germany*, by Two English Investigators, p. 33.
* *Mein Kampf*

¶70_ 이와 같은 교화 작용에 의하여 독일 국민은 한 마음 한 뜻으로 그들이 이끌리는 곳으로 가게 만들어졌다. 그러나 어디로 가야 하는가? 여기에 대한 가장 순진한 대답은, 그들은 모두 위대한 독일 민족을 재창출하는 일에 도움이 되어야 한다는 것이다. 이것이 1933년에 선전과 민중계몽부*가 음악, 미술, 연극, 문학, 신문, 방송과 영화를 통제할 목적으로 세운 국가 문화처*의 공인된 목적이었다. 실지에 있어서는 처음부터 온갖 설득과 교육의 기술을, 머잖은 장래에 치르게 될 정복 전쟁에 사람들을 준비시키는 쪽으로 돌리려는 더 음험한 의도가 깔려 있었다. 이것은 나치 독일의 학교 교과서에 분명히 나타나 있다. 역사와 지리 교과서는 그들의 조상이 누린 오랜 영광을 회상하고 다른 나라들의 사악한 계략과 베르사이유

조약의 특별한 불법을 자세히 설명하고 있다. 초등학교에서 낭송하는 시도 동일한 주제를 취급하고 있으며, 히틀러를 국가의 구세주로 칭송하면서 전쟁과 정복의 대 모험을 동경하는 어조로 나타내고 있다. 심지어 문법의 규칙을 설명하는 데에도 국가가 당면하고 있는 난관과 비탄을 논하고, 산수 연습 문제는 대부분 정치적, 군사적 주제를 예로 다루고 있다. 수학, 물리학, 화학은 모두 전시 상황과 필요를 염두에 두고 가르쳐졌다. '히틀러 청년' 단체*의 활동에도 그와 마찬가지로 전쟁의 목적이 강조되었다. 그 당시 청년지도자의 한 사람은 그의 책에서 고난을 견디는 훈련과 관련하여 다음과 같이 말하고 있다. '우리의 소년들은 사격술을 배워야 한다. 그들은 펜대를 잡는 것만큼 쉽고 자연스럽게 소총을 다룰 줄 알아야 한다. 사람들 중에는 사격이 교육의 한 부분이 될 수 없다는 생각을 가지고 교육에 임하는 자들이 있다. 그들은 교실 문 위에다가 "지혜는 힘이다"라고 써붙이면서도, 힘은 다른 어떤 곳보다도 총에 가장 완전하게 내장되어 있다는 사실을 인정하지 않는다.' 젊은이들이 사격을 배워야 한다는 이 집요한 주장에 맞추어, 히틀러 청년단체는 16세 이하의 아동에게는 공기총을 지급하고 그보다 나이 많은 아이에게는 소구경 소총을 지급하였다. 여기서 주어지는 훈련은, 사실상, 성인 독일인에게 요구되는 확고한 기율과 자발적인 복종을 심어주는 것을 목적으로 하는 군대 훈련이었다.

---

* Ministry for Propaganda and Popular Enlightenment

* National Chamber of Culture * Hitler Youth (Hitler Jugend)

¶71_ 국가 전체를 군대화하려는 이 냉혹한 계획에서는 소녀와 여자들이라고 예외가 아니었다. 여자는 인간 중에서 열등한 존재이며 그 교육은 주로 효율적인 주부와 어머니 — 현모양처 — 를 만드는 데에 목적을 두어야 한다는 옛날 전통은 나치에게는 쉽게 받아들여졌다. 여기서 한 걸음 더 나아가서, 나치는, 고대 희랍의 스파르타 여자들이 남자를 군대 복무와 헌신으로 내보내는 데에 흔들림이 없었던 것처럼, 독일 여자들이 군인의 아내와 어머니로서 적합한 인물이 되어야 한다는 것을 강조했다. 이것을 위해서는 학문적 교육이 불필요했을 뿐만 아니라 그 이상으로, 그 교육은 여자를 못 쓰게 만들 뿐이었다. 장차 다가올 전쟁에서 여자는 음식과 의복, 공습경보, 적십자 사업에 도움을 주어야 하며, 이런 것들이 그들의 일상적 청년 훈련에 포함된다는 것은 당연지사였다.

7 제2차 대전 이후의 민주주의 교육

¶72_ 만약 독일이 제2차 대전에서 승리했더라면, 독일은 영국과 미국을 隷屬國예속국으로 삼고 그 두 나라에 일종의 전체주의 교육을 강요하면서 계속 예속의 지위에 남아있게 했을 것이다. 이 일을 하는 동안 독일은, 전쟁 동안에 점령국에서 겪었던 것처럼, 두 나라로부터 열렬한 저항을 받았을 것이다. 한 나라가 무력에 의하여 다른 나라에 이질적인 문화를 심어 주려는 노력은 반드시 실패하게 되어 있는 만큼, 독일의 그 목적이 달성될 수 없었으리라는 데는 거의 의심의 여지가 없다. 이 경우에 진짜 위험은 '독일화'가 아니라 그 갈등의 와중에서 민주주의가 붕괴되고 서구식 학교가 소멸된다는 데에 있었다. 유럽과 세계를 위하여 다행하게도, 히틀러와 무솔리니, 그리고 그들이 창건한 국가는 지구상에서 멸망하였으며, 전체주의 정치와 교육은 그 원래의 기원인 슬라브족의 나라로 후퇴하고, 서구의 여러 나라들은 그들에게 익숙한 진로를 되찾아 망가진 제도를 수선하기 시작하였다. 아동과 청소년에 관한 모든 것에서 가장 쉽게 표현되는 이상주의는 새로운 활력으로 다시 살아나고, 서구 세계의 여러 곳에서 교육의 개선을 위한 사업들이 발걸음을 내딛고 있었다. 개혁이 따를 큰 테두리는 이미 형성되어 있었다. 대서양의 양 연안에서 교육 계획의 우선순위상 상위에 속하는 것들은 공통적으로 기본적인 초등학교의 설립을 위한 조치, 의무교육 연한의 상향 조정, 지역사회의 모든 부문을 위한 다양한 형식의 중등교육 실시, 직업훈련의 대폭적인 확장, 성인의 문화 활동을 위한 시설의 증대, 모든 사람에게 교육의 기회를 제공하기 위한 기부금의 확대, 국가 교육체제의 면밀한 통합 등을 포함하였다. 이 모든 것들은 제 1차 세계대전 중이나 그 이후에 싹튼 개혁 방안과 너무나 흡사하여 우려를 자아내었고, 또 그 대부분은 자라는 과정에서 급격하게 중단되고 말았다. 그 중에서 가장 중요하면서도 새로운 주목을 받은 것은 '비형식적 교육'* — 바깥 '삶의 학교'의 교실과 강연장과 실험실에서 주어지는 교육 — 의 영역에서 지역사회의 노력에 대한 대규모의 요청이 나타났다는 점이다.

* informal education

¶73_ 사태의 성격으로 보아, '형식이 없는' 교육이라는 것은 정의하기도 어렵고 계획하기도 어렵다. 아무 것이나 무엇이든지 마음과 인격의 형성에 영향을 줄

것이기 때문에 아무 것이나 무엇이든지 비형식적 교육에 들 수 있다. 아마도 비형식적 교육의 성격은 '무엇 무엇이 아니다'라는 소극적인 방식이 아니라 '무엇 무엇이다'라는 적극적인 방식으로 규정되어야 할 것이다. 이렇게 볼 때, 비형식적 교육은 삶에서 오는, 삶을 위한 교육, 나이에 관계없이 모든 사람을 보다 세련되고 훌륭하고 완전한 인간이 되도록 도와주는 경험, 학교 공부를 개인의 특수한 경험에 비추어 확장하고 보완하는 교육을 가리킨다고 말할 수 있다. 학교는 어디까지나 교육의 첫 출발을 마련해 주는 것에 지나지 않으며, 학생들은 학교에서 얻은 학습의 도구를 사용하는 방법을 혼자서 배우지 않으면 안 된다. 학생에게 필요한 것은 단순히 학교교육의 계속이 아니라 그들 나름의 독서, 그들 나름의 관찰, 그들 나름의 사고이다. 학생들에게는 또한 일상적인 학교 공부와 일 바깥에 온갖 종류의 할 일 — 취미 생활, 기술을 요하는 게임, 악기 연주, 친구들과의 또는 집단 내의 토론, 집에서 배워야 할 가사 등이 있다. 이 모든 것은 지역사회의 복지에 대단히 중요하기 때문에 국가 교육의 전체 계획에 반드시 들어오지 않으면 안된다. 그 당시 사람들은 이 점을 깨달았지만, 그 일을 어떻게 해야 할지는 알기 어려웠다. 과거에 민주주의 국가에서는 이 영역의 교육을 다소간 체계적으로 조직할 생각을 별로 하지 못하였다. 그 이유는 어느 정도로는, 그런 일은 개인의 소관사항이므로 개인 자신이 처리하도록 내버려 두어야 한다는 데에, 그리고 어느 정도로는 이 분야에서는 크게 두드러지는 폐단을 시정하는 것 이상으로 무엇인가 조치를 취하기가 쉽지 않다는 데에 있었다. 이제 서구 여러 나라들은 학교 밖의 교육도 학교 안의 교육에 못지않게 중요한 고려사항이 되어야 한다는 쪽으로 마음을 굳히게 되었다.

¶74_ 사실상, 이것은 전체주의 교육의 도전에 대한 민주주의의 반응이었다. 러시아와 이탈리아와 독일이 그 국민의 마음을 성공적으로 지배한 수단이 되었던 대량 교육은 인간 역사상 전대미문의 무시무시한 대업적이었다. 선전의 체계적 사용, 일체의 대안적 관념이나 행동 방식의 배제, 끊임없는 사찰, 문학, 과학, 음악, 그리고 그 밖의 문화 활동의 검열 등으로 그들은 삶의 가장 私的사적인 사건까지도 그들의 통제 하에 둘 수 있었다. 교육 분야에서 그들은 학교의 형식적 훈련과 생활의 비형식적 훈육을 갈라놓는 장벽을 허물어뜨렸고 그렇게 함으로써 강력한 에너지로 충전된 농축의 국민정신을 창출해 내었다. 독일을 전쟁에서 그토록 위험한 적으로 만든 것, 그리고 나중에 러시아로 하여금 그 독일에 맞설 수 있게 한

것은 바로 이것이었다. 이제 공격적인 선교사적 열성으로 공산주의를 전파하는 戰勝전승 러시아를 다른 나라에게 그토록 위험한 이웃으로 만드는 것 또한 이것이다. 이제 새로 시작된 문화 전쟁에서 민주주의 국가들이 그들 자신의 전통이 훼손되지 않고 유지되도록 하기 위해서는 그와 동일하게 종합적인 규모를 가진 대응 교육을 발전시키는 방법 밖에 없다. 인류의 미래는 무장에 의하여 결정될 것이 아니라 신념과 확신에 의하여 결정될 것이다. 교육이 학교에서 삶의 모든 부분으로 뻗어나가야 하는 이유가 여기에 있다.

¶75_ 그러나 그 교육은 올바른 교육, 민주주의의 원리에 부합하는 교육이 아니면 안 된다. 전체주의의 방식으로 인간을 조건화한다는 아이디어는 가능한 한 모든 것을 개인의 선택에 맡기는 것에 익숙한 사람들에게는 거부감을 불러일으킨다. 만약·그들이 민주적 인간을 교화에 의하여 만들려고 한다면 그것은 자신의 인생관을 배반하는 것이다. 그들에게 중요한 것은 사람들을 강제로 현명하게 사고하고 선량하게 행동하도록 만드는 것이 아니라, 올바른 선택을 하면 일이 쉬워지고 그릇된 선택을 하면 일이 어려워지도록 사태를 이끌어가는 것이다. 그들에게 있어서 교육의 목적은, 형식적 교육에 있어서건 비형식적 교육에 있어서건, 보다 선량한 시민을 길러냄으로써 보다 강한 국가를 만드는 데에 있다. 이것은 곧 활발한 마음과 공공정신을 가진 사람들의 수를 늘이고 사회 전체의 지적, 도덕적 활동의 수준을 현재보다 높이는 것을 의미한다.

¶76_ 사실상, 서구 세계에서는 이런 종류의 교육이 전쟁 전에 이미 시대 상황의 변화에 대한 반응으로 진행되고 있었다. 영국의 경험은 이 면에서 특별히 관심의 대상이 된다. 사회적 환경의 통제에 의하여 이루어지는 비형식적 교육에 관련되는 많은 문제들이 정부 산하 공공기업의 지도하에 방송이 발전됨으로써 국가의 관심사로 떠올랐다. 미국에서 보는 것과 같은 상업 라디오 방송은 대체로 말하여 도덕과 무관하다. 국가의 보호 하에 있는 라디오 방송은 그 청취가 사고와 도덕에 주는 영향을 지역사회의 관점에서 고려하지 않을 수 없게 만든다. 이 후자의 경우에는 공공의 이익을 위하여 모종의 통제가 행해지지 않으면 안 되며, 이러한 통제의 필요와 더불어 사람들의 사고와 행동을 일정한 방향으로 이끌려는 시도에 대해서는 반드시 제기되어야 할 그런 종류의 질문이 제기되지 않으면 안 된다. 보통의 경우 자유롭게 자기 자신의 사고를 하고 자기 자신의 선택을 하도록 일임되기

를 바라는 시민들이 사는 나라에서 합법적으로 행사될 수 있는 통제는 어떤 것인가? 음악과 문학의 취향 문제에서, 또는 어법과 어휘 선택 문제에서 적부를 판단할 사람은 누구인가? 정보를 공개하고 견해를 표명하는 데에 가해져야 할 제한은 어떤 것인가? 종교나 정치 문제에서 다소간의 교화는 허용되어야 하는가? 민주주의 사회에서는 이러한 문제에 대하여 아무렇게나 되는대로 결정을 내린다는 것은 있을 수 없다. 실지로 시행된 것을 보면, BBC*는 국민들이 바라는 것을 해석하고 여러 방향으로 엇갈린 그들의 비판을 받아들이면서 오락과 교육에서 넓은 선택의 폭을, 언제나 보다 높은 수준으로 끌어 올리는 쪽으로, 제공하였다. 거의 모든 문제에서 BBC는 인구의 상당 비율을 차지하는 집단이 거북해 할 만한 내용은 회피하면서 공정성을 유지해 왔다. 입장권 수입 문제는 철저히 외면한 채, 높은 수준의 문화를 위한 특별 프로그램을 운영하고 있다는 사실은 BBC가, 현재의 공연 실력과 가치가 향상될 수 있는가의 여부를 크게 좌우하는 엘리트 집단에 봉사할 필요를 인식해 왔다는 증거로서 의의가 있다.

* British Broadcasting Corporation, 영국방송공사

¶77_ 현대 민주주의 국가의 총체적 교육에서 주된 역할을 담당하는 모든 세력들을 조직하는 것은 방대한 범위와 엄청난 복잡성을 띤 사업이다. 전체주의 국가에서 대량 교육은 훨씬 쉬운 과제이다. 그 목적은 전능한 통치자들이 생각하는 대로의 국가의 이익을 도모하는 데에 있으며, 거기에는 언제나 거의 무제한의 계획과 실행 권력을 가지고 어떤 비판도 받을 필요가 없는 중앙의 집권층이 있다. 이와는 대조적으로, 민주주의 국가에서의 목적은 국가의 복리와 시민 개개인의 이익이라는, 그중의 어느 것도 명확히 정의되기 어려운, 두 가지 관심의 합치점에 있으며, 사회적 영향력의 방향을 결정할 책임은 더 넓게 분산되어 있고 따라서 실지로 수행하기가 더 어렵다. 학교 체제를 관장하고 있는 중앙 및 지방 행정가들은 형식적 교육과 비형식 교육을 계획하고 연결하는 데에 확실성을 기하기 위하여 거기에 상당한 정도로 개입해야 하겠지만, 그들의 활동이 민주적인 것이 되려면, 국가의 삶 전체에 한 부분씩을 담당하고 있는 여러 활동과 관심을 대표하는 개인과 집단들과 어떤 방식으로든지 협력하지 않으면 안 된다. 사실상, 그들의 기능은 새로운 방식을 일방적으로 지시하는 것이라기보다는 옛날 방식을 발전시키고 확장하는 것이다. 현재에도 이미 미술, 음악, 문학, 연극에서 희열을 느끼고 아름다운

것들을 제작하거나 감상하는 사람들이 많이 있다. 현재에도 이미 자신이나 다른 사람에게 이익이 되는 좋은 일에 관여하고 자발적인 봉사에서 만족을 찾는 사람들이 많이 있다. 현재에도 이미 자연과 사회 현상의 연구에 지적인 관심을 가지고 사물을 이해하는 데서 만족을 찾는 사람들, 더러는 인간이 가지고 있는 지식에 새로운 것을 보태는 사람들이 많이 있다. 이러한 개인적인 관심이 그 당사자에게 중요한 것은 물론이지만, 그 이외에도 본질적 사회적 관심 또한 모든 정상적인 삶의 한 부분이다. 이 사회적 관심은 가정, 직장, 놀이마당, 이웃 간의 삶, 그리고 보다 넓은 사회적 관계 속에서의 일상적 교섭에서 빚어진다. 민주적 방식을 보존하고 개선하기 위하여 현재 서구 여러 나라에서 틀을 잡아가고 있는, 총체적 삶을 위한 교육은 개인적인 면과 사회적인 면에서 실지로 작용하는 그러한 관심을 출발점으로 삼고 있다. 사람들이 그들의 삶을 어떻게 살아야 하는가를 세부적인 사항까지 자세하게 결정하는 것은 통치자나 교육자가 할 일이 아니다. 통치자나 교육자가 수행해야 할 첫째 의무는 현재 사람들이 맛보고 있는 만족의 폭과 깊이를 더하여, 점점 더 많은 시민들이, 사는 것이 좋은 줄 알게 되고 그들 자신이 더 좋은 사람이 됨으로써 더 좋은 국가를 만들 수 있도록 하는 것이다.

¶ **78**_ 이십 세기는 바로 그러한 삶의 계획이 다양한 방식으로 점점 발전해 온 시기이다. 다시, 영국은 이 면에서의 사고와 행동을 특별히 분명하게 드러내고 있다는 점에서 좋은 보기가 된다. 제 1차 대전 발발 직전의 몇 년 동안에서 시작하여 영국 의회는 노동계층을 실직, 사고, 질병 등의 불운으로부터 보호하기 위하여 여러 가지 복지 방안을 법령집에 명시해 놓았다. 동일한 시기에 국토 전역에 걸쳐 상당한 수의 도서관, 박물관, 미술관, 그리고 일반적인 문화적 혜택을 위한 기관이 설립되었다. 제 2차 대전 동안 군인과 민간인이 다 같이 이 방면의 필요를 느끼게 됨에 따라 복지를 위한 노력은 새로운 차원으로 고조되었다. 모든 시민의 삶에 과거 어느 때보다도 심각한 영향을 미친 전쟁이었던 만큼, 전쟁 중에 생겨난 각종 자발적 단체의 활동은 국가의 조치에 의하여 보완되고 조정되어야 한다는 것이 누구에게나 명백하였다. 그 중에서도 '여성 자원 봉사단'* 은 정부의 산하에서 거국적인 사기를 북돋운 가장 주목할 만한 기관이었다고 말할 수 있다. 군인, 노동자, 그리고 일반 대중에게 좋은 공연을 제공할 목적으로 만들어진 '음악과 미술 진흥원'* 과 영국의 특이한 문화를 전 세계에 전파하기 위한 '영국 문화원'* 은 또 다른 종류의 전형적인 사업이었다. '정보부'*, '군 시사국'*, '영국 방송 공사'* 또한 각

각 그 나름으로 수백만 국민에게 최근의 사태에 관련되는 사실과 아이디어를 제공해 주고 애국심이라는 것이 한갓 사치스러운 감정이나 부질없는 변덕이 아님을 일깨워 주었다.

---

* Women's Voluntary Service
* Council for the Encouragement of Music and the Arts (CEMA)
* British Council * Ministry of Information
* Army Bureau of Current Affairs (ABCA)

¶79_ 기원 1945년, 전쟁에서 평화로의 변화는 새로운 교육 문제들을 몰고 왔다. 사정이 허락하는 한, 이들 문제는 전쟁 중의 사회생활 조직을 특징짓던, 개인의 복지에 대한 존중에 입각하여 해결되었다. 군복무에서 돌아온 사람들의 사회복귀 문제에 대한 특별한 배려가 기울여졌다. 그들의 대다수는 민간 업종에 다시 적합하도록 특별한 훈련을 받았다. 대학은 전쟁으로 학업이 중단된 많은 사람들을 수용할 수 있도록 문을 넓게 열었고 산업에 필요한 모든 종류의 기술자를 배출할 수 있도록 과학 분야의 학과들이 확장되었다. '음악과 미술 진흥원'이나 '군 시사국' 등과 같이 원래의 기능이 일부 불필요하게 된 기관은 일반적인 문화 사업에서 새로운 출구를 찾았으며, 1939년과 1945년 사이에 생겨난 클럽이나 유치원은 종전의 일을 계속 하였다. 가장 다행스러운 것은, 1944년과 1945년에 각각 모든 정당의 한결 같은 선의로 통과된 '잉글란드와 스코틀란드 교육령'이 종합적인 민주교육의 창설을 위하여 필요한 모든 조치를 할 수 있도록 제도를 마련하였다는 것이다. 초등학교의 경우에, 교육령은 대체로 서구세계의 교육 조직에 공통된 특징을 따랐다. 교육령은 다양한 방식으로 연령, 능력, 적성의 차이를 고려하면서 사회적 경제적 특권에 따르는 교육 기회의 불평등을 해소하려고 하였다. 열다섯 살까지 모든 아이들에게 全日전일 취학이 의무화되고 그 연결과정으로 주간 계속교육 대학이 마련되었다. 능력 있는 학생은 누구나 고등교육을 받을 수 있도록 충분한 액수의 교육 보조금이 지급되었다. 이런 식으로 하여 제 1차 대전 중에 착안된 이상들이 상당부분 성과를 거두었다. 가장 새로운 것은 학교 밖의, 학교 너머의 교육, 다시 말하여, 게임을 통하여, 강의와 토론을 통하여, 음악, 미술, 문학을 통하여, 온갖 종류의 협동적 사업을 통하여 모든 연령의 모든 사람들이 나날의 삶에서 받을 수 있는 교육이다. 이러한 공동체 교육을 위한 특별한 생활공간이 될 수 있는 것으로는 이웃의 다양한 흥미를 조정하고 마을의 삶을 풍부하게 하는 청년 클럽

과 지역 사회 센터 같은 것이 거론되었다. 그러나 교육령이 생각하는 넓은 의미의 비형식적 교육에서는 심지어 집의 벽난로 앞에서 책을 읽거나 라디오를 듣는 것까지 포함하여 인간이 가치 있는 공통관심사를 중심으로 만나는 곳이면 어디나 개인 계몽의 센터로 간주될 수 있다. 만약 시민이 어디선가에서 무엇인가를 배우고 싶다면, 그는 의회에서 정한 법령에 따라 필요한 도움을 국가에 요청할 수 있다. 이것이 민주주의에서의 총체적 교육의 구상이다.

¶80_ 보통의 경우에 서구 사람들에게 비형식적 교육은 주로 취학연령 이상의 사람들을 대상으로 하는 것으로 생각되고 있지만, 자발적인 학습자를 다루는 데에 사용되는 자유로운 교육방법이 학교 교육에 영향을 미치지 않는다는 것은 있을 수 없다. 개인 프로젝트와 활동을 통한 교육이라는 아이디어는 20세기가 시작된 이래 점차로 최선의 교실 수업에 스며들었던 것이 이제는 본격적으로 강화되고 있다. 교사와 부모들은 아동도 성인과 마찬가지로 그들 자신의 자유로운 의지로 학습할 때 최선의 효과를 나타낸다는 것을 훨씬 분명하게 깨닫게 되었다. 모든 연령의 사람들에게 관심이 있는 일상의 활동들 — 게임, 음악, 수공, 원예, 가사 등 — 이 학교 공부 속으로 들어오고, 그와 함께 공부와 삶의 연결이 실감을 더해가고 있다. 결과적으로 학교 교육 그 자체가 '비형식적인' 것으로 되고 있는 것이다. 미국과 영국에서는 이것이 옛날이야기이며, 그런 만큼 거기서는 그 아이디어가 이따금 우려를 자아내기도 한다. 이 시대의 징조로서 그것이 가지고 있는 의의는 불란서와 같이 보수적인 전통이 강한 나라에서 더 분명히 드러난다. 불란서 리쎄의 8백개 '새 교실'*에서 보여주고 있는 교수와 학습의 능동적 방법, 그리고 자유로운 실험은 경이 그 자체이다. '새로운' 것은 교실만이 아니라 삶과 공부에 대한 태도가 새로워진 것이다. 미래의 도전에 대비하기 위하여 민주주의가 어디서나 스스로를 다시 만들어 나가는 것은 그러한 방법에 의해서이다.

---

* Classes Nouvelles

참고문헌

Binet, A. : *Les Idees Modernes sur les Enfants,* 1911 ; *Articles in L'Année Psychologique,* 1895-1911.

BOYD, W. : Editor, *Towards a New Education,* 1930. *The Challenge of Leisure,* 1936.

DENT, H. C. : *Education in Transition,* 1944 ; *Secondary Education for All,* 1948.

DEWEY, J. : *School and Society,* 1900 ; *The School and the Child,* 1907 ; *Educational Essays,* 1910 ; *Schools of Tomorrow,* 1915 ; *Democracy and Education,* 1916 ; *Experience and Nature,* 1926 ; *Art and Experience,* 1934. *The Philosophy of John Dewey* : Edited by P. A. Schilpp, 1939.

Education Act (England), 1944 : Commentaries by Alfred E. Ikin, Sir Ross Baker (Supplement to Owen's *Education Acts Manual*), D. J. Beattie and P. S. Taylor (*The New Law of Education*), H. C. Dent.

Educational Measurements : C. H. Judd, *Measuring the Work of the Secondary Schools,* 1916 ; D. Starch, *Educational Measurements,* 1916; L. M. Terman, *The Intelligence of School Children,* 1921 ; *Intelligence Tests and School Reorganization,* 1922 ; C. Burt, *Mental and Scholastic Tests,* 1921 ; Industrial Fatigue Research Board, *A Study in Vocational Guidance,* 1926 ; E. L. Thorndike et al., *The Measurement of Intelligence,* 1926 ; P. M. Symonds, *Measurement in Secondary Education,* 1927 ; L. M. Terman and M. A. Merrill, *Measuring Intelligence,* 1937 ; W. A. McCall, *Measurement in Education,* 1939 ; Board of Education, *Psychological Tests of Educable Capacity,* 1942 ; P. E. Vermon, *The Measurement of Abilities,* 1946 ; R. B. Cattell, *A Guide to Mental Testing,* 1948.

Experimental Pedagogy : E. Claparede, *Experimental Pedagogy* (Trans.) 1911 ; E. Meumann, *Experimentelle Padagogik,* 1907-1911, *The Psychology of Learning,* 1913 ; R. R. Rusk, *Experimental Education,* 1912.

Germany : T. Alexander and B. Parker, *The New Education in the German Republic,* London, 1930 ; R. A. Brady, *The Spirit and Structure of German Fascism,* 1937 ; *Education in Nazi Germany by Two English Investigators,* 1938 ; Erika Mann, *School for Babarians,* 1939 ; H. Becker, *German Youth,* 1946 ; R. H. Samuel and R. H. Thomas, *Education and Society in Modern Germany,* 1948.

Hall, G. S. : *Adolescence,* 1904 ; Youth, 1906 ; *Educational Problems,* 1911. Founder and editor of the *Pedagogical Seminary.*

Holmes, H. W. : Editor, *Fundamental Education* (UNESCO), 1947.

Italy : G. Gentile, *The Reform of Education* (Trans.), 1923, *Il Fascismo al governo della Scuola,* 1924 ; H. Goy, *La Politique Scolaire de la Nouvelle Italie,* 1926 ; H. A. Marraro, *The New Education in Italy,* 1941 ; L. Minio-Paluello, *Education in Fascist Italy,* 1946.

Jacks, M. L. : *Total Education,* 1946.

Kilpatrick, W. H. : *Education for a Changing Civilization,* 1925.

Mansbridge, A. : *An Adventure in Working Class Education,* 1920, *The Kingdom of the Mind,* 1946.

Montessori, M. : *The Montessori Method,* 1912, *The Advanced Montessori Method,* 1918. W. Boyd, *From Locke to Motessori,* 1914 ; C. E. Culverwell, *Montessori Principles and Practice* ; W. H. Kilpatrick, *Montessori Examined.*

Montmorency, J. E. G. DE : *State Intervention in English Education,* 1902.

Neo-Herbartians : J. Adams, *Herbartian Psychology,* 1901 ; C. Ufer, *Pedagogy of Herbart* (Trans.), 1901 ; W. Rein, *Outline of Pedagogics* (Trans.), 1903 ; F. H. Hayward, *Critics of Herbartianism,* 1903.

Parkhurst, H. : *Education on the Dalton Plan,* 1922.

A. J. Lynch, *Individual Work and the Dalton Plan* ; C. W. Kimmins and B. Rennie, *The Triumph of the Dalton Plan,* 1932.

Russia : S. Nearing, *Education in Soviet Russia,* 1926 ; A. P. Pinkevitch, *The New Education in the Soviet Republic* (Trans.), 1931 ; B. King, *Changing Man,* 1930 ; *Russia goes to School,* 1948 ; D. Levin, *Children in Soviet Russia,* 1942 ; M. J. Shore, *Soviet Education, its Psychology and Philosophy,* 1947 ; G. S. Cournts and N. P. Lodge, *I Want to be like Stalin,* 1947.

Salomon, O. : *Theory of Educational Sloyd,* 1892.

General : Works *on Comparative Education* by P. Sandiford, Editor (1918)

I. L. Kandel (1933), N. Hans (1949). Ministry of Education--Special Reports on Educational Subjects ; I. L. Kandel, Editor, The Educational Yearbook of the International Institute Teachers' College. Columbia University ; The Yearbook of Education (London) ; Bulletin of the International Bureau of Education (Geneva) ; Yearbook of the National Society for the Study of Education (America) ; The New Era, 1920 continuing.

참고문헌

1. *The Ancient World*

Burnet, R. : *Aristotle on education*, 1903.

Castle. E.B. : *Ancient education and today*, 1961.

Gwynn, A. : *Roman education from Cicero to Quintilian*, 1926.

Livingstone, R.W. : *Greek ideals and modern life*, 1935.

Marrou, H.I. : *A history of education in antiquity*, 1956.

Nettleship, R.L. : *The theory of education in Plato's Republic*, 1935.

Smith, W.A. : *Ancient education*, 1955.

Westaway, K.M. : *The educational theories of Plutarch*, 1922.

Walden, J.W.H. : *The universities of ancient Greece*, 1909.

Wilkins, A. : *Roman education*, 1903.

2. *Medieval Times*

Drane, A.T. : *Christian schools and scholars*, 1881 and 1927.

Gascoin, C.J.B. : *Alcuin*, 1904.

Graham, M. : *The early Irish monastic schools*, 1923.

Haarhoff, T. : *The schools of Gaul*, 1920.

Hanson, W G. : *The early monastic schools of Ireland*, 1927.

Haskins, C.H. : *The rise of universities*, 1923 ; *The renaissance of the 12th century*, 1927.

Hodgson, G. : *Studies in French education from Rabelais to Rousseau*, 1908.

Leach, A.F. : *The schools of medieval England*, 1915 ; *English schools at the Reformation*, 1896 ; *Educational charters*, 1911.

Mallet, C.E. : *History of the University of Oxford*, 3 vols., 1924.

Mayer, M.H. : *The philosophy of teaching of St. Thomas Aquinas*, 1929.

Mullinger, J.B. : *The schools of Charles the Great*, 1877.

Norton, A.O. : *Medieval universities*, 1909.

Parry, A.W. : *Education in England in the Middle Ages*, 1920.

Power, E. : *Medieval English nunneries*, 1922.

Rait, R.S. : *Life in the medieval university*, 1912.

Rashdall, H. : *The universities of Europe in the middle ages*, 3 vols. (new edition by Powicke and Eden, 1936.)

Watson, F. : *The English grammar schools to 1600, 1908* ; *The beginning of the teaching of modern subjects*, 1909.

Woodward, W.H. : *Education during the age of the Renaissance, 1400-1600*, 1906.

3. *After the Renaissance*

Adamson, J.W. : *Pioneers of modern education*, 1905.

Adamson, J.W.(ed.) : *The educational writings of Locke*, 1912.

Allen, P.S. : *The age of Erasmus*, 1914.

Ascham, R. : *The schoolmaster*, 1570, ed. by Giles, 1865.

Bacon, F. : *The advancement of Learning*, 1605, ed. by Wright, 1866.

Binns, L.E. : *Erasmus the reformer*, 1928.

Baldwin, T.W. : *William Shakespere's Petty School*, 1943 ; William Shakespere's *Small Latin and Lesse Greek*, 1944.

Boyd, W. : *The educational theory of J.J. Rousseau*, 1912.

Comenius, J.A. : *The Great Didactic*, ed. by Keating, 1907.

Dobbs, A.E. : *L'évolution pédagogique en France*, 2 vols., 1924.

Jebb, R.C. : *Humanism in education*, 1899.

Keatinge, M.W. : *Comenius*, 1932.

Laurie, S.S. : *The history of educational opinion from the Renaissance*, 1903.

Locke, J. : *Some thoughts concerning education*, 1693 — in Everyman edition, 1939.

Parker, I. : *Dissenting Academies in England*, 1914.

Salmon, D. : *Education of the poor in the Eighteenth Century*, 1932.

Sealocke, W.E. : *John Locke*, 1932.

Smith, P. : *Erasmus*, 1923.

Stowe, A.M. : *English grammar schools in the reign of Elizabeth*, 1908.

Wood, N. : *The Reformation in English education*, 1931.

Young, R.F. : *Comenius in England*, 1932.

4. *Nineteenth and twentieth Century*

(1) History of education and cultural change

Barnard, H.C. : *A history of English education from 1760*, 2nd ed., 1961.

Brubacher, J.S. : *History of the problems of education*, 1947.

Butts, R.F. : *A cultural history of education*, 1947.

Good, H.G. : *A history of Western education*, 1947.

Harrison, J.F.C. : *Learning and living, 1790-1960, 1961* ; *A history of the Working Men's College, 1845-1954*, 1954.

Meyer, A.E. : *The development of education in the Twentieth Century*, 1949.

Waters, C.M. : *An economic history of England, 1066-1874, 1925*, parts VI and VII.

Williams, R. : *Culture and society, 1780-1950, 1950* ; *The long revolution*, 1961.

(2) History of educational theories and methods

Adams, J. : *Herbartian psychology, 1901* ; *The evolution of educational theory*, 1928 edition.

Armytage, W.H.G. : *Heavens below : Utopian experiments in England, 1560-1960*, 1961.

Boyd, W.(ed.) : *Towards a new education*, 1930.

Cole, G.D.H. : *A century of co-operation*, 1944.

Cremin, L.A. : *The transformation of the school*, 1961.

Curtis, S.J., and Boultwood, M.E.A. : *A short history of educational ideas*, 1953.

Dewey, J. : *School and society, 1900* ; *The school and the child*, 1907 ; *Democracy and education*, 1916 ; *Experience and education*, 1938.

Franklin, B. : *Proposals relating to the education of youth in Pennsylvania*, 1749.

Froebel, F. : *The education of Man*, trans. W. N. Hailmann, 1877.

Hall, G.S. : *Adolescence, 1904* ; *Youth, 1906* ; *Educational problem*, 1911.

Judges, A.V.(ed.) : *The function of teaching, 1959 — a study of the impact of the thought of Freud, Buber, Mannheim, etc.*

Kelly, T.(ed.) : *A select bibliography of adult education in Great Britain*, 1952, and subsequent *Handlists*.

Kilpatrick, W.H. : T*he project method*, 1918 ; *Education for a changing civilization*, 1926 ; (ed.) : *The teacher and society*, 1937 — the first handhood of the John Dewey Society.

McCallister, W.J. : *The growth of freedom in education*, 1931.

Mansbridge, A. : A*n adventure in working-class education*, 1920.

Montessori, M. : *The Montessori method*, 1912 ; T*he advanced Montessori method*, 1918.

Owen, R. : *Life* (by himself), 1857 ; *A new view of society*, 1813(see also Armytage).

Parkhurst, H. : *Education on the Dalton plan*, 1922.

Peers, R. : *Adult education—a comparative survey*, 1958.

Rusk. R.R. : *A history of infant education*, 1933 ; *Doctrines of the great educators* (revised ed. 1954).

Salomon, O. : *Theory of educational sloyd*, 1892.

Stocks, M. : *The Worker's Educational Association*, 1953.

Tropp, A. : *The school teacher*, 1957.

Ulich, R. : *A history of educational thought*, 1945 ; *Three thousand years of educational wisdom*, 1947 ; *The education of nation*, 1961.

(3) Reports and administrative changes

Conant, J.B. : *The American high school today*, 1959 ; *The child, the parent, and the state*, 1960 ; *The education of American Teacher*, 1963.

Dent, H. C. : *Education in transition*, 1944 ; *The educational system of England and Wales*, 1961.

Harvard University : *Report of the Harvard Committee, General Education in a Free Society*, 1945.

Her majesty's Stationery Office : *Secondary education* (Spens Report), 1938 ; *Fifteen to Eighteen* (Crowther Report), 1959 and 1960 ; *Higher Education* (Robbins Report), 1963 and 1964 ; *Half our future* (newsom Report), 1963 ; *Children and their primary schools* (Plowden Report), 1967.

Lowndes, G.A.N. : *The silent social revolution*, 1937.

(4) Sociology and the study of thought

Arendt, H. : *The human condition*, 1958.

Clarke, F. : *Freedom in the educative society*, 1948.

Cook, L.A. and E.F. : *A sociological approach to education*, 3rd ed. 1960.

Floud, J., Halsey, A.H., and Anderson, C, A,(edd.) : E*ducation, Economy and Society*, 1962.

Glass, D.J.(ed.) : *Social mobility in Britain*, 1954.

Kelsall, R.K. and H.M. : *Social disadvantage and educational opportunity*, 1971.

Lawton, D. : *Social change, educational theory and curriculum planning*, 1973.

Mannheim, K. : *Diagnosis of our time*, 1943, 3rd ed., 1945 ; *Freedom, power, and democracic planning*, 1950.

Musgrave, P.H. : *The sociology of education*, 1965.

Ottoway, A.K.C. : *Education and society*, 1955.

Ryle, G. : *The concept of mind*, 1949.

Whitehead, A.N. : *Science and the modern world*, 1925 ; *Adventures of ideas*, 1933.

(5) Psychology applied to educational development

Binet, A. : *Les idées modernes sur les enfants*, 1911 ; *Articales in L'Année Psychologique*, 1895-1911.

Burt, C. : *Mental and scholastic tests*, 1912 ; *The young delinquent*, 1938, 3rd edition.

Cattell, R.B. : *A guide to mental testing*, 1948.

Cross, G.R. : *The psychology of learning*, 1974.

Peel, E.A. : *The psychological basis of education*, 1956.

Terman, L.M. : *The intelligence of school children*, 1912 ; *Intelligence tests and school reorganization*, 1922 ; (whith Merrill, M.A.) : *Measuring intelligence*. 1937.

Thompson, G.H. : *Instinct, intelligence, and character*, 1924.

Vernon, P.E. : *The measurement of abilities*, 1946 ; *Intelligence and attainment tests*, 1960 ; *Personality assessment*, 1956.

(6) Comparative Education

Bereday, G.Z.F. : *Comparative method in education*, 1964.

Cramer, J.F., and Browne, G.S. : *Contemporary education*, 1956.

Hans, N. : *Comparative Education*, 1950.

Kandel, I.L. : *The new era in education*, 1955.

King, E.J. : *Other schools and ours*, 4th ed., 1973 ; *World perspectives in education*, 1962 ; *Education and social change*, 1966 ; *Comparative studies and educational decision*, 1968.

Mallinson, V. : *An introduction to the study of comparative education*, 1957.

Baron, G. : *Society, Schools and Progress in England*, 1966.

Bereday, G.Z.F., and Volpicelli, L., (edd.) : *Public education in America*, 1959.

Bereday, G.Z.F., Brickman, W.W., and Read, G.H. (edd.) : *The changing Soviet school*, 1960.

Capelle, J. : *Tomorrow's education* ; *the French experience*, 1967.

Counts, G.S., and Lodge, N.P. : I want to be like Stalin, 1947.

Counts, G.S. : *The challenge of Soviet education*, 1957.

De Witt, N. : *Education and professional manpower in the U.S.S.R.*, 1961.

Dixon, C.W. : *Society, Schools and Progress in Scandinavia*, 1965.

Grant, N. : *Soviet education*, 1964.

Halls, W.D. : *Society, Schools and Progress in France*, 1965.

Keppel, F. : *The necessary revolution in American education*, 1966.

King, E.J. : *Society, Schools and Progress in the U.S.A.*, 1965.

Lewis, L.J. : *Society, Schools and Progress in Nigeria*, 1965.

Illich, I. : *Deschooling society*, 1971.

King, E.J., Moor, C.H., and Mundy, J.A. : *Post-Compulsory education, I : a new analysis in Western Europe* (1974).

King, E.J. : *Post-compulsory education, II : the way ahead* (1975).

Lynch, J., and Plunkett, H.D. : *Teacher education and cultural change* (1973).

색 인

[ㄹ]

[ㅁ]

[ㅂ]

[ㅈ]

역자 후기(초판)

역자가 번역에 사용한 대본은「서양교육사」제11판(1975)이지만, 실지 번역은 제6판 (1952)을 따랐다. 독자에게 얼른 납득되기 어려운 이 조치를 취한 데에는 역자로서 불가피한 사정이 있었다. 이 책의 초판은 1921년에 나왔으며, 그 후 제2판에서 제6판(1928, 1932, 1947, 1950, 1952)에 이르기까지 판을 거듭하였다. 그러다가 제6판 이후 원저자인 윌리암 보이드 교수의 서거로 제7판(1964)부터는 보이드와 킹(Edmund King)의 공저로 다시 발행하기 시작하여 제8판에서 제11판(1966, 1968, 1972, 1975)까지 내려 왔다. (제11판 이후 다시 개정이 되었는가는 확인되지 않는다.) 역자가 사용한 제11판에는 이 책에 번역된 제12장 이후에 20세기의 교육을 다룬 세 개의 장(제13장-제15장)이 더 있다. 이하에 전재된 제7판 서문에서 알 수 있는 바와 같이, 이 세 개의 장은 전적으로 공저자인 킹 교수에 의하여 집필된 것이다. (또한 그 공저자는 제11장에 부분적인 수정을 가하였으며, 제12장의 상당한 부분을 개작하였다.) 원저자인 보이드 교수가 집필한 부분과 공저자인 킹 교수가 집필한 부분을 비교해 본 결과, 역자는 양자 사이에 도저히 간과할 수 없는 이질성이 있음을 알게 되었고, 결국 전적으로 공저자의 손에 쓰인 마지막 세 개의 장은 번역에서 제외하는 것이 좋다는 판단을 내렸다. 특별히 관심 있는 독자가 그 세 개의 장을 읽어 본다면 아마 역자의 판단에 동조할 수 있을 것이다. (그러나 이 번역본 권말의 참고문헌에는 킹 교수가 추가한 20세기에 관한 것도 포함되어 있다.)

위에서 말한 이질성으로서 가장 두드러지는 것은 서술의 내용 또는 방향이다. 이 책의 제12장의 앞부분(12 : 8)에 나와 있는, 명백히 공저자가 쓴 것으로 보이는 다음과 같은 진술은 이 면에서의 이질성을 암시하고 있다. '이 장을 제외한 앞의 여러 장에서의 역사적 설명은 위대한 교육 이론가들의 혁신적 사상을 주로 다루었으며, 교육의 실제는 어쩌다가 성공적인 실천가이기도 한 경우에 국한하여 다루었다. 그러나 19세기 후반에 들어서면서…' 그러나 이 책의 원본(11판)에서 20세기 이전과 이후가 보여주고 있는 서술 내용이나 방향의 차이가 어느 정도로 시대적인 특징에 기인하며 어느 정도로 집필자의 관심에 기인하는 것인지는 역자로서 판단하기 어렵다. 어쨌든 그 이전과 비교해 볼 때 20세기에 관한 서술은 '교육사' 보다는 '비교교육학'에 관련된다는 느낌이 든다. (위의 차이는 어쩌면 시대적인 특징에 기인하는 것도, 집필자의 관심에 기인하는 것도 아니요, 오직 현재와의 시간상의 거리에 기인하는 것일지도 모른다. 만약 보이드가 생존하여 20세기의 '교육사'를 집필했더라면 이 문제는 좀더 쉽게 판가름 날 수 있었을 것이다.)

그러나 그 이질성 중에서 특히 역자에게 더 중요한 것은 서술의 내용이나 방향보다도 서술의 방식 — 더 구체적으로 말하면 문장 구성 — 에 관한 것이다. (아마 이것이 이 책 첫 머리의 해설에서 말한 저작술에 해당한다고 볼 수 있을 것이다.) 역자의 느낌을 말하자면, 보이드가 집필한 부분에서 한 문장 또는 한 문단을 읽을 때에는 그 다음 문장이나 문단의 방향이 대체로 머리에 떠올랐다. 뿐만 아니라, 그 문장은 마치 맑은 여울의 밑바닥을 볼 때처럼 그 '심층구조'가 투명하게 드러나고 영어의 '표층구조'에 상응하는 우리말의 표층구조가 선명하게 떠올라서, 중고등학교 학생이 하는 것과 같은 어구 분석을 할 필요가 거의 없었다. 그러나 제12장의 특정 부분을 번역할 때, 또는 번역을 염두에 두고 제13장을 읽어볼 때 역자는 이런 느낌을 가질 수 없었다. 역자에게 이것은 '저작술'이라는 것이 얼마나 엄청난 결과를 가져오는가를 실감하는 계기가 되었다. 또한, 보이드가 못다 쓴 부분을 채워 넣는 일이 유독 킹 교수 같은 사람에게 맡겨진 것을 보면, 저작술을 의도적으로 전수하는 일이 도대체 가능한 일인가가 의심스러워진다.

위와 같은 이유에서 이 번역본에는 원본의 20세기를 다룬 부분이 빠져 있지만, 그렇기는 해도 독자의 참고를 위하여 이하에 제7판의 서문을 전재해 둔다.

제7판 서문

윌리암 보이드 박사의 「서양교육사」는 이 분야에서 이미 고전으로 되어 있다. 그 원숙한 학문과 요령있는 설명으로 말미암아 이 책은 그동안 수많은 독자의 마음 속에 정다운 벗으로 자리잡고 있다. 그렇기 때문에 이 책을 근본적으로 수정하려고 한다면 그것은 필경 주제넘는 짓이라는 평을 받을 것이다.

그러나 또 한편으로 생각해 보면, 이 책은 보이드 박사 자신에 의하여 1952년까지 다섯 차례나 개정되었다. 제4판 서문에서 그분은, 이 책의 초판은 19세기 말까지의 서양 교육의 역사를 다루려는 의도에서 집필되었다고 말하고 있다. 그러나 국내 국외를 막론하고 수많은 사건들이 교육의 맥락과 전망에 변화를 가져와서,

이 책의 1장에서 12장(19세기 후반)까지에 기록된 과거의 유산을 현대의 상황에 비추어 더 적합한 것이 되도록 고쳐쓸 필요가 있었으며, 20세기로 계속 이어지는 역사적 사건들로 말미암아 그 앞 부분을 참신한 것으로 만드는 일에 특별한 주의를 기울이지 않으면 안 되었다.

우선, 학교나 그와 유사한 교육기관에 대한 상황적 영향은 그만두고라도, 1900년 이래에 발달한 정규 교육활동의 양 그 자체가 19세기 말이나 20세기 초에는 도저히 예측할 수 없을 정도였다. 아닌게 아니라 1945년 이래 교육의 증가는 가히 '폭발'이라고 불러도 좋을 것이다. 수백만 명씩 증가된 학생들이 수없이 다양한 교육기관(그 중의 상당수는 전대미문의 것들이다)에서 전례없이 광범한 활동에 종사하고 있다. 예측가능한 소수에게만 아니라 거의 모든 사람에게 학교와 대학에 다니는 기간이 늘어나고 있다. 어떤 방식으로든 전수해야 할 지식의 양이 10년 마다, 아니면 최소한 한 세대마다 두 배로 늘어나고 있다.

이에 따라 전문화에 관한 질문이 제기되고, 그뿐만 아니라 점점 더 많은 사람들이 대학원(또는 박사과정 이후) 수준에서 오랜 기간을 공부해야 하는 데서 생기는 문제, 교육의 이 새로운 복합체제의 혜택을 받는 사람들이 수행해야 할 새로운 전문적 및 서민적 책임에 관한 문제가 제기된다. 학교의 역할과 교사의 능력에 관한 의문이 제기되고 그와 아울러 학교가 과연 삶을 위한 준비에 영구불변의 보조수단 같은 것을 제공해 줄 수 있는가 하는 데에도 의문이 제기되고 있다. 오늘날 교사는 종래에 비하여 훨씬 많은 자원과 수업 보조 수단을 가지고 있지만, 수많은 '서비스 산업들'이 서로 경쟁을 벌이는 세계 안에서 교사의 상대적 지위는 변화를 겪고 있다. 현재 우리 눈앞에서 진화하고 있는 사회가 장차 어떤 체제와 어떤 활동을 갖추게 될지는 아무도 확실히 알 수 없지만, 우리가 확실히 알 수 있는 것은, 오늘날 각급 학교의 학생들은 확실성이 아닌 불확실성의 미래를 앞에 두고 있다는 것과 이 불확실성의 정도는 1900년, 1920년, 또는 심지어 1950년대에 교육적 처방을 내렸던 사람들에게 도저히 상상될 수 없었다는 것이다.

그렇다면 교육사라는 것은 단순히 골동품으로서의 가치만을 가지고 있는 것인가? 결코 그렇지 않다. 다소간은 앞에서 말한 교육의 '폭발'로 인하여 서양 교육의 개념과 방법은 전 인류의 필요를 충족시키는 것으로 그 범위가 확대되었다. 교육의 이론과 실제에 관한 서양의 실례는 이제 전세계에 걸쳐서 공공정책의 보편적 도구가 되고 있다. 이것은 비단 청소년기의 학교 교육에만 국한되는 것이 아니라, 성인 수준에서 현재의 사회 형태를 변형시키려는 노력이나 (바라건대) 기술 공학의 혁신에 의하여 전인류를 위한 보다 인간적인 철학이 실천에 옮겨질 수 있도록 하는 일에도 다같이 해당된다.

'도구', '보편적', '공공정책', '사회 형태', '기술공학의 혁신' — 방금 위에서 사용된 이 용어들은, 오늘날의 교육은 대부분의 위대한 철학자들의 사고 안에 들어 있었던 것과는 다른 종류의 세력에 의하여 연출되는 것으로 파악된다는 것을 보여 준다. 설사 그 철학자들이 그러한 교육의 가능성을 생각할 수는 있었다 하더라도, 오늘날처럼 보편교육이 모든 국가에서 계획과 투자와 국제 관계의 핵심적 관심사로 되는 상태는 상상할 수 없었을 것이다. 우리가 이미 알고 있는 바와 같이, 오늘날 교육은 고도로 전문적인 사용자의 관점에서 파악되고 있으며, 이 관점에서 파악되는 교육의 도구적 성격, 통제, 풍부한 자료 수집과 통찰과 예측 등은 가장 뛰어난 상상력을 가진 사람이었다 하더라도 과거의 교육자의 시야에는 도저히 들어올 수 없었다. 그리하여 공공 교육의 기관과 정책의 성장은 과거의 교육 이론에 나타난 부드러운 오아시스를 신기루로 만들고 있다. 최소한, 과거의 교육이론이 현실의 냉엄한 필요와 미래의 긴박한 위험, 그리고 보다 현실성 있는 실제에 의하여 좁혀져야 할 방대한 거리를 적절하게 대처하는 데에 실패했다고 판단되는 한, 그것은 신기루 이상의 의미를 가질 수 없다.

대부분의 교육적 권고 역시, 특정한 시간과 공간의 테두리를 벗어나 있다는 그 본질적인 특징으로 말미암아 현재 교육에 관하여 알려져 있는 여러 가지 사실들 — 즉 30억이 넘는 사람들이 서구식 교육을, 그것도 속성의, 더 경제적이면서 덜 도락적인 형식의 서구식 교육을 받으려고 하며, 서구인의 그것과는 상이한 인구 구성과 상이한 포부와 상이한 우선 순위에 맞게 조절된 학습 기회를 요구한다는 사실 — 과 전혀 어울리지 않는다. 어제의 역사에 대한 해석이 의미 있게 적용되어야 할 오늘의 모습은 바로 그러한 사실에 나타나 있다.

뿐만 아니라, 오늘날의 사회과학이 밝혀 주는 바에 의하면, 20세기 초반의 학습 이론과 교육적 선발 과정은 기원전 4세기의 플라톤의 처방이 그러했던 것과 조금도 다름없이 당시의 사회적 가정에 토대를 두고 거기서 벗어나지 못하였다. 그러한 이론과 절차는 관찰된 내용에 관하여 그릇된 판단을 내렸으며, 이른바 '지능'이나 동기, 또는 심지어 퍼스낼리티 전체가 사회적 여건에 의하여 결정된다는, 오늘날에는 누구에게나 명백한 사실을 도외시하였으며, 모든 개인 각자로 하여금 평생을 두고 다양한 방면으로 자신의 능력을 시험해 보도록 끊임없이 독려할 필요가 있다는 것을 간과하였다. 비교적 정태적인 사회에서조차도 교육과 관련된 그러한 요인들을 무시하는 것은 위험한 결과를 초래한다. 하물며 자동화 기계에 의한 인간 노동의 대치, 연속적인 직업 재교육, 평생을 통한 끊임없는 재적응 등을 특징으로 하는, 보편적인 도시지향성을 띤 사회에서는 20세기 초의 교육자들의 마음 속에 들어 있었던 생각과 원시적인 공학은 가정부나 淸書청서 서기와 다름없이 개념상 시대착오적인 유물로 전락하고 만다. 그런 것들은 여전히 존재하지만, 이미 낡아 빠진 것이며, 그 이유는 주로 기술공학적 사회적 변화에 있다.

북 아메리카와 소련과 일본은 그 대표적인 경우이지만, 그 이외에도 서부 유럽을 포함한 여러 나라에서는 서양 교육이 추구해 온 옛날의 미덕과 수월이 비판적 검토의 대상으로 되고 있다. 바꾸어야 할 것은 무엇이며 간직해야 할 것은 무엇인가? 간직해야 할 것을 증폭시키고 정화하는 가장 좋은 방법은 무엇인가? 과연 얼마나 많은 사람들이 그들의 삶에서 그 옛날의 미덕을 경험하며 구현할 수 있는가?

누군가가 이 책의 원저자와 현대 독자들을 다같이 존중하면서, 그 불필요한 부분을 잘라내고 수정하며, 새로운 균형을 유지하면서 신선한 의미를 전달하고자 개정에 손을 댄다면 그것은 바로 위와 같은 질문 때문일 것이다. 많은 생각과 실험을 거친 뒤에 개정자는 19세기 중반까지의 이야기는 내용에 거의 아무런 수정을 가하지 않기로 작정하였다. 토마스 아놀드와 퍼블릭 스쿨에 관한 몇 문단, 그리고 로버트 오웬에 관한 내용을 일부 수정한 것을 제외하고는, 11장에 대해서는 여기저기 사소한 문장 표현만을 바꾸었다. 이러한 수정은 모두 그 이후의 중요한 사건이나 경향에 비추어 필요한 경우에 한하였다. 처음 10개의 장(18세기까지)은 정확하게 보이드 박사가 쓴 그대로이다.

기원 19세기 후반을 다룬 12장은, 스탄리 홀과 존 듀이의 주된 생각을 다룬 몇몇 절을 제외하고는 완전히 개작되었다. 그러나 심지어 스탄리 홀과 존 듀이에 관한 절에서도 적절한 대목에 가서는 개정자의 논평을 삽입하였다. 이 개정된 12장의 주된 의도는 기술 공학과 사회적 변화라는 마당 — 이것은 옛날의 교육 논객이 힘겨운 싸움을 벌여야 할, 그 당시에는 인식하지 못했던 새로운 투기장이다 — 에서 일어난 중요한 세계적 사건들에 관하여 올바른 인식을 제공하는 데에 있었다. 이 장에서는 다윈과 마르크스(마르크스는 그 이전 판에서는 공산주의의 아버지로서조차 거의 주목되지 않았으며, 사회학적인 통찰에 기여한 사람으로서는 완전히 무시되었다)에 대하여 보다 충분한 주의가 주어졌다. 특히 두드러진 것으로서, 여기서는 학교와 그밖의 다른 종류의 체계적인 교육, 그리고 그 이외의 교육적 기능을 수행하는 기관이 활발하게 대두되었다는 사실이 새로운 중요성을 띠게 된다.

기원 20세기를 다룬 13장과 14장은 완전히 새로 집필된 것이다. 현재까지 20세기의 60년 동안 일어난 사건들이 교육사의 서술에 요구한 것들을 열거하자면, 비율과 균형의 완전한 변경, 새로운 국가들, 새로운 요구들, 새로운 매체들에 관한 인식, 그리고 교육이 제2단계의 산업혁명을 완수하는 데 필수적인 요소로 되어 있는 오늘날, 기술화된 동력의 잠재력을 사회에 이익이 되도록 적용한다는 관점에서 교육을 보는 시각을 달리해야 한다는 점 등이라고 말할 수 있다.

보이드 박사의 원래의 저작을 가능한 한 그대로 유지하려는 희망에 따라 그가 붙인 장별 참고문헌 목록은 그대로 두었다. 그러나 20세기와 19세기 후반에 관련되는 참고문헌은 근본적으로 재검토되고 수정되었다. 권말의 전체 참고문헌 목록에 관해서는 일종의 타협 방안으로, 비교적 항구적인 고전과 새로 나온 책들을 아울러 열거하였다.

일반적으로 말하여, 이 개정판의 목적은 교육의 역사가 독자에게 폭넓은 정보 제공의 기회가 되도록 하는 것, 환경적, 제도적 요인에 보다 면밀한 주의를 환기시키는 것, 그리고 현대 교육학 연구가 사회 과학의 형성에 중요한 일익을 담당한다는 구체적인 실례를 보여주는 데에 있다.

1964년
에드먼드 킹

원저자인 윌리암 보이드 교수의 생애와 업적을 영국 인명사전(Who's Who, 1957)에서 발췌하면 다음과 같다.

William Boyd

1874년 Ricarton, Ayrshire에서 출생

Kilmarnock Academy

Glasgow University, M. A. 1896, B. Sc. 1900, D. Phil. 1911, LL. D. 1945.

Assistant Master in Blairgowrie High School, 1900-2.

Science Master and Head of the Secondary Department in North Kelvinside Higher Grade School, Glasgow, 1907.

Lecturer and Reader, Reader Emeritus in Education, University of Glasgow, 1907-46.

President of the Educational Institute of Scotland, 1920-21.
Visiting Professor of Education in Columbia University, New York, 1930-31.

저서

An Introduction to the Republic of Plato, 1904.
The minor Educational Writings of Rousseau, 1911.
The Educational Theory of Rousseau, 1911.
From Locke to Montessori, 1914.
The History of Western Education, 1921(enlarged, 1950).

편저

Towards a New Education, 1930.
America in School and College, 1933.
The Challenge of Leisure, 1933.
Emile for Today (공), 1956.

인명사전의 이 기사 내용(1956년 — 82세 — 에 공동으로 Emile for Today를 편저하였다는 점)으로 미루어 그는 1957년 당시에는 생존해 있었던 것이 거의 확실하다. 그러나 그 후의 인명사전에는 그가 수록되어 있지 않은 것으로 보아 그는 1957년이나 1958년에 서거한 것으로 추측된다.

이 책을 번역하는 동안에 역자는 원문이 주는 감동을 살려내려고 최대한의 노력을 기울였지만, 원저자의 문체와 감동을 살린다는 것은 역자로서는 능력 밖의 일이었다. 본문을 번역하는 것 이외에 역자는 문단에 번호를 매기고 문단마다 본문에는 빠져 있는 연대와, 꼭 필요하다고 생각되는 경우에는 역자의 견문이 허락하는 범위 내에서 주를 달았다. (원저자의 주는 문단마다 일련번호로 표시되어 있다.) 역자로서 특별히 마음을 쓴 것은 인명, 지명 등 고유 명사의 표기였다. 역자가 따른 원칙은 인명과 지명은 가급적 해당 시대와 지역의 발음에 충실하게 표기한다는 것이다. 예컨대 종래의 관계로 '알렉산더대왕'과 '콘스탄티노플'로 표기되던 것을 '알렉산드로스 대왕'과 '콘스탄티노폴리스'로 표기하는 것 등이다. (각 문단의 주에서 보는 바와 같이, 고유명사는 본문의 영어 표기와 함께 원래의 표기법을 괄호 안에 표시해 두었다.) 그러나, 특히 라틴어가 유럽 각 지역의 언어로 분화되기 시작하던 중세에 있어서는 원래의 인명과 지명, 그리고 그 발음을 정확하게 알아내는 것이 역자로서는 용이한 일이 아니었으며, 따라서 역자가 이 면에서 철저한 정확성을 기했다고는 생각되지 않는다. 그러나 역자가 이 책에서 따른 원칙이 타당하다는 것, 그리고 그 원칙은 앞으로 역사학에서 더욱 정확하게 준수되어야 한다는 것에 대해서는 역자는 추호의 의심도 없다.

역자가 따로 기록해 둔 바에 의하면 이 책의 번역에 처음 손을 댄 것은 1983년 11월 12일이다. 그날부터 매주 1회 두세 시간씩 공역자들이 모여 한 문장씩 토론하면서 제1장의 번역을 마친 것은 1984년 6월 2일이다. 그러니까 이 공동 작업은 반년이 걸린 것이다. 그 이후 오늘까지 역자가 오로지 이 일에 전념하였다고는 말할 수 없지만, 어쨌든 햇수로만 따지면 이 책의 번역에는 정확하게 10년이 걸린 셈이다. 돌이켜 보면 역자가 그토록 오랜 세월을 흘려보낸 것이 전화위복이었는지도 모른다. 책 전체의 번역이 끝나고 제1장의 번역 원고를 읽어 보았을 때 그것은 뒷부분의 번역에 비하여 도저히 그냥 내어놓을 수 없을 만큼 형편없는 번역이 되어 있었으며, 그리하여 그것은 그 이후의 세 장과 함께 완전히 새로 번역하지 않으면 안 되었다. 역자로서는 이 일에 걸린 시간이 이 일에 대한 역자의 심각한 자세를 반영하는 것이 되었으면 하는 희망이 있다. 그리고 사실상, 이 일의 결과가 실지로 어떠한가에 관계없이, 역자는 이 일에 거의 모든 힘과 정성을 기울였다고 말할 수 있다.

교육과학사에서 이 책의 '근간' 광고가 나간 지는 줄잡아 5년은 족히 되었을 것이다. 독자에 대한 미안한 마음은 차치하고라도, 金東奎김동규 사장은 그 긴 세월을 한 마디 독촉도 없이 묵묵히 허위광고를 내었다. 그분의 도량에 존경과 감사를 드린다. 이 책이 나오기까지 역자는 주위의 많은 사람들로부터 무언의 성원과 격려를 받았다. 그리고 특히 한국교원대학교의 林炳德임병덕 교수는 초임의 바쁜 나날에 틈을 내어 번역의 원고를 읽고, 결코 문자 그대로의 의미가 아닌 '세부사항'에 관하여 매우 유용한 조언을 해 주었다. 첫머리의 해설 마지막에 올린 '독자에 대한 기원'이 다소간이나마 받아들여진다면 그 보람은 역자의 것임에 못지 않게 이상 여러분의 것이다.

1993년 세모

역자

역자약력

• 李烘雨

서울대 사범대 교육학과
서울대 대학원
미국 콜럼비아대(교육학 박사)
서울대 사범대 교수
서울대 명예교수

[저서]
증보 교육과정탐구
교육의 목적과 난점
교육의 개념
대승기신론 통석

• 朴在文

서울대 사범대 교육학과
서울대 대학원(교육학 박사)
충북대 사범대 교수
충북대 명예교수

[저서]
지식의 구조와 구조주의
義理之學의리지학과 교육
한국교육사
교육학 탐구

• 柳漢九

서울대 사범대 교육학과
서울대 대학원(교육학 박사)
서울교육대학교 교수

[저서]
교육인식론 서설
교과이론과 교과정책
교육과정이론(공저)

개정 · 증보판
월리암 보이드 **서양교육사**

1994년 2월 20일 초판 1쇄 발행
1996년 2월 10일 초판 3쇄 발행
2008년 2월 29일 개정 · 증보 1쇄 발행
2022년 2월 28일 개정 · 증보 10쇄 발행

공역자 : 李烘雨 · 朴在文 · 柳漢九
발행자 : 한 정 주
발행처 : 교 육 과 학 사

경기도 파주시 광인사길 71
전화 (031) 955-6956~8/ FAX (031) 955-6037
Home-page : www.kyoyookbook.co.kr
E-mail : kyoyook@chol.com
등록 : 1970년 5월 18일 제2-73호

정가 28,000원

낙장·파본은 교환해 드립니다.
Printed in Korea.
ISBN 978-89-254-0141-6